Zu diesem Buch

Die meisten Menschen denken und handeln unbewußt aus der irr-
tümlichen Lebensanschauung des hilflosen und von anderen abhängigen Säuglings heraus: ICH BIN NICHT O.K. – DU BIST O.K.
Die Grundeinstellung eines «erwachsenen» Erwachsenen, der mit
sich selbst und den anderen im Frieden lebt, ist jedoch: ICH BIN
O.K. – DU BIST O.K.

Thomas A. Harris hat zusammen mit Eric Berne die Transaktionsanalyse wissenschaftlich begründet. Im ersten Teil dieses
Doppelbandes lernen Leserinnen und Leser die Transaktions-
analyse als ein praktisches Instrument kennen und zu gebrauchen,
mit dem sie sich selbst und ihr Zusammenleben mit anderen verändern können.

Der zweite Teil des Doppelbandes – den der Autor zusammen
mit seiner Frau Amy verfaßte – widmet sich den gefühlsmäßigen
Hochs und Tiefs des Alltags. Die Transaktionsanalyse bietet vor
allem gegen depressive Selbstzerfleischung in wankelmütigen
Gemütslagen bewährte Gegenmittel. Wer sich einmal o.k. fühlt,
kann lernen, sich immer o.k. zu fühlen. Dazu verhilft ihm der in diesem Buch gesammelte therapeutische Erfahrungsschatz der Autoren.

Die Autoren

Hinweise zum Autor finden sich im ersten Teil dieser Sonderausgabe auf Seite 286; zu Autor und Autorin im zweiten Teil auf Seite
310 und 311.

Thomas A. Harris

Ich bin o.k.
Du bist o.k.

Eine Einführung in die Transaktionsanalyse

Wie wir uns selbst besser verstehen
und unsere Einstellung zu anderen
verändern können

Thomas A. Harris
Amy Bjork Harris

Einmal o.k.
immer o.k.

Transaktionsanalyse für den Alltag

*Deutsch von Hainer Kober
und Irmela Brender*

Rowohlt

Dieser Band besteht aus den im Rowohlt Taschenbuch Verlag
erschienenen Titeln Thomas A. Harris, «Ich bin o.k. – Du bist o.k.» (1975)
und Amy Bjork Harris, Thomas A. Harris, «Einmal o.k. – immer o.k.»
(1990).

Die Originalausgaben dieser Bände erschienen unter den Titeln
«I´M OK – YOU´RE OK: A PRACTICAL GUIDE TO TRANSACTIONAL ANALYSIS»
und «STAYING OK» im Verlag Harper & Row, New York.

Einmalige Sonderausgabe
Veröffentlicht im Rowohlt Taschenbuch Verlag GmbH,
Reinbek bei Hamburg, Mai 1998
«Ich bin o.k. – Du bist o.k.»
Copyright © 1973 by Rowohlt Verlag GmbH, Reinbek bei Hamburg
«I´M OK – YOU´RE OK: A PRACTICAL GUIDE TO TRANSACTIONAL ANALYSIS»
Copyright © 1967, 1968, 1969 by Thomas A. Harris, M.D.
«Einmal o.k. – immer o.k.»
Copyright © 1985 by Rowohlt Verlag GmbH, Reinbek bei Hamburg
«STAYING OK» Copyright © 1985 by Amy Bjork Harris und Thomas A. Harris
Umschlaggestaltung: Werner Rebhuhn
Gesamtherstellung: Clausen & Bosse, Leck
Printed in Germany
ISBN 3 499 60601 1

Thomas A. Harris

Ich bin o.k.
Du bist o.k.

Eine Einführung in die Transaktionsanalyse

Wie wir uns selbst besser verstehen
und unsere Einstellung zu anderen
verändern können

Deutsch von Hainer Kober

Für Amy
meine Mitarbeiterin
meine Mitdenkerin
meine Friedensstifterin
meine Freude
meine Frau

Inhalt

An den Leser

Wie man dieses Buch nicht lesen soll
Diagonal; in Stichproben; mal hier, mal da; mit dem feuchten Finger blätternd; indem man sich interessante Stellen herauspickt; indem man sich irgendwo zufällig festliest.

Wie man dieses Buch lesen sollte
Am besten so, wie geschrieben wurde: Seite für Seite vom Anfang bis zum Ende.

Denn
wer spätere Kapitel vor den ersten liest, kann das in diesem Buch dargestellte wissenschaftlich-ärztliche Verfahren und das dazugehörige Vokabular nicht verstehen.

Wenn
der Drang einiger Leser jedoch unwiderstehlich bleibt, auch dieses Buch unsystematisch an verschiedenen Stellen anzulesen,

dann
möchte ich betonen, daß fünf Begriffe auf den folgenden Seiten eine besondere Bedeutung haben, die vom alltäglichen Wortgebrauch abweichen. Es handelt sich um
«Eltern» – «Erwachsener» – «Kind» – «o. k. (okay)» – «Spiele».

Thomas A. Harris

Enttäuschung und Hoffnung

Ein Vorwort zur Einführung

In den letzten Jahren häufen sich die Beweise dafür, daß immer mehr Menschen von der bisherigen Psychiatrie immer weniger halten. Woran liegt das? Die vielgestaltigen seelischen Nöte und Leiden im Leben des einzelnen Menschen und im Zusammenleben großer Gruppen, Massen und Völker schreien förmlich nach Hilfe, nach Abhilfe. Die traditionelle Psychiatrie versprach diese Hilfe, wenn schon nicht dauerhafte Heilung, so doch wenigstens spürbare und anhaltende Linderung. Dieses Versprechen scheint die bislang gelehrte und praktizierte «Seelenheilkunde» nicht eingelöst zu haben nach dem Urteil einer rasch anwachsenden Zahl von Zeitgenossen. Die Enttäuschung über die Psychiatrie drückt sich aus in Kritik an der angeblichen Unfehlbarkeit dieser Wissenschaft, an ihrer vagen und esoterischen Terminologie, an den enormen Kosten und an der langen Dauer psychiatrischer Behandlung sowie an den zweifelhaften Behandlungs-«Erfolgen».

Viele Menschen machen sich insgeheim oder öffentlich lustig über den verschrobenen «Seelendoktor»: er sei wie der Blinde, der in einer Dunkelkammer nach einer schwarzen Katze sucht, die überhaupt nicht da ist.

Zwar setzen sich die Zeitschriften und Verbände der Mental Health-Bewegung energisch für die Förderung psychischer Gesundheit beim Individuum und in der Gesellschaft ein und stützen sich dabei auf die Erfolge psychiatrischer Heilbehandlung. Aber was ist eigentlich unter psychiatrischer Behandlung zu verstehen? Welche Erfolge kann sie vorweisen? Auf diese Fragen gab es noch keine überzeugenden Antworten.

Jahr für Jahr stürmt eine Flut von Veröffentlichungen über Wesen und Wert der Psychiatrie in die Öffentlichkeit hinaus. Und trotzdem: es finden sich darin verschwindend wenige wirklich stichhaltige Tatsachen. Selbst diejenigen Menschen, die dringend eine Behandlung brauchen, werden davon nicht zum Umdenken bewogen, sondern halten unverändert fest an der Witzblattvorstellung vom Irrenarzt in der Klapsmühle oder vom «Tiefenheini» mit Sigmund Freud-Bärtchen und Hornbrille, der hinter der Couch sitzt und den sexuellen Geständnissen seiner zahlungskräftigen Klienten lauscht.

Enttäuschung über die Psychiatrie hört man neuerdings keineswegs nur von Patienten und im Laienpublikum, sondern genauso unmißverständlich auch von Psychiatern. Ich bin einer von diesen Psychiatern. Dieses Buch ist das Ergebnis meiner Suche nach konkreten Antworten auf konkrete Fragen: Wie funktioniert der Geist? Warum verhalten wir uns eigentlich so, wie wir uns verhalten? Und wie können wir lernen, über unseren Schatten zu springen? Die Lösung dieser Probleme ist in greifbare Nähe gerückt, seit die Psychiatrie einen entscheidenden Fortschritt erlebt hat, der zu großen Hoffnungen berechtigt. Es handelt sich um eine neue Methode, die als Transaktions-Analyse bezeichnet wird.

Transaktions-Analye: was heißt das? Zur vorläufigen Verständigung über diesen Begriff mag folgende Erklärung genügen.

Eine «Transaktion» im speziellen psychologischen Sinne ist gewissermaßen ein seelischer Geschäftsabschluß zwischen zwei Menschen. Der eine bietet «etwas» (ein Verhalten) an, der andere steigt in das Geschäft ein und nimmt das Angebot ab, indem er in entsprechender Währung zurückzahlt. Zwischen einem «Sender» und einem «Empfänger» spielt sich ein kompliziertes Geben und Nehmen ab. Die Rollen des Senders und des Empfängers können dabei blitzschnell und wiederholt ausgetauscht werden. Immer aber übt ein bestimmter Ich-Zustand des Senders einen Reiz aus auf den Empfänger, der mit verbalen oder nichtverbalen Verhaltenssignalen seines jeweils angesprochenen Ich-Zustandes darauf reagiert.

Was sich in dieser abstrakten Formulierung so unverständlich ausnimmt, erleben wir tagtäglich hundertmal bei jedem scheinbar noch so unbedeutenden zwischenmenschlichen Kontakt.

Wenn Hans zu Grete sagt: «Wo hast du denn schon wieder meinen Autoschlüssel versteckt?» und Grete antwortet: «Wenn du so weitermachst, hast du bald deinen Herzinfarkt. Autofahren ist Gift für dich», dann ist dieser Allerweltsdialog eine «Transaktion». Die Transaktions-Analyse arbeitet nun heraus, *warum* Hans und Grete miteinander so umgehen, wie sie es tun, und *warum* Hans nicht einfach fragt: «Weißt du, wo der Autoschlüssel ist?» und *warum* Grete darauf nicht ebenso einfach antwortet: «Leider nicht. Aber hast du schon im Regenmantel nachgesehen?» Das mag vorerst genügen, um eine ungefähre Vorstellung davon zu bekommen, was sich hinter dem abschreckend wirkenden Fremdwort «Transaktions-Analyse» verbirgt.

Die Transaktions-Analyse ist eine neue und wirksame Methode der Psychiatrie. Sie hilft allen, die sich verändern wollen statt sich anzupassen. Sie ist wirklichkeitsnah, denn sie eröffnet dem Patienten die Chance, ungeachtet seiner Vergangenheit seine Zukunft selbst gestalten zu können. Darüber hinaus befähigt uns die Transaktions-Analyse dazu, uns zu verändern, andere Menschen zu werden, unser Verhalten zu kontrollieren und selbst zu lenken – und zu entdecken, daß wir unser Schicksal frei wählen können.

Es ist leider eine unbestreitbare Tatsache, daß der Bedarf an psychiatrischer Hilfe täglich zunimmt und daß die tatsächlich geleistete psychiatrische Versorgung der Bevölkerung damit nicht nur nicht Schritt halten kann, sondern auch noch immer weiter zurückfällt. Diese schreiende Not kann offenkundig mit den bisher angewandten Verfahren der Psychiatrie nicht gelindert, geschweige denn behoben werden.

Vor allem zwei Eigenschaften der Transaktions-Analyse berechtigen zu der Hoffnung, die Kluft zwischen Behandlungsnotwendigkeit und Behandlungsmöglichkeiten lasse sich doch überbrükken.

Erstens: Die Transaktions-Analyse als Behandlungsmethode operiert mit einem Vokabular, das jedermann versteht. Die Sprache der Transaktions-Analyse ist nicht ein geheimnisumwittertes Machtsymbol, mit dem der Therapeut seinen Patienten verzaubert und manipuliert. Der Transaktions-Analytiker kann gerade wegen der Allgemeinverständlichkeit der Begriffe *mit* dem Patienten *zusammenarbeiten*. Die Begriffe der Transaktions-Analyse decken sich mit seelischen Zuständen und Vorgängen, die real existieren, mit Erfahrungstatsachen, wie sie im konkreten Erleben konkreter Menschen vorkommen.

Zweitens: Die Transaktions-Analyse bewährt sich am wirkungsvollsten bei der Arbeit in Gruppen. Weil sie sich in einer verständlichen Sprache vollzieht, kann man sie gleichzeitig mit mehreren Menschen praktizieren, die nach Alter, Geschlecht, Rasse, Religion,

Intelligenz, Ausbildung und sozialer Herkunft ganz verschieden sein können.

Die Erfahrungen mit der Transaktions-Analyse in der Einzel- und Gruppentherapie sind so ermutigend, daß heute nicht nur ausgebildete Psychiater damit arbeiten, sondern auch Ärzte anderer Fachrichtungen, Psychologen, Sozialarbeiter, Bewährungshelfer, Krankenschwestern, Lehrer, Kindergärtnerinnen, Personalchefs, Juristen, Pfarrer, Eheberater, Sporttrainer, Reiseleiter ...

Alle, die sich mit Menschen in kleinen und großen Gruppen beschäftigen und die wissen, wie störungsanfällig das menschliche Zusammenleben grundsätzlich ist, machen mit Hilfe der Transaktions-Analyse die beglückende Erfahrung, wie schon nach der ersten Behandlungsstunde die Menschen sich zu verändern beginnen, wie ungeahnte Kräfte sich entfalten, wie schlummernde Fähigkeiten erwachen und wie die Schatten der Vergangenheit weichen.

Der entscheidende Vorzug der Transaktions-Analyse ist, daß sie nicht auf einen Patienten *angewendet* wird, sondern daß sie dem Menschen in seelischer Not ein brauchbares Werkzeug an die Hand gibt, mit dem er an sich selbst arbeiten kann. Dieses Buch dient dazu, den Leser mit diesem neuen Werkzeug vertraut zu machen. Benutzen kann es jeder. Man muß nicht «krank» sein, um davon einen Nutzen zu haben.

1. Freud, Penfield und Berne

Zu allen Zeiten der Geschichte ist das Wesen des Menschen in einer Hinsicht immer gleich gesehen worden: daß nämlich der Mensch ein uneinheitliches, ein aus Gegensätzen gemischtes Wesen ist. Am häufigsten hat sich diese mythische, philosophische oder religiöse Vorstellung ausgedrückt in der Idee von der Doppelnatur des Menschen: ... «Zwei Seelen wohnen, ach, in meiner Brust.» Immer wurde dieses Denkmodell vom Menschen als einem Zwitterwesen so ausgelegt, daß die zwei Seelen in der einen Brust miteinander im Streit liegen: das Gute widerstreitet dem Bösen, das Gemeine dem Erhabenen, das Innere dem Äußeren.

«Es gibt Zeiten», schreibt Somerset Maugham, «in denen ich die verschiedenen Teile meines Charakters mit Bestürzung betrachte. Ich erkenne, daß ich aus verschiedenen Personen bestehe und daß die Person, die im Moment die Oberhand hat, unvermeidlich einer anderen weichen wird. Aber welche ist die wirkliche? Alle oder keine?»

Daß der Mensch nach dem Guten streben und es erreichen kann, wurde immer wieder im Laufe der Geschichte bewiesen, wie immer dieses Gute auch definiert wurde. Moses sah das Gute vor allem als Gerechtigkeit, Plato im wesentlichen als Weisheit und Jesus im Kern als Liebe; doch sie alle stimmten darin überein, daß die Tugend, wie immer sie verstanden werden mochte, ständig von etwas in der menschlichen Natur unterminiert wurde, was mit etwas anderem im Streit lag. Aber um was handelte es sich auf der einen wie auf der anderen Seite?

Als Sigmund Freud um die Jahrhundertwende mit seinen bahnbrechenden Arbeiten hervortrat, wurde diese Frage neu aufgerollt. Der Wiener Nervenarzt ging das Problem mit naturwissenschaftlichen Methoden an. Sein grundlegend neues Konzept war die Theorie: der Kampf der gegnerischen Kräfte wird *im Unbewußten* ausgetragen. Die gegnerischen Kräfte erhielten probeweise Namen. Das Über-Ich bekam die Rolle des Zensors, der das Es (das Reservoir der triebhaften psychischen Energie) seiner Kontrolle unterwerfen will, während das Ich als Mittler zwischen beiden im «aufgeklärten Selbst-Interesse» der ganzen Person auftritt.

Freud hat eine großartige Pioniertat vollbracht, indem er die theoretischen Grundlagen schuf, auf denen wir heute aufbauen. Für dieses bleibende Verdienst sind wir ihm zu tiefem Dank verpflichtet. Im Laufe der Jahre haben Theoretiker und Kliniker seine Theorien weiterentwickelt, systematisiert und ergänzt. Doch die «Kräfte im Inneren» entschlüpfen nach wie vor dem sicheren Begreifen. Die Literatur über Psychoanalyse schwillt mehr und mehr an, auf die Bücher legt sich der Staub, schon entsteht eine unübersehbare Sekundärliteratur, und trotzdem: all diese Anstrengungen haben anscheinend das wesentliche Ziel nicht erreicht, nämlich den Menschen bei der Lösung ihrer Probleme zu helfen, um die es der ganzen Psychoanalyse eigentlich geht.

Als ich mir vor Jahren den Film ‹Wer hat Angst vor Virginia Woolf?› ansah, hörte ich am Schluß der Vorstellung beim Hinausgehen, wie einige Zuschauer ihren Gefühlen Luft machten mit Kommentaren wie: «Jetzt hab ich aber wirklich die Nase voll!», «Da geht man nun ins Kino, um sich ein paar schöne Stunden zu machen, und dann zeigen die einem das Mieseste vom Miesen», «Ich möchte wissen, warum man solche Sachen überhaupt in der Öffentlichkeit breittreten will», «Also ich hab von alldem gar nichts verstanden, wahrscheinlich kommt man hinter das ganze nur, wenn man Psychologie studiert hat». Ich hatte den Eindruck, daß viele Zuschauer sich fragten, wovon der Film eigentlich handelte. Sie fühlten wohl irgendwie, daß die Geschichte einen tieferen Sinn haben müsse, aber sie konnten ihn nicht entziffern. Sie wußten nicht, was sie daraus ableiten sollten für ihr eigenes Leben, etwas, das ihnen selber Aufschluß gäbe über die geheime Regie ihrer privaten Dramen.

Wir lassen uns gehörig imponieren von solchen Formulierungen wie Freuds Definition der Psychoanalyse als einer dynamischen Konzeption, die das psychische Geschehen reduziere auf das Wechselspiel zwischen triebhaft drängenden und verdrängend kontrollierenden Kräften. Eine solche Definition und ihre unzähligen verfeinerungen und Variationen mögen ihren Sinn haben – für die Eingeweihten. Aber welchen Sinn haben sie für die, um die es bei der Psychoanalyse in erster Linie geht, für die Menschen, die leiden?

George und Martha in Edward Albees Stück ‹Wer hat Angst vor Virginia Woolf?› werfen sich knallharte, blutwarme und zotenstrotzende Sätze an den Kopf, die mitten ins Schwarze treffen und einfach sitzen. Es fragt sich nun, ob wir Therapeuten mit George und Martha genauso treffsicher und «hautnah» sprechen können über die Gründe, warum sie so handeln, wie sie es tun, und warum sie so leiden, wie sie tatsächlich leiden. Wie kommen wir dahin, daß unsere Worte nicht nur wahr sind, sondern auch wirklich helfen, weil man sie nämlich verstehen kann? «Was der da sagt, sind böhmische Dörfer für mich. Ich weiß überhaupt nicht, wovon die Rede ist», diese Einstellung haben viele Menschen gegenüber dem Fachmann für Psychologie. Wenn man esoterische psychoanalytische Theorien in einer noch esoterischeren Terminologie ausdrückt, dann kann man nicht erwarten, damit das Leben der Menschen auch nur im geringsten durchschaubarer zu machen für sie. Dieses Dilemma hat zur Folge, daß der Laie (die Milliardenmehrheit der Nichtfachleute!) seine Lebensweisheiten meist nur in läppischem Geschwafel zum Ausdruck bringt und bei seinen Gesprächen kaum je unter die platteste Oberfläche vorstößt mit solchen abgedroschenen Phrasen wie: «Was soll's? Da kann man eben nichts machen.» Und was das schlimmste ist: er ahnt nicht einmal von ferne, was man sehr wohl anders machen könnte, besser machen könnte.

Die immer schmerzhafter empfundene Entfremdung als Merkmal unserer Zeit entspringt sicher ganz wesentlich der Kluft zwischen Spezialisierung auf der einen und dem Streben nach Integration auf der anderen Seite, wodurch der Graben zwischen dem Fachmann und dem Nicht-Fachmann immer unüberbrückbarer wird. Alles wird aufgeteilt in immer kleinere Spezialgebiete, zwischen denen fast keine Kommunikation mehr möglich ist, die sie wieder in ein Ganzes integrieren könnte. So herrschen im Bereich der Technik unumschränkt nur die Ingenieure, vom menschlichen Verhalten verstehen nur die Psychologen und Psychiater etwas, um die Gesetzgebung kümmern sich nur die Politiker und selbst die Entscheidung, ob und wann wir Kinder kriegen sollen, beansprucht die Kirche für sich allein. Man versteht schon, wie es zu diesem allgemeinen Trend kommen konnte. Aber längst sind die Gefahren, die aus dem Mangel an gegenseitigem Verständnis und aus dem Fehlen fast jeder Kommunikationsmöglichkeit erwachsen, so bedrohlich geworden, daß Mittel und Wege gefunden werden müssen, die es der Sprache ermöglichen, mit dem Gang der Forschung Schritt zu halten.

Auf dem Gebiet der Mathematik beschreitet man neue Wege in dieser Richtung. Die Mengenlehre wird schon von der ersten Klasse an unterrichtet. Die sogenannte Neue Mathematik ist weniger ein neues Rechenverfahren als vielmehr ein neues Denkverfahren, mit dessen Hilfe sich mathematische Vorstellungen besser vermitteln lassen. Die Neue Mathematik erleichtert die Kommunikation über mathematische Denkinhalte. Sie erklärt nicht nur das Was, sondern auch das Warum. Damit wird es möglich, daß Anreiz und Spannung der Weltraumfahrt oder der elektronischen Datenverarbeitung nicht mehr ausschließlich den elitären Zirkel der Spezialisten inspirieren, sondern nachvollziehbar werden auch für den Schüler. Und neu ist die mathematische Wissenschaft nun keineswegs, aber die Sprache, mit der wir uns heute mathematisch ausdrücken, die ist neu. Wir würden uns ja selber Fesseln anlegen, wenn wir uns immer noch mit den Zahlensystemen der Babylonier, Maya, Ägypter oder Römer abquälen wollten. Die Menschen haben nie aufgehört, nach neuen schöpferischen Anwendungsmöglichkeiten der Mathematik Ausschau zu halten, und sie sind dabei auf immer neue Verfahren gekommen, wie sie die Zahlenarten in ein System bringen konnten, mit dem sich immer kompliziertere Rechenoperationen möglichst rationell durchführen ließen. Die Neue Mathematik von heute ist nur der jüngste Fortschritt bei der unablässigen Entwicklung dieses schöpferischen Ansatzes. Voller Bewunderung erkennen wir, wieviel kreatives Denken die früheren Systeme hervorgebracht haben. Aber deswegen lassen wir uns heute beim Rechnen doch nicht mehr von solchen überholten Methoden knebeln.

Und genauso sehe ich die Transaktions-Analyse. Ich achte sehr wohl die genialen Leistungen der psychoanalytischen Theoretiker vergangener Jahrzehnte. Was ich in diesem Buch zeigen möchte, ist ein neuer Weg, alte Vorstellungen auszudrücken, und ein direkter Zugang zu neuen Konzeptionen. Es geht mir ausdrücklich nicht um eine zersetzende Kritik an den Errungenschaften der Vergangenheit. Mir liegt viel mehr daran, wie man mit der unbestreitbaren Tatsache fertig wird, daß wir mit den alten Methoden einfach nicht weiterkommen.

Dieses Buch soll aber nicht nur neue Erkenntnisse vermitteln, sondern auch Antwort geben auf die Frage, wieso eigentlich die Menschen ihre Möglichkeiten so wenig ausschöpfen, obwohl sie ziemlich genau wissen, was sie besser zu machen hätten. Sie wissen vielleicht, daß die moderne Psychologie eine Menge zu sagen hat über Wesen und Verhalten des Menschen. Aber dieses Wissen scheint nicht den geringsten Nutzeffekt zu haben: Sie leiden genauso weiter unter ihrem miesen Alltag, unter ihrer angeknacksten Ehe und unter den Eskapaden ihrer Kinder.

Unsere Suche nach neuen Lösungen für die alten Probleme wurde bis vor wenigen Jahren durch den Umstand erschwert, daß wir viel zu wenig darüber wußten, wie das menschliche Gehirn Erinnerungen speichert und wie diese Erinnerungen wieder hervorgerufen werden, die dann unser gegenwärtiges Leben entweder überschatten oder erhellen.

Der Gehirnchirurg mit der Sonde

Wer die Richtigkeit einer Hypothese nachweisen will, muß empirisch abgesicherte Beweise dafür vorlegen. Bis vor kurzem gab es kaum genug bewiesene Auskünfte darüber, wie sich der Erkenntnisprozeß im Gehirn abspielt, wie im einzelnen die zwölf Milliarden Zellen des Gehirns arbeiten, wenn sie Erinnerungen speichern, und welche Zellen an diesem Vorgang beteiligt sind. Wieviel Erinnerung bleibt erhalten? Kann sie verschwinden? Arbeitet das Gedächtnis generalisierend oder spezialisierend? Warum lassen sich einige Gedächtnisinhalte leichter abrufen als andere?

Zur Beantwortung dieser Fragen werden, zunächst theoretisch, Hypothesen aufgestellt, die es nun zu verifizieren gilt. Ein anerkannter Forscher auf diesem Gebiet ist Wilder Penfield, Neurochirurg an der Universität Montreal. Seit 1951 hat er aufschlußreiche Versuche ausgewertet, mit denen er die Hypothesen empirisch bestätigen oder korrigieren konnte.*

Penfield hatte Patienten mit Jackson-Epilepsie zu behandeln. Dabei handelt es sich um eine Sonderform der Epilepsie mit motorischen und sensiblen Anfällen, die von einem umschriebenen Krankheitsherd im Gehirn verursacht werden. Im Verlauf der operativen Eingriffe unternahm Penfield eine Reihe von Versuchen, bei denen

* W. Penfield: ‹Memory Mechanisms›, American Medical Association. Archives of Neurology and Psychiatry, 67 (1952): 178–198, mit einer Besprechung von L. S. Kubie u. a. Weitere Zitate von Penfield und Kubie in diesem Kapitel stammen aus derselben Quelle.

er die Großhirnrinde des Schläfenlappens durch eine galvanische
Sonde mit schwachen elektrischen Strömen reizte. Die Reaktionen
auf diese Reizung hat Penfield untersucht und die Versuchsergeb-
nisse mehrerer Jahre gesammelt. Der Patient war bei diesen Eingrif-
fen an seiner Großhirnrinde nur örtlich betäubt, im übrigen aber bei
vollem Bewußtsein und konnte mit Penfield sprechen. Die Aussagen
der Versuchspersonen lösten Überraschung aus.

Dieses Buch ist ein praktischer Leitfaden der Transaktions-Analyse und keine fachwissenschaftliche Abhandlung. Ich möchte betonen, daß Penfields Arbeiten hier nur deswegen dargestellt werden,
weil sie die wissenschaftliche Grundlage bilden, auf der alles folgende aufgebaut ist. Im übrigen bleibt der Ausflug in die Fachwissen-
schaft auf dieses erste Kapitel beschränkt. Penfields Experimente
lassen den gesicherten Rückschluß zu, daß unser Gehirn alles, was
unser Bewußtsein jemals registriert, genau aufzeichnet und so speichert, daß es jederzeit abgerufen werden kann. Es empfiehlt sich
vielleicht, die nächsten Seiten gründlich und mehr als einmal zu
lesen, damit die Bedeutung der Befunde von Penfield ganz klar
wird.

Penfield entdeckte, daß der Reiz, den er mit der Sonde auf eine
bestimmte Geweberegion der Großhirnrinde ausübte, Informationen hervorrief, die nachweislich der Erinnerung des Patienten ent-
stammten. Penfield fährt fort: «Der auf diese Weise in Gang gesetzte
psychische Prozeß bricht ab, sobald die Elektrode entfernt wird,
kann sich aber wiederholen, wenn die Elektrode wieder angesetzt
wird.» Er bringt dafür einige Beispiele.

Der erste Fall war S. B. Die Stimulation bei Punkt 19 in der ersten
Windung des rechten Schläfenlappens veranlaßte ihn zu der Äußerung: «Da war ein Klavier, und jemand spielte. Ich konnte das Lied
hören.» Als der Punkt ohne Vorankündigung wieder stimuliert wurde, sagte er: «Jemand spricht mit einem anderen», und er nannte
einen Namen, doch ich konnte ihn nicht verstehen... es war genau
wie ein Traum. Der Punkt wurde zum drittenmal stimuliert, wieder
ohne Ankündigung. Da bemerkte er spontan: «Ja, ‹O Marie, o
Marie!› – jemand singt es.» Als der Punkt ein viertes Mal stimuliert
wurde, hörte er dasselbe Lied und erklärte, das sei die Erkennungs-
melodie einer bestimmten Radiosendung.

Als Punkt 16 stimuliert wurde, sagte er, während die Elektrode
angesetzt war: «Etwas bringt eine Erinnerung zurück. Ich kann
Seven-Up Bottling Company sehen... Harrison Bakery.» Er wurde

dann gewarnt, daß er stimuliert werde, doch die Elektrode war nicht angesetzt. Er antwortete: «Nichts.»

Als in einem anderen Fall, dem von D. F., ein Punkt an der Oberfläche des rechten Schläfenlappens [...] stimuliert wurde, hörte die Patientin einen bestimmten Schlager, als würde er von einem Orchester gespielt. Wiederholte Stimulationen ließen dieselbe Musik anklingen. Während die Elektrode angesetzt blieb, summte die Patientin die Melodie, Strophe und Refrain, und begleitete so die Musik, die sie hörte.

Der Patient L. G. wurde veranlaßt, «etwas», wie er sagte, zu erleben, was ihm früher geschehen war. Die Stimulation eines anderen Punktes brachte ihn dazu, einen Mann und einen Hund zu sehen, die bei ihm zu Hause auf dem Lande eine Straße entlanggingen. Eine Patientin hörte eine Stimme, die sie nicht recht verstehen konnte, als die erste Schläfenwindung anfangs stimuliert wurde. Als die Elektrode an etwa dem gleichen Punkt wieder angesetzt wurde, hörte sie deutlich eine Stimme, die «Jimmie, Jimmie» rief – Jimmie war der Name ihres Mannes, mit dem sie erst seit kurzem verheiratet war.

Eine von Penfields bedeutsamen Folgerungen war, daß die Elektrode eine einzelne Erinnerung hervorrief und nicht eine Mischung von Erinnerungen oder eine Verallgemeinerung.

Eine weitere Schlußfolgerung Penfields war, daß die Reaktion auf die elektrische Reizung unwillkürlich erfolgte:

«Unter dem zwingenden Einfluß der Sonde erschien im Bewußtsein des Patienten ein bekanntes Erlebnis, ob er nun seine Aufmerksamkeit darauf konzentrieren wollte oder nicht. Ein Lied ging ihm durch den Kopf, wahrscheinlich so, wie er es bei einer bestimmten Gelegenheit gehört hatte: Er fand sich als Teil einer bestimmten Situation, die sich entwickelte, genau wie die ursprüngliche Situation es getan hatte. Für ihn war es die Szene aus einem bekannten Stück, und er selbst war Schauspieler und das Publikum zugleich.»

Die vielleicht wichtigste Entdeckung war, daß nicht nur vergangene Ereignisse detailliert aufgezeichnet werden, sondern auch die Gefühle, die mit diesen Ereignissen verbunden waren. Ein Ereignis und das Gefühl, das von diesem Ereignis ausgelöst wurde, sind im Gehirn unauflösbar miteinander verwoben, so daß eines nicht ohne das andere hervorgerufen werden kann.

«Der Patient», schreibt Penfield, «empfindet wieder die Emotion, die ursprünglich die Situation in ihm bewirkt hatte, und er ist sich der gleichen Interpretationen bewußt, ob sie nun falsch oder richtig waren, die er zuerst auf das Erlebnis anwandte. Darum ist eine hervorgerufene Erinnerung nicht die genaue fotografische oder phonografische Reproduktion vergangener Ereignisse. Sie reproduziert das Ganze: was der Patient sah, hörte, fühlte und verstand.»

Erinnerungen werden durch die Sinnesreize aus unserer Alltagsumwelt fast ebenso hervorgerufen wie durch die elektrische Reizung mit Penfields Sonde. In beiden Fällen muß die auftauchende Erinnerung genauer als ein *Wiedererleben* statt als ein Wiederbeleben gesehen werden. Als Reaktion auf einen Reiz wird ein Mensch momentan in die Vergangenheit versetzt. Ich bin dort! Diese Realität kann den Bruchteil einer Sekunde oder aber viele Tage lang dauern. Nach diesem Erlebnis kann ein Mensch sich dann bewußt daran *erinnern*, daß er dort war. Die Reihenfolge bei der Gedächtnisarbeit ist: 1. *Wiedererleben* (spontanes, unwillkürliches Empfinden), 2. *Wiedererinnern* (bewußtes, gewolltes Nachdenken über das vergangene Ereignis, das gerade wiedererlebt wurde). An vieles, was wir wiedererleben, können wir uns nicht erinnern!

Die folgenden Berichte zweier Patienten illustrieren, wie gegenwärtig empfangene Reize vergangene Gefühle wecken.

Eine vierzigjährige Patientin berichtete, daß sie eines Morgens eine Straße entlangging und aus einem Geschäft ein paar Takte Musik hörte, die in ihr eine überwältigende Melancholie auslösten. Sie fühlte, wie sie von einer Traurigkeit übermannt wurde, die sie nicht verstehen konnte und deren Intensität «fast unerträglich» war. Mit ihren bewußten Gedanken konnte sie sich das nicht erklären. Nachdem sie mir das Gefühl beschrieben hatte, fragte ich sie, ob es etwas in ihrem früheren Leben gegeben habe, woran das Lied sie erinnerte. Sie sagte, sie könne keinen Zusammenhang zwischen dem Lied und ihrer Traurigkeit sehen. Ein paar Tage später rief sie mich an und erzählte mir, daß sie das Lied immer wieder vor sich hin gesummt hatte und dabei plötzlich von einer Erinnerung überfallen worden war, in der sie «ihre Mutter am Klavier sitzen sah und hörte, wie sie dieses Lied spielte». Die Mutter war gestorben, als die Patientin fünf Jahre alt gewesen war. Damals hatte der Tod der Mutter eine tiefe Depression ausgelöst, die über einen längeren Zeitraum anhielt, obwohl ihre Angehörigen sie immer wieder dazu bringen wollten, ihre Zuneigung auf eine Tante zu übertragen, welche die Mutterrolle übernommen hatte. Die Patientin hatte sich bis zu dem Tag, an dem sie an dem Laden vorbeigegangen war, nie an das Lied erinnert oder daran, daß ihre Mutter es gespielt hatte. Ich fragte sie, ob die Erinnerung an dieses frühe Erlebnis sie von ihrer Depression befreit habe. Sie sagte, ihre Gefühle hätten dadurch eine andere Färbung bekommen. Wenn sie sich an den Tod ihrer Mutter erinnerte, hatte sie immer noch ein melancholisches Gefühl, doch sie empfand nicht mehr wie zuerst die ursprüngliche überwältigende Verzweiflung. Es sah aus, als erinnere sie sich jetzt bewußt an ein Gefühl, das anfänglich das *Wiedererleben* eines Gefühls war. In der zweiten Phase erinnerte sie sich, wie es gewesen war, als sie die ursprünglichen Empfindungen gehabt hatte. In der ersten Phase dagegen brach in ihr *dasselbe* Gefühl mit unverminderter Wucht hervor, das sie beim Tod ihrer Mutter überschwemmt hatte und nun seit ihrem fünften Lebensjahr unverarbeitet in ihrem Innern eingekapselt lagerte.

Angenehme Empfindungen werden ganz auf die gleiche Weise hervorgerufen. Wir wissen alle, wie ein Duft, ein Klang, ein flüchtiger Anblick eine unbeschreibliche Freude bewirken können, die manchmal so kurzlebig ist, daß sie fast unbemerkt bleibt. Wenn wir uns nicht darauf konzentrieren, können wir uns nicht daran erinnern, wo wir dem Geruch, dem Klang oder dem Anblick früher schon einmal begegnet sind. Doch das *Gefühl* ist wirklich.

Ein anderer Patient berichtete folgendes: Er ging irgendwo durch die Stadt, als ihn plötzlich der Geruch von Kalk und Schwefel anflog. So riecht die Lösung, mit der man Bäume spritzt, und allgemein fühlen sich die Leute von dem Gestank belästigt. Er aber fühlte bewußt, wie ihn eine strahlende, unbekümmerte Freude durchströmte. Da dieses Gefühl positiv war, fiel es ihm leichter, die ursprüngliche Situation aufzuspüren. Mit dieser Lösung waren in den ersten Frühlingstagen immer die Apfelbäume zu Hause im Garten gespritzt worden, und als der Patient noch ein kleiner Junge war, hielt er diesen Geruch für gleichbedeutend mit dem Nahen des Frühlings, dem Grünen der Bäume und all den Herrlichkeiten, die ein kleiner Junge nach dem langen Winter auskostet, wenn er wieder ins Freie darf. Wie im Falle der ersten Patientin unterschied sich in zarten Nuancen die bewußte Erinnerung an das Gefühl von dem Ausbruch des ursprünglichen Gefühls, den er erfahren hatte. Er konnte das berauschende Eintauchen in die Vergangenheit, das sich ohne sein Zutun eingestellt hatte, wieder ganz so empfinden, wie er es in diesem flüchtigen Moment getan hatte. Es war, als hätte er jetzt *ein Gefühl für sein Gefühl* statt das Gefühl selbst.

Das illustriert eine andere Schlußfolgerung von Penfield: Die Aufzeichnung der Erinnerung bleibt auch dann intakt, wenn der

Betreffende selbst nicht mehr fähig ist, sie hervorzurufen:

«Erinnerung, die im Schläfenlappen wachgerufen wird, behält den detaillierten Charakter des ursprünglichen Erlebnisses. Wenn sie auf diese Weise dem Patienten ins Bewußtsein gebracht wird, scheint das Erlebnis in der Gegenwart stattzufinden, vielleicht weil es sich so unwiderstehlich seiner Aufmerksamkeit bemächtigt. Erst wenn es vorbei ist, kann der Patient es als eine lebhafte Erinnerung aus der Vergangenheit erkennen.»

Aus diesen Feststellungen ergibt sich, daß das Gehirn wie ein Hi-Fi-Gerät originalgetreu jedes Erlebnis von der Geburt an aufnimmt, vielleicht sogar noch aus der Zeit davor. Die Informationsspeicherung im Gehirn ist zweifellos ein chemischer Datenverarbeitungsprozeß, der noch nicht völlig erklärt werden kann. Obwohl er zu stark vereinfacht sein mag, hat sich doch der Vergleich mit dem Tonbandgerät bei der Erklärung des Erinnerungsvorgangs bewährt. Wichtig ist dabei, daß ungeachtet der Aufnahmemethode die Wiedergabe Hi-Fi-Qualität hat.

«Immer wenn ein normaler Mensch bewußt auf etwas achtet», sagt Penfield, «zeichnet er es gleichzeitig in den Schläfenlappen beider Hemisphären auf.»

Diese Aufzeichnungen finden fortlaufend und ununterbrochen statt.

«Wenn der Teil der Hirnrinde, wo das Gedächtnis lokalisiert ist, mittels der Elektrode erregt wird, kann ein Bild entstehen, doch das Bild ist im allgemeinen nicht statisch. Es verändert sich wie damals, als es ursprünglich wahrgenommen wurde und der Beobachter vielleicht seine Blickrichtung gewechselt hat. Es folgt den ursprünglich empfangenen Eindrücken der folgenden Sekunden oder Minuten. Das Lied, das durch künstliche Reizung hervorgerufen wird, spielt sich langsam ab von einem Takt zum nächsten und von der Strophe zum Refrain.»

Penfield kommt weiter zu dem Schluß, daß der durchlaufende Faden bei hervorgerufenen Erinnerungen die *Zeit* zu sein scheint. Das ursprüngliche Muster wurde in seinem zeitlichen Ablauf aufgezeichnet.

«Der Faden zeitlicher Abfolge scheint die Elemente der hervorgerufenen Erinnerung miteinander zu verbinden. Außerdem werden offenbar nur die Sinneseindrücke aufgezeichnet, die vom Individuum bewußt registriert wurden, und nicht alle Sinnesreize, die ständig das zentrale Nervensystem unter Trommelfeuer nehmen.»

Die Möglichkeit, auch komplizierte Erinnerungsketten abzuspulen, scheint darauf hinzuweisen, daß jede Erinnerung, die wir zurückrufen können, ihre eigene Nervenbahn hat.

Wie die Vergangenheit Einfluß nimmt auf die Gegenwart, wird besonders durch die Beobachtung erhellt, daß die Schläfenlappen offenbar an der Verarbeitung gegenwärtiger Erlebnisse beteiligt sind.

«Täuschungen ... können produziert werden durch die Stimulation der Hirnrinde an den Schläfenlappen ... und die so erzeugte Verwirrung trübt das Urteilsvermögen im Hinblick auf ein Erlebnis in der Gegenwart – zu beurteilen, ob das gerade Erlebte vertraut, fremd oder absurd ist, ob Entfernungen und Größen verändert sind und sogar, ob die gegenwärtige Situation angsteinflößend ist.

Das sind Wahrnehmungstäuschungen, und ihre nähere Betrachtung führt zu der Annahme, daß *ein neues Erlebnis irgendwie sofort in Verbindung mit Aufzeichnungen früherer ähnlicher Erlebnisse eingeordnet wird und so die Beurteilung von Unterschieden und Ähnlichkeiten zustande kommt.* Zum Beispiel mag es einem Menschen schwerfallen, sich nach einer gewissen Zeit präzis und detailliert an einen alten Freund zu erinnern, wie er vor Jahren ausgesehen hat. Wenn er den Freund jedoch trifft, und sei es unerwartet, kann er sofort die Veränderung wahrnehmen, die seit damals eingetreten ist. Man kennt das zur Genüge – neue Falten in seinem Gesicht, Veränderungen am Haar, gebeugte Schultern. [...] Die Existenz von Kortex-Mustern nachzuweisen, die jede Einzelheit gegenwärtiger Erfahrung wie in einer vielbändigen Bibliothek aufbewahren, ist einer der ersten Schritte zu einer Physiologie des Geistes. Die Art des Musters, die Mechanismen, nach denen es sich aufbaut und nach denen es später nutzbar gemacht wird sowie die Integrationsprozesse, die die Grundlage des Bewußtseins bilden – das alles wird eines Tages in physiologische Formeln übersetzt werden.»

Lawrence S. Kubie, einer der bedeutendsten amerikanischen Psychoanalytiker, der an der Diskussion über Penfields Arbeit teilnahm, sage abschließend:

«Ich begrüße dankbar diese Gelegenheit, mich mit Penfields Arbeit auseinanderzusetzen ... weil sie meine Phantasie ungeheuer angeregt hat. Sie hat mich tatsächlich in den letzten zwei Wochen in einen Gärungszustand versetzt, in dem ich beobachtete, wie Puzzleteile sich zusammenfügten und manche Arbeit, die ich in den letzten Jahren getan habe, in einem neuen Licht erschien. Ich kann mir vorstellen, wie sich die Schatten von Harvey Cushing und Sigmund

Freud die Hände reichen über dieser längst überfälligen Verbindung von Psychoanalyse und Neurochirurgie, die durch die Forschungsarbeit von Penfield ermöglicht wird.»

Zusammenfassend können wir feststellen

1. Das Gehirn arbeitet wie ein Hi-Fi-Tonbandgerät.

2. Die Empfindungen, die mit vergangenen Erlebnissen einhergingen, sind ebenfalls aufgezeichnet und mit diesen Erlebnissen *unauflösbar verwoben*.

3. Menschen können gleichzeitig auf zweierlei Ebenen leben. Der Patient wußte, daß er auf dem Operationstisch lag und mit Penfield sprach; er wußte gleichermaßen, daß er die «Seven-Up Bottling Company... und Harrison Bakery» sah. Er war *doppelt*, indem er zur selben Zeit innerhalb des Erlebnisses und *außerhalb* davon war, wobei er es beobachtete.

4. Diese aufgezeichneten Erlebnisse und die damit *verbundenen Gefühle* können heute so lebendig wiedergegeben werden, wie sie ursprünglich geschehen sind, und stellen einen großen Teil der Kategorien zur Verfügung, von denen der Lebensvollzug in der Gegenwart und Zukunft nachhaltig bestimmt wird. Diese Erlebnisse können nicht nur zurückgerufen, sondern auch wiedererlebt werden. *Ich erinnere mich nicht nur daran, was ich einmal empfunden habe. Ich empfinde genau dasselbe jetzt in diesem Moment.*

Penfields Experimente beweisen, daß die Erinnerungsfunktion, die meist in psychologischen Begriffen verstanden wird, auch eine biologische Seite hat. Die jahrtausendealte Frage, wie der Geist mit dem Körper zusammenhängt, können wir nicht beantworten. Doch es ist statthaft, auf die raschen Fortschritte der Genetik hinzuweisen bei der Erforschung der Frage, wie die Vererbung in das RNS-Molekül einprogrammiert ist. Einer der führenden Experimentalzytologen, der schwedische Professor Holger Hydén, hat folgende Überlegung angestellt:

«Sicher kann angenommen werden, daß die Fähigkeit zum Rückruf des Vergangenen in das Bewußtsein einem primären Mechanismus von allgemeiner biologischer Wirksamkeit innewohnt. Wichtig ist eine enge Verbindung zum genetischen Mechanismus, und besonders in dieser Hinsicht würde das RNS-Molekül mit seinen vielen Möglichkeiten viele Anforderungen erfüllen.*

* H. Hydén: ‹*The Biochemical Aspects of Brain Activity*›. In: S. M. Farber und R. Wilson (Hg.): ‹*Control of Mind*› (New York: McGraw-Hill, 1961), S. 33.

Die nachgewiesenen Beobachtungen aus diesen biologischen Untersuchungen stützen und erklären die nachweisbaren Beobachtungen am menschlichen Verhalten. Wie können wir die wissenschaftliche Methode so auf das Verhalten anwenden, daß unsere Erkenntnisse ein ebenso genaues und nützliches System von «Bekannten» bilden wie Penfields Erkenntnisse?

Eine wissenschaftliche Grundeinheit: die Transaktion

Wenn die Psychotherapie als unwissenschaftlich kritisiert wird und Gegenstand großer Meinungsverschiedenheiten ist, liegt einer der Gründe dafür im Fehlen einer Grundeinheit für Untersuchung und Beobachtung. Vor der gleichen Schwierigkeit standen die Physiker, als es noch keine Molekulartheorie gab, und die Ärzte vor der Entdeckung der Bakterien.

Eric Berne, der Begründer der Transaktions-Analyse, hat diese wissenschaftliche Grundeinheit isoliert und definiert:

«Die Grundeinheit aller sozialen Verbindungen bezeichnet man als ‹Transaktion›. Begegnen zwei oder mehr Menschen einander ... dann beginnt früher oder später einer von ihnen zu sprechen oder in irgendeiner Form von der Gegenwart der anderen Notiz zu nehmen. Diesen Vorgang nennt man ‹Transaktions-Stimulus› (*transactional stimulus*). Sagt oder tut dann eine von den anderen Personen etwas, das sich in irgendeiner Form auf den voraufgegangenen Stimulus bezieht, so bezeichnet man diesen Vorgang als ‹Transaktions-Reaktion› (*transactional response*).»*

Die Transaktions-Analyse ist die Methode zur Untersuchung dieser einen Transaktion, in der «ich dir etwas tue und du mir wieder etwas tust». Sie bestimmt, welcher Teil des vielgesichtigen Individuums «herauskommt». Im nächsten Kapitel werden die drei Teile dieser zusammengesetzten Natur des Menschen identifiziert und beschrieben.

Die Transaktions-Analyse ist zugleich die Methode zur Systematisierung der aus der Analyse dieser Transaktionen gewonnenen Information in Begriffen, die nach ihrer Definition für jeden, der sie gebraucht, die gleiche Bedeutung haben. Diese Sprache ist zweifellos eine der wichtigsten Entwicklungen des Systems. Eindeutigkeit

---

* E. Berne: ‹Spiele der Erwachsenen› (Reinbek: Rowohlt, 1967, rororo sachbuch 6735), S. 32.

der Begriffe und Einigkeit darüber, was untersucht werden soll, das sind die beiden Schlüssel, die das Tor geöffnet haben zu den «Geheimnissen, warum die Menschen handeln, wie sie es tun». Das ist keine geringe Leistung.

Im Februar 1960 hatte ich die Gelegenheit, einen wissenschaftlichen Vortrag von Timothy Leary zu hören. Obwohl Leary inzwischen wegen seiner Befürwortung des Drogengebrauchs zur Erzielung psychedelischer Erlebnisse ins Kreuzfeuer der Kritik geraten ist, möchte ich ihn hier zitieren, weil er das Problem eindrucksvoll herausarbeitet und eine Erklärung liefert für das, was er als seinen eigenen «Zickzackkurs folgerichtiger Desillusionierung» bezeichnet. Als Hauptgrund für seine große Enttäuschung über die eigene psychotherapeutische Arbeit nennt Leary: das Scheitern bei der Suche nach einer eindeutigen Terminologie und nach verbindlichen Regeln zur Beobachtung menschlichen Verhaltens.*

«Ich möchte Sie gern in den historischen Hintergrund meiner Immobilisierung als psychologischer Wissenschaftler einführen. Wenn ich zurückschaue, kann ich drei Stadien meiner eigenen Unwissenheit erkennen. Das erste, das bei weitem das glücklichste war, könnte man als Stadium unschuldiger Ignoranz bezeichnen. Ich war von der Vorstellung beherrscht, daß es einige Geheimnisse der menschlichen Natur gebe, einige Gesetze und Regelmäßigkeiten, einige Kausal-Beziehungen, und daß ich durch Studium, Erfahrungen und Lektüre eines Tages an diesen Geheimnissen teilhaben und befähigt sein könnte, meine Kenntnisse von diesen Gesetzmäßigkeiten des menschlichen Verhaltens zum Nutzen anderer Menschen anzuwenden. Im zweiten Stadium, das man die Periode der illusionären Nicht-Ignoranz nennen könnte, kam es zu der verwirrenden Entdeckung, daß ich zwar einerseits wohl wußte, daß ich das Geheimnis nicht kannte, andererseits aber plötzlich feststellte, wie die Menschen von mir glaubten, ich kenne das Geheimnis oder sei ihm dichter auf den Fersen als sie... Keine meiner Forschungen brachte etwas Brauchbares hervor, trotz aller Anstrengungen konnte ich keinerlei Geheimnisse entschleiern, und doch mochte ich mir immer noch einreden: ‹Wir hatten nicht genügend Fälle›, oder: ‹Wir müssen die Methodik vervollkommnen.› Und es gab noch viele

* T. Leary, Vortrag am Dewitt State Hospital, Auburn, Kalifornien, am 23. Februar 1960. Weitere Leary-Zitate in diesem Kapitel stammen aus derselben Rede.

andere Erklärungen, die Sie sicher kennen. Man kann den Augenblick schmerzlicher Erkenntnis hinausschieben, aber allmählich kommt die unselige Wahrheit doch ans Licht: viele Menschen hören einem zwar immer noch aufmerksam zu – schließlich hat man Patienten und Studenten und geht in Elternversammlungen, und alle erwarten von einem des Rätsels Lösung –, man selber aber kann sich immer schwächer gegen den nagenden Verdacht wehren, daß man vielleicht, vielleicht überhaupt keine Ahnung hat, wovon man eigentlich redet.»

Nach diesem seltenen und enthüllenden Eingeständnis von Zweifeln, die nur wenige Psychotherapeuten zugeben würden, obwohl viele von ihnen geplagt werden, beschreibt Leary des längeren die verschiedenen Forschungen über Testmethoden, Katalogisierung und Systematisierung, die er mit seiner Arbeitsgruppe unternommen hatte. Dabei war er auf die Probleme gestoßen, die sich daraus ergaben, daß weder eine allgemeingültige Terminologie existierte noch eine einheitliche Systematik von Beobachtungskategorien.

«Welche natürlichen Ereignisse können wir auf eine gültige Formel bringen, die dann berechenbar wird? Statt das natürliche freie Verhalten zu untersuchen, habe ich mit der Entwicklung standardisierter Sprachen für die Analyse jeder natürlichen Transaktion experimentiert. Von all den poetischen Vorstellungen, klangvollen Ausdrücken und lyrischen Wendungen, die wir in der Psychotherapie benutzen, sind Worte wie ‹Fortschritt›, ‹Hilfe› und ‹Besserung› die unbestimmtesten. Wir arbeiten mit zu wenig Information über uns und den anderen. Ich habe keine Theorie über neue Variablen in der Psychologie, ich will keine neuen Begriffe oder gar eine neue Sprache der Psychologie einführen. Ich versuche nur neue Methoden zu entwickeln, mit denen man Menschen gewissermaßen wieder einfüttern kann, was sie tun und was sie damit signalisieren. Die erregendste Sache der Welt ist für mich im Moment, hinter die Diskrepanzen zwischen den Menschen zu kommen, die an derselben Interaktion beteiligt sind. Denn sobald einem das gelingt, steht man vor der Frage: ‹Wie kommt das?›»

Die Transaktions-Analytiker behaupten, einige dieser Gesetzmäßigkeiten entdeckt zu haben. Wir behaupten, eine neue Sprache der Psychologie gefunden zu haben, die Leary so schmerzlich vermißte, und wir behaupten, dem Geheimnis des menschlichen Verhaltens sehr viel näher gekommen zu sein als je zuvor. In diesem Kapitel habe ich einige der Voraussetzungen erläutert, die für viele

Menschen in meinen Behandlungsgruppen von Nutzen gewesen
sind. In diesen Gruppen wird die Transaktions-Analyse angewandt
als Instrument zum Verständnis der Ausgangsbasis von Verhalten
und Gefühlen. Ein Instrument kann oft wirkungsvoller gehandhabt
werden, wenn wir eine Vorstellung davon haben, wie es entwickelt
wurde und wie es sich von anderen unterscheidet. Leitet es sich aus
unanfechtbaren Erfahrungstatsachen ab, oder handelt es sich nur um
noch irgendeine Theorie? Wurde Bernes Buch ‹Spiele der Erwachsenen› aus modischen Gründen ein Bestseller, oder bietet es dem Leser
verständliche und verläßliche Auskünfte über sein persönliches Wesen, dessen Vergangenheit durchschimmert durch die «Spiele», in
denen er jetzt befangen ist? Im nächsten Kapitel beginnen wir mit
der Erklärung dieses Instruments, indem wir die Begriffe «Eltern»,
«Erwachsener» und «Kind» definieren. Diese drei Wörter haben
hier eine spezifische und umfassende Bedeutung, die sich vom üblichen Sprachgebrauch unterscheidet. Der Leser wird entdecken, daß
«Eltern» nicht dasselbe ist wie Mutter oder Vater, daß «Erwachsener» etwas ganz anderes bedeutet als eine volljährige Person und
«Kind» etwas anderes als ein kleiner Mensch. (Um Mißverständnissen vorzubeugen, werden meist die Bezeichnungen «Eltern-Ich»,
«Erwachsenen-Ich» und «Kindheits-Ich» verwendet.)

2. Eltern-Ich, Erwachsenen-Ich und Kindheits-Ich

Die Leidenschaft für die Wahrheit
wird zum Schweigen gebracht durch Antworten,
die das Gewicht unbestrittener Autorität haben.

Paul Tillich

Als er noch am Anfang seiner Entwicklung der Transaktions-Analyse stand, beobachtete Berne, daß man sehen kann, wie sich Menschen vor den eigenen Augen verändern, während man sie betrachtet und ihnen zuhört. Es ist eine totale Art der Veränderung. Simultane Veränderungen treten auf im Gesichtsausdruck, im Vokabular, in Gesten, Haltungen und Körperfunktionen, die das Gesicht erröten, das Herz klopfen und den Atem schneller gehen lassen.

Diese abrupten Veränderungen können wir bei jedem beobachten: bei dem kleinen Jungen, der in Tränen ausbricht, wenn sein Spielzeug nicht funktioniert; bei dem Teenager, dessen trauriges Gesicht vor Erregung leuchtet, wenn das Telefon endlich klingelt; bei dem Mann, der erbleicht und zittert, wenn er von geschäftlichen Fehlschlägen erfährt; bei dem Vater, dessen Gesicht «sich versteinert», wenn der Sohn ihm widerspricht. Das Individuum, das sich so verändert, ist in Knochenbau, Haut und Bekleidung immer noch dieselbe Person. Was also verändert sich in ihm? *Von was zu was* verändert es sich?

Diese Frage faszinierte Berne im Anfangsstadium der Transaktions-Analyse. Ein fünfunddreißigjähriger Rechtsanwalt, den er behandelte, sagte: «Eigentlich bin ich kein Rechtsanwalt, ich bin nur ein kleiner Junge.» Außerhalb der Praxis des Psychiaters war er tatsächlich ein erfolgreicher Rechtsanwalt, doch während der Behandlung fühlte und benahm er sich wie ein kleiner Junge. Irgendwann während der Stunde fragte er: «Sprechen Sie mit dem Anwalt oder mit dem kleinen Jungen?» Sowohl Berne wie sein Patient fanden Existenz und Auftreten dieser beiden realen Menschen oder Seinszustände immer interessanter und fingen an, sie als «der Erwachsene» und «das Kind» zu bezeichnen. Die Behandlung konzentrierte sich darauf, die beiden zu trennen. Später wurde ein anderer Zustand deutlich, der sich vom «Erwachsenen» und vom «Kind» unterschied. Das war der «Eltern»-Zustand und wurde durch ein Verhalten gekennzeichnet, das wiedergab, was der Patient bei seinen Eltern gesehen und gehört hatte, als er ein kleiner Junge war.

Veränderungen von einem Zustand in einen anderen drücken sich in Benehmen, Erscheinung, Worten und Gesten aus. Eine vierunddreißigjährige Frau suchte meine Hilfe, weil sie an Schlaflosigkeit

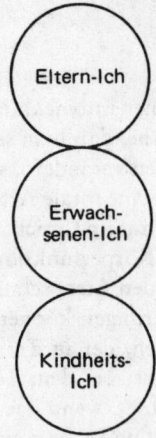

Abb. 1 Die Persönlichkeit

litt, sich ständig sorgte, «was ich meinen Kindern antue», und immer nervöser wurde. Im Laufe der ersten Stunde begann sie plötzlich zu weinen und sagte: «Ihnen gegenüber komme ich mir wie eine Dreijährige vor.» Sie sprach und benahm sich wie ein kleines Kind. Ich fragte sie: «Was ist geschehen, daß Sie sich wie ein Kind vorkommen?» – «Ich weiß nicht», antwortete sie, und dann fügte sie hinzu: «Ich kam mir plötzlich wie ein Versager vor.» Ich sagte: «Gut, dann wollen wir über Kinder und über die Familie reden. Vielleicht können wir etwas in Ihnen entdecken, was diese Gefühle des Versagens und der Verzweiflung hervorruft.» Später in der Stunde veränderten sich wieder plötzlich ihre Stimme und ihr Benehmen. Sie wurde kritisch und dogmatisch: «Immerhin haben auch Eltern Rechte. Man muß Kindern ihre Grenzen setzen.» Während einer Stunde verwandelte sich diese Mutter in drei verschiedene Persönlichkeiten: in die eines kleinen Kindes, das von Gefühlen beherrscht wird, in die «Rolle» selbstgerechter Eltern und in die einer vernünftigen, logisch denkenden, erwachsenen Frau.

Ständige Beobachtung hat die Annahme bestätigt, daß diese drei Zustände in allen Menschen existieren. Es ist, als stecke in jedem Menschen derselbe kleine Mensch, der er mit drei Jahren gewesen ist. In ihm sind auch seine eigenen Eltern. Das sind Gehirnaufzeichnungen tatsächlicher Erfahrungen von inneren und äußeren Ereignissen, von denen sich die wichtigsten innerhalb der ersten fünf Lebensjahre abspielten. Und es gibt einen dritten Zustand, der sich von diesen beiden unterscheidet. Die ersten zwei werden Eltern-Ich und Kindheits-Ich genannt, der dritte Erwachsenen-Ich.

Diese Seinszustände sind keine Rollen, sondern psychische Realitäten. Berne sagt, daß «Eltern-Ich, Erwachsenen-Ich und Kindheits-Ich keine bloßen Begriffe sind wie Über-Ich, Ich und Es... sondern phänomenologische Realitäten.»* Der jeweilige Ich-Zustand wird herbeigeführt durch die Wiedergabe von gespeicherten Informationen, die ein vergangenes Ereignis «zu Protokoll» gegeben hat und an dem wirkliche Menschen, wirkliche Zeiten, wirkliche Orte, wirkliche Entscheidungen und wirkliche Empfindungen beteiligt sind.

Das Eltern-Ich

Das Eltern-Ich ist eine ungeheure Sammlung von Aufzeichnungen im Gehirn über ungeprüft hingenommene oder aufgezwungene äußere Ereignisse, die ein Mensch in seiner frühen Kindheit wahrgenommen hat. Diese Periode umfaßt etwa die ersten fünf oder sechs Lebensjahre. Das ist die Periode vor der sozialen Geburt des Individuums, bevor es mit den Anforderungen der Gesellschaft konfrontiert wird, den Kreis der Familie überschreitet und in die Schule eintritt (Abb. 2). Das Wort Eltern-Ich trifft diesen Sachverhalt insofern gut, als die wichtigsten Aufzeichnungen durch das Beispiel und durch Äußerungen der eigenen wirklichen Eltern oder Elternvertreter zustande kommen. Alles, was ein Kind seine Eltern tun sah und sagen hörte, ist im Eltern-Ich aufbewahrt. Jeder hat ein Eltern-Ich,

* E. Berne: ‹Transactional Analysis in Psychotherapy› (New York: Grove Press, 1961), S. 24.

weil jeder in den ersten fünf bis sechs Lebensjahren äußere Reize empfangen hat. Das Eltern-Ich ist bei jedem Menschen eigenständig, weil es die Aufzeichnung derjenigen Kombination von Früherfahrungen ist, die nur dieser Mensch in dieser Form erlebt hat.

Das Tatsachenmaterial im Eltern-Ich wird original aufgenommen und ohne Korrektur registriert. Die Situation des kleinen Kindes, seine Abhängigkeit und seine Unfähigkeit, mit sprechlichen

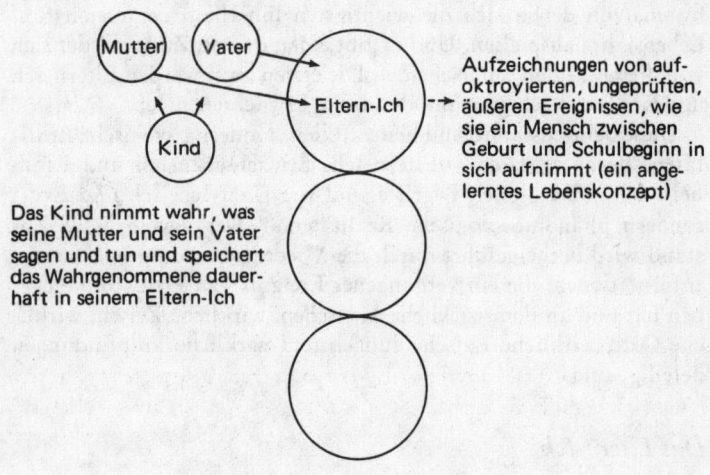

Abb. 2 Das Eltern-Ich

Mitteln Sinnzusammenhänge herzustellen, machen es ihm unmöglich, zu modifizieren, zu korrigieren oder zu erklären. Wenn daher die Eltern feindselig sind und ständig miteinander im Kriegszustand leben, wird ein Kampf aufgezeichnet mitsamt dem Schrecken, der das Kind erfaßt, wenn es sieht, wie zwei Menschen einander fast zerstören, von denen sein Weiterleben abhängt. Es gibt keine Möglichkeit, in diese Aufzeichnung die Tatsache einzublenden, daß der Vater betrunken ist, weil er gerade Pleite gemacht hat, oder daß die Mutter völlig am Ende ist, weil sie gerade entdeckt hat, daß sie doch wieder schwanger ist.

Im Eltern-Ich sind alle Ermahnungen und Regeln, alle Gebote und Verbote aufgezeichnet, die ein Kind von seinen Eltern zu hören bekommen hat oder von ihrer eigenen Lebensführung ablesen konnte. Sie reichen von den frühesten elterlichen Äußerungen, die nicht sprachlich, sondern durch den Klang der Stimme, durch den Gesichtsausdruck, durch Liebkosungen oder durch ihr Fehlen ausgedrückt werden, bis zu den zunehmend komplizierten Regeln und Vorschriften, die von den Eltern ausgesprochen werden, sobald der kleine Mensch Worte verstehen kann. In diesen Aufzeichnungen sind all die tausend «Neins» enthalten, die auf das Krabbelkind niederregnen, das ewige «Das darfst du nicht», die entsetzten und leidenden Blicke der Mutter, wenn das Kind durch seine Ungeschicklichkeit Schmach über die Familie brachte in Form von Tante Ediths zerbrochener antiker Vase.

Ebenso sind die Koseworte einer glücklichen Mutter und die frohen Blicke eines stolzen Vaters aufgezeichnet. Wenn wir bedenken, daß dieser Empfänger ständig eingeschaltet ist, fangen wir an, die ungeheure Materialmenge zu begreifen, die im Eltern-Ich gesammelt ist. Später kommen die noch komplizierteren Aussprüche: Sag immer die Wahrheit! Bezahle deine Rechnungen! Sage mir, mit wem du umgehst, und ich sage dir, wer du bist. Ein braver Junge ißt seinen Teller leer. Verschwendung ist die erste aller Sünden. Trau niemals einem Mann! Trau niemals einer Frau! Was man auch tut, es ist immer verkehrt! Trau keinem Polizisten! Sich regen bringt Segen. Wer sich in Gefahr begibt, kommt darin um. Was du nicht willst, das man dir tu, das füg auch keinem andern zu. Wer nicht betrügt, der wird betrogen.

Der entscheidende Punkt ist, daß diese Regeln, ob sie nun im Lichte einer vernünftigen Ethik gut oder schlecht sein mögen, als *Wahrheit* aufgezeichnet werden, die aus der Quelle aller Sicherheit kommt, von den «großen Leuten», denen das kleine Kindchen zu dieser Zeit gefallen und gehorchen muß. Die Aufzeichnung bleibt dieselbe. Niemand kann sie löschen. Ein ganzes Leben lang steht sie für die Wiedergabe zur Verfügung.

Diese Wiedergabe übt einen mächtigen Einfluß aus auf das ganze Leben bis zum Ende. Die Verhaltensmodelle der Eltern haben Vorbildcharakter – ihre Zwangsmaßnahmen, das Dressieren und Dirigieren, das Befehlen und Verbieten, der geringe Spielraum des Erlaubten und der enge Zwinger der Verhaltensvorschriften. Diese Unmenge von Einzelinformationen wird ein für allemal verinnerlicht, denn das Individuum ist darauf angewiesen, will es innerhalb einer Gruppe überleben und sich behaupten. Das beginnt in der

Familie und setzt sich später immer weiter fort in sämtlichen Gruppenbeziehungen, aus denen sich unser ganzes Leben aufbaut. Ohne physische Eltern würde das Kind sterben. Auch das verinnerlichte Eltern-Ich ist ein Lebensretter, der vor vielen Gefahren schützt, die, empirisch betrachtet, lebensgefährlich sein könnten. Im Eltern-Ich ist aufgezeichnet: «Laß das Messer liegen!» Das ist ein donnernder Befehl. Die Drohung für den kleinen Menschen liegt darin, daß seine Mutter ihn schlagen oder ihm auf andere Art ihre Mißbilligung zeigen wird. Die eigentliche Gefahr liegt darin, daß er sich schneiden könnte und dann vielleicht verblutet. Das kann er nicht begreifen. Er hat nicht die entsprechenden Informationen zur Verfügung. Die Aufzeichnung elterlicher Gebote ist also eine unentbehrliche Hilfe zum Überleben sowohl im physischen wie im sozialen Sinne.

Ein anderes Merkmal des Eltern-Ichs ist die Genauigkeit, mit der Widersprüche registriert werden. Eltern sagen so, handeln aber oft ganz und gar nicht so. Eltern sagen: «Du sollst nicht lügen», aber sie lügen selbst. Sie sagen ihren Kindern, daß Rauchen ihrer Gesundheit schade, doch sie rauchen selbst. Sie verkünden ihren Glauben an eine religiöse Ethik, doch sie leben nicht danach. Es ist nicht ratsam für ein Kind, diese Widersprüche aufzudecken, und so verliert es die Orientierung. Und weil dieser aufgezeichnete Tatsachenzusammenhang das Gefühl von Desorientierung und Angst hervorruft, sucht es Zuflucht vor dieser Bedrohung, indem es die Wiedergabe abschaltet.

Das Eltern-Ich ist in erster Linie zu verstehen als die «Bandaufnahme» der Transaktionen zwischen beiden Eltern des Kindes. Man kann sich die Aufnahme von Informationen im Eltern-Ich ähnlich vorstellen wie die stereophonische Tonaufzeichnung. Dabei gibt es zwei Tonspuren, die, wenn sie harmonisch aufeinander abgestimmt sind, beim gleichzeitigen Abspielen einen vollendet schönen Klangeffekt ergeben. Sind sie dagegen nicht harmonisch aufeinander abgestimmt, dann entstehen unleidliche Dissonanzen; die Aufnahme wird zur Seite gelegt und sehr selten abgespielt, wenn überhaupt. Das gleiche geschieht, wenn im Eltern-Ich verzerrte Passagen auf Band sind. Das Eltern-Ich wird an den verunglückten Stellen «weggedrückt» oder im Extremfall ganz herausgeschnitten. Vielleicht war die Mutter eine «gute» Mutter und der Vater «schlecht», oder umgekehrt. Wenn von einem Elternteil gute Schwingungen aufgefangen werden, dann ist zwar auf der einen Tonspur eine gute Aufnahme festgehalten. Aber im Eltern-Ich läuft ja noch eine zweite

Tonspur für den anderen Elternteil. Und wenn dieses zweite Band
nun störendes «Rauschen» und Dröhnen dazwischenmischt, dann
hört sich das Ganze beängstigend an: dann ist das Eltern-Ich als
Ganzes verkorkst und hinfällig. Disharmonische Eltern-Schwin-
gungen werden herausgefiltert und dürfen im Leben eines Menschen
nicht «den Ton angeben».

Man kann sich diesen Zusammenhang auch mathematisch erklären: plus mal minus gibt minus. Es spielt keine Rolle, wie groß das
Plus ist oder wie klein das Minus. Das Resultat ist immer ein Minus
– ein minderwertiges, zerstückeltes Eltern-Ich. Später im Leben
kann daraus ein unglücklicher Charakter werden, der unter seiner
inneren Zerrissenheit leidet, immer eine Protesthaltung einnimmt
und zu Depressionen neigt. Dies ist das Schicksal von Menschen, die
sich nie soweit lösen können, um ihr Eltern-Ich einer Kontrolle zu
unterwerfen. Viele Inhalte des Eltern-Ichs treten im täglichen Leben
in Form von «Gebrauchsanweisungen» auf, die vorschreiben, «wie
man's macht»: wie man einen Nagel einschlägt, wie man ein Bett
macht, wie man die Suppe ißt, wie man sich die Nase putzt, wie man
sich bei der Dame des Hauses bedankt, wie man die Hand gibt, wie
man vortäuscht, niemand wäre zu Hause, wie man die Badetücher
zusammenlegt oder wie man den Weihnachtsbaum schmückt. Diese
Kategorie «Wie man's macht» umfaßt eine Fülle von Informationen,
die sich aus der Beobachtung der Eltern ergeben haben. Sie sind
größtenteils nützlich und helfen dem kleinen Menschen, zu lernen,
wie man allein zurechtkommt. Später (wenn das Erwachsenen-Ich
erstarkt und unabhängig genug wird, um die Inhalte des Eltern-Ichs
einer Musterung zu unterziehen) werden diese früh gelernten
Methoden, wie etwas gemacht wird, vielleicht modernisiert und
durch bessere ersetzt, die einer veränderten Wirklichkeit mehr entsprechen. Ein Mensch, dem dieser frühe Lernprozeß mit unnachgie-
biger Strenge aufgezwungen wurde, tut sich besonders schwer, die
alten Vorschriften kritisch zu verarbeiten. Oft hält er sklavisch an
ihnen fest, auch wenn sie schon längst keinen Sinn mehr haben, weil
er von der Zwangsvorstellung nicht loskommt, etwas müsse «so und
nicht anders» getan werden.

Eine Frau von über vierzig Jahren erzählte von einer elterlichen
Vorschrift, die lange Zeit in ihrem eigenen Haushalt gegolten hatte.
Ihre Mutter hatte ihr früher immer gesagt: «Leg *nie* einen Hut auf
den Tisch oder einen Mantel aufs Bett.» Und so legte sie tatsächlich
nie einen Hut auf den Tisch oder einen Mantel aufs Bett. Vergaß sie

das gelegentlich oder verging sich eines ihrer Kinder gegen diese alte Regel, dann kam es bei ihr zu einer Überreaktion, die in keinem Verhältnis stand zu dem belanglosen Regelverstoß. Nachdem sie jahrzehntelang völlig unreflektiert nach diesem Gesetz gelebt hatte, fragte die Frau endlich ihre Mutter (die inzwischen über achtzig war): «Sag mal, *warum* legst du eigentlich nie einen Hut auf den Tisch oder einen Mantel aufs Bett?»

Die Großmutter erklärte, daß in ihrer Kindheit einige Nachbarskinder Läuse gehabt hätten. Ihre Mutter hatte ihr eingeschärft, niemals die Kopfbedeckungen der Nachbarskinder auf den Tisch zu legen oder ihre Mäntel auf das Bett. Das war sehr vernünftig gewesen. Man kann gut verstehen, warum dieses Gebot dem Kleinkind regelrecht eingeimpft wurde. Im Sinne von Penfields Entdeckungen ist es auch verständlich, warum sich diese Aufzeichnung mit der ursprünglichen Unabdingbarkeit Gehör verschaffte. So verhält es sich mit vielen Regeln, nach denen wir leben.

Andere Einflüsse sind schwerer deutbar. Eine moderne Hausfrau, die in ihrem Haushalt über jede technische Annehmlichkeit verfügte, stellte fest, daß sie an einem Müllschlucker einfach nicht interessiert war. Ihr Mann ermunterte sie, einen zu kaufen, und erklärte ihr, wie sehr sie sich mit einer solchen praktischen Einrichtung die Arbeit erleichtern könne. Sie war mit ihm einer Meinung, doch sie fand eine Ausrede nach der anderen, um die Anschaffung eines Müllschluckers hinauszuschieben. Ihr Mann sagte ihr schließlich auf den Kopf zu, daß sie nach seiner Überzeugung *absichtlich* keinen Müllschlucker kaufen wolle. Er bestand darauf, daß sie ihm den Grund dafür sagte.

Nach einigem Nachdenken kam sie auf ein Früherlebnis, das sie mit Abfall hatte. Ihre Kindheit fiel in die Inflationszeit. Bei ihr zu Hause wurden Abfälle sorgsam gesammelt und dem Schwein verfüttert, das an Weihnachten geschlachtet wurde und einen wichtigen Beitrag zur Ernährung der Familie leistete. Man spülte sogar das Geschirr ohne Spülmittel, damit das Abwaschwasser mit seinem geringen Nährgehalt dem Schweinefutter beigemengt werden konnte. Als kleines Mädchen hatte sie begriffen, daß Abfall etwas Wichtiges war, und darum fiel es ihr als erwachsene Frau schwer, ohne weiteres eine neumodische Einrichtung zu kaufen, die ihn aus dem Weg schaffte. (Übrigens hat sie sich dann den Müllschlucker doch gekauft und bestimmt keine grauen Haare davon bekommen.)

Wenn wir uns klarmachen, daß Tausende solcher einfacher Lebensregeln im Gehirn jedes Menschen aufgezeichnet sind, fangen wir an zu begreifen, welch einen umfassenden Datenspeicher das Eltern-Ich enthält. Viele dieser Anordnungen sind durch zusätzliche Imperative wie «Du darfst nie» und «Du mußt immer» und «Vergiß bloß nie» verstärkt, und wir können annehmen, daß sie von vornherein bestimmte Haupt-Nervenbahnen in Beschlag nehmen, die fertige Leitvorstellungen für heutige Transaktionen liefern. In diesen Regeln liegt der Keim für Zwangshandlungen, Ticks und Verschrobenheiten, die im späteren Verhalten auftreten. Ob die Vorschriften des Eltern-Ichs Last oder Lust bedeuten, hängt davon ab, wie sie sich für die Gegenwart eignen und ob sie vom Erwachsenen-Ich, dessen Funktion in diesem Kapitel noch behandelt wird, novelliat wurden oder nicht.

Der Eltern-Ich-Kodex speist sich noch aus anderen Quellen als nur aus dem Umgang mit Mutter und Vater. Ein Dreijähriger, der täglich stundenlang vor dem Fernseher sitzt, zeichnet auf, was er sieht: Das Programm, von dem er sich berieseln läßt, «programmiert» ihn für eine bestimmte Lebenshaltung. Wenn er brutale Sendungen sieht, dann glaube ich, daß er in seinem Eltern-Ich Brutalität registriert: So ist es, so ist das Leben! Zu dieser Folgerung muß er kommen, wenn die Eltern nichts dagegen tun, indem sie auf ein anderes Programm umschalten. Wenn aber auch seine Eltern gewaltstrotzende Filme genüßlich anschauen, bekommt der Kleine eine doppelte Bestätigung – vom Bildschirm und von der Familie –, und er nimmt an, daß Gewalttätigkeit erlaubt ist, solange man nur die erforderliche Anzahl von Ungerechtigkeiten zusammenbringt. Der kleine Mensch sammelt seine eigenen Gründe dafür, alles zusammenzuschießen, genau wie der Sheriff; drei Nächte mit Viehdiebstahl, ein Überfall auf die Postkutsche und ein Fremder, der Miss Kitty belästigt – solche Ereignisse können in anderer Form auch im Leben des Kindes vorkommen. Vieles, was ein Kind von seiten älterer Geschwister oder anderer Autoritätsfiguren erfährt, ist ebenfalls im Eltern-Ich aufgezeichnet. Jede äußere Situation, in der sich der kleine Mensch so abhängig fühlt, daß er sie nicht mehr in Frage stellen oder sich begreiflich machen kann, gerinnt zu Erlebnisinhalten, die im Eltern-Ich gespeichert werden. (Es gibt eine andere Art äußerer Erfahrung beim sehr kleinen Kind, die nicht im Eltern-Ich registriert wird und die wir bei der Beschreibung des Erwachsenen-Ichs untersuchen werden.)

Das Kindheits-Ich

Während äußere Ereignisse als die Datenkombination registriert werden, die wir als Eltern-Ich bezeichnen, erfolgt gleichzeitig eine andere Aufzeichnung, die nun *innere* Ereignisse erfaßt: nämlich die Reaktionen des kleinen Menschen auf das, was er sieht und hört (Abb. 3). In diesem Zusammenhang müssen wir uns an Penfields Beobachtung erinnern.

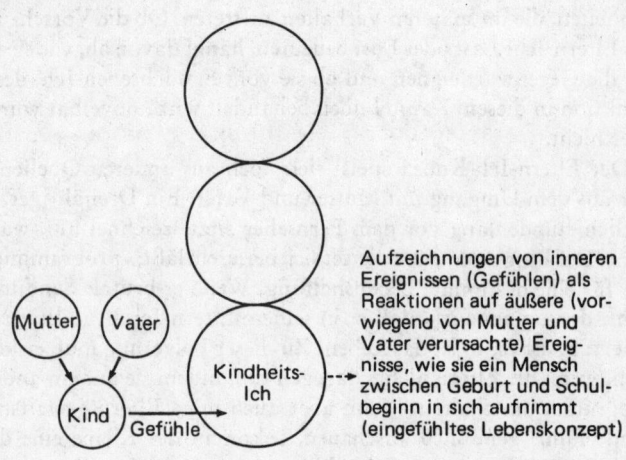

Abb. 3 Das Kindheits-Ich

«Der Patient empfindet wieder die Emotion, die die ursprüngliche Situation in ihm erregt hatte, und er ist sich der gleichen Sinndeutung bewußt, die er selbst zuerst dem Erlebnis gegeben hatte. Dabei spielt es keine Rolle, ob diese Sinndeutung den Tatsachen entsprach oder nicht. Darum ist hervorgerufene Erinnerung nicht die genaue fotografische oder phonografische Reproduktion vergangener Szenen oder Ereignisse, sondern die Reproduktion dessen, *was der Patient sowohl gesehen und gehört als auch gefühlt und verstanden hat.*»

Diese Datenkombination aus Gesehenem, Gehörtem, Gefühltem und Verstandenem definieren wir als Kindheits-Ich. Da der kleine Mensch während seiner folgenreichsten Früherlebnisse noch über keinerlei sprachliche Mittel verfügt, bestehen die meisten seiner Reaktionen aus *Gefühlen*. Wir müssen uns in seine Situation während dieser frühen Jahre hineindenken. Er ist klein, er ist abhängig, er ist noch ganz dumm, er ist ungeschickt, er hat keine Worte, mit denen er Zusammenhänge erfassen könnte. Der amerikanische Dichterphilosoph Ralph Waldo Emerson (1803–1882) sagt, wir «müssen wissen, wie ein verdrießlicher Blick einzuschätzen ist». Ein Kind kann das noch nicht wissen. Ein ärgerlicher Blick in seine Richtung kann bei ihm nur Gefühle erzeugen, die seinen Bestand an negativen Daten über sich selbst vergrößern. *Es ist mein Fehler. Schon wieder. So ist es immer. So wird es immer sein. Das hört nie auf.*

In dieser Zeit der Hilflosigkeit werden unendlich viele totale und unnachgiebige Forderungen an das Kind gestellt. Einerseits hat es den genetisch einprogrammierten Drang, seinen Darm zu entleeren, wann immer es soweit ist, den Drang, alles zu erkunden und kennenzulernen, auf alles mögliche draufzuhauen, überall zu ziehen und zu bohren, seine Gefühle auszudrücken und all die angenehmen Empfindungen zu erleben, die mit Bewegung und Entdeckung zusammenhängen. Auf der anderen Seite steht die ständige Forderung der Umwelt, vor allem der Eltern, auf diese Urbefriedigung zu verzichten, um dafür mit der elterlichen Anerkennung belohnt zu werden. Diese Anerkennung, die so schnell entzogen werden kann, wie sie gespendet worden ist, bedeutet für das Kind, das noch keinen bestimmten Zusammenhang zwischen Ursache und Wirkung sieht, ein unbegreifliches Geheimnis.

Überhaupt ist die Erziehung als langwieriger Sozialisierungsprozeß mit unzähligen großen und kleinen Frustrationserlebnissen verbunden, die sich in negativen Gefühlen niederschlagen. Aus dieser Gefühlsgrundlage keimt in dem kleinen Menschen schon früh der Gedanke auf: «Ich bin nicht o. k.» Wir bezeichnen diese umfassende Selbsteinschätzung als das NICHT O. K. oder das NICHT O. K.-KINDHEITS-ICH. Dieser Schluß und die ständige Erfahrung der kummervollen Gefühle, die zu ihm geführt haben und ihn bestätigen, werden dauerhaft im Gehirn registriert und lassen sich nicht löschen. Diese unauslöschliche Aufzeichnung ist das Vermächtnis unserer Kindheit. Jedes Kind häuft ein solches Erbe an. Selbst das Kind gütiger, liebevoller, wohlmeinender Eltern. Denn das Problem ergibt sich nicht etwa aus den Intentionen der Eltern, sondern aus der Situation an sich, in der ein Kind lebt. (Im nächsten Kapitel wird darauf näher eingegangen.)

Wenn selbst die Kinder «guter» Eltern die Bürde des NICHT O. K.
tragen müssen, dann dämmert einem die Ahnung, wie belastet Kinder sein müssen, deren Eltern sich grober Vernachlässigung, Mißhandlung und Grausamkeit schuldig machen.

Wie das Eltern-Ich ist auch das Kindheits-Ich ein Zustand, in den
ein Mensch fast jederzeit während seiner alltäglichen Transaktionen
versetzt werden kann. Auch heute können uns viele Dinge widerfahren, die wieder die Kindheitssituation heraufbeschwören und diesel-
ben Gefühle wecken, die wir damals empfunden haben. Häufig finden wir uns in einer Lage, wo wir nicht aus noch ein wissen, wo wir
in die Ecke getrieben werden, entweder tatsächlich oder nur einge-
bildet. Solche Umstände schalten das Kindheits-Ich ein, und dann
spielt es die ursprünglichen Gefühle von Frustration, Zurückweisung oder Verlassenheit wieder ab: Wir durchleiden die Ur-Beklom-
menheit des kleinen Kindes in einer späteren Version. Wenn ein
Mensch von Gefühlen gepackt wird, sagen wir deshalb: sein Kindheits-Ich hat die Führung übernommen. Wenn sein Zorn stärker ist
als seine Vernunft, dann sagen wir, daß sein Kindheits-Ich ihn in der
Gewalt hat.

Nun gibt es aber zum Glück auch noch eine gute Seite, denn das
Kindheits-Ich ist zugleich ein großer Speicher positiver Daten. Im
Kindheits-Ich ruhen Kreativität und Neugier, Abenteuerlust und
Wissensdrang, die Lust am Berühren, Fühlen, Erfahren und die
Schätze der Erinnerung an die herrlichen, taufrischen Gefühle von
ersten Entdeckertaten her. Im Kindheits-Ich sind die zahllosen,
großartigen Aha-Erlebnisse registriert, die ersten Erlebnisse überhaupt im Leben des kleinen Menschen: der erste Schluck aus dem
Gartenschlauch, das erste Streicheln des weichen Kätzchens, der
erste sichere Halt an der Mutterbrust, das erste Lichtanknipsen, die
erste Unterwasserjagd nach der Badeseife und die Wonne, all diese
Dinge wieder und wieder zu tun. Die Gefühle, die diese lustvollen
Handlungen begleiten, werden ja ebenfalls mit aufgezeichnet. Zu
allen NICHT O. K.-Aufzeichnungen gibt es einen Kontrapunkt: das
rhythmische O. K., wenn die Mutter ihr Kind in den Armen wiegt, die
weiche Wärme der Lieblingsdecke, die stets vorhandene Bereitschaft, auf positive Umstände (wenn das Kind tatsächlich geliebt
wird) auch wirklich positiv zu reagieren – all dies hat ein Mensch
ebenfalls auf seinem inneren Tonband und kann es abspielen, wenn
die Transaktionen der Gegenwart dafür den passenden Rahmen bieten. Das ist die andere Seite: das glückliche Kind, der sorglose kleine

Junge, der Schmetterlinge jagt, das kleine Mädchen mit Schokolade im Gesicht. Auch das kommt durch in den gegenwärtigen Transaktionen. Doch wenn wir kleine Kinder und uns Erwachsene beobachten, kommen wir an der Erkenntnis nicht vorbei, daß die NICHT O. K.-Gefühle die guten bei weitem überwiegen. Aus diesem Grund halten wir die Aussage für zutreffend, daß jeder ein NICHT O. K.-Kindheits-Ich hat.

Häufig werde ich gefragt: Wann hören Eltern-Ich und Kindheits-Ich auf zu reagieren? Enthalten Eltern-Ich und Kindheits-Ich nur Erfahrungen aus den ersten fünf bis sechs Lebensjahren? Ich glaube, daß ein Kind bis zu dem Moment, in dem es sein Zuhause verläßt und seine erste selbständige Erfahrung in der Gesellschaft macht – in der Schule –, fast jeder möglichen Einstellung und Ermahnung seiner Eltern ausgesetzt ist. Weitere Äußerungen der Eltern sind von da an im wesentlichen eine Verstärkung dessen, was bereits aufgezeichnet ist. Die Tatsache, daß das Kind jetzt sein Eltern-Ich gegenüber anderen einzusetzen beginnt, wirkt ebenfalls verstärkend im Sinne der aristotelischen Vorstellung, daß wir nur Eindrücke ausdrücken. Was weitere Aufzeichnungen im Kindheits-Ich angeht, so läßt sich kaum ein Gefühl vorstellen, das ein Kind in den ersten Lebensjahren noch nicht in seiner intensivsten Form empfunden hätte. Das stimmt mit den meisten psychoanalytischen Theorien überein und entspricht auch meinen eigenen Beobachtungen.

Wie aber können wir denn auf Veränderung hoffen, wenn wir aus der Kindheit hervorgehen mit einem Erfahrungsvorrat im Eltern-Ich und im Kindheits-Ich, der unauslöschlich feststeht? Wie können wir aus dem Schatten der Vergangenheit heraustreten?

Das Erwachsenen-Ich

Im Alter von etwa zehn Monaten geschieht etwas Bemerkenswertes mit dem Kind. Bis dahin hat sein Leben hauptsächlich aus hilflosen, nicht verstandesmäßigen Reaktionen auf die Forderungen und Reize seiner Umgebung bestanden. Das Kleine hat ein Eltern-Ich und ein Kindheits-Ich. Aber ihm fehlt noch die Fähigkeit, unter seinen Reaktionsmöglichkeiten auszuwählen oder seine kleine Umgebung in seinem Sinne zu verändern. Es hat noch keine Selbststeuerung, keine Möglichkeit, sich seinen Lebensraum zu erobern. Es hat einfach entgegengenommen, was ihm in den Weg kam.

Mit zehn Monaten jedoch beginnt das Kleine die Macht über seine

Bewegungen, über absichtliche Ortsveränderung auszukosten. Es
kann mit Gegenständen hantieren und fängt an, sich zu rühren und
sich aus dem Gefängnis der Bewegungslosigkeit zu befreien. Zwar ist
der Säugling schon früher, etwa mit acht Monaten, durchaus imstan-
de, Hilfe herbeizuschreien, um sich aus einer unbehaglichen Lage
erlösen zu lassen. Aber selbst damit fertig werden kann er dann noch
nicht. Mit zehn Monaten konzentriert sich der kleine Mensch, seine
Spielzeuge zu untersuchen und auszuprobieren.

Professor Arnold Gesell, der Direktor des Forschungsinstituts für
Kindesentwicklung an der Medizinischen Fakultät der Yale University, hat zusammen mit Professor Francis L. Ilg und zahlreichen Mitarbeitern über viele Jahre hin eine große Anzahl von Kindern beobachtet und aus dem reichen empirischen Material sogenannte Ver-
haltensprofile zusammengestellt, die mit großer Genauigkeit das
Verhalten des normalen Kindes auf den verschiedenen Alters- und
Entwicklungsstufen beschreiben. Die Ergebnisse dieser Pionierfor-
schung sind in drei Bänden seit Anfang der vierziger Jahre erschienen. Über das Kleinkind im Alter von zehn Monaten heißt es im
ersten Band mit dem Titel ‹Säugling und Kleinkind in der Kultur der
Gegenwart› (New York 1943, deutsche Ausgabe: Christian Verlag,
Bad Nauheim 1952):

«Der Säugling nimmt selbst sein Fläschchen bei der ersten Mor-
genmahlzeit ... Eine kleine Milchmenge kann manches Kind schon
aus der Tasse trinken; die meisten neigen jedoch dazu, unter Verzicht auf weiteres Trinken in die Tassen zu pusten ... Es pustet gern
Blasen und spielt mit Vorliebe ‹Trinken› mit einer leeren Tasse ...
Die Lautbildung wird in diesem Alter abwechslungsreicher; unarti-
kulierte Laute fallen mehr und mehr fort. Das Kind plappert jetzt
‹mama›, ‹papa›, ‹nana›, ‹gaga›, ‹dada›. Mit Vorliebe formt es mit den
Lippen Laute, singt sie in hohen Tonlagen und probiert etwa mit
dem Silbenpaar ‹dada› die verschiedensten Tonhöhen aus. Oft hält
es plötzlich inne und lacht über seine eigenen Laute, besonders über
die hohen ...

Mit gesammelter Aufmerksamkeit widmet sich der kleine Erden-
bürger der genauen Untersuchung seiner Spielsachen. Er spielt gern
mit einer Tasse und führt sie an die Lippen, als ob er daraus trinken
wolle. Überhaupt steckt er alles Erreichbare in den Mund und knab-
bert daran. Er klatscht in die Hände oder winkt.

... Das Kind freut sich auch, wenn es seine Muskelkraft erproben
kann: es sitzt gern und spielt (wenn es aufgesetzt worden ist), es lehnt

sich weit nach vorn und richtet sich wieder auf. Es angelt sich ein Spielzeug, strampelt mit den Beinen, geht vom Sitzen zum Kriechen über, zieht sich hoch und läßt sich langsam wieder nieder. Es fängt an, verschiedene Richtungen einzuschlagen.

‹Gesellschaftsspiele›, die das Kind mit seinen Pflegern jetzt gern spielt, sind ‹Guckguck – dada› und ‹Lippenspiel› (es schlägt auf seine Lippen und bringt dabei einen Sington hervor); wenn man es an beiden Händen hält, wagt es erste Schritte; es läßt sich auch gern bäuchlings auf den Boden legen oder in ein Schaukelstühlchen setzen.

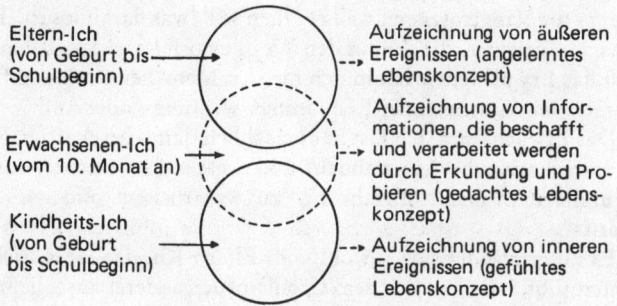

Eltern-Ich (von Geburt bis Schulbeginn) → Aufzeichnung von äußeren Ereignissen (angelerntes Lebenskonzept)

Erwachsenen-Ich (vom 10. Monat an) → Aufzeichnung von Informationen, die beschafft und verarbeitet werden durch Erkundung und Probieren (gedachtes Lebenskonzept)

Kindheits-Ich (von Geburt bis Schulbeginn) → Aufzeichnung von inneren Ereignissen (gefühltes Lebenskonzept)

Abb. 4 Allmähliche Entstehung des Erwachsenen-Ichs vom zehnten Monat an

Bei kleinen Mädchen deuten sich erste Spuren von Schüchternheit an: Sie halten den Kopf schief und lächeln dabei, vor allem beim Baden.»

Der zehn Monate alte Säugling hat entdeckt, daß er etwas tun kann, was aus seinem eigenen Bewußtsein und seinem ganz eigenständigen Denken kommt. Mit dieser Selbstverwirklichung beginnt die Bildung des Erwachsenen-Ichs (Abb. 4). Das Erwachsenen-Ich füllt sich mit Inhalten, sobald das Kind die Fähigkeit besitzt, selbständig zu klären, worin sich die Lebenswirklichkeit unterscheidet von dem «gelernten Weltbild» seines Eltern-Ichs und von dem «gefühlten Weltbild» seines Kindheits-Ichs. Das Erwachsenen-Ich baut ein «gedachtes Weltbild» auf, indem es Informationen über die Realität sammelt und verarbeitet.

Das selbständige Bewegungsvermögen, aus dem das Erwachsenen-Ich geboren wird, dient im späteren Leben zur Beruhigung, wenn ein Mensch in Bedrängnis ist: Er geht an die frische Luft, um

auf andere Gedanken zu kommen. Ähnlich gilt Auf- und Abgehen
als spannungslösend. In unserem Innern ist gültig aufgezeichnet,
daß Bewegung guttut, daß sie einem den nötigen Abstand verschafft
zu den Dingen, daß sie einem hilft, seine Probleme deutlicher in den
Blick zu bekommen.

In diesen ersten Jahren ist das Erwachsenen-Ich noch sehr anfällig
und ungefestigt. Befehle vom Eltern-Ich und Angstgefühle im
Kindheits-Ich lassen es leicht verstummen. Um ihre Kristallvase zu
schützen, sagt die Mutter: «Nein, nein! Nicht anfassen!» Das Kind
mag zurückschrecken und weinen, doch bei der ersten Gelegenheit
faßt es die Vase trotzdem, weil es sehen will, was damit los ist. Trotz
aller Hindernisse, die ihm in den Weg geworfen werden, behauptet
sich das Erwachsenen-Ich in den meisten Menschen doch und funktioniert mit zunehmender Reife immer wirkungsvoller.

Das Erwachsenen-Ich «ist hauptsächlich damit beschäftigt, Reize
in Informationen umzuwandeln und diese Informationen auf der
Grundlage früherer Erfahrung zu verarbeiten und zu speichern»*.

Es unterscheidet sich sowohl vom Eltern-Ich, das «sein Richter-
amt ausübt, indem es sich dem Urteilsspruch anderer anschließt und
übernommenen Rechtsvorschriften zum Sieg verhelfen will, als auch
vom Kindheits-Ich, das eher sprunghaft reagiert, weil es sich aus dem
prälogischen Denken speist und auf kaum differenzierte oder verzerrte Wahrnehmungen stützt». Mit Hilfe seines Erwachsenen-Ichs
kann der kleine Mensch allmählich den Unterschied feststellen zwischen dem Leben, wie es ihm beigebracht und gezeigt wurde (Eltern-
Ich), dem Leben, wie er es gefühlt, sich gewünscht oder ausgemalt
hat (Kindheits-Ich) und dem Leben, wie er es nun auf eigene Faust
begreift (Erwachsenen-Ich).

Das Erwachsenen-Ich ist ein Datenverarbeitungssystem, das Entscheidungen ausspuckt, nachdem es Informationen aus drei Speichern durchgerechnet hat: aus dem Eltern-Ich, aus dem Kindheits-
Ich und aus den Informationen, die das Erwachsenen-Ich gesammelt
hat und noch sammelt (Abb. 5). Zu den Hauptfunktionen des
Erwachsenen-Ichs gehört es, die Angaben im Eltern-Ich zu überprüfen, festzustellen, ob sie stimmen und heute noch anwendbar sind,
und sie dann zu übernehmen oder zu verwerfen. Außerdem muß das
Erwachsenen-Ich das Kindheits-Ich untersuchen, ob dessen Gefühle

* Berne: ‹Transactional Analysis in Psychotherapy›, a. a. O.

noch den Forderungen der Gegenwart angemessen sind oder aber veraltet und eine bloße Reaktion auf inzwischen längst ungültige Eltern-Ich-Daten. Das Ziel ist nicht, Eltern- und Kindheits-Ich loszuwerden, sondern unabhängig genug zu werden, um diese beiden Datenarchive gründlich zu entrümpeln. Das Erwachsenen-Ich soll, um mit Emerson zu sprechen, «sich von dem, was gut genannt wird, nicht blenden lassen, sondern soll scharf hinsehen, ob es wirklich gut

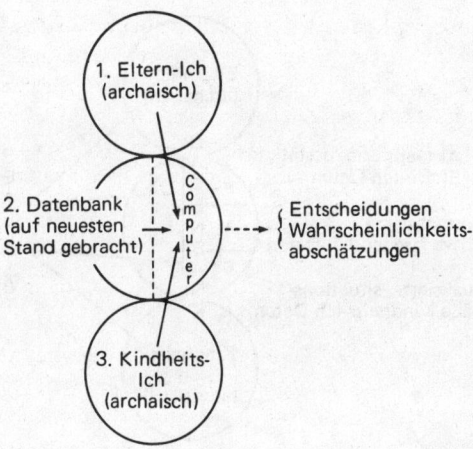

Abb. 5   Das Erwachsenen-Ich bezieht Informationen aus drei Quellen

ist», beziehungsweise schlecht ist wie in der Frühentscheidung «ich bin nicht o. k.».

Das Erwachsenen-Ich kann schon früh damit beginnen, Eltern-Ich-Daten zu überprüfen. Ein gut behütetes Kind wird entdecken, daß die meisten Daten im Eltern-Ich zuverlässig sind: «Sie haben mir die Wahrheit gesagt!»

«Es stimmt *wirklich*, daß die Autos auf der Straße gefährlich sind», folgert der kleine Junge, der erlebt hat, wie sein Hund angefahren wurde. «Es stimmt *wirklich*, daß wir uns besser vertragen, wenn ich von meinen Spielsachen etwas abgebe», denkt der Junge, der von den Nachbarskindern einmal deren heißbegehrten Roller geliehen bekommt. «Es ist *wirklich* viel angenehmer, wenn ich nicht mehr in die Hose mache», folgert das kleine Mädchen, das gelernt hat, allein aufs Klo zu gehen. Wenn elterliche Anweisungen in der Realität begründet sind, wird das Kind mit seinem eigenen Erwachsenen-Ich ausmachen, daß wenigstens diese Erwachsenen es ehrlich mit ihm meinen, und wird so einen Sinn für Integrität, für Ganzheit gewinnen. Was das Kind seiner Nachprüfung unterzieht, besteht die Prüfung. Die Daten, die es bei seinem Experimentieren und Exami-

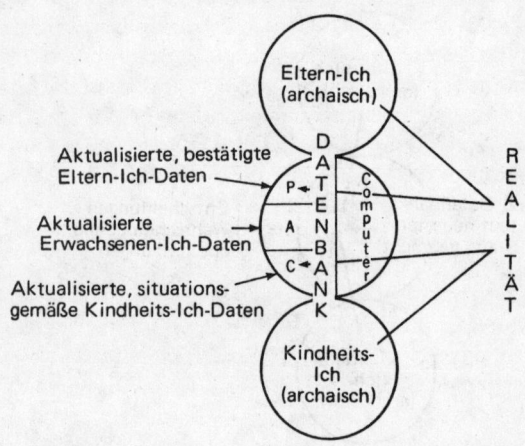

Abb. 6 Die Aktualisierungsfunktion des Erwachsenen-Ichs
durch Realitätserprobung

nieren sammelt, beginnen einige «Konstanten» zu bilden, denen das Kind vertrauen kann. Seine Feststellungen werden durch das unterstützt, was man ihm von vornherein beigebracht hat.

Betont werden muß, daß die Nachprüfung der Eltern-Ich-Daten die NICHT O. K.-Aufzeichnungen im Kindheits-Ich nicht löschen kann, die sich aus der frühen Erfassung dieser Daten zusammensetzen. Die Mutter glaubt, daß der dreijährige Willi nur durch Schläge von der Straße ferngehalten werden kann. Er versteht die Gefahr nicht. Seine Reaktion setzt sich zusammen aus Angst, Zorn und Frustration, aber es fehlt die Einsicht, daß seine Mutter ihn liebt und sein Leben beschützen will. Angst, Zorn und Frustration werden aufgezeichnet. Diese Gefühle lassen sich nicht löschen durch die spätere Einsicht, daß die Mutter richtig gehandelt hat. Doch wenn wir begreifen, in welcher Weise die ursprüngliche Kindheitssituation so viele NICHT O. K.-Aufzeichnungen dieser Art verursacht hat, kommen wir so weit, daß die alten Aufnahmen uns nicht dauernd in unser gegenwärtiges Leben «hineinfunken». *Wir können zwar die Aufzeichnung nicht löschen, aber anhalten können wir das Band!*

So wie das Erwachsenen-Ich die Daten des Eltern-Ichs auf den neuesten Stand bringt, um zu klären, was gilt und was nicht, so bringt es auch die Daten des Kindheits-Ichs aufs laufende, um festzustellen, welche Gefühle gefahrlos ausgedrückt werden können. In unserer Gesellschaft gilt es als angemessen, wenn eine Frau bei einer Hochzeit weint. Doch es gilt nicht als angemessen, wenn diese Frau hinterher beim Empfang ihren Mann anschreit. Aber sowohl Weinen wie Schreien sind Ausdruck von Emotionen im Kindheits-Ich. Das Erwachsenen-Ich sorgt dafür, daß Gefühlsäußerungen der jeweiligen Situation angemessen sind. Wie es das Eltern- und das Kindheits-Ich auf den neuesten Stand bringt, ist in einer Abbildung dargestellt. Das Erwachsenen-Ich (ER) innerhalb des Erwachsenen-Ichs auf dieser Zeichnung stellt den Bereich für aktualisierte Wirklichkeitsdaten dar. (Einst war die Weltraumfahrt für mich nur eine wirklichkeitsfremde Science-fiction. Jetzt weiß ich, daß sie Wirklichkeit geworden ist.)

Eine andere Funktion des Erwachsenen-Ichs ist die *Wahrscheinlichkeitsabschätzung*. Diese Funktion entwickelt sich im kleinen Kind langsam und hat es offenbar bei den meisten von uns schwer, im Laufe des Lebens aufzuholen. Der kleine Mensch sieht sich ständig unerfreulichen Alternativen gegenüber («entweder du ißt deinen Spinat, oder du bekommst kein Eis»), die kaum dazu anregen, Wahrscheinlichkeiten abzuschätzen. Untaxierte Wahrscheinlichkeiten können zu vielen unserer Transaktions-Fehler führen, und unvorhergesehene Gefahrensignale können mehr Schwächeanfälle oder Lähmungen unseres Erwachsenen-Ichs verursachen als vorhergesehene.

Die Fähigkeit zur Wahrscheinlichkeitsabschätzung kann durch bewußte Anstrengung trainiert werden. Wie ein Muskel im Körper wird das Erwachsenen-Ich stärker durch Training und Gebrauch. Wenn das Erwachsenen-Ich durch Wahrscheinlichkeitsabschätzung gewappnet ist gegen mögliches Unheil, dann kann es auch Abwehrmaßnahmen ersinnen für den Ernstfall.

Unter massivem Druck kann das Erwachsenen-Ich allerdings bis
zu einem Grad geschwächt werden, so daß die Emotionen ausbrechen und das Ruder übernehmen. Die Grenzen zwischen Erwachse-
nen-, Eltern- und Kindheits-Ich sind unsicher, manchmal verschwommen und durchlässig für solche Signale, die leicht wieder
Situationen heraufbeschwören, wie wir sie in unserer hilflosen,
abhängigen Kindheit erlebt haben. Manchmal stürmen so viele «Katastrophenmeldungen» auf das Erwachsenen-Ich ein, daß es gewissermaßen die Arme sinken läßt und nicht mehr eingreift, sondern
sich auf die Zuschauerbank zurückzieht und von dort das Getümmel
(d. h. die außer Rand und Band geratenen zwischenmenschlichen
Transaktionen) mit ansehen muß. In dieser Situation sagt ein
Mensch etwa: «Ich wußte, daß ich das Falsche tue, aber ich konnte
nicht anders.»

Unrealistische, irrationale, unerwachsene Reaktionen sind be-
zeichnend für einen Zustand, der traumatische Neurose genannt
wird. Die Gefahrensignale oder «Katastrophenmeldungen» treffen
auf das Eltern-Ich und auf das Kindheits-Ich im gleichen Moment
wie auf das Erwachsenen-Ich. Das Kindheits-Ich reagiert wie in der
ursprünglichen Situation mit einem Gefühl von NICHT O. K. Das
kann zu allen möglichen regressiven Symptomen führen. Das Individuum kann sich wieder als winziges, hilfloses, abhängiges Kind
fühlen. Zu den urtümlichsten Symptomen dieser Art gehört die
Denk-Blockierung. Man kann sie in geschlossenen psychiatrischen
Anstalten beobachten. Wenn sich das Tor hinter einem neuen
Patienten geschlossen hat, zieht er sich rapid und auffällig in sich
zurück. Aus diesem Grund bin ich dagegen, Patienten an einen
Behandlungsrahmen zu versetzen, bei dem das Schwergewicht auf
bemutternder Versorgung liegt. Das Umhegen des hilflosen Kindheits-Ichs im Patienten verzögert nur den Heilungsprozeß, nämlich
das Erwachsenen-Ich für seine leitende Funktion wieder aufzubauen.

Das ideale Krankenhaus wäre ein komfortables Hotel mit einem
«Spielgelände» für das Kindheits-Ich und mit einer Klinik, wo die
Patienten Gelegenheit haben, die Autonomie ihres Erwachsenen-
Ichs zu stärken. Personal dürfte keine Uniform tragen und nicht die
Elternrolle gegenüber den Kranken annehmen. Die Betreuer müß-
ten vielmehr ganz normal gekleidet sein und sich als Helfer und
Berater verstehen, die über bestimmte Fähigkeiten und Kenntnisse
verfügen, um den Patienten die Einsicht in das Wirken seines El-
tern-, Erwachsenen- und Kindheits-Ich zu erleichtern.

In unseren Therapiegruppen haben sich gewisse Sprechweisen eingebürgert wie: «Warum bleiben Sie nicht bei Ihrem Erwachsenen-Ich?», wenn einer feststellt, daß ein anderes Gruppenmitglied von seinen Gefühlen übermannt wird. Ein anderes Beispiel ist: «Was war die ursprüngliche Transaktion?» Diese Frage soll das Erwachsenen-Ich «anknipsen», damit die Ähnlichkeit analysierbar wird zwischen dem gegenwärtig auftretenden Signal, das einen jetzt rot sehen läßt, und der ursprünglichen Transaktion, in der das kleine Kind sich in Bedrängnis fühlte.

Die Arbeit des Erwachsenen-Ichs besteht also aus der laufenden Überprüfung alter Daten, die entweder bestätigt oder widerlegt werden, ehe sie dann für spätere Verwendung wieder richtig eingeordnet werden. Wenn sich diese Arbeit reibungslos vollzieht und wenn kaum ein Widerspruch zwischen dem Beigebrachten und dem Realen auftritt, ist unser «Computer» frei für eine wichtige neue Arbeit: *Kreativität.* Kreativität entsteht wie das Erwachsenen-Ich aus der Neugier im Kindheits-Ich. Das Kindheits-Ich stellt den Antrieb («ich will») zur Verfügung, das Erwachsenen-Ich die Steuerung («wie man's macht»). Die wichtigste Voraussetzung für Kreativität ist, daß der Computer genügend Zeit hat. Wenn der Computer mit alten Arbeiten vollgestopft ist, hat er kaum Zeit für neue. Sind die Anweisungen aus dem Eltern-Ich erst einmal durchgeprüft, dann kann das System viele von ihnen automatisch verarbeiten, und der Computer wird frei für Kreativität. Viele unserer Entscheidungen in alltäglichen Transaktionen kommen automatisch zustande. Wenn wir zum Beispiel einen Pfeil sehen, der eine Einbahnstraße entlangzeigt, fahren wir automatisch nicht in Gegenrichtung. Wir belasten unseren Computer nicht mit einer zeitraubenden Datenverarbeitung über Straßenbau, die Zahl der Verkehrstoten oder über die Fabrikation von Verkehrsschildern. Müßten wir vor jeder Entscheidung beim Nullpunkt anfangen oder gänzlich ohne die Daten auskommen, die wir unseren Eltern verdanken, dann hätte unser Computer kaum Zeit für den kreativen Prozeß.

Manche Menschen behaupten, das undisziplinierte Kind, das sich ohne die geringste Einschränkung ausleben darf, sei kreativer als das Kind, dem seine Eltern gewisse Grenzen setzen. Das glaube ich nicht. Ein Kind hat mehr Muße, kreativ zu sein – zu erkunden, zu erfinden, auseinanderzunehmen und zusammenzusetzen –, wenn es seine Zeit nicht darauf verschwenden muß, obwohl dafür so gut wie keine Anhaltspunkte gegeben sind. Ein kleiner Junge hat mehr Zeit,

einen Schneemann zu bauen, wenn seine Mutter ihn nicht erst eine
lange Quengelei über Gummistiefel anfangen läßt. Wenn ein Kind
seine Kreativität mit Schuhcreme an den Zimmerwänden austoben
darf, treffen es die schmerzlichen Folgen der gleichen Aktivität in
der Nachbarswohnung unvorbereitet und um so härter. Schmerzhafte «Folgen» bewirken keine o. k.-Gefühle. Es gibt andere Konsequenzen, die noch viel zeitraubender sind, etwa ein Krankenhausaufenthalt nach einem «umwerfenden Lernerlebnis» mit Autos im
Straßenverkehr. Die Computerzeit ist begrenzt. Konflikte nehmen
viel davon weg. Ein äußerst zeitraubender Konflikt entsteht, wenn
die Behauptungen der Eltern vom Erwachsenen-Ich nicht aner-
kannt werden können. Am kreativsten ist das junge Individuum,
nach dessen Erfahrung ein großer Teil des Eltern-Ichs der Realität
entspricht. Es kann dann diese überprüfte und als zutreffend erwie-
sene Information im Erwachsenen-Ich einordnen, kann ihr vertrau-
en, sie vergessen und sich anderen Dingen zuwenden — etwa wie man
einen Drachen steigen läßt, wie man eine Sandburg baut oder wie
man eine Differentialgleichung löst.

 Doch viele Kinder sind lange Zeit vorwiegend mit dem Konflikt
zwischen den Daten ihres Eltern-Ichs und ihrer eigenen Kenntnis
der Realität beschäftigt. Am meisten beunruhigt sie dabei, daß sie
nicht verstehen, warum das Eltern-Ich solche Macht über sie hat.
Wenn die Wahrheit an die Tür zum Eltern-Ich klopft, dann sagt das
Eltern-Ich: «Komm, jetzt diskutieren wir erst mal.» Das kleine
Kind, dessen Vater im Gefängnis sitzt und dessen Mutter stiehlt, um
es zu ernähren, hat in seinem Eltern-Ich laut und deutlich die Aufzeichnung: «Mit der Polente darf man sich niemals einlassen!» Dann
trifft das Kind einen freundlichen Polizeibeamten. Sein Erwachsenen-Ich rechnet alle Daten über diesen netten Mann durch, wie er
auf dem Bolzplatz ein Fußballspiel organisiert, wie er allen Kau-
gummi schenkt, wie er freundlich ist und mit ruhiger Stimme spricht.
Für diesen Jungen entsteht ein Konflikt. Was er als Realität sieht,
unterscheidet sich von dem, was man ihm beigebracht hat. Das
Eltern-Ich sagt so und das Erwachsenen-Ich so. Solange tatsächlich
seine Sicherheit von seinen Eltern abhängt, mag diese Sicherheit
auch noch so dürftig sein, wird er wahrscheinlich das Urteil seiner
Eltern übernehmen: «Bullen sind schlecht.» So werden Vorurteile
übertragen. *Für ein kleines Kind ist es manchmal weniger riskant, an
eine Lüge zu glauben als an das, was es selber hört und sieht.* Das
Eltern-Ich bedroht in solchen Fällen das Kindheits-Ich in einem fort-

währenden inneren Dialog dermaßen, daß das Erwachsenen-Ich aufgibt und nicht mehr versucht, in den Kampfgebieten Aufklärung zu treiben. Darum wird der Satz: «Bullen sind schlecht» als Wahrheit aufgenommen. Dieser Vorgang nennt sich *Trübung (contamination)* des Erwachsenen-Ichs. Mehr darüber findet sich im sechsten Kapitel.

3. Die vier Lebensanschauungen

Denn das Traurige im echten Humor besteht darin, daß er ehrlich und ohne Täuschung rein menschlich beleuchtet, was es heißt, ein Kind zu sein.

Søren Kierkegaard

Sehr früh im Leben kommt jedes Kind zu dem Schluß: «Ich bin nicht o. k.» Ebenso kommt jedes Kind schon früh zu einem Gesamturteil über seine Eltern: «Du bist o. k.» Dies ist das erste Resultat, zu dem schon das winzige Menschenkind kommt – eine Ungleichung am Beginn der lebenslangen Bemühung, sich selbst und die Umwelt auf einen Nenner zu bringen. Diese Anschauung: ICH BIN NICHT O. K. – DU BIST O. K. ist die folgenschwerste Entscheidung im Leben eines Menschen. Es ist *die* Grundsatzentscheidung, sie ist für die Dauer aufgezeichnet und wird alles beeinflussen, was ein Mensch auch immer tut. Weil es sich jedoch um eine Entscheidung handelt, kann sie durch eine neue Entscheidung geändert werden – aber erst, wenn sie verstanden wird.

Zur Unterstützung dieser Behauptung will ich im ersten Teil dieses Kapitels die jeweilige Situation des Neugeborenen, des Säuglings und des Kleinkindes, bevor und nachdem es sprechen gelernt hat, untersuchen. Viele Menschen bestehen darauf, daß sie eine «glückliche Kindheit» hatten und daß sie niemals zu einer Folgerung gekommen waren wie ICH BIN NICHT O. K. – DU BIST O. K. Ich bin der festen Ansicht, daß *jedes* Kind dazu kommt, wie glücklich eine Kindheit auch erlebt worden sein mag. Zuerst will ich die Situation seines Eintritts ins Leben untersuchen und dabei nachweisen, daß die Ereignisse seiner Geburt und seines Säuglingsdaseins sehr wohl aufgezeichnet werden, auch wenn sie später nicht erinnert werden.

In diesem Zusammenhang kommen wir noch einmal auf Penfields Feststellung: das menschliche Gehirn erfüllt drei Funktionen, 1. Aufzeichnung, 2. Erinnerung, 3. Wiedererleben. Obwohl eine *Erinnerung* an die früheste Lebensperiode nicht möglich ist, haben wir Beweise dafür, daß wir die frühesten Erlebnisse insofern *wiedererle-*

ben können (und das auch tun), als wir zu dem Gefühlszustand des Neugeborenen zurückkehren. Da der Säugling noch keine Sprache besitzt, sind seine Reaktionen auf Sinneseindrücke, auf Gefühle und vielleicht auf verschwommene, archaische Phantasien beschränkt. Seine Gefühle äußern sich durch Weinen oder durch Bewegungen, die entweder Unwohlsein oder Behagen anzeigen. Seine Empfindungen und Phantasien sind zwar mit Worten kaum zu fassen, weil der Säugling noch keine Worte hatte, als sie sich einprägten, doch gelegentlich werden sie in Träumen im späteren Leben wiedergegeben.

Ein Beispiel: Eine Patientin berichtete von einem Traum, der im Laufe ihres Lebens immer wiederkehrte. Jedesmal erwachte sie nach diesem Traum in äußerster Panik mit Herzklopfen und Atemnot. Sie bemühte sich, den Traum zu beschreiben, doch sie fand keine Worte dafür. Bei einem dieser Versuche sagte sie, im Traum komme sie sich etwa vor wie «ein winziger kleiner Punkt, und große, riesige, runde, kosmische Dinge wirbelten um mich herum wie ungeheure Spiralen, die immer größer wurden und drohten, mich zu verschlingen, und ich schien in diesem weiten, riesigen Ding einfach zu verschwinden». Obwohl sie ihrem Bericht die Beobachtung hinzufügte, sie habe ihre Identität verloren, schien die extreme Panik darauf hinzuweisen, daß sie um ihr Leben bangte – primäre biologische Reaktion auf die Todesdrohung.

Einige Zeit später berichtete sie wieder von dem Traum. Sie hatte ihn zum erstenmal seit etwa einem Jahr wieder geträumt. Sie war auf einer Reise gewesen, und sie und ihr Mann hatten in einem abgelegenen Gasthaus zu Mittag gegessen, in dem die Atmosphäre besser war als das Essen. Als sie in ihr Hotel zurückkamen, fühlte sie sich nicht wohl und legte sich deshalb hin. Sie schlief ein. Wenig später erwachte sie in Panik, die dieser Traum immer hervorrief. Außerdem hatte sie heftige Magenkrämpfe, so daß sie sich «vor Schmerzen krümmte». Kein Ereignis der letzten Zeit war sonderlich angsterregend gewesen, und der panische Traum schien in direktem Zusammenhang mit der Urgewalt ihrer Magenschmerzen zu stehen. Den Traum konnte sie noch immer nicht beschreiben. Doch sie berichtete von einer anderen Empfindung, dem Gefühl, zu ersticken.

Gewisse Informationen über die Mutter der Patientin deuteten auf einen möglichen Ursprung dieses Traumes hin. Die Mutter, eine füllige, vollbusige Frau, hatte ihre Kinder immer ausgiebig gestillt und war überzeugt, alle Probleme der Kleinen seien beseitigt, wenn

sie nur richtig satt zu trinken hätten. Gut versorgte Kinder waren für
sie vor allem gut genährte Kinder. Außerdem war sie eine aggressi-
ve, gebieterische Frau. Wir leiteten davon ab (und mehr können wir
nicht tun), daß der Traum seinen Ursprung in einer Zeit hat, als die
Patientin noch nicht sprechen konnte, da es ihr unmöglich war, den
Inhalt zu beschreiben. Die Bauchkrämpfe deuten auf eine frühe
Eßerfahrung hin. Die Wahrscheinlichkeit liegt nahe, daß im Säuglingsalter die Patientin immer dann, wenn sie satt war oder ein Völ-
legefühl hatte und nicht mehr trank, von der Mutter gedrängt wurde, doch noch mehr zu sich zu nehmen. (Das war in der Zeit, als es
noch hieß: «Iß, soviel du kannst, es muß vorhalten.») Gefühle von
«traumähnlicher» Schläfrigkeit, Erstickungszustände und Magenkrämpfe könnten dabei aufgetreten sein. Der Trauminhalt (ein kleines Ding, das von riesigen, kosmischen Dingen verschlungen wird)
könnte eine Wiedergabe dessen sein, wie der Säugling seine Situation wahrgenommen hat – sich selbst als kleinen Punkt, der von den
riesigen, runden Dingern, den Brüsten der Mutter, oder von der
ungeheuren Präsenz der Mutter selbst überwältigt wird.

Derartiges Traummaterial stützt die Annahme, *daß unsere frühesten Erlebnisse trotz ihrer Unbeschreibbarkeit aufgezeichnet sind
und in der Gegenwart wiederholt werden*. Ein anderes Merkmal
dafür, daß Erlebnisse vom Augenblick der Geburt an aufgezeichnet
werden, ist die Wahrung von Vorteilen aus frühester Zeit. Die Reaktionen des Säuglings auf äußere Reize sind zwar zuerst instinktiv,
doch bald spiegeln sie eine konditionierte oder gelernte (oder aufgezeichnete) Erfahrung wieder. Zum Beispiel lernt der Säugling, in die
Richtung der mütterlichen Schritte zu schauen. Wenn alle Erfahrungen und Gefühle aufgezeichnet sind, dann können wir die äußerste
Panik oder Wut oder Furcht, die wir heute in bestimmten Situationen empfinden, als ein Wiedererleben des ursprünglichen Zustands
von Panik oder Wut oder Furcht verstehen, den wir als Säugling
empfunden haben. Wir können das dann als die Wiedergabe der ori-
ginalen Bandaufnahme betrachten.

Um zu verstehen, was sich daraus alles ergibt, müssen wir die
Situation des Säuglings untersuchen. Auf der Abbildung 7 sehen wir
eine Linie, die die Lebensspanne vom Augenblick der Empfängnis
bis zum Alter von fünf oder sechs Jahren darstellt. Der erste Zeitab-
schnitt umfaßt die neun Monate zwischen Empfängnis und biologischer Geburt. In diesen neun Monaten beginnt das Leben in der voll-
kommensten Umwelt, die das menschliche Individuum jemals be-

wohnen kann. Diese Art von Leben wird als symbiotische Intimität bezeichnet.

Dann wird das kleine Individuum bei der biologischen Geburt innerhalb weniger Stunden in eine katastrophale Kontrastsituation hinausgestoßen, in der es den fremdartigen und zweifellos furchterregenden neuen Umweltbedingungen von Kälte, Rauheit, Druck, Lärm, Haltlosigkeit, Helligkeit, Getrenntsein und Verlassenheit ausgesetzt ist. Für kurze Zeit ist der Säugling abgeschnitten, abgetrennt, allein gelassen, beziehungslos. Die vielen Theorien über das Geburtstrauma stimmen in der Annahme überein, daß die durch dieses Ereignis aufgewühlten Gefühle aufgezeichnet und in irgendeiner Form im Gehirn aufbewahrt sind. Diese Annahme wird durch die zahlreichen, sich wiederholenden Träume vom «Abflußrohr» bestätigt, die viele Menschen nach extremen Streß-Situationen träumen. Die Patienten schildern einen Traum, in dem sie aus einem ruhigen Wasser in ein Siel oder in ein Abflußrohr gerissen werden. Sie fühlen, wie sie immer schneller abtreiben und wie der Druck stärker und stärker wird. Dieses Gefühl wird auch bei Klaustrophobie erlebt. Der Säugling wird mit überwältigenden, unangenehmen Reizen überschwemmt, und die daraus entstehenden Gefühle sind nach Freud das Modell für alle spätere Angst.*

Wenige Augenblicke danach begegnet dem Säugling ein Retter, ein anderer Mensch, der ihn hochnimmt, ihn warm einhüllt, ihn hält und mit dem beruhigenden Akt des «Streichelns» beginnt. Das ist der Augenblick der psychologischen Geburt (Abb. 7). Das Streicheln ist die erste Information darüber, daß das Leben «da draußen» nicht ganz und gar schrecklich ist. Es ist eine Versöhnung, eine Wiederherstellung der Verbundenheit. Es setzt seinen Lebenswillen in Gang. Streicheln oder ständig wiederholter körperlicher Kontakt ist für den Säugling lebensnotwendig. Ohne das stirbt er, wenn nicht physisch, dann psychisch. Früher traten Todesfälle durch Marasmus (allgemeiner körperlicher und geistiger Kräfteschwund und Verfall) häufig in Findelhäusern auf, wo die Säuglinge das frühe Streicheln entbehren mußten. Es gab keine körperliche Ursachen zur Erklärung dieser Todesfälle außer dem Fehlen der offenbar unentbehrlichen «belebenden» Reizung durch Streicheln.

Dieses beruhigende Pflegen und Umhegen wird nun aber auch dem normalen Säugling nicht ohne Unterbrechung gewährt. Darum

---

* Sigmund Freud: ‹Hysterie und Angst›. Studienausgabe. Bd. VI.

schwankt seine Stimmung immer hin und her zwischen Zufrieden-
heit und Unzufriedenheit: ständig befindet er sich im Ungleichge-
wicht. In den ersten zwei Lebensjahren hat er keine begrifflichen
Denkwerkzeuge – nämlich *Worte* –, um sich mit deren Hilfe eine
Erklärung für diese unsichere Stellung in seiner Welt aufzubauen.
Doch sein Gehirn zeichnet ständig die Gefühle auf, die aus der
Beziehung zwischen ihm und anderen, in erster Linie zwischen ihm

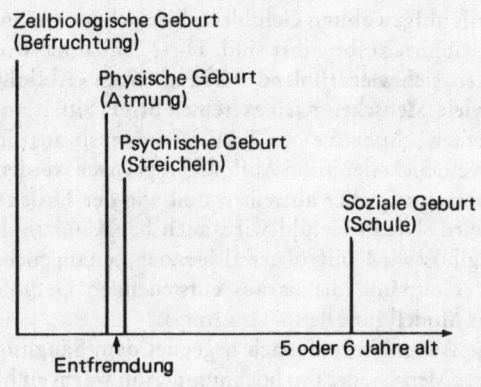

Abb. 7 Die vier Geburten des Menschen

und seiner Mutter, entstehen. Und diese Gefühle hängen engstens
mit Streicheln oder Nicht-Streicheln zusammen. Wer streichelt, ist
o. k. Die Selbsteinschätzung des Säuglings ist unsicher, weil seine
O. K.-Gefühle vorübergehend sind und ständig durch NICHT O. K.-
Gefühle ersetzt werden. Schließlich bringt ihn diese Ungewißheit zu
der Überzeugung: ICH BIN NICHT O. K. In welchem Alter entscheidet
sich das Kind nun endgültig für die Anschauung ICH BIN NICHT O. K.
– IHR SEID O. K.?
Der Schweizerische Psychologe Professor Jean Piaget kam auf
Grund genauer Beobachtungen von Säuglingen und Kleinkindern
zu dem Schluß, daß das Kausalitätsbewußtsein, das heißt die Ein-

sicht in den Zusammenhang zwischen Ursache und Wirkung, beim
Kind schon in den ersten Lebensmonaten erwache und daß es gegen
Ende des zweiten Lebensjahres voll entwickelt sei.* Mit anderen
Worten: am Anfang wirbeln ungezählte Eindrücke wild durchein-
ander, allmählich kristallisieren sich in diesem Chaos einige
Anhaltspunkte heraus; durch Wiederholung prägen sie sich in ihrer
zeitlichen Abfolge ein, bis sich aus den nunmehr folgerichtig ver-
knüpften Informationen bestimmte «Erfahrungsmuster» zusam-
mensetzen, die noch vor dem Spracherwerb des Kindes zu einer
Anschauung, zu einer Grundeinstellung, zu einer prälogischen
Schlußfolgerung führen. Piaget sagt: «Im Laufe der ersten zwei
Kindheitsjahre scheinen die Entfaltung sensomotorischer Intelligenz und dazu die entsprechende Deutung des Universums zu einem
Gleichgewichtszustand zu führen, der an das rationale Denken
grenzt.» Ich glaube, daß dieser Gleichgewichtszustand, der sich
gegen Ende des zweiten oder während des dritten Lebensjahres
zeigt, das Ergebnis der Schlußfolgerung ist, die das Kind über sich
selbst und andere zieht: seine *Lebensanschauung.* Wenn es sich für
diese Anschauung einmal entschieden hat, hat das Kind eine feste
Ausgangsposition, die Voraussagen möglich macht. Piaget erklärt,
daß diese ersten geistigen Prozesse noch nicht in der Lage sind,
«Wahrheiten zu erkennen oder festzustellen», sondern daß sie auf
den Wunsch nach Erfolg oder praktischer Anpassung beschränkt
sind: Wenn ICH NICHT O. K. BIN und DU O. K. BIST, was kann ich dann
tun, daß du, eine O. K.-Person, gut bist zu mir, zu einer NICHT O. K.-
Person? Die Anschauung mag ungünstig erscheinen, aber dem Kind
prägt sie sich so ein, und sie ist immerhin besser als nichts. So entsteht
der Gleichgewichtszustand. Das Erwachsenen-Ich in dem kleinen
Menschen hat es zum erstenmal fertiggebracht, dem Leben einen
Sinn zu geben, das «zentrale Lebensproblem» (Alfred Adler) zu
lösen: die Einstellung gegenüber anderen, und das zu klären, was der
amerikanische Psychiater und Psychoanalytiker Harry Stack Sullivan (1892–1949) die «Einstellungen gegenüber sich selbst» genannt
hat, «die das Individuum für immer beibehält».

Eine der klarsten Formulierungen des Vorgangs, wie sich die Einstellungen, Anschauungen oder Positionen entwickeln, stammt von
Lawrence S. Kubie:

* Jean Piaget: ‹*La construction du réel chez l'enfant*› (deutsche Ausgabe
in Vorbereitung, Stuttgart, Klett-Verlag).

«Eine sichere Ableitung dürfen wir vornehmen, nämlich daß in einem frühen Lebensalter, zuweilen während der ersten Monate, zuweilen später, *eine emotionale Kernposition bezogen wird* ... Klinisch erhärtete Tatsachen sprechen dafür, wenn eine emotionale Kernposition erst einmal bezogen ist zu Anfang des Lebens, daß sie dann zu derjenigen affektiven Position wird, *auf welche sich das betreffende Individuum meist ganz automatisch zurückziehen wird während seines ganzen Lebens.* Diese Kernposition kann entweder zur stärksten oder zur verwundbarsten Stelle in seinem Leben werden... Wenn die emotionale Kernposition ständig schmerzhafte Konflikte verursacht, muß sich ein Individuum vielleicht ein Leben lang dagegen zur Wehr setzen. Es bedient sich dabei sowohl bewußter, als auch vorbewußter, als auch unbewußter Taktiken immer mit dem Ziel, sich gegen diesen ausstrahlenden Unruheherd in seinem Inneren abzuschirmen.»*

Kubie stellt dann die Frage, ob diese Positionen oder Anschauungen im späteren Leben zu verändern sind oder nicht. Ich glaube, sie können verändert werden. Obwohl die Früherfahrungen, die zu der grundlegenden Lebensanschauung geführt haben, nicht gelöscht werden können, glaube ich, daß diese früh angeeignete Grundanschauung revidierbar ist: denn es handelt sich hier ja um eine Entscheidung und nicht um ein Naturgesetz, und *Entscheidungen können grundsätzlich auch wieder aufgehoben werden.*

Die Transaktions-Analyse kommt zu folgendem Schema der vier möglichen Lebensanschauungen, wie ein Mensch sich selbst und andere sieht:

1. ICH BIN NICHT O. K. – DU BIST O. K.
2. ICH BIN NICHT O. K. – DU BIST NICHT O. K.
3. ICH BIN O. K. – DU BIST NICHT O. K.
4. ICH BIN O. K. – DU BIST O. K.

Bevor ich jede Lebensanschauung genauer beschreibe, möchte ich einige allgemeine Feststellungen über Lebensanschauungen an sich treffen. Ich glaube, daß bis zum Ende des zweiten Lebensjahres oder irgendwann während des dritten das Kind sich für eine der ersten

---

* L. S. Kubie: ‹The Neurotic Process as the Focus of Physiological and Psychoanalytic Research›. In: *The Journal of Mental Science.* Bd. 104, Nr. 435 (1958).

drei Grundanschauungen entschieden hat. ICH BIN NICHT O. K. – DU BIST O. K. ist die erste zaghafte Entscheidung, die auf den Erfahrungen des ersten Lebensjahres beruht. Bis zum Ende des zweiten Jahres ist sie entweder bestätigt, oder sie macht der zweiten oder der dritten Grundanschauung Platz: ICH BIN NICHT O. K. – DU BIST NICHT O. K. (2) oder ICH BIN O. K. – DU BIST NICHT O. K. (3). Sobald das geschehen ist, bleibt das Kind bei dieser seiner gewählten Grundanschauung, die alle seine Handlungen bestimmt. Auf dieser Anschauung verharrt das Individuum für den Rest seines Lebens, wenn es sie nicht später bewußt in die vierte Grundanschauung verändert. Menschen springen nicht beliebig zwischen den einzelnen Positionen hin und her. Die Entscheidung für eine der ersten drei Positionen beruht völlig auf Streicheln oder Nicht-Streicheln. Die ersten drei Entscheidungen vollziehen sich auf einer nicht begrifflichen Ebene, also ohne sprachliche Vorverarbeitung. Sie sind Folgerungen, nicht Erklärungen. Doch sie sind mehr als bloße bedingte Reflexe. Sie sind, was Piaget als intellektuelle Ausdeutungen beim Aufbau des Kausalitätsbewußtseins bezeichnet. Mit anderen Worten: Sie sind ein Produkt der Datenverarbeitung im Erwachsenen-Ich des sehr kleinen Menschen.

ICH BIN NICHT O. K. – DU BIST O. K.

Diese Grundanschauung ist charakteristisch für die frühe Kindheit, sie ist die logische Folgerung des Säuglings aus einer Situation bei der Geburt und im Säuglingsalter. Eine O. K.-Seite hat diese Grundanschauung, weil das Streicheln nicht fehlt. Jedes Kind wird im ersten Lebensjahr gestreichelt, und zwar einfach, weil es hochgenommen werden muß, damit man es versorgen kann. Ohne ein Minimum an Berührung würde der Säugling nicht am Leben bleiben. Zugleich gibt es aber auch eine NICHT O. K.-Seite. Das ist die Überzeugung des Säuglings von sich selbst. Ich glaube, alle Befunde deuten auf eine erdrückende Anhäufung von NICHT O. K.-Gefühlen im Kind hin, die (auf der Grundlage *seines* Beweismaterials) den Rückschluß auf sich selbst: ICH BIN NICHT O. K. zwingend macht. Wenn ich Patienten und Nicht-Patienten die Transaktions-Analyse erkläre, reagieren fast alle auf die Erläuterung von Ursprung und Existenz des NICHT O. K.-Kindheits-Ichs mit dem Ausruf: *Genauso ist es!* Ich glaube, daß das Bekenntnis zum NICHT O. K.-Kindheits-Ich in jedem von uns die einzige Möglichkeit ist, durch Einfühlung zum Zweck der Heilung

Verhaltens-Spiele zu analysieren. Mit guten Gründen darf man von
der Allgemeingültigkeit der Verhaltens-Spiele auf die Allgemeingültigkeit des ICH-BIN-NICHT-O. K. schließen. Über diesen Punkt
kam es zum Bruch zwischen Adler und Freud: Nicht die Sexualität,
so Adler, liegt dem Lebenskampf des Menschen zugrunde, sondern
Minderwertigkeitsgefühle (NICHT O. K.), die überall zutage treten.
Er behauptet, daß das Kind sich wegen seiner Kleinheit und Hilflosigkeit zwangsläufig den erwachsenen Personen in seiner Umgebung unterlegen fühle. Harry Stack Sullivan wurde von Adler stark
beeinflußt und ich von Sullivan, mit dem ich in den letzten fünf Jahren vor seinem Tod eng zusammengearbeitet habe. Sullivan, dessen
wichtigster Beitrag zum psychoanalytischen Denken das Konzept
von den «interpersonalen Beziehungen» oder Transaktionen war,
erklärte, daß die Selbsteinschätzung des Kindes völlig auf der
Bewertung durch andere aufbaut. Er nannte das «reflektierte
Bewertung» und führte aus:

«Dem Kind fehlen Ausrüstung und Erfahrung, um sich ein
genaues Bild von sich selbst zu machen; darum kann es sich nur nach
den Realitionen der anderen auf es selbst richten. Es gibt kaum einen
Grund für das Kind, diese Bewertungen anzuzweifeln, und auf jeden
Fall ist es viel zu hilflos, um sie anzufechten oder dagegen zu rebellie-
ren. Es akzeptiert passiv die Beurteilungen, die zuerst nachdrücklich
übermittelt werden durch Worte, Gesten und Handlungen in dieser
Periode ... So behält das Individuum immer die Selbsteinschätzun-
gen, die es früh im Leben gelernt hat, wobei besondere Umweltbedingungen und eine Modifikation durch spätere Erfahrungen noch
eine gewisse Rolle spielen können.»*

Solange die erste Lebensanschauung gilt, fühlt sich der Mensch
von der Gnade anderer abhängig. Er hat ein großes Bedürfnis nach
Streicheln oder nach Anerkennung, wie die psychische Variante des
frühen physischen Streichelns lautet. In dieser Anschauung liegt
auch Hoffnung, weil es jemanden gibt, der streichelt – DU BIST O. K.
–, selbst wenn das Streicheln nicht beständig ist. Das Erwachsenen-
Ich steht nun vor der Aufgabe: Was muß ich tun, um das Streicheln
der O. K.-Personen oder ihre Anerkennung zu gewinnen? Menschen
haben zwei Möglichkeiten, wie sie mit dieser Anschauung durchs
Leben kommen.

---

* Zitiert nach G. S. Blum: ‹Psychoanalytic Theories of Personality›
(New York: McGraw-Hill, 1963), S. 73, 74.

DIE VIER LEBENSANSCHAUUNGEN

Die erste Möglichkeit ist, nach einem *Lebens-Drehbuch** zu leben, welches das NICHT-O. K. bestätigt. Es wird unbewußt vom Kindheits-Ich geschrieben. Das Drehbuch kann ein zurückgezogenes Leben fordern, weil es zu quälend ist, von O. K.-Menschen umgeben zu sein. Solche Individuen können das Streicheln in der Phantasie suchen und sich einem sorgfältig ausgemalten Wunschleben widmen: «*Wenn ich...*» Das Drehbuch eines anderen Menschen verlangt vielleicht nach einem Verhalten, das provozierend ist bis zu einem Grade, wo sich die anderen gegen ihn wenden (negatives Streicheln). Das beweist wieder: ICH BIN NICHT O. K. Dies ist der Fall beim «bösen kleinen Jungen». *Du sagst, ich bin böse, also werde ich böse sein!* Er tritt, spuckt und kratzt sich seinen Weg durchs Leben und erreicht so eine trügerische innere Geschlossenheit mit mindestens einer verläßlichen Konstante: ICH BIN NICHT O. K. – DU BIST O. K. Auf eine unglückliche Weise ist das sinnvoll, denn die Geschlossenheit der Lebensanschauung bleibt erhalten, doch sie führt zur Verzweiflung. Die letzte Konsequenz dieser Anschauung ist Selbstaufgabe (Einweisung in eine Anstalt) oder Selbstmord.

Die zweite Möglichkeit, mit seiner Grundanschauung das Leben zu bewältigen, wird häufiger ergriffen. Sie ergibt sich aus einem (ebenfalls unbewußten) Gegendrehbuch (*Counterscript*) mit «Zitaten» aus dem Eltern-Ich: DU KANNST O. K. SEIN, WENN. Ein solcher Mensch sucht Freunde und Verbündete mit einem starken Eltern-Ich, weil er starkes Streicheln braucht, und je stärker das Eltern-Ich, desto stärker das Streicheln. (O. K.-Streicheln kann nur von O. K.-Menschen kommen, und das Eltern-Ich ist O. K., wie es am Anfang war.) Dieser Mensch ist eifrig, willig und nachgiebig gegenüber den Forderungen anderer. Weil sie sich so um Beifall bemühen, gehören sie «zu unseren besten Leuten». Doch sie sind auf lebenslanges Bergsteigen festgelegt: wenn sie den Gipfel eines Berges erreicht haben, stehen sie schon dem nächsten Berg gegenüber. Das NICHT-O. K. schreibt das Drehbuch; das DU-BIST-O. K. (und ich will sein wie du)

---

* Die Begriffe Lebens-Drehbuch (*life script*) und Gegendrehbuch (*Counterscript*) gebrauche ich hier ohne nähere Erläuterungen. Das Drehbuch, seine Entstehung und Analyse (*Script Analysis*), wird in den Arbeiten anderer Transaktions-Analytiker (Berne, Ernst, Groder, Karpman, Steiner) gründlich untersucht. Bei der Drehbuch-Analyse geht es darum, die frühen, unbewußt getroffenen Entscheidungen über Lebensziel und Lebenswege dahin freizulegen und damit einer Veränderung zugänglich zu machen.

schreibt das Gegendrehbuch. Doch keines von beiden kann Glück oder ein Gefühl von bleibendem Wert vermitteln, weil die Lebensanschauung nicht verändert worden ist. «Was ich auch tue, ich bin dennoch NICHT O. K.»

Wenn diese Lebensanschauung einmal freigelegt und geändert worden ist, können die Leistungen und Fähigkeiten, die sich aus dem Gegendrehbuch ergeben haben, dem Menschen beim Aufbau eines neuen und bewußten Lebensplans mit dem Erwachsenen-Ich sehr dienlich sein.

ICH BIN NICHT O. K. — DU BIST NICHT O. K.

Wenn alle Kinder, die das Säuglingsstadium überleben, anfänglich folgern ICH BIN NICHT O. K. — DU BIST O. K., woraus ergibt sich dann die zweite Lebensanschauung, ICH BIN NICHT O. K. und DU BIST ES AUCH NICHT? Was ist mit dem DU-BIST-O. K. geschehen? Was ist mit dem Streichelspender passiert?

Gegen Ende des ersten Lebensjahres erfährt das Kind eine wesentliche Veränderung: es kann laufen. Es muß nicht länger getragen werden. Wenn seine Mutter gefühlskalt ist und nicht gern streichelt, wenn sie sich im ersten Jahr nur um das Kind gekümmert hat, weil sie mußte, dann bedeutet sein Laufenlernen das Ende seiner Babyzeit. Das Streicheln hört ganz auf. Außerdem werden die Strafen härter und häufiger, wenn es aus seinem Bettchen klettern kann, überall dazwischengerät und nicht bleibt, wo es soll. Sogar Verletzungen, die sich das Kind selbst beibringt, ereignen sich öfter, weil es jetzt, wo es sich selbständig bewegen kann, über Hindernisse stolpert und Treppen hinunterfällt.

Das Leben, das im ersten Jahr noch einige Annehmlichkeiten bot, hat jetzt keine mehr. Das Streicheln ist verschwunden. Wenn dieser Zustand der Verlassenheit und Bedrängnis unverändert während des zweiten Lebensjahrs anhält, folgert das Kind: ICH BIN NICHT O. K. — DU BIST NICHT O. K. Bei diesem Stand der Dinge hört die Entwicklung des Erwachsenen-Ichs auf, weil eine seiner primären Funktionen — nämlich: gestreichelt zu werden — dadurch gestört wird, daß das Streicheln ausbleibt. Ein Mensch mit dieser Lebensanschauung gibt auf. Er hat keine Hoffnung. Er vegetiert einfach dahin und kann schließlich in einem Stadium extremer Abgestumpftheit in einer Heilanstalt enden, wo sein regressives Verhalten eine vage, archaische Sehnsucht nach einem Leben wie in seinem ersten Lebensjahr widerspiegelt, in dem er das einzige Streicheln bekommen hat, das er kennt – als Säugling, der im Arm gehalten und gefüttert wurde.

Man kann sich kaum vorstellen, daß jemand ohne irgendwelches Streicheln durchs Leben geht. Selbst wenn die eigene Mutter nicht gestreichelt hat, hat es doch sicher Personen gegeben, die sich um einen Menschen in dieser Lage kümmern konnten und ihn tatsächlich gestreichelt haben. Doch wenn eine Lebensanschauung einmal entschieden ist, wird alle Erfahrung ausgewählt nach dem Gesichtspunkt, ob sie die Lebensanschauung untermauert und dann in diesem Sinne interpretiert. Wenn ein Mensch zu dem Schluß kommt: DU BIST NICHT O. K., dann gilt das für alle anderen Menschen, und er lehnt ihr Streicheln ab, auch wenn es noch so echt ist. Er hat ursprünglich ein gewisses Maß an Geschlossenheit oder Sinn in seiner frühen Schlußfolgerung gefunden. Deshalb können neue Erfahrungen sie nicht ohne weiteres umstoßen. Denn Lebensanschauungen sind von Natur deterministisch. Außerdem hört ein Individuum mit dieser Lebensanschauung auf, sein Erwachsenen-Ich im Hinblick auf seine Beziehungen zu anderen zu gebrauchen. Daher ist es auch in der Therapie schwierig, sein Erwachsenen-Ich zu erreichen, und dies, weil auch der Therapeut in die Kategorie DU BIST NICHT O. K. fällt.

Es gibt eine Voraussetzung, unter der ICH BIN NICHT O. K. – DU BIST NICHT O. K. die Anfangsanschauung sein kann statt der zweiten, die auf die erste folgte. Diese Voraussetzung ist gegeben beim autistischen Kind. Das autistische Kind bleibt psychisch ungeboren. Frühkindlicher Autismus scheint die Reaktion des unreifen Organismus auf katastrophalen Streß in einer Außenwelt zu sein, in der es kein Streicheln gibt, *das ihn erreicht*. Das autistische Kind hat sich in den kritischen ersten Lebenswochen nicht gerettet gefühlt, so als hätte es nach seiner katastrophalen Ausstoßung ins Leben «dort draußen» keinen gefunden.

Schopler* nimmt einen physiologischen Faktor an, der im Verein mit ungenügendem Streicheln ein Kind autistisch werden läßt. Dieser Faktor könnte eine hohe Reizschwelle sein, so daß das erteilte Streicheln nicht aufgenommen wird. Das Kind entbehrt dann zwar das Streicheln nicht völlig, doch es entbehrt die entsprechende Emp-

---

* E. Schopler: ‹Early Infantile Autism and Receptor Processes›. In: *Archives of General Psychiatry*, Bd. 13 (Oktober 1965).

findung oder die nötige Summation dieser Empfindungen. Die
Eltern halten das Kind dann für reaktionslos (es mag nicht getragen
werden, es liegt einfach da, es ist so anders), und dann wird ihm auch
das bisherige Streicheln entzogen, weil «es nicht angefaßt werden
mag».

Möglicherweise hätte tüchtiges Streicheln (mehr, als normalerweise gegeben wird) die Schwelle überwunden.

Ich habe einmal beobachtet, wie ein elfjähriger autistischer Junge,
der nicht sprechen konnte, die Empfindung der ICH-BIN-NICHT-O. K.
– DU-BIST-NICHT-O. K.-Anschauung zum Ausdruck brachte: Kräftig
und anhaltend schlug er mit der Fasut zuerst seinen Betreuer, dann
seinen eigenen Kopf. Es war, als wollte er so seine ganze Lebenseinstellung ausdrücken: DU BIST NICHT O. K. und ICH BIN NICHT O. K.,
darum mache ich uns beide kaputt.

ICH BIN O. K. – DU BIST NICHT O. K.

Ein Kind, das lange genug terrorisiert worden ist von seinen Eltern,
die es doch anfänglich für O. K. gehalten hat, wird zu der dritten, der
kriminellen Lebensanschauung übergehen: ICH BIN O. K. – DU BIST
NICHT O. K. Eine O. K.-Seite ist vorhanden, doch wie kommt sie
zustande? Wo ist die Quelle des Streichelns, wenn das Urteil lautet:
DU BIST NICHT O. K.?

Diese Frage ist schwierig, wenn man berücksichtigt, daß die
Grundanschauung im zweiten oder dritten Lebensjahr gewonnen
wird.

Wenn ein Zweijähriges schließt: ICH BIN O. K., ist dann sein O. K.
das Produkt von «Selbststreicheln», und wenn ja, wie streichelt ein
kleines Kind sich selbst?

Ich glaube, daß dieses Selbststreicheln tatsächlich dann auftritt,
wenn ein kleiner Mensch sich von größeren, schmerzhaften Verletzungen erholt, wie die mißhandelten Kinder sie erleiden. Diese Kinder werden so schwer geschlagen, daß sie Platzwunden, Prellungen
und Knochenbrüche davontragen. Jeder, der einmal einen Knochen-
bruch oder starke Prellungen hatte, kennt den Schmerz. Bei den
Opfern von Kindesmißhandlungen finden sich äußerst schmerzhafte Verletzungen wie gebrochene Rippen, Nierenquetschungen und
Schädelbrüche. Wie empfindet ein Kleinkind den jeden Atemzug
begleitenden Schmerz bei gebrochenen Rippen oder das marternde
Kopfweh, das durch Blut in der Rückenmarksflüssigkeit entsteht?

Stündlich erleiden fünf Säuglinge in den USA derartige Verletzungen von der Hand ihrer Eltern.*

Ich glaube, während dieses kleine Individuum sich erholt, während es sozusagen «daliegt und seine Wunden leckt», erlebt es allein und für sich ein Empfinden des Wohlbehagens, und sei es nur, weil sein gebesserter Zustand in so krassem Gegensatz zu dem schrecklichen Schmerz steht, den es gerade erfahren hat. Es ist, als empfände dieses Kind: Mit mir kommt alles in Ordnung, wenn ihr mich nur in Ruhe laßt. Allein für mich BIN ICH O. K. Wenn die brutalen Eltern wieder auftauchen, windet es sich vor Furcht, es könnte wieder geschehen. Ihr tut mir weh! Ihr seid NICHT O. K. ICH BIN O. K. – DU BIST NICHT O. K. Die Vorgeschichte vieler krimineller Psychopathen, die diese Grundanschauung haben, berichtet von derartigen schweren körperlichen Mißhandlungen.

Ein solcher Mensch hat Brutalität erfahren, doch er hat auch erfahren, daß er überlebt. Was einmal geschah, kann wieder geschehen. Ich habe überlebt. Ich werde überleben. Aufgeben kommt nicht in Frage. Wenn er älter wird, fängt er an zurückzuschlagen. Er hat Härte gesehen, und er weiß, wie man selber hart sein kann. Außerdem hat er die Erlaubnis (von seinem Eltern-Ich), hart und grausam zu sein. Haß hält ihn aufrecht, obwohl er gelernt haben mag, ihn hinter einer Maske wohlberechneter Höflichkeit zu verbergen. Caryl Chessman hat gesagt: «Nichts stärkt einen mehr als Haß; man kann alles mögliche sein, nur nicht ängstlich.»

Für ein solches Kind ist die Anschauung: ICH BIN O. K. – DU BIST NICHT O. K. eine lebensrettende Entscheidung. Die Tragödie für diesen Menschen und für die Gesellschaft liegt darin, daß er durchs Leben geht mit der Weigerung, nach innen zu schauen. Er ist unfähig, objektiv zu erkennen. Schuld haben immer «die andern». Es sind überhaupt «immer die andern». Unverbesserliche Kriminelle beharren auf dieser Einstellung. Das sind die Menschen «ohne Gewissen» und mit der Überzeugung, daß sie O. K. sind, egal, was sie tun, und daß in jeder Situation die ganze Schuld bei den andern liegt.

* Unbegreiflicherweise gibt es für die Bundesrepublik Deutschland keinerlei verläßliche Zahlen über das Ausmaß schwerer Kindesmißhandlungen, schon gar nicht über Gewaltverbrechen, die Eltern an ihren Kindern begehen. Einigkeit herrscht über die Schätzung, daß nur etwa jede zehnte dieser Greueltaten bekannt und verfolgt wird. Man muß bis auf weiteres annehmen, daß bei uns jedes Jahr mindestens 5000 Kinder auf brutalste Weise mißhandelt werden (Anm. d. Übers.).

Dieser Zustand, der einmal als «moralischer Schwachsinn» bezeichnet wurde, bedeutet in Wirklichkeit, daß der betreffende Mensch jede Information darüber, daß irgend jemand (außer ihm selbst) O. K. ist, ausgeschlossen hat. Aus diesem Grund ist auch die Therapie schwierig, denn wie alle anderen ist auch der Therapeut NICHT O. K. Die letzte Konsequenz dieser Anschauung ist Mord, der vom Mörder als gerechtfertigt *empfunden* wird (genauso, wie er sich gerechtfertigt fühlte, sich von vornherein für diese Lebensanschauung zu entscheiden).

Ein Mensch mit der Grundanschauung: ICH BIN O. K. — DU BIST NICHT O. K. leidet an Streichelhunger. Ein Streicheln ist nur so gut wie der, von dem man es empfängt. Nun gibt es aber keine O. K.-Menschen. Darum kann es auch kein O. K.-Streicheln geben. Ein solcher Mensch kann sich mit einem Gefolge von Jasagern umgeben, das ihn unermüdlich lobt und streichelt. Doch er weiß, daß dieses Streicheln nicht echt ist, weil er es selbst inszenieren mußte, genau wie er von vornherein für sein eigenes Streicheln sorgen mußte. Je mehr sie ihn loben, um so mehr verachtet er sie, bis er sie schließlich alle verstößt zugunsten einer neuen Gruppe von Jasagern. «Komm her, damit ich's dir geben kann», ist eine alte Aufzeichnung. So ist es von Anfang an gewesen.

ICH BIN O. K. —

Aber es gibt eine vierte Lebensanschauung, auf sie gründet sich unsere Hoffnung. Das ist die Grundanschauung: ICH BIN O. K. — DU BIST O. K. Zwischen den ersten drei Lebensanschauungen und dieser vierten besteht ein qualitativer Unterschied. Die ersten drei sind unbewußt, weil sie früh im Leben entschieden worden sind. ICH BIN NICHT O. K. — DU BIST O. K. kommt zuerst und bleibt für die meisten Menschen ein Leben lang erhalten. Bei bestimmten äußerst unglücklichen Kindern wurde diese ursprüngliche Lebenseinstellung gegen die zweite oder dritte Grundanschauung ausgetauscht. Bis zum dritten Lebensjahr ist eine dieser Anschauungen in jedem Menschen fixiert. Die Entscheidung für eine der möglichen Grundeinstellungen ist vielleicht eine der ersten Funktionen des Erwachsenen-Ichs im Säugling, das versucht, einen Sinn im Leben zu finden, damit das unentbehrliche Maß an Vorhersagbarkeit ins wirre Durcheinander aus Reizen und Gefühlen eingeführt werden kann. Die Lebensanschauungen werden auf Grund von Daten aus dem Eltern-Ich und

aus dem Kindheits-Ich aufgebaut. Die Grundanschauungen gehen
aus Emotionen oder Sinneseindrücken hervor ohne Korrekturmög-
lichkeit durch die äußere Realität.

Die vierte Lebensanschauung, ICH BIN O. K. – DU BIST O. K., ist eine
bewußte und begrifflich artikulierbare Entscheidung. Sie kann daher nicht nur eine unendlich viel größere Anzahl Informationen
über die eigene Person und über andere umfassen, sondern auch die
noch nicht selbst erlebten Möglichkeiten einbeziehen, die in den
Abstraktionen von Philosophie und Religion vorhanden sind. *Die
ersten drei Lebensanschauungen beruhen auf Gefühlen. Die vierte
beruht auf Denken, Glauben und Einsatzbereitschaft.* Die ersten
drei entspringen der Frage: Warum? Die vierte bildet sich aus der
Fragestellung: Warum nicht? Unser O. K.-Verständnis ist nicht auf
unsere eigenen persönlichen Erfahrungen beschränkt, weil wir diese
in eine Abstraktion umsetzen können, die allen Menschen zugänglich ist.

*In eine neue Lebensanschauung werden wir nicht hineingedrängt.
Wir entscheiden uns dafür!* In dieser Hinsicht gleicht der Vorgang
einem Damaskuserlebnis. Um uns für die vierte Grundanschauung
entscheiden zu können, brauchen wir sehr viel mehr Informationen,
als die meisten Menschen je erhalten, über die Bedingungen und
Umstände der ursprünglichen Anschauungen, die so früh im Leben
entschieden werden. Glücklich sind die Kinder, die immer wieder
Situationen ausgesetzt werden, in denen sie sich selbst ihren eigenen
Wert und den der anderen beweisen können. Sie entdecken früh im
Leben, daß sie O. K. sind. Unglücklicherweise ist die verbreiteste
Grundanschauung der «Erfolgreiche» wie der «Erfolglose»: ICH BIN
NICHT O. K. – DU BIST O. K. Die meisten versuchen damit fertig zu wer-
den, indem sie Verhaltensspiele treiben.

Ein Spiel (*game*) ist nach Eric Berne:

«... eine fortlaufende Folge verdeckter Komplementär-Transaktionen, die zu einem ganz bestimmten, voraussagbaren Ergebnis
führen. Es läßt sich auch beschreiben als eine periodisch wiederkehrende Folge sich häufig wiederholender Transaktionen, äußerlich
scheinbar plausibel, dabei aber von verborgenen Motiven beherrscht; umgangssprachlich kann man es auch bezeichnen als eine
Folge von Einzelaktionen, die mit einer Falle bzw. einem trügerischen Trick verbunden sind.»*

---

* Berne: ‹*Spiele der Erwachsenen*›, a. a. O., S. 57.

Ich glaube, daß alle Verhaltensspiele ihren Ursprung in dem einfachen Kinderspiel haben, das man leicht bei jeder Gruppe von Dreijährigen beobachten kann: «Meins ist besser als deins.» Dieses Spiel soll vorübergehend die drückende Bürde des NICHT-O. K. ein wenig erleichtern. Es kommt ganz entscheidend darauf an, sich vor Augen zu halten, was die Anschauung: ICH BIN NICHT O. K. – DU BIST O. K. für ein Dreijähriges bedeutet. ICH BIN NICHT O. K. heißt: Ich bin ein Dreikäsehoch, ich bin hilflos, ich bin schutzlos, ich bin schmutzig, ich mache alles falsch, ich bin ungeschickt, und ich habe keine Worte, um dir verständlich zu machen, wie man sich da vorkommt. DU BIST O. K. heißt: Du bist ein Meter achtzig groß, du bist stark, du hast immer recht, du weißt alle Antworten, du bist gescheit, du bist mein Herr über Leben und Tod, du kannst mich schlagen und mir weh tun, und es ist immer noch O. K.

Jede Milderung dieser ungerechten Verteilung von Nachteilen und Vorzügen ist dem Kind willkommen. Eine größere Portion Eis, sich vordrängeln, über den Fehler der Schwester lachen, den kleinen Bruder verhauen, die Katze treten, mehr Spielzeug haben – all das bedeutet momentane Erleichterung, obwohl die nächste Katastrophe schon vor der Tür steht: Ohrfeigen, vom kleinen Bruder verhauen werden, von der Katze gekratzt werden oder jemanden treffen, der mehr Spielzeug hat.

Erwachsene widmen sich verfeinerten Variationen des Spiels «Meins ist besser». Manche Menschen verschaffen sich eine vorübergehende Erleichterung, indem sie Besitztümer anhäufen, in größeren, schöneren Häusern leben als Schmidts, Schulzes oder Lehmanns, oder indem sie sich an ihrer Bescheidenheit weiden: Ich bin nicht so anspruchsvoll wie du. Diese Manöver, die auf dem beruhen, was Alfred Adler «Leitbilder» nannte, können eine willkommene Erleichterung verschaffen, obwohl vor der Tür schon die Katastrophe steht in Form einer drückenden Hypothek oder verheerender Rechnungen, die den Menschen zu lebenslänglicher Plackerei zwingen. Im 7. Kapitel werden Spiele detailliert als eine verschlimmernde «Lösung» beschrieben, die das ursprüngliche Elend komplizieren und das NICHT-O. K. bestätigen.

Mit diesem Buch soll nachgewiesen werden, daß Menschen nur gesund oder O. K. werden können, wenn man das Kindheitsdilemma aufdeckt, das den ersten drei Lebensanschauungen zugrunde liegt, und wenn man herausfindet, wie gegenwärtiges Verhalten diese Grundeinstellungen chronisch macht.

Schließlich kommt es entscheidend darauf an, zu verstehen, daß
ICH BIN O. K. – DU BIST O. K. eine *Lebensanschauung ist und kein
Gefühl.* Die NICHT O. K.-Aufzeichnungen im Kindheits-Ich werden
durch eine Entscheidung in der Gegenwart nicht gelöscht. Die praktische Aufgabe besteht darin, eine Sammlung von Aufnahmen aufzubauen, die O. K.-Ergebnisse von Transaktionen wiedergeben, Erfolge im Sinne korrekter Wahrscheinlichkeitsabschätzung, Erfolge
im Sinne ganzheitlicher Handlungen, die sinnvoll sind, die vom
Erwachsenen-Ich programmiert werden und nicht vom Eltern- oder
Kindheits-Ich, Erfolge, die auf einer Ethik beruhen, welche rational
untermauert werden kann. Ein Mensch, der jahrelang nach den Entscheidungen eines emanzipierten Erwachsenen-Ichs gelebt hat, besitzt eine große Sammlung solcher vergangener Erlebnisse und kann
mit Sicherheit behaupten: «Ich weiß, daß das funktioniert.» Und
warum «funktioniert» das Leben mit der Grundanschauung ICH BIN
O. K. – DU BIST O. K.? Weil ein Mensch mit dieser Einstellung es nicht
anlegt auf sofortige Glückseligkeit hier und heute.

Einmal beklagte sich eine junge geschiedene Frau in einer meiner
Gruppen bitterlich: «Sie und Ihre verdammte O. K.-Sache da!
Gestern abend ging ich zu einer Party und beschloß, so nett wie möglich zu sein, und ich beschloß auch, daß alle anderen dort O. K. seien.
Und ich ging zu dieser Frau, die ich kenne, und sagte: ‹Warum kommen Sie nicht mal zum Kaffee zu mir?› Und was macht die? Sooo
klein macht sie mich und sagt ganz von oben herab: ‹Nun, ich würde
schon gern mal kommen, aber, wissen Sie, nicht jeder hat soviel Zeit,
wie Sie zum gemütlichen Dasitzen und stundenlangen Ratschen und
Klatschen.› Da pfeif ich doch auf das Ganze... es funktioniert
nicht!»

Persönliche oder soziale Krisen sind nicht sofort beigelegt, wenn
wir uns eine neue Lebensanschauung zulegen. Das Kindheits-Ich
will augenblickliche Ergebnisse – wie Pulverkaffee, Fertigsuppen
und Bullrichsalz gegen Sodbrennen. Das Erwachsenen-Ich kann begreifen, daß Geduld und Vertrauen nötig sind. Wir können nicht
sofortige O. K.-Gefühle garantieren, indem wir nur eben rasch durch
die ICH-BIN-O. K.–DU-BIST-O. K.-Brille blicken. Wir müssen uns bewußt bleiben, daß die alten Aufzeichnungen nun einmal gegeben
sind. Aber wir können uns entschließen, sie abzuschalten, wenn sie
etwas wiedergeben, was den Glauben an eine neue Lebensweise
untergräbt. Diese neue Lebensweise wird zu neuen Ergebnissen und
zu neuem Glück in unserem Leben führen, *wenn die Zeit reif ist.*

Unser Erwachsenen-Ich kann zudem die Reaktionen des Kindheits-Ichs bei anderen Menschen erkennen und sich frei entscheiden, auf dieser Ich-Ebene nicht mitzuspielen.

Dies hat tiefgreifende Veränderungen zur Folge. Was für Veränderungen? Wie kann es überhaupt zu Veränderungen kommen? Um diese Fragen geht es im folgenden Kapitel.

4. Wir können uns ändern

Alle Menschen sind stolz auf die Fortschritte
der Gesellschaft,
und kein Mensch macht Fortschritte.

Ralph Waldo Emerson

Die Feststellung, daß wir Probleme haben, ist für sich allein genommen noch nicht sonderlich hilfreich. Wichtiger ist die Erkenntnis, daß wir Tag für Tag den größten Teil unserer Energie daran wenden, Entscheidungen zu treffen. Patienten sagen häufig: «Ich kann mich nicht entscheiden. Sagen Sie mir, was ich tun soll. Ich habe Angst, mich falsch zu entscheiden.» Oder sie klagen angesichts ihrer Entscheidungsunfähigkeit: «Ich bin ständig am Rande des Zusammenbruchs. Ich hasse mich selbst. Ich kann nie etwas Richtiges zustande bringen. Mein Leben ist eine einzige Kette von Fehlern.»

In solchen und ähnlichen Klagen finden die Probleme der Menschen ihren Ausdruck. Es wird deutlich, daß sie alle auf das Kernproblem zurückgehen: Wie soll ich, wie kann ich mich entscheiden? Unentschlossenheit stürzt einen Menschen in tiefe Verunsicherung. Zuweilen will er sich aus diesem beängstigenden Schwebezustand retten, indem er den ersten besten anfleht: «Tu doch etwas – irgend etwas, aber tu's!» Bei der Behandlung stoßen wir immer wieder auf zwei Haupthindernisse, die unsere Patienten nicht zu einer Entscheidung durchdringen lassen:

1. «Ich entscheide mich immer für das Falsche.» Dies sagt ein Mensch, der zwar Entscheidungen trifft und auch danach handelt, aber beides – Entscheidungen und Handlungen – schlägt in der Regel zu seinem Nachteil aus.

2. «Ich schlage mich andauernd mit derselben Sache herum.» Dies sagt ein Mensch, dessen Computer mit unerledigten Arbeiten oder mit immer noch nicht endgültig gefaßten Beschlüssen vollgestopft ist.

Der erste Schritt zur Überwindung beider Hindernisse ist die Erkenntnis, daß bei jeder Entscheidung drei Datengruppen verar-

beitet werden müssen. Die erste Datengruppe ist im Eltern-Ich, die
zweite im Kindheits-Ich und die dritte im Erwachsenen-Ich gespeichert. Die Daten im Eltern- und im Kindheits-Ich sind gewissermaßen Archivmaterial, Zeugnisse einer längst vergangenen Zeit. Die
Daten im Erwachsenen-Ich spiegeln die Erfahrungswelt so wieder,
wie sie heute existiert, dazu kommt ein ungeheuer großer Datenvor-
rat, der sich unabhängig vom Eltern- und vom Kindheits-Ich in der
Vergangenheit angesammelt hat. Daten aus allen drei Quellen werden nun von Transaktions-Impulsen angesprochen und wandern zur
Verarbeitung in den Computer. Aber was wird den Ausschlag geben
– das Eltern-Ich, das Erwachsenen-Ich oder das Kindheits-Ich? Vielleicht läßt sich dieser Vorgang am besten an einem Beispiel erklären.

Nehmen wir an, daß sich ein Geschäftsmann mittleren Alters, der
als guter Vater, als guter Ehemann und als verantwortungsbewußter
Bürger Ansehen genießt, entscheiden muß, ob er einen Aufruf unter-
schreiben soll, der in der Lokalzeitung erscheinen wird. Der Aufruf
unterstützt ein Wohngesetz zur Rassenintegration, das es Menschen
aller Rassen ermöglichen soll, dort zu wohnen, wo sie es sich ihren
Einkommen nach leisten können. Er wird telefonisch um seine
Unterschrift gebeten; sobald er den Hörer auflegt, spürt er großes
Unbehagen, er hat plötzlich ein ungutes Gefühl in der Magenge-
gend, kurzum: er ärgert sich, weil man ihm den ganzen Tag gründlich verdorben hat.

Er muß eine Entscheidung treffen, die offenbar mit vielen Konflikten verbunden ist. Woher kommen die einander widersprechen-
den Daten?

Eine Quelle ist sein Eltern-Ich. Jetzt werden – neben anderen –
etwa folgende «historische Originalaufnahmen» abgespielt: «Mach
deiner Familie keine Schande!», «Nur nicht auffallen!», «Warum
ausgerechnet du?», «Deine eigene Sippe kommt immer zuerst!» Solche Motive tönen wie helle Koloraturen aus dunkel wogenden
Akkorden heraus, die das Ganze untermalen und den Stimmungs-
hintergrund bilden. Diese Hintergrundmusik klingt in ihm fort seit
seiner frühesten Kindheit daheim in den Südstaaten: «Man muß
dafür sorgen, daß sie dableiben, wo sie hingehören.» Unter der
Überschrift «Nigger» gibt es eine ganze Kategorie von Eltern-Ich-
Daten, die nie nachgeprüft werden konnten. Diese Datengruppe
wurde in der frühen Kindheit unter Verschluß getan mit strengen
Anweisungen wie: «Frag nicht soviel!», «Weil er ein Nigger ist,

darum!» – «Ich möchte nicht noch einmal hören, daß du davon
anfängst!» (Selbst «harmlose» kleine Abzählreime wie *Eenie, mee-
nie, minie, mo, Catch a nigger by the toe*» prägen sich ein als Variation über dasselbe Thema.)

Diese frühen Aufzeichnungen, im Laufe der Jahre noch verstärkt
durch häufige «Predigten» der Eltern und durch weitere Beweise
dafür, daß die Anwesenheit von Negern zu Unruhen führen kann
(zum Beispiel in Little Rock, Selma, Watts und Detroit), beeinflussen die Entscheidung dieses Mannes sehr nachhaltig.

Die Macht dieser Daten liegt darin, daß sie im Kindheits-Ich die
alten Ängste wieder heraufbeschwören können. Das «einsachtzig
große» Eltern-Ich drückt wieder auf das «dreikäsehohe» Kindheits-
Ich, damit es sich fügt. Und so kommt nun die zweite Datengruppe
ins Spiel: die des Kindheits-Ichs. Diese Daten manifestieren sich
vorwiegend in Gefühlen: in Angstgefühlen vor dem, was «man»
sagen wird, was geschehen würde, wenn meine Tochter «einen von
denen heiraten wollte», was mit dem Wert meines Grundstücks
geschehen wird. Es geht hier um reale Schwierigkeiten, doch die
Intensität der Gefühle hängt weniger mit den realen Schwierigkeiten zusammen als vielmehr mit der ursprünglichen Schwierigkeit
des dreijährigen Kindes, das seine Sicherheit findet in der Abhängigkeit von seinen Eltern. Und das ist es, was zu Übelkeit und schwit-
zenden Händen führt. Der Konflikt kann so quälend sein, daß der
Mann zur Cognacflasche greift oder in irgendeine Tätigkeit flieht,
um «sein Eltern-Ich loszuwerden».

Die Krise wäre bald beendet, gäbe es nicht noch eine andere
Datengruppe, die ebenfalls dem Computer eingefüttert wird. Das
sind die Daten, die aus der Realität kommen und zum Bereich des
Erwachsenen-Ichs gehören. Einen «einfachen» oder «gedankenlosen» Menschen kümmert die Realität wenig. Er gibt einfach seinem
Eltern-Ich nach. Seine Devise heißt: Friede (für das Kindheits-Ich)
um jeden Preis. Das Alte ist doch noch das Beste. So sind die Menschen nun mal. Die Geschichte wiederholt sich. Laß nur die andern
machen.

Nur der Mensch mit einem funktionierenden Erwachsenen-Ich
muß sich mit der ernsten Drohung auseinandersetzen, die eine Ras-
senkrise auch für ihn selbst bedeuten kann. Nur sein Erwachsenen-
Ich kann sich um neue Daten kümmern. Nur sein Erwachsenen-Ich
kann ermessen, wie das Elend der Sklaverei oder die Behandlung
von Menschen, als wären sie Dinge, eine so verheerende Demüti-

gung und Hoffnungslosigkeit in vielen Negern bewirkt hat, daß
diese sich in Little Rock oder Selma oder Watts oder Detroit entladen mußte. Nur das Erwachsenen-Ich kann wie Abraham Lincoln
sagen: «Die Dogmen der friedlichen Vergangenheit genügen nicht
für den gegenwärtigen Kampf.» Nur das Erwachsenen-Ich kann *alle*
Daten objektiv betrachten und nach neuen Ausschau halten.

In diesem Prozeß der Erkennung und Trennung der drei Datengruppen können wir nun anfangen, Ordnung in das Chaos der
Gefühle und der Unentschlossenheit zu bringen. Wenn sie einmal
voneinander getrennt sind, können die drei Datengruppen von dem
Erwachsenen-Ich auf ihren Wert und ihre Gültigkeit hin untersucht
werden.

Unser unglücklicher Geschäftsmann muß bei der Prüfung der
Daten aus seinem Eltern-Ich fragen: Warum haben meine Eltern
diese Dinge geglaubt? Wie war ihr Eltern-Ich? Warum war ihr
Kindheits-Ich bedroht? Wie fähig oder unfähig waren sie zur Untersuchung ihrer eigenen drei Ich-Zustände (El-Er-K)? Ist das, was sie
glaubten, wahr? Sind weiße Menschen schwarzen Menschen überlegen? Warum? Warum nicht? Ist es richtig, daß man nie etwas riskie-
ren soll? Würde ein öffentliches Bekenntnis gegen die «Apartheid»
der Rassen notwendigerweise «eine Schande sein für die ganze
Familie»? Könnte ein solches Bekenntnis nicht vielmehr sogar
ehrenvoll sein? Setzt er wirklich seine Familie an die erste Stelle,
wenn er eine realistische Lösung der Rassenprobleme in seiner Stadt
nicht unterstützt? Nützlich könnte sogar die Überlegung sein, wie
seine Eltern heute zu dieser Frage stehen im Gegensatz zu damals,
als sein Eltern-Ich aufgezeichnet wurde.

Sein Erwachsenen-Ich muß auch die Daten untersuchen, die vom
Kindheits-Ich kommen. Warum fühlt er sich so bedroht? Warum ist
ihm übel? Gibt es eine wirkliche Bedrohung? Ist seine Furcht heute
überhaupt noch angemessen? Oder war sie nur angemessen, als er
drei Jahre alt war? Vielleicht ist seine Furcht vor Unruhen und
Gewalt heute durchaus begründet. Er könnte immerhin dabei getötet werden. Doch er muß unterscheiden zwischen der Furcht, die
durch gegenwärtige Ereignisse hervorgerufen wird, und der Furcht,
die er als Dreijähriger empfunden hatte. Die «Dreijährigen»-Furcht
ist wesentlich größer. Als Dreijähriger kann man die Realität nicht
ändern. Doch als Dreiundfünfzigjähriger kann man das. Er kann
Schritte unternehmen, um die Realität zu ändern und letzten Endes
die Umstände zu ändern, die zu realer Gefahr führen.

Zu allererst müssen wir die «Dreijährigen»-Furcht verstehen, erst danach können wir das Erwachsenen-Ich für die Verarbeitung neuer Daten freistellen. Diese Furcht – die archaische Furcht vor den allmächtigen Eltern – läßt Menschen vorschnell urteilen oder erfüllt sie mit Vorurteilen. Ein Mensch mit Vorurteilen ist wie der kleine Junge im zweiten Kapitel, der den Satz «Bullen sind böse» als endgültige Wahrheit akzeptiert. Er fürchtet sich, etwas anderes zu tun. Das führt zur Trübung des Erwachsenen-Ichs (Abb. 8), und diese Trü-

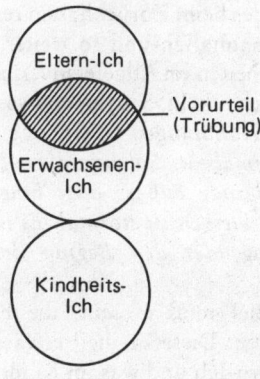

Abb. 8 Vorurteil

bung macht es möglich, daß Vorurteile oder ungeprüfte Daten des Eltern-Ichs als wahr nach außen projiziert werden.

In Anlehnung an Sokrates, der glaubte, daß das «ungeprüfte Leben nicht lebenswert ist», können wir sagen, daß das ungeprüfte Eltern-Ich es nicht wert ist, unsere Lebensbasis zu sein: Es könnte sich irren.

Das emanzipierte Erwachsenen-Ich

Die Transaktions-Analyse will den Menschen zur Freiheit der Wahl befähigen, zur Freiheit, sich nach eigenem Willen zu ändern und die Reaktionen auf wiederkehrende oder neue Reize zu ändern. Viel von dieser Freiheit geht in der ersten Kindheit verloren, womit nach L. S. Kubie der «neurotische Prozeß» seinen Anfang nimmt. In diesem Prozeß geht es ständig um die Lösung archaischer Probleme, so daß für eine effektive Auseinandersetzung mit der heutigen Realität kein Raum mehr bleibt.

«Die Wurzeln des neurotischen Prozesses können in einem...
Phänomen des Säuglings- und/oder frühen Kindesalters liegen: der
Bildung stereotyper Verhaltensmuster oder Fixierungen. Zu diesen
wären zu rechnen Affektäußerungen – zum Beispiel Weinen, Schrei-
en, nächtliche Angstanfälle. Ferner rechnen dazu Instinkthandlun-
gen und Verweigerung von instinktiven Handlungen – zum Beispiel
Essen, Aufstoßen, Erbrechen, Wiederrunterschlucken, Nahrungs-
verweigerung, zwanghafte Speisenwahl, Angewohnheiten bei der
Ausscheidung oder beim Zurückhalten respiratorischer Angewohnheiten wie Atemanhalten und so weiter. Und schließlich rechnen
dazu Angewohnheiten im Allgemeinverhalten – zum Beispiel Ticks,
Kopfschlagen, Schaukeln, Saugen und so weiter.

*Keine dieser Handlungen ist an sich und aus sich heraus eine
angeborene Anomalität. Solange diese Handlungen als Reaktion
auf sich verändernde äußere oder innere Impulse frei geändert
werden können, bleiben sie normal. Es ist der Verlust der Freiheit
zur Veränderung, der den Beginn des neurotischen Prozesses
kennzeichnet.»*

Behandlungsziel muß es sein, die Freiheit zur Veränderung
wiederherzustellen. Diese Freiheit erwächst aus der Kenntnis dessen, was im Eltern-Ich und was im Kindheits-Ich registriert ist und
wie diese Daten in gegenwärtige Transaktionen eingehen. Diese
Freiheit gibt es nicht ohne Wahrheit, nicht ohne beweiskräftige
Indizien dafür, wie die Welt, in der wir leben, wirklich ist. Solche
Freiheit setzt das Wissen voraus, daß jeder, mit dem man zu tun
hat, ein Eltern-Ich, ein Erwachsenen-Ich und ein Kindheits-Ich
hat. Sie braucht die ständige Erkundung nicht nur «erkennbarer»
Gebiete, sondern auch unbestimmter Bereiche, die am besten
durch eine andere Funktion des Erwachsenen-Ichs verstanden
werden können, nämlich der Wahrscheinlichkeitsabschätzung.
Das Dilemma des Menschen entsteht auch aus der Tatsache, daß
wir häufig Entscheidungen treffen müssen, *bevor* wir alle Fakten
kennen. Das gilt für jede Festlegung. Es gilt für die Ehe. Es gilt
für die politischen Wahlen. Es gilt für die Unterschrift unter einen
Aufruf. Es gilt für das Setzen von Prioritäten. Es gilt für die Werte, die wir uns selbständig zu eigen machen – das heißt, mit dem
Erwachsenen-Ich.

* Lawrence S. Kubie: ‹Role of Polarity in Neurotic Process›. In: *Fron-
tiers of Clinical Psychiatry*, Bd. 3, Nr. 7 (1. April 1966).

Das Kindheits-Ich in uns verlangt nach Sicherheit. Das Kind will wissen, daß jeden Morgen die Sonne aufgeht, daß Mutter immer da ist, daß der «Bösewicht» immer am Ende unterliegt. Doch das Erwachsenen-Ich kann die Tatsache akzeptieren, daß es nicht immer Sicherheit gibt. Der Philosoph Elton Trueblood sagt:

«Die Tatsache, daß wir keine absolute Gewißheit im Hinblick auf irgendwelche menschlichen Schlußfolgerungen haben, bedeutet nicht, daß alles Forschen letztlich doch eine fruchtlose Bemühung wäre. Es stimmt, wir müssen stets auf dem Boden der Wahrscheinlichkeit vorangehen, aber wo es Wahrscheinlichkeit gibt, da gibt es die Möglichkeit zum Fortschritt. Was wir in jedem Bereich menschlichen Denkens suchen, ist nicht die absolute Gewißheit, denn die bleibt uns als Menschen verborgen, sondern eher der bescheidenere Pfad jener, die verläßliche Möglichkeiten zur Unterscheidung verschiedener Grade der Wahrscheinlichkeit finden.»*

Das Erwachsenen-Ich in unserem Geschäftsmann, der mit dem Wohngesetz-Aufruf konfrontiert ist, kann zugeben, daß ungewiß ist, welche Wirkungen seine Unterschrift haben werde. Unterschreibt er, kann er sich lächerlich machen. Wenn seine Anschauung ICH BIN O. K. – DU BIST O. K. alle Menschen ohne Ansehen von Rasse oder Religion umfaßt, kann er von voreingenommenen Personen angegriffen werden, die sein Einkommen, seine Mitgliedschaft im Golfclub oder seine Beziehung zu seiner Frau beeinträchtigen können. Doch er kann auch die Möglichkeit erwägen, daß sein Beitrag zu einer Lösung der Rassenprobleme in seiner Gemeinde zu einer spürbaren Entspannung der Lage beizutragen vermag. Auf lange Sicht kann der Entschluß, den Aufruf öffentlich zu unterstützen, seinem Kindheits-Ich höchst erwünschte «Streicheleinheiten» einbringen, wenn er nämlich das Ansehen genießt, ein besonders rechtschaffener und mutiger Mann zu sein.

Wenn das Eltern-Ich dominiert oder das Kindheits-Ich, ist das Ergebnis vorhersehbar. Das ist ein Wesensmerkmal der Verhaltensspiele. In solchen Spielen gibt es eine gewisse Sicherheit. Sie mögen immer schmerzlich enden, doch der Spieler hat gelernt, mit diesem Schmerz fertig zu werden. Wenn das Erwachsenen-Ich die Transaktion steuert, ist das Resultat nicht immer voraussagbar. Mißerfolg ist möglich, aber auch Erfolg. Und vor allem ist Veränderung möglich.

* Elton Trueblood: ‹General Philosophy› (New York: Harper, 1963).

Warum wollen Menschen sich ändern?

Drei Dinge bewirken, daß Menschen sich ändern wollen. Eines
davon ist der Leidensdruck. Sie wollten immer mit dem Kopf durch
die Wand, bis sie endlich nicht mehr können. Sie haben so lange die
gleichen Spielautomaten gefüttert, ohne einen Pfennig zu gewinnen, daß sie endlich bereit sind, entweder mit dem Spielen aufzuhören oder andere Automaten auszuprobieren. Ihre Migräne nimmt
kein Ende. Ihre Magengeschwüre bluten. Sie sind Alkoholiker. Sie
sind am Boden zerstört. Sie flehen um Hilfe. Sie wollen sich
ändern.

Ein anderer Grund, warum Menschen sich ändern wollen, ist eine
langsam niederziehende Verzweiflung, genannt Langeweile. Darunter leidet ein Mensch, der durchs Leben geht und sich fragt: «Was
soll's?», bis er schließlich die endgültige große Frage stellt: «Welchen Sinn hat das alles?» Er ist bereit, sich zu ändern.

Und drittens wollen Menschen sich ändern, weil sie plötzlich entdecken, daß das möglich ist. Diese Wirkung der Transaktions-Analyse hat man beobachten können. Viele Menschen, die kein besonderes Interesse daran zeigten, sich zu ändern, erfuhren von der Transaktions-Analyse entweder durch Vorträge, oder sie hörten über
andere davon. Voller Begeisterung stürzten sie sich auf diese neuen
Möglichkeiten, wollten Genaueres darüber erfahren, waren auf einmal erfüllt von dem Verlangen, sich zu ändern. Es gibt auch einen
Patiententyp, der zwar an Behinderungssymptomen leidet, sich aber
nicht wirklich ändern will. Sein Therapieabkommen lautet: «Ich
verspreche, daß ich mir helfen lasse, wenn ich nicht gesund werden
muß.» Diese negative Einstellung ändert sich jedoch, wenn der
Patient einzusehen beginnt, daß es wirklich eine andere Möglichkeit
zu leben gibt. Anwendbares Wissen vom Funktionieren der drei Ich-
Zustände befähigt das Erwachsenen-Ich, zu neuen und verheißungs-
vollen Lebensformen vorzustoßen. Dieser Wunsch war schon immer vorhanden, doch er lag verschüttet unter der Last des NICHT-
O. K.

Hat der Mensch einen freien Willen?

Kann ein Mensch sich wirklich ändern, wenn er will? Und wenn er
das kann, ist dann nicht selbst seine Veränderung ein Ergebnis vor-
angegangener Konditionierung? Hat der Mensch einen freien Wil-

len? Eines der schwierigsten Probleme der Freudschen Lehre ist das Problem von Determinismus kontra Freiheit. Freud und die meisten Behavioristen waren der Ansicht, daß das überall im Universum herrschende Gesetz von Ursache und Wirkung auch für den Menschen gelte, daß das, was heute geschieht, theoretisch verstanden werden könne durch das, was in der Vergangenheit geschehen ist. Wenn heute ein Mensch einen Mord begeht, dann sind wir durch die Freudsche Schule daran gewöhnt, die Gründe dafür in seiner Vergangenheit zu suchen. Das geschieht unter der Annahme, daß es eine Ursache oder Ursachen geben muß, die irgendwo in der Vergangenheit liegen. Die reinen Deterministen glauben, daß das Tun des Menschen nicht frei ist, sondern nur das Ergebnis seiner Vergangenheit. Das führt zu dem unausweichlichen Schluß, daß der Mensch für seine Taten nicht verantwortlich ist, daß er faktisch keinen freien Willen hat. Der philosophische Gegensatz zeigt sich mit aller Schärfe bei Gerichtsverhandlungen. Die Justiz steht auf dem Standpunkt, daß der Mensch verantwortlich ist. Nach deterministischem Standpunkt, auf dem häufig psychiatrische Gutachten fußen, ist der Mensch nicht verantwortlich, sondern ein Produkt seiner Vergangenheit.

Wir können die Realität von Ursache und Wirkung nicht leugnen. Wenn wir eine Billardkugel stoßen und sie einige andere trifft, die so gezwungen werden, wiederum andere Billardkugeln zu bewegen, dann müssen wir darin einen Beweis für die Verkettung von Ursachen und Wirkungen anerkennen. Nach dem monistischen Prinzip wirken Gesetze dieser Art überall in der Natur. Doch die Geschichte zeigt, daß im Gegensatz zu den Billardkugeln, die bleiben, was sie sind, wenn das Drama von Ursache und Wirkung sie ereilt, die Menschen mehr geworden sind als was sie waren. Die Evolutionsgeschichte – und die persönliche Erfahrung – beweisen deutlich, daß der Mensch über seine Vorfahren hinausgelangt ist.

Der amerikanische Kulturhistoriker Will Durant hat dargelegt, wie der französische Philosoph Henri Bergson (1859–1941) das Problem des Determinismus rigoros ad absurdum führte:

«War der Determinismus schließlich und endlich faßlicher als der freie Wille? Wenn der gegenwärtige Augenblick keine lebendige und schöpferische Wahl mehr läßt und ausnahmslos und automatisch das Ergebnis von Materie und Bewegung des vorangegangenen Augenblicks ist, dann war auch dieser Augenblick die automatische Wirkung des ihm vorausgegangenen Augenblicks und dieser wieder

die seines Vorläufers... und so weiter, bis wir bei den kosmischen
Urnebeln als alleiniger Ursache jedes späteren Ereignisses, jeder
Zeile eines Shakespeare-Dramas und jeder seelischen Pein anlangen; dann fand sich also die düstere Beredsamkeit von Hamlet und
Othello, von Macbeth und Lear Satz für Satz in den fernen Himmeln
und Äonen bereits niedergeschrieben, festgelegt von Struktur und
Inhalt jener legendären Wolke. Eine harte Probe für die Leichtgläu-
bigkeit... Hier gab es Grund genug zur Rebellion. Und Bergson
wurde nicht zuletzt so rasch berühmt, weil er den Mut hatte zu zweifeln, wo alle Zweifler andächtig glaubten.»*

Die Lösung besteht nicht darin, das Gesetz von Ursache und Wirkung in der Natur oder im menschlichen Verhalten anzufechten; die
Ursache muß vielmehr anderswo als in der Vergangenheit gesucht
werden. Der Mensch tut, was er tut, aus bestimmten Gründen, doch
nicht alle diese Gründe liegen in der Vergangenheit. Bei einem
Fernseh-Interview wurde ich gefragt, warum meiner Meinung nach
Charles Whitman auf einen Turm der Universität von Texas gestie-
gen war und von oben in eine Menschenmenge geschossen hatte.
Nachdem ich eine Anzahl möglicher Gründe genannt hatte, wurde
ich gefragt: «Aber warum tun manche Menschen so etwas und
andere nicht?» Diese Frage ist berechtigt. Wenn wir zugeben müssen, einfach nicht genug über die Vergangenheit eines Individuums
zu wissen, dann glauben wir immer noch, daß irgendwo «damals»
eine Antwort zu finden ist.

Zwischen einem Menschen und einer Billardkugel besteht allerdings ein wesentlicher Unterschied. Der Mensch kann denken und
damit in die Zukunft sehen. Er wird von einer anderen Art Kausal-
ordnung beeinflußt, die Charles Harteshorne als «kreatives Kausalprinzip» bezeichnet.** Elton Trueblood entwickelt diese Theorie
weiter durch die Vorstellung, daß die Ursachen für menschliches
Verhalten nicht nur in der Vergangenheit liegen, sondern auch in der
Fähigkeit des Menschen, in die Zukunft zu schauen, das heißt:
Wahrscheinlichkeiten ins Auge zu fassen:

«Der menschliche Geist... arbeitet großenteils mit dem Blick auf
Endursachen. Das ist so offenkundig, daß es kaum übersehen werden

---

* Will Durant: ‹The Story of Philosophy› (New York: Simon and Schuster, 1933), S. 337–338.
** Vgl. ‹Causal Necessities, an Alternative to Hume›. In: The Philoso-
phical Review 63 (1954), S. 479–499.

kann; jeder geht darüber hinweg, der mit dem Billardkugel-Vergleich die Freiheit leugnet. Selbstverständlich bewegt sich die Billardkugel primär durch ein wirksames Kausalprinzip, doch der Mensch funktioniert ganz anders. Der Mensch ist ein Geschöpf, dessen Gegenwart ständig von der Rücksichtnahme auf eine nicht wirkliche, aber dennoch wirksame Zukunft beherrscht wird. Was *nicht* ist, beeinflußt das, was *ist*. Ich stehe vor einem schwierigen Problem, doch die Lösung ist nicht nur das Ergebnis des Spiels mechanischer Kräfte wie bei einem physikalischen Körper; statt dessen denke ich, und die meisten meiner Gedanken beschäftigen sich mit dem, was sich ergeben könnte, falls gewisse Schritte getan würden.»*

Ortega y Gasset definiert den Menschen als «ein Wesen, das nicht so sehr aus dem besteht, was es ist, als aus dem, was es sein wird»**.

«... man kann noch nicht einmal sagen, daß der eigene bisherige Charakter das Ergebnis bestimmt, denn in der Realität, an der wir teilhaben, kann selbst aus dem Akt des Denkens etwas authentisch Neues entstehen. Das Denken, wie wir es in der Tat täglich vollziehen, ist nicht nur Bewußtsein im Sinne von Begleiterscheinung (Epiphänomen) des Naturgeschehens, sondern es ist eine echte und kreative *Ursache*. Wenn ein Mensch denkt, geschieht etwas, was sonst nicht geschehen wäre. Das bedeutet Selbst-Verursachung als authentische dritte Möglichkeit in unserem bekannten Dilemma.»***

Das Erwachsenen-Ich ist also der Ort, wo die Dinge geschehen, wo sich Hoffnung regt und wo Veränderung möglich ist.

---

* Trueblood: ‹General Philosophy›, a. a. O.
** Ortega y Gasset: ‹Was ist Philosophie?› (München: dtv 1968, Nr. 403).
*** Trueblood: ‹General Philosophy›, a. a. O.

5. Wie man die Transaktion analysiert

Denn ich weiß nicht, was ich tue.

Apostel Paulus

Nachdem wir nun eine Terminologie entwickelt haben, kommen wir zu der entscheidenden Frage: Wie wird diese Begriffssprache angewandt bei der *Analyse einer Transaktion*? Die Transaktion besteht aus dem Reiz, den ein Mensch ausübt, und aus der Reaktion eines anderen Menschen auf diesen Reiz, wobei die Reaktion wiederum zum neuen Reiz für die Reaktion des ersten wird. Sinn der Analyse ist die Feststellung, welcher Teil jedes Beteiligten – Eltern-Ich, Erwachsenen-Ich oder Kindheits-Ich – den jeweiligen Reiz und die jeweilige Reaktion auslöst.

Es gibt viele Anhaltspunkte zur Erkennung von Reizen und Reaktionen nach ihrem Ursprung im Eltern-Ich, im Erwachsenen-Ich oder im Kindheits-Ich. Diese Anhaltspunkte oder Indizien finden sich nicht nur in dem, was ein Mensch spricht, sondern auch in dem, wie er spricht: im Ton der Stimme, in Gestik und Mimik. Je sicherer wir diese Indizien erkennen, desto mehr Informationen gewinnen wir für die Transaktions-Analyse. Wir brauchen nicht andekdotisches Material aus der Vergangenheit ans Licht zu zerren, um zu entdecken, was im Eltern-Ich, im Erwachsenen-Ich und im Kindheits-Ich aufgezeichnet ist. Wir offenbaren uns heute.

Woran ist das Eltern-Ich zu erkennen?

Körperliche Indizien für das Eltern-Ich

gerunzelte Brauen
Stirnfalten
gespitzte Lippen

der ausgestreckte Zeigefinger
der «entsetzte Augenaufschlag»
mit dem Fuß auf den Boden klopfen

Zungenschnalzen	die Arme in die Seiten stemmen
Seufzen	Arme vor der Brust verschrän-
einem anderen den Kopf tät-	ken
scheln	Händeringen

Das sind typische Eltern-Ich-Gesten. Es kann jedoch noch andere Eltern-Ich-Gesten geben, die eine Eigentümlichkeit des persönlichen Eltern-Ichs widerspiegeln. Wer zum Beispiel einen Vater hatte, der die Angewohnheit besaß, sich jedesmal zu räuspern und gen Himmel zu blicken, bevor er einen tadelte für schlechtes Benehmen, der wird diese Manieriertheit selber dauernd vorbringen als Vorspiel zu Äußerungen seines Eltern-Ichs, auch wenn dieser Fimmel nicht als Eltern-Ich-Merkmal bei den meisten Menschen anzusehen ist. Außerdem gibt es auch nationale Unterschiede. In Amerika zum Beispiel atmen die Leute aus beim Seufzen, die Schweden dagegen seufzen, indem sie einatmen.

Sprachliche Indizien für das Eltern-Ich:

«Ich werde dafür sorgen, daß das ein für allemal aufhört.»

«Ich kann es auf den Tod nicht leiden, daß ...»

«Du mußt immer daran denken, daß ...»

«Du darfst nie vergessen, daß ...»

(*Immer* und *nie* sind *fast immer* Eltern-Ich-Wörter, die die Trennungslinien um ein archaisches System herum markieren, das keine neuen Informationen hereinläßt.)

«Wie oft habe ich dir schon gesagt ...»

«Wenn ich du wäre ...»

Viele wertende Ausdrücke, seien sie nun positiv wertend oder negativ, *können* charakteristisch sein für das Eltern-Ich, sofern sie ein Urteil über einen anderen Menschen enthalten, und zwar ein Urteil, das nicht nach Abwägung verschiedener Gesichtspunkte durch das Erwachsenen-Ich zustande kommt, sondern sich *automatisch* wie ein archaischer Reflex einstellt. Beispiele solcher «eingefleischten» Vorurteile sind:

«dumm»	«widerlich»	«faul»
«böse»	«froh»	«schlapp»
«unartig»	«empörend»	«unsinnig»
«lächerlich»	«idiotisch»	«sinnlos»
«ekelhaft»		

«Unfug»	«Nein, nein, nein!»	«Wie konntest
«Armes Ding»	«Herzchen»	du nur...»
«Tropf»	«Schätzchen»	«Was fällt Ihnen
«Trottel»	«Mein lieber Mann!»	ein...»
«Trampel»	«Mein Allerbester!»	«Sehr schlau»
«Tölpel»	«Kinder [chen]!»	«Na na!»
«Von allen guten Gei-	«Menschenskind»	«Und jetzt?»
stern verlassen»		«Schon wieder!»

Man darf nicht vergessen, daß es sich bei solchen Ausdrücken nur um *Indizien* handelt, nicht um endgültige Beweise. Das Erwachsenen-Ich kann nach gründlicher Überlegung und in Übereinstimmung mit den ethischen Grundsätzen des Erwachsenen-Ichs zu dem Urteil kommen, daß bestimmte Dinge tatsächlich dumm, lächerlich, ekelhaft oder empörend *sind.*

Zwei Wendungen, nämlich «sollte» und «müßte», sind häufig Erkennungsworte für das Eltern-Ich, aber sie können auch Erwachsenen-Ich-Wörter sein (darüber mehr im zwölften Kapitel, Seite 231 ff). Wenn diese beiden Wörter automatisch *ohne Nachdenken,* als stehende Redewendungen, als Klischees ausgesprochen werden, dann hört man aus ihnen das Eltern-Ich heraus. Der Gebrauch dieser Redewendungen ergibt zusammen mit der Gebärdensprache des Körpers und im Rahmen der jeweiligen Transaktion ein Bild, in dem wir das Eltern-Ich erkennen können.

Woran ist das Kindheits-Ich zu erkennen?

Körperliche Indizien für das Kindheits-Ich:

Da das Kindheits-Ich zuerst sprachlos auf die Außenwelt reagiert, liegen die klarsten Indizien für das Kindheits-Ich in sichtbaren körperlichen Anzeichen für Gemütsbewegungen. Folgende Gefühlsäußerungen deuten darauf hin, daß das Kindheits-Ich in einer Transaktion angesprochen ist:

Tränen	Achselzucken
zitternde Lippen	niedergeschlagene Augen
Schmollen	Betteln
Wutanfälle	Entzücken
hohe, weinerliche Stimme	Lachen
rollende Augen	

die Hand heben, wenn man et-   Grimassen schneiden
was sagen möchte   Kichern und Glucksen
Nägelkauen

Sprachliche Indizien für das Kindheits-Ich:

Außer der eigentlichen Babysprache, die natürlich besonders klar das Kindheits-Ich zum Ausdruck bringt, gibt es eine große Zahl von sprachlichen Wendungen, in denen sich das Kindheits-Ich niederschlägt:

«Ich will ...»   «Ich denk mir ...»
«Ich wünsch mir ...»   «Wenn ich groß bin ...»
«Ich möchte ...»   größer, am größten
(häufig mit folgendem «aber»)   besser, am besten
«Weiß ich doch nicht»   (viele Superlative kommen aus
«Ich tu jetzt ...»   dem Kindheits-Ich, sie bedeuten
(z. B. «... erst mal essen»)   Trümpfe in dem Spiel «Meins ist
«Mir doch egal!»   besser»)

Im übrigen verfolgen viele Kindheits-Ich-Wörter den Zweck, nach dem Muster von «Mann, guck mal, ich hab keine Hände mehr» dem Eltern-Ich zu imponieren aus dem NICHT O. K.-Zustand herauszukommen.

Es gibt noch eine andere Gruppe von Wörtern, die kleine Kinder ständig gebrauchen. Diese Wörter sind jedoch keine Indizien für das Kindheits-Ich, sondern in ihnen bekundet sich das Erwachsenen-Ich, das sich in dem kleinen Menschen regt. Gemeint sind die Wörter: warum?, was?, wo?, wer?, wann?, wie?

Woran ist das Erwachsenen-Ich zu erkennen?

Körperliche Indizien für das Erwachsenen-Ich:

Welche sichtbaren Züge trägt das Erwachsenen-Ich? Wenn wir uns die Porträtaufnahmen auf den Archivstreifen des Eltern-Ichs und des Kindheits-Ichs einmal wegdenken: was wird dann auf die Leinwand projiziert, das heißt: was spielt sich dann auf dem Gesicht ab? Ist das Gesicht nun ausdruckslos? Oder gütig? Oder teilnahmslos? Oder leer?

Das Gesicht des Erwachsenen-Ichs trägt nicht eine ausdruckslose Miene zur Schau. Wenn jemand mit seinem Erwachsenen-Ich zuhört, kann man beobachten, wie er dabei unablässig Bewegungen macht – mit dem Gesicht, mit den Augen und mit dem ganzen Körper. Messungen haben zum Beispiel ergeben, daß in diesem Zustand das Augenblinzeln alle drei bis fünf Sekunden auftritt. Reglosigkeit ist danach gerade das Zeichen dafür, daß einer nicht zuhört, jedenfalls nicht mit seinem Erwachsenen-Ich. Das Gesicht des Erwachsenen-Ichs ist offen und direkt dem Partner zugekehrt. Hält jemand seinen Kopf zur Seite geneigt, dann läßt das auch auf Zu- oder Abneigung im Hörer schließen. Das Erwachsenen-Ich gestattet auch dem neugierigen, erregten Kindheits-Ich, sein Gesicht zu zeigen.

Sprachliche Indizien für das Erwachsenen-Ich:

Es wurde oben schon gesagt, daß der Grundwortschatz des Erwachsenen-Ichs besteht aus:

«warum?»	«wo?»	«wann?»
«was?»	«wer?»	«wie?»

Dazu kommen Wendungen wie zum Beispiel:

«wieviel?»	«wahrscheinlich»
«auf welche Weise?»	«möglich»
«verhältnismäßig»	«unbekannt»
«richtig» oder «wahr»	«objektiv»
«verkehrt», «falsch» oder «un-	«ich finde»
wahr»	«ich meine»
«ich denke» / «ich glaube»	

Solche Ausdrücke sind Indizien für die Datenverarbeitung im Erwachsenen-Ich. Wendungen wie: «Meiner Meinung nach», «Meines Erachtens» können zwar anzeigen, daß die betreffende Meinung, nach der man etwas für so oder so erachtet, aus dem Eltern-Ich abgeleitet worden ist. Und trotzdem kommt in diesen Wendungen das Erwachsenen-Ich zum Ausdruck, denn hier wird etwas eben als persönliche Meinung deklariert und nichs als unumstößliche Tatsache hingestellt. «Meiner Meinung nach sollten Jugendliche über achtzehn das Wahlrecht haben», ist etwas anderes als die Aussage: «Wer über achtzehn ist, muß wählen dürfen.»

Wir besitzen nunmehr ein Bündel von Indizien. Mit ihrer Hilfe können wir jetzt darangehen, das Eltern-Ich, das Erwachsenen-Ich und das Kindheits-Ich in der Praxis zu erkennen, nämlich in den Transaktionen, die wir selbst mit anderen erleben.

Jede Situation, an welcher zwei oder mehr Menschen teilhaben, ist überreich an Beispielen für jede nur vorstellbare Art von Transaktionen. Vor einigen Jahren fuhr ich mit dem Bus nach Berkeley und notierte mir dabei eine Reihe von Transaktionen. Die erste war ein Austausch auf der Eltern-Ich-Ebene (Abb. 9) zwischen zwei gries-

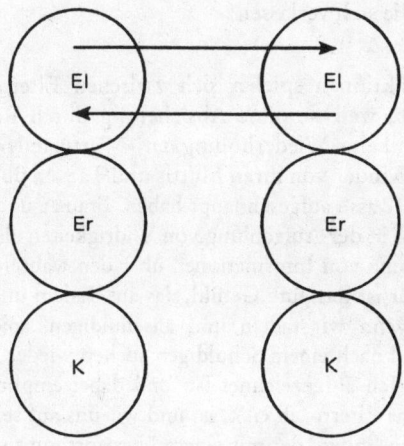

Abb. 9 Transaktion zwischen Eltern-Ich und Eltern-Ich

grämigen Damen, die mir gegenübersaßen. Sie stellten eine umständliche – und langwierige! – philosophische Betrachtung an über die Frage, ob der Bus rechtzeitig in Berkeley ankommen werde. Mit bedeutsamen, wissendem, verständnisinnigem Kopfnicken pflegten sie einen langen Gedankenaustausch, der mit den folgenden Transaktionen begann:

FRAU A *(schaut auf ihre Uhr, zieht sie auf, murmelt, zieht den Blick ihrer Nachbarin auf sich, seufzt bekümmert.)*

FRAU B *(seufzt zurück, rutscht unbehaglich hin und her, schaut auf ihre Uhr.)*

FRAU A: «Es sieht so aus, als hätten wir schon wieder Verspätung.»

FRAU B: «Ohne die geht's ja wohl gar nicht mehr.»

FRAU A: «Busse sind immer unpünktlich, scheint's, oder?»

FRAU B: «Ja, immer.»

FRAU A: «Genau das habe ich heute morgen zu meinem Mann gesagt. Herbert, hab ich gesagt, heutzutage kriegt man aber auch gar nichts mehr so wie früher.»

FRAU B: «Da haben Sie völlig recht. Es ist ein Zeichen der heutigen Zeit.»

FRAU A: «Aber zahlen muß man trotzdem, und nicht zu knapp. Darauf können Sie sich verlassen!»

Diese Transaktionen spielen sich zwischen Eltern-Ich A und Eltern-Ich B ab, weil sie ohne Absicherung durch Realitätsdaten ablaufen: sie sind eine Wiederholung der «Werturteile», die Frau A und Frau B als Kinder von ihren Muttis und Tanten über die Unzuverlässigkeit der Busse aufgeschnappt haben. Frau A und Frau B fanden mehr Genuß in der Aufzählung von Widrigkeiten als in der eventuellen Beschaffung von Informationen über den wahren Sachverhalt. Der Grund dafür ist das gute Gefühl, das aus Tadeln und Anschuldigen entsteht. Wenn wir tadeln und anschuldigen, spielen wir das frühe Tadeln und nach einem Schuldigen suchen wieder durch, das in unserem Eltern-Ich aufgezeichnet ist, und dabei empfinden wir uns als O. K., weil das Eltern-Ich O. K. ist und wir uns auf seine Seite stellen. Jemanden zu finden, der mit einem übereinstimmt und mitspielt, erzeugt nahezu ein Gefühl von Omnipotenz.

Frau A machte den Eröffnungszug. Frau B hätte das Spiel beenden können, wenn sie irgendwann mit einer Erwachsenen-Ich-Bemerkung auf Frau A reagiert hätte:

FRAU A *(schaut auf ihre Uhr, zieht sie auf, murmelt, zieht den Blick ihrer Nachbarin auf sich, seufzt bekümmert.)*

Mögliche Reaktionen des Erwachsenen-Ichs:

1. Nichtbeachtung des Seufzers, wegschauen;

2. ein nichtssagendes Lächeln;

3. (wenn Frau A entsprechend bekümmert wirkt): «Fehlt Ihnen etwas?»

FRAU A: «Es sieht so aus, als hätten wir schon wieder Verspätung.»

Mögliche Reaktionen des Erwachsenen-Ichs:
1. «Wieviel Uhr ist es jetzt?»
2. «Dieser Bus ist im allgemeinen pünktlich.»
3. «Hatten Sie auf dieser Linie schon einmal Verspätung?»
4. «Ich werde mich erkundigen.»

FRAU A: «Busse sind immer unpünktlich, scheint's, oder?»

Mögliche Reaktionen des Erwachsenen-Ichs:
1. «Das kann ich nicht finden.»
2. «Ich fahre selten mit dem Bus.»
3. «Darüber habe ich mir noch nie Gedanken gemacht.»

FRAU A: «Genau das habe ich heute morgen zu meinem Mann gesagt. Herbert, hab ich gesagt, heutzutage kriegt man aber auch gar nichts mehr so wie früher.»

Mögliche Reaktionen des Erwachsenen-Ichs:
1. «Da kann ich Ihnen nicht recht geben.»
2. «Was verstehen Sie unter ‹so wie früher›?»
3. «Meiner Meinung nach leben wir heute nicht schlechter als früher.»
4. «Ich habe keinen Grund zur Klage.»

Diese Alternativen wären Reaktionen des Erwachsenen-Ichs, hätten aber nicht zur gegenseitigen Ergänzung beigetragen. Jemand, der mit Genuß ein Spiel wie «Ist es nicht schrecklich» spielt, will nicht Tatsachen hören. Wenn die Frauen der Nachbarschaft beim täglichen Kaffeeklatsch ihr ewiges Thema «Männer sind doof» genüßlich durchhecheln, werden sie die neue Nachbarin nicht begeistert aufnehmen, die strahlend erklärt, ihr Mann sei ein Schatz.

Damit kommen wir zur ersten Kommunikationsregel der Transaktions-Analyse. Wenn Reiz und Reaktion im El-Er-K-Transaktions-Schema auf parallelen Linien verlaufen, dann ist die Transaktion komplementär (d. h. sie ergänzt sich selbst immer wieder von neuem) und kann endlos weitergehen. Es spielt keine Rolle, wie die Vektoren verlaufen (Eltern-Ich–Eltern-Ich, Erwachsenen-Ich–Erwachsenen-Ich, Kindheits-Ich–Kindheits-Ich, Eltern-Ich–Kindheits-Ich, Kindheits-Ich–Erwachsenen-Ich), nur parallel müssen die Linien laufen. Frau A und Frau B redeten, was die Fakten angeht, Unsinn, doch ihr Dialog war komplementär und dauerte immerhin etwa zehn Minuten.

Der «genüßliche Verdruß» der beiden Matronen im Bus endete
damit, daß der Mitreisende in der Reihe vor ihnen den Fahrer fragte,
ob sie pünktlich in Berkeley ankommen würden. Der Fahrer sagte:
«Ja – um elf Uhr fünfzehn.» Auch das war eine Komplementär-
Transaktion zwischen dem Mann und dem Fahrer, und zwar zwischen Erwachsenen-Ich und Erwachsenen-Ich (Abb. 10). Es war eine
direkte Antwort auf eine direkte Bitte um Information. Die Komponente des Eltern-Ichs («Wie stehen die Chancen, daß wir aus-

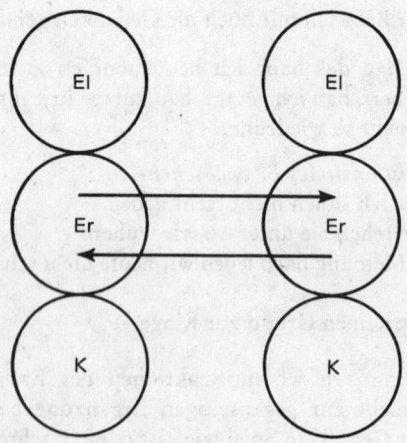

Abb. 10 Transaktion zwischen Erwachsenen-Ich
und Erwachsenen-Ich

nahmsweise mal pünktlich in Berkeley ankommen?») fehlte ebenso
wie die Komponente des Kindheits-Ichs («Ich weiß nicht, warum ich
immer den langsamsten Bus erwische»). Es war ein völlig *sachlicher*
Kurzdialog. Bei dieser Art von Transaktion kommt es nämlich nur
auf eines an: auf Tat*sachen.*

Hinter den beiden Frauen saßen zwei andere Fahrgäste. Sie taten
etwas, worin eine andere Art der Transaktion deutlich wird, nämlich die zwischen Kindheits-Ich und Kindheits-Ich. Der eine war ein
mürrisch aussehender Junge mit Bartanflug und ungekämmtem
Haar, der staubige schwarze Hosen und eine schwarze Lederjacke
trug. Der andere Junge war ähnlich gekleidet und trug eine erzwun-

gene Gleichgültigkeit zur Schau. Beide lasen im selben Taschenbuch, ‹Geheimnisse des Folterkults›. Wären zwei Priester in das gleiche Buch vertieft gewesen, so hätte man annehmen können, daß sie sachliche Informationen (mit ihrem Erwachsenen-Ich!) über dieses seltsame Thema suchen. Doch die beiden Halbstarken ließen eher darauf schließen, daß es hier um eine Transaktion zwischen Kindheits-Ich und Kindheits-Ich ging, bei der das gleiche grausame Vergnügen eine Rolle spielte, mit dem zwei Fünfjährige entdecken,

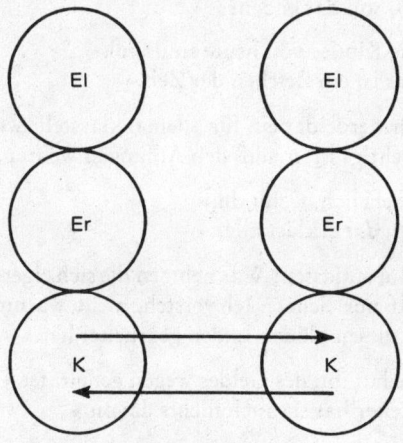

Abb. 11 Transaktion zwischen Kindheits-Ich und Kindheits-Ich

wie man Fliegen die Flügel ausreißt. Nehmen wir an, die Halbstarken würden handeln auf Grund ihres frisch angelesenen Wissens und fänden eine Möglichkeit, jemanden wie in ihrem Buch beschrieben zu foltern. Dabei würde weder das Erwachsenen-Ich eine Rolle spielen (kein Verständnis für die Konsequenzen) noch das Eltern-Ich («Es ist schrecklich, jemandem so etwas anzutun»). Selbst wenn die Transaktion für sie übel enden sollte (die Polizei erwischt sie dabei oder die Mutter im Falle der Fünfjährigen, die Fliegen quälen), wären die beiden an der Transaktion selbst Beteiligten in Übereinstimmung. Deshalb handelt es sich um eine komplementäre Transaktion zwischen Kindheits-Ich und Kindheits-Ich (Abb. 11).

Weitere Beispiele für Komplementär-Transaktionen

Transaktionen auf der Ebene des Eltern-Ichs (vgl. Abb. 9):

Reiz: «Ihre Aufgabe ist zu Hause bei den Kindern.»
Reaktion: «Sie hat offensichtlich kein Pflichtbewußtsein.»

Reiz: «Es ist zum Verrücktwerden, die Steuern steigen und steigen, nur damit wir all diese Nichtstuer auf Staatskosten durchfüttern können.»
Reaktion: «Wo soll das enden?»

Reiz: «Die Kinder von heute sind faul.»
Reaktion: «Das ist ein Zeichen der Zeit.»

Reiz: «Ich werde das ein für allemal klarstellen.»
Reaktion: «Richtig! Man muß den Anfängen wehren.»

Reiz: «Unehelich, weißt du.»
Reaktion: «Oh, *das* erklärt alles.»

Reiz: «Paul entlassen? Was nehmen die sich eigentlich heraus!»
Reaktion: «Laß nur, Schatz. Ich verstehe nicht, warum er überhaupt für diesen blöden Laden gearbeitet hat.»

Reiz: «Sie hat ihn des Geldes wegen geheiratet.»
Reaktion: «Weiter hat sie auch nichts davon.»

Reiz: «Denen darf man nicht trauen.»
Reaktion: «Genau! Die sind alle gleich.»

Transaktionen auf der Ebene des Erwachsenen-Ichs (vgl. Abb. 10):

Reiz: «Wieviel Uhr ist es?»
Reaktion: «Ich habe vier Uhr dreißig.»

Reiz: «Der Anzug steht Ihnen gut.»
Reaktion: «Danke.»

Reiz: «Diese neue Farbe trocknet sehr schnell.»
Reaktion: «Ist sie teurer als die andere Sorte?»

Reiz: «Reich mir doch bitte mal die Butter.»
Reaktion: «Gern. Hier.»

Reiz: «Wonach riecht's hier denn so gut, Liebling?»
Reaktion: «Die Plätzchen im Ofen ... sie sind fast fertig!»

Reiz: «Ich weiß nicht, was ich tun soll. Ich bin mir nicht sicher,
              was richtig ist.»
Reaktion: «Ich glaube, du solltest dich nicht jetzt entscheiden, wo du
              so erschöpft bist. Warum gehst du nicht ins Bett, und wir
              reden morgen früh weiter?»

Reiz: «Public Relations gehört zu den Aufgaben der Geschäfts-
              leitung.»
Reaktion: «Meinen Sie, daß wir das einer Agentur nicht übertragen
              können?»

Reiz: «Die ‹Bremen› geht am Freitag um ein Uhr in See.»
Reaktion: «Wann müssen wir an Bord sein?»

Reiz: «Ich bin müde.»
Reaktion: «Dann laß uns doch ins Bett gehen.»

Reiz: «Ich kann mir vorstellen, welche Steuern nächstes Jahr
              erhöht werden.»
Reaktion: «Das sind schlechte Aussichten. Aber wenn wir weiter so
              viel für öffentliche Ausgaben brauchen, muß das Geld ja
              auch irgendwo herkommen.»

Transaktionen auf der Ebene des Kindheits-Ichs (vgl. Abb. 11):

Es wird rasch klar, daß es nur wenige Komplementär-Transaktionen
von Kindheits-Ich zu Kindheits-Ich gibt, die frei von Spielen sind.
Das kommt daher, daß das Kindheits-Ich eher Streicheln sucht als
geben will. Menschen brauchen Transaktionen, um gestreichelt zu
werden. Bertrand Russell sagte: «Man kann nicht nur aus Pflichtbewußtsein scharf denken. Von Zeit zu Zeit brauche ich kleine Erfolge,
die mir ... eine Energiequelle erhalten.»*

Ohne Beteiligung des Erwachsenen-Ichs an der Transaktion wird
niemand gestreichelt, und die Beziehung wird unkomplementär
oder sie geht an Langeweile ein.

Ein einleuchtendes Beispiel für dieses Phänomen aus dem sozialen
Bereich ist die Hippie-Bewegung. Die Blumenkinder priesen ein
Leben voller Transaktionen auf der Ebene des Kindheits-Ichs. Doch

---

* B. Russell: ‹*Autobiographie*› (Frankfurt a. M.: Insel-Verlag, 1970/71).

die große Ernüchterung stellte sich rasch ein: Es macht keinen Spaß, *dein* Ziel zu verfolgen, wenn alle anderen nur daran interessiert sind, *ihr* Ziel zu verfolgen. Indem sie sich vom Establishment trennten, trennten sie sich auch vom Eltern-Ich (Tadel) und vom Erwachsenen-Ich («banale» Realität). Doch als sie den Tadel losgeworden waren, stellten sie fest, daß sie sich auch von der Quelle des Lobs getrennt hatten. (Zwei Vierjährige beschließen, von zu Hause wegzulaufen, doch sie geben ihr Vorhaben auf, wenn ihnen einfällt, daß sie gern ein Eis hätten, und dazu braucht man nun einmal die Mama.) Die Blumenkinder suchten Streicheleinheiten für sich bei ihresgleichen, doch deren Streicheln wurde immer unpersönlicher und bedeutungsloser. Junge zum Mädchen: «Natürlich liebe ich dich. Ich liebe alle!» Das Leben beschränkte sich schließlich auf immer primitivere Methoden des Streichelns: auf illusionäres Streicheln (Drogen) und auf pausenlose sexuelle Aktivität. Sex kann insofern eine Aktivität ausschließlich zwischen Kindheits-Ich und Kindheits-Ich sein, als der Sexualtrieb wie alle primären biologischen Triebe eine genetische Aufzeichnung im Kindheits-Ich ist. Das lustvolle Sexualerlebnis bedeutet jedoch mehr, weil eine Erwachsenen-Ich-Komponente der Aufmerksamkeit, Zärtlichkeit und der Verantwortlichkeit für die Gefühle des anderen hinzukommt. Nicht allen Hippies fehlen diese Werte, wie auch nicht allen Hippies ein Eltern-Ich oder Erwachsenen-Ich fehlt. Viele leben jedoch im Grunde selbstsüchtig dahin und *mißbrauchen* einander gewissermaßen als sinnliche Reizmittel.

Bei glücklichen Hippie-Beziehungen oder bei Kinderfreundschaften, die viel Vergnügen machen, stellt man fest, daß sie nicht nur aus Transaktionen auf der Ebene des Kindheits-Ichs bestehen, sondern ergänzt werden durch Datenverarbeitung des Erwachsenen-Ichs und Wertvorstellungen aus dem Eltern-Ich. Zum Beispiel: Zwischen zwei kleinen Mädchen entspinnt sich folgender Dialog:

Mädchen 1 (Kindheits-Ich): «Ich bin die Mutter, du bist das Kind.»
Mädchen 2 (Kindheits-Ich): «Immer muß ich das Kind sein.»
Mädchen 1 (Erwachsenen-Ich): «Gut, dann wechseln wir ab: Du bist zuerst die Mutter, und beim nächstenmal ich.»

Diese Unterhaltung spielt sich nicht nur auf der Ebene des Kindheits-Ichs ab, weil in der letzten Äußerung ein Einfluß des Erwachsenen-Ichs deutlich wird (Problemlösung).
Überhaupt liegen viele Transaktionen kleiner Kinder auf der

Ebene des Erwachsenen-Ichs, obwohl sie wegen unzulänglicher Daten «kindisch» wirken:

KLEINES MÄDCHEN: «Hilfe! Die Muschi hat einen Zahn verloren.»
SCHWESTER: «Bringt die gute Fee den Katzen Geld, wenn ihnen ein Zahn ausfällt?»

Sowohl Reiz als auch Reaktion kommen vom Erwachsenen-Ich-begründete Äußerungen, die auf den vorhandenen Daten basieren. Gute Datenverarbeitung, falsche Daten!

Komplementär-Transaktionen zwischen Kindheits-Ich und Kindheits-Ich lassen sich leichter an dem beobachten, was Menschen zusammen *tun*, als an dem, was sie einander sagen – genau wie bei sehr kleinen Kindern. Zwei Eheleute, die sich bei einer Fahrt mit der Achterbahn aneinanderklammern und nach Leibeskräften schreien, befinden sich in einer Transaktion auf der Ebene des Kindheits-Ichs. Wenn Tagliavini und Tassinari das Duett aus dem dritten Akt des ‹Mefistofele› singen, spürt man, wie die beiden eine intensive Transaktion zwischen Kindheits-Ich und Kindheits-Ich vollziehen. Wenn Großmutter und Großvater barfuß den Strand entlanggehen, könnte man ebenfalls von einer Transaktion zwischen Kindheits-Ich und Kindheits-Ich sprechen. Doch das Erwachsenen-Ich hat diese Glückserlebnisse vorbereitet. Die Fahrt mit der Achterbahn hat Geld gekostet. Tagliavini und Tassinari haben jahrelang geübt, um die Ekstase des Singens erleben zu können. Die Großeltern genießen die Freuden des Zusammenseins, und das haben sie sich durch ein lebenslanges Geben und Nehmen ermöglicht. Eine zwischenmenschliche Beziehung kann ohne das Erwachsenen-Ich nicht lange bestehen. Darum können wir festhalten, daß Komplementär-Transaktionen zwischen einem Kindheits-Ich und einem anderen Kindheits-Ich stattfinden mit der Erlaubnis und unter Aufsicht des Erwachsenen-Ichs. Wenn das Erwachsenen-Ich nicht beteiligt ist, verwickelt sich das Kindheits-Ich in Überkreuz-Transaktionen (*crossed transactions*), die in diesem Kapitel noch beschrieben werden.

Transaktionen zwischen Eltern-Ich und Kindheits-Ich

Eine andere Art von Komplementär-Transaktion ist die zwischen Eltern-Ich und Kindheits-Ich (Abb. 12). Der Ehemann (Kindheits-Ich) ist krank, hat Fieber und will beachtet werden. Seine Frau (Eltern-Ich) weiß, wie krank er sich fühlt, und ist bereit, ihn zu bemut-

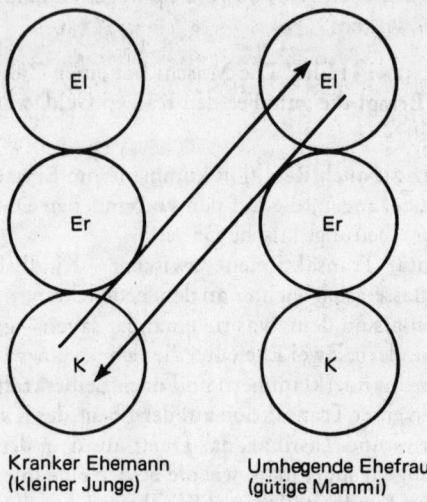

Kranker Ehemann   Umhegende Ehefrau
(kleiner Junge)   (gütige Mammi)

Abb. 12 Transaktion zwischen Kindheits-Ich und Eltern-Ich

Abb. 13 Transaktion zwischen Eltern-Ich und Kindheits-Ich

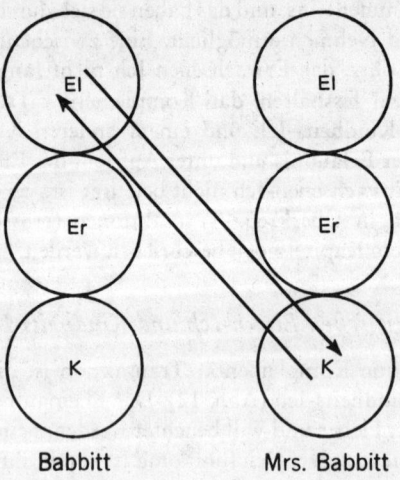

Babbitt   Mrs. Babbitt

tern. Das kann auf befriedigende Weise unbegrenzt weitergehen, solange die Frau zum Bemuttern bereit ist. Manche Ehen werden nach diesem Muster geführt. Wenn ein Ehemann «kleiner Junge» spielen will und seine Frau bereit ist, in die Elternrolle zu schlüpfen, die Verantwortung für alles zu übernehmen und ihn zu umsorgen, *kann* das solange eine zufriedenstellende Ehe sein, wie keiner die Rollen verändern will. Wenn der eine oder der andere dieser Abmachung überdrüssig wird, dann ist die Parallel-Beziehung gestört, und der Ärger fängt an.

In Abbildung 13 wird eine Komplementär-Transaktion zwischen George F. Babbitt (Eltern-Ich) und Mrs. Babbitt (Kindheits-Ich) graphisch dargestellt.

BABBITT mit einem Blick in die Zeitung: «Menge Neuigkeiten. Ungeheurer Tornado im Süden. Wirklich schweres Unglück. Aber das, siehst du, das ist fabelhaft! Der Anfang vom Ende für die Kerls! Der Stadtrat von New York hat ein paar Gesetze angenommen, die die Sozialisten ganz vogelfrei machen. Und dann ist ein Streik der Liftangestellten in New York, und eine Menge Gymnasialschüler sind für sie eingesprungen. Aus denen werden tüchtige Männer! Und eine Massenversammlung in Birmingham hat verlangt, daß dieser irische Agitator, dieser neue De Valera, deportiert wird. Ganz recht, zum Kuckuck! Alle diese Aufwiegler sind jedenfalls mit deutschem Gold bezahlt. Und wir brauchen uns wahrhaftig weder bei den Iren noch bei irgendeiner fremden Regierung einzumischen. Immer Hände weg. Und hier ist wieder ein sehr authentisches Gerücht aus Rußland, daß Lenin tot ist. Das ist ausgezeichnet. Es geht über meinen Horizont, warum wir dort nicht sofort eingreifen und diese Schufte von Bolschewiken einfach 'rausschmeißen.»

MRS. BABBITT: «Ganz richtig.»*

Transaktionen zwischen Kindheits-Ich und Erwachsenen-Ich

Eine andere Art von Komplementär-Transaktion ist die zwischen Kindheits-Ich und Erwachsenen-Ich (Abb. 14). Ein Mensch, der von NICHT O. K.-Gefühlen beherrscht wird, kann bei einem anderen Trost und Ermutigung suchen. Ein Mann steht vor einer geschäftlichen Entscheidung, von der seine Karriere abhängt. Er hat Angst.

---

* Sinclair Lewis: ‹Babbitt› (Hamburg: Rowohlt Taschenbuch Verlag, 1953, rororo 83), S. 18.

Obwohl er in jeder Hinsicht qualifiziert ist, wird sein Computer mit Daten aus dem Kindheits-Ich überfüttert. Ich werde es nicht schaffen! Also sagt er zu seiner Frau: «Ich werde es nicht schaffen» und hofft dabei, daß sie ihm die realen Gründe dafür aufzählen wird, daß er es schaffen kann, wenn er sich von seinem NICHT O. K.-Kindheits-Ich nicht die Chancen verderben läßt. Er weiß, daß sie ein starkes Erwachsenen-Ich hat, und «leiht es aus», wenn sein eigenes geschwächt ist. Ihre Reaktion unterscheidet sich freilich von einer

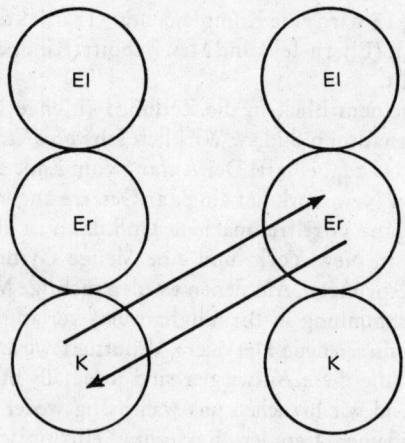

Abb. 14 Transaktion zwischen Kindheits-Ich und Erwachsenen-Ich

Reaktion des Eltern-Ichs. Das Eltern-Ich würde *auch ohne* Realitätsdaten Trost und Halt spenden oder es würde einfach die Angstgefühle des Kindheits-Ichs beiseite schieben. Das Eltern-Ich der Frau würde etwa sagen: «Natürlich wirst du es schaffen. Sei doch nicht töricht!» Das Erwachsenen-Ich wird, wie gesagt, überzeugende Gründe anführen, warum der Mann keine Angst zu haben braucht.

Transaktionen zwischen Erwachsenen-Ich und Eltern-Ich

Eine andere Art von Komplementär-Transaktion ist die zwischen Erwachsenen-Ich und Eltern-Ich (Abb. 15), und als Beispiel dafür bietet sich ein Mann an, der mit dem Rauchen aufhören will. Er kennt zur Genüge die Erwachsenen-Ich-Daten, warum das für seine Gesundheit wichtig ist. Dennoch bittet er seine Frau, Eltern-Ich zu spielen, seine Zigaretten zu vernichten, wenn sie welche findet, ihn daran zu hindern, sich eine anzustecken. Diese Transaktion eröffnet sehr gute Spielmöglichkeiten. Sobald er die Verantwortung auf das Eltern-Ich seiner Frau abgewälzt hat, kann der Ehemann ein unartiger Junge sein und spielen «Wenn du nicht wärst» oder «Fang mich doch».

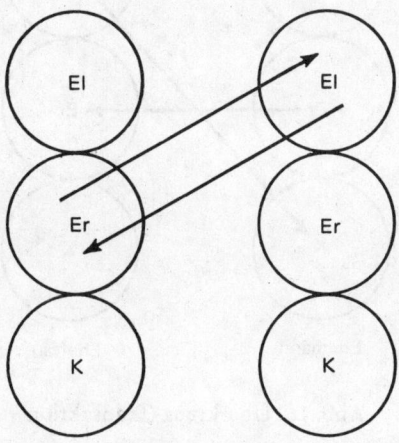

Abb. 15 Transaktion zwischen Erwachsenen-Ich und Eltern-Ich

Nichtkomplementäre oder Überkreuz-Transaktionen

Die Überkreuz-Transaktion (Abb. 16) ist diejenige Transaktionsart, die zu Konflikten führt. Eric Bernes klassisches Beispiel ist die Transaktion zwischen Mann und Frau, bei der sich der Mann erkundigt: «Liebling, weißt du, wo meine Manschettenknöpfe sind?» (Ein Reiz, der vom Erwachsenen-Ich ausgeht; gesucht wird Information.) Eine Komplementärreaktion der Frau wäre: «In der obersten linken Schublade der Kommode», oder: «Ich habe sie nicht gesehen, aber ich helfe dir beim Suchen.» Wenn die liebe Frau aber einen schlimmen Tag gehabt hat, wenn sich Kränkungen und Ärger in ihr aufge-

staut haben, dann keift sie zurück: «Da wo du sie gelassen hast!»,
und das Ergebnis ist eine Überkreuz-Transaktion. Der Reiz ging aus
vom Erwachsenen-Ich des Mannes, doch die Frau hat ihre Reaktion
auf das Eltern-Ich überspringen lassen.

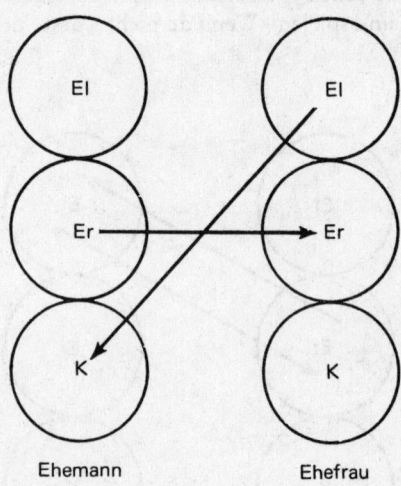

Abb. 16 Überkreuz-Transaktion

*Damit kommen wir zur zweiten Kommunikationsregel der
Transaktions-Analyse. Wenn Reiz und Reaktion sich im El-Er-K-
Schema überkreuzen, wird die Kommunikation unterbrochen.*
Mann und Frau können jetzt nicht mehr über Manschettenknöpfe
reden. Sie müssen zuerst darüber debattieren, warum er nie etwas
aufräumt. Wäre ihre Reaktion aus dem Kindheits-Ich gekommen
(«Warum mußt du mich immer anbrüllen?»), dann wären sie in die
gleiche Sackgasse geraten (Abb. 17).

Diese Überkreuz-Transaktionen können eine ganze Serie lautstarker Auseinandersetzungen in Gang setzen, die mit einem
Knall irgendwo in der Gegend von «Genau wie dein Vater!»
enden. Ewig wiederholte Muster dieser Art von Auseinandersetzung begründen Spiele wie «Sieh bloß, was du angerichtet hast»,
«Wenn du nicht wärst, dann könnte ich», «Tumult» und «Jetzt

hab ich dich endlich, du Schweinehund». Im siebten Kapitel wird
das näher ausgeführt.

Der Ursprung nichterwachsener Reaktionen liegt in der NICHT
O. K.-Anschauung des Kindheits-Ichs. Ein Mensch, der vom NICHT

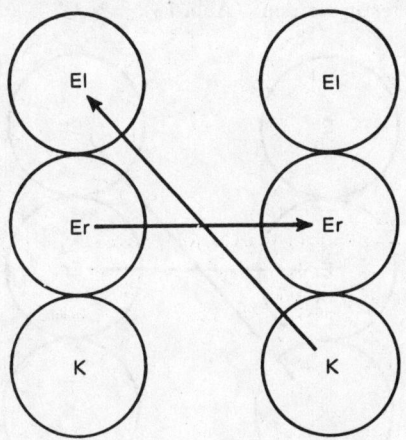

Abb. 17 Überkreuz-Transaktion

O. K. beherrscht wird, «liest» in Bemerkungen etwas hinein, was
nicht darin ist:

«Wo hast du die Steaks gekauft?»

«Warum? Sind sie nicht in Ordnung?»

«Deine neue Frisur gefällt mir.»

«Du hast noch nie langes Haar gemocht.»

«Ich habe gehört, Sie ziehen um.»

«Wir können es uns eigentlich nicht leisten, aber wo wir bisher
gewohnt haben, kann man es wegen der Leute einfach nicht mehr
aushalten.»

«Reich mir bitte mal die Kartoffeln.»

«Und *mich* nennst du dick.»

Eine meiner Patientinnen drückte das so aus: «Mein Mann sagt,
ich könnte selbst in ein Kochbuch irgendwelche Hintergedanken
hineinlesen.»

Weitere Beispiele für Überkreuz-Transaktionen

PATIENTIN (Er): «In einem solchen Krankenhaus würde ich gern arbeiten.»

KRANKENSCHWESTER (El): «Erst mal müssen Sie mit Ihren eigenen Problemen fertig werden» (Abb. 18).

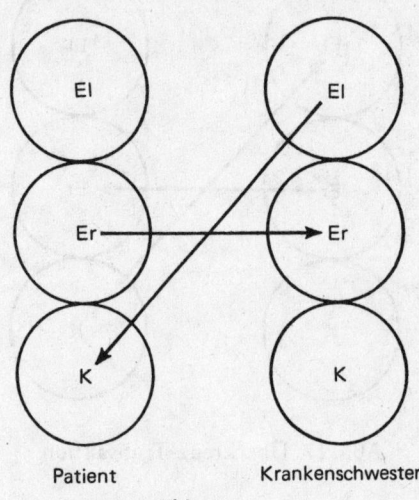

Patient   Krankenschwester

Abb. 18

MUTTER (El): «Geh und räum dein Zimmer auf.»

TOCHTER (El): «Du hast mir nicht zu sagen, was ich tun soll. Du bist hier nicht der Chef. Der Chef ist Vater!» (Abb. 19).

THERAPEUT (Er): «Was ist Ihr Hauptproblem im Leben?»

PATIENT (Ki): «Bin ich hier bei der Fürsorge, oder wo?» (*Klopft auf den Tisch*): «Und so was will Arzt sein!» (Abb. 20).

SOHN (Er): «Ich muß heute abend einen Aufsatz schreiben. Morgen sollen wir abgeben.»

VATER (El): «Warum verschlampst du immer alles bis zur letzten Minute?» (Abb. 21).

MANN (Er), von einem Freund begleitet: «Wir wollten den Tankverschluß aufmachen und haben den Schlüssel durch das Gitter fallen lassen. Könnten Sie uns helfen, ihn herauszubekommen?»

TANKWART (El): «Wer hat das getan?» (Abb. 22).

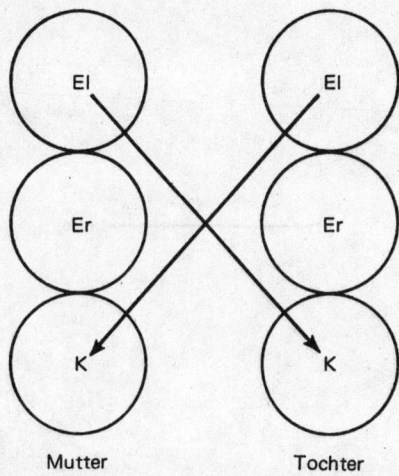

Abb. 19

Abb. 20

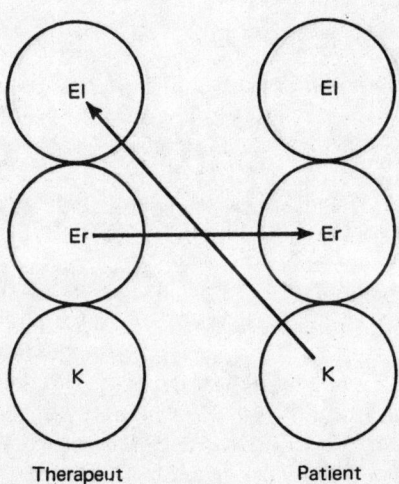

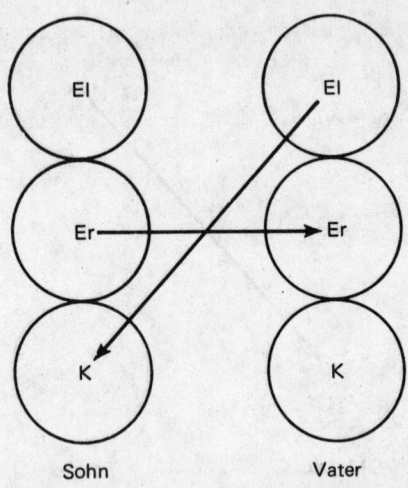

Abb. 21

Abb. 22

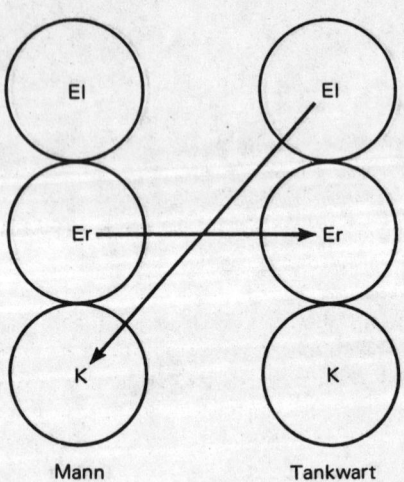

KLEINES MÄDCHEN (Er): «Schmutzige Hemden sind so schön warm.»
MUTTER (El): «Du gehst sofort erst mal in die Badewanne» (Abb. 23).
JUNGES MÄDCHEN (El): «Ehrlich gesagt, meine Eltern fahren am liebsten nach Sylt.»
FREUND (El): «Wir gehen in den Ferien nie dahin, wo es so voll ist» (Abb. 24).
KLEINES MÄDCHEN (K): «Ich kann Suppe nicht ausstehen. Ich esse das nicht. Du kochst immer ekliges Zeug.»

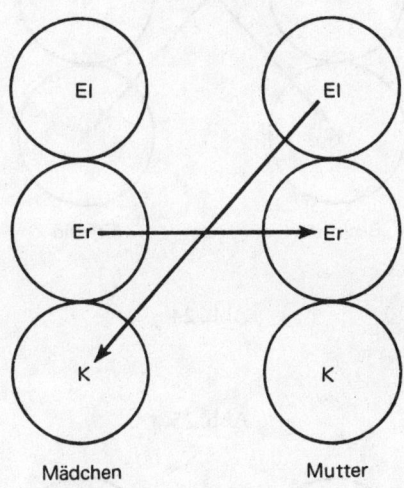

Mädchen   Mutter

Abb. 23

MUTTER (K): «Schön, dann geh ich eben, und du kochst dir dein ekliges Essen selbst» (Abb. 25).
KLEINER JUNGE (K): «Mein Papi hat ganz viel Geld auf der Bank.»
KLEINES MÄDCHEN (K): «Pöh, auf der Bank! Mein Papi hat man eine ganze Sparkasse voll Geld» (Abb. 26).
BABBITTS TOCHTER VERONA (Er): «Ich weiß, aber – ach, ich möchte – beitragen –. Am liebsten möcht ich in einem Versorgungsheim arbeiten. Ob mich wohl eines der Kaufhäuser eine Wohlfahrtsabteilung einrichten ließe, mit einem hübschen Erholungsraum mit buntem Kattun und Strohlehnstühlchen und was so noch alles dazu gehört? Oder ich könnte – –»

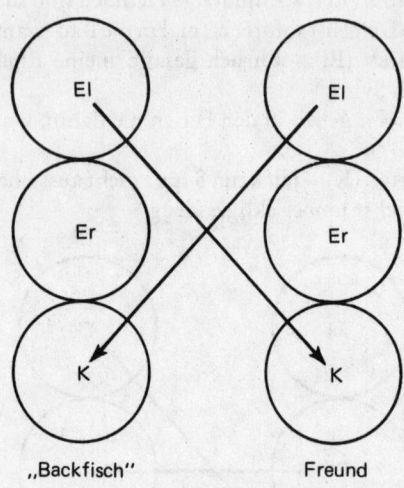

"Backfisch"   Freund

Abb. 24

Abb. 25

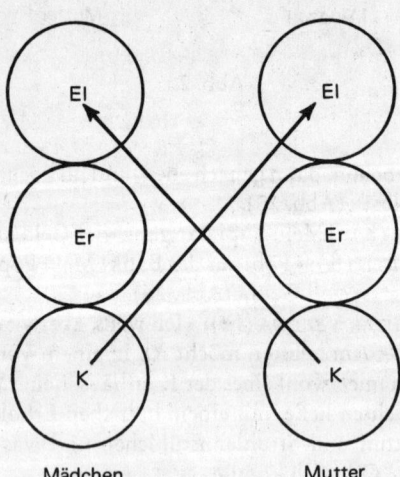

Mädchen   Mutter

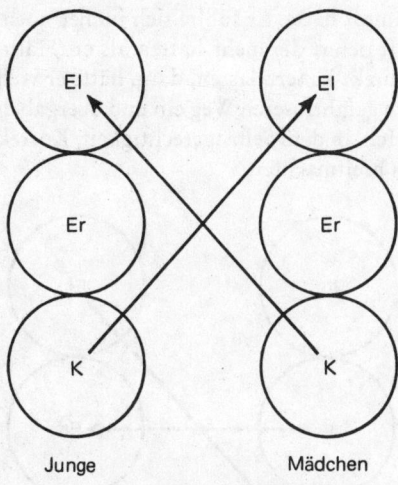

Abb. 26

BABBITT (El): «Jetzt paß mal gut auf! Das erste, was du richtig verstehen mußt, ist, daß all dieses Gleichstellen und dieser Versorgungs-
und Erholungsquatsch in Gottes weiter Welt nichts anderes tut,
als dem Sozialismus Tür und Tor öffnen. Je eher ein Mann
begreift, daß er nicht verhätschelt und umsonst gefüttert werden
wird, und, na, alle diese Freischulen und Quatsch und Zeugs für
seine Gören kriegt, wenn er sie sich nicht verdient, na, desto eher
wird er sich an die Arbeit machen und schaffen – produzieren,
produzieren! Das ist's, was der Staat braucht, und nicht all das
phantastische Zeug, das nur die Energie der arbeitenden Klasse
schwächt und ihren Kindern eine Menge überflüssiger Ideen ein-
gibt. Und du – wenn du dich nur um deinen Beruf kümmern würdest, statt aus Dummheit so viel Wesens zu machen. – Das nimmt
kein Ende! Als ich jung war, faßte ich einen Entschluß, was ich tun
wollte, und dann blieb ich auch dabei, durch dick und durch dünn,
und so hab ich's zu etwas gebracht» (Abb. 27).*

Reaktionen des Eltern-Ichs wie bei Babbitt haben ihre Ursachen
dennoch im NICHT-O. K. des Kindheits-Ichs. Er hatte das Gefühl, daß

---

* Lewis: ‹Babbitt›, a. a. O.

seine Kinder ihn nicht schätzten, daß sie nicht verstanden, wie schwer er gekämpft hatte. Er fühlte sich immer noch NICHT O. K. in der Gesellschaft derer, die mehr hatten als er. Hätte er sein Kindheits-Ich sich direkt äußern lassen, dann hätte er vielleicht geweint. So schlug er den gefahrloseren Weg ein und übergab die Transaktion seinem Eltern-Ich, in dem Selbstgerechtigkeit, Korrektheit und Besserwisserei sich breitmachten.

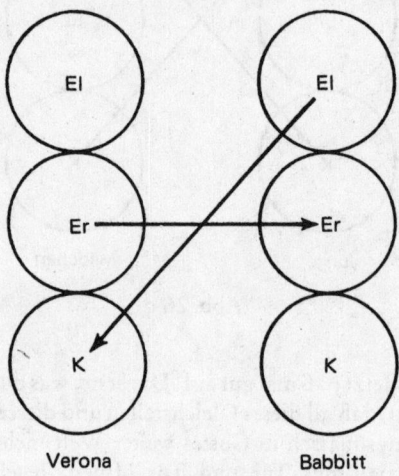

Abb. 27

Der Mensch, dessen NICHT O. K.-Kindheits-Ich ständig auf der Lauer liegt, kann keine Transaktionen durchführen, die seine Auseinandersetzung mit der Realität fördern, weil er immerzu mit unerledigtem Kram aus einer vergangenen Realität beschäftigt ist. Er kann kein Kompliment unverkrampft annehmen, weil er glaubt, es nicht zu verdienen, und irgendwo nach einem Haken sucht. Er kämpft ständig darum, die Lebensanschauung unerschütterlich aufrechtzuerhalten, die in der Kindheitssituation aufgebaut worden ist. Der Mensch, der immer mit seinem Kindheits-Ich reagiert, sagt eigentlich: «Schaut mich an, ich bin NICHT O. K.» Der Mensch, der immer mit seinem Eltern-Ich reagiert, sagt eigentlich: «Schau dich an, du bist NICHT O. K. (und das gibt mir ein Gefühl der Überlegen-

heit).» Beide Manöver sind ein Ausdruck der NICHT O. K.-Anschau-
ung, und jedes trägt dazu bei, die Verzweiflung weiter zu treiben.

Die NICHT O. K.-Anschauung kommt nicht nur in der Reaktion
zum Ausdruck. Sie läßt sich auch im Reiz feststellen. Der Mann sagt
zu seiner Frau: «Wo hast du den Dosenöffner versteckt?» Der
Hauptreiz kommt aus dem Erwachsenen-Ich, weil es objektive
Information sucht. Doch in dem Wort *versteckt* liegt noch ein Hin-

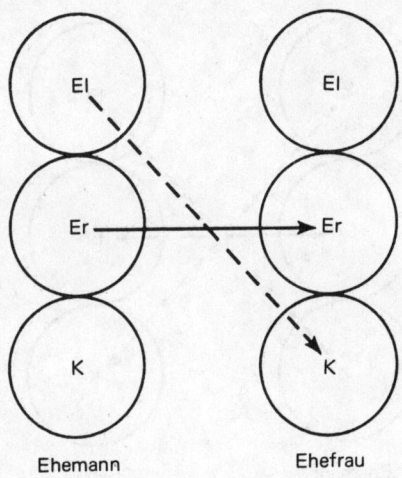

Abb. 28

tersinn. («Wie du den Haushalt führst, bleibt für mich ein Geheimnis. Wenn ich so schlecht Ordnung halten würde wie du, wären wir
längst pleite. Ich möchte einmal, ein einziges Mal, etwas dort finden,
wo es hingehört!») Diesen Hintersinn liefert das Eltern-Ich. Es liegt
darin eine unterschwellige, aber sehr wohl spürbare Kritik, und
damit wird eine Zwei-Ebenen- oder *Duplex-Transaktion* eingeleitet (Abb. 28).

Der Fortgang dieser Transaktion hängt davon ab, auf welchen
Reiz die Frau reagieren will. Wenn sie will, daß es weiterhin freundlich zugeht, und wenn sie sich O. K. genug fühlt, um keine Bedrohung
zu spüren, antwortet sie vielleicht: «Ich habe ihn bei den Löffeln versteckt, Liebling.» Das ist komplementär, denn sie gibt ihm die

gewünschte Information und nimmt gutmütig seine Nebenbemerkung über ihre Haushaltsführung zur Kenntnis. Wenn ihr Erwachsenen-Ich zu dem Schluß kommt, daß es für ihre Ehe wichtig ist, die «versteckte» Andeutung ihres Mannes zu berücksichtigen, dann befolgt sie vielleicht den Hinweis und bemüht sich um eine bessere Ordnung. Wenn ihr Erwachsenen-Ich die Transaktion bestimmt, kann sie das.

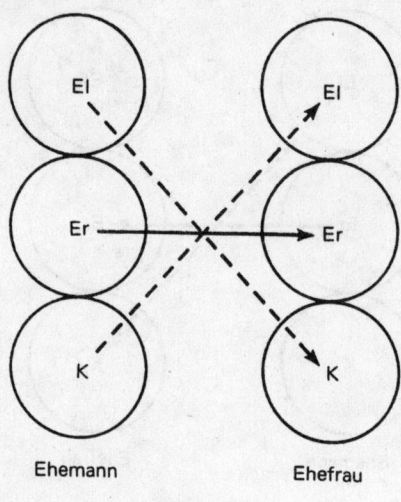

Abb. 29

Wenn jedoch ihr NICHT O. K.-Kindheits-Ich anspringt, wird sie primär auf das Wort *versteckt* reagieren und etwas antworten wie: «Was ist los mit dir – bist du blind, oder was?» Und damit ist die Suche nach dem Dosenöffner beendet. Jetzt streiten sie sich über ihre Stärken und Schwächen in punkto Ordnung, Blindheit, Dummheit etc. Seine Bierdose ist immer noch nicht geöffnet, und ein «Tumult»-Spiel kündigt sich an.

Einige Transaktionen dieser Art können Reize und Reaktionen auf allen Ebenen einschließen. Ein Mann kommt nach Hause und malt in den Staub auf dem Couchtisch: «Ich liebe dich.» Obwohl das Erwachsenen-Ich die Situation beherrscht, sind doch auch Eltern-Ich und Kindheits-Ich beteiligt (Abb. 29). Das Eltern-Ich sagt:

«Warum machst du hier nie sauber?» Das Kindheits-Ich sagt: «Bitte, sei mir nicht böse, wenn ich dich kritisiere.» Das Erwachsenen-Ich übernimmt jedoch das Kommando auf der Basis, daß Liebe für meine Ehe wichtig ist, also lasse ich mein Eltern-Ich oder mein Kindheits-Ich nicht direkt zum Zuge kommen. Wenn ich ihr sage, daß ich sie liebe, wird sie nicht wütend auf mich werden, aber vielleicht versteht sie, daß es für einen Mann in meiner Position immerhin wichtig ist, ein ordentliches Zuhause zu haben.

Daraus kann eine Komplementär-Transaktion werden, wenn die Frau O. K. genug ist, um ein bißchen konstruktive Kritik ertragen zu können. Wenn sie dazu aber nicht fähig ist, wenn sie sich auch von der leisesten Kritik immer gleich verletzt fühlt, dann wird vielleicht ihr Eltern-Ich reagieren: «Wann hast du eigentlich zum letztenmal die Garage saubergemacht?» Oder ihr Kindheits-Ich treibt sie in die Stadt, wo sie mit beiden Händen das Geld ausgibt. Diese Transaktion ist ein Beispiel dafür, daß trotz der Beteiligung von Eltern-Ich und Kindheits-Ich das Ergebnis erfreulich und förderlich für eine gute Ehe sein kann, *wenn* das Erwachsenen-Ich die führende Rolle spielt.

Das Erwachsenen-Ich kann entscheiden, wie es auf komplementäre Weise so auf einen Reiz reagieren will, daß sowohl die Zweierbeziehung als auch die zwei Menschen innerhalb dieser Beziehung geschützt werden. Dazu sind manchmal sehr schnelle (intuitive) Gedanken- und Gefühlsoperationen nötig.

Ort und Handlung: Eine Cocktailparty. Die Transaktion wird von einem Mann begonnen, der (Kindheits-Ich) eine Frau in den Hintern kneift. Sie erwidert (Erwachsenen-Ich): «Meine Mutter hat mir immer gesagt, ich soll auch die andere Backe hinhalten.» Warum sehen wir in dieser Reaktion das Erwachsenen-Ich am Werke?

Die Gekniffene hätte mit ihrem Eltern-Ich reagieren und den Mann vielleicht sogar ohrfeigen können: «Sie Ferkel, Sie unverschämtes!»

Hätte sie mit ihrem Kindheits-Ich reagiert, dann hätte sie geweint, wäre verlegen geworden, ärgerlich, verkrampft oder verführerisch.

Ihre Reaktion war jedoch insofern vom Erwachsenen-Ich bestimmt, als sie damit eine Menge Information übermittelte.

1. Ich hatte eine Mutter, *die mir immer gesagt hat* – also seien Sie vorsichtig!

2. *Die andere Backe hinhalten* – ich weiß Bescheid in der Bibel, Sie sehen also, daß ich nicht zu jener Sorte Mädchen gehöre.

3. Das witzige Wortspiel sagte ihm: «Mein Kindheits-Ich amüsiert sich, und du bist O. K., und ich kann Spaß vertragen.»

4. Die Transaktion ist beendet!

Der Mensch, der aus solchen Transaktionen stets unversehrt und siegreich hervorgeht, tut das nicht zufällig. Er hat ein sehr schnell funktionierendes Erwachsenen-Ich. So praktisch das in gesellschaftlichen Situationen wie der eben beschriebenen sein mag, so ist es dort doch nicht so entscheidend wie zu Hause. Von einer Cocktailparty kann man weggehen. Von zu Hause wegzugehen, ist etwas ganz anderes.

Es stellt sich die Frage: Wie kann das Erwachsenen-Ich besser und schneller funktionieren? Wenn jemand an das Tor zum Leben klopft, wer wird zuerst dort sein – das Eltern-Ich, das Erwachsenen-Ich oder das Kindheits-Ich?

Wie man im Erwachsenen-Ich bleibt

Das Erwachsenen-Ich entwickelt sich später als Eltern-Ich und Kindheits-Ich und scheint das ganze Leben hindurch Schwierigkeiten zu haben, den Vorsprung einzuholen. Eltern-Ich und Kindheits-Ich haben Hauptleitungen besetzt, die direkt geschaltet sind und automatisch auf Anrufe (Reize) reagieren. Der erste Schritt zur Stärkung des Erwachsenen-Ichs ist daher erhöhte Wachsamkeit gegenüber Signalen aus dem Eltern-Ich und Kindheits-Ich. Erregte Gefühle sind ein Hinweis dafür, daß das Kindheits-Ich angesprochen wurde. Das eigene Kindheits-Ich zu kennen und aufmerksam gegenüber den eigenen NICHT O. K.-Gefühlen zu sein, ist die erste Voraussetzung für die Datenverarbeitung im Erwachsenen-Ich. Die klare Erkenntnis: «Das ist mein NICHT O. K.-Kindheits-Ich» läßt es nicht zu, daß sich meine emotionale Aufwallung in unkontrollierte Handlungen umsetzt. Es dauert einen Augenblick, bis diese Daten verarbeitet sind. Bis zehn zählen ist eine nützliche Methode, die automatische Reaktion einen Moment zurückzuhalten, damit das Erwachsenen-Ich die Kontrolle über die Transaktion gewinnen kann. «Wenn du im Zweifel bist, dann laß es» ist eine gute Übung zur Einschränkung archaischer oder destruktiver Reaktionen des Kindheits-Ichs. Aristoteles sagte, wahre Macht zeige sich in der

Beschränkung. Die Stärke des Erwachsenen-Ichs zeigt sich ebenfalls zuerst in der Beschränkung – in der Beschränkung der automatischen, archaischen Reaktionen von Eltern-Ich und Kindheits-Ich. Damit gewinnt man Zeit, bis das Erwachsenen-Ich die richtigen, die angemessenen Reaktionen ausgerechnet hat.

Signale aus unserem Eltern-Ich können ebenso überwacht werden. Es ist nützlich, dem Computer gewisse Fragen des Erwachsenen-Ichs an die Daten des Eltern-Ichs einzuprogrammieren: Ist das wahr? Trifft es zu? Ist es angemessen? Woher habe ich die Vorstellung? Was sind die Beweise?

Je mehr man über den Inhalt von Eltern-Ich und Kindheits-Ich weiß, um so leichter kann man Eltern-Ich und Kindheits-Ich vom Erwachsenen-Ich trennen. Das ist genau der Vorgang, der für die Entwicklung des Erwachsenen-Ichs nötig ist. Je aufmerksamer man dem eigenen Eltern-Ich und Kindheits-Ich gegenübersteht, um so selbständiger, stärker und leistungsfähiger wird unser Erwachsenen-Ich.

Man kann eine beachtliche Fertigkeit beim Aufspüren unseres Eltern- und Kindheits-Ichs erwerben, wenn man sich im «Abhören» unseres inneren Dialogs übt. Das ist relativ einfach, weil von außen keine Reaktionen gefordert werden und man Zeit hat, die Daten zu untersuchen. Wenn man sich schlecht, kaputt, niedergeschlagen, deprimiert fühlt, kann man fragen: «Warum schlägt mein Eltern-Ich auf mein Kindheits-Ich ein?» Innere Anklagereden sind weit verbreitet. Bertrand Russell schrieb über Alfred North Whitehead: «Wie andere Menschen, die äußerst diszipliniert leben, war er ein Opfer quälender Selbstgespräche, und wenn er glaubte, allein zu sein, murmelte er Selbstschmähungen wegen seiner angeblichen Unzulänglichkeit vor sich hin.»[*]

Wenn jemand sagen kann: «Das ist mein Eltern-Ich» oder «Das ist mein Kindheits-Ich», dann sagt er dies mit seinem Erwachsenen-Ich, auf das er eben durch die innere Beweisaufnahme und Zeugenvernehmung umgeschaltet hat. In einer Streß-Situation kann man augenblicklich Erleichterung verspüren, wenn man sich ganz einfach fragt: «Was reagiert jetzt?»

Wenn man ein Gespür bekommt für das eigene Kindheits-Ich, wird man auch sensibler für das Kindheits-Ich in anderen. Niemand liebt den Menschen, den er fürchtet. Wir fürchten in anderen ihr

---

[*] Russell: ‹Autobiographie›, a. a. O.

Eltern-Ich. Ihr Kindheits-Ich können wir lieben. In einer schwierigen Transaktion hilft es oft, im anderen den kleinen Jungen oder das
kleine Mädchen zu *sehen* und mit diesem kleinen Jungen oder Mädchen nicht herablassend, sondern liebevoll und beschützend zu
reden. Im Zweifelsfall soll man streicheln. Wer auf das Kindheits-Ich
eines anderen reagiert, fürchtet dessen Eltern-Ich nicht.

Ein Beispiel für das «Reden mit dem kleinen Jungen» gibt Adele
Rogers St. Johns in ihrem Buch ‹Tell No Man›, in dem Hank Gavin
sagt:

«Ich – ich sah plötzlich *durch* das, was sie jetzt waren, hindurch.
Das ist mir schon ein paarmal bei wichtigen Verhandlungen mit Männern, mit Firmenchefs passiert – ich bekam eine Vorstellung von
ihnen, als würde ich *durch* sie *hindurch*sehen – und manchmal zeigte
sich da ein seltsamer, sehnsuchtsvoller, verwegener Bursche – wie
das Kind, das er einst gewesen war, als er mit einer Dose voll Wür-
mern zum Angeln ging. Das mag weit hergeholt klingen, aber es ist
ein paarmal passiert, und – und ich habe *diesen* Burschen angesprochen, und ich hatte Erfolg.»*

Dieser Bursche war das Kindheits-Ich.

Eine andere Möglichkeit zur Stärkung des Erwachsenen-Ichs liegt
darin, sich die Zeit zu nehmen und einige große Entscheidungen
über Grundfragen zu treffen, wodurch viele kleinere Entscheidungen überflüssig werden. Diese großen Entscheidungen können immer wieder überprüft werden, doch die Zeit, die man braucht, um sie
zu treffen, muß nicht auf jeden Vorfall verschwendet werden, in dem
Grundwerte eine Rolle spielen. Sie sind ein sicheres moralisches
Fundament für all die unzähligen kleinen Alltagsprobleme, bei denen man sich fragt: Was soll ich tun?

Diese großen Entscheidungen erfordern bewußte Anstrengung.
Mitten in einem Orkan kann man niemandem Navigation beibringen. Ebensowenig läßt sich ein Wertsystem aufbauen in dem Bruchteil einer Sekunde zwischen Wutgeschrei des Sohnes: «Michael hat
mir ins Gesicht gehauen» und der eigenen Erwiderung darauf. Man
kann keine konstruktive Transaktion unter Führung des Erwachsenen-Ichs durchführen, wenn Grundwerte und Prioritäten nicht zuvor überdacht worden sind.

Wer ein Segelboot besitzt, wird sich anstrengen, ein guter Navigator zu werden, weil er informiert ist über die Konsequenzen, mit

---

* A. Rogers St. Johns: ‹Tell No Man› (New York: Doubleday, 1966).

denen ein schlechter rechnen muß. Er wartet nicht erst den nächsten Sturm ab, um herauszufinden, wie das Funkgerät funktioniert.

Wer verheiratet ist, wird sich anstrengen, ein guter Partner zu werden, weil er gelernt hat, womit ein schlechter rechnen muß. Er arbeitet ein Wertsystem aus, das seiner Ehe zugrunde liegt und sich als nützlich erweist, sobald Schwierigkeiten auftreten. Dann ist das Erwachsenen-Ich darauf vorbereitet, bei Transaktionen die Führung zu übernehmen mit einer Frage wie: «Was ist hier wichtig?»

Das Erwachsenen-Ich kann in seiner Funktion als Wahrscheinlichkeitsberechner ein Wertsystem ausarbeiten, das sowohl auf die Zweierbeziehung in der Ehe als auch auf alle anderen zwischenmenschlichen Beziehungen zutrifft. Anders als das Kindheits-Ich kann das Erwachsenen-Ich Konsequenzen vorher abschätzen und Befriedigungen hinausschieben. Es kann neue Werte festsetzen, die auf einer gründlicheren Untersuchung der historischen, philosophischen und religiösen Wertvorstellungen beruhen. Im Gegensatz zum Eltern-Ich geht es dem Erwachsenen-Ich um die Erhaltung des Individuums statt um die Erhaltung der Institution. Das Erwachsenen-Ich kann sich bewußt zu der Haltung bekennen, daß es wichtig ist zu lieben. Das Erwachsenen-Ich kann in dem Gedanken: «Geben ist seliger denn Nehmen» mehr sehen als einen elterlichen Auftrag.

Mit der «erwachsenen» Art des Gebens hat sich Erich Fromm auseinandergesetzt:

«Das meistverbreitete Mißverständnis ist die Annahme, daß Geben soviel bedeutet wie etwas ‹Aufgeben›, auf etwas verzichten, opfern. Menschen, deren Hauptorientierung nichtproduktiv ist, empfinden Geben als eine Verarmung ... nur weil es schmerzlich ist zu geben, *soll* man (Eltern-Ich) geben; der Wert des Gebens liegt für sie in der Annahme des Opfers ...

Für den Produktiven (Erwachsenen-Ich) hat Geben eine völlig andere Bedeutung. Geben ist der höchste Ausdruck der Potenz. Im Akt des Gebens erlebe ich meine Stärke, meinen Reichtum, meine Macht. Dieses Erlebnis erhöhter Vitalität und Potenz erfüllt mich mit Freude. Ich erfahre mich selbst als überströmend, verschwendend, lebendig, damit als glücklich. Geben ist glücklicher als Nehmen, nicht weil es eine Entbehrung ist, sondern weil im Akt des Gebens der Ausdruck meiner Lebendigkeit liegt (o. k.).»*

---

* E. Fromm: ‹*Die Kunst des Liebens*› (Berlin, Ullstein 1970, Ullstein-Bücher Nr. 258).

Diese Art des Gebens kann eine Lebensweise sein, die man sich bewußt gewählt hat. Und diese Wahl kann allen Entscheidungen zugrunde liegen, bei denen das Erwachsenen-Ich fragt: Was ist hier wichtig? Bin ich liebevoll? Wenn solche Wertentscheidungen einmal getroffen sind, kann man die Frage: «Wo hast du den Dosenöffner versteckt?» konstruktiv abfangen und mit der tagtäglichen Stärkung der Lebensanschauung ICH BIN O. K. – DU BIST O. K. fortfahren.

Insgesamt gibt es folgende Methoden zum Aufbau eines starken Erwachsenen-Ichs:

1. Lerne dein Kindheits-Ich erkennen, seine verwundbaren Stellen, seine Ängste, die häufigsten Formen, in denen es seine Gefühle ausdrückt.

2. Lerne dein Eltern-Ich erkennen, seine Gebote und Verbote, seine unverrückbaren Grundsätze und seine wichtigsten Möglichkeiten, diese Gebote, Verbote und Grundsätze auszudrücken.

3. Sei aufgeschlossen für das Kindheits-Ich in anderen Menschen, sprich zu ihm, streichle es, beschütze es und erkenne sein Verlangen nach kreativem Ausdruck ebenso an wie die Last des NICHT-O. K., das es mit sich herumträgt.

4. Zähle bis zehn, wenn nötig, um dem Erwachsenen-Ich Zeit zur Verarbeitung der Daten zu geben, die in den Computer kommen, damit es Eltern-Ich und Kindheits-Ich von der Realität trennen kann.

5. Wenn du im Zweifel bist, dann laß es. Man kann dich nicht wegen einer Sache angreifen, die du nicht gesagt hast.

6. Erarbeite ein Wertsystem. Ohne ethisches Fundament kannst du keine Entscheidungen treffen. Wie das Erwachsenen-Ich ein Wertsystem ausarbeitet, wird detailliert im zwölften Kapitel untersucht.

6. Worin wir uns unterscheiden

Die Werkzeuge des Geistes werden zu Ballast,
wenn die Umgebung, die sie notwendig gemacht hat,
nicht mehr existiert.

Henri Bergson

Alle Menschen sind insofern gleich strukturiert, als sie alle ein Eltern-Ich, ein Erwachsenen-Ich und ein Kindheits-Ich haben.

In zwei Dingen sind sie aber untereinander verschieden: das eine ist der Inhalt von Eltern-Ich, Erwachsenen-Ich und Kindheits-Ich, der bei jedem Menschen einzigartig ist, weil er aus Aufzeichnungen einzigartiger, unvergleichlicher Erlebnisse besteht. Das andere ist die Arbeitseinteilung, das Zusammenspiel von Eltern-Ich, Erwachsenen-Ich und Kindheits-Ich.

In diesem Kapitel sollen nun die Unterschiede im Zusammenspiel der Ich-Funktionen untersucht werden. Es gibt zwei Funktionsprobleme: die Trübung und den Ausschluß.*

Trübung

In einer Einführungsstunde sprach ich zu einem sechzehnjährigen Mädchen über die drei Ich-Zustände. Das Mädchen war in sich zurückgezogen, verschlossen, hatte die Schule frühzeitig verlassen und war mir von der Fürsorge zugewiesen worden, kurzum: sie war eine von den Schlechtweggekommenen. Am Ende der Stunde fragte ich Sie: «Können Sie mir sagen, was das Eltern-Ich, das Kindheits-Ich und das Erwachsenen-Ich jetzt für Sie bedeutet?»

Nach einer langen Pause sagte sie: «Das bedeutet, daß wir alle aus drei Teilen zusammengesetzt sind, und die halten wir besser auseinander, sonst kriegen wir Ärger.»

Wenn wir «Ärger kriegen», weil sie nicht auseinandergehalten sind, dann handelt es sich um die *Trübung des Erwachsenen-Ichs*.

---

* Berne: ‹*Transactional Analysis in Psychotherapy*›, a. a. O.

Im Idealfall (Abb. 30) sind die El-Er-K-Kreise voneinander getrennt. Bei vielen Menschen überschneiden sie sich jedoch. Die Überschneidung a auf der Abbildung ist die Trübung des Erwachsenen-Ichs durch liegengebliebene, ungeprüfte Daten aus dem Eltern-Ich, die als wahr objektiviert worden sind. Hierbei handelt es sich um *Vorurteile*. Auf diese Weise werden Dogmen wie: «Weiße Haut ist

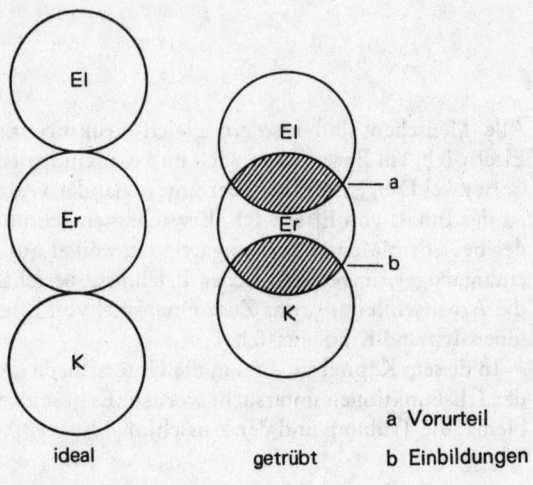

a Vorurteil

ideal   getrübt   b Einbildungen

Abb. 30 Trübung

besser als schwarze», «Rechtshänder sind geschickter als Linkshänder» und «Bullen sind böse» bei Transaktionen auf der Basis von Vorurteilen objektiviert, bevor sie durch Informationen über die Realität (Erwachsenen-Ich) kontrolliert werden können. Vorurteile entwickeln sich in der frühen Kindheit, wenn die beschützenden Eltern die nähere Untersuchung bestimmter Gegenstände unterbinden. Aus Furcht vor elterlichem Tadel wagt das Kind nicht, diese Untersuchungen dennoch anzustellen.

Wir alle wissen, wie schwierig es ist, mit einem voreingenommenen Menschen zu diskutieren. Bei manchen Menschen kann man mit einem logischen oder sonstwie beweiskräftigen Argument durchdringen und die Trübung ein wenig aufklären, ob es sich dabei nun um Rassenfragen, Linkshändigkeit oder irgendein anderes Thema handelt, dem gegenüber der Gesprächspartner voreingenommen ist, spielt keine Rolle. Doch das Eltern-Ich in diesen Menschen hat einen Teil ihres Erwachsenen-Ichs fest im Griff, und sie umgeben ihren voreingenommenen Standpunkt mit allen möglichen und unmöglichen Argumenten, nur um bei ihrer Einstellung bleiben zu können. So unlogisch ihre Haltung auch sein mag: die Sturheit ihrer Ansichten bringt ihnen einen Vorteil – *Sicherheit*. Wie im zweiten Kapitel gezeigt wurde, ist es für ein kleines Kind sicherer, einer Lüge zu glauben als den eigenen Augen und Ohren. Deshalb läßt sich ein Vorurteil nicht durch eine sachliche Erörterung (Erwachsenen-Ich) über den Gegenstand des Vorurteils ausräumen. Man kann Vorurteile nur abbauen, wenn man deutlich werden läßt, daß es jetzt nicht mehr gefährlich ist, anderer Meinung zu sein als die Eltern, und wenn man das Eltern-Ich durch Informationen über die heutige Wirklichkeit «auf Stand bringt». Bei der Behandlung geht es also darum, Eltern-Ich und Erwachsenen-Ich zu trennen und die Grenze zwischen beiden (wieder) herzustellen.

Die Überschneidung b auf Abbildung 30 ist die Trübung des Erwachsenen-Ichs durch das Kindheits-Ich mit Gefühlen oder archaischen Erlebnissen, die – vollkommen unangemessen – in der Gegenwart objektiviert werden. Die beiden häufigsten Symptome dieser Art der Trübung sind *Einbildungen* und *Halluzinationen*. Eine wahnhafte Einbildung beruht auf Furcht. Ein Patient, der mir erklärte: «Die Welt ist schrecklich», beschrieb damit, wie die Welt ihm als kleinem Kind erschien. Ein Mensch, der als Kind in ständiger Furcht vor der Brutalität zorniger, unberechenbarer Eltern lebte, kann als Erwachsener unter Streß von der gleichen Furcht so überwältigt werden, daß er sich «logische», scheinbar beweiskräftige Informationen fabriziert. Er mag wähnen, daß der Hausierer, der die Straße entlangkommt, wirklich kommt, um ihn zu töten. Wenn man ihm die Tatsache vor Augen stellt, daß es sich nur um einen Hausierer handelt, kann dieser Mensch seine Furcht durch eine Behauptung untermauern wie: «Ich hab ihn doch sofort erkannt. Das ist er! Er wird von der Polizei gesucht. Ich habe sein Foto auf dem Plakat im Postamt gesehen. Deshalb ist er jetzt hinter mir her.» Wie im Falle der Vorurteile kann dieser Wahn nicht durch eine einfache Feststellung der Wahrheit zerstreut werden, daß es sich nämlich tatsächlich um einen Hausierer handelt. Der Wahn kann sich nur lichten, wenn man klarlegt, daß die ursprüngliche Bedrohung des Kindheits-Ichs real nicht mehr besteht. Erst wenn das Erwachsenen-Ich von der Trübung befreit ist, kann es Wirklichkeitsdaten verarbeiten.

Halluzinationen entstehen ebenfalls durch die Trübung des Erwachsenen-Ichs durch das Kindheits-Ich. Eine Halluzination ist ein Phänomen, das durch äußersten Streß hervorgerufen wird und bei dem eine frühere äußere Erfahrung – Erniedrigung, Zurückweisung, Tadel – wieder äußerlich erlebt wird, obwohl «keiner da ist». Ein aufgezeichnetes Erlebnis «tritt wie wirklich ein», und der Mensch «hört» Stimmen, die in einer vergangenen Realität existierten. Wenn er gefragt wird, was die Stimmen sagen, nennt er – und das ist typisch – Worte des Tadels, der Bedrohung oder der Gewalt. Je abstruser die Halluzinationen sind, desto abstruser war für ihn als Kind das Leben. Bizarre Halluzinationen sind nicht schwer zu verstehen, wenn wir bedenken, welchen Mißhandlungen – ob mit Worten oder mit Tätlichkeiten – manche Kinder ausgesetzt sind.

Ausschluß

Neben der Trübung gibt es eine andere Funktionsstörung, die erklärt, worin wir uns unterscheiden: den *Ausschluß*.

«Ausschluß zeigt sich in einer stereotypen, voraussehbaren Haltung, die angesichts jeder bedrohlichen Situation so lange wie möglich unverändert beibehalten wird. Das konstante Eltern-Ich, das konstante Erwachsenen-Ich und das konstante Kindheits-Ich entstehen alle primär aus dem defensiven Ausschluß der beiden Komplementär-Aspekte in jedem Fall.»*

In einer solchen Situation kann ein Ausschließendes Eltern-Ich das Kindheits-Ich «blockieren» oder ein Ausschließendes Kindheits-Ich das Eltern-Ich.

Der Mensch, der nicht spielen kann

Typisch für die Trübung des Erwachsenen-Ichs durch das Eltern-Ich bei gleichzeitiger Blockade des Kindheits-Ichs (Abb. 31) ist der von seinem Pflichtbewußtsein beherrschte Mann, der immer Überstunden macht, stets an das Geschäft denkt und gereizt reagiert, wenn

---

* Berne: ‹*Transactional Analysis in Psychotherapy*›, a. a. O.

seine Familie einen Ski-Ausflug oder ein Picknick im Grünen plant. Es ist, als wäre er irgendwann in seiner Kindheit von ernsten, strengen, pflichtbewußten Eltern so rücksichtslos zusammengestaucht worden, daß er die einzig sichere weitere Lebensmöglichkeit darin sah, sein Kindheits-Ich völlig auszuschalten, es zu blockieren. Durch Erfahrung hatte er gelernt, daß es immer Ärger gab, wenn er seinem Kindheits-Ich freien Lauf ließ: «Geh in dein Zimmer», «Kinder soll

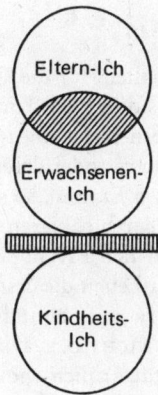

Abb. 31 Eltern-Ich-getrübtes Erwachsenen-Ich
mit blockiertem Kindheits-Ich

man sehen, nicht hören», «Wie oft muß ich dir noch sagen ...», *«Werde endlich erwachsen!»* Wenn dieser kleine Mensch zudem für völlige Anpassung, Fleiß, Anstrengung, Unterwürfigkeit und prompte Befehlserfüllung belohnt wurde, dann mußten ihm die absolute Anpassung an das Eltern-Ich und die totale Blockierung kindlicher Impulse als der Pfad der Tugend erscheinen.

Im Kindheits-Ich eines Menschen dieser Art ist wenig Glück registriert. Wahrscheinlich wird er nie sein glückliches Kindheits-Ich zeigen können, weil er sehr wenig davon hat. Man kann ihm jedoch zu der Erkenntnis verhelfen, daß seine Einstellung nicht fair ist gegenüber seiner Familie und seinen Kindern und daß seine Ehe tatsächlich scheitern könnte, wenn er weiter versucht, das Kindheits-Ich seiner Frau und seiner Kinder zu blockieren. Wenn er sein Erwachsenen-Ich zielbewußt anstrengt, kann er mit seiner Familie eine Reise machen, auf seine Überstunden verzichten, die Geschichten seiner Kinder liebevoll anhören (eine Fähigkeit des Erwachsenen-Ichs) und an deren Leben teilnehmen. Sein Erwachsenen-Ich kann ihm das Ziel setzen, liebevoll zu sein und sein Familienleben zu erhalten. Er wird weder die Art seines Eltern-Ichs ändern noch ein glückliches Kindheits-Ich schaffen können, das nicht in ihm ist. Doch er kann Einsicht gewinnen, die es ihm ermöglicht, ein befriedigendes Leben in der Gegenwart aufzubauen.

Der Mensch ohne Gewissen

Ein ernsteres Problem vor allem für die Gesellschaft stellt die Trübung des Erwachsenen-Ichs durch das Kindheits-Ich dar bei gleichzeitiger Blockade des Eltern-Ichs (Abb. 32). Dazu kommt es bei einem Menschen, dessen Eltern (oder deren Vertreter) so brutal und bedrohlich oder, im anderen Extrem, so sinnlos nachgiebig waren, daß er sie «aussperren» oder blockieren mußte, um überleben zu können. Das ist typisch für den Psychopathen, den Menschen, der irgendwann früh in seinem Leben die erste Grundanschauung: ICH BIN NICHT O. K. – DU BIST O. K. aufgibt und eine neue annimmt, nämlich ICH BIN O. K. – DU BIST NICHT O. K. Dieser kleine Mensch folgert richtig, daß seine Eltern tatsächlich NICHT O. K. sind. Sie sind in einem solchen Maße NICHT O. K., daß er sie völlig ausschließt. Im Extremfall tut er das durch Mord. Sonst schließt er sie zumindest psychisch aus, so daß er in gewissem Sinne keine Eltern und damit auch kein Eltern-Ich hat. Er schließt das quälende Eltern-Ich aus, doch damit schließt er auch das wenige «Gute» aus, das im Eltern-Ich ist. Ein solcher Mensch hat für seine gegenwärtigen Transaktionen keinerlei Aufzeichnungen zur Verfügung, die Daten über alles vermitteln, was mit sozialer Kontrolle zu tun hat, mit angemessenem «Man darf» und «Man darf nicht», mit gesellschaftlichen Normen oder mit dem, was in *einem* Sinne unser Gewissen ist. Sein Verhalten wird vom Kindheits-Ich bestimmt, das mit Hilfe des von ihm getrübten Erwachsenen-Ichs andere Menschen seinen eigenen Zwecken entsprechend manipuliert. Sein Erwachsenen-Ich kann Konsequenzen im voraus berechnen, doch ihn interessiert daran vor allem, ob er erwischt wird oder nicht. Der Gedanke an andere spielt in diesen Berechnungen so gut wie gar keine Rolle. Obwohl es Ausnahmen geben mag, besagt die allgemeine Regel, daß wir nicht lernen zu lieben, wenn wir nie geliebt worden sind. Wenn die ersten fünf Lebensjahre nur aus Kampf um leibliches und seelisches Überleben bestehen, dann wird dieser Kampf sehr wahrscheinlich das ganze Leben hindurch währen. Ob ein Mensch ein Eltern-Ich hat oder nicht, läßt sich unter anderem daran erkennen, ob er die Gefühle der Scham, Reue, Verlegenheit oder Schuld kennt. Diese Gefühle existieren im Kindheits-Ich und kommen zur Geltung, wenn das Eltern-Ich «das Kindheits-Ich schlägt». Wenn diese

Abb. 32 Kindheits-Ich-getrübtes Erwachsenen-Ich
mit blockiertem Eltern-Ich

Gefühle nicht existieren, ist sehr wahrscheinlich das Eltern-Ich blokkiert. Wird ein Mann verhaftet, weil er Kinder belästigt hat, und zeigt keinerlei Gefühle der Reue oder Schuld – außer dem Bedauern darüber, daß er erwischt worden ist –, so läßt sich mit großer Wahrscheinlichkeit annehmen, daß er kein funktionierendes Eltern-Ich hat. Das ist von prognostischer Bedeutung für die Rehabilitation. Die Behandlung eines solchen Menschen ist schwierig. Man kann nicht ein Eltern-Ich wecken, wo keines existiert. Eine Reihe entsprechender Experimente wurde mit Affen durchgeführt, die statt mit ihren wirklichen Müttern mit Attrappen aus Draht und Plüsch großwurden. Im Säuglingsalter entwickelten die kleinen Affen eine starke Zuneigung zu diesen Plüschmüttern. Im Reifealter war jedoch ihre eigene Fähigkeit zur Fortpflanzung und zur Aufzucht ihrer eigenen Jungen minimal.* Es fehlte ihnen die Erfahrung der Mutterschaft, von der man häufig glaubt, sie sei instinktbedingt. Mutterschaft war im Eltern-Ich nicht aufgezeichnet, also konnte auch nichts wiedergegeben werden.

Die Prognose für einen Menschen mit blockiertem Eltern-Ich ist nicht ganz so schlecht, weil er im Gegensatz zum Affen einen Computer mit zwölf Milliarden Zellen hat, der die Realität einschätzen und auch dann Antworten konstruieren kann, wenn früher keine aufgezeichnet worden sind. Ein krimineller Psychopath *kann* sein (El)-Er-K so weit verstehen, daß sein Erwachsenen-Ich bei seinen künftigen Unternehmungen den vorgezeichneten Teufelskreis aus Verbrechen, Verhaftung und Verurteilung durchbrechen kann. Auch wenn kein funktionierendes Eltern-Ich sein Erwachsenen-Ich stärkt, kann das Erwachsenen-Ich doch so gefestigt werden, daß es ihn durch ein erfolgreiches Leben führt, indem er den Respekt und vielleicht sogar die Wertschätzung anderer gewinnt. Diese Möglichkeit muß der Ausgangspunkt für Rehabilitationsbemühungen bei Strafgefangenen sein.

Das ausgeschaltete Erwachsenen-Ich

Der Mensch mit einem blockierten Erwachsenen-Ich (Abb. 33) ist psychotisch. Sein Erwachsenen-Ich funktioniert nicht, und daher hat er keinen Kontakt mit der Realität. Sein Eltern-Ich und Kindheits-Ich äußern sich direkt, häufig in einem wirren Durcheinander archaischer Daten, einer verworrenen Wiedergabe von Früherfahrungen, die heute sinnlos sind, weil sie bereits bei ihrer Aufzeichnung keinen Sinn ergaben. Das ließ sich bei einer Anstaltspatientin beobachten, die Choräle der Zeltmission sang (Eltern-Ich) und dazwischen immer wieder Obszönitäten von sich gab, die im Zusammenhang mit Körperfunktionen standen (Kindheits-Ich). Das Ganze war bizarr, schien jedoch einen alten Konflikt zwischen Eltern-Ich und Kindheits-Ich, zwischen gut und schlecht, erlaubt und verboten, Erlösung und Verdammung wiederzugeben. Der Inhalt dieser verbalen Äußerungen enthüllte rasch sehr viel über ihr Eltern-Ich und Kindheits-Ich. Die Tatsache, daß ihr Erwachsenen-Ich nicht mehr vorhanden war, sprach für die Schwere des Konflikts. «Der Kampf

* H. F. Harlow: ‹The Heterosexual Affectional System in Monkeys›. In: *American Psychologist* 17 (1962), S. 1–9.

ist zu schwer – ich geb's auf.» Das bedeutet nicht, daß ihre Kapitula-
tion irgendwie trostreich gewesen wäre. Sie war den gleichen
bedrohlichen Gefühlen ausgesetzt, die sie als Kind erlebt hatte.

Der erste Schritt bei der Behandlung eines psychotischen Patien-
ten ist die Reduzierung dieser Angstgefühle. Für die Gesundung des
Patienten ist ausschlaggebend, daß er von der ersten Begegnung mit
dem Therapeuten an dessen Grundanschauung ICH BIN O. K. – DU
BIST O. K. nachdrücklich zu spüren bekommt. 1963 berichtete mein
Mitarbeiter Gordon Haiberg über die Wirkung dieser Einstellung

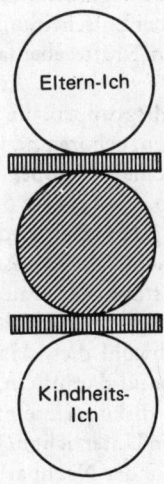

Abb. 33 Das blockierte oder außer Dienst gestellte Erwachsenen-Ich
(Psychose)

auf psychotische Patienten, die er im Landeskrankenhaus von
Stockton behandelte:

«Die Therapie beginnt mit dem ersten Blickwechsel zwischen
Therapeut und Patienten, wenn der Therapeut mit der Grundeinstellung ICH BIN O. K. – DU BIST O. K. eintritt. Psychotiker sehnen sich
nach einer sinnvolleren Beziehung zu anderen Menschen ... Wenn
diese im allgemeinen sehr wahrnehmungsfähigen Kranken sich einem Menschen gegenübersehen, der die Anschauung: ICH BIN O. K.

– DU BIST O. K. ausstrahlt, dann ist das für sie eine neue und faszinierende Erfahrung. Das Erwachsenen-Ich reagiert auf diese menschliche Einstellung und beginnt zu fragen: ‹Warum sind Sie draußen, und ich bin hier drin?› Die Frage wird nicht sofort beantwortet, sondern zum intuitiv richtigen Zeitpunkt, nachdem der Therapeut das destruktivste Manöver oder Spiel des Patienten darlegen konnte. Der Patient wird dabei einfach und direkt informiert, zum Beispiel: ‹Sie erschrecken andere zu Tode...› Es wird ihm freimütig erklärt, daß er O. K. ist, daß er wichtig ist wegen seiner Einzigartigkeit als menschliches Wesen, und er fängt an, Hoffnung zu schöpfen. Wenn das Erwachsenen-Ich damit beginnen kann, Daten zu verarbeiten, zuzuhören, zu lernen und bei Entscheidungen zu helfen, arbeiten die angeborenen regenerativen Kräfte ebenfalls wieder, und der Heilungsprozeß beginnt.»*

Meinen ständigen Anstaltsgruppen, die immer zwischen zehn und zwanzig Patienten umfassen, gehören häufig auch psychotische Patienten an. Im Rahmen einer Gruppe, in der grundsätzlich die Abmachung gilt: ICH BIN O. K. – DU BIST O. K., fühlt sich der psychotische Patient unterstützt, gestreichelt und ermutigt, und der Boden für die Rückkehr des Erwachsenen-Ichs ist vorbereitet.

In einer Anstaltsgruppe stand eine Frau während der Sitzung wiederholt auf, um ihren Rock glattzustreichen und ihn über die Knie nach unten zu ziehen. Obwohl diese Handlung nicht unbemerkt bleiben konnte, ging niemand darauf ein, niemand sah sie geringschätzig an. Die Gruppe diskutierte einfach weiter. Die Sitzung begann mit dreißig Minuten Unterricht in El-Er-K, gefolgt von einer Diskussion. Hinterher sagte der Nachbar der Frau zu ihr: «Wissen Sie, ich habe mitgezählt, Sie sind neunzehnmal aufgestanden, um Ihren Rock glattzustreichen.»

Einigermaßen überrascht und erfreut über die Entdeckung sagte sie: «Wirklich?»

Sie konnte diese «erwachsene» Antwort geben, ohne eine Drohung zu befürchten. Wenn das Erwachsenen-Ich in Erscheinung tritt, und sei es zunächst auch nur schwach, dann beginnt sich der Kontakt mit der Realität wieder einzustellen, und nun kann auch El-Er-K gelernt werden, das weitere Entdeckungen des Patienten über sein eigenes Verhalten ermöglicht.

* G. Haiberg: ‹Transactional Analysis with State Hospital Psychotics›. In: Transactional Analysis Bulletin, Bd. 2, Nr. 8 (Oktober 1963).

In Verbindung mit der Gruppentherapie werden Medikamente verabreicht, die helfen, die Stimmung zu heben und extreme Erregung zu beruhigen. In Fällen schwerer Depression wird die Elektroschock-Behandlung angewandt. Die Wirkung einer Schockbehandlung ist sehr auffällig. Nach zwei oder drei Schocks wird der Patient fröhlich, entspannt und bereit zu reden. Die Behandlung bringt vorübergehend die quälenden, archaischen Aufzeichnungen zum Verschwinden und macht die Wiedereinsetzung des Erwachsenen-Ichs möglich. Wenn das Erwachsenen-Ich erneut funktioniert, kann der Patient anfangen, El-Er-K zu lernen und zu verstehen, woher die archaischen Gefühle kommen und wie er sie selbst ausschalten kann.

Periodisches Blockieren bei der manisch-depressiven Persönlichkeit

Ein Mensch mit einem konstanten Eltern-Ich, einem konstanten Kindheits-Ich oder einem konstanten Erwachsenen-Ich, welche jeweils die beiden anderen Teile der Persönlichkeit ausschließen, reagiert auf äußere Ereignisse ziemlich gleichbleibend und vorhersehbar. Auch seine Stimmung bleibt konstant.

Die meisten von uns erleben Stimmungswechsel, wenn ein Teil unseres El-Er-K nach dem anderen unser Denken und Verhalten beeinflußt. An manchen Tagen fühlen wir uns o. k., an anderen nicht. Wenn wir uns Mühe geben, können wir im allgemeinen den Grund für unser «Hoch» oder «Tief» entdecken. Manchmal sind die Ursachen schwer definierbar, oder sie scheinen mit keinem gegenwärtigen besonderen Anlaß in Zusammenhang zu stehen. Bei vielen Menschen verändert sich die Stimmung mit dem Wechsel der Jahreszeiten. Häufig bewirken Festtage Depressionen. Ein Beispiel dafür ist die starke Zunahme von Krankenhauseinlieferungen an Weihnachten. Der Herbstbeginn führt bei manchen zu einer Hochstimmung – die alten Aufzeichnungen vom Schulbeginn laufen ab, und wir «riechen wieder» die erregenden Düfte von Federtaschen, Bohnerwachs und Tafelkreiden. Die gleichen Gerüche können, je nach den Erfahrungen der ersten Schuljahre, bei anderen Menschen Depressionen auslösen. Viele alte Aufzeichnungen bewirken bei ihrer Wiedergabe die «Hochs» und «Tiefs», die wir alle erleben. Obwohl sie schwer zu fassen sind, lassen sich diese Gründe üblicherweise durch einige Nachforschungen von seiten des Erwachsenen-

Ichs herausfinden. Die meisten von uns nehmen die trüben Stimmungen hin und genießen die guten, weil das Erwachsenen-Ich die Kontrolle behält und dafür sorgt, daß unser Verhalten angemessen bleibt.

Es gibt einen Zustand, bei dem diese Stimmungswechsel extrem sind und zu übertriebenem Verhalten führen, das sich der Kontrolle des Erwachsenen-Ichs entzieht. Das Erwachsenen-Ich kann dann weder das Verhalten beherrschen noch die Ursache des Stimmungswechsels entdecken. Diesen Zustand findet man bei der manisch-depressiven Persönlichkeit. Ein Manisch-Depressiver erlebt periodisch starke und unerklärliche Stimmungsveränderungen. In der manischen Phase fühlt er sich euphorisch, überlegen und voller Energie. Er kann gesprächig und aggressiv sein. Es ist, als ginge sein Kindheits-Ich mit ihm durch. In dieser Phase scheint das Eltern-Ich keinen hemmenden Einfluß zu haben, und das Individuum glaubt, nichts falsch machen zu können. Es springt von einer Sache zur andern, beginnt hochgestimmt eine Beschäftigung und gibt sie wieder auf um eines anderen, noch riskanteren Vergnügens willen, als ob es in gewissem Sinne prüfen wollte, wie weit es in seinem Glücksrausch gehen kann. Das Problem liegt darin, daß trotz seines Wohlbefindens sein Erwachsenen-Ich behindert oder mit dem Kindheits-Ich eingetrübt ist und der Mensch sich nicht realistisch verhält. Er kann anderen gegenüber unangenehm werden, und im Extremfall muß man ihn ruhigstellen oder in eine Klinik einweisen. Allmählich beruhigt er sich und erlebt eine anscheinend stabile Phase, die lange anhalten kann. In dieser Zeit beherrscht das Erwachsenen-Ich sein Verhalten, das realistisch und angemessen erscheint.

Dann versinkt er aus Gründen, die ihm nicht bewußt sind, in tiefste Depression. Das O. K. ist ebenso geheimnisvoll verschwunden, wie es aufgetaucht war. Das Leben erscheint leer, seine Energie ist dahin, und sein Eltern-Ich ist mit aufgestautem Tadel und mit den alten Zwängen zurückgekehrt. Wieder ist das Erwachsenen-Ich ohnmächtig und der Mensch verharrt regungslos in seiner Depression.

Der Manisch-Depressive unterscheidet sich von anderen, die ein übliches, alltägliches «Himmelhoch-jauchzend – Zu-Tode-betrübt» erleben, durch die Tatsache, daß diese Stimmungsveränderungen *unerklärlich* erscheinen. Außerdem treten sie periodisch und immer wieder auf.

Um zu verstehen, was in den manisch-depressiven Zyklen vorgeht, muß man sich klar darüber sein, daß sowohl die Allmacht der manischen Phase wie die Ohnmacht der depressiven Phase *Gefühle* sind, die im Kindheits-Ich aufgezeichnet wurden. Bei beiden handelt es sich um Reaktionen auf archaische Aufzeichnungen im Eltern-Ich. In jeder Phase geht es um einen inneren Dialog zwischen Eltern-Ich und Kindheits-Ich. Im depressiven Stadium schlägt das Eltern-Ich auf das Kindheits-Ich ein, und im manischen Stadium spendet das Eltern-Ich Beifall.

Wie bei jeder Analyse von Gefühlen ist zu fragen: Was war die ursprüngliche Transaktion? Bei der manisch-depressiven Persönlichkeit findet man häufig ein starkes, wenn nicht übermächtiges Eltern-Ich, das widersprüchliche Gebote und Verbote enthält, die sehr früh – nach Piagets Beobachtungen wahrscheinlich in den ersten zwei Lebensjahren – aufgezeichnet wurden, als das Erwachsenen-Ich in dem kleinen Menschen zum erstenmal ein System von Ursache und Wirkung zu erarbeiten versuchte. Wenn sich in dieser kritischen Zeit unüberwindliche Unvereinbarkeiten und Widersprüche vor dem Kind auftürmen, kann es resignieren, sein Intellekt bildet dann keine Kausalitätsstruktur. («Es hat ja doch keinen Sinn, egal, wie ich es betrachte.») Und statt dessen begreift ein solches Kind das, was ihm geschieht, als eine Angelegenheit der *Zeit* und nicht als eine Beziehung von Objekten und Ereignissen. Der Manisch-Depressive kann, genau wie in seiner Kindheit, nicht sagen, was sein Hoch oder sein Tief herbeigeführt hat. Seine Stimmung ist jetzt so wenig vorhersehbar wie damals, weil die strafenden und lobenden Eltern nicht vorauszusehen waren. Freida Fromm-Reichmann stellte fest, daß ein Mensch, der zwischen Überschwang und Mißmut hin und her pendelt, in der Regel sehr widersprüchlich erzogen worden ist. Das Erwachsenen-Ich in dem kleinen Menschen konnte sich die periodischen Veränderungen bei seinen Eltern nicht erklären, darum trat es ab mit einem letzten Versuch, so etwas wie eine Lebensanschauung zu umreißen: ICH BIN NICHT O. K., und ICH BIN MIR NICHT KLAR ÜBER DICH. Immerhin begreift das Kind doch ungefähr: die Ereignisse kommen und gehen gewissermaßen wie Ebbe und Flut, «gleich ist es wieder soweit, dann passiert etwas», oder: «Alle guten Dinge sind einmal zu Ende.» So war das damals – so ist das jetzt.

Die Tatsache, daß es manches Gute, ja *sehr* Gute gab, das nun in der manischen Phase erneut abläuft, legt die Vermutung nahe, daß die Eltern (im allgemeinen die Mutter, die in den ersten beiden

Lebensjahren die einflußreichste Person war) in der Tat neben der vernichtenden Abweisung doch auch viel Streicheln und Beifall vergeben haben. Die Reaktion der Mutter auf ihr Kind war wohl primär nicht auf die Handlungen des Kindes bezogen, sondern auf ihre *eigenen* Stimmungswechsel oder aufwühlenden Persönlichkeitsveränderungen.

Man muß sich einmal überlegen, wie schwierig es für einen zweijährigen Jungen ist, zu verstehen, was vorgeht, wenn seine Mutter sich periodisch aus einer Art Mensch in eine andere Art Mensch verwandelt. Für diese Verwandlung kann es eine Reihe von Gründen geben, unter anderem Alkoholismus. Mutter hat getrunken und ist «in Fahrt». Sie drückt und streichelt und kitzelt ihn, bis er schreit. Sie spielt mit ihm Fangen rund um den Tisch. Sie wirft ihn in die Luft. Sie klatscht in die Hände und lacht hysterisch, wenn er die Katze am Schwanz zieht. Bravo! Das Leben ist schön! Dann wird Mutter benebelt, bewußtlos. Stundenlang ist der kleine Junge verlassen. Er ist hungrig. Er ist ganz leer. Sie ist weg. Das Streicheln ist weg. Wie kann er es zurückbekommen? Was ist geschehen? Er weiß es nicht. Später kommt sie zu sich und ist verkatert. Sie kann seinen Anblick nicht ertragen. Sie stößt ihn weg. Er weint und kommt wieder zu ihr. Sie schlägt ihn. Was ist geschehen? Was hat er getan? Es war *so* schön gewesen. Jetzt ist es so schlimm. Er weint sich in den Schlaf. Der Morgen kommt. Mutter ist wieder beschwipst. Los geht's! Gestern abend war es schlimm. Jetzt ist es wieder gut. Und natürlich wird es wieder schlimm werden. Ich weiß nicht warum, aber *mit der Zeit* verändert sich alles. Es ist schrecklich gut (manisch) und schrecklich schlimm (depressiv). *Schrecklich* trifft für beide Stadien zu, weil nach der erlebten Wirklichkeit dieser Wechsel plötzlich, total und *nicht voraussagbar* eintritt.

Auch andere Leiden der Eltern bewirken Veränderungen dieser Art – Drogensucht, religiöse Schwärmerei (übertriebene, ausschließliche, mystische Beschäftigung mit der Religion) oder Psychosen. Zum Beispiel kann die Mutter manisch-depressiv gewesen sein, und zwar nicht als Reaktion auf Alkohol, sondern als Reaktion auf alte Aufzeichnungen, die sie jetzt ihrerseits in ihrem Kind reproduziert. Manisch-depressive Psychosen werden in Familien übertragen, und es ist leicht einzusehen wie. In einer so verwirrenden Umgebung wurde das NICHT-O. K. des Kindes vergrößert. Eine mögliche Rettung sah es darin, die Eltern zu besänftigen: ICH KANN O. K. SEIN, WENN . . . Doch das WENN veränderte sich ständig. («Gestern abend hat sie gelacht und mich in den Arm genommen, als ich die Katze am Schwanz herumschleuderte. Heute morgen habe ich es wieder getan, und sie hat mich gehauen.») Diese widersprüchlichen Reaktionen werden im Laufe der Jahre im Kind verstärkt. Der Junge wird schwer bestraft, weil er «schlimme» Worte gebraucht. Doch am Abend hört er, wie sein angetrunkener Vater die Freunde beim Pokerspiel mit Geschichten über die Maulsauereien seines Jungen unterhält, bis er den Kleinen herbeiruft und (entgegen dem vorherigen Verbot) darauf besteht, daß «Onkel Arthur den Witz noch mal hört, den du vorhin erzählt hast».

Die manisch-depressive Persönlichkeit kann also als ein Mensch gesehen werden, dessen keimendes Erwachsenen-Ich in frühen Jahren von der Errichtung eines Systems von Ursache und Wirkung im Loben und Tadeln der Eltern ausgeschlossen wurde. Da in den ersten Jahren Lob und Tadel am häufigsten durch orale Belohnungen oder Versagungen ausgedrückt wurden, sind die Stimmungswechsel des manisch-depressiven Erwachsenen ebenfalls auf das Gefühl: «Das Leben ist Fülle» in der manischen Phase und auf das Gefühl: «Das Leben ist leer» in der depressiven Phase bezogen.

Wie bei der Behandlung aller emotionalen Probleme muß das Erwachsenen-Ich dazu gebracht werden, seine Gefühle zu überprüfen und zu fragen: *Warum?* Die größte Schwierigkeit bei der Behandlung des Manisch-Depressiven liegt darin, daß es das Kind schon frühzeitig aufgegeben hat, nach dem Warum zu fragen, ja, daß es sogar zu dem Entschluß gekommen ist, nie mehr zu fragen. Frieda Fromm-Reichmann stellt fest, daß es Manisch-Depressiven mangelt an «der Fähigkeit zum genauen Beobachten, Mangel an Interesse, an rechtzeitiger Einübung und an Talent zum introspektiven Beobachten und Verstehen». Diese klar erkennbaren Mangelsymptome sind Folgen der früh gefällten Entscheidung des Kindes. Die Behandlung besteht darin, das Erwachsenen-Ich (Er) aus seinem Exil zurückzurufen und ihm wieder die Entscheidungsgewalt in Fragen der Kausalität zu übertragen. («Er soll sagen, welche Wirkungen auf welche Ursachen zurückgehen.») Da die Grenze zwischen Erwachsenen-Ich und Kindheits-Ich zerstört ist und der Mensch von Gefühlen überwältigt wird, muß dem Patienten häufig durch beruhigende oder antidepressive Medikamente oder durch Elektroschock-Behandlung geholfen werden. Wenn das Kindheits-Ich einmal beruhigt ist, fängt das Erwachsenen-Ich an zu funktionieren und läßt sich dazu ermuntern, die Gründe für die «unerklärlichen» Stimmungs-

wechsel des Patienten herauszufinden. Am Anfang war das Kind
«ihnen» ausgeliefert. Jetzt kann der Mensch zu der Erkenntnis kommen, daß das, *was er tut*, über Lob oder Tadel entscheidet. Was er
heute an Lob und Tadel erhält, mag nicht so intensiv sein wie damals
in der Kindheit – das Lob bewirkt nicht das manische Hoch, der
Tadel nicht das depressive Tief –, aber er ist befreit von der extremen
Angst vor dem Nichtvorhersehbaren, die sogar in der manischen
Phase gegenwärtig ist.

Der Langweiler

Es gibt einen Typ der «trockenen» Persönlichkeit, die in ihrem
Eltern-Ich und in ihrem Kindheits-Ich so flaue Aufzeichnungen hat,
daß ihr innerlich der Rohstoff für einen farbigen Charakter fehlt.
Klinisch findet sich das am häufigsten bei einem Menschen, der an
einer vagen Depression leidet («Glück ist für andere Menschen da»)
oder einfach vom Leben gelangweilt ist. Seine Eltern waren stumpf,
sie äußerten sich kaum je und ließen ein seltsam zwiespältiges
Gefühlsleben (Ambivalenz) erkennen. Es gab selten Strafe und selten Belohnung. Als Kind durfte er nie die Wunder und Abenteuer
der lockenden Welt da draußen genießen und erleiden, er hatte selten Beziehungen zu anderen Kindern, und obwohl er ein ‹braver›
Junge insofern war, als er keinen besonderen Ärger machte, gehörte
er nicht zu den Kindern, die einem auffallen. Sein Erwachsenen-Ich
nahm die Wirklichkeit korrekt auf, doch die Wirklichkeit selbst war
langweilig. Als Erwachsener kann er ohne weiteres ein emanzipiertes Erwachsenen-Ich haben, das allerdings keinen positiven Wert
darin sieht, sich mit anderen Menschen in nähere Beziehungen einzulassen. (Derartige Werte werden im allgemeinen zuerst im Eltern-
Ich aufgestellt, wenn sie überhaupt Eltern-Ich-Werte sind.) Seine
Persönlichkeit gleicht einer Rechenmaschine. Während sich andere
bei einer Party amüsieren, blättert er in der Ecke eine Illustrierte
durch und tut das einzige, was er kann – er sichtet Daten. Wenn er
sich endlich in Behandlung begibt, stellt er Fragen wie: «Ist das
alles?» Obwohl er für die Gesellschaft kein Problem darstellt, ist er
sich selbst ein Problem. Er ist beschränkt, und er empfindet sich
selbst und das Leben insgesamt als so eng und eingeschränkt, so klein
kariert wie damals in seinen ersten Jahren.

In gewissem Sinne trifft hier der Satz des englischen Mathemati-
kers und Philosophen Alfred North Whitehead (1861–1947) zu:

«Moralische Erziehung ist ohne die ständige Vision der Größe unmöglich.» Wenn «Moral» im Sinne eines Wertsystems verstanden wird, und wenn «kein Langweiler sein» oder «für andere Menschen interessant sein» oder «kreativ und produktiv sein» als positive Werte betrachtet werden, dann leuchtet ein, daß ein Mensch, dessen erste Lebenseindrücke langweilig waren, selbst langweilig wird, es sei denn, er fände sich plötzlich in auf- und anregenden Beziehungen zu anderen Menschen.

Natürlich gibt es noch andere Gründe für Langeweile und für Langweiler. Ein kleiner Mensch, der zu Beginn seines Lebens vor Neugier platzt und erlebnishungrig fragt, warum Rauch aufsteigt, warum Regen niederfällt, wer Gott schuf und wer mich, und der ständig beschwichtigende Antworten bekommt, die seine Verwirrung nur steigern und sich später als falsch herausstellen, hört auf, interessiert zu sein, und wird gelangweilt. Sein Computer «macht dicht» gegen weite Interessengebiete, da die Antworten auf seine Fragen ihn nur noch mehr verwirrt haben. Diese Art Langeweile – Blasiertheit – gibt es häufig bei Oberschülern und Studenten, wenn sie sich zu moralischen oder religiösen Fragen äußern sollen. Ihre Langeweile wächst durch die abgedroschenen Antworten, die sie oft bei ihrer Suche nach der Wahrheit erhalten, durch die Beschränkungen, die ihren späteren Erkenntnissen (nachweisbaren, beobachtbaren Daten) aufgezwungen werden, und durch das Gebot, zwischen Wahrheit und Glaube wählen, als schlösse eins das andere aus. Nicht alle Theologen geben oberflächliche Antworten. Doch in vielen religiösen Gemeinschaften gilt das ungeprüfte Dogma immer noch als Regel.

Unterschiede im Inhalt von El-Er-K

Wir haben gesehen, wie sich Menschen in der «Architektur» und in den Funktionsweisen von Eltern-Ich, Erwachsenen-Ich und Kindheits-Ich unterscheiden. Die meisten dieser Unterschiede traten als klinische Leiden in Erscheinung. Wir sind jedoch auch auf «gesunde» Art verschieden. «Gesund» bedeutet hier, daß ein emanzipiertes Erwachsenen-Ich jede Transaktion leitet. D. h.: bei jeder Transaktion entnimmt das Erwachsenen-Ich dem Eltern-Ich, dem Kindheits-Ich und der Wirklichkeit die nötigen Daten und verarbeitet sie zu einer Entscheidung, was jetzt zu tun ist. Je mehr Daten zur Verfügung stehen, desto größer sind die Möglichkeiten der Befriedigung.

Das kleine Kind, zu dessen Früherfahrungen das unbeschränkte Hantieren mit Töpfen und Pfannen gehört, der Umgang mit Matsch und Gänseblümchen, Haustiere, Freunde, Ausflüge zum Bauernhof, Abende mit Geschichtenerzählen, Feste und Feiertage, Spielsachen, Musikhören und offene freundliche Gespräche mit Eltern, die Zeit haben, wird in seinem Eltern-Ich einen wesentlich reichhaltigeren Datenfundus und in seinem Kindheits-Ich sehr viel mehr positive Gefühle haben als der kleine Mensch, der isoliert und in Watte gepackt ist (ein Opfer elterlicher *overprotection*). Der kleine Mensch, der frühzeitig die verschiedenen Möglichkeiten zur Überwindung der NICHT O. K.-Anschauung erprobt, stärkt sein Erwachsenen-Ich und wird zu weiterer Erkundung und Geschicklichkeit ermutigt. Er wird dann ein «helles Kind», und das Lob und Selbstvertrauen, das er so gewinnt, regen ihn an, noch heller zu werden. Daß er der Familie Ansehen verschafft, schmälert nicht die Tatsache, daß er selber an Ansehen gewinnt – es sei denn, die Eltern würden bei diesem Wachstumsprozeß unangemessenen Druck ausüben und Forderungen an ihn stellen, die nicht wirklich in seinem Selbstinteresse liegen. Wenn wir unser eigenes El-Er-K verstehen, verstehen wir allmählich nicht nur, was im Eltern-Ich und Kindheits-Ich vorhanden ist, sondern auch, was fehlt. Wenn die «alte Jungfer» von zwanzig Jahren sich – mit Recht – beklagt: «Ich bin nun mal ein Mauerblümchen – irgendwie finden mich alle fade und langweilig» und wenn sie begreift, daß ihr Eltern-Ich und Kindheits-Ich keine Farbe bringen, weil das Leben für sie langweilig und farblos begann, dann kann sie mit ihrem Erwachsenen-Ich in der Wirklichkeit das entdecken, was nicht langweilig und farblos ist. Das mag eine Zeitlang dauern, und sie wird nicht über Nacht zum Mittelpunkt jeder Party werden, doch man kann ihr zumindest zu der Erkenntnis verhelfen, *daß sie eine Wahl hat.* Wer seine Natur für seine Fehler verantwortlich macht, ändert nicht die Natur seiner Fehler. «So bin ich eben» hilft gar nichts. «Ich kann anders sein» hilft.

7. Wie wir mit der Zeit umgehen

Vor allem wünschen wir uns Zeit;
aber ach, wir gehen übel mit ihr um.

William Penn

Eines der größten wissenschaftlichen Abenteuer unserer Zeit ist die
Erforschung des Weltraums. Wir wissen, er ist unendlich groß, aber
dieses Wissen genügt uns nicht. Wir wollen den Raum begreifen,
definieren und in gewissem Sinne gebrauchen.

Die andere große kosmische Realität ist die Zeit. Wir können Spe-
kulationen anstellen über Anfang und Ende unserer irdischen Existenz. Wir können angesichts des unbegreiflichen Todes auf die
Unsterblichkeit vertrauen. Doch genau wie bei unseren Bemühungen um eine Definition des Raumes müssen wir bei unserer Definition der Zeit dort ansetzen, wo wir selbst stehen. Wir wissen nur, daß
die durchschnittliche Zeitration eines Menschen siebzig Jahre beträgt. Jeden von uns beschäftigt es, was er mit diesem Vorrat anfangen soll. Am unmittelbarsten interessiert uns, was wir mit den kleineren Zeitabschnitten anfangen sollen, die zum Greifen nahe sind: die
nächste Woche, der nächste Tag, die nächste Stunde, diese Stunde.

Wir alle sind mit Disraeli darin einig, daß das «Leben zu kurz ist,
um klein zu sein». Doch unsere größte Enttäuschung rührt daher,
daß vieles im Leben so jämmerlich klein ist. Vielleicht ist eine Untersuchung über unseren Umgang mit der Zeit noch bedeutungsvoller
und sensationeller als die Raumforschung. «Welch ein Unsinn»,
sagte John Howe, «den Gedanken zu fürchten, man könne sein
Leben auf einmal wegwerfen, und doch bedenkenlos Stück für Stück
davon zu verschleudern.»

Wie beim Raum geben wir uns nicht damit zufrieden, die Zeit einfach nur als unendlich zu begreifen. Viele Menschen quält die Frage:
«Wie komme ich über die nächste Stunde hinweg?» Je mehr die Zeit
strukturiert ist, um so weniger stellt sich diese Frage. Sehr beschäftigte Menschen mit vielen äußeren Verpflichtungen haben keine

Zeit übrig. Die «nächste Stunde» ist immer längst verplant. Diese Planung oder Strukturierung wollen die Menschen, und wenn sie das nicht selbst erreichen können, suchen sie sich andere, die für sie die Zeit strukturieren: «Sag mir, was ich tun soll», «Was mache ich als nächstes?», «Was wir brauchen, ist Führung.»

Strukturhunger ist eine Folge des Hungers nach Anerkennung, der aus dem ursprünglichen Streichelhunger entstanden ist. Das kleine Kind hat noch nicht den nötigen Begriff von Zeit, um sie zu strukturieren. Es tut einfach Dinge, die ihm angenehm sind, es lebt ganz dem Augenblick. Wenn das Kind etwas älter wird, lernt es, Vergnügungen zugunsten größerer Belohnung zu verschieben: «Ich könnte jetzt draußen mit Susi in der Pfütze matschen, aber wenn ich noch eine halbe Stunde warte und mein schönes Kleid anbehalte, dann kann ich mit zum Einkaufen gehen.» Das ist grundsätzlich ein Problem der Zeitstrukturierung. Welche Alternative wird mehr Spaß machen? Welche wird sich mehr lohnen? Wenn wir älter werden, steht immer mehr zur Wahl. Doch die NICHT O. K.-Anschauung hindert uns daran, von diesen Wahlmöglichkeiten so unabhängig Gebrauch zu machen, wie wir es zu tun glauben.

Bei unserer Erforschung der zwischenmenschlichen Transaktionen haben wir sechs formale Erlebniskategorien aufgestellt, die sämtliche Transaktionen umfassen. Die sechs Kategorien sind

Rückzug   Aktivitäten   Spiele
Rituale   Zeitvertreib   Intimität

Obwohl *Rückzug* keine Transaktion mit einem anderen Menschen ist, kann er dennoch in gesellschaftlichem Rahmen stattfinden. Ein Mann, der mit einer Gruppe langweiliger Kollegen zu Mittag ißt, die mehr an ihrem eigenen Streicheln interessiert sind als an seinem, kann sich in die Vorstellung von der letzten Nacht zurückziehen, als das Streicheln gut war. Sein Körper sitzt noch am Tisch, aber «er» ist fort. An einem schönen Frühlingstag sind die Klassenzimmer voll mit Körpern, deren «Einwohner» draußen im Freibad sind, mit einer donnernden Rakete in den Weltraum sausen oder daran denken, wie schön es gestern abend auf der Parkbank war – mit ihr! Wann immer sich Menschen auf diese Weise zurückziehen, bleiben sie von jenen getrennt, mit denen sie körperlich zusammen sind. Das ist ziemlich harmlos, wenn es nicht ständig geschieht oder wenn nicht gerade die eigene Frau mit einem spricht.

Ein *Ritual* ist ein gesellschaftlich programmierter Gebrauch der

Zeit, bei dem jeder bereit ist, das gleiche zu tun. Es bietet Sicherheit, es verlangt weder Bindungen noch Verwicklungen mit anderen Menschen, das Ergebnis ist vorhersehbar, und es kann angenehm sein, sofern man mit den anderen übereinstimmt oder das Richtige tut. Es gibt religiöse Rituale, Grußrituale, Cocktailparty-Rituale, Schlafzimmerrituale. Das Ritual ist dazu bestimmt, eine Gruppe von Menschen über die Stunde hinwegzubringen, ohne daß sie einander zu nahe kommen müssen. Sie können, aber sie müssen nicht. Sexuelle Beziehungen sind im Dunkeln weniger peinlich für Menschen, für die körperliche Intimität nichts mit echter persönlicher Intimität zu tun hat. Wenn man eine Cocktailparty gibt, riskiert man weniger eigenes Beteiligtsein als bei einem Abendessen für sechs. Es entsteht kaum Bindung und daher kaum Befriedigung. Ein Ritual kann wie ein Rückzug zwischen uns und die anderen Distanz legen.

Eine *Aktivität* ist nach Berne eine «allgemeine, angenehme, bequeme und nützliche Methode, die Zeit durch ein Vorhaben zu strukturieren, das mit dem Material der äußeren Realität zu tun hat»[*]. Zu den üblichen Aktivitäten gehört etwa: Geschäftstermine einhalten, Geschirr spülen, ein Haus bauen, ein Buch schreiben, Schnee schippen und für die Prüfung lernen. Solche Aktivitäten können an sich und aus sich heraus höchst befriedigend sein, wenn sie produktiv oder kreativ sind. Sie können auch zu künftiger Befriedigung führen, weil man für eine gute Arbeit gestreichelt wird. Doch solange die Aktivität andauert, besteht kein Bedürfnis nach Nähe zu einem anderen Menschen. Sie kann vorkommen, doch sie muß nicht sein. Manche Menschen benutzen ihre Arbeit, um menschliche Nähe zu vermeiden. Sie arbeiten nächtelang im Büro, statt nach Hause zu gehen, verwenden ihr Leben darauf, eine Million zu verdienen statt Freunde zu gewinnen. Aktivitäten können uns, wie Rückzüge und Rituale, voneinander entfernt halten. *Zeitvertreib* ist eine Möglichkeit, die Zeit zu vertreiben. Berne definiert Zeitvertreib als

«... eine Unternehmung, bei der die Transaktionen aufrichtig sind. Mit glücklichen oder ausgeglichenen Menschen, deren Fähigkeit zum Vergnügen unbeeinträchtigt ist, kann ein gesellschaftlicher Zeitvertreib um seiner selbst willen stattfinden. Bei anderen, besonders bei Neurotikern, ist es genau, was der Name sagt: eine Möglichkeit, die Zeit zu vertreiben (d. h. strukturieren): bis man die Leute

[*] Berne: ‹Transactional Analysis in Psychotherapy›, a. a. O., S. 85.

besser kennt, bis man diese Stunde hinter sich gebracht hat, und in größerem Maßstab bis zum Schlafengehen, bis zum Ferienbeginn, bis die Schule anfängt, bis es Zeit ist für die Kur, bis irgendeine Art von Gnade, Rettung oder Tod eintritt. Existentiell ist ein Zeitvertreib eine Methode zur Abwehr von Schuld, Verzweiflung oder Intimität, ein Mittel, das von Natur oder Kultur angeboten wird, um die geheime Verzweiflung zu lindern. Positiv ausgedrückt handelt es sich im besten Falle um etwas, was um seiner selbst willen mit Vergnügen aufgegriffen wird, und zumindest dient es zum Kennenlernen in der Hoffnung, die ersehnte Verbindung mit einem anderen Menschen zu finden. Auf jeden Fall macht jeder Teilnehmer davon einen opportunistischen Gebrauch, um zu den primären und sekundären Gewinnen zu kommen, die der Zeitvertreib ihm geben kann.»*

Menschen, die sich nicht nach Belieben einem Zeitvertreib widmen können, sind gesellschaftlich nicht gewandt. Man kann Zeitvertreib als eine Art von gesellschaftlichem Versuchsballon betrachten, mit dem man auf ungefährliche Weise Informationen über neue Bekannte sucht. Berne hat beobachtet, daß «Zeitvertreib die Grundlage für die Auswahl von Bekannten bildet und zu Freundschaft führen kann» und daß er darüber hinaus von Nutzen ist zur «Bestätigung der Rolle und Festigung der eigenen Einstellung».

Berne hat manchem Zeitvertreib, der bei Cocktailparties, Damenkränzchen, Familientreffen und im Vereinsleben anzutreffen ist, hübsche und entwaffnende Namen gegeben: Variationen von «Geplauder» wie etwa «Daimler-Benz» (Vergleich von Autos) und «Wer hat gewonnen» (beides «Männergespräche»); «Lebensmittel», «Küche» und «Garderobe» (alles «Damengespräche»); «Wie macht man das»; «Wieviel kostet das»; «Jemals dagewesen» (an irgendeinem Ort der Sehnsucht); «Kennen Sie» (den Soundso); «Was ist denn aus ... geworden»; «Der Morgen danach» (welch ein Kater!) und «Martini» (ich weiß, wie man's besser macht).**

Im Zeitvertreib kann Eltern-Ich, Erwachsenen-Ich oder Kindheits-Ich beteiligt sein. Ein Zeitvertreib zwischen Erwachsenen-Ich und Erwachsenen-Ich wurde durch die folgende Transaktion eingeleitet:

---

* Berne: ‹Transactional Analysis in Psychotherapie›, a. a. O., S. 98.
** Ebd., S. 99.

FRAU MEIER: «Wollen Sie damit sagen, daß Sie Ihre Wohnung selber tapezieren?»
FRAU MAUER: «Nur wenn es sein muß.»

Das führte zu einer Diskussion über die hohen Handwerkerrechnungen, über die nachlässige Arbeit heutzutage und, und, und...

Ein Zeitvertreib zwischen Kindheits-Ich und Kindheits-Ich ist das Gespräch über unmögliche Alternativen. Unmögliche Alternativen repräsentieren symbolisch die ausweglose Lage des kleinen Kindes, dem immer gesagt wird: «Wehe, du tust das!» und «Wehe, du tust das nicht!» Dieser Zeitvertreib kann die Angst vor der Ausweglosigkeit lindern, nicht weil das Problem gelöst wird, sondern weil man es an einen anderen weitergibt – «Hier, kümmere *du* dich eine Zeitlang darum!» Die folgenden Fragen wurden einem Gespräch zwischen zwei Fünfjährigen abgelauscht: Würdest du lieber einen Ameisenhügel essen oder einen Eimer voll kochender Arznei leertrinken? Würdest du lieber von einem wilden Stier gejagt oder deine Schuhe den ganzen Tag lang am falschen Fuß tragen? Würdest du lieber auf einem heißen Ofen sitzen oder dich fünfzigmal durch die Waschmaschine drehen lassen? Würdest du dich lieber von tausend Wespen stechen lassen oder im Schweinestall schlafen? *Entscheide dich für eins von beiden!* Du *mußt* dich für eins von beiden entscheiden. Die Versionen der Erwachsenen können etwas verfeinert sein, zum Beispiel: Sind Sie für die Pille oder für den Papst?

Mitunter dient dem Erwachsenen-Ich ein Zeitvertreib über Themen wie das Wetter dazu, eine Beziehung in Gang zu halten, bis etwas Interessantes oder etwas, was zum Streicheln führen kann, auftaucht:

HERR AHRENS: «Es sieht nach Sturm aus.»
HERR BEHRENS: «Die Wolken sind wirklich schwarz.»
HERR AHRENS: «Das erinnert mich an damals, als ich mit meinem Boot bei Helgoland in schweres Wetter geraten bin...»
HERR BEHRENS: «Oh, Sie segeln?»

So nützlich Zeitvertreib in bestimmten gesellschaftlichen Situationen sein mag, so ist doch erwiesen, daß Beziehungen, die nicht darüber hinausgehen, einschlafen oder bestenfalls in stiller Verzweiflung und wachsender Langeweile fortbestehen. Zeitvertreib kann genau wie Rückzug, wie Rituale und Aktivitäten die Menschen voneinander entfernt halten.

Spiele sind so bedeutsame Transaktions-Phänomene, daß Berne ihnen ein ganzes Buch gewidmet hat, den Bestseller ‹Spiele der Erwachsenen›. Die meisten Spiele bringen Ärger. Sie zerstören Beziehungen, sie erzeugen Unglück, und in ihrem Verständnis liegt die Antwort auf die Frage: «Warum passiert das immer mir?» Berne erklärt, daß das Wort «Spiel» nicht irreführen soll. Es bedeutet nicht notwendigerweise Spaß oder auch nur Vergnügen. Wer Spiele ganz verstehen will, dem sei sein Buch empfohlen. Doch die folgende kurze Definition genügt für die Zwecke dieser Einführung in die Transaktions-Analyse.

«Ein Spiel besteht aus einer fortlaufenden Folge verdeckter Komplementär-Transaktionen, die zu einem ganz bestimmten, voraussagbaren Ergebnis führen. Es läßt sich auch beschreiben als eine periodisch wiederkehrende Folge sich häufig wiederholender Transaktionen, äußerlich scheinbar plausibel, dabei aber von verborgenen Motiven beherrscht; umgangssprachlich kann man es auch bezeichnen als eine Folge von Einzelaktionen, die mit einer Falle bzw. einem trügerischen Trick verbunden sind. Spiele unterscheiden sich von Verfahren, Ritualen und allen Arten von Zeitvertreib hauptsächlich durch zwei Merkmale: 1. durch die Tatsache, daß sie von verdeckten Motiven beherrscht werden, und 2. durch ihren Nutzeffekt. Verfahren mögen erfolgbringend, Rituale wirkungsvoll und alle Arten von Zeitvertreib nutzbringend sein, aber ihrem Wesen nach sind sie alle offen und ehrlich; sie können mit einem Wettstreit verknüpft sein, aber nicht mit einem Konflikt, und was dabei herauskommt, mag aufsehenerregend sein, aber dramatisch ist es nicht. Andererseits ist jedes «Spiel» im Grunde unehrlich, und das Ergebnis ist nicht nur erregend, sondern erfüllt von echter Dramatik.»*

Wie im dritten Kapitel erklärt wurde, haben alle Spiele ihren Ursprung in dem einfachen Kinderspiel «Meins ist besser als deins», das man leicht bei jeder Gruppe von Vierjährigen beobachten kann. Es ist in dem Alter wie später dazu bestimmt, sich für einen flüchtigen Augenblick Erleichterung zu verschaffen von der Bürde der NICHT O. K.-Anschauung. Wie bei den ausgefeilten Spielversionen der Erwachsenen ist es insofern verdeckt, als es die wirklichen Gefühle nicht ausdrückt. Wenn der kleine Mensch sagt: «Meins ist besser als deins», dann empfindet er in Wirklichkeit: «Ich bin nicht

---

* Berne: ‹Spiele der Erwachsenen›, a. a. O., S. 57.

so gut wie du.» Das ist offensive Defensive – Vorwärtsverteidigung! –, Schutz, weil es das innere Gleichgewicht zu erhalten trachtet. Es hat außerdem, wie die Spiele der großen Leute, seinen Nutzwert. Wenn «Meins ist besser als deins» weit genug getrieben wird, endet das Spiel mit einem kräftigen Stoß, mit einer Ohrfeige oder mit irgendwelchen vernichtenden Beweisen für: «Gar nichts: *meins* ist besser!» Damit wird der kleine Mensch wieder auf seinen Platz verwiesen, das ICH-BIN-NICHT-O. K. wurde wieder einmal bestätigt, und in der Erhaltung dieser festgelegten Position liegt eine gewisse jämmerliche Sicherheit.

Das ist die Substanz aller Spiele. Sie sind eine Art des Umgangs mit der Zeit für Menschen, die die Streichel-Entbehrung des Rückzugs nicht ertragen können, deren NICHT O. K.-Anschauung jedoch die innigste Form der Verbundenheit, die Intimität, unmöglich macht. Obwohl sie Elend bringen, bringen sie doch etwas. Wie ein Komiker sagte: «Besser, man hat Mundgeruch als überhaupt keinen Atem.» Besser, man wird beim Foulspiel verletzt, als daß man überhaupt keine Beziehung hat. «Das Wachsen des Kindes übersteht eher die Hitze des Zorns als die frostige Kälte der Gleichgültigkeit», schrieb Richard Galdston über mißhandelte Kinder.*

So bieten Spiele allen Mitspielern einen Nutzen. Sie schützen den inneren Zusammenhalt der Lebensanschauung, ohne sie entlarvend bloßzustellen.

Um die Natur von Spielen noch deutlicher zu machen, wollen wir hier die Züge eines Spiels von «Warum nicht – Ja, aber» aufzeichnen. Die Spieler sind Lilo, eine junge berufstätige Frau, und ihre Freundin Lola. (Dieses Spiel wird häufig in Situationen gespielt, in denen der eine Hilfe sucht und der andere helfen will: in der Sprechstunde des Pfarrers, in der Praxis des Psychiaters oder am Kaffeetisch einer unglücklichen Freundin.)

LILO: «Ich bin ein richtiges Mauerblümchen, fade und langweilig, niemand will mit mir ausgehen.»

LOLA: «Warum gehst du nicht zum Friseur und läßt dir eine andere Frisur machen?»

LILO: «Ja, aber das kostet zuviel Geld.»

---

* R. Galdston, M. D.: ‹*Observations of Children Who Have Been Physically Abused and Their Parents*›. In: *American Journal of Psychiatry*, Bd. 122, Nr. 4 (Oktober 1965).

LOLA: «Na gut, aber warum kaufst du dir nicht eine Illustrierte mit ein paar Anregungen für Frisuren zum Selbermachen?»

LILO: «Ja, aber das habe ich versucht – mein Haar ist zu dünn. Es hält einfach nicht. Wenn ich einen Knoten trage, sieht es wenigstens ordentlich aus.»

LOLA: «Wie wäre es, wenn du Make-up benutzen würdest, um deine Züge zu unterstreichen.»

LILO: «Ja, aber meine Haut reagiert allergisch auf Make-up. Ich habe es versucht, und meine Haut wurde ganz rauh und pickelig.»

LOLA: «Heute gibt es viele gute Make-ups für empfindliche Haut. Warum gehst du nicht einmal zu einem Hautarzt?»

LILO: «Ja, aber ich weiß, was er sagen wird. Er wird sagen, daß ich mich nicht richtig ernähre. Ich weiß, ich nasche zuviel und was ich esse, ist nicht richtig zusammengestellt. So ist es, wenn man allein lebt. Ach, was soll's, Schönheit ist ja auch nur eine Sache der Oberfläche.»

LOLA: «Da hast du recht. Vielleicht wäre es ganz gut, wenn du ein paar Volkshochschulkurse belegen würdest. Vielleicht Kunst oder Zeitgeschichte. Man wird dadurch ein besserer Gesprächspartner.»

LILO: «Ja, aber sie sind alle abends. Und nach der Arbeit bin ich fix und fertig.»

LOLA: «Dann machst du es eben mit Fernstudium.»

LILO: «Ja, aber ich habe noch nicht einmal Zeit, nach Hause zu schreiben. Wie soll ich da Zeit haben für ein Fernstudium?»

LOLA: «Du würdest die Zeit schon finden, wenn es dir wichtig genug wäre.»

LILO: «Ja, aber du hast leicht reden. Du bist voller Energie. Ich bin immer müde.»

LOLA: «Warum gehst du nicht früher ins Bett. Kein Wunder, daß du müde bist, wenn du jede Nacht aufbleibst und das Spätprogramm im Fernsehen anschaust.»

LILO: «Ja, aber *etwas* muß ich doch haben. Wenn man so ist wie ich, dann bleibt einem sonst nichts!»

Hier hat die Diskussion den Kreis geschlossen. Lilo hat systematisch jeden Vorschlag ihrer Freundin verworfen. Sie beginnt mit der Klage, daß sie fade und langweilig ist, und kommt dann nach dem «Kreuzverhör» zu dem – natürlich völlig unbewiesenen – Urteil: «Ich bin fade und langweilig, weil ich halt so bin.»

WIE WIR MIT DER ZEIT UMGEHEN

Ihre Freundin gibt sich schließlich geschlagen und kommt vielleicht irgendwann nicht mehr zu Besuch, wodurch sie Lilos NICHT-O. K. noch unterstreicht. Das «beweist» Lilo, daß es wirklich keine Hoffnung für sie gibt – sie kann sich noch nicht einmal die Freundin erhalten, die sie hat, und das rechtfertigt, daß sie sich in ein neues Spiel vertieft, «Ist es nicht schrecklich». Der Nutzen für Lilo besteht darin, daß sie sich für ihre eigene Person überhaupt nicht anstrengen muß, weil sie wiederholt «bewiesen» hat, daß man nichts tun kann.

«Warum nicht – Ja, aber . . .» kann nach Berne von einer beliebigen Anzahl Mitspieler gespielt werden:

«Der agierende Urheber stellt ein Problem zur Diskussion. Die anderen Mitspieler präsentieren verschiedene Lösungsversuche, von denen jeder mit den Worten beginnt: ‹Warum nicht . . .?› Auf jede dieser Fragen hat Weiß einen Einwand: ‹Ja, aber . . .› Ein guter Spieler ist in der Lage, die Vorschläge der anderen mit seinen Einwänden auf unbegrenzte Zeit hinaus zu parieren; schließlich geben alle das Spiel auf, und Weiß gewinnt. [. . .]

Da die Lösungsvorschläge, abgesehen von wenigen Ausnahmen, alle verworfen werden, muß das Spiel ganz offenbar einem verdeckten Zweck dienen. ‹WANJA› wird also nicht aus dem äußerlich vorgeschobenen Grund (das Erwachsenen-Ich bittet um Informationen und Lösungsvorschläge) gespielt, sondern um das Kindheits-Ich zu ermutigen und zu befriedigen. Die im Gespräch gewechselten Worte mögen so klingen, als spielte sich das Ganze auf der Ebene des Erwachsenen-Ichs ab, aber zwischen den Sätzen kann man deutlich heraushören, daß Frau Weiß sich mit ihrem Kindheits-Ich präsentiert, das einer bestimmten Situation nicht gewachsen ist; daraufhin schalten die anderen auf ihr lebenskluges Eltern-Ich um und sind eifrig bestrebt, mit ihrer Lebenserfahrung dem Kindheits-Ich von Frau Weiß zu helfen. Das ist genau, was Frau Weiß will, da es ihr Ziel ist, alle diese Eltern-Ichs zu widerlegen.»*

(Das ist eine spätere Version von «Meins ist besser als deins», welche die wirkliche Überzeugung «Du bist besser als ich» leugnet.) Am Ende des Spiels sind alle, die Ratschläge gegeben haben, entmutigt, weil sie Frau Weiß nicht helfen konnten, und Frau Weiß hat bewiesen, daß ihr Problem wirklich unlösbar ist. Jetzt darf sich ihr Kindheits-Ich einem neuen Spiel zuwenden, «Ist es nicht schrecklich». So

* Berne: ‹Spiele der Erwachsenen›, a. a. O., S. 152 f.

ist es, und so bin ich (und deshalb muß ich überhaupt nichts tun, denn
wie wir gerade gesehen haben, läßt sich gar nichts tun).

Berne beschreibt in ‹Spiele der Erwachsenen› rund drei Dutzend
Spiele. Seine Spieltitel sind der Alltagssprache entnommen, und die
meisten legen mit semantischer Präzision den Finger auf das Haupt-
merkmal des Spiels, zum Beispiel: «Ist es nicht schrecklich», «Wenn
du nicht wärst», «Wer hat gewonnen», «Jetzt hab ich dich endlich,
du Schweinehund!» Weil die Titel umgangssprachlich sind, reizen
sie häufig zum Lachen. Doch Spiele sind nicht komisch. Sie sind
Schutzmaßnahmen, mit denen das Individuum mehr oder weniger
heftige Schmerzen eindämmen will, die seiner NICHT O. K.-Anschau-
ung entquellen. Die Popularität von Bernes Spielbuch hat dazu
geführt, daß es in vielen intellektuellen Kreisen einen neuen Zeitvertreib gibt: das Spiele-Benennen. Die Theorie der Verhaltens-
spiele kann ein nützliches therapeutisches Instrument sein, wenn sie
zusammen mit einem zuvor erarbeiteten Verständnis von El-Er-K
angewandt wird. Doch ohne diese Einsicht in den ganzen Zusammenhang können die Spiele-Theorie und besonders das Spiele-Benennen einfach neue, modische Formen für Feindseligkeiten sein.
Menschen mit gründlichem Verständnis für El-Er-K können aus
einer wissenschaftlichen Diskussion über Spiele immerhin den Nutzen ziehen, die gewonnenen Erkenntnisse auf sich selbst zu übertragen. Doch von einem anderen für ein Spiel «benannt» zu werden,
ohne daß Einsicht oder wirkliche Anteilnahme eine Rolle spielen,
führt meist zu Ärger. Nach langer Erfahrung auf diesem Gebiet,
glaube ich fest daran, daß die Spiel-Analyse stets der Struktur- und
Transaktions-Analyse untergeordnet sein muß. Zu wissen, wie das
Spiel heißt, das man spielt, bedeutet noch lange nicht, daß man
gelernt hätte, über seinen Schatten zu springen. Es besteht die
Gefahr, daß man jemanden die schützende Tarnkappe herunter-
reißt, ohne ihm vorher dabei zu helfen, seine Grundanschauung –
und die Kindheitssituation, in der sie aufgebaut wurde – zu verstehen, die ihn zu diesen Tarnmaßnahmen seine Zuflucht nehmen ließ.
Man kann das auch so ausdrücken: Wenn man nur eine Stunde Zeit
hätte, um jemandem zu helfen, würde man sich dafür entscheiden,
die Bedeutung von El-Er-K und die Formen der Transaktion darzulegen. Ich glaube, daß diese Methode bei einer Kurzbehandlung
mehr Chancen zur Änderung eröffnet als die Spielanalyse.

Zusammenfassend können wir Spiele als Methoden zur Zeitstrukturierung begreifen, die wie der Rückzug, wie Rituale, Aktivitäten

und alle Arten von Zeitvertreib, Menschen voneinander getrennt halten. Wie können wir dann mit der Zeit so umgehen, daß sie uns nicht voneinander entfernt? George Sarton* kam zu folgendem Ergebnis: «Ich glaube, man kann die Menschen in zwei große Gruppen einteilen: die einen verzehren sich in dem unstillbaren Verlangen nach Einheit, die anderen nicht. Zwischen beiden tut sich ein Abgrund auf – die nach Einheit dürsten, haben es schwer, die anderen sind zufrieden.»

Jahrtausendelang wurde die menschliche Existenz vorwiegend durch Rückzug strukturiert. Skepsis gegenüber dieser Behauptung könnte vielleicht am besten durch den Hinweis auf das böseste aller Spiele widerlegt werden, den Krieg, der im Laufe der Geschichte ständig wiederkehrt. Die meisten Menschen haben dieses Verhalten ohnmächtig als naturgegeben akzeptiert, als den unvermeidlichen Lauf der Dinge, als chronische Wechselfieberanfälle der Geschichte. In einer Resignation dieser Art lag ein gewisser Friede. Doch die wirklich «Mühseligen und Beladenen» der Geschichte waren, wie Sarton sagt, jene, die sich weigerten, die Unvermeidlichkeit des Getrenntseins hinzunehmen, und die von einem unstillbaren Verlangen nach Einheit verzehrt wurden. Der entscheidende Antrieb zum Philosophieren war stets der Impuls zu verbinden. Die Hoffnung ist immer dagewesen, doch hat sie nicht die tief verwurzelte Furcht davor besiegt, dem anderen nahe zu sein, sich in ihm zu verlieren, sich für die letzte unserer strukturierenden Wahlmöglichkeiten zu entscheiden: für Intimität.

Intimität zwischen zwei Menschen kann unabhängig von den fünf anderen Möglichkeiten der Zeitstrukturierung bestehen: unabhängig und neben Rückzug, Zeitvertreib, Aktivitäten, Ritualen und Spielen. Sie beruht darauf, daß beide Menschen von der Grundanschauung ICH BIN O. K. – DU BIST O. K. getragen werden. Sie ruht im wörtlichen Sinne in einer annehmenden Liebe, wo Tarnung und defensive Zeitstrukturierung unnötig sind. Anteilgeben und Anteilnehmen sind eher spontane Äußerungen der Freude als Reaktionen auf gesellschaftlich programmierte Rituale. Intimität ist eine spielfreie Beziehung, weil es darin keine verdeckten Ziele gibt. Intimität wird möglich in einer Situation, wo keine Furcht die Fülle der Wahrnehmung behindert, wo Schönheit getrennt von Nützlichkeit gese-

---

* George Alfred Leon Sarton, 1884–1956, amerikanischer Gelehrter belgischer Herkunft. Professor in Harvard für Wissenschaftsgeschichte.

hen werden kann, wo Besitzgier durch die Realität des Besitzes
unnötig wird.

Eine solche intime Beziehung wird vom Erwachsenen-Ich beider
Personen gesteuert, das auch das natürliche Kindheits-Ich zu Wort
kommen läßt. In diesem Zusammenhang muß man sich vorstellen,
daß das Kindheits-Ich aus zweierlei Wesen besteht: dem natürlichen
Kindheits-Ich (kreativ, spontan, neugierig, bewußt, furchtlos) und
dem anpassungsfähigen Kindheits-Ich (angepaßt an die ursprünglichen zivilisierenden Forderungen des Eltern-Ichs). Durch die
Emanzipation des Erwachsenen-Ichs kann das natürliche Kindheits-
Ich noch einmal auftauchen. Das Erwachsenen-Ich kann die Forderungen des Eltern-Ichs als das erkennen, was sie sind – archaisch!
Und alsbald darf das natürliche Kindheits-Ich wieder frei hervortre-
ten, ohne Furcht vor dem frühen Zivilisierungsprozeß, der nicht nur
sein aggressives antisoziales Verhalten ausgeschaltet, sondern auch
seine Fröhlichkeit und Kreativität in Fesseln gelegt hat. Diese Wahrheit macht es frei – frei, um wieder bewußt zu sein, um wieder auf
seine Weise zu hören, zu fühlen, zu sehen. Und so kann im Schenken
von ein paar Wiesenblumen eher ein spontaner Ausdruck von Liebe
und Freude liegen als im teuren Präsent, der berühmten Flasche Par-
fum zum gesellschaftlich wichtigen Hochzeitstag. Der vergessene
Hochzeitstag ist keine Katastrophe für das Ehepaar, das in einer
intimen Bindung lebt, häufig aber für jene, deren Beziehung nur auf
dem Ritual beruht.

Oft wird die Frage gestellt: Sind Rückzug, Zeitvertreib, Rituale,
Aktivitäten und Spiele in einer zwischenmenschlichen Beziehung
immer schlecht? Man kann mit Bestimmtheit sagen, daß Spiele fast
immer insofern destruktiv sind, als ihre Triebkraft verhüllt ist, und
Verheimlichen ist das genaue Gegenteil von Intimität. Die ersten
vier sind nicht notwendigerweise destruktiv, es sei denn, sie würden
zur vorherrschenden Form der Zeitstrukturierung. Rückzug kann
eine entspannte, stärkende Form einsamer Kontemplation sein.
Zeitvertreib kann auf angenehme Weise den gesellschaftlichen Motor im Leerlauf schnurren lassen. Rituale können Spaß machen –
Geburtstagsfeste, Sitten und Bräuche an traditionellen Feiertagen,
den Vater begrüßen, wenn er nach Hause kommt –, weil sie immer
wieder vergnügte Augenblicke wiederholen, die erwartet, einkalku-
liert und erinnert werden können. Aktivitäten, zu denen auch die
Berufsarbeit gehört, sind nicht nur lebensnotwendig, sondern in sich
und aus sich heraus lohnend, weil sie Geschicklichkeit, Leistungs-

kraft, Kunstfertigkeit und eine Vielfalt von Fähigkeiten und Talenten zur Geltung bringen. Tritt jedoch in der Beziehung zwischen zwei Menschen Unbehagen auf, sobald diese Formen von Zeitstrukturierung aufhören, dann besteht hier wenig Intimität. Manche Ehepaare verplanen ihre gesamte gemeinsame Zeit für hektische Aktivitäten. Aktivität selbst ist nicht destruktiv, es sei denn, der Drang zu dauerndem Geschäftigsein wird zum Zwang, sich möglichst wenig mit dem anderen zu beschäftigen.

Nun stellt sich die Frage: Wenn wir auf die fünf ersten Möglichkeiten der Zeitstrukturierung verzichten, haben wir dann automatisch Intimität? Oder haben wir dann gar nichts? Es scheint keine einfache Definition für Intimität zu geben, doch es lassen sich die Bedingungen nennen, unter denen sie am besten gedeiht: keine Spiele, Emanzipation des Erwachsenen-Ichs und Festhalten an der Anschauung ICH BIN O. K. – DU BIST O. K. Durch das emanzipierte Erwachsenen-Ich können wir in das große Reich des Wissens über unser Universum und über uns selbst eindringen, können die Tiefen von Philosophie und Religion erforschen, können das Neue wahrnehmen ohne die Brechung durch das Alte, und vielleicht können wir mit der Zeit Antworten finden auf das große Rätsel: «Welchen Sinn hat das alles?»

8. El-Er-K und Ehe

Was wir versprechen, diktieren unsere Hoffnungen,
was wir halten, unsere Ängste.

La Rochefoucauld

Ein Freund erzählte mir folgendes Erlebnis, das er als kleiner Junge
hatte: Nach dem Mittagessen verkündete die Mutter den fünf
Geschwistern, daß es zum Nachtisch die restlichen selbstgebackenen
Plätzchen gebe. Danach holte sie die Keksdose und stellte sie auf den
Tisch. Jedes Kind wollte zuerst in die Dose langen, und wie immer
war der Kleinste mit seinen vier Jahren als letzter an der Reihe. Als
er die Dose endlich hatte, war nur noch ein Keks übrig, von dem ein
Stückchen fehlte. Er packte es, warf es in einem Anfall von Verzweiflung heulend auf den Boden und schrie: «Mein Keks ist ganz
kaputt!»

Es liegt in der Natur des Kindheits-Ichs, Enttäuschung mit
Unglück zu verwechseln, den ganzen Keks kaputt zu machen, nur
weil ein Stückchen fehlt oder weil er nicht so groß ist, nicht so rund
ist oder nicht soviel Zuckerguß hat wie der Keks eines andern. In dieser Familie lebte die Anekdote weiter als Standardentgegnung auf
andauernde Beschwerden: «Was ist los, ist dein Keks kaputt?»
Genau das geschieht, wenn eine Ehe zerbricht. In einem oder in beiden Partnern nimmt das Kindheits-Ich überhand, und die ganze Ehe
geht zu Bruch, wenn Unvollkommenheiten auftauchen.

Die Ehe ist die komplizierteste aller menschlichen Beziehungen.
Wenige Verbindungen können so extreme Emotionen erzeugen
oder so rasch vom Gipfel höchster Seligkeit hinabstürzen in den kal-
ten Scheidungsgrund, der seelische Grausamkeit heißt. Wer bedenkt, welche enorme Mitgift an archaischen Daten jeder Partner
durch die ständigen «Einzahlungen» seines Eltern-Ichs und seines
Kindheits-Ichs mit in die Ehe bringt, der erkennt leicht, wie notwendig ein emanzipiertes Erwachsenen-Ich für jeden ist, damit die
Beziehung fruchtbar wird. Doch die durchschnittliche Ehe wird vom

Kindheits-Ich geschlossen. Das Kindheits-Ich versteht unter Liebe etwas, was man fühlt, statt was man tut, und unter Glück etwas, was man sucht, statt ein Nebenprodukt der Arbeit für das Glück eines anderen. Vom Schicksal begünstigt sind die ganz wenigen jungen Partner, deren Eltern-Ich das Vorbild von einer guten Ehe in sich trägt. Viele Menschen haben noch nie eine gesehen. Darum holen sie sich ihre Ersatzvorstellung von einer glücklichen Ehe aus Kitschromanen, in denen der Göttergatte einen Traumjob als Juniorchef in einer großen Werbeagentur hat und jeden Abend mit einem umwerfenden Rosenstrauß heimkommt zu seiner jugendschlanken, strahlenden Frau, die ihn im exklusiven Bungalow mit versiegelten Parkettböden und riesigen Fenstern erwartet, in dem die Kerzen brennen und aus der Stereoanlage Musik zum Verlieben kommt. Wenn die Illusion verfliegt, wenn die Teppiche abgewetzt und von den Schwiegereltern geerbt sind, wenn die Stereoanlage nicht funktioniert, wenn der Mann seine Stellung verliert und aufhört zu sagen «Ich liebe dich», dann kommt das Kindheits-Ich mit seinem Refrain vom «kaputten Keks», und alles endet in Scherben. Die Illusion hat nicht gehalten, das Kindheits-Ich ist beleidigt. Archaische Gefühle des NICHT-O. K. beeinträchtigen das Erwachsenen-Ich jedes Partners, und weil sie sich nirgendwo anders hinwenden können, wenden sie sich gegeneinander.

Man weiß seit langem, daß ein ungefähr gleicher Background und ungefähr gleiche Interessenrichtungen bei beiden Partnern die beste Voraussetzung sind für eine gute Ehe. Doch wenn das Kindheits-Ich die Eheplanung übernimmt, werden wichtige Unterschiede oft ignoriert, und ein Vertrag, der gelten soll, «bis daß der Tod uns scheidet», wird auf so unzulängliche Gleichartigkeiten gegründet wie «wir tanzen beide gern», «wir wollen beide viele Kinder», «wir mögen beide Pferde» oder «wir nehmen beide LSD». Vollkommenheit wird in breiten Schultern, glänzenden Zähnen, üppigen Brüsten, tollen Autos oder anderen recht vergänglichen Wundern gesehen. Manchmal entsteht die Verbindung auf der Basis gemeinsamen Protestes unter der falschen Annahme, daß der Feind meines Feindes mein Freund sein muß. Wie zwei Kinder einander in einem Trotzbündnis trösten, wenn sie auf ihre Mütter wütend sind, so finden sich manche Paare unter dem Motto «Wir gegen die Welt» aus Protest gegen die böswilligen «andern». Sie hassen ihre Familie, sie hassen ihre falschen früheren Freunde, sie hassen das Establishment, oder sie hassen die schalen Institutionen der kapitalistischen Leistungs- und Konsumgesellschaft: Fußball, Fernsehen, Fitness und Arbeit. Sie leben in einer *folie à deux*, beide befangen in demselben Wahn. Doch bald werden sie zum Opfer ihres eigenen Ressentiments, und aus dem Spiel «Es sind immer die andern» wird das Spiel «Immer du!».

Bei der Ehevorbereitung und Eheberatung hat sich die Transaktions-Analyse als höchst hilfreiche Methode zur Feststellung von Ähnlichkeiten und Unterschieden erwiesen. Mit ihrer Hilfe läßt sich ein Persönlichkeitsbild der beiden Verlobten aufstellen, das nicht nur die offenkundigen Ähnlichkeiten oder Unterschiede klarlegt, sondern auch gründlicher untersucht, was Eltern-Ich, Erwachsenen-Ich und Kindheits-Ich jedes Partners enthalten. Verlobte, die sich einer solchen Untersuchung unterziehen, sind bereits in einer günstigen Ausgangsposition, denn sie nehmen ihre Ehe ernst genug, um zu prüfen, bevor sie sich binden. Doch es kommt auch vor, daß einer der Partner mit ernsten Zweifeln an der Richtigkeit der Verbindung sich allein einer solchen Untersuchung stellt. Ein Beispiel dafür ist eine junge Dame aus einer meiner Therapiegruppen. Sie bat mich um eine Einzelstunde, weil sie das Dilemma besprechen wollte, in das sie der Heiratsantrag eines jungen Mannes gebracht hatte, den sie seit kurzem kannte. Ihr Kindheits-Ich fühlte sich ungeheuer von ihm angezogen, und doch kamen andere Daten in ihren Computer, die sie daran zweifeln ließen, ob eine Ehe mit ihm gutgehen würde. Sie hatte die richtige Anwendung von El-Er-K gelernt und bat mich um Hilfe bei der Überprüfung dieser Paarbeziehung. Dazu mußten wir das El-Er-K in beiden jungen Menschen untersuchen.

Zunächst verglichen wir das Eltern-Ich der beiden. Wir stellten fest, daß das Mädchen ein starkes Eltern-Ich hatte, das zahllose Verhaltensregeln und viele «du sollst» und «du mußt» enthielt, darunter auch die Weisung, sich nicht gedankenlos in eine Ehe zu stürzen. Es gab da gewisse Elemente von Selbstgerechtigkeit, etwa: «Menschen von unserer Art sind die besten.» Es fanden sich Vorstellungen wie: «Sage mir, mit wem du umgehst, und ich sage dir, wer du bist», und: «Tue nichts, was unter deinem Niveau ist.» Frühe Aufzeichnungen sprachen von einem wohlgeordneten häuslichen Leben, wo die Mutter den Ton angab, während der Vater schwer und lange im Büro arbeitete. Es gab einen großen Fundus an Wie-man-Material: Wie man Geburtstag feiert, wie man den Weihnachtsbaum schmückt, wie man Kinder erzieht und wie man sich in Gesellschaft benimmt. Ihr Eltern-Ich beeinflußte ihr Leben stark, weil die Eindrücke im großen und ganzen konsequent waren. Obgleich seine Starrheit manch-

mal beklemmend war und erhebliche NICHT O. K.-Gefühle in ihrem
Kindheits-Ich hervorrief, war ihr Eltern-Ich dennoch eine höchst
einflußreiche Datenquelle bei allen ihren gegenwärtigen Transaktionen.

Danach beschäftigten wir uns mit dem Eltern-Ich des jungen
Mannes. Seine Eltern hatten sich scheiden lassen, als er sieben Jahre
alt gewesen war. Er wuchs bei seiner Mutter auf, die ihn verwöhnte
mit materiellen Besitztümern und ihm sporadische Aufmerksamkeit
schenkte. Sie selbst wurde von ihrem Kindheits-Ich beherrscht, war
emotional und lebte ihre Gefühle durch wilde Verschwendungssucht
aus, dazwischen schmollte sie vorübergehend, zog sich zurück und
war voller Ressentiments. Vom Vater kamen überhaupt keine Aufzeichnungen zu Wort außer der Einprägung, daß er ein «falscher
Fuffziger wie alle Männer» war. Das Eltern-Ich des jungen Mannes
war so zerspalten und gebrochen und widersprüchlich, daß es bei seinen gegenwärtigen Transaktionen keinen kontrollierenden oder
modifizierenden Einfluß auf sein impulsives, vom Kindheits-Ich be-
herrschtes Verhalten ausüben konnte. Das Eltern-Ich seiner Braut
und sein eigenes Eltern-Ich hatten nicht nur nichts gemein, das ihre
mißbilligte zudem das seine von Grund auf. Es war leicht erkennbar,
daß für eine Transaktion zwischen Eltern-Ich und Eltern-Ich über
irgendein Thema kaum eine Basis bestand und daß irgendeine
Komplementär-Transaktion auf dieser Ebene unmöglich war.

Wir untersuchten dann die Stärke des Erwachsenen-Ichs in beiden
und stellten ihre Interessenrichtungen fest. Sie war eine intelligente,
gebildete junge Frau mit vielseitigen Interessen. Sie liebte klassische
Musik, hatte aber auch Spaß an den neuesten Hits. Sie hatte die Klas-
siker gelesen, war manuell geschickt und bastelte gern hübsche, einfallsreiche Sachen für die Wohnung. Sie diskutierte mit Vergnügen
über philosophische und religiöse Themen, und obwohl sie die religiösen Vorstellungen ihrer Eltern nicht akzeptieren konnte, war sie
der Meinung, daß irgendeine Art von «Glaube» wichtig sei. Sie war
nachdenklich, neugierig und ein geschickter Gesprächspartner. Sie
bedachte die Konsequenzen ihrer Handlungen und fühlte sich für
sich selbst verantwortlich. Auf bestimmten Gebieten hatte sie erhebliche Vorurteile, dort war das Erwachsenen-Ich getrübt durch ihr
Eltern-Ich: «Jeder alleinstehende Mann über dreißig hat nur das
Eine im Sinn», «Eine Frau, die raucht, tut auch noch anderes», «Jeder, der heutzutage sein Studium nicht abschließt, ist faul», «Was
kann man von einem geschiedenen Mann schon erwarten?».

Im Gegensatz davon war das Erwachsenen-Ich ihres Freundes von seinem Kindheits-Ich getrübt. Er ließ sich gehen, wie man ihn als kleinen Jungen hatte gehenlassen. Er war ein uninteressierter Schüler gewesen und brach sein Studium nach dem ersten Semester ab, weil «es ihm nichts gab». Er war nicht unintelligent, doch er interessierte sich wenig für die ernsten Themen, die dem Mädchen wichtig waren. Er hielt jede Religion ebenso entschieden für Heuchelei, wie er alle Erwachsenen als Heuchler ansah. Er machte Rechtschreibfehler, was sie besonders störte, und seine einzige Lektüre war die Bildzeitung. «Er gehört zu den Leuten», sagte sie, «die Monteverdi mit Mantovani verwechseln.» Er hatte oberflächliche Vorstellungen von der Politik und hielt die Regierung für schlecht, weil «sie einem die Freiheit nimmt». Er war witzig und amüsant, aber er hatte nicht viel Substanz. Sein primäres Realitätsinteresse gehörte Sportwagen, darüber hatte er umfangreiche Kenntnisse, die er gern zum besten gab. Es zeigte sich klar, daß eine tragende Beziehung von Erwachsenen-Ich zu Erwachsenen-Ich zwischen den beiden von so gut wie nichts unterstützt wurde. Diese Transaktionsebene führte bei ihr zur Enttäuschung und bei ihm zu Langeweile.

Darauf untersuchten wir das Kindheits-Ich beider. Ihr Kindheits-Ich hungerte nach Zuneigung, bemühte sich zu gefallen, war häufig deprimiert und empfindlich gegenüber Anzeichen von Kritik, die in ihr ein starkes Gefühl von NICHT O. K. auslösten. Sie konnte es gar nicht fassen, daß «ein so blendend aussehender Mann» sich in sie verliebt hatte. Sie hatte nicht viele Freunde gehabt und hielt sich für unattraktiv. Sie meinte, sie sehe nach nichts aus, so daß niemand sie nach einem Treffen wiedererkennen würde. Der blonde Adonis hatte sie betört, und sie konnte kaum fassen, wie herrlich es war, geliebt zu werden. Wenn sie mit ihm zusammen war, fühlte sie sich O. K. wie nie zuvor, und das konnte sie nicht ohne weiteres aufgeben.

Sein Kindheits-Ich hingegen war aggressiv, selbstbezogen und manipulativ. Er hatte «immer seinen Kopf durchgesetzt», und das hatte er auch bei ihr vor. Das war ein Teil des Problems, denn ihr Eltern-Ich gestattete ihr nicht, die exotischen Vergnügungen zu genießen, in die er sie einführen wollte. Sein Kindheits-Ich trübte sein Erwachsenen-Ich so stark, und sein Eltern-Ich war so schwach, daß er nicht nur unfähig war, Konsequenzen abzuwägen, sondern die ganze Vorstellung von Konsequenzen für töricht und puritanisch hielt und es wie Scarlett O'Hara in ‹Vom Winde verweht› vorzog, «morgen darüber nachzudenken».

Im weiteren Verlauf ihrer Beziehung gab es immer weniger Gesprächsstoff. Auf der Ebene des Eltern-Ichs war nichts, auf der Ebene des Erwachsenen-Ichs war wenig, und was auf der Ebene des Kindheits-Ichs vorhanden war, führte zu ernsten Störungen im Eltern-Ich des Mädchens. Die Beziehung spielte sich schließlich auf ein Eltern-Ich–Kindheits-Ich-Muster ein, wobei *sie* die Rolle des verantwortungsvollen und kritischen Elternteils übernahm und *er* die Rolle des manipulativen, ausprobierenden Kindes, womit er seine ursprüngliche Kindheitssituation reproduzierte.

Diese El-Er-K-Auslotung war etwas ganz anderes als ein Urteilsspruch darüber, wie «gut» oder «schlecht» jeder Partner war. Es handelte sich um die Suche nach objektiven Daten über beide in der Hoffnung, die Art der künftigen Beziehung möglichst zuverlässig vorauszusagen.

Nach intensiver Untersuchung des zutage geförderten Materials beschloß das Mädchen, ihre Beziehung zu dem jungen Mann aufzugeben, die keinem von beiden viel Glück verhieß. Sie kam überdies zu der Einsicht, daß ihr NICHT O. K.-Kindheits-Ich empfänglich war für Annäherungsversuche von Männern, die «weniger waren als sie», weil sie das Gefühl hatte, für einen «richtig netten Mann» nicht gut genug zu sein. Sie stellte nicht nur fest, warum die jetzige Beziehung nicht komplementär war, sondern entdeckte auch, was sie wirklich in einem Mann suchte. Und künftig ging sie nicht von ihrer Grundanschauung ICH BIN NICHT O. K. aus, sondern von ihrer neu gewonnenen Selbstachtung.

Nicht alle Beziehungen sind so klar gegensätzlich wie diese. Sie hatte ein starkes Eltern-Ich und er ein schwaches. Es gibt viele Fälle, in denen beide Partner ein starkes Eltern-Ich haben, allerdings mit unterschiedlichem und häufig gegensätzlichem Inhalt. Unterschiedliche religiöse und kulturelle Aufzeichnungen können zu ernsten Schwierigkeiten führen, wenn jeder Partner sich gezwungen fühlt, an den ungeprüften Anweisungen seines Eltern-Ichs festzuhalten. Manchmal wird dieser Unterschied zu Beginn einer Ehe übertüncht, doch wenn dann Kinder kommen, tritt er um so heftiger wieder hervor. Auch wenn ein Zeuge Jehovas im voraus damit einverstanden ist, daß seine Kinder entsprechend den Wünschen seiner katholischen Braut einmal katholisch erzogen werden, bedeutet das nicht, daß ihm dieser Entschluß später nicht sehr zu schaffen machen kann. Hier geht es um das Gefühl, daß «meine Religion besser ist als deine» und damit «meine Leute besser sind als deine», was bald reduziert wird auf die Formel: «Ich bin besser als du.» Das soll nicht heißen, Schwierigkeiten dieser Art könnten nicht gelöst werden, doch das setzt bei jedem Partner ein emanzipiertes Erwachsenen-Ich voraus, das auf der Basis von ICH BIN O. K. – DU BIST O. K. vorgeht.

Im Idealfall werden diese Unterschiede *vor* der Heirat festgestellt. Doch das geschieht selten. Das junge Paar ist verliebt. Wenn die Verlobten überhaupt irgendeine Art von Eheberatung in Anspruch nehmen, dann verbringen sie meist eine nichtssagende Stunde mit dem Pfarrer und gehen danach ihren Weg, der sie zur Erfüllung des Wunsches nach einer sogenannten glücklichen Ehe bringen soll – von der sie meist nie ein Beispiel gesehen haben.

Welche Möglichkeiten gibt es denn überhaupt für Wiederaufbau oder Rettung einer Ehe, die ohne die Absicherung einer derartigen Analyse geschlossen wurde? Da es nie zwei Menschen gibt, die genau gleich sind, ist der Gedanke vollkommener Vereinbarkeit illusorisch. Vielleicht läßt sich das Problem am besten durch einen Vergleich der Schwierigkeiten darlegen: Es ist schwierig, Unterschiede auszugleichen und Kompromisse zu finden, doch es ist auch schwierig, die Alternative zu betreiben, nämlich die Auflösung der Ehe. Man kann nicht auf der Basis starrer absoluter Forderungen vorgehen wie etwa: «Scheidung ist immer falsch», weil es auch um andere Prinzipien geht, die ebenfalls bedacht werden müssen. Wenn man darauf besteht, daß eine Frau mit einem grausamen und brutalen Mann weiterlebt und niemals mit einem anderen Menschen glücklich wird, dann setzt man die Bedeutung der Menschenwürde herab zugunsten der Strafe: Wie man sich bettet, so liegt man. Wer darauf besteht, daß ein Mann weiterhin eine faule, gehässige Frau ernährt, die jeglichen Anteil am Scheitern ihrer Ehe leugnet, setzt die gleichen Prinzipien der Menschenwürde herab. Das soll nicht heißen, daß wir das Prinzip der Ehe als einer dauerhaften Verbindung nicht mehr aufrechterhalten können. Doch wir dürfen darin keine Ermächtigung sehen, Menschen in einen Käfig zu locken, der sie für immer nicht durch moralische, sondern durch juristische Verpflichtungen gefangenhält. Manchmal überprüfen Menschen erst dann ihre Ehe, wenn die Scheidung sich ankündigt. Dann stellen sich die vergleichbaren Schwierigkeiten heraus, und die armen Leute fangen an zu begreifen, vor welch schwerer Wahl sie stehen.

Eine unglückliche Ehe kann das Leben der lustigen geschiedenen Frau oder des sorglosen Junggesellen tatsächlich großartig erscheinen lassen. Doch eine impulsive Entscheidung für die Scheidung auf der Basis einer ungeprüften Annahme kann zu noch größerer Verzweiflung führen. Daß das Leben der Geschiedenen nicht ganz so lustig ist wie in manchen Witzen, zeigt ein Buch von Morton M. Hunt.* Er beschreibt die vielen Realitäten, die auf eine Scheidung folgen und die von denen bedacht werden müssen, die selbst an eine Scheidung denken, damit sie sich auf der Basis eines Vergleichs der Schwierigkeiten entscheiden können: die Einsamkeit als immer wieder auftretendes Leiden, der Verlust alter Freunde, die nicht «Partei ergreifen» wollen, der Verlust der Kinder, das Elend der Kinder, die finanziellen Auswirkungen, das Gefühl, versagt zu haben, und das ärgerliche Wissen, daß man noch einmal von vorn anfangen muß. Eine «erwachsene» Einschätzung der eigenen Situation muß diese Realitäten berücksichtigen.

Sodann muß die Ehe selbst untersucht werden. Sehr häufig ist nur ein Partner bereit, diese Untersuchung einzuleiten, weil eines der «beliebtesten» Ehespiele «Immer du» heißt. Wenn ein Partner, sagen wir, die Frau, zur Behandlung kommt und El-Er-K lernt, können wir uns darauf konzentrieren, wie sie «das Erwachsenen-Ich ihres Mannes ködern» und ihn daran interessieren kann, ebenfalls diese Sprache zu lernen. Denn nur auf der Basis einer gemeinsamen Sprache kann sich irgend etwas auf der Ebene des Erwachsenen-Ichs entwickeln. Wenn ein Partner die Beteiligung daran verweigert, sind die Chancen für die Rettung der Ehe sehr gering. Doch wenn beide interessiert sind, an ihrer Ehe zu arbeiten, dann gibt El-Er-K ihnen ein Werkzeug, mit dem sie sich von archaischen Anweisungen des Eltern-Ichs und von inzwischen festgefahrenen Spielmustern lösen können.

Wenn sie die Sprache gelernt haben, untersuchen sie wohl mit als erstes die Ehe-Vereinbarung selbst. Die durchschnittliche Ehe-Vereinbarung ist schlecht, ein Halbe-Halbe-Geschäft, bei dem die Betonung auf der Buchhaltung liegt. Erich Fromm nennt diese Art der Ehe-Vereinbarung einen «Handel mit Persönlichkeitspaketen». Ist sie nicht eine gute Partie? Ja, er ist aber auch ein Aktivposten. Was haben sie einander zu bieten? Er bringt eine gehobene Position bei der Industrie- und Handelskammer mit, und sie verkauft sich blendend als Chanel-duftendes und Avon-glänzendes Displaymaterial. Und so werden sie statt Menschen Dinge auf einem Konkurrenz-

---

* M. Hunt: ‹The World of the Formerly Married› (New York: McGraw-Hill, 1966).

markt. Sie müssen die Halbe-Halbe-Sache weiterführen oder sie machen Pleite. Derartige Vereinbarungen trifft das Kindheits-Ich. Das Kindheits-Ich hat eine Vorstellung von Fairness, von halbe-halbe, doch wegen seiner NICHT O. K.-Anschauung kann es ein tiefgründigeres Prinzip nicht begreifen: nämlich das einer unbegrenzten Verpflichtung für einen anderen Menschen, bei der man nicht fünfzig Prozent zurückhält, sondern bereit ist, keine Rechnung aufzumachen und dem Partner ständig alles zu geben in einer Zweckgemeinschaft, die vom Erwachsenen-Ich gegründet wurde.

Das Kindheits-Ich, das ein liebebedürftiges Wesen ist, kann Liebe so nicht sehen. Das Erwachsenen-Ich kann es. Es gibt heute in der Welt eine Verzweiflung als Kalkül, jeder macht die Gleichung mit einer Unbekannten auf, und nur sehr wenige scheinen fähig, die Liebe einzusetzen, sich selbst zu geben. Das ist die Spätfolge des anhaltenden überwältigenden Einflusses der Lebensanschauung ICH BIN NICHT O. K. – DU BIST O. K. im kleinen Kind. Diese Grundanschauung hat in jedem bestanden. Wir dürfen nicht vergessen, wie der kleine Mensch sich früh im Leben von dieser Last zu befreien versucht durch die ursprünglichen Spiele «Meins ist besser» und «Ich habe mehr». Es stimmt, daß eine Halbe-Halbe-Vorstellung aufzutauchen beginnt. Doch das NICHT-O. K. scheint den Gedanken an Fairness früh im Leben niederzuschreien.

Zwei kleine Freundinnen von vier Jahren sollten eine süße Belohnung bekommen. Sie waren beide vor allem daran interessiert, wer das größere Stück kriegen werde, obwohl man sie viele Male darauf aufmerksam gemacht hatte, daß diese Art von Wettbewerb nur Ärger bringe. Die Mutter gab dann jedem Kind eine Rippe Schokolade. Es war auch für die Mädchen offensichtlich, daß die Stücke vollkommen gleich waren. Und doch konnte die eine selbst angesichts dieser Gleichheit den Protest nicht unterdrücken, den sie angefangen hatte, und sagte: «Haha – ich habe das gleiche wie du, und du nicht!»

Diese Art vom verstecktem «Eins-Draufgeben» wird vom Kindheits-Ich bei der Halbe-Halbe-Ehe in Reserve gehalten.

Das Paar, das seine Ehe retten will, muß daher in einer gemeinschaftlichen Anstrengung das Erwachsenen-Ich emanzipieren, damit sowohl das NICHT-O. K. im Kindheits-Ich wie der Konfliktstoff im Eltern-Ich eines jeden daraufhin untersucht werden können, wieso diese archaischen Daten weiterhin dominieren und ihre gegenwärtige Beziehung ruinieren.

Einer der häufigsten Liebestöter ist das starre Dogma: «So bin ich eben — versuche nicht, mich zu ändern» und alle Varianten dieses Ausspruches. Wer stur darauf besteht: «Ich bin ein Morgenmuffel», der macht seine Natur für seine Fehler verantwortlich und nicht seine Fehler für seine Natur. Die «Morgenmuffel-Masche» ruiniert bei vielen Familien jeden Morgen. Was der beste Teil des Tages sein könnte, eine schonungsvolle Ouvertüre für die vor einem liegenden Aufgaben, ist statt dessen eine herz-, nerven- und ohrenzerreißende Kakophonie. Die Kinder gehen maulend in die Schule, der Mann hetzt zur Arbeit und sucht nach seinen Tabletten, die Mutter fühlt sich betrogen, weil sie ihr unfreiwilliges Publikum verloren hat. Tatsache ist, daß niemand ein Morgenmuffel oder überhaupt ein Muffel zu sein braucht. Er hat die Wahl, sobald sein Erwachsenen-Ich emanzipiert ist.

In einem alten französischen Lied heißt es: «... *l'amour est l'enfant de la liberté*» («die Liebe ist das Kind der Freiheit»). Die Liebe in der Ehe erfordert die Freiheit des Erwachsenen-Ichs das Eltern-Ich zu untersuchen, es am Heute zu messen, es entweder zu akzeptieren oder zu verwerfen und gleichzeitig die Einstellung des Kindheits-Ichs und seine ärgerlichen Kompensationsversuche — die Spiele — zu überprüfen, die es erfunden hat, um die Last des NICHT-O. K. zu leugnen, zu überwinden oder abzuwerfen.

Ehepaare, die sich in Gruppentherapie begeben, haben dafür die verschiedensten Gründe. Manche haben von der Transaktions-Analyse gehört und kommen, «um etwas Neues zu lernen». Andere suchen eine Antwort auf eine vage, aber ständig leise nagende Frage in der Richtung: «Hat das Leben denn nicht mehr zu bieten?» Manche kommen, weil ihnen ihre Kinder Sorgen machen. Viele kommen, weil ihre Ehe kritisch ist. Unter den Ehepaaren, die ich behandelt habe, waren viele, die als einzige Lösung ihrer Probleme die Scheidung angesehen und darüber auch schon gesprochen hatten. Einige hatten bereits gerichtliche Schritte eingeleitet und waren von ihren Anwälten oder vom Richter zu mir überwiesen worden.

Das Eheleben vieler Paare ist ein komplizierter Dramenzyklus aus Spielen, in dem aufgestauter Groll und giftiger Haß ausgeklügelte, ständig wiederholte Variationen von «Tumult», «Immer du», «Makel», «Genau wie dein Vater» und «Wenn du nicht wärst, dann könnte ich» inszenieren. Die Rollen und stereotypen Abläufe in diesen Spielen sind ausführlich in Bernes ‹Spiele der Erwachsenen› beschrieben, einem Standard-Lehrbuch für Ehepaare, die ihre Krise verstehen und überwinden wollen. Diese Spiele entstehen alle aus dem Leib-und-Magen-Spiel unserer frühen Kindheit: «Meins ist besser», das die ursprüngliche Furcht, betrogen zu werden, überwinden sollte. Eine der treffendsten Parabeln über ein Leben in Spielen schrieb Edward Albee in dem schon erwähnten Stück ‹Wer hat Angst vor Virginia Woolf?› Dieses Drama zeigt, wie trotz aller Verzweiflung noch genügend Nebengewinne entstehen, so daß die Spiele in gewissem Sinne die Ehe aufrechterhalten. Einige Ehen bleiben dank eines «kranken» Partners erhalten. Wenn dieser Partner gesund wird und sich weigert, an den alten Spielen teilzunehmen, zerbricht die Ehe. Ein Mann, dessen Frau gerade nach einem zehntägigen Krankenhausaufenthalt entlassen worden war, rief mich in Alarmstimmung an und sagte: «Meine Frau scheint glücklicher zu sein und sich wohler zu fühlen, aber jetzt komme ich überhaupt nicht mehr mit ihr aus.» Mit der Ehe ist es wie mit der Körperhaltung: wenn der Rücken sich zum Buckel krümmt, muß irgendwo anders eine komplementäre Krümmung entstehen, damit die Balance erhalten bleibt. Wenn in der Ehe ein Partner sich ändert, müssen andere Veränderungen das wieder ausgleichen, damit das Gleichgewicht in der Ehe erhalten bleibt. Hier liegt eine Hauptschwäche der alten psychotherapeutischen Schulen, wo der Psychiater nur einen Partner behandelte und sich oft weigerte, mit dem anderen Partner auch nur zu reden. Das Schwergewicht lag auf der Beziehung zwischen Psychiater und Patient, und die eheliche Beziehung blieb draußen vor der Tür. Wenn Einstellung und Verhalten des Patienten sich änderten, litt häufig die Ehe, weil der andere Partner keine begrifflichen Hilfsmittel hatte, um zu verstehen, was geschah, oder um auch nur seine eigene wachsende Wut und Verzweiflung zu begreifen.

Wenn sein Bankkonto es erlaubte, fing er schließlich eine Behandlung bei einem anderen Therapeuten an und wurde noch weiter entfremdet, weil auch er den Gegenstand seiner Zuneigung wechselte. Bei geringer Kommunikationsbasis war nun der Weg frei für neue und feinere Variationen von «Meins ist besser» in Form von «Mein Therapeut ist besser als dein Therapeut» oder «Ich überwinde die Umstellung schneller als du» oder «Ob ich mit dir ins Bett gehe, werde ich nach meiner Sitzung am Mittwoch entscheiden». Beide ließen ihr Kindheits-Ich eine ausschließliche Selbstbeobachtung treiben. Diese mochte zwar nützliche Anhaltspunkte über den Ursprung ihrer eigenen Gefühle zutage fördern, brachte aber keine wirkliche Auseinandersetzung mit der Realität ihrer Existenz, die eben nicht die Existenz einer isolierten Einzelperson ist, sondern eine schwierige Form der Koexistenz zweier Menschen, genannt Ehe.

Jeder Partner muß bereit sein, seine Mitschuld an den Schwierigkeiten in der Ehe zuzugeben. Der Blickwinkel «Immer du» ist falsch. Das hat Ralph Waldo Emerson klar gemacht mit dem Satz: «Niemand kann mich erreichen außer durch meine eigene Handlung.» Wenn der Ehemann zehn Jahre lang brutal gewesen ist und seine Frau das zehn Jahre lang ertragen hat, dann hat auch sie auf ihre Weise das Übel gefördert. Mitläufer sind nicht ohne Schuld. Wenn jeder Partner sich weigert, seine Mitschuld anzuerkennen, dann gibt es wenig Hoffnung auf Wandel.

Arthur Miller schrieb in seiner einfühlsamen Geschichte über Maggie, die Heldin seines Stückes ‹Nach dem Fall› (worin Maggie eine verblüffende Ähnlichkeit mit Millers Frau Marilyn Monroe hat), daß sein Theaterstück «von der Unwilligkeit oder Unfähigkeit der menschlichen Kreatur, in sich selbst den Keim der eigenen Zerstörung zu entdecken» handle.

«Es ist immer und ewig der gleiche Kampf: Irgendwie unsere eigene Mitschuld am Bösen wahrzunehmen, ist ein unerträgliches Entsetzen. Es ist viel beruhigender, die Welt in völlig unschuldige Opfer und absolut böse Anstifter der monströsen Gewalt einzuteilen, welche wir überall um uns herum sehen. Um keinen Preis darf jemand an unserer Unschuld kratzen. Doch was ist der unschuldigste Ort in jedem Land? Ist es nicht das Irrenhaus? Dort treiben Menschen wahrhaft unschuldig durchs Leben, unfähig, in sich selbst hineinzuschauen. Wirklich, der Gipfel der Unschuld ist Wahnsinn.»*

Dieses «unerträgliche Entsetzen» wird verständlich, wenn man bedenkt, daß das Eingeständnis der Mitschuld zu der drückenden Bürde des NICHT-O.K., die das Problem überhaupt erst verursacht hat, noch eine weitere Last obendrauf packt. Das Eingeständnis der Schuld ist schwer. Diese letzte Schmach für das erniedrigte Kindheits-Ich, diese zusätzliche Last meint Dietrich Bonhoeffer, wenn er schreibt: «Heißt das nicht, den Menschen eine weitere und noch schwerere Bürde auf die Schultern legen? Ist das alles, was wir tun können, wenn die Seelen und Leiber der Menschen unter dem

---

* A. Miller: ‹With Respect for Her Agony – but with Love›. In: *Life* 55:66 (7. Februar 1964).

Gewicht so vieler menschengeschaffener Dogmen stöhnen?»*

Wenn wir die Strukturanalyse verstanden haben – der Wesen von
Eltern-Ich, Erwachsenen-Ich und Kindheits-Ich – zeigt sich uns ein
Ausweg aus diesem Dilemma zwischen der Unmöglichkeit der
Änderung ohne das Eingeständnis der Mitschuld auf der einen Seite
und den katastrophalen Folgen dieses Eingeständnisses auf der
anderen Seite. Ins Praktische übersetzt: Es ist ein Unterschied, *wie*
wir einen Menschen mit seinen Taten konfrontieren. Wer sagt: «Sie
sind eine reizbare, schlechtgelaunte, schwierige, unangenehme Person, und genau das schadet Ihrer Ehe», der verschärft einfach die
NICHT O. K.-Anschauung und erzeugt Gefühle, die diese Person noch
reizbarer, launischer, schwieriger und unangenehmer machen. Oder
er stößt sie in eine immer tiefere Depression hinab. Wer andererseits
mitfühlend sagen kann: «Es ist Ihr Kindheits-Ich mit seinem NICHT-
O. K., das Ihnen ständig Ärger macht und mit seiner alten Reizbar-
keit und schlechten Laune Ihre Glückschancen in der Gegenwart
zerstört», der objektiviert das Dilemma in gewissem Maße und gibt
dem andern die Möglichkeit, sich nicht als völlige Null zu sehen, sondern als eine Kombination aus positiven und negativen Erfahrungen
von früher, die Schwierigkeiten heraufbeschwört. Darüber hinaus
ermöglicht es ihm eine Wahl. Ein Mensch kann diese Wahrheit über
sich selbst anerkennen, ohne zusammenzubrechen, und dieses Eingeständnis kann sein Erwachsenen-Ich für die Funktion stärken,
Eltern-Ich und Kindheits-Ich zu überprüfen und festzustellen, wie
diese alten Aufzeichnungen die düsteren Schatten der Vergangenheit wieder aufleben lassen.

Ohne das Bekenntnis zu «meinem Anteil an unseren gemeinsamen Problemen» kann die Transaktions-Analyse oder die Spiel-
Analyse einfach zu einer anderen Form der Gehässigkeit verkom-
men: «Du und dein verdammtes Eltern-Ich», «Das ist schon wieder
dein ekelhaftes Kindheits-Ich, Schätzchen». «Da wären wir wieder
bei einem deiner Spiele.» Diese Sätze werden dann zu sarkastischen
und sadistischen Beschimpfungen in dem neuen Spiel «Spiele-Benennen». Wenn wir einsehen, welche Probleme entstehen können,
sehen wir den Gedanken, den Arthur Miller im Titel des Artikels
über sein Theaterstück ausgedrückt hat, in einem neuen Licht. «In
Ehrfurcht vor ihrem Leiden – aber mit Liebe.»

Diesen Gedanken müssen sich Paare zu eigen machen, die eine

* D. Bonhoeffer: ‹Nachfolge› (München: Chr. Kaiser Verlag, 1971).

Therapie anfangen und etwas Wertvolles aus ihrer Ehe machen wollen. Dabei erhebt sich eine letzte Frage: Wenn wir mit den Spielen aufhören – was machen wir dann? Was gibt es sonst? Was fängt man mit einem emanzipierten Erwachsenen-Ich an?

Die Zielsetzung

Ein Schiff ohne Bestimmungsort treibt in der Strömung, mal hierhin, mal dahin, stöhnend und ächzend bei rauher See, still und beschaulich in ruhigen Breiten. Es verhält sich genau wie das Meer ringsum. So sind auch viele Ehen. Sie halten sich über Wasser, doch sie haben kein Ziel. Wenn Entscheidungen zu treffen sind, heißt die wichtigste Frage: Was tun die andern? Sie passen sich in Kleidung, Wohnung, Kindererziehung, in ihren Wertvorstellungen und in ihrem Denken ihrer gesellschaftlichen Umgebung an. «Solange andere das tun, muß es in Ordnung sein», ist die Richtschnur ihres Handelns. Wenn «Man» eine bestimmte Klasse von Luxusautos kauft, dann kaufen sie sich einen solchen Klassewagen, selbst wenn die monatlichen Ratenverpflichtungen ihr Konto fast schon überziehen. Sie haben sich nicht ihre eigenen unabhängigen Wertmaßstäbe aufgebaut, die für ihre ganz speziellen Lebensumstände gelten, und deshalb sind am Ende oft ihre Träume verflogen, und ihr Geld ist futsch.

Nur das Erwachsenen-Ich kann nein sagen, wenn das Kindheits-Ich um etwas *Größeres, Besseres* und um *mehr* bettelt, damit es sich mehr o. k. fühlt. Nur das Erwachsenen-Ich kann die Frage stellen: «Wenn dich fünf Paar Schuhe glücklich machen, werden dich dann zehn Paar doppelt so glücklich machen?» In der Regel bringt jedes Mehr an materiellem Besitz weniger Freude als die unmittelbar vorausgegangene Erwerbung. Wenn man Freude messen könnte, ergäbe sich wohl, daß ein neues Paar Schuhe ein Kind glücklicher macht als ein neuer Wagen einen erwachsenen Mann. Zudem macht das erste Auto glücklicher als das zweite, und das zweite glücklicher als das dritte. H. L. Mencken* hat gesagt: «An seine erste Liebe kann

---

* Henry Louis Mencken, 1880–1956, ist ein in den USA viel gelesener Journalist und Schriftsteller aus einer ursprünglich deutschen Familie gewesen. Neben zahlreichen eigenen literarischen, satirisch-politischen und philologischen Werken erschienen Arbeiten von ihm, mit denen er als Wegbereiter für Nietzsche und G. B. Shaw in Amerika wirkte. Im übrigen gehörte er zu den bedeutendsten Förderern von Theodore Dreiser und Eugene O'Neill (Anm. d. Übers.).

sich ein Mann immer erinnern. Was danach kommt, behandelt er
bündelweise.» Das Kindheits-Ich in uns braucht alles bündelweise –
wie am Weihnachtsabend das Kind zwischen Bergen von Geschen-
ken steht und ruft: «Ist das alles?» Im Fernsehen wurde ein kleiner
Junge gefragt, was er zu Weihnachten bekommen habe. «Ich weiß
nicht», sagte er unglücklich, «es war zuviel.»

Wenn das Erwachsenen-Ich die realen Lebensumstände der Familie prüft, kann es abschätzen, ob der Erwerb eines bestimmten
Besitzes die Hypothek, die Rechnung oder die notwendigen Spar-
maßnahmen auf anderem Gebiet wert ist oder nicht (gemessen am
«Freudenertrag»). Das Erwachsenen-Ich kann auch dem Bedürfnis
des Kindheits-Ichs, bündelweise Besitztümer zu sammeln, dadurch
nachgeben, daß es sich einem Hobby widmet wie dem Sammeln von
Briefmarken, Münzen, seltenen Büchern, Modelleisenbahnen, Fla-
schen oder Mineralien. Das Erwachsenen-Ich kann entscheiden, ob
die Ausgaben für diese Sammlungen realistisch sind. Wenn ja, dann
ist das «Bündeln» ein harmloser Spaß. Wenn es jedoch die Familie
ruiniert (z. B. beim Sammeln von Häusern, Sportwagen und echten
Picassos), dann wird das Erwachsenen-Ich die Steckenpferde des
Kindheits-Ichs an die Kandare nehmen müssen.

Entscheidungen über Hobbies, Besitztümer, wo man lebt und was
man kauft, müssen entsprechend den Wertmaßstäben und realistischen Überlegungen gefällt werden, die in jeder Ehe anders sind.
Sich auf diese Entscheidungen zu einigen ist äußerst schwierig, wenn
die Ehe keine Ziele hat. Ein Ehepaar wird während der Behandlung
lernen, den Unterschied zwischen Eltern-Ich, Erwachsenen-Ich und
Kindheits-Ich zu erkennen, doch es kreuzt noch immer im gleichen
gesellschaftlichen Fahrwasser, und wenn es nicht ein bestimmtes Ziel
anpeilt, wird es trotz allem Navigieren doch nur ein Spielball der
Wellen bleiben, ausgeliefert dem ewigen Auf und Ab seiner Spiele
und Spielchen. Wenn man gegen den Strom ansegeln will, darf man
kein Sonntagssegler sein. Dazu muß man sein Schiff kennen und den
Kurs wissen, den man einschlagen muß, um durch Wind und Wellen
die Häfen anzusteuern, die uns das Erwachsenen-Ich weist. Entweder entscheiden sich die Menschen für einen neuen Kurs, oder sie lassen sich weiterhin treiben. Die schönsten Seekarten helfen da
wenig.

An diesem Punkt wird es für den Kurs einer Ehe wichtig, die
zugrunde gelegten Wertmaßstäbe zu überdenken. Mann und Frau
müssen grundsätzlich untersuchen, was ihnen zur Festlegung ihres

Kurses wichtig erscheint. Will Durant drückt das fundamentale Problem der Ethik durch die Frage aus: «Ist es besser, gut zu sein oder stark?»* Diese Frage kommt im Eheleben in tausend Abwandlungen vor: Ist es besser, gütig zu sein oder reich? Ist es besser, seine Zeit der Familie zu widmen oder dem Beruf? Ist es besser, den Kindern zu raten, «alles einzustecken» oder «zurückzuschlagen»? Ist es besser, heute das Leben in vollen Zügen zu genießen, oder jeden Pfennig auf die Bank zu tragen für morgen? Ist es besser, als rücksichtsvoller Nachbar oder als ganz großes Tier bekannt zu sein?

Diese Fragen können zu hoffnungsloser Verwirrung bei der Beweisaufnahme führen, wenn sie nicht vom Erwachsenen-Ich gestellt werden, und selbst dann sind sie noch schwierig genug. Es genügt nicht, die Eltern-Ich-Meinung jedes Partners zu diesen Fragen zu kennen. Es genügt nicht, die Bedürfnisse und Gefühle des Kindheits-Ichs in jedem zu kennen. Wenn die Daten von Eltern-Ich oder Kindheits-Ich nicht übereinstimmen, muß es ein für beide Eheleute verbindliches Grundgesetz geben, das den Kurs ihrer Ehe bestimmt und Maßstab ist für alle Entscheidungen, die gefällt werden müssen. Man sagt, daß «Liebe nicht heißt, einander anzuschauen, sondern zusammen in die gleiche Richtung zu sehen.» Eltern-Ich und Kindheits-Ich jedes Partners können große Meinungsverschiedenheiten wiederaufleben lassen. Nur durch das Erwachsenen-Ich ist eine Annäherung möglich. Doch das Ziel in der «gleichen Richtung» kann nicht ohne moralische und ethische Überlegung festgesetzt werden. Wenn ein Ehepaar bei der Suche: «Was machen wir jetzt?» in eine Sackgasse geraten ist, dann frage ich häufig: «Was wäre die liebevolle Möglichkeit?»

Und damit überschreiten wir die Grenzen wissenschaftlicher Wahrheitsfindung und betreten das Reich anderer geistiger Möglichkeiten, wo wir etwas Besseres erlangen können, als was wir bisher hatten. Was heißt «liebevoll sein»? Was ist Liebe? Was für Worte sind «sollte» und «müßte»? Später, im zwölften Kapitel, werden wir Antworten darauf suchen und versuchen.

---

* W. Durant: ‹The Story of Philosophy› (New York: Simon and Schuster, 1926).

9. El-Er-K und Kinder

Wer sich an seine Vergangenheit nicht erinnern kann,
ist dazu verdammt, sie zu wiederholen.

George Santayana

Wer Kindern helfen will, muß den Eltern helfen. Wenn Eltern nicht
gefällt, was ihre Kinder tun, dann müssen sich nicht nur die Kinder
ändern. Wenn Karlchen ein schwieriges Kerlchen ist, dann wird er
nicht besser, wenn man ihn von einem Experten zum anderen schickt
und doch zu Hause alles beim alten bleibt. Dieses Kapitel soll Eltern
helfen, ihren Kindern zu helfen. «Experten» können nicht die Aufgabe der Eltern übernehmen.

Sicher gibt es viele professionelle Experten für Kindererziehung
einschließlich Kinderpsychiatern, Kinderpsychologen und -psycha-
gogen, die Tests und Therapien durchführen.

Viele Eltern scheinen zu glauben, daß ein Kinderpsychiater ihr
Kind sozusagen seelisch «überholen» kann, damit es anschließend
wunschgemäß funktioniert. Wenn die Eltern nicht gleichermaßen
«überholt» werden, dann halte ich die meisten dieser Bemühungen
für eine Verschwendung von Zeit und Geld. Ich glaube, die meisten
Eltern empfinden intuitiv ähnlich, doch einige, die nicht wissen, was
sie sonst tun sollen, oder die sich selbst nicht engagieren wollen, setzen auf die Kindertherapie, wenn sie sich das leisten können. Viele
andere Eltern fürchten die unbekannten Risiken bei der Erziehungs-
hilfe durch Außenstehende und betrachten ihre Situation als eine
Art Büchse der Pandora, die man am besten verschlossen hält. Sie
lesen die neuesten Bücher, suchen Hilfe in einschlägigen Zeitschriften und spielen beim Frühstück «Ist es nicht schrecklich». Sie üben
«Geduld» und wissen doch auf ihre Fragen und Zweifel keine Antwort, sondern bauen statt dessen auf die Hoffnung, daß der Kleine
nur «eine schwierige Phase durchmacht», und gründen ihre Zuversicht auf das unsichere Prinzip, daß Erlauben immer gut sein müsse.
Die Antworten, die sie suchen, ergeben sich nicht von selbst, und sie

quälen sich durch die Kleinkinderzeit mit dem schwachen Trost: «Na, noch bin ich immerhin größer als er.» Manche Eltern demonstrieren ihre «Größe» mit Gewalt und schlagen und kommandieren ihre Kinder, um sie «auf Vordermann zu bringen». Dann kommt der Tag der Abrechnung, irgendwann in der Pubertät, wenn «er größer ist als ich». Eltern und Kinder haben viel zu leiden. Das muß nicht so sein. Dieses Kapitel will das düstere Gesamtbild von der Kindererziehung aufhellen mit Hilfe von El-Er-K, und zwar sowohl in der Beziehung zwischen Eltern und Kindern, als auch in der Beziehung zwischen Kindern und anderen Kindern.

Die psychiatrische Behandlung von Kindern ist eine relativ neue Entwicklung. Während die ersten psychoanalytischen Theoretiker die Bedeutung dessen betonten, was mit einem Kind in seiner familiären Umgebung ganz zu Anfang geschieht, schloß die damalige Anwendung eben dieser Theorie auf die therapeutische Praxis die direkte Arbeit mit Kindern aus. Eine Schwierigkeit lag in der geringen Kommunikationsfähigkeit des kleinen Menschen. Die andere war die frühe Erkenntnis, daß bei einer Arbeit mit dem Kind wenig herauskommen könne ohne die Einbeziehung der wichtigen Erwachsenen in seiner Umgebung, vor allem seiner Eltern.

Die erste umfassende Institution für die Behandlung von Kindern entstand in den zwanziger Jahren. Das waren die sogenannten Child Guidance Clinics in den angelsächsischen Ländern: klinikartige Erziehungsberatungsstellen. Dort wurde ein kombiniertes «Behandlungserlebnis» für Eltern und Kind entwickelt, wobei das Kind mit Spieltherapie behandelt wurde und die Eltern in psychologischer Beratung Hilfe fanden für ihren speziellen Fall. Das Herzstück der Methode war die Herbeiführung von Gelegenheiten für Eltern und Kind, «Gefühle auszudrücken», wodurch einer der Hauptquellen des negativen und destruktiven Verhaltens das Wasser abgegraben werden sollte. Das Kind wurde ermuntert, sich mit Hilfe von Spielsachen und anderen symbolischen Kommunikationsmitteln gegen seine Peiniger, die Eltern, zu wenden und so seine «negativen Gefühle» auf läuternde Weise – kathartisch – abzureagieren. Wenn dann der Kleine die Mutterpuppe im Klo ersäufte oder der kleinen Schwesterpuppe den Arm brach, machte man Notizen für die nächste «Konferenz», eine höchst bedeutsame Einrichtung – für das Personal. Man ging von der Annahme aus, daß diese Äußerungen den Weg frei machen würden für die Entwicklung positiver Gefühle, die

auf den neuen Einsichten der Eltern aus ihren psychologischen Beratungsstunden basierten – daß nach einer gewissen Periode des «Ich
hasse dich» das «Ich liebe dich» irgendwie folgen werde. Doch da die
Eltern meist die Aktionen oder Transaktionen nicht recht verstanden, die solche Gefühle auslösten, blieb die Situation häufig unverändert. Oft verschlimmerte sie sich sogar, weil das Kind, dem man
gesagt hatte, daß «es gut ist, wenn du deine Gefühle herausläßt», die
Familie in ein Schlachtfeld verwandelte, wobei Karlchen natürlich
die Rolle des kommandierenden Generals übernahm. Es war das
gleiche wie mit Nasentropfen. Sie lindern eine Zeitlang die Verstopfung der Nase, aber der Schnupfen bleibt, und die nächste Erkältung
kommt bestimmt. Manche Menschen gehen durchs Leben, indem sie
ständig ihre Gefühle ausdrücken. In beiden Fällen wird das Pferd
beim Schwanz aufgezäumt. Äußerung von Gefühlen und Anwendung von Nasentropfen haben sicher ihren Nutzen, doch es geht um
mehr als das.

Bei den damaligen Behandlungsmethoden lag der Schwerpunkt
darauf, was das *Kind* erreichen und wie sein Verhalten sich
ändern könnte, obwohl man doch schon sah, daß auch die Eltern
beteiligt sein mußten. Bei der Transaktions-Analyse verlagern wir
den Schwerpunkt auf das, was die *Eltern* erreichen können, damit
die Art der Transaktionen zwischen Eltern und Kind sich ändert.
Wenn das geschieht, wird sich bald darauf auch das Kind
ändern.

Jeder erkennt die zunehmende Kompliziertheit der kulturellen
und sozialen Organisation, in der wir heute leben, und die vielen
Zwänge, die dazu angetan sind, die Familie als die primäre soziale
Struktur zur Befriedigung der emotionalen Bedürfnisse der Kinder
zu schwächen oder gar zu zerstören. Unter der drohenden Wolke
von Ungewißheiten, im Geprassel der Informationen aus den Massenmedien, in der steigenden Flut von Aufgaben und Pflichten
kämpft die moderne Mutter, der das Wasser oft bis an den Hals geht,
verzweifelt gegen die Verzweiflung an. Alles um sie herum ist im
Widerstreit. Ihre Aufnahmefähigkeit ist abgestumpft, und das muß
sie auch sein, wenn das Fernsehen ihr innerhalb von Sekunden die
grauenvollsten Bilder vom Krieg zeigt und die Wonnen eines neuen
Lebens mit Lenor vorgaukelt. Ihr Eltern-Ich streitet sich mit dem
Eltern-Ich ihres Mannes über das, was beide eine gute Kinderstube
nennen, wobei sie allerdings zwei sehr verschiedene Dinge damit
meinen. Ihr Eltern-Ich drangsaliert ihr Kindheits-Ich in einem inne-

ren Dialog, so daß sie sich in ihrer Mutterrolle als Versager vorkommt. Ihre Kinder schreien sich an und zanken sich ewig mit ihr herum. Sie liest Bücher, um sich über ihre Probleme zu informieren, doch die Informationen sind widersprüchlich. Der eine Experte sagt: «Man darf schlagen», der andere sagt: «Schlagen darf man unter keinen Umständen», und der dritte empfiehlt: «Unter gewissen Umständen darf man wohl schlagen.» Inzwischen hat sie einen Punkt erreicht, wo sie «die kleinen Teufel windelweich schlagen will, damit sie zur Besinnung kommen». In ihrem Haushalt wimmelt es von Apparaten und Maschinen, die ihr möglichst alle Arbeit abnehmen sollen. Und trotzdem fehlt ihr das entscheidende Stück in ihrer sonst so perfekten Ausrüstung, etwas, mit dem sie Ordnung in das Chaos bringen kann, mit dem sie das Wesentliche finden kann, was nämlich wirklich wichtig ist für sie und ihre Familie. Sie sucht nach einer praktikablen Lösung für ihr Problem, warum sie zwar mit dem Haushalt verhältnismäßig leicht fertig wird, mit ihren Kindern aber überhaupt nicht. Alles läuft auf die Frage hinaus: «Wie soll ich meine Kinder richtig erziehen?»

Auf diese Frage könnte die Großmutter weise antworten: «Damals, in der guten alten Zeit, als es noch nicht alle diese Bücher über moderne Psychologie gab, da hatten wir nicht soviel Ärger.» Die Großmutter hat nicht unrecht, denn in der guten alten Zeit gab es tatsächlich recht viel Gutes. Arnold Gesell und Frances Ilg stellten fest:

«Früher breitete sich die Welt der Natur und der menschlichen Beziehung recht geordnet aus und hielt Schritt mit dem Reifegrad des Kindes. Das Haus war groß, die Familie zahlreich, und gewöhnlich war gerade ein weiteres Kind unterwegs. Immer war jemand in der Nähe, der sich um das Vorschulkind kümmerte und es in abgestuften Etappen in seine größer werdende Welt führte, Schritt um Schritt, wie seine Ansprüche allmählich wuchsen. Es gab freien Raum rund um sein Haus, ein Feld, eine Wiese, einen Garten. Es gab Tiere im Stall, im Hühnerhof, im Koben und auf der Weide. Einige dieser Geschöpfe waren jung wie das Kind. Es konnte sie betrachten, sie berühren und manchmal sie sogar umarmen.

Die Zeit hat diese Umwelt verwandelt. Das Kind, das heute in einer Wohnung oder vielleicht sogar in einem Eigenheim im Vorort aufwächst, muß auf viele der früheren menschlichen und tierischen Gefährten verzichten. Der häusliche Lebensraum hat sich verringert auf die Dimensionen einiger weniger Zimmer, eines Balkons, eines Hofes; vielleicht besteht er nur aus einem einzigen Zimmer mit einem oder zwei Fenstern.»*

Die Autoren bedauern, daß das kleine Kind von heute «den großzügigen, intimen Kontakt mit dem wachsenden Leben, mit anderen Kindern, mit einer Vielfalt von Erwachsenen» verloren hat. Zu diesem Mangel an positiven Früherfahrungen kommt eine Überschwemmung mit erschreckenden Informationen. Es stimmt, daß es schon immer Krieg und Grausamkeiten gegeben hat, doch sie spielten sich nicht im Wohnzimmer auf dem Fernsehschirm ab. Lange bevor das Kind mit den elementaren Schwierigkeiten des Zusammenlebens in der Familie fertig werden kann, lernt es kennen, was meine kleine Tochter eine «Plemplem-Welt» nennt: eine Welt von Rassenunruhen, Kriegsgefangenen, Kindern mit verbundenen Augen vor blitzenden Bajonetten, Massenmord und Politikern, die über die Möglichkeit einer Vernichtung der ganzen Welt diskutieren. Dazu kommt für das kleine Kind die Schwierigkeit, zwischen Dichtung und Wahrheit zu unterscheiden: Ist das die Tagesschau, oder ist das ein Film? Ist das ein Obergangster, oder ist das ein Staatsoberhaupt? Verursacht Rauchen Krebs, oder bringt es den Duft der großen weiten Welt? Das also ist die Welt, in der wir leben, keine behütete Idylle mit kleinen Lämmchen und gelben Blümchen, sondern eine Welt des Hasses und zischender Düsenjäger, die so hautnah ins Bild kommt, daß man versucht ist, sie abzuschalten und sich nicht mehr um den Unterschied zwischen Lenor und Napalm oder zwischen der Jagd auf «Baader-Meinhof» und der Jagd nach dem Schatz am Silbersee zu kümmern.

Will Rogers** hat einmal gesagt: «Die Schulen sind nicht mehr, was sie zu sein pflegten und niemals waren.» Vielleicht hat es auch die gute alte Zeit nie gegeben, doch das Schlechte berührte die Kinder nicht so früh und nicht so direkt wie heute. Das schafft das Problem nicht aus der Welt, sondern zeigt nur, daß die Eltern so dringend wie noch nie ein Instrument brauchen, mit dem sie ihren Kindern früh zur Entwicklung eines Erwachsenen-Ichs verhelfen können, um in der Welt zurechtzukommen.

---

* A. Gesell und F. L. Ilg: ‹Säugling und Kleinkind in der Kultur und Gegenwart› (Bad Nauheim: Christian-Verlag, 1952).
** Will Rogers, 1879–1935, war ein sehr populärer amerikanischer Schauspieler, Conférencier und Humorist, Star zahlreicher Filme und Autor vieler satirischer Artikel und Bücher.

Wo soll man beginnen?

Im Idealfall soll man am Anfang beginnen. Wirksam eingesetzt wurde die Transaktions-Analyse bei einem Unterrichtsprogramm für künftige Eltern, das Erwin Eichhorn und seine Frau seit 1965 in der kalifornischen Hauptstadt Sacramento leiteten. Er ist Gynäkologe und Geburtshelfer, sie arbeitet in der Schwesternausbildung am Sacramento City College. Bei den meisten Ärzten besteht die Schwangeren-Beratung aus allgemeinen Hinweisen für die künftigen Eltern, vor allem die Mütter, was sie während der Schwangerschaft und bei der Geburt zu erwarten haben, und aus Informationen zur Säuglingspflege. Das wird häufig ergänzt durch verschiedene Bücher und Bilder, die ein idyllisches Leben mit dem Neugeborenen zeigen. Vielleicht gibt es auch eine Aussprache über die negativen Aspekte wie etwa eventuelle Depressionszustände nach der Geburt, Erschöpfung oder Koliken, doch tiefergehende Untersuchungen über die Beziehung zwischen Mann und Frau, jungem Vater und junger Mutter und diesem prächtigen und manchmal erschreckenden neuen kleinen Menschen, dem Baby, sind selten. Die meisten Ärzte hätten dem jungen Paar gerade in dieser wichtigen Frage gern geholfen, doch es gab kein System, das schnell gelehrt, leicht verstanden und ohne weiteres angewandt werden konnte. So mancher Arzt hat viele Stunden darangesetzt, hilfsbereit die Schwierigkeiten in der Familiensituation zu besprechen, Ängste durch die Beantwortung von Fragen auszuräumen und Furcht durch freundliche Unterstützung zu beschwichtigen. Andere haben sich auf eine eher väterliche Position zurückgezogen, die im wesentlichen besagt: «Folgen Sie meinen Anweisungen und tun Sie, was ich Ihnen sage, dann kommt schon alles in Ordnung.» Wenn es jedoch ernste Beziehungsprobleme zwischen den Ehepartnern gibt, dann werden sie durch diese Einstellung in den Hintergrund verdrängt, denn schließlich muß das Baby an erster Stelle kommen. Aber die ungelösten Probleme bleiben für Mutter und Vater eine Quelle ständiger Gereiztheit und Entfremdung, und das in den ersten Lebensmonaten oder -jahren des Säuglings, in denen das Kind entscheidend geprägt wird – vor allem von seinen Eltern!

Die Eichhorns, die beide dem Aufsichtsrat des Instituts für Transaktions-Analyse angehören, führten 1965 den El-Er-K-Unterricht in ihren Kursen für künftige Eltern ein. Mann und Frau finden sich einmal in der Woche zu abendlichen Zusammenkünften ein. Die

Teilnahme ist freiwillig, doch die meisten Paare kommen regelmäßig. Neben den üblichen Unterweisungen über Schwangerschaft
und Entbindung werden die Grundsätze der Transaktions-Analyse
gelehrt, und zwar im Hinblick auf die aktuelle Situation des Ehepaars: die Erwartung ihres ersten Kindes.

Es handelt sich bei dieser El-Er-K-Lehre um ein Instrument, das
für einen besonderen Zweck eingesetzt wird; doch die Paare stellen
fest, daß sie dieses Instrument auch auf viele andere Lebensprobleme nach der Ankunft des Babys anwenden können. Der Grup-
penunterricht in El-Er-K umfaßt für jedes Ehepaar etwa vierundzwanzig Stunden, aber die dabei entwickelte Sprache wird zur
Grundlage für weitere Diskussionen, wenn die werdende Mutter zu
ihren regelmäßigen Schwangerschaftsuntersuchungen kommt.
Häufig wird sie dabei von ihrem Mann begleitet, der eher als Betei-
ligter denn als Zuschauer behandelt wird.

Man entdeckte, daß die Kenntnis von El-Er-K früh in der Schwangerschaft dem Paar dazu verhilft, den Ursprung einiger neuer, ziemlich komplizierter und nicht nur positiver Gefühle zu verstehen.
Junge Menschen, deren Eltern-Ich viele maßgebende undifferen-
zierte Aufzeichnungen über Geschlechtsverkehr und Schwangerschaft enthält, müssen damit rechnen, daß diese Aufzeichnungen bei
dem emotional aufgeladenen Erlebnis zu Wort kommen. Selbst
wenn ein junges Paar die Schwangerschaft geplant und sehnlich
erwartet hat, kann es doch zeitweilig unter «unerklärlichen»
Depressionen leiden. Eine Heiratsurkunde und eine eigene Wohnung löschen nicht das Band des Eltern-Ichs, auf dem «Ich bin
schwanger» eine schreckliche Nachricht bedeutet. Auch die Aufzeichnung im Eltern-Ich des Mannes bleibt unverändert, deren Wiedergabe ihn zu der Erkenntnis bringt: «Ich bin schuld, daß du
schwanger bist.»

Viele andere starke Gefühle sind mit der Schwangerschaft verbunden. Gerald Caplan bezeichnet diese neun Monate als «eine
Periode verstärkter Anfälligkeit für Krisen, eine Periode, in der
wichtige Probleme in zunehmendem Maße auftreten»*. Zu den
äußeren wirtschaftlichen und sozialen Veränderungen treten innere, die sowohl den Stoffwechsel wie das Gefühlsleben betreffen. Die
Mutter muß eine neue Rolle erlernen, besonders wenn es ihr erstes

---

* G. Caplan: ‹An Approach to Community Mental Health› (New York:
Grune and Stratton, 1961).

Baby ist. Sie muß mit der Einsamkeit bei der Entbindung fertig werden und mit der Einsamkeit zu Hause, wenn sie mit dem Baby allein ist, ein Problem vor allem für die bisher berufstätige Frau. Und sie steht vor der neuen Verantwortung, die Zeit einzuteilen, zu strukturieren. Die Frau, die ihr erstes Baby bekommt, steht außerdem vor der grundlegenden Erkenntnis, daß ihre Mädchenzeit ein für allemal vorbei ist, daß sie die Grenze zur älteren Generation überschritten hat: jetzt gehört sie zu den Müttern. Hier stellt sich das gleiche Empfinden von der Kürze des Lebens und dem unaufhaltsamen Zerrinnen der Zeit ein, das Leute bei Hochzeiten weinen läßt. Die feierlichen Momente im Leben öffnen zwar Türen zur Zukunft, doch sie schließen auch die Tür hinter der Vergangenheit, und eine Umkehr ist unmöglich. Diese Gefühle erlebt auch die junge Mutter.

Manchmal wirken diese Gefühle so depressiv, daß sich daraus eine sogenannte Post-partum- oder Wochenbett-Psychose entwickelt. In solchen Fällen wird das Kindheits-Ich so unter Druck gesetzt, daß es über die Ufer tritt und das Erwachsenen-Ich eintrübt. Die Mutter kann mit ihren eigenen übermächtigen Bedürfnissen nicht fertig werden und ist völlig unfähig, für ihr Kind zu sorgen.

Eine Patientin, die ich zuerst in einer akuten Phase der Wochenbett-Psychose nach der Geburt ihres ersten Kindes sah, konnte drei Wochen später das Krankenhaus verlassen, nachdem sie in El-Er-K eingeführt worden war. Sie konnte die Pflege ihres Kindes übernehmen, und während sie weiter an der Gruppentherapie teilnahm, wurde ihr Erwachsenen-Ich stärker. Dessen Widerstandskraft wurde zwei Jahre später bei ihrer zweiten Schwangerschaft auf die Probe gestellt. Nach allem, was sie bereits durchgemacht hatte, war sie während ihrer Schwangerschaft recht besorgt. Doch sie konnte diese Besorgnis in El-Er-K-Begriffen mit ihrem Arzt besprechen. (Bereits die Tatsache war beruhigend, daß zwei Ärzte, ein Geburtshelfer und ein Psychiater, die gleiche Sprache sprachen.) Sie brachte ihr Kind zur Welt und blieb als Wöchnerin guter Dinge (obwohl es nicht selten vorkommt, daß die Wochenbett-Psychose bei jeder Schwangerschaft erneut auftritt).

Das also sind einige der Gefühle, die durch El-Er-K verstanden und bewältigt werden können. Wenn Mann und Frau ihre neu erworbene Sprache anwenden können, nehmen sie *beide* an dem bevorstehenden aufregenden Ereignis teil. Eichhorn berichtet, daß es dem Ehemann leichterfällt, seine Vaterrolle zu übernehmen, wenn der Arzt das Erwachsenen-Ich sprechen läßt. Die El-K-Bezie-

hung zwischen manchen Geburtshelfern (Eltern-Ich) und ihren Patientinnen (Kindheits-Ich) schließt ihrem Wesen nach den Vater aus. Mutter und Arzt scheinen in eine Aktivität verwickelt zu sein, in der sie die einzigen Experten sind, und dem Ehemann bleibt es überlassen, im Wartezimmer eine Zigarette nach der anderen zu rauchen. Moderne Kliniken ermöglichen es dem Ehemann, bei seiner Frau zu bleiben und ihr während der Wehen beizustehen, und einige wenige erlauben es ihm, auch im Kreißsaal dabei zu sein.*
Eichhorn berichtet, daß bei seinen Klienten die Vater–Kind-Beziehung sehr früh zustande kommt. Der Ehemann interessiert sich zunehmend dafür, was er während der Wehen helfen, wie er seine Frau massieren kann, womit er ihr körperliche Anstrengungen erleichtert und wie er sie vor der Einsamkeit der Niederkunft beschützt. Das alles bedeutet, daß sie sich auch *dann* auf sein Erwachsenen-Ich verlassen kann, wenn bei ihr im Zustand der Erschöpfung und ängstlicher Erwartung das Kindheits-Ich das Kommando übernimmt. Steht ein Ehepaar eine solche Krise gemeinsam durch, dann hat es einen Präzedenzfall für jede spätere Krise im Leben. «Wenn wir das geschafft haben, schaffen wir alles.» Diese Väter sprechen schnell von «unserem» Baby. Sowohl Vater wie Mutter haben ein gutes Gefühl gegenüber sich selbst, und das überträgt sich auf den Säugling.

Diesen Vätern wird geholfen, schon zu Beginn der Schwangerschaft zu erkennen, daß «die schwangere Frau ebensosehr wie zusätzliche Vitamine und Proteine zusätzliche Liebe braucht. Das gilt besonders für die letzten Monate der Schwangerschaft und für die Stillzeit. Während der Schwangerschaft wird eine Frau oft intro-

---

* In der Bundesrepublik Deutschland setzen sich die neuen Erkenntnisse über ein auch psychisch gesundes Geburtserlebnis, an dem Mutter, Kind *und Vater* aktiv teilhaben, nur mühsam durch gegen traditionelle Vorurteile, Geschlechtsrollen-Mystifikationen und medizinbürokratische Widerstände. Wie rückständig, inhuman und folgenschwer das «Kinderkriegen» bei uns noch verwaltet wird und was Eltern praktisch tun können, um ihrem Kind einen möglichst günstigen Start ins Leben zu verschaffen, ist aus zwei jüngst erschienenen Büchern zu lernen: Ingrid Mitchell: ‹Wir bekommen ein Baby. Ein praktisches Übungsprogramm für Übungen während der Schwangerschaft. Die modernste Methode zur Vorbereitung beider Eltern auf ein harmonisches Geburtserlebnis› (Reinbek: Rowohlt Taschenbuch Verlag, 1971, rororo sachbuch Nr. 6698), sowie Paul und Jean Ritter: ‹Freie Kindererziehung in der Familie› (Reinbek: Rowohlt Verlag, 1972) (Anm. d. Übers.).

vertiert und passiv abhängig. Je mehr sie sich in diesen Zustand fallenlassen kann und je mehr Liebe und Trost sie bei den Menschen ihrer Umgebung findet, um so mütterlicher kann sie zu ihrem Kind sein. Professionelle Helfer können ihr die nötige Liebe nicht geben, doch sie können die Familienmitglieder und besonders ihren Ehemann darauf aufmerksam machen, wie wichtig die Liebe ist. In unserer Kultur fürchten Ehemänner und andere Verwandte oft, die werdende Mutter zu ‹verwöhnen›, und gegen diese Einstellung muß besonders angekämpft werden.»*

Das Zusammensein während der Entbindung selbst ist ein idealer Höhepunkt für das vorbereitete Ehepaar. Aber auch wenn die beiden während der Niederkunft nicht beisammen sind, sorgt ihre Kenntnis von El-Er-K, die sie sicher durch die Schwangerschaft gebracht hat, für optimale Konfliktfreiheit. Und auf die kommt es ganz entscheidend an in der ersten Stillzeit des Säuglings. Die warmherzige, streichelnde Mutter ist von dem inneren Disput zwischen Eltern-Ich und Kindheits-Ich befreit, der das NICHT-O. K. in ihr auf den Plan ruft. Ihr emanzipiertes Erwachsenen-Ich kann die Tatsachen zur Kenntnis nehmen, kann über die «Ammenmärchen» hinweggehen und auf die spontanen mütterlichen Gefühle und Wünsche reagieren, das Kind zu halten, zu streicheln und zu liebkosen – ohne erst nachzuprüfen, ob das auch richtig ist. Eines der zählebigsten Vorurteile lautet, daß «man ein Baby nicht ständig hochnehmen soll, weil es dadurch verwöhnt wird». Wird diese Aufzeichnung jedesmal abgespielt, wenn die junge Mutter ihr Kind streicheln will, dann entsteht hier deutlich ein Konflikt, den das Kind spürt. Das Erwachsenen-Ich der Mutter kann diesen dogmatischen Lehrsatz überprüfen und mit ihrer eigenen Beurteilung der Lage verarbeiten, die wohl eher besagt: Wenn man ein Baby bemuttert, solange es ein Baby ist, braucht man es nicht für den Rest seines Lebens zu bemuttern.

(Diese Vorstellungen, man könne ein Kind «verwöhnen» oder müsse ihm seine Angewohnheiten «abgewöhnen», sind mir immer so roh und grausam erschienen, daß nur irgendeine böse Stiefmutter aus dem Märchen sie erfunden haben kann in einem dunklen, dumpfen Turm irgendwo im Moor!)

Die Mutter mit einem starken Erwachsenen-Ich kann die oftmals krisenreichen Beziehungen zur Großmutter oder zur Schwieger-

---

* Caplan, a. a. O.

mutter so meistern, daß die verheerenden Überkreuz-Transaktionen auf ein Minimum beschränkt bleiben. Sie kann einsehen, daß
auch die Großmutter ein El-Er-K hat und daß sowohl El wie K leicht
zu «locken» sind. Oder ihr Erwachsenen-Ich kann ihrer Schwieger-
mutter erklären, daß um den Haushalt sich ein Mädchen kümmern
wird und sie, die Mutter, um das Baby. Ihr Erwachsenen-Ich kann ihr
die Freiheit geben, daß sie sich einen Dreck kümmert um den Staub
auf den Möbeln, während sie sich mit ihrem Kind abgibt, selbst wenn
die reiche Tante Adelheid am gleichen Abend mit einem großartigen
Geschenk erscheinen wird. Kurz, die jungen Eltern haben die Wahl,
wie sie diese neue köstliche Einheit, ihre Familie, gestalten wollen,
die aus einem jungen Kind, einem jungen Vater und einer jungen
Mutter besteht.

   Bei der Erziehung kleiner Kinder ist es höchst hilfreich, an der
Grundanschauung ICH BIN NICHT O. K. – DU BIST O. K. festzuhalten.
Das Kind ist zufrieden dank dem O. K. der Mutter. Es empfindet sich
selbst als NICHT O. K., doch solange sie O. K. ist, hat es einen Halt. Der
Wert des elterlichen Streichelns entspricht genau dem Wert, den das
Kind in seinen Eltern sieht. Wenn das Kindheits-Ich der Mutter her-
vor«gelockt» wird und sie auf der Ebene des Kindheits-Ichs in den
Clinch geht mit ihrem kleinen Sohn, dann spürt der, daß seine Welt
wirklich in schlechtem Zustand ist. Auf beiden Seiten steht ein NICHT
O. K.-Kindheits-Ich. Wenn diese Art der Transaktion in der ersten
Lebenszeit eines Menschen vorherrscht, dann ist der Boden bereitet,
aus dem die Lebensanschauung ICH BIN NICHT O. K. – DU BIST NICHT
O. K. hervorgeht, oder im Extremfall sogar die Grundeinstellung ICH
BIN O. K. – DU BIST NICHT O. K.

   Mutter und Vater (aber besonders die Mutter, da sie in den ersten
Lebensjahren der einflußreichste Elternteil ist) müssen auf ihr eigenes NICHT O. K.-Kindheits-Ich achten. Bis zu dem Zeitpunkt, an dem
Eltern, besonders Mütter, die nötige Sensibilität, die Wahrneh-
mungsfähigkeiten und das Interesse entwickelt haben, ein Werkzeug wie El-Er-K bei der Kindererziehung anzuwenden, ist zu
erwarten, daß sich die Bösartigkeit der NICHT O. K.-Einstellung ausbreiten und verschlimmern wird. Wenn das Kindheits-Ich der Mutter eine hartnäckige NICHT O. K.-Einstellung einnimmt und sich
leicht provozieren läßt von solchen Hindernissen oder Enttäuschungen wie dem Trotzverhalten eines kleinen Kindes, das ebenfalls ein
NICHT O. K.-Kindheits-Ich hat, dann ist der Weg frei für die Machter-
greifung des Kindheits-Ichs in der Mutter. Dies setzt eine sich rück-

wärts drehende Spirale von Ereignissen in Gang, wobei immer
archaischere Kreisläufe sich zu einem schreiend ausgetragenen Spiel
von «Meins ist besser» verengen, dessen letzte Runde die Mutter
gewinnt, denn: «Ich bin größer.»

Es ist leicht einzusehen, daß der kleine Mensch nur durch das
Erwachsenen-Ich zu einem besseren Lebensvollzug geführt werden
kann. Doch Kinder fragen mit Recht: Wie soll ich ein Erwachsenen-
Ich entwickeln, wenn die Erwachsenen, die ich kenne, so wenig
erwachsen sind? Kinder lernen durch Nachahmung. Am besten kann
ein kleines Kind sein Erwachsenen-Ich mit zunehmend stärkeren
Sicherungen entwickeln, wenn es nicht dauernd sieht, wie bei den
großen Leuten die Sicherungen durchknallen, also wenn es bei seinen Eltern beobachten kann, wie das Kindheits-Ich der Eltern offensichtlich hervorgelockt wurde und in einem Zornausbruch die
Transaktion an sich reißen will, wie die Eltern aber das Kindheits-
Ich unter Kontrolle halten und mit dem Erwachsenen-Ich reagieren,
also vernünftig und überlegt.

Es ist wesentlich wirkungsvoller, ein Erwachsenen-Ich zu demonstrieren als es zu definieren. Damit sind wir bei der Frage, ob Eltern
ihren Kindern El-Er-K beibringen sollen. Nach den bisherigen – reichen – Erfahrungen kann das Kind die Grundlagen von El-Er-K
überraschend früh verstehen, mit drei oder vier Jahren. Das ist möglich, wenn das Kind die Transaktions-Analyse seiner Eltern miter-
lebt. Wenn Eltern dabei sind, mit offensichtlichem Vergnügen eine
Transaktion zu analysieren, erfaßt das kleine Kind die Bedeutung
dessen, was vorgeht. Kinder finden die El-Er-K-Sprache meist
lustig. Rasch legen sie die Scheu vor dem Ungewohnten ab und nehmen munter die «Erwachsenenwörter» in den Mund.

Wenn ein Fünfjähriger sagt: «Vater, verbrauche nicht dein ganzes Eltern-Ich», dann zeigt er sein Verständnis dafür, daß auch
der Vater «Teile» hat, daß er ein Eltern-Ich und ein Kindheits-Ich
hat, die «gelockt» werden können. Wenn der Vater zu dem Fünfjährigen sagt: «Wenn du jetzt nicht aufhörst, lockst du mein
Eltern-Ich heraus, und dann ärgern wir uns beide», dann ist
der Weg frei für eine Einsicht auf der Erwachsenen-Ebene, daß
nämlich sowohl Vater wie Sohn Gefühle haben und gereizt
werden können. Diese Übereinkunft zwischen Erwachsenen-Ich
und Erwachsenen-Ich kann unmöglich entstehen, wenn der Vater
schreit: «Noch einmal, und ich hau dir eine runter, daß dir Hören
und Sehen vergeht!» Damit wird nur der Computer im Kind

abgeschaltet; es kann nicht das Für und Wider dessen erwägen, «was ich getan habe», sondern kann sich nur noch mit der Tatsache beschäftigen, daß es verhauen werden soll. Und damit: Ende der Nachrichten. Wahrscheinlich hat sein Vater das gleiche von seinem Vater gehört, und so weiter und immer weiter.

Hier ist ein Wort der Warnung angebracht. Wenn das Kind von seinem Kindheits-Ich beherrscht wird, versteht es jeden Hinweis der Eltern auf El-Er-K (und besonders das Benennen von Spielen) als Äußerung des Eltern-Ichs. In kurzer Zeit kann aus der ganzen Sache eine Angelegenheit des Eltern-Ichs werden, und das beeinträchtigt die Nützlichkeit von El-Er-K als Instrument zur Erzeugung von häuslichen Transaktionen auf der Erwachsenen-Ebene. Einem zornigen, Rotz und Wasser heulenden Kind kann man nicht El-Er-K beibringen. Die Lösung liegt darin, erwachsen zu *sein*, wenn der Sturm tobt. Bei anderen Gelegenheiten kann El-Er-K ruhig und sachlich behandelt werden, damit das Kind die Fakten kennenlernt, die ihm zu seinem eigenen «Aha»-Erlebnis verhelfen: Ach sooo, jetzt weiß ich, warum ich so bin! Mit der Zeit können die Kinder durch den Gebrauch dieser Worte ihre Gefühle ausdrücken, statt ihre Frustration in Wutausbrüchen explodieren zu lassen, um die Situation mit dem einzigen Werkzeug, das sie haben, mit ihren Emotionen, zu beherrschen.

Wenn man die fast unüberwindbaren Hindernisse für die Entwicklung des Erwachsenen-Ichs in der Kindheit bedenkt, dann ist das heute herrschende Ausmaß an Irrationalität oder simpler Bösartigkeit nicht überraschend. Die Neugier des Kindes, sein Wissensbedürfnis sind Manifestationen seines entstehenden Erwachsenen-Ichs und sollten von aufmerksamen, verständnisvollen Eltern geschützt und unterstützt werden. Doch Aufmerksamkeit und Wahrnehmungsfähigkeit kann man kaum bei Ehepaaren finden, die *wegen* der stärkeren Forderungen ihres eigenen Eltern-Ichs und Kindheits-Ichs mit den ständigen Forderungen ihrer Kinder kaum fertig werden. Die Emanzipation des Erwachsenen-Ichs von archaischen Daten kann so positive Haltungen wie Geduld, Güte, Respekt und Rücksichtnahme zum erreichbaren Ziel einer persönlichen Wahlentscheidung machen. Zur Wahl steht gegenüber dem kleinen Kind, entweder immer hilfsbereit zu sein oder es in die Ecke zu boxen und fertigzumachen, bis es sich in namenlosem Entsetzen am Boden windet, über sich, brüllend und fauchend, das archaische Eltern-Ich, ein Produkt generationenlanger elterlicher Selbstgerechtigkeit.

Wie der Philosoph gewohnt ist, bei jedem Schritt zu fragen: «Was folgt daraus?», so wäre für Eltern die Frage: «Was ging voraus?» Ein nützlicher Reflex. Was war die ursprüngliche Transaktion? *Wer* hat *was* gesagt? Die Reaktionen von Kindern sind nicht weit von dem entfernt, was sie hervorgerufen hat. Wer sich darin übt, die richtigen Fragen zu stellen und auf die Antworten zu hören, wird rasch auf den Grund der Schwierigkeit stoßen. Wenn ein Kind weinend zu seiner Mutter kommt, hat sie zwei Aufgaben. Einmal muß sie sein verstörtes Kindheits-Ich trösten, zum anderen sein Erwachsenen-Ich zum Funktionieren bringen. Sie kann etwa sagen: «Ich kann sehen, daß jemand dich unglücklich gemacht hat... und es ist schwer, klein zu sein... und manchmal kann man nichts tun als weinen... kannst du mir sagen, was passiert ist? Hat jemand etwas zu dir gesagt, was dich unglücklich gemacht hat?» Sehr rasch erzählt das Kind, welche Transaktion den Kummer ausgelöst hat, und Mutter und Kind können darüber von Erwachsenen-Ich zu Erwachsenen-Ich reden. Manchmal stellen wir fest, daß Kinder einander ausnutzen. Zum Beispiel tauscht die große Schwester ihre Groschen gegen die Fünfziger der kleinen Schwester, weil «Zehner größer sind». Zwar tadeln wir sofort die große Schwester für diesen unfairen Handel, aber wir müssen uns fragen: «Wo hat sie das gelernt?» Vielleicht war es nur angeborener Einfallsreichtum, vielleicht aber hat sie von den Eltern gelernt: Sei schlau und sieh zu, daß du eine Menge Geld hast; eigentlich ist Geld wichtiger als Menschen (selbst als kleine Schwestern).

Wir vergessen oft, wie rasch sich unsere Werturteile in den Handlungen unserer Kinder widerspiegeln. Ein neunjähriges Mädchen verdichtete die Lebensweisheit ihrer Eltern zu folgender Dichtung: «Es war einmal ein Mädchen, das hieß Clarissa Nancy Imogene LaRose. Sie hatte eine Glatze und riesige Plattfüße. Aber sie war sehr reich, und der Rest war leicht.»

Neben der Frage: «Was ging voraus?» kann das Erwachsenen-Ich auch fragen, was hier *die* wichtige Überlegung ist. Das Eltern-Ich ist redegewandt und kann alle möglichen Gründe dafür angeben, warum man muß, soll, nicht darf usw. Dieser Redefluß trifft das kleine Kind, als käme er aus einem Wasserschlauch, und verstanden wird überhaupt nichts. Das Erwachsenen-Ich kann auswählen und nur den besten Grund nennen, nicht alle Gründe. Besonders verwirrend ist für ein Kind eine Transaktion, bei der die Eltern als Antwort auf eine Frage des Kindes umständlich *alle* Gründe aufzählen,

warum es etwas nicht tun soll, statt einfach den *Hauptgrund* anzuge-
ben. Wenn dieser Hauptgrund nicht triftig genug ist, um in einfachen Worten dargestellt zu werden, dann sollte man vielleicht die
ganze Sache fallenlassen.

Eine Sechsjährige kommt mit ihren vier Freunden in die Küche.
Es ist kurz nach halb eins. Die Mutter bereitet das Mittagessen zu
und kostet davon. Die Sechsjährige sagt: «Mutter, können wir etwas
zu essen haben?»

Die Mutter antwortet mit vollem Mund: «Nein, es gibt gleich Mittagessen. Du ißt zuviel Süßigkeiten. Das ist schlecht für deine Zähne.
Du wirst Plomben kriegen.» (Die Mutter hat Plomben!) «Wenn du
jetzt etwas ißt, schmeckt dir das Essen nicht.» (Die Mutter ißt jetzt!)
«Geh hinaus und spiele. Immer machst du die Küche schmutzig.
Warum räumst du nie etwas auf?» Das ist eine großartige Gelegenheit für das Eltern-Ich der Mutter, die Kleine mit einer ganzen Reihe
moralisierender «Außerdems» zu quälen. Die Kinder murren und
gehen, und zehn Minuten später sind sie wieder da, um ihr lustiges
(oder weniger lustiges) Spielchen zu wiederholen.

Der *wirkliche* Grund für die Verärgerung der Mutter war:
«Warum mußt du immer alle Nachbarskinder mitbringen? Ich habe
es satt, alle Bonbons den Nachbarskindern zu geben. Für uns sind nie
welche übrig.» In diesem Moment war das der wirkliche Grund, und
es war ein stichhaltiger Grund. Aber weil sie sich nicht direkt äußern
konnte, überschüttete sie ihre Tochter mit einer Lawine von allerlei
Vorwürfen. Statt an dieser Art von Transaktion zu wachsen, duckt
sich das Kind und beginnt Umwege (oder Irrwege) zu lernen, auf
denen es das Establishment schlagen kann. Wenn «Höflichkeit» ihre
Mutter daran hinderte, den wahren Grund zu nennen, dann hätte sie
besser sagen sollen: «Nein – wir sprechen später noch darüber.»
Dann, in Abwesenheit der anderen Kinder, hätte sie ihrem eigenen
Kind die Realitäten erklären können. Oder sie hätte sich eine
Nascherei ausdenken können, die auch den anderen Kindern zugute
gekommen wäre, aber die «teuere» Leckerei, die Bonbons, verschont hätte.

So belud sie die Transaktion mit Widersprüchen, die das Kind veranlassen, sich zu fragen: «Wie kommt es, daß du gegessen hast und
wir nichts essen dürfen? Was ist so schlimm an Plomben? Du hast
selbst Plomben. Du machst die Küche auch schmutzig. Du ißt Süßigkeiten. Wieviel sind zuviel Süßigkeiten?» Für das Kind ist das
genauso erniedrigend, wenn nicht empörend, wie wenn ein Erwach-

sener, der seinen Chef um eine Gehaltserhöhung gebeten hat, darauf eine Deklamation der Zehn Gebote anhören müßte.

Wer etwas beweisen will, verläßt sich am besten auf sein *stärkstes* Argument. Er verwirrt seinen Fall nicht durch Belanglosigkeiten. Die gleiche Regel gilt für Eltern. Sie sind erfolgreiche Erzieher, wenn sie sich auf den *besten* Grund beschränken. Dann hat das Erwachsenen-Ich des Kindes eine feste Richtschnur, und sein Computer wird nicht mit widersprüchlichen Daten überladen. Es hat zudem die Möglichkeit, aus der Transaktion mit Selbstachtung, statt mit einem überwältigenden NICHT-O. K. hervorzugehen. Man liest seinem Angestellten nicht die Zehn Gebote vor, denn man achtet sein Erwachsenen-Ich. Wer will, daß in seinem Kind das Erwachsenen-Ich wächst, der muß es respektieren.

Das Kind im Schulalter

Wenn der Sechsjährige mit mutigen Schritten an jenem festlichen ersten Tag in die Schule geht, dann hat er etwa 25 000 Stunden zweifach bespieltes Bandmaterial dabei. Auf einer Spur ist sein Eltern-Ich, auf der anderen sein Kindheits-Ich aufgezeichnet. Außerdem hat er einen großartigen Computer, der Reaktionen auswerfen und tausende gescheiter Einfälle produzieren kann, *wenn* er nicht übermäßig damit beschäftigt ist, die Probleme des NICHT-O. K. zu lösen. Der helle kleine Junge ist derjenige, der viel gestreichelt worden ist, der gelernt hat, sein Erwachsenen-Ich anzuwenden und ihm zu vertrauen, und der weiß, daß sein Eltern-Ich O. K. ist und auch dann O. K. bleiben wird, wenn er sich NICHT O. K. vorkommt. Er wird die «erwachsene» Kunst des Kompromisses gelernt haben (obwohl mit Rückschlägen gerechnet werden muß), er wird die Selbstsicherheit besitzen, die aus dem erfolgreichen Umgang mit Problemen entsteht, und er wird ein gutes Gefühl gegenüber sich selbst haben. Das andere Extrem ist der schüchterne, verschlossene Junge, dessen Bandaufnahmen aus 25 000 Stunden eine Kakophonie bellender Kommandos und beißender Kritik wiedergeben zum langsamen, gleichmäßigen Rhythmus von NICHT O. K., NICHT O. K., NICHT O. K. . . . Auch er verfügt über einen leistungsstarken Computer, doch er hat kaum einen Nutzen davon.

Wenn das Kind seinen Computer nicht richtig einsetzen kann, dann hat es höchstwahrscheinlich niemals einen bei der Arbeit gesehen, oder es hatte niemanden, der ihm half, seinen Computer in

Gang zu setzen. Wenn ein Kind in der Schule schlechte Leistungen
zeigt, beklagt es sich über seine Schwächen mit der Äußerung: «Ich
bin dumm», und seine Eltern werden sagen: «Er leistet längst nicht
soviel, wie er könnte.» Das Grundproblem ist die Hartnäckigkeit
seiner Grundanschauung ICH BIN NICHT O. K. – DU BIST O. K. Wenn die
Schule nicht wirklich fähige Lehrer hat, dann ist sie der Ort, wo im
schulischen Sinne «die Reichen reicher werden und die Armen
ärmer». Bei einem Kind, das offenkundige Schulprobleme hat – störendes Verhalten, Tagträumen oder schwache Leistungen –, kann
man voraussetzen, daß es sich ständig mit seinem ICH BIN NICHT O. K.
– DU BIST O. K. beschäftigt. Die Schule ist eine Wettbewerbssituation
mit zu vielen verstärkenden Drohungen für das Kindheits-Ich und
zu wenig Möglichkeiten am Anfang, durch vielleicht nur symbolische Leistungen sein NICHT O. K. zu verringern. Die ersten Schuljahre
können das Grundmuster sich wiederholender Prüfungs-Transak-
tionen festlegen, die nach Auffassung des Kindes die Richtigkeit seiner NICHT O. K.-Anschauung mit den daraus resultierenden Gefühlen der Sinnlosigkeit und der Verzweiflung immer nur unterstreichen. Das wirklich Mißliche an dieser Situation ist, daß heute das
ganze Leben ein einziger Wettbewerb ist, angefangen beim Familienleben und fortgesetzt durch die ganze Schulzeit bis zum Berufs-
leben innerhalb der Gesellschaft. Ein Mensch kann lebenslänglich
dazu verurteilt sein, wie Sisyphos gegen den Stein, gegen seine er-
drückenden NICHT O. K.-Gefühle anzukämpfen, ohne sie je abwälzen
zu können und damit über den Berg zu sein. Das fängt an in
der Familie und Schule und geht weiter während der erwachsenen
Jahre, und es versagt ihm die Leistungen und Befriedigungen, die
auf der eigentlichen Freiheit beruhen, sein eigenes Schicksal zu
steuern.

Ich rate Eltern von Kindern mit Schulschwierigkeiten, El-Er-K zu
lernen, es ernst zu nehmen und anzufangen, ihre Transaktionen mit
dem Kind auf der Erwachsenen-Ebene durchzuführen. Sie müssen
immer an den primären Einfluß des NICHT-O. K. denken. Als Regel
gilt: Im Zweifelsfalle streicheln. Das wird das ängstliche, einge-
schüchterte Kindheits-Ich trösten, während das Erwachsenen-Ich
sich mit den Realitäten der Situation auseinandersetzen kann. Sehr
häufig werden jedoch diese Realitäten dem Kind nicht klargemacht.
Ein Kind, das ein Zeugnis mit der Bemerkung: «Muß sich mehr
Mühe geben» nach Hause bringt, übersetzt das in ein elterliches,
undifferenziertes DU BIST NICHT O. K. Was das Kind wissen muß, ist

«wieviel Mühe und wobei». Die Feststellung: «Ist zu langsam» schließt die Frage ein: Wie schnell wäre etwa richtig? Man muß dem Kind helfen, ein Gebiet zu finden, wo es erfolgreich ist oder sein kann. Das läßt sich nicht durch eine schriftliche Prüfung erreichen, weil dabei natürlich die alte Aufzeichnung abgerufen wird, die besagt: «Ich kann es nicht, warum soll ich es also versuchen?» Viel läßt sich erreichen, wenn man dem Kind zuhört und mit ihm redet. Hat ein Kind Schulschwierigkeiten, so ist es sinnlos, anzunehmen, daß mehr vom gleichen Stoff bei Nachhilfestunden, in den Ferien und an den Wochenenden in seinen Kopf hineingetrichtert werden könne, wenn nicht ein klar abgegrenztes Problem herausgegriffen und für sich gelöst wird. Das Eltern-Ich sagt: «Du mußt mehr arbeiten.» Das Erwachsenen-Ich fragt: «*Was* mehr?»

Ist es möglich und ratsam, die Transaktions-Analyse in der Schule anzuwenden? Erziehung wird als das größte Heilmittel für die Übel dieser Welt gepriesen. Diese Übel kommen jedoch tief aus den Wurzeln unseres Verhaltens. Daher könnte eine *Erziehung zur Einsicht in das Verhalten* durch ein leicht verständliches System wie El-Er-K sehr wohl einen entscheidenden Beitrag zur Lösung der Probleme leisten, die uns bedrängen und zu zerstören drohen. Die Aufgabe, die vor uns liegt, ist fast unvorstellbar groß; doch irgendwie und irgendwann müssen wir den unaufhaltsamen Marsch der Generationen in den Irrsinn oder in anderen Formen der Selbstzerstörung, die ihren Ursprung in der Kindheit haben, doch zum Stillstand bringen.

Die Behandlung von Kindern in der Vorpubertät

Manche Eltern betrachten die Vorpubertät als die letzte Ruhepause vor dem Aufstand der Hormone und Haarmähnen der Pubertät und Adoleszenz, die eine vielleicht schon schwierige Beziehung zwischen Kindern und ihren Eltern noch schwieriger machen. In dieser Zeit kommen die Kinder in der Schule und bei anderen sozialen Kontakten am meisten mit neuen Gedanken ihrer Umwelt in Berührung. In dieser Zeit ergänzen die Kinder ihre frühen Spiele durch neue, einfallsreiche Züge, die manche Eltern zur Raserei und andere zum Arzt treiben. Wir dürfen nicht vergessen, daß das Kindheits-Ich die Sicherheit braucht, die durch Verbundenheit, Beständigkeit, Streicheln, Anerkennung, Beifall und Unterstützung vermittelt wird. Manche Kinder haben festgestellt, daß sie diese Sicherheit am

besten erreichen, wenn sie sich anpassen, mit anderen zusammenarbeiten und, falls ihre Eltern das erlauben, kreativ sind. Andere, die
nicht gelernt haben, auf diesem Weg ihr Streicheln zu bekommen,
gebrauchen weiterhin die manipulierenden Methoden des Dreijährigen wie etwa: ein großes Theater machen, andere auf die Probe
stellen, Wettstreit, Ausweichen, Stehlen und Verführen. Diese
Kriegslisten können vor allem dann die Familie zerrütten, wenn das
Kind sie in der Vorpubertät mit seiner scharfen Intelligenz noch verfeinert und vergiftet.

Viele Eltern behandeln ihre Kinder in der Vorpubertät, als
seien sie noch vier Jahre alt. Häufig geschieht das, weil sich die
Eltern die strenge Kontrolle erhalten wollen, doch noch häufiger
erkennen sie einfach nicht, wie sehr sich das Kind von Jahr zu
Jahr verändert und seine Fähigkeiten zum Gebrauch des Erwachsenen-Ichs entwickelt. Schließlich lernt das Kind durch sein
Erwachsenen-Ich die realistische innere Kontrolle. Die Erkenntnis, daß es ein Erwachsenen-Ich hat und nicht mehr nur ein «dummes kleines Kind» ist, befreit Familien-Transaktionen sofort von
sehr erheblichen Spannungen.

Meine Patienten in der Vorpubertät lernten El-Er-K ziemlich
leicht und fanden es aufregend und nützlich. Bestärkt durch die
Anteilnahme ihrer Eltern entwickelte sich rasch ihr Verständnis für
die Transaktions-Analyse. Während der innere *und* der äußere Dialog zwischen Eltern-Ich und Kindheits-Ich weniger polemisch wurde, gewann das Erwachsenen-Ich an Freiheit und konnte sich der
wichtigen Aufgabe widmen, das Leben kennenzulernen. In dieser
Zeit hängen Jungen und Mädchen Tagträumen darüber nach, was sie
einmal werden wollen. Sie werden begeisterte Idealisten und sehnen
sich nach Nähe und Wärme im verwandelten Umgang mit ihren
Freunden. In dieser Zeit beginnen sie schwierige Fragen zu stellen:
«Was ist richtig, was ist falsch? Was ist gut, was ist schlecht oder
böse?» Es ist eine Zeit, in der sich die Tom Sawyers und Huckleberry
Finns Blutsbrüderschaft schwören und mehr und immer mehr vom
Leben erwarten. In dieser Phase wird das Kind besonders feinfühlig
dafür, was für ein Leben seine Eltern führen. In den Jahren der Vorpubertät wird deutlich, daß es nicht genügt, ein guter Vater oder eine
gute Mutter zu sein, als wäre das die einzige Funktion des Erwachsenen, sondern daß mehr dazugehört, daß man eine abgerundete Persönlichkeit sein muß mit vielseitigen und produktiven Interessen am
ganzen Leben und sich nicht immer im selben engen Kreis herum-

drehen darf voller Sorgen und Ängste um «*mein* Kind, *meine* Familie und die Frage, ob *ich* meiner Elternaufgabe gerecht werde oder nicht».

Es gibt eine selbstzerstörerische Haltung der Eltern, die «zu Hause sitzen und sich sorgen, ob sie das Beste für ihr Kind tun, und leben, als wäre ein wohlerzogenes Kind der einzige Sinn ihres Lebens. Das Schlimme ist, daß in so vielen Familien bei Vater und Mutter ein Schuldbewußtsein erzeugt wurde darüber, ob sie ihre Kinder richtig erziehen. Sie glauben, ihre jeweiligen Pflichten nur treu erfüllen zu müssen, damit in ihrem Kind ein gutes Ergebnis entsteht. Das ist, als versuche man nur glücklich zu sein, um glücklich zu sein. Doch Glück ist ein Nebenprodukt...»*

Auch das Glück der Kinder kann man nicht direkt herbeizaubern oder herbeirackern, es entsteht von selbst, nebenbei! Wenn ein Junge nur damit rechnen kann, später ein Vater zu werden, der sich «um ein Gör kümmern muß» (wie er eins ist), warum soll er sich dann anstrengen? An diesem Punkt sollten sich Vater und Mutter lieber fragen: Was für ein Mensch bin ich in Gegenwart meines Kindes? statt: Was für ein Vater, was für eine Mutter bin ich? Ich möchte, daß es glücklich ist. Geht es bei uns zu Hause fröhlich zu? Ich möchte, daß es kreativ ist. Begeistere ich mich für neue Dinge? Ich möchte, daß es etwas lernt. Wie viele Bücher habe ich in den letzten Monaten, Jahren gelesen? Ich möchte, daß es Freunde hat. Wie freundlich bin ich? Habe ich meinem Kind jemals gesagt, woran ich glaube? Ich möchte, daß es großzügig ist. Habe ich ein Gefühl für die Bedürfnisse anderer außerhalb meiner eigenen Familie?

Menschen ziehen nicht das zu sich heran, was sie möchten, sondern das, was sie sind. Menschen erziehen auch nicht die Kinder, die sie möchten, sondern die Kinder, die das reproduzieren, was die Eltern sind. Im «Aus-sich-herausgehen» der Eltern können die Kinder den Weg erkennen, der sie wegführt von ihrer eigenen Beschäftigung mit dem NICHT-O. K. «Dort draußen», in der Welt und bei den Menschen, wo die Dinge geschehen, können unter der Leistung des immer stärker werdenden Erwachsenen-Ichs Erfahrungen gemacht werden, die O. K.-Gefühle hervorrufen als Gegengewicht zu den frühen Gefühlen des NICHT-O. K. und der Verzweiflung.

* A. Watts: ‹*A Redbook Dialogue*›. In: *Redbook*, Bd. 127, Nr. 1 (Mai 1966).

Das adoptierte Kind

Die Vorpubertät ist eine besonders schwierige Zeit für Kinder, die
mit zusätzlichen Belastungen zu kämpfen haben. In dieser Zeit kann
zum Beispiel das adoptierte Kind plötzlich in erbitterte Rebellion
gegen seine Eltern ausbrechen trotz all der gutgemeinten Geschichten, die man ihm über sein «Auserwähltsein» erzählt hat. Es war
lange die Standardansicht der Adoptionsvermittler, daß dem kleinen Kind so früh wie möglich gesagt werden müsse, daß es ein Adoptivkind ist – so früh, daß sein Erwachsenen-Ich der Transaktion noch
längst nicht gewachsen sein kann. Aus einer solchen Belehrung entnimmt das Kind nur, daß es anders ist. Im Alter von drei oder vier
Jahren hat es unmöglich genügend Daten zur Verfügung, um zu
begreifen, was Adoption bedeutet. Es muß nur wissen, daß es zu
jemandem gehört, nämlich zu seinen Eltern. Die Einzelheiten der
biologischen Herkunft bedeuten ihm in diesem Alter wenig. Doch
manche Adoptiveltern machen aus der Adoption, aus der Tatsache,
daß «wir dich unter all den anderen ausgewählt haben», eine so
große Sache, daß der kleine Mensch eine Verpflichtung fühlt, der er
unmöglich gewachsen ist. Wie kann ich jemals gut genug zu dir sein,
wenn du so gut warst, mich auszuwählen? Es ist die gleiche Art von
Demütigung, wie wenn ein Mensch sich bei einem anderen dafür
bedankt, daß er ihn als Menschen behandelt – zum Beispiel, wenn
ein älterer Mensch sich bei einem jüngeren dafür ausdrücklich
bedankt, daß der ihn gegrüßt hat. Das Gefühl der Andersartigkeit
kann in dem adoptierten Kind die NICHT O. K.-Einstellung auf die
Spitze treiben, bis es nur noch aus schreiender, bockiger Frustration
besteht. Ich bin in dieser Frage der Ansicht, daß ein Gespräch über
die Adoption hinausgeschoben werden sollte, bis das Kind, vielleicht
mit sechs oder sieben Jahren, ein entsprechend starkes Erwachsenen-Ich hat. Eltern mögen davor zurückschrecken und mit dem
Bedürfnis nach «völliger Aufrichtigkeit gegenüber meinem Kind»
argumentieren. Vielleicht geht es hier um ein wichtigeres Prinzip als
um abstrakte Aufrichtigkeit, nämlich um eine echte Rücksichtnahme auf den kleinen Menschen, der unmöglich all die komplizierten Daten dieser Transaktion verarbeiten kann. Wir schreiten doch
auch sonst ein und beschützen unsere Kinder vor anderen Dingen,
die sie noch nicht verstehen können. Warum sollten wir hier nicht
einschreiten und sie vor einer «Wahrheit» beschützen, die sie nicht
begreifen?

«Aber die Nachbarskinder werden es ihm sagen», protestieren die Eltern. Sicher werden sie. Aber wie diese Information von dem Kind aufgenommen wird, hängt weitgehend von der Reaktion seiner Eltern ab. Wenn der Vierjährige kommt und berichtet, daß die anderen Kinder sagen, er sei adoptiert, und nun fragt: «Was heißt ‹adoptiert›?», dann kann die Mutter das zu etwas Unwichtigem machen. Sie versichert dem Kind: «Du gehörst zu uns.» Ich glaube wirklich, daß es für das Kind besser ist, wenn man ihm sagt: «Ja, du bist in Mutters Bauch gewachsen», obwohl das nicht der objektiven Wahrheit entspricht, als wenn man ihm in allen Einzelheiten erklärt, wie es im Bauch irgendeiner anderen Mutter gewachsen ist. Wenn das Kind das Empfinden bekommt, daß es wirklich dazugehört, wird es etwas später im Leben ein Erwachsenen-Ich haben, das stark genug ist, zu begreifen, warum seine Eltern es «belogen» haben: aus Liebe zu ihm, um es nicht mit einer verwirrenden und beängstigenden Wahrheit zu belasten.

Es bleibt eine schwierige Frage für die Eltern, was sie dem Adoptivkind sagen sollen. Es ist fragwürdig, ihm zu sagen, daß es adoptiert ist, und es ist nicht minder fragwürdig, ihm das nicht zu sagen. Allmählich wird das Kind es wissen. Doch wenn die Eltern den Zeitpunkt, die Methode und die Einzelheiten auswählen, können sie die Mitteilung so modifizieren, daß das Kind vor den NICHT O. K.-Folgen geschützt wird. Es mag für das Kind leichter sein, später, wenn es ein Erwachsenen-Ich entwickelt hat, die «Lüge aus Liebe» zu akzeptieren, als in zartem Alter zu erfahren, daß es grundsätzlich und wesentlich anders ist als alle anderen. Es läßt sich nicht festlegen, was man sagen soll. Aber es ist möglich, den Eltern zu helfen, die Situation des NICHT O. K.-Kindheits-Ichs und die unterschiedlichen Einflüsse ihres eigenen El-Er-K zu erkennen. Mit dieser Einsicht können die Eltern «nach dem Gehör spielen» und frei improvisieren über folgendes Thema:

«In jeder konkreten Situation ist das ‹Beste› identisch mit dem ‹geringsten Übel›. In jedem Lügen ist etwas Übles, weil es allmählich die Vertrauensbasis zerstört. Ein Mensch, der gut sein will, muß sorgsam gegeneinander abwägen, was das geringere Übel ist und was seine Pflicht, weil die *einzige Alternative schlimmer ist*. Oft wünschen wir in einer solchen Situation, wir könnten die grausame Entscheidung umgehen, aber das ist unmöglich, denn wir stehen vor einer erzwungenen Wahl. Selbst der Verzicht auf eine Entscheidung ist in sich eine Entscheidung, und vielleicht eine Entscheidung für die schlimmere der einzig möglichen Alternativen. Der Mensch, der die Entscheidung verweigert, ist dadurch nicht von der Verantwortung befreit, sondern offenkundig schuldig. Wir sind ebenso verantwortlich für das Übel, das wir zulassen, wie für das Übel, das wir begehen.»*

Deshalb müssen wir hoffnungsvoll auf der Grundlage dessen vorgehen, was wir wissen. Verständnis für die Situation des kleinen Kindes ist ein Wissensfaktor, der den Eltern zu jenen Entscheidungen verhilft, die maximales Streicheln, maximale Abschwächung des NICHT-O. K. und maximale Bestätigung der Wahrheit, daß «du zu uns gehörst», bewirken. Dieses Verständnis wird auch den Adoptiveltern helfen, wachsam gegenüber ihrem eigenen NICHT O. K.-Kindheits-Ich zu sein. Viele Menschen, die keine Kinder haben können, fühlen sich so NICHT O. K., daß sie das Adoptivkind überfordern: *Dieses* Kind kann uns jedenfalls nicht blamieren, usw.

Die Last des NICHT-O. K. ist noch drückender für das Pflegekind, aber wie bei jedem Kind müssen wir dort anfangen, wo wir uns jetzt befinden. Wir können nicht in eine Vergangenheit zurückgehen, die nie existiert hat, und dort die Umstände rekonstruieren. Der Nutzen von El-Er-K liegt darin, daß es Ordnung in das Chaos der Gefühle bringt, daß es Eltern-Ich, Erwachsenen-Ich und Kindheits-Ich trennt und eine Wahl ermöglicht.

Die Kinder aus geschiedenen Ehen sind auch Waisen, wenn auch Opfer einer anderen Katastrophe: der furchteinflößenden, zermalmenden Explosion der Gefühle, die eine Familie auseinandergerissen hat. Im besten Fall ist eine Scheidung eine NICHT O. K.-Situation, die garantiert das NICHT O. K.-Kindheits-Ich aller Beteiligten hervorlockt. Bei diesen unglücklichen menschlichen Vorfällen ist das Erwachsenen-Ich gewöhnlich sehr wenig beteiligt. Und hier liegt das Hauptproblem. Mutter und Vater sind so völlig in Überkreuz-Transaktionen befangen, daß die Kinder sich allein durchwursteln müssen. Selbst wenn die Eltern sich wirklich kümmern um ihre Kinder, *können* sie ihnen häufig nicht so viel Hilfe geben, daß sie das Zerbrechen der Familie ohne die Ängste und Demütigungen überstehen, die das NICHT-O. K. so sehr verstärken. In dieser Situation wie in allen Situationen, in denen Kinder unter starker Belastung leben müssen, gibt es immer noch die Möglichkeit, daß sie sich selbst vom

---

* Elton Trueblood: ‹*General Philosophy*› (New York: Harper & Row, 1963).

Chaos der Vergangenheit befreien. Man muß ihnen helfen, ihr
Erwachsenen-Ich zu erkennen, mit dem sie ihre eigene Realität und
ihren eigenen Ausweg aus dem Dschungel der Gefühle finden können.

Das mißhandelte Kind

Das mißhandelte Kind ist auf Mord programmiert. Dieses Kind
wurde wiederholt so brutal geschlagen, daß Haut und Knochen verletzt wurden.

Was wird im Kindheits-Ich und was im Erwachsenen-Ich des kleinen Menschen während solcher Prügel aufgezeichnet?

Im Kindheits-Ich werden katastrophale Gefühle von Entsetzen,
Furcht und Haß registriert. Ein Kind, das in solchen Folterqualen
kämpft und um sich schlägt (man muß sich in seine Lage versetzen),
schnaubt und keucht innerlich: Wenn ich so groß wäre wie du, dann
würde ich dich töten! Hier verändert sich die Grundanschauung
zum psychopathischen ICH BIN O. K. – DU BIST NICHT O. K.

Im Eltern-Ich wird die Erlaubnis zur Grausamkeit, wenn nicht
zum Töten aufgezeichnet, außerdem die Einzelheiten, wie man's
macht.

Später in seinem Leben kann dieser Mensch unter entsprechender
Belastung diesen alten Aufzeichnungen nachgeben: Er hat den
Wunsch zu töten (Kindheits-Ich) und die Erlaubnis dazu (Eltern-
Ich). Und er tut es!

In vielen Staaten gibt es im Zusammenhang mit Kindesmißhandlung Gesetze, nach denen Ärzte die Behörden verständigen müssen,
wenn sie bei bestimmten Verletzungen ihrer Patienten den Verdacht
der Mißhandlung haben. Die Frage ist: was dann? Die Prognose
sieht schlecht aus, wenn das Kind nicht bis zur Vorpubertät in intensive Behandlung kommt, damit es den Ursprung seiner Mordgelüste
versteht und außerdem erkennen kann, daß es trotz seiner Vergangenheit eine Wahl für die Zukunft hat. Wenn die Gesellschaft dem
mißhandelten Kind weniger als das anbietet, dann spielt sie mit
einem geladenen Revolver.

Es gibt natürlich verschiedene Arten von Mißhandlung. Ich bin
der festen Überzeugung, daß jede körperliche Mißhandlung von
Kindern wiederholbare gewalttätige Gefühle erzeugt. Der aufgezeichnete Befehl lautet: Wenn alles andere fehlschlägt, *schlag zu*!
Die letzte Instanz ist Gewalt.

Ich halte nichts von Züchtigungen, gleich welcher Art, mit einer
Ausnahme: wenn das Kind zu klein ist, um eine Gefahr zu begreifen.
Schläge können dann die einzige Möglichkeit sein, ihm einzuprä-
gen, daß es nicht auf die Straße laufen darf. In dieser Situation sind
sie höchst effektiv, wenn sie nicht täglich bei völlig ungefährlichen
Übertretungen angewandt werden: wenn eins zum Beispiel die
Milch umkippt oder die Schwester haut. Denn es ist unmöglich, mit
Gewalt Gewaltlosigkeit zu lehren.

Auch Eltern, die im allgemeinen eher menschlich als unmensch-
lich sind, holen gelegentlich bei ihren Kindern aus. Mit Hilfe von
El-Er-K kann über die Gefühle in Kind und Eltern gesprochen werden, so daß sich aus dem Vorfall etwas Konstruktives ergeben kann:
zum Beispiel, wie man ihn beim nächstenmal vermeidet. Für die
Eltern ist es wichtig, zu erkennen, daß ihr eigenes Kindheits-Ich
durchdreht, wenn sie sich zu körperlicher Bestrafung hinreißen lassen. Mit Disziplin hat das gar nichts zu tun, am wenigsten mit Selbst-
disziplin (der Eltern!).

Der amerikanische Psychoanalytiker Bruno Bettelheim schrieb
einmal: «Wir wollen uns einen Augenblick lang der einfachen
Übung widmen, das Wort ‹Disziplin› wirklich zu definieren. Es
kommt aus dem Lateinischen und hat die gleiche Wurzel wie *disci-
pulus*, der Schüler. Nun ist ein Schüler nicht jemand, dem man eins
auf den Kopf haut. Es ist jemand, der sich zu einem Lehrer begibt und
lernt, was der Lehrer weiß. Dieses Konzept liegt der Disziplin
zugrunde. Wenn Sie also Ihren Kindern zeigen: ‹Wenn man wütend
ist, dann schlägt man; auf diese Weise erreicht man etwas›, dann werden die Kinder das nachahmen. Und dann beschweren Sie sich über
die Gewalttätigkeit in unseren Städten.»*

El-Er-K und geistig behinderte Kinder

Wenn wir erkennen, daß alle Kinder unter der Bürde des NICHT-O. K.
leiden, fangen wir an zu verstehen, welch bedrückende Last das geistig behinderte Kind zu tragen hat. Es fühlt sich nicht nur NICHT O. K.,
es ist tatsächlich in bezug auf seine intellektuelle Begabung weniger
O. K. als andere Kinder. Zu seiner geistigen Behinderung kommen
häufig andere körperliche Schäden und sichtbare Entstellungen, sie

---

* B. Bettelheim: ‹*Hypocrisy Breeds the Hippie*›. In: *Ladies Home Journal*, März 1968.

rufen bei anderen Menschen Reaktionen hervor, die sein geringes
Selbstwertgefühl nur noch mehr schwächen. Es hat zusätzliche
Schwierigkeiten, seinen defekten Computer zu gebrauchen, weil er
durch den ständigen zerstörerischen Einfluß des NICHT-O. K. noch
weiter beschädigt wird.

Seine Unfähigkeit, in einer Gesellschaft des dauernden Vergleichs und des Wettbewerbs zu bestehen, führt manchmal zu Konflikten, die eine Pflege in einer Anstalt erforderlich machen, wo
dieser Wettbewerb auf ein Minimum reduziert ist. Doch sein emotionaler Aufruhr quält das Kind weiterhin selbst und seine Umgebung. Die Wirksamkeit der Psychotherapie bei geistig Behinderten
ist ein viel diskutiertes Thema. In der psychiatrischen Literatur ist
wenig darüber zu finden. Die Gruppentherapie steckt noch in ihren
Anfängen. Die traditionellen Methoden, die in den meisten Anstalten angewandt werden, umfassen gütige elterliche Kontrolle, struk-
turierte Zeit, Vermeiden übermäßigen Wettbewerbs und eine
Chance für relativen Erfolg bei Arbeiten, die der Patient tun kann.
Solche Methoden waren insofern recht erfolgreich, als sie dem
Behinderten ein sicheres und manchmal auch glückliches Leben
ermöglichten. Sie bestehen jedoch vorwiegend aus Transaktionen
zwischen Eltern-Ich und Kindheits-Ich, die dem Kind wenig dabei
helfen können, innere Kontrolle durch die Stärkung seines
Erwachsenen-Ichs zu entwickeln. Ein ständiges Problem für das
Anstaltspersonal war immer die langwierige Aufgabe, mit emotionalen Krisen fertig zu werden.

Dennis Marks, Kinderarzt und Direktor von Laurel Hills, einem
vor kurzem fertiggestellten, 100 Betten umfassenden Behandlungs-
zentrum für Behinderte, führte 1966 in Sacramento ein neues Programm zur Unterrichtung Behinderter in El-Er-K ein. Marks kam
zu der Ansicht, El-Er-K sei ein so leicht verständliches System, daß
es den Patienten seines Zentrums beigebracht werden könne. Diese
Patienten sind zwischen sechs Monaten und siebenundvierzig Jahre
alt und repräsentieren alle Formen und Grade der geistigen Behinderung. Jene, die an den El-Er-K-Gruppen teilnehmen, haben einen
Intelligenz-Quotienten im Bereich von 30 bis 75. Ein Drittel leidet
an deutlichen bis schweren körperlichen Behinderungen, und viele
leiden an krampfhaften Störungen. Ein Drittel besteht aus Privatpa-
tienten, zwei Drittel wurden durch öffentliche Einrichtungen wie
Sozialämter und gelegentlich auch durch die Bewährungshilfe überwiesen. Sie kommen aus ihren Elternhäusern, von Pflegeeltern und

gelegentlich von Landeskrankenhäusern oder Besserungsanstalten
für Jugendliche. Im Sinne des chronologischen Alters sind die meisten Jugendliche und junge Erwachsene.

Die Anwesenheit hilfloser behinderter Kinder bedingt den Ausschluß von Kinder, die ihr aggressives Verhalten nicht kontrollieren
können. Die offene Einrichtung (ohne verschlossene Türen) erfordert zudem den Ausschluß von Kindern, die entweder extrem
destruktiv oder stark antisozial sind oder beabsichtigen, davonzulaufen. Ausnehmend aktive und lärmende Kinder haben bei dieser
Organisationsstruktur jedoch beachtliche Freiheit und können akzeptiert werden.

Die beiden dringlichsten Probleme sind deshalb, wie man das
stark erregte, kampflustige Kind beruhigt, und wie man das Kind
davon abhält, davonzulaufen. Besonders in diesen beiden Situationen hat sich nach Marks' Berichten die Anwendung der Transaktions-Analyse als sehr erfolgreich erwiesen.

Die Gruppe von dreißig jungen Menschen trifft sich einmal
wöchentlich in einem großen Aufenthaltsraum des Zentrums. Sie sitzen in zwei Reihen in einem Kreis, von dem aus Marks und die Tafel
für jeden sichtbar sind. Der Vertrag (ein Begriff, der ihnen vertraut
ist) besagt: «Wir sind hier, um El-Er-K zu lernen. Es soll uns helfen
zu begreifen, wie Menschen funktionieren, damit wir die ganze
Erregung und den ganzen Aufruhr gegen angenehmen Zeitvertreib
und unterhaltsame Aktivitäten eintauschen können.» Die Gruppe
wird zuerst in die Grundlagen von El-Er-K eingeführt: die Kenn-
zeichnung der drei Teile einer Persönlichkeit, die durch die drei
Kreise Eltern-Ich, Erwachsenen-Ich und Kindheits-Ich dargestellt
werden. Marks hilft dann den Kindern, zu identifizieren, «welcher
Teil spricht», wenn ein Teilnehmer der Gruppe etwas sagt. Zum Beispiel fragt er die Gruppe: «Wer spricht jetzt?», «Ist das Johns Eltern-
Ich oder sein Erwachsenen-Ich oder sein Kindheits-Ich?» Auf diese
Weise lernen sie auch, Worte zu identifizieren. «Wenn du ein Stück
Obst anschaust, und es ist verdorben, und du sagst ‹das ist *schlecht*›,
dann ist das das Erwachsenen-Ich. Wenn du ein Bild anschaust, das
jemand malt, und es gefällt dir nicht, und du sagst ‹das ist schlecht›,
dann ist das das Eltern-Ich. Es ist kritisch, und du fällst ein Urteil.
Wenn du weinend in das Spielzimmer läufst und schreist: ‹Alle sind
schlecht zu mir›, dann ist das das Kindheits-Ich.» Die Jugendlichen
lernen sehr schnell, auf diese Weise Worte und Handlungen zu identifizieren. Sie finden es befriedigend und halten es für eine Erfah-

rung, die ihnen hilft, ihr Erwachsenen-Ich oder ihren Computer zu erkennen.

Auch mit dem Wort «Computer» sind die Kinder vertraut. Daß sie unter ihrem Erwachsenen-Ich einen Computer verstehen, hat es möglich gemacht, über geistige Behinderung zu sprechen, ein Thema, das in den meisten Anstalten kaum erwähnt wird. Marks stellt das der Gruppe so dar:

«Ein Mann hat vielleicht einen Computer für eine Million Dollar, und ein anderer hat einen für zehntausend Dollar, aber darum kümmern wir uns nicht. Alles, was wir tun müssen, ist, herauszufinden, wie wir am besten den Computer einsetzen, den wir haben. Schließlich braucht man keinen Computer für eine Million Dollar, um nett zu den Leuten zu sein oder um eine Arbeit gut zu machen.»

Das ganze Programm beruht auf der häufig wiederholten Feststellung: ICH BIN O. K. – DU BIST O. K. Die Jugendlichen wiederholen sie im Chor am Anfang und Ende jeder Sitzung, und in ihrem Alltag wird sie zu einem Schlüssel, der Emotionen aus- und ihr Erwachsenen-Ich einschaltet. Man hilft ihnen zu verstehen, daß das Kindheits-Ich vergleichen will. Marks erklärt:

«Das Kindheits-Ich will sagen: ‹Meins ist besser›, und: ‹Ich habe einen besseren Computer als du.› Auf diese Weise fühlt das Kindheits-Ich sich besser. Das Kindheits-Ich sorgt sich auch immer darum, wer klüger ist. Aber das Erwachsenen-Ich kann einsehen, daß Klugheit nicht die wichtigste Sache im Leben ist, denn sonst gäbe es nur wenige glückliche Menschen auf der Welt: den besten Maler, oder den besten Mathematiker, oder den besten Musiker. Und alle anderen wären unglücklich, weil sie nicht so gut sind. Die Gruppe versteht diese Erklärung und akzeptiert sie.»

Zu dem Problem der Kontrolle aggressiven Verhaltens berichtet Marks, daß ein stark erregtes, kampflustiges Kind innerhalb von zwei oder drei Minuten beruhigt werden kann. Er erklärt, daß die Grundlage dafür in der Gruppe gelegt wird. Es wird klar gemacht, daß es dreierlei Methoden der Zügelung gibt: die des Eltern-Ichs, die des Erwachsenen-Ichs und die des Kindheits-Ichs. Er läßt einen Jungen aufstehen und tut so, als wolle er ihn schlagen. «Dann packe ich ihn am Arm und halte ihn», sagt Marks, «und frage die Gruppe: ‹Wie halte ich Joe zurück?›» Sie werden zugeben, daß es sich hier um eine Zügelung durch das Erwachsenen-Ich handelt, weil er nur daran gehindert wird, zuzuschlagen. Dann tut Marks, als schlage er zurück, und sie identifizieren das ohne weiteres als Zügelung durch das Kindheits-Ich. Dann tut Marks, als lege er ihn übers Knie und schlage ihn, und das wird rasch als Zügelung durch das Eltern-Ich erkannt. Wie dieses Verständnis bei Problemen der emotionalen Kontrolle eingesetzt wird, erklärt Marks so:

«Eines Tages kam ich in ein Zimmer, in dem drei Personen einen Jungen festhielten, der entsetzlich erregt war, vor Zorn zitterte und jeden um ihn herum schlagen wollte. Es war ein Junge mit einem IQ von 50, der meistens freundlich und angenehm war. Ich ging zu ihm und legte meine Arme eng um ihn, um ihn zurückzuhalten. Er zitterte und schrie: ‹Laß mich in Ruhe, laß mich in Ruhe . . .› Nach etwa zwanzig Sekunden sagte ich:

‹Hör mal, Tom, wie halte ich dich zurück? Durch das Eltern-Ich, das Erwachsenen-Ich oder das Kindheits-Ich?›

Er brüllte: ‹Eltern!›

Ich sagte: ‹Wirklich nicht, Tom. Ich schlage dich doch nicht. Dann wäre Eltern richtig. Und ich kämpfe nicht mit dir. Was wäre das?›

‹Das wäre das Kindheits-Ich›, sagte er.

‹Also wie halte ich dich zurück? Durch mein Eltern-Ich, Erwachsenen-Ich oder Kindheits-Ich?›

‹Mit dem Erwachsenen-Ich›, erwiderte Tom.

‹Okay, das ist prima, Tom›, sagte ich. ‹Und jetzt zeigen wir diesen Leuten, wie wir das machen. Nimm meine Hand, und dann sagen wir, was wir immer sagen.› Er ergriff meine Hand und murmelte: ‹ICH BIN O. K. – DU BIST O. K.›, und wir gingen zusammen in den Fernsehraum, wo ich ihm vorschlug, sich mit den anderen eine Sendung anzuschauen.

Die ganze Episode von der Begegnung mit einem zitternden, wutschnaubenden Kind bis zu dem gemeinsamen Gang in den Fernsehraum dauerte genau drei Minuten. Es kam darauf an, das Kindheits-Ich aus- und das Erwachsenen-Ich einzuschalten. Das geschah durch die einfache Frage: ‹Wie halte ich dich zurück?› Es gab keine Möglichkeit, sich mit diesem zornigen, wilden Gefühlsknäuel, genannt Kind, zu unterhalten; es gab in diesem Augenblick bestimmt keine Möglichkeit zu erfahren, was Tom ärgerte. In diesem Moment war meine Absicht nur, sein Verhalten zu modifizieren und die Krise hinter uns zu bekommen. Solange sein Kindheits-Ich ihn beherrschte, konnte nichts ‹Vernünftiges› gesagt oder gehört werden.»

Das traditionelle Eltern-Ich hätte zur Auseinandersetzung mit dieser Situation wesentlich länger gebraucht, und Toms NICHT O. K.-Kindheits-Ich hätte heftiger als je zuvor darunter gelitten, ein so

«schlimmer Junge» gewesen zu sein. So aber kam durch die Beherrschung des Erwachsenen-Ichs durch den Gewinn der Selbstkontrolle
und die Rückkehr zur Gruppenaktivität ein gewisses Maß an O. K.
ins Spiel.

Die Jugendlichen reagieren ohne weiteres auf die Vorstellung,
«das Erwachsenen-Ich einzuschalten» und das ängstliche Kindheits-
Ich oder das vorwurfsvolle Eltern-Ich abzudrehen (wie man das bei
einem Fernsehapparat tut).

Ein anderes Beispiel von Marks betrifft eine Fluchtsituation. Hier
ging es um ein schüchternes achtzehnjähriges Mädchen mit einem
IQ von 68, das mit leiser Stimme spricht und gewöhnlich sehr wenig
zu sagen hat. Eines Tages kam Marks an ihrem Zimmer vorbei und
stellte fest, daß sie alles gepackt hatte und reisefertig war. Als sie ihn
sah, schluchzte sie unter Tränen: «Ich brauche diesen Ort nicht
mehr. Ich gehe weg!»

Die übliche elterliche Reaktion hätte darin bestanden, ihre
Gefühle abzustreiten durch etwas wie: «Natürlich gehst du nicht
weg. Du gehst jetzt und ißt mit den anderen Kindern zu Mittag.
Sonst gehst du überhaupt nirgends hin. Überhaupt, womit willst du
denn verreisen?»

Das hätte ihr Kindheits-Ich nur noch entschlossener und aufsässi-
ger und zorniger gemacht. Es gibt keine Möglichkeit, mit dem
Gefühlswirrwarr im Kindheits-Ich zu «argumentieren», wenn es die
Situation beherrscht.

Marks setzte sich statt dessen auf das Bett des Mädchens und sagte:
«Du fühlst dich heute bestimmt nicht O. K. Carolyn. Jemand muß
dein Kindheits-Ich wirklich herausgelockt haben.»

«Ja», gab sie rasch zur Antwort.

«Was ist denn passiert?» fragte Marks.

«Sie erlauben mir nicht, ein Taschenbuch zu kaufen», sagte Carolyn.

«Weißt du», sagte Marks, «ich mag dein NICHT O. K.-Kindheits-
Ich, aber jetzt möchte ich mit deinem Erwachsenen-Ich reden. Weißt
du was? Du nimmst meine Hand, und wir sagen: ICH BIN O. K. — DU
BIST O. K.» Das taten sie. Und das war der Schlüssel, der in wöchentli-
chen Sitzungen seit Jahresbeginn geformt worden war. Dann konnte
Marks mit ihrem Erwachsenen-Ich reden, und ihr Erwachsenen-Ich
konnte erkennen, daß an diesem Tag keiner mit ihr gehen konnte,
um das Taschenbuch zu kaufen, daß sie aber vielleicht morgen oder
übermorgen gehen könne. Das war einfach, sobald ihr Erwachse-

nen-Ich wieder dominierte, aber unmöglich, solange das Kindheits-
Ich die Kontrolle hatte. Carolyn räumte ihre Koffer weg und ging
zum Essen. Das ganze dauerte vier Minuten.

«In beiden Fällen», kommentierte Marks, «haben wir erreicht,
was wir wollten. Wir unterdrückten die emotionale Krise und berei-
cherten unsere Beziehung. Ich wage zu sagen, daß diese jungen
Leute in einem Zeitraum von einigen Monaten, vielleicht Jahren
genug Selbstkontrolle und Datenverarbeitung lernen könnten, damit sie sich als o. k. empfinden und entsprechend handeln – vorausgesetzt, daß sie eine ausreichende Zahl solcher Beziehungen haben.»

Zusammenfassend können wir sagen, daß die Lösung für die Probleme aller Kinder ungeachtet ihrer Situation die gleiche Lösung ist,
die auf die Probleme der Erwachsenen zutrifft. Wir müssen mit der
Erkenntnis beginnen, daß wir die Vergangenheit nicht ändern können. Wir können nur die Vergangenheit von der Gegenwart trennen, indem wir das Erwachsenen-Ich gebrauchen. Es kann lernen,
die Aufzeichnungen des Kindheits-Ichs mit seinen archaischen Ängsten und die Aufzeichnungen des Eltern-Ichs mit ihrer verwirrenden
Wiedergabe einer vergangenen Realität «herauszuhören». Eltern,
die das durch ihre Kenntnis und Anwendung von El-Er-K beherrschen, können auch ihren Kindern helfen, zu unterscheiden zwischen dem Leben, das sie empfunden haben (Kindheits-Ich) und dem
Leben, wie es wirklich ist und wie es auch für sie sein kann (Erwachsenen-Ich). Sie werden feststellen, daß diese Methode von größtem
Wert in der bevorstehenden Zeit der Umstellung ist, in den Jahren
der Pubertät, die wir im nächsten Kapitel untersuchen.

10. El-Er-K und Jugendliche

Wenn du dich mit mir unterhalten willst,
dann definiere deine Begriffe.

Voltaire

Eines Tages berichtete ein Sechzehnjähriger aus einer meiner
Jugend-Gruppen den folgenden Vorfall: «Ich stand an der Straßen-
ecke, und die Ampel war rot. Mein Eltern-Ich sagte: ‹Geh nicht über
die Straße›, mein Kindheits-Ich sagte: ‹Geh trotzdem›, und während
ich überlegte, was ich tun sollte, wurde die Ampel grün.»

So sind die Jahre der Adoleszenz. Teenager werden mit großen
und kleinen Entscheidungen konfrontiert. Doch häufig scheinen sie
auf Umstände warten zu müssen, die an ihrer statt entscheiden, weil
sie nicht wirklich frei sind, für sich selbst zu entscheiden. Ihr Gehirn
hat fast den Höchststand seiner Entwicklung erreicht. Ihr Körper ist
reif. Doch rechtlich und wirtschaftlich sind sie abhängig, und ihre
Bemühungen um Emanzipation werden oft durch die Erkenntnis
unterhöhlt, daß sie sowieso nicht wirklich ihre eigenen Entscheidungen treffen können – warum sollen sie sich also um gute Entscheidungen bemühen. Sie haben das Gefühl, sie könnten sich
ebensogut durch die Adoleszenz treiben lassen und darauf warten,
daß die Ampel grün wird. Unter diesen Umständen kann sich das
Erwachsenen-Ich nicht entwickeln. Wenn sie plötzlich nach dem
Gesetz mündig sind, kommen sie sich hilflos vor, sie wissen nicht,
was sie tun wollen, und viele von ihnen verbringen die Zeit in der
Hoffnung, daß etwas geschehen wird, daß ihnen jemand begegnen wird, daß irgendwie irgendwas sie begeistern und aktivieren
wird. Doch zu diesem Zeitpunkt ist ein Viertel ihres Lebens vorbei.

Durch äußere und innere Zwänge fallen die Transaktionen des
Teenagers häufig in die alten Muster von Kindheits-Ich gegen
Eltern-Ich zurück. Wenn in der Pubertät die Hormone aktiv werden
und sich der Jugendliche von seinen Eltern als Hauptquelle des Strei-

chelns abwendet und in seiner eigenen Altersgruppe eine neue Art
von Streicheln sucht, werden die Gefühle des Kindheits-Ichs verstärkt wiedergegeben. Die NICHT O.K.-Aufzeichnungen kommen
mit vermehrter Häufigkeit zu Wort, doch die in der Kindheit erlernten Methoden, mit den NICHT O.K. fertig zu werden und es kleiner
zu machen, können jetzt gefährlich sein. Die verführerische Nied-
lichkeit des kleinen Mädchens muß jetzt zum Schutz sowohl vor
äußeren wie vor inneren neuen Entwicklungen unter Kontrolle
gebracht werden. Die Prahlerei «Meins ist besser» des kleinen Jungen muß um des guten Benehmens willen modifiziert werden, wenn
der Jugendliche den schmerzlichen Vorgang der Selbstkontrolle erlernt. Kommunikation muß neu gelernt und revidiert werden. Der
Jugendliche wird auf die Bühne gestoßen mit einer neuen Rolle in
den Händen, die er noch nie gelesen hat, und zunächst wird er mit
seinem Text nicht sehr gut fertig. Er ist wie ein Flugzeug, das mit voller Geschwindigkeit zwischen zwei Wolkenschichten hindurchrast.
Unter ihm steigen schnell die brodelnden Wolken sexueller Begier-
den und des rebellischen Kampfes um Unabhängigkeit auf; von oben
senkt sich drohend das Gewölk elterlicher Besorgnis und Mißbilligung auf ihn herab. Er hat das Gefühl, daß er in die Enge getrieben
wird, und sucht verzweifelt nach einem Ausweg.

Das zentrale Problem liegt darin, daß er und seine Eltern häufig
noch unter den Voraussetzungen des alten Vertrags zwischen
Eltern-Ich und Kindheits-Ich leben. So sehr er sich selbst auch als
Erwachsenen sieht, er *empfindet* immer noch wie ein Kind. Die
Eltern können eine ihrer Meinung nach völlig vernünftige Handlungsweise vorschlagen und werden frustriert, verwirrt und verletzt
durch seine wütende Zurückweisung, mit der er *ihr* Kindheits-Ich
herauslockt. Häufig besteht das Problem darin, daß er seine realen
Eltern mit seinem subjektiven Eltern-Ich verwechselt. Er kann Mut-
ter und Vater seiner Teenager-Zeit nicht verstehen, weil die alten
Aufzeichnungen Mutter und Vater des Dreijährigen wiedergeben
mit all den Klapsen, entsetzten Blicken und donnernden Nein-
Rufen dieser ersten Jahre. Der äußere Reiz wirkt auf Eltern-Ich,
Erwachsenen-Ich und Kindheits-Ich des Teenagers gleichzeitig ein.
Die Frage ist: Wer übernimmt die Transaktion? Während der Kindheit wird ständig das Kindheits-Ich aktiviert, obwohl es je nach Individuum eine große Zahl von Transaktionen des Erwachsenen-Ichs
gibt. Das Kindheits-Ich ist in dieser emotional belasteten Lebensphase äußerst verletzlich oder «leicht zu locken». Während bei dem

kleinen Menschen die Reaktionen des Kindheits-Ichs rasch als «kindisch» rationalisiert werden konnten, wirken diese gleichen Reaktionen jetzt auf die Eltern bedrohlich und zerstörerisch. Das Türen-
knallen des Fünfjährigen kann recht erschreckend sein, wenn es von
einem ein Meter siebzig großen Fünfzehnjährigen ausgeführt wird.
Das Schmollen des kleinen Mädchens wirkt häßlich und macht einen
rasend, wenn man es bei einem Teenager sieht. Was bei dem kleinen
Jungen als gewohnheitsmäßiges «Geschichten erfinden» gilt, erscheint bei dem Heranwachsenden unter der Überschrift «Lügen».
Die frühen Aufzeichnungen sind die gleichen. Viele Schutzmetho-
den des Kindheits-Ichs werden in den Jahren der Adoleszenz weiter
angewandt. Bertrand Russell schreibt darüber:

«So viele Dinge waren mir verboten, daß ich mir angewöhnte, meine
Umwelt zu hintergehen. Diese Methode behielt ich bis zum Alter
von einundzwanzig Jahren bei. Der Gedanke wurde mir zur zweiten
Natur: was immer ich tat, besser für mich zu behalten, und ich habe
nie ganz den Impuls überwunden, meine Lektüre zu verstecken,
wenn jemand ins Zimmer kommt. Nur durch eine gewisse Willensanstrengung kann ich diesen Impuls unterdrücken.»*

Diese «Willensanstrengung» bewirkt das Erwachsenen-Ich. Das
Erwachsenen-Ich kann die alten Aufzeichnungen identifizieren. Es
kann auch erkennen, daß ihre Wiedergabe in der Adoleszenz unangemessen und unwirksam ist. Es ist also ganz entscheidend wichtig,
dem Erwachsenen-Ich die Kontrolle über diesen seiner Größe nach
erwachsenen Menschen zu überlassen, damit die Realitäten der
Gegenwart gegenüber den Realitäten der Vergangenheit den Vorrang erhalten können.

Bei der Behandlung geht es vor allem darum, sowohl bei dem
Jugendlichen wie bei seinen Eltern das Erwachsenen-Ich zu
befreien, damit es zu einer Abmachung zwischen Erwachsenen-Ich
und Erwachsenen-Ich kommen kann. Ohne emanzipiertes Erwachsenen-Ich wird das Leben für beide Teile zu einem unerträglichen
double bind. Das Problem des Heranwachsenden ist, daß er in sich
ein starkes, unruhestiftendes Eltern-Ich hat und in eben der Umgebung leben muß, in der sich dieses Eltern-Ich entwickelt hat und
noch immer von den realen Eltern verstärkt wird. Wenn die Eltern
sich bedroht und geängstigt fühlen, suchen sie immer öfter bei ihrem
eigenen Eltern-Ich nach «Großeltern-Lösungen», die so unange-

---

* Russell: ‹*Autobiographie*›, a. a. O.

messen sein können wie der Versuch, ein Düsenflugzeug mit Heu zu
betreiben. Sowohl die Eltern wie der Jugendliche sind so bedroht,
daß beide ihr Erwachsenen-Ich ausschalten. Der Jugendliche lebt
die Gefühle seines Kindheits-Ichs aus, und die Eltern übergehen die
Transaktionen aus Angst, ihre Gefühle könnten die Oberhand
gewinnen, meist *ihrem* Eltern-Ich (Großmutter und Großvater).
Ohne eine Abmachung zwischen Erwachsenen-Ich und Erwachsenen-Ich existiert keine gemeinsame Realität, und die Kommunikation hört auf.

Seit langem bewundere ich die jüdische Zeremonie des Bar-
Mizwa. Sie ist die symbolische und öffentliche Unterzeichnung eines
neuen Vertrags oder eine Darlegung gegenseitiger Erwartungen.
Am Ende des dreizehnten Lebensjahres wird der jüdische Junge ein
jüdischer Mann, der Verantwortung und religiöse Pflichten übernimmt. Das tut er nicht ohne Vorbereitung. Dieser Moment ist ein
seit langem feststehendes Ziel, und durch vom hebräischen Gesetz
(Bar-Mizwa heißt «Sohn des Gebots») vorgeschriebene strenge Ausbildung und Disziplin wird er auf die Übernahme der Verantwortung vorbereitet.

Es ist bedauerlich, daß nicht im Leben jedes Jugendlichen ein ähn-
liches Ereignis stattfinden kann. Ich kenne eine nicht-jüdische Familie, die am vierzehnten Geburtstag ihres Sohnes zu Hause eine ähnliche Zeremonie abhielt. Dabei wurde ihm erklärt, daß er jetzt für alle
seine ethischen Entscheidungen verantwortlich sei. Er nahm diese
Verantwortung mit Ernst an, obwohl er einige Bedenken über die
Konsequenzen äußerte. In diesem Fall wird es zweifellos gutgehen,
weil dieser junge Mann auf seine Verantwortung vorbereitet ist. Seit
seiner frühen Kindheit hat man ihm dabei geholfen, ethische Entscheidungen zu treffen, und er hat beobachtet, wie seine Eltern auf
Grund ihrer eigenen verbindlichen ethischen Maßstäbe schwierige
Entscheidungen trafen.

Häufig werden Jugendliche gefragt: «Was willst du werden?» Es
ist schwierig, diese wichtige Frage frei und eigenständig zu verarbeiten, wenn die Computerzeit dauernd von dem nicht abgeschlossenen
Thema: «Was bin ich gewesen?» beansprucht wird.

Wenn die Vergangenheit verstanden und eingeordnet ist, wird
der Computer nicht ständig von archaischen Themen in Anspruch
genommen und ist frei für Kreativität und für Auseinandersetzungen mit der Realität. Dann hat der Jugendliche eine echte freie
Wahl, kann sehen, wohin die Reise geht, und schwierige Entschei-

dungen über sein Ziel treffen, statt sich fatalistisch mit einer Route abzufinden, die er nicht gewählt hat.

In meiner Praxis habe ich mehrere Jugendgruppen, die wöchentlich zusammenkommen. Die Eltern haben ebenfalls Möglichkeiten, sich abends zu treffen. Das Hauptproblem ist die Kommunikation. Ermüdend häufig durchgespielte Überkreuz-Transaktionen lassen das Gespräch in der Familie kaum noch über Phrasen wie: «Gib mir bitte die Butter» und «Ich brauche Geld fürs Wochenende» hinausgehen. Der erste Schritt in der Behandlung besteht darin, Jugendlichen und Eltern die Sprache und Begriffe von El-Er-K beizubringen. Das ist eine wirksame *Sortiermethode*, die sowohl beim Teenager wie bei seinen Eltern in das Chaos der Gefühle und elterlicher Gebote Ordnung bringt. Die Eltern sind beherrscht von Furcht, Schuld, Ungewißheit und Wunschdenken. Die Jugendlichen – auch! Wenn man ihnen eine Sprache gibt, die das erklärt, stellen sie viele Gemeinsamkeiten fest, vor allem, daß beide Teile ein Eltern-Ich, ein Erwachsenen-Ich und ein Kindheits-Ich haben. Wenn ein Jugendlicher erkennt, daß seine Eltern ein Kindheits-Ich mit ebenso vielen schmerzlichen Aufzeichnungen haben wie er selbst, dann nimmt diese Entdeckung dem Konflikt schon viel von seiner Schärfe. Mit Hilfe dieser neuen Sprache lassen sich die Schwierigkeiten verringern.

Es ist jedoch nicht immer eine einfache Sache, eine Familie aus einem Schlachtfeld in eine Oase des Friedens zu verwandeln. Manche Jugendliche trennen sich nicht leicht von ihrem Spiel «Es sind immer die andern», auch wenn sie einigermaßen einsehen können, wie es funktioniert. Ebenso hängen Eltern an ihrem Spiel «Sie sehen, ich gebe mir wirklich die größte Mühe». Wenn das Klima in einer Familie besonders stürmisch und feindselig ist, kann man die Spiele wirksam dadurch beenden, daß man den Jugendlichen für kurze Zeit, vielleicht für eine Woche, in ein Krankenhaus aufnimmt. Das unterstreicht nicht nur die Tatsache, daß zu Hause etwas falsch ist, es reißt ihn auch aus dem häuslichen «Mistbeet» heraus, wo das Kindheits-Ich so leicht ins Kraut schießt, und versetzt ihn in eine förderliche Umwelt, wo er sein Erwachsenen-Ich aktivieren kann.

Viele Eltern haben Angst davor, dem Erwachsenen-Ich ihrer heranwachsenden Kinder schwierige Entscheidungen zuzutrauen. Ein Vater eines jungen Mädchens sagte: «Als sie fünf war und mit meinem Rasiermesser spielte, mußte ich ihr das wegnehmen. Jetzt sehe ich, wie sie mit anderen, noch viel gefährlicheren Dingen spielt, und was soll ich nun sagen – mach nur weiter und spiel damit?» Der Unterschied ist, daß sie mit fünf noch nicht über genug Daten verfügte, um ganz zu begreifen, welche Folgen ihr Tun haben könnte. Doch mit vierzehn stehen dem jungen Mädchen genügend Daten zur Verfügung (oder können ihm zur Verfügung stehen), um alle möglichen Folgen zu begreifen – unter der Voraussetzung, daß die Eltern sich im Laufe der Jahre bemüht haben, ihm Maßstäbe, Realitäten, die Bedeutung der Menschen und den eigenen Wert zu vermitteln.

Vertrauen in das Erwachsenen-Ich ist die einzige konstruktive Möglichkeit, mit den vielen alarmierenden Schreckensnachrichten fertig zu werden, die Jugendliche nach Hause bringen können. Wenn die Tochter nach Hause kommt und verheult gesteht: «Ich krieg ein Kind», dann schlägt wahrscheinlich die Nadel vom El-Er-K-Seismographen mächtig aus. Das Eltern-Ich der Eltern wird sich in großer Verärgerung und Verachtung äußern. Ihr Kindheits-Ich wird jammervoll und traurig (wieder ein Versagen) und zornig (wie konntest du uns das antun!) und schuldbewußt sein (weil das elterliche Eltern-Ich das elterliche Kindheits-Ich mit seiner Mißbilligung straft). Womit begegnen die Eltern dem Geständnis ihrer Tochter? Wenn Eltern-Ich und Kindheits-Ich dastehen und die Hände ringen, könnte man sagen, daß das Erwachsenen-Ich still in der Ecke sitzt und überlegt, was zu tun ist. Das Erwachsenen-Ich kann bestimmen, welche Inhalte von Eltern-Ich und Kindheits-Ich zugelassen werden als konstruktive Daten, mit denen man der Tochter vielleicht doch ein wenig helfen kann, mit dieser schwierigen Situation fertig zu werden. Es stärkt wesentlich die innere Kraft der Tochter, wenn sie sieht, wie ihre Eltern mit den eigenen verzweifelten Gefühlen kämpfen und dennoch das Erwachsenen-Ich dominieren lassen, das auf der Grundlage des Realen und des Liebevollen sein Vorgehen plant.

In den kommenden Monaten wird die blutjunge werdende Mutter selbst diese Vorherrschaft des Erwachsenen-Ichs dringend benötigen. Das Erwachsenen-Ich kann alle Realitäten verarbeiten: die Gefühle von Eltern und Tochter, den schmerzlichen inneren Dialog bei beiden, das extreme NICHT-O. K., das in beiden abläuft, die Familienschande, die von beiden getragen werden muß, die Schwierigkeit, zu tun, was getan werden muß, die Entscheidung für oder gegen eine Heirat, die Entscheidung, ob das Kind in ein Heim gegeben werden soll oder nicht – kurz, die Folgen.

Ein Beispiel für die Wirklichkeitsfremdheit gewisser elterlicher

Verfügungen ist die Behandlung von Sex vor der Ehe. Die roten Alarmflaggen, mit denen Eltern seit Generationen mit mehr oder weniger Erfolg vor einer Schwangerschaft oder vor Geschlechtskrankheiten gewarnt haben, sind beide nach den Entdeckungen der Wissenschaft kein rotes Tuch mehr. Es gibt immer noch die sehr reale Konsequenz der «Familienschande», obwohl auch sie an Bedeutung verloren hat, weil heute viele Mitglieder der Elterngeneration eine positive Einstellung zu außerehelichen sexuellen Erfahrungen haben. Wie sehr sich die Einstellung zur Sexualität überhaupt und auch zur vor- und außerehelichen Liebe (mit und ohne Anführungszeichen) gewandelt hat, wird an jedem Zeitungskiosk, in jedem Kino und an jeder Litfaßsäule augenfällig.

Die Betrachtungsweise des Erwachsenen-Ichs kann ganz anders aussehen, wenn es um die Frage geht: «Was wird damit Menschen angetan?»

«Viele junge Leute vertreten die Ansicht, wenn zwei Menschen sexuelle Aktivitäten bejahen, wenn sie sich darin einig sind, daß es um keine dauernde Bindung geht, und wenn keiner einen Nachteil hat, dann könne das alles nicht schaden. Der Schaden besteht darin, daß etwas Wertvolles – Sexualität – entwertet worden ist. Sie war zufällig und nicht all das wert, was aus ihr gewonnen werden könnte. Es kommt darauf an, die Erfahrung ungefährdet zu überstehen. Der Fehler an der vorehelichen sexuellen Aktivität ist nicht, daß etwas weggegeben wurde, sondern daß etwas fehlte, daß nicht genug gegeben wurde.»*

Kein Dogma ist absolut gültig außer dem Satz, man darf nie Menschen als Dinge benutzen, selbst wenn einer dieser Menschen man selbst ist. Wenn eine flüchtige Verbindung auf lange Sicht einen Mangel an Selbstwertgefühl und eine Verstärkung der NICHT O. K.-Anschauung bewirkt, dann hat die vor- oder außereheliche Sexualität nur eine körperliche Entspannung gebracht und nicht die andauernde Ekstase zweier Menschen, die eine unbegrenzte Verantwortlichkeit füreinander teilen. Denn wie kann man diese Beziehung unbegrenzt respektieren, wenn so viele andere ein vorrangiges Recht auf die Zuneigung der Partner haben? Außerdem berichten viele Mädchen, daß die Erfahrung unangenehm ist und daß sie keinen Orgasmus erreichen können. «Es soll so großartig sein», sagte

---

* Forrest A. Aldrich, Vortrag bei einer Konferenz über Familienfragen in Zephyr Point, Nevada, 30. August 1966.

ein Mädchen. «Ich kapier das nicht.» Ein Junge antwortete auf die
Frage, ob seine Freundin den Orgasmus erreicht: «Oh, danach
konnte ich sie nicht fragen. So gut kannte ich sie nicht.» Sexualver-
kehr ohne persönliche Intimität kann nur zu einem Verlust an
Selbstwertgefühl führen. Das gilt auch für die Ehe.

Es bleibt das Problem: Wie können Sexualität und Liebe zum
Gesprächsthema zwischen einem Heranwachsenden und einem Erwachsenen werden, wenn die beiden getrennt sind durch Schweigen,
durch Ungeschicklichkeit, durch Mißtrauen, durch Verbitterung
oder durch die dogmatische Weigerung des Jugendlichen, mit Vater
oder Mutter überhaupt noch über solche Dinge zu reden? («Was
soll's? Die Platte kenne ich!»)

Das folgende Gespräch zwischen mir und einer Fünfzehnjährigen
zeigt eine Möglichkeit, mit Hilfe von El-Er-K über komplizierte
Beziehungsprobleme einschließlich Sex zu reden, die Teenager beschäftigen. Zum Zeitpunkt dieses Interviews war das Mädchen vier
Stunden in Einzelbehandlung und achtmal in der Therapiegruppe
gewesen. Hier handelt es sich um eine Einzelstunde. «A» bedeutet
Arzt, «P» steht für Patientin.

P: Wissen Sie, Sie reden genau wie ein Psychiater – natürlich sind Sie
   einer. Aber das ist ganz typisch.
A: Ist das schlimm?
P: Es ist genau wie eines dieser Fernsehprogramme. Diese psychia-
   trischen Sendungen sind mir widerwärtig. Ich hasse sie. Und ich
   rede genau wie ein typischer Patient. Ich meine, ich weiß, daß ich
   wirklich einer bin.
A: Warum sprechen Sie nicht über El-Er-K?
P: Oh, das kann ich heute nicht. Ich kann es nicht anwenden, ich
   wende es jetzt nicht an. Heute mache ich alles völlig falsch.
A: Wissen Sie, was Sie damit sagen?
P: Nein.
A: Sie sagen zu diesem Menschen, der sich benimmt wie ein Psychiater: «Ich fordere Sie heraus, mich zu ändern.» Sagen Sie das nicht
   in Wirklichkeit?
P: Wann habe ich das zu Ihnen gesagt?
A: Nun, das ist es, was Sie eigentlich meinen. Ich frage Sie, warum
   Sie Ihr El-Er-K nicht anwenden, und Sie sagen: «Ich wende es
   nicht an, ich werde es nicht anwenden, ich fordere Sie heraus, mich
   zu zwingen, es anzuwenden.»

P: Ich sagte nicht, daß das immer so sein soll. Ich sagte nur, daß ich es heute nicht anwende und daß mir nicht danach ist. Ich bin nervös, daran liegt es. Schon seit ein paar Tagen bin ich nervös.

A: Sie wollen also heute nervös spielen.

P: Nein. Ich will überhaupt nichts spielen. Ich will ein stärkeres Beruhigungsmittel.

A: Sie wollen ein stärkeres *Beruhigungsmittel?*

P: Warum nicht? Ich brauche ein stärkeres Beruhigungsmittel. Ich hätte heute gar nicht kommen sollen. Wissen Sie, ich wollte gar nicht kommen.

A: Sie wollen ein stärkeres Beruhigungsmittel, weil Sie keine Lust haben, Ihr El-Er-K anzuwenden.

P: Ich habe es angewandt, und ich habe es versucht, aber ich bin ungeduldig, und ich –

A: Was ist so neu daran?

P: Was neu daran ist? *(Lacht.)* Das war nicht nett. Ich meine, ich bin sehr ungeduldig, und das war ich nicht, als ich aus dem Krankenhaus kam.

A: Ist das die einzige Wahl, die Sie haben: ungeduldig zu sein?

P: Nein, ich versuche es nicht zu sein, aber manchmal bin ich es.

A: Drehen Sie dann durch?

P: Nicht unbedingt, aber ich merke, wie ich wütend werde, und dann, wenn ich meine Wut nicht herauslasse, werde ich ganz zitterig. Verstehen Sie? ... Ich hasse das alles, und heute hasse ich jeden. Ich höre auf mit dieser Behandlung. Na, klingt das nicht nach typisch Patient?

A: Nach Patient mit Lächeln – ich freue mich, daß Sie lächeln.

P: Oh, ich kann darüber lächeln. Ich bin ... es macht mich nervös. Aber wissen Sie, was ich mache?

A: Was?

P: Wenn ich lächle, dann lache ich, und dann komme ich ganz durcheinander, und –

A: Können Sie mir sagen, was Sie durcheinanderbringt?

P: Nein!

A: Kommen Ihnen die Tränen?

P: Ich hoffe nicht. Nein, mir geht es gut. Ich bin heute durcheinander, ich weiß – ich *hasse* das. Das bringt uns nicht weiter – warum hören wir nicht einfach auf mit meiner Therapie, und ich nehme Pillen. Was ist denn los mit mir – außer Kopfweh und dem normalen Kram, der – – Was ist mein Problem?

A: Sie wollen nicht größer werden.

P: Das haben Sie mir schon einmal gesagt. Sie sagten, ich wolle nicht erwachsen werden. Das war nicht fair.

A: Ich sagte «größer werden», nicht wahr, aufgeschlossen werden für neue Gedanken.

P: Was für Gedanken?

A: El-Er-K.

P: Dafür war ich aufgeschlossen, als ich im Krankenhaus war. Als ich nach Hause kam, ging es mir ziemlich gut.

A: Warum ist Ihr Erwachsenen-Ich heute nicht eingeschaltet?

P: Ich weiß nicht.

A: Alles, was Sie sagen, ist: «Ich bin nervös, ich kann nicht, ich wäre heute am besten nicht hergekommen, Sie sind auch nur so ein Psychiater, und ich bin ein Patient.»

P: Na, das *sind* wir heute doch auch.

A: Gut, das war eine Festellung. Das kam durch das Erwachsenen-Ich. Das sind wir heute.

P: Ich kann nicht Tag für Tag El-Er-K treiben.

A: Das wäre keine schlechte Idee. Ich tu es.

P: Gut, das ist prima, wenn Sie es tun können, aber ich kann es jetzt im Moment nicht.

A: Oh, warum nicht?

P: Weil ich –

A: Ihr Kindheits-Ich will an die Macht.

P: Na gut, ich nehme an, das passiert von Zeit zu Zeit. Ich habe El-Er-K nicht mein Leben lang angewandt, noch nicht mal ein Jahr lang oder so. Ich weiß nicht.

A: Wie kommen Sie mit Ihrem Vater aus?

P: Ich bin – ich bin sehr gut zu meinen Eltern gewesen.

A: Wie geht es Ihrer Mutter?

P: Gut – wir haben eine engere Beziehung als je zuvor, und ich war zu beiden sehr freundlich, und ich habe versucht, Ihnen eine Tochter zu sein, die sie leiden mögen, weil, ich weiß auch nicht, ich entwickle einen Schuldkomplex wegen – ich habe das Gefühl, daß ich so gemein war und alles.

A: Gut, wir wollen uns mal eine Minute lang damit befassen, weil ich mir nicht vorstellen kann, daß Sie das weiterbringt – darüber nachzudenken, wie gemein Sie sind.

P: Wenn ich mit dieser Behandlung hier weitermache, dann werde ich mich psychoanalysieren bis zum Jüngsten Tag.

A: Ist das schlimm?

P: Ja.

A: Doch wohl nicht, wenn Sie dabei auf einige Lösungen für Ihre Probleme stoßen.

P: Aber das passiert nicht immer. Ich habe einen sehr guten Freund, und der ist meiner Meinung nach echt verrückt. Er geht zu keinem Psychiater, ich kenne ihn seit Jahren, und der lebt in einer ganz anderen Welt, es ist irre. Er psychoanalysiert sich selbst die ganze Zeit. Er liest solche Bücher.

A: Ist er in Ihrem Alter?

P: Ja.

A: Nun, Selbst-Psychoanalyse auf eigene Faust, das ist eine Sache für sich, aber Sie haben zu diesem Zweck El-Er-K, und El-Er-K kann Ihnen die Lösungen geben, die Sie brauchen.

P: Trotzdem – na gut, ich werde Ihnen etwas erzählen. Ich weiß nicht, ob ich immerzu erwachsen sein will, dauernd mein Erwachsenen-Ich gebrauchen will. Die meiste Zeit versuche ich es. Manchmal will ich es einfach nicht, es ist wie ein Kampf, man will dann immer ganz perfekt sein, alles zur richtigen Zeit auf die richtige Weise tun. Manchmal geht das aber über die Kräfte des Menschen hinaus.

A: Ich weiß, was Sie meinen. Wir haben früher festgestellt, daß Ihr Kindheits-Ich Sie für andere zu einer charmanten und reizenden jungen Dame macht, also wollen wir Ihr Kindheits-Ich natürlich nicht vertreiben. Aber El-Er-K ist immer dabei, ich meine, das Eltern-Ich, das Erwachsenen-Ich und das Kindheits-Ich sind immer gegenwärtig. Es stimmt, das Kindheits-Ich kann das Erwachsenen-Ich vertreiben, dann bestimmen die Gefühle, was geschieht. Oder das Eltern-Ich kann das Erwachsenen-Ich vertreiben und das Kommando an sich reißen. Ich glaube, es kommt darauf an, das Erwachsenen-Ich auch dann eingeschaltet zu lassen, wenn das Kindheits-Ich spielt. Wenn das Kindheits-Ich spielen will, dann soll das Erwachsenen-Ich dabei sein und dafür sorgen, daß alles im Rahmen bleibt, weil junge Damen in Schwierigkeiten kommen, wenn das Kindheits-Ich das Kommando übernimmt und gefährliche Spiele treibt. Stimmt das?

P: Ja. Sie meinen, wenn man herumflirtet oder so?

A: Nein –

P: Wenn man nicht weiß, wann man aufzuhören hat?

A: Ja, richtig, wenn man es nicht kann. – Wenn das Erwachsenen-Ich dem Kindheits-Ich nicht nein sagen und sich durchsetzen kann, dann ist jeder von uns in Schwierigkeiten.

P: Das gilt für alles, nicht nur für –

A: Richtig. Für alles. Das Kindheits-Ich will vielleicht etwas nehmen, was ihm nicht gehört, oder es will einen anderen Menschen ausnutzen. Das Kindheits-Ich will vielleicht eine andere Person nach seiner Pfeife tanzen lassen.

P: Ach, hören Sie auf damit.

A: Ich habe erlebt, wie kleine Kinder Erwachsene nach ihrer Pfeife tanzen lassen.

P: Also ich mache das auch oft so. Ich *spiele* mit anderen Menschen, sie sind dann Marionetten für mich, und ich ziehe an den Fäden, wie ich will. Eine einzige Manipulation ist das, ich weiß. Und so soll man nicht mit Menschen umgehen, nicht wahr?

A: Nun, woher wissen wir, was *man soll* und was *man nicht* soll! Aber wenn Sie andere Menschen manipulieren und sie dann zappeln lassen oder verärgern oder unglücklich machen, dann würde ich sagen, das ist etwas, was Sie loswerden wollen. Wenn andererseits ich zulasse, daß man mich manipuliert, dann werde ich sauer. Wenn ich andere unwissentlich manipuliere und sie sich dagegen wehren, dann bringt mich das durcheinander. Verstehen Sie? Wann aber haben wir gelernt, zu manipulieren und zuzulassen, daß andere uns manipulieren? Im Alter von zwei oder drei Jahren.

P: Aber wie – ich meine, wieso hält das an? Es stimmt, ich habe meinen Vater manipuliert und tue das immer noch bis zu einem gewissen Grad, ich weiß nicht, vielleicht bezeichnen Sie das nicht als Manipulation, aber ich könnte – ja sicher, ich könnte es. Und er hat es zugelassen – weil – ich weiß nicht warum – vielleicht, weil – vielleicht habe ich ihn manipuliert, vielleicht auch nicht.

A: Was sich zwischen Ihnen und Ihrem Vater abspielt, enthält wahrscheinlich eine gewisse Manipulation, aber ein Teil davon ist das Vergnügen eines Vaters an seiner heranwachsenden Tochter. Er freut sich, wenn Sie glücklich sind, und freut sich, wenn Sie alles mögliche unternehmen, und freut sich, wenn er Ihnen etwas schenken kann. Das gehört dazu, wenn man Vater einer reizenden Tochter in Ihrem Alter ist. Aber Sie können seine Großzügigkeit auch ausnutzen, ja? Sie können seine Gefühle ausnutzen, und das ist weder für Sie noch für ihn gut, weil es zu einer Art Kampf führt.

P: Das habe ich getan.

A: Was haben Sie getan?

P: Ich habe ihn ausgenutzt und habe seine Gefühle ausgenutzt. Ich habe erwartet, alles zu bekommen, was ich wollte, ich habe erwartet – also, ich habe ziemlich viel erwartet, und dennoch hatte er soviel Liebe für mich, und wenn ich gerade nicht bei Laune war, dann habe ich noch nicht einmal zugelassen, daß er mich auch nur berührte. Ich wandte mich einfach ab, und manchmal war ich wirklich grausam. Selbst im Krankenhaus war das so, und eines Abends habe ich etwas Schreckliches gesagt, als er mich ins Krankenhaus brachte. Er stand schon am Fahrstuhl und wollte mich, glaube ich, umarmen, und ich wich zurück und sagte ihm, er solle das bleiben lassen. Und dann lachte ich und sagte: «Das frustriert dich, was?», als wollte ich ihn wirklich verletzen, und er sagte «ja» und gab mir recht. Damals kam ich mir scheußlich vor.

A: Haben Sie ihn dann doch noch in den Arm genommen?

P: Nein.

A: Das ist schade, denn Ihr Erwachsenen-Ich hätte Ihrem Kindheits-Ich – immerhin *sind* Sie sein Kind – zugeraten, ihn zu umarmen, weil es nach den Maßstäben Ihres Erwachsenen-Ichs wichtig sein könnte, niemanden zu verletzen.

P: Verletzen will ich ihn jetzt auch nicht mehr. Wenn er mich umarmen will, dann lasse ich ihn. Wenn mir nicht danach ist, viel Liebe zu zeigen, dann laß ich ihn einfach mich umarmen, und aus. Aber es kommt auch vor, daß ich ihm meine Gefühle zeige.

A: Haben Sie nicht manchmal den Wunsch, ihn auch zu umarmen?

P: Nun ja, ich küsse ihn auf die Backe oder so, und ich zeige ihm, daß ich ihn mag, und ich bin sehr nett, und meiner Mutter gegenüber verhalte ich mich ebenso. Ich habe ihnen ganz absichtlich gezeigt, daß ich sie lieb habe. Also, es war nicht nur Schauspielerei, denn ich habe doch gefühlt –

A: Wissen Sie, wenn es um Liebhaben und Gefühle gegenüber dem anderen Geschlecht geht, dann liegt das Problem darin, daß sich das Kindheits-Ich vor dem Geschlechtlichen fürchtet. Ihr Eltern-Ich beobachtet Ihr Kindheits-Ich, und Ihr Kindheits-Ich hat deshalb Angst vor allem, was mit dem Geschlecht zusammenhängt. Aber Ihr Erwachsenen-Ich kann sagen: Schau, es ist ganz in Ordnung, ganz richtig, wenn du deinem Vater deine Zuneigung durch eine Umarmung zeigst. Und wenn Sie das tun können, dann zeigt das eine gewisse Herrschaft des Erwachsenen-Ichs über das Kindheits-Ich.

P: Ich habe das auch schon getan.

A: Gut.

P: Ich habe das manchmal so richtig doll getan.

A: Aber Sie wissen sicher, daß das ein Problem für Mädchen in Ihrem Alter ist.

P: Also, das hab ich nicht gewußt.

A: Es ist aber so.

P: Wirklich?

A: Es geht hier um ein großes, schwerwiegendes Wort, und das heißt TABU.

P: Ich verstehe nicht. Warum?

A: Nein? Das hat es zu allen Zeiten, in allen Generationen gegeben, dieses Tabu. Liebe und alles, was irgendwie mit dem Geschlecht zusammenhängt, ist vollkommen in Ordnung, solange es nicht um Blutsverwandte geht. Das ist ein großes, wichtiges Tabu. Aber darüber muß gesprochen werden. Ich habe die Erfahrung gemacht, daß ich jedem Teenager helfen kann, völlig natürlich und liebevoll und aufgeschlossen gegenüber seinen Eltern zu sein, wenn ich so einen jungen Menschen dazu bringen kann, sich dieser Tabu-Daten bewußt zu werden und sie mit ihrem Erwachsenen-Ich zu verarbeiten. Man kann nicht zärtlich gegenüber einem Angehörigen des anderen Geschlechts sein, basta. Das ist, als könnte man nicht wirklich unterscheiden, auswählen. Wenn sie das einmal erkannt haben, wenn sie sich dieser Daten bewußt sind, dann sind sie unabhängig genug, auf der Ebene des Erwachsenen-Ichs und auf der Ebene des Kindheits-Ichs zärtlich zu sein, und das Erwachsenen-Ich kümmert sich um das Eltern-Ich. Das Kindheits-Ich muß sich nicht vor dem Eltern-Ich fürchten, weil das Erwachsenen-Ich die Daten im Hinblick auf die Realität verarbeitet. Daten des Eltern-Ichs datieren zurück in ein bestimmtes Alter.

P: Ja, auf das dritte Lebensjahr etwa.

A: Das stimmt, und im Vergleich zu damals sieht die Realität heute völlig anders aus. Und außerdem haben Sie, wie wir beide wissen, einen sehr gut aussehenden Vater, und wenn ich Sie beide zusammen sehe und beobachte, wie er Sie anschaut, dann weiß ich, daß Sie der Stolz und die Freude seines Lebens sind.

P: Das stimmt nicht. Ich bin so gemein, richtig fies!

A: Warum halten Sie sich für so gemein?

P: Weil ich ihn so unglücklich gemacht habe. Es tut mir leid. Er ist ein Naivling.

A: Nun, vielleicht lieben Sie ihn so sehr, daß Sie – Sie haben mir einmal gesagt, daß Sie diese Dinge tun müssen, um gewissermaßen eine Distanz zu wahren, um ihm nicht zu nahezukommen.

P: Wir standen einander immer nahe, zu nahe, wirklich zu nahe, tatsächlich zu nahe.

A: Immerhin sind Sie seine einzige Tochter.

P: Ja, manchmal will er – wissen Sie, das ist in gewisser Beziehung auch nicht gut – es geht hier nicht um Jungsgeschichten. Wirklich, ich muß mir jetzt einen Ruck geben. Ich habe viele Jungs zu Freunden, und die haben etwas an sich, was ich nicht mag, weil sie so oft an Sex denken. Und viele von ihnen schauen mich immer so komisch an, na ja, weil sie etwas Bestimmtes wollen von mir, und –

A: Wie fühlen Sie sich dann?

P: Nicht sehr gut. Ich weiß nicht, ich mag es nicht, wenn man mich anfaßt, außer wenn ich es will. Und die Jungs fummeln ja dauernd an einem herum, und das gefällt mir nicht. Aber ich tue mich sehr schwer, nein zu sagen. Ich kann nein sagen, aber ich kriege es dann immer mit der Angst. Im allgemeinen verstehen sie mich, aber wenn einer das nicht tut, dann werde ich in die Pfanne gehauen, darum muß ich aufpassen.

A: Wir wollen mal einen Moment lang überlegen. Es gibt immer drei Datenkombinationen. Das Kindheits-Ich will spielen, das Eltern-Ich sagt: «Du solltest dich schämen» oder «Benimm dich» oder «Sei besser vorsichtig» oder irgendwelche anderen Formeln, wie man mit einer solchen Situation fertig werden soll. Das Erwachsenen-Ich berücksichtigt, daß das Kindheits-Ich spielen will, daß das Eltern-Ich kritisieren und eine lange Liste von Normen anbringen will, aber vorwiegend fragt das Erwachsenen-Ich nach der Wirklichkeit: Was bedeutet die Transaktion wirklich für mich? Zum Beispiel, was bringt sie mir an Positivem? Welche Gefahren birgt sie? Welche Risiken? Welche Folgen? Bestimmt erinnern Sie sich daran, daß in der Therapiegruppe die Mädchen, die in Schwierigkeiten steckten, völlig blind für die Konsequenzen waren. Nun wissen wir ja beide, daß sich mit den Konsequenzen das Erwachsenen-Ich befaßt, das Kindheits-Ich interessiert sich nicht dafür, es will nur spielen. Wie viele Teenagermädchen, die in Schwierigkeiten steckten, vielleicht ein Kind erwarteten, haben sorgfältig die Konsequenzen geprüft, bevor sie ihre Entscheidung trafen? Keine einzige hat das getan. Es gibt aber doch auch andere, die ein gutes Erwachsenen-Ich haben. Ich kenne selbst einige. Viele von ihnen haben hier in der Gruppe gelernt, ihr Erwachsenen-Ich zu entwickeln.

P: Das ist aber auch wirklich schwer zu lernen, ehrlich. Aber zum anderen, da dreht es sich um moralische Maßstäbe. Die bekommt man für gewöhnlich von seinen Eltern. Bei mir war das wenigstens so. Und man lernt von den anderen. Ich rede jedenfalls ungeheuer viel mit meinen Gleichaltrigen.

A: Gut, das sind in der Tat moralische Maßstäbe, aber es sind realistische Maßstäbe des Erwachsenen-Ichs, die sagen: «Ich will nicht zu Schaden kommen.» Wenn Sie der wichtigste Mensch auf der Welt sind, und das sollten Sie in gewisser Beziehung für sich selbst sein, dann wollen Sie nicht, daß dieser Mensch zu Schaden kommt, und Sie wollen nicht in Situationen geraten, die übel ausgehen können, und so weiter.

P: Wissen Sie, was ich tue?

A: Was?

P: Ich flirte für mein Leben gern, und Jungs nennen mich schon eine Edelschaffe, und das ist nicht sehr freundlich gemeint.

A: Was meinen sie damit? Meinen sie, daß Sie sie aufreizen wollen?

P: Nun, in gewisser Beziehung, mit einer Geste oder einem Blick, oder einfach weil man da ist oder einfach irgend etwas tut, manchmal weiß ich es nicht, und manchmal tu ich es absichtlich.

A: Nun, das kann man so oder so betrachten. Auf der einen Seite sind Sie charmant und hübsch, und es macht Spaß, mit Ihnen zusammenzusein. Auf der anderen Seite sind Sie verführerisch, und das ist –

P: – schlecht, und manchmal lege ich es direkt darauf an.

A: Und wissen Sie, wann Sie das gelernt haben? Verführung ist ein Spiel, das kleine Mädchen sehr früh lernen, weil sie dadurch hübsche Sachen bekommen, und darum bringt man ihnen früh bei –

P: Wann?

A: Der Vater schaut sein kleines Püppchen an, und sie tut süß, und Vater holt ein Stück Schokolade hervor und holt ein Spielzeug hervor, und so wird sie dafür bezahlt, daß sie süß ist.

P (lachend): Vielleicht habe ich es so gelernt. Dann ist also mein Vater schuld daran.

A: Hier gibt es keine Schuld. Das Ganze ist ein Spaß für Vater und Tochter.

P: Ja, aber man tut es einfach nicht gegenüber anderen –

A: Aber es macht Spaß, oder nicht?

P: O ja.

A: Und hier macht das Erwachsenen-Ich mit, wenn das Kindheits-Ich in Ihnen spielt – Verführung spielt, oder Aufreizen spielt, oder wie immer Sie es nennen wollen. Das Erwachsenen-Ich übernimmt die Transaktion, wenn der Junge darauf eingeht –

P: Es geht nicht nur um die Jungs, es geht um Männer. Wenn ein Mann mir nachschaut, fühle ich mich manchmal geschmeichelt, wenn es kein fieser Blick ist. Und manchmal, meistens sogar, lege ich es richtig darauf an, daß sie es tun. Aber wenn sie dann Feuer gefangen haben und mich ganz gierig ansehen – und die meisten Männer tun das –, dann bin ich nicht eigentlich beleidigt, wissen Sie, aber ich bekomme Angst, vielleicht nicht direkt Angst, aber ich würde den Mann nicht zum zweitenmal anschauen.

A: Was sagt er dann, und was sagen Sie dann? Der Mann sagt: «Na, Kleine, mit dir würde ich gerne mal», und Sie sagen darauf: «Das möchtest du wohl gern, du alter Bock, aber daraus wird nichts.» Und hier sind wir wieder bei der Manipulation. Sie möchten Aufreizen oder Verführung spielen, weil Sie dann Extrarabatt bekommen. Hier sind wir wieder bei der Transaktion, sich Rabatt zu ergattern. Sie sagen, Sie brauchen das für Ihr Selbstbewußtsein. Aber das haben Sie gar nicht nötig. Jede Frau spielt dieses Spiel, und es trägt bei zur Rolle des Weiblichen, zum weiblichen Selbstbewußtsein, aber der Mann, der Ihnen Rabatt einräumen soll, will dafür etwas haben. Und das Erwachsenen-Ich ist darauf vorbereitet, mit dieser Situation fertig zu werden, damit – nun ja, manche dieser Männer sind echte Sonderangebote, sie fallen gleich ins Auge und sind enorm billig. Da fällt einem die Entscheidung nicht leicht: Groß, blendende Figur, breite Schultern und was sonst noch alles. Aber Sie müssen nur, wie hier in unserem Gespräch, alle Daten auf den Tisch legen, und sobald Sie die mit Ihrem Erwachsenen-Ich verarbeitet haben, können Sie Ihre Wahl treffen. Sie brauchen es ja nicht bis zum Letzten kommen zu lassen wie manche Mädchen, die keine andere Wahl haben. Sie haben ein gutes Erwachsenen-Ich. Sie haben die Wahl, das Spiel bis zu einem bestimmten Punkt zu treiben und dann zu sagen: Gut, daß ich dich kennengelernt habe, und dann tun Sie, was immer –

P: Oh, da bekomme ich Angst. Ich könnte das nie zulassen, es sei denn, es geschehe mit Gewalt. Weil ich so Angst davor habe. Ich will nichts dergleichen.

A: Warum haben Sie Angst?

P: Ich weiß nicht, aber *davor* habe ich Angst.

A: Vielleicht müssen Sie Angst haben, um zu verhindern, daß das Kindheits-Ich in Ihnen außer Kontrolle gerät. Aber sobald Sie Vertrauen zu Ihrem Erwachsenen-Ich entwickelt haben – und Sie haben ein gutes Erwachsenen-Ich –, dann haben Sie es geschafft. Denn Ihr Erwachsenen-Ich wird mit jeder Transaktion fertig, und auch wenn das Kindheits-Ich seinen Spaß an der Transaktion hat, setzt das Erwachsenen-Ich die Regeln fest. Und das wird Sie retten.

P: Die Stunde ist herum. Wir sehen uns ja am nächsten Gruppenabend. Auf Wiedersehen.

A: Gut. Und vergessen Sie nicht: ICH BIN O. K. – DU BIST O. K.

Während der beunruhigenden Zeit der Adoleszenz, wenn die jungen Leute taube Ohren für die Worte ihrer ängstlichen Eltern zu haben scheinen, besteht dennoch ein Bedürfnis, die Liebe und Sorge der Eltern zu spüren. Die Sehnsucht danach demonstrierte kürzlich zwingend meine fünfjährige Tochter Gretchen. Gretchen balancierte über die Ziegeleinfassung des Blumenbeets, als ihre Mutter dazukam.

Die Mutter sagte: «Gib acht, oder du fällst in die Blumen.»

Gretchen sagte: «Machst du dir Sorgen um die Blumen oder um mich?»

Das «Fünfjährige» im Heranwachsenden stellt die gleiche Frage ohne Worte. Eltern, die empfänglich für diese unausgesprochene Bitte sind und die durch Beispiele von Liebe, Besorgnis, Zurückhaltung und Respekt wiederholt demonstrieren: «Du bist es, um den wir uns sorgen», werden feststellen, daß die Jahre der Adoleszenz bei ihren Kindern Belohnungen und Überraschungen hervorbringen können, die man nicht (mehr) für möglich gehalten hätte.

II. Wann ist eine Behandlung nötig?

Wir denken nur, wenn wir mit einem Problem
konfrontiert werden.
John Dewey

Wer sich den Fuß verstaucht, kann weiterhumpeln, und allmählich
wird der Fuß wieder gesund. Auch beim Humpeln ist er noch von
einem gewissen Nutzen. Wer sich ein Bein bricht, braucht eine Schie-
ne, solange der Knochen heilt. Die eine Verletzung kann zu einer
Schwächung führen, die andere zur Verkrüppelung. Im ersten Fall
wäre ärztliche Versorgung hilfreich gewesen, im zweiten Fall war sie
unerläßlich.

Ähnlich steht es mit der Notwendigkeit, emotionale Probleme zu
behandeln. Das Erwachsenen-Ich eines Menschen kann durch alte
Aufzeichnungen aus der Vergangenheit geschädigt sein, und dennoch wird er mit seinen Schwierigkeiten und Problemen ohne
Behandlung fertig. Die Behandlung könnte die Dinge erleichtern.
Aber er schafft es auch so. Bei manchen Menschen ist das Erwachse-
nen-Ich jedoch so geschwächt, daß sie nicht mehr weiterkommen.
Sie sind durch wiederholtes Versagen verkrüppelt oder durch
Schuldgefühle erstarrt. Häufig kommt es zu körperlichen Sympto-
men. Mütter können ihre Aufgabe als Mütter nicht erfüllen, Berufs-
tätige versagen am Arbeitsplatz, Kinder geben in der Schule auf, das
Verhalten mancher Menschen wird so unangemessen, daß sie mit
dem Gesetz in Konflikt kommen. Diese Menschen brauchen eine
Behandlung; doch auch jeder andere könnte davon profitieren.

Jeder kann ein Transaktions-Analytiker werden. Die Behandlung
beschleunigt einfach den Vorgang. Eine Therapie mit der Transaktions-Analyse ist im wesentlichen eine Lernerfahrung, durch die das
Individuum entdeckt, wie man Daten für Entscheidungen sortiert.
Es gibt keinen Zauber, den ein omnipotenter Experte anwendet.
Der Therapeut übermittelt mit Worten, was er weiß und was er in
seinen eigenen Transaktionen mit dem Patienten gebraucht, so daß

der Patient die gleiche Methode kennenlernen und anwenden kann.
Das Ziel der Behandlung ist, jeden Patienten zu einem Experten zu
machen, der seine eigenen Transaktionen analysiert.

Viele Formen der psychiatrischen Behandlung sind sehr unterschiedlich. Die öffentliche Vorstellung davon ist bestimmt unterschiedlich. Darum entschließt man sich im allgemeinen erst nach
langen inneren Kämpfen dazu, einen Psychiater aufzusuchen. Vielen Patienten bereitet der Gedanke Unbehagen, sich jemanden aus-
zuliefern, selbst wenn es sich um einen «Experten» oder professio-
nellen Helfer handelt, wie der Psychiater ihn darstellt. Wenn der
Patient zum erstenmal die Praxistür öffnet, fühlt er sich häufig einsam, ängstlich und beschämt durch das Eingeständnis seines Versagens.

Selbst wenn das Erwachsenen-Ich dafür sorgt, daß ein Mensch den
Psychiater aufsucht, übernimmt bald das Kindheits-Ich das Kom-
mando, und es entsteht eine Eltern–Kind-Situation. Das Kindheits-
Ich des Patienten drückt seine Gefühle aus und erwartet von den
Transaktionen der ersten Stunde eine Beziehung zu dem Eltern-Ich
des Psychiaters. Die Psychoanalytiker bezeichnen das als Übertragung – das heißt, die Situation provoziert eine Übertragung von
Gefühlen und Verhaltensweisen aus der frühen Vergangenheit des
Patienten in die Gegenwart, in der das Kindheits-Ich des Patienten
so wie einst auf die Autorität der Eltern reagiert. Diese Übertragung
tritt im Leben ziemlich häufig auf, und Elemente davon sind in jeder
Begegnung mit Autoritäten vorhanden, zum Beispiel, wenn man
von einem Verkehrspolizisten angehalten wird. Psychoanalytiker
sind nun der Ansicht, daß der Patient Fortschritte gemacht hat, wenn
es ihm gelingt, diese Art der Übertragung von Gefühlen aus seiner
Kindheit zu vermeiden. Zu diesem Zeitpunkt muß der Patient in der
Analyse nicht mehr auswählen, was er seinem Analytiker über sich
selbst enthüllt. Mit anderen Worten, der Patient muß sich nicht mehr
vor dem Eltern-Ich des Analytikers fürchten. Die traditionelle Psychoanalyse nennt dies die Überwindung des Widerstandes.

In der Transaktions-Analyse umgehen wir viele der Hindernisse,
die sich aus Übertragung und Widerstand ergeben, durch den wechselseitig partnerschaftlichen Charakter und Inhalt von El-Er-K. Der
Patient stellt bald fest, daß er unter gleichen Bedingungen in einer
Beziehung zu einem anderen Menschen steht, bei dem er Hilfe sucht,
einem Menschen, der daran interessiert ist, sofort die Selbstkenntnis
des Patienten zu fördern, damit der Patient so schnell wie möglich

sein eigener Analytiker werden kann. Wenn der Patient durch Übertragungs- und Widerstandsgefühle behindert wird, dann behandelt man diese direkt mit ihm in der ersten Stunde, nachdem er in die Begriffe von Eltern-Ich, Erwachsenen-Ich und Kindheits-Ich eingeführt wurde.

In meiner Praxis verläuft die erste Stunde nach einem ziemlich festgelegten Muster. Die Hälfte der Stunde gehört dem Bericht des Patienten über seine Probleme, die andere Hälfte der Einführung in die Grundlagen von El-Er-K. Wenn der Patient die Bedeutung von Eltern-Ich, Erwachsenen-Ich und Kindheits-Ich verstanden hat, wird sein Problem in der Sprache diskutiert, die er gerade gelernt hat. Diese Transaktion «lockt sein Erwachsenen-Ich», und meistens will der Patient mehr darüber hören. Das geängstigte Kindheits-Ich gibt jedoch nicht so leicht auf und kann bei folgenden Einzelsitzungen oder in der Gruppenbehandlung weiter dominieren oder wieder auftreten (Widerstand). Immer wenn das Kindheits-Ich sich meldet, wird in einer Interpretation zwischen Erwachsenen-Ich und Erwachsenen-Ich auf die Art der Transaktion hingewiesen, die aus dem Kindheits-Ich kommt, und auf ihre problemverursachende Belastung für die Transaktionen des Individuums in der Gegenwart.

In der Anfangsphase ist die Transaktions-Analyse im wesentlichen eine Lehr- und Lernmethode mit dem Ziel, bestimmte spezifische Begriffe einzuführen als Basis für die gegenseitige Erkundung der Funktionen von Eltern-Ich, Erwachsenen-Ich und Kindheits-Ich in den gegenwärtigen Transaktionen. Dieser Prozeß, in der Anfangsphase einer Therapie eine Sprache mit spezifischen Bedeutungen festzulegen, ist wohl einzigartig bei dieser Behandlungsmethode. Auf ihn ist es denn auch zurückzuführen, daß Patienten sich häufig schon nach der ersten Stunde verändert fühlen und dies auch äußern, indem sie sagen: «Mir geht es viel besser», oder: «Das gibt mir Hoffnung.»

Zur ersten Stunde gehört auch ein Gespräch über den «Behandlungsvertrag» (*treatment contract*). Wir gebrauchen dieses Wort als Ausdruck gegenseitiger Erwartungen (ich bin hier, um dir etwas beizubringen, und du bist hier, um etwas zu lernen). Eine Heilungsgarantie ist darin nicht eingeschlossen. Der Behandlungsvertrag verspricht lediglich, was der Therapeut tun wird und was der Patient tun wird. Wenn einer von beiden von der ursprünglichen Erwartung abweicht, ist es einfach, den Vertrag neu zu fassen. Dieser Dialog wird erleichtert durch die neue Sprache, die es ermöglicht, den konkreten Fall anzusprechen. Der Patient ist bereit, die Sprache der Transaktions-Analyse zu lernen und sie bei der Überprüfung seiner alltäglichen Transaktionen anzuwenden. Das Behandlungsziel liegt darin, das auftretende Symptom zu *heilen*, und die Behandlungsmethode ist die Befreiung des Erwachsenen-Ichs, damit das Individuum die Freiheit der Wahl und die Schaffung neuer Wahlmöglichkeiten über die beschränkenden Einflüsse der Vergangenheit hinaus erleben kann.

Diagnose

Im Laufe der ersten Stunde fragt ein Patient gelegentlich mit beklommener Stimme und mit einer Haltung, als erwarte er eine Urteilsverkündung von höchster Instanz: «Wie lautet meine Diagnose?» Das ist eine Provokation für eine Eltern-Ich/Kindheits-Ich-Transaktion, die ich umgehe mit Fragen wie: «Brauchen Sie denn eine Diagnose?», oder: «Was könnte Ihnen eine Diagnose helfen?» Ich glaube, daß psychiatrische Diagnosen mehr Menschen behindert haben, als daß sie ihnen halfen. Karl Menninger* ist der gleichen Ansicht: «Patienten kommen nicht zu uns, um sich mit einem verurteilenden Etikett bepflastern zu lassen. Sie kommen, um Hilfe zu finden. Menschen können von den Symptomen psychischer Erkrankung genesen, aber sie genesen nicht von einem Etikett.»

Bei der traditionellen medizinischen Diagnose handelt es sich um eine wirksame Kommunikationsmöglichkeit für die Ärzte. Die Kenntnis der Diagnose hilft ihnen zu wissen, *was sie tun müssen*. Akute Appendicitis, Bursitis, Lungenkarzinom, Herzmuskelinfarkt – diese Begriffe kennzeichnen einen spezifischen Zustand und verlangen eine spezifische Behandlung. In der Psychiatrie wurde die diagnostische Tradition weitergeführt, doch sie versagt größtenteils bei ihrer ursprünglichen Aufgabe, der Kommunikation. Die Feststellung, daß ein Mensch eine chronische pseudo-schizophrene passiv-abhängige Angstneurose mit Verfolgungswahn hat, besagt nicht viel mehr, als daß es lange, lange dauern wird. Die Feststellung, daß ein Mensch an Schizophrenie leidet, besagt auch nicht viel, weil es keine klare Definition der Schizophrenie gibt. Dem Patienten mag

---

* Karl Augustus Menninger (geb. 1893), bedeutender amerikanischer Psychiater, Begründer der renommierten Menninger Clinic in Topeka, Kansas (Anm. d. Übers.).

es ein gewisser Trost sein, zu wissen, daß er eine so seltsame und schwierige Krankheit hat. Ohnehin sind sich die wenigsten Therapeuten darüber einig, wie man Schizophrenie behandeln sollte oder was auch nur die Grundeinheit der Beobachtung sein sollte. Darum sind diagnostische Begriffe als solche bedeutungslos und dienen hauptsächlich dazu, psychiatrischen Bemühungen medizinische Anerkennung zu verschaffen und den Vorschriften des Krankenhausarchivs zu genügen. Jedes Wort, das zur Kommunikation nicht taugt, ist nutzlos und sollte abgeschafft werden. In der endgültigen Analyse kommt es darauf an, was wir *wissen*. Worte, die die Wahrheit verschleiern, müssen zugunsten anderer abgeschafft werden, die etwas einfach, präzis und direkt sagen. Und die Wahrheit darüber, wie wir im großen und ganzen zusammengesetzt sind, macht uns frei.

Die Sprache der Transaktions-Analyse, die Beobachtungen auf Grund einer allgemein anerkannten Einheit (der Transaktion) und die spezifischen Bedeutungen von Eltern-Ich, Erwachsenen-Ich und Kindheits-Ich ermöglichen eine neue, sinnvolle, umgangssprachliche Kommunikation nicht nur zwischen den Ärzten, die sich damit beschäftigen, sondern auch zwischen Ärzten und Patienten. Ein vom Eltern-Ich beherrschter Mensch mit einem blockierten Kindheits-Ich weiß, wo sein Problem liegt, und kann sich von der Vergangenheit emanzipieren ohne Hinweis darauf, daß er noch dazu an chronischem Verfolgungswahn leidet. Wenn ein Gruppenteilnehmer darauf besteht, seine Diagnose zu erfahren («Und was fehlt mir?»), dann antworte ich gewöhnlich mit einer Formulierung, die er verstehen kann und die auf meiner Kenntnis von ihm beruht, wie ich sie durch Beobachtung seines Verhaltens in der Gruppe gewonnen habe. Eine solche Formulierung könnte lauten: «Sie haben eine Menge NICHT-O. K. in Ihrem Kindheits-Ich, und Ihr Erwachsenen-Ich ist dadurch erheblich getrübt. Darum läßt es Sie zuweilen unangemessen reagieren und gibt Ihrem drohenden Eltern-Ich eine Gelegenheit, auf Ihr Kindheits-Ich einzuschlagen. Woher, glauben Sie, kommen all diese Schuldgefühle?»

Selbstquälerische Beschäftigung mit Symptomen kann ebenso nachteilig sein wie das Lechzen nach einer Diagnose. Wir haben niemals die Annahme bestätigt gefunden, daß eine wiederholte Diskussion von Symptomen wie Depression, Kopfschmerzen, Schlaflosigkeit oder Bauchweh irgendeine Wirkung auf die Symptome habe. Wir haben feststellen können, daß eine Verminderung des inneren Konflikts bei Bauchweh Wunder wirken kann. Diagnosen und

Symptome haben nämlich einen großen Haken: sie eignen sich nur
allzu gut als «Joker» für die Verhaltensspiele, denen die Menschen
so leidenschaftlich-verbohrt frönen, oder als Trumpfkarte, mit der
die meisten von uns ihre unselige Sucht stillen können, die anderen
immerzu ausstechen zu müssen. Diese Karten tragen etwa die Aufschrift: «Meins ist besser», oder: «Sie ahnen ja gar nicht, was ich
durchmache.» Wenn ein Mensch Lebensprobleme hat (gleichgültig
welche) und wenn er für seine Probleme Hilfe sucht, dann kann man
ihn Transaktions-Analyse lehren, damit er seine gegenwärtigen Le-
bens-Transaktionen untersuchen und danach die Einflüsse aus der
fernen Vergangenheit entdecken kann, die das Fundament seiner
Gegenwart unterspülen.

«Wie lange dauert das?» ist eine Frage, die in der ersten Stunde
häufig gestellt wird. In vielen, wenn nicht den meisten psychiatrischen Sprechzimmern war die Antwort auf diese Frage zumindest
«vorsichtig» und bedeutete: *eine lange Zeit*. Es ist eine bekannte
Tatsache, daß die Erwartungen der Patienten im Hinblick auf die
Behandlungsdauer primäre Faktoren zur Bestimmung der Zeitspanne sind, in der vergleichbare therapeutische Resultate erreicht
werden können. Man hat zwei Gruppen vergleichbarer «psychoso-
matischer» Patienten, die das gleiche Behandlungsziel erreichten,
auf den Zeiterwartungsfaktor hin untersucht. Die eine Gruppe
brauchte sechs Wochen, die andere ein Jahr, je nach ihrer Zeiterwar-
tung. Ich glaube, die Erwartung hängt vom Verständnis der therapeutischen Ergebnisse ab, die erreicht werden sollen.

Unser Behandlungsziel wird in der neuen, gerade gelernten Sprache deutlich dargelegt, und so weiß der Patient, was ihm bevorsteht.
Ich verhelfe meinen Patienten gern zu der Einsicht, daß die
Beschränkungen, die ihnen durch die Realitäten von Zeit und
Kosten auferlegt werden, eher eine Herausforderung als eine Behinderung sind. Das drückt sich häufig in dem Vorschlag aus: «Am
besten kommen Sie zu der Dienstagsgruppe um zwei Uhr, Sie nehmen an zehn Sitzungen teil und wir sehen, wieviel wir in dieser Zeit
schaffen.» Wenn der Patient nach dieser Sitzungsperiode weitermachen will, können wir zehn weitere Sitzungen festlegen. Er weiß, daß
er zurückkommen kann. In meiner Praxis kommt eine Gruppe im
Durchschnitt zwanzigmal zusammen. Natürlich gibt es Abweichun-
gen, die bei individuellen Unterschieden anfangen. Wir unterscheiden uns in unserem Eltern-Ich, Erwachsenen-Ich und Kindheits-Ich.
Wir unterscheiden uns in unserer Lebenssituation: Eheprobleme,

unbefriedigende Arbeit, keine Freizeitventile usw. Es hat Patienten gegeben, die nach drei oder vier Gruppensitzungen einen Durchbruch erreichten, das heißt, sie brachten es fertig, ihr Erwachsenen-Ich so weit zu befreien, daß sie anfangen konnten, ihr Eltern-Ich scharf vom Kindheits-Ich und beide von der Realität zu trennen — von der äußeren Welt.

Eines der ersten Anzeichen für das Gelingen dieser Differenzierung ist die Feststellung des Patienten: «Mein NICHT O. K.-Kindheits-Ich war...» oder «ist...» Der Gebrauch dieses Ausdrucks signalisiert, daß eine bewußte, eindeutige und reale Trennung des Kindheits-Ichs vom Erwachsenen-Ich gelungen ist — das heißt, diese Trennung ist sowohl intellektuell als auch subjektiv wie objektiv in seine Persönlichkeit integriert.

Warum Gruppentherapie?

Transaktions-Analytiker bevorzugen die Behandlung von Individuen in Gruppen. Ist das gut oder schlecht? Bedeutet die Behandlung von mehreren Individuen in einer Gruppe «Psychiatrie mit Mengenrabatt»? Viele Menschen reagieren auf das Wort «Gruppe», wie sie auf Franklin Roosevelts Begriff vom «gemeinen Mann» (*common man*) reagierten. Wer will schon gemein sein? Wer will sich zu einem statistischen Begriff oder zu nichts als einem Gruppenmitglied entpersönlichen lassen? Was passiert in der Gruppentherapie? Was passiert in einer Gruppentherapie, in der die Transaktions-Analyse angewandt wird?

Ein weitverbreiteter Eindruck ist, daß die Patienten in der Gruppentherapie ihre Gefühle äußern, «alles loswerden», anderen Menschen sagen, was sie von ihnen halten, und schon «läuft alles bestens». Tatsächlich haben viele Veröffentlichungen über Gruppentherapie zu dieser Ansicht ermuntert. S. R. Slavson, einer der Pioniere bei der Entwicklung gruppentherapeutischer Methoden, schreibt in seinem Buch ‹Einführung in die Gruppentherapie›:

«Der allgemeine und hauptsächliche Wert der Gruppe liegt darin, daß sie das Austragen instinktiver Antriebe gestattet; durch die katalysierende Wirkung der anderen Teilnehmer wird das beschleunigt. In einer Gruppe, in der die Teilnehmer sich gegenseitig unterstützen und in der die Furcht vor Selbstenthüllung überraschend reduziert ist, gibt es weniger Vorsicht und mehr Ungezwungenheit. Dadurch offenbaren die Patienten leichter ihre Probleme, und die

Therapie wird beschleunigt. Abwehrmechanismen werden verringert, die Zwanglosigkeit der ganzen Umgebung und das Beispiel anderer erlaubt es jedem, sich mit verminderten Selbstschutz-Hemmungen gehenzulassen. Obwohl die Gruppen auch die Abwehrhaltung von Erwachsenen schwächen, gilt das besonders für Kinder und Jugendliche. Das freie Darstellen und Durchsprechen der Probleme bringt Befriedigung. Zugleich werden dadurch die Patienten sehr früh in der Behandlung mit ihren Problemen konfrontiert. Auch die Abwehrmechanismen gegen eine Verletzung des Selbstwertgefühls werden herabgesetzt. Die freundliche Gruppenatmosphäre und das gegenseitige Akzeptieren fordern von keinem eine Verteidigungsstellung. Alle haben die gleichen oder ähnlichen Probleme, und niemand erwartet negative Reaktionen. Der Status ist gesichert. Es gibt keine Furcht vor Vergeltung oder Entwürdigung.»*

In meiner eigenen klinischen Erfahrung *habe ich die obige Behauptung nicht bestätigen können.* Dem Kindheits-Ich zu erlauben, sich hervorzutun, instinktive Impulse auszuagieren und in der Behandlungsgruppe aufs Geratewohl seine Spiele zu treiben, ist eine Zeitverschwendung für die Gruppe und eine Beeinträchtigung der Rechte und Absichten jedes individuellen Gruppenteilnehmers. Wenn es damit fortfahren darf, sabotiert es den therapeutischen Vertrag der Transaktions-Analyse. Bevor nicht jeder Gruppenteilnehmer zumindest eine gewisse Befreiung seines Erwachsenen-Ichs erreicht hat, trägt die Selbstenthüllung sehr wenig, wenn überhaupt etwas, zu dem Ziel bei, die Individuen in der Gruppe zu heilen. Die Behandlung wird nur dadurch beschleunigt, daß man das Erwachsenen-Ich in der Führungsposition hält. Nur das Erwachsenen-Ich kann dem Kindheits-Ich oder dem Eltern-Ich auf die Schliche kommen. Das Enthüllen von Problemen ist eine Einladung zu dem Spiel «Warum nicht – Ja, aber . . .» Das Darstellen und «Durchsprechen» von Gefühlen mag Eltern-Ich und Kindheits-Ich genau wie im täglichen Leben befriedigen, doch in der Gruppentherapie stören solche Transaktionen das Erlernen grundsätzlicher Übereinkünfte und Konzepte, die für den Aufbau eines emanzipierten Erwachsenen-Ichs wesentlich sind.

Das Wort «Gruppe» enthält keinerlei Magie. Da die Transaktions-Analyse in ihrer Anfangsphase ein Lehr-Lern-Erlebnis ist, hat

---

* S. R. Slavson: ‹*Einführung in die Gruppentherapie*› (Göttingen: Verlag für medizinische Psychologie, 1956).

die Gruppenform einige klare Vorteile gegenüber der traditionellen
«Mann-gegen-Mann»-Begegnung bei der individuellen Behand-
lung. Alles, was in der Gruppe gesagt wird, muß von jedem anderen
Gruppenteilnehmer gesehen und gehört werden – jede Frage, jede
Antwort, jede Transaktion. Die versteckten und verzweigten
Schleichwege, auf denen sich das Eltern-Ich bei Transaktionen ins
Spiel bringt, müssen ausgespäht und kartiert werden. Sowohl die
inneren wie die äußeren Bedrohungen des Kindheits-Ichs müssen
zuerst allgemein erkannt werden, bevor man die einzigartigen und
spezifischen Charakteristika des Kindheits-Ichs in jedem einzelnen
Gruppenteilnehmer untersucht. Es kommt zu einer Konfrontation
aller Teilnehmer mit den Spielen, mit den Realitäten aller, in denen
jeder einzelne lebt, die sich sehr wesentlich von dem stummen,
geduldigen Zuhören in der Einzeltherapie unterscheidet. In der
Gruppentherapie sieht man die Menschen in ihrer natürlichen
Umgebung, nämlich in Beziehung zu anderen Menschen, statt ganz
allein in einer Isoliertheit, die draußen nicht herstellbar ist. Der
Hauptnutzen der Gruppenbehandlung mit Transaktions-Analyse
liegt darin, daß die Patienten rascher danach streben, gesund zu werden, ein neues Leben anzufangen, zu sehen und zu fühlen, was wirklich ist, oder «Erwachsene zu werden», oder wie immer das Individuum sein Behandlungsziel bezeichnen mag.

Bevor wir diesen Hauptnutzen näher untersuchen, soll jedoch
darauf hingewiesen werden, welche Lösungsmöglichkeiten die
Gruppentherapie für die Probleme der bekanntlich sehr hohen
Kosten bei der Einzelbehandlung und der Kluft zwischen der Zahl
der Hilfesuchenden und der Zahl der verfügbaren Therapeuten
anbietet. Alle empfinden heute die Dringlichkeit, Menschen in Not
zu helfen, vielen Menschen in Not. Wenn wir eine Lösung suchen,
müssen wir eine immer wieder laut werdende Kritik an der psychiatrischen Behandlung berücksichtigen: sie kostet zuviel. Im Verhältnis zu ihren unsicheren Ergebnissen dauere sie zu lang. Wir können
diese Kritik nicht einfach durch das Argument entkräften, daß Menschen mit dieser Meinung nicht in der Lage sind, wirklich Wesentli-
ches vom Unwesentlicheren zu unterscheiden, wie etwa derjenige,
der in innerer Not ist und seine Rettung im Besitz eines neuen Autos
sieht statt darin, die so sehr benötigte Hilfe zu suchen.

Es gibt heute viele Menschen, die zwar völlig den Gedanken gut-
heißen, daß «psychische Gesundheit wichtig ist», aber dennoch
nicht die Mittel haben, neben den bereits hohen Lebenskosten auch

noch die Belastung einer langfristigen psychiatrischen Behandlung
zu tragen. Zu dieser Kategorie gehören viele Menschen aus den
mittleren und alle in den niedrigen Einkommensgruppen. Ist psychische Gesundheit nur für die Reichen? Ist die psychiatrische
Behandlung, wie man immer wieder – übrigens auch aus Medizi-
nerkreisen – zu hören bekommt, «ein Luxus»? Oder kann viel mehr
Menschen durch die Gruppentherapie geholfen werden? Kann man
die psychiatrische Betreuung als eine ebenso unentbehrliche ärztliche Versorgung betrachten wie die Unfallchirurgie? Der Medizin-
soziologe Leonard Schatzmann schrieb 1966 über die sozialen
Dienste der Psychiatrie:

«Das ältere medizinische Modell der Einzelbehandlung für die
Wohlhabenden und die daraus resultierende Vernachlässigung der
Masse der Armen gelten als unzeitgemäß. Heute fordern wachsende
Bevölkerungsgruppen mehr psychiatrische Betreuung. Der psycho-
analytisch orientierte Psychiater bleibt in seiner Praxis, bietet einer
eng begrenzten Bevölkerungsgruppe seine persönlichen Dienste an
und muß sich auf die Wohlhabenderen konzentrieren, um die
Kosten seiner Praxis zu decken. Ob gut, schlecht oder keins von beiden, seine Dienstleistungen sind genau auf den Patienten zuge-
schnitten, und zwar mit Sitz und Schick. Aber wer kauft schon Maß-
anzüge? Wer speist schon regelmäßig in Schlemmerlokalen bei Wein
und Kerzenschimmer? Wer kann sich schon seinen Wagen als Spe-
zialversion nach Gusto umbauen lassen?»

Durch die Behandlung in Gruppen können die Kosten so reduziert werden, daß sie auch für die meisten Lohnempfänger
erschwinglich sind. Außerdem habe ich die Erfahrung gemacht, daß
die Gruppentherapie durch Transaktions-Analyse die Behandlungsdauer reduziert hat, was ebenfalls zu einer Kostenverringe-
rung für den Patienten führte.

Wichtiger als diese Überlegungen ist jedoch die Tatsache, daß
nach meiner Erfahrung Einzelpersonen schneller bei der Gruppentherapie durch Transaktions-Analyse genesen als in der traditionellen Behandlung mit ihrer Zweierbeziehung. Mit «genesen» meine
ich das Erreichen der Ziele, die im Vertrag der ersten Stunde festgelegt wurden. Eines davon ist die Entschärfung des Symptoms (z.B.
das Scheitern der Ehe, Erschöpfung, Kopfschmerzen, Versagen am
Arbeitsplatz etc.), das andere liegt darin, die richtige und effektive
Anwendung von El-Er-K zu erlernen. Ein Beurteilungsmaßstab für
die Genesung des Patienten ist seine Fähigkeit, das, was bei irgendei-

ner Transaktion geschieht, für die anderen Gruppenteilnehmer verständlich darzulegen. Wenn mir jemand erzählt, er habe eine lange Therapie durchgemacht und sie sei «sehr hilfreich» gewesen, mir aber nicht die Frage beantworten kann: «Was geschah in der Therapie?», dann glaube ich nicht, daß er gelernt hat, seine eigenen Handlungen zu beherrschen. Hier gilt die aristotelische Vorstellung, daß wir ausdrücken, was uns zuvor eingedrückt worden ist. Wenn ein Patient in Worte fassen kann, warum er tut, was er tut, und wie er damit aufgehört hat, dann ist er insofern geheilt, daß er das Heilmittel kennt und es immer wieder anwenden kann.

Sobald ein Patient die Grundbegriffe von El-Er-K gelernt hat, kann er in der transaktionsanalytischen Gruppe etwas ganz anderes sehen als das, was er infolge der Prägung durch sein Eltern-Ich und Kindheits-Ich in ihr sieht. Vielleicht hat man ihm früh beigebracht, «nicht in der Öffentlichkeit schmutzige Wäsche zu waschen» oder «nicht über Familiengeheimnisse zu reden». Das tritt nun als deutlich erkennbare Aufzeichnung des Eltern-Ichs zutage. Andererseits will das Kindheits-Ich, während das Spiel «Armer Teufel» läuft, «stundenlang die Szene beherrschen». Ein Individuum, das «Beichte», «Psychiatrie», «Ist es nicht schrecklich» und «Er ist schuld» spielen will, stellt bald fest, daß er in der Gruppe keinen Mitspieler findet. Der Therapeut übernimmt die Rolle eines Lehrers, Trainers und Beraters, wobei sein Beteiligtsein von besonderer Bedeutung ist. Die Gruppe ist der Rahmen für Aktivität, Teilnahme und Bewegung, in dem immer gelacht werden darf, damit nicht die Tendenz aufkommt, das Erlebnis als «anstrengende Angelegenheit» zu werten.

Jeder Teilnehmer an der El-Er-K-Gruppe hat ein klares, präzises und leicht faßbares Ziel: seine *Heilung* durch die Befreiung seines Erwachsenen-Ichs von den störenden Einflüssen und Forderungen seines Eltern-Ichs und Kindheits-Ichs. Das Ziel wird dadurch erreicht, daß man jeden Gruppenteilnehmer lehrt, sein Eltern-Ich, Erwachsenen-Ich und Kindheits-Ich zu erkennen und zu beschreiben, wenn es bei Transaktionen innerhalb der Gruppe auftritt.

Da Lehren, Lernen und Analysieren die wesentlichen Kennzeichen der Gruppenarbeit sind, beruht die Wirksamkeit des Transaktions-Analytikers auf seiner Begeisterung und Fähigkeit als Lehrer und auf seiner Wachsamkeit, über jede Kommunikation, jedes Signal in der Gruppe auf dem laufenden zu sein, handle es sich dabei nun um verbale oder um andere Äußerungen. Im Rahmen der Gruppe tritt das Eltern-Ich auf unterschiedliche Weise auf: durch

den erhobenen Zeigefinger, gerunzelte Brauen, zusammengekniffe-
ne Lippen oder Redewendungen wie: «Hab ich nicht recht?» – *«Jeder* weiß, daß . . .» – *«Man* sagt . . .» – «Immerhin . . .» – «Ich werde
diesen Dingen *ein für allemal* auf den Grund gehen!»

Auch die Äußerungen des Kindheits-Ichs sind leicht zu erkennen:
Weinen, Lachen, Schüchternheit, Nägelbeißen, körperliche Unruhe, Abkapseln und Schmollen. Dazu kommen die Spiele des Kindheits-Ichs wie «Armer Teufel», «Ist es nicht schrecklich» und «Jetzt
hat's mich wieder erwischt». Die Gruppenteilnehmer unterstützen
das NICHT O. K.-Kindheits-Ich eines anderen Teilnehmers und *tadeln*
nicht nach Elternart sein Auftreten. Statt dessen kommt es zu mit-
fühlenden Reaktionen wie: «Ich sehe, Ihr Kindheits-Ich ist verletzt;
warum?» oder: «Können Sie mir sagen, was Ihr Kindheits-Ich hervorgelockt hat?»

Durch zahlreiche Transaktionen innerhalb der Gruppe füllen die
Patienten rasch die Informationslücken über das Eltern-Ich, Erwachsenen-Ich und Kindheits-Ich des anderen. So kommt es zu einer
«Teambewertung» von Daten, die nicht längst verschüttet, sondern
beobachtbar sind und sich gegenwärtig offen in Transaktionen
manifestieren, an denen alle beteiligt sind. Das Team besteht jedoch
aus Teilnehmern und nicht aus den «keimfreien» Beobachtern, die
«Behandlungsteam» genannt werden.

Zu Beginn meiner therapeutischen Anwendung von El-Er-K standen
manche Patienten dem Eintritt in eine Gruppe mißtrauisch gegenüber und beharrten entsprechend ihrer Kenntnis traditioneller Behandlungsmethoden darauf, daß sie gekommen seien, um unter vier
Augen mehrmals über ihre Probleme sprechen zu können. Ihre Einstellung war: Ich bezahle Sie fürs Zuhören, und irgendwie wird
schon irgendwas dabei herauskommen. Diese Einstellung beginnt
sich dank der positiven Berichte über die Effektivität der Gruppentherapie langsam zu ändern. Es gibt bei uns keine Auswahl der
Gruppenteilnehmer nach diagnostischen Kategorien. Sie werden
auch nicht auf der Basis symptomatischer Ähnlichkeiten in Gruppen
eingeteilt. Zum einen ist das nicht nötig, zum anderen verzichtet
man darauf wegen der stigmatisierenden Aspekte psychiatrischer
Diagnosen. Es empfiehlt sich nicht, alle Alkoholiker, alle Homose-
xuellen oder alle Schulversager immer in jeweils eine Gruppe zu tun,
denn das fördert die Neigung, sich dem Gedanken hinzugeben:
«Geht es nicht allen so?», wobei der Therapeut die einzige Ausnahme ist.

Darum kann die Gruppe alle möglichen diagnostischen Kategorien umfassen einschließlich Patienten von geringer Intelligenz oder mangelnder Schulausbildung. Aus vielen Autodidakten werden gute Transaktions-Analytiker. Viele meiner Patienten konnten miterleben, wie ein Patient in der Gruppe eine akute Psychose (außer Kraft gesetztes Erwachsenen-Ich) mit zahlreichen Wahnvorstellungen (Dominanz des archaischen Kindheits-Ichs) durchmachte. In der Gruppe erlebten und hörten sie Patienten, die in ihren Halluzinationen den Eltern-Kind-Dialog beschrieben, den der Patient durch äußere Stimmen wahrnahm. Patienten mit befreitem Erwachsenen-Ich werden durch solche Manifestationen vorübergehender psychischer Störung nicht beunruhigt. Sie sind eher hilfreich, beruhigend und streichelnd und übersehen das Ungewöhnliche.

Jede meiner transaktionsanalytischen Gruppen trifft sich wöchentlich, außer den Krankenhausgruppen, die täglich zusammenkommen. Nach dem Krankenhausaufenthalt, der im Durchschnitt zwei Wochen dauert, tritt der Patient einer der Gruppen in meiner Praxis bei. Die Gruppenteilnehmer lernen, gegenüber der Lust des Kindheits-Ichs am Vergleichen wachsam zu sein – «Ich lerne schneller als du», oder: «Du bist kranker als ich.» Darum fühlen sich neue Patienten in einer Gruppe «alter Hasen» bald wohl und sie widmen sich rasch der Transaktions-Analyse. Die Gruppensitzungen finden in einer bequemen und akustisch einwandfreien Umgebung statt. Alles kann gehört werden, selbst ein Seufzer. Einen wichtigen Platz nimmt die Tafel ein, die bei jeder Sitzung häufig zur graphischen Darstellung wichtiger Formulierungen durch Symbole benutzt wird.

Manche Menschen lernen schnell, Eltern-Ich, Erwachsenen-Ich und Kindheits-Ich sowie deren Anteil an gegenwärtigen Transaktionen zu erkennen. Andere brauchen dazu länger. Doch die langsamen Lerner kommen mit der Zeit zu der Einsicht, daß ihr Widerstand gegen das Lernen aus ihrem NICHT O. K.-Kindheits-Ich herrührt, das unter einer alten Realität leidet: Damals erlaubte man dem kleinen Menschen nicht, allein zu denken.

Die Existenz des NICHT O. K.-Kindheits-Ich in sich selbst einzusehen, ist einer der ersten und wichtigsten Schritte zum Verständnis der Verhaltensgrundlagen. Damit beginnt die objektive Einschätzung der eigenen Persönlichkeitsstruktur. Es ist etwas anderes, das intellektuell zu verstehen, als diese Realität in sich selbst zu begreifen. *Das* NICHT O. K.-Kindheits-Ich kann als interessante Idee aufgefaßt werden. *Mein* NICHT O. K.-Kindheits-Ich ist Wirklichkeit.

Der Inhalt der Gruppen-Transaktionen bezieht sich meist auf die aktuellen Probleme der Teilnehmer. Was gestern oder in der letzten Woche passiert ist, wird viel häufiger untersucht als das, was lange Zeit zurückliegt. Die Teilnehmer lernen, ihr Eltern-Ich, Erwachsenen-Ich und Kindheits-Ich durch deren Auftritt in gegenwärtigen Transaktionen zu erkennen, vor allem in der Transaktion innerhalb der Gruppe. Das unterscheidet sich sehr von dem Material, das wir manchmal aus psychologischen Untersuchungen zu erhalten glauben. In einem Vortrag vor der American Psychological Association im September 1967 stellte der Präsident der Vereinigung, Abraham Maslow, fest, daß seine Kollegen im allgemeinen allzu gern triviale Tatsachen unter dem Etikett «wissenschaftliche Forschung» konservieren:

«Die Informationen, die sie sammeln, sind nützlich, aber sie sind leicht trivial, eher eine Ansammlung von Tatsachensplittern . . . Viel zuviel Psychologen arbeiten über so hochspezielle Themen wie ‹Der linke Quadrant des Augapfels von Soundso›.»*

Der höchste Wert jeglicher Forschung liegt in der Bereitstellung von Informationen, die es dem Menschen ermöglichen, sich zu ändern. Die Veränderung, die in Individuen entsteht, wenn ihr Erwachsenen-Ich die Führung übernimmt, wird rasch in der Gruppe deutlich. Sie wird auch anderen Familienangehörigen deutlich. Nicht selten ergeben sich daraus gewisse Risiken für den einzelnen. Ein Mann, dessen Frau an einer meiner Gruppen teilnahm, rief an und beschwerte sich: «Was machen Sie denn eigentlich in dieser Gruppe – meine Frau wird immer glücklicher, aber unsere Ehe geht vor die Hunde.» In solchen Fällen lade ich den Ehepartner zu einer Einzelsitzung ein und erkläre ihm die Grundbegriffe von El-Er-K. Im allgemeinen führt das dazu, daß Mann *und* Frau einer Ehepaargruppe beitreten. Wenn ein Familienmitglied in eine Gruppe geht und anfängt, sich zu ändern, dann betrifft das fast zwangsläufig die ganze Familie, weil die Spielstruktur gestört wurde.

Wenn zum Beispiel ein Familienmitglied das «schwarze Schaf» ist und anfängt, aus seiner Rolle auszusteigen, werden die Rollen der anderen, besonders der Geschwister, verwirrt, umgekehrt oder sonstwie gestört. Auf dieser Grundlage beruhen die im allgemeinen hervorragenden Ergebnisse, die bei der Familientherapie erreicht

* *San Francisco Chronicle*, 15. September 1967.

werden. In meinen Jugendgruppen fordert der Vertrag eine gleich-
zeitige Beteiligung der Eltern. Zu den immer wieder auftauchenden
Diskussionsthemen dieser Gruppentreffen gehört: «Wie man die
Behandlung sabotiert.» Manche Eltern untergraben unwissentlich
die therapeutischen Bemühungen, weil sie in Wirklichkeit nicht die
Eltern-Kind-Beziehung aufgeben wollen, die ihrer Meinung nach in
der Vergangenheit «so gut funktioniert hat». Ihre Machtposition ist
bedroht, wenn der Jugendliche sein Erwachsenen-Ich anwendet,
und falls die Eltern nicht auch «erwachsen» reagieren, überkreuzen
sich die Transaktionen. Diese Eltern sehen in der neuen Selbständig-
keit eine Bedrohung ihrer Kontrolle über ihr Kind und können zu
dem Schluß kommen, daß ihnen die Situation vor der Behandlung
angenehmer war. Verängstigte Eltern scheinen bekannte Sorgen
dem Risiko vorzuziehen, darauf zu vertrauen, daß ihr heranwach-
sendes Kind seine eigenen inneren Kontrollinstanzen entwickelt.

Die Gruppenteilnehmer werden dazu ermuntert, ihre Beziehungen außerhalb der Gruppe verantwortungsbewußt und liebevoll zu
betrachten. Manche Beziehungen existieren nur kraft der Spiele.
Nicht mehr mitspielen heißt oft Abbruch der Beziehung. Das ist
nicht immer menschenfreundlich und auch nicht immer notwendig.
Wenn in den letzten zwanzig Jahren Besuche bei der Großmutter
durch Spiele wie «Ist es nicht schrecklich» strukturiert waren, dann
ist es nicht unbedingt liebevoll, die Großmutter nicht mehr zu besuchen, weil man «Ist es nicht schrecklich» nicht mehr ausstehen kann.
Das Erwachsenen-Ich hat die Wahl: entweder weiterzuspielen oder
nicht mehr zu spielen, das Spiel in etwas weniger Destruktives zu
verwandeln oder zu versuchen, die Erkenntnisse mitzuteilen, die
Menschen dazu bewegen, mit den Spielen aufzuhören. Immerhin
können wir unseren alten Adam nicht kündigen, so spielbesessen er
auch sein mag. Wenn wir uns vom Bösen nicht überwältigen lassen
wollen, müssen wir das Böse mit dem Guten überwältigen. Das ist
unmöglich, wenn wir uns von allen Beziehungen zurückziehen, in
denen Spiele vorkommen.

Von Zeit zu Zeit weise ich auf die eingebauten Sicherungen in
El-Er-K hin. Während ich dies hier niederschreibe, sitze ich vor Bü-
cherregalen voller Wälzer über das Thema der Therapie. Sie sind zum
größten Teil der Darstellung «psychischer Krankheiten» oder
menschlichen Unglücks gewidmet und liefern detailliertes Fachwissen über die Gefahren der Therapie. Viel davon hat mit der sogenannten Übertragungs- und Widerstandsproblematik zu tun, die in

der psychoanalytischen Praxis eine so zentrale Rolle spielt. Zu oft
kümmern sich diese Schriften mehr um den Schutz des Therapeuten
als um die Heilung des Patienten. In der Psychoanalyse ist der Analytiker der Held. In der Transaktions-Analyse ist der Patient der
Held. Die Sicherungen in El-Er-K bestehen in seiner gegenseitig
partnerschaftlichen Art und in einer Sprache, die eine Grundlage für
Transaktionen von Patient zu Patient und von Patient zu Therapeut
herstellt, um alle Aspekte von Verhalten und Gefühlen ungeachtet
ihrer Natur sinnvoll zu untersuchen. In der El-Er-K-Gruppe wirken
die Teilnehmer aufeinander sowohl hemmend wie fördernd. Es gibt
keinen omnipotenten Therapeuten, der in einer abgeschirmten Ecke
vor seinem armen, liegenden kleinen Patienten sitzt, wobei sich
beide über die Gefahren dieses ernsten Geschäfts im klaren sind. Ein
Aspekt des El-Er-K-Gruppenvertrags ermuntert das Kindheits-Ich
jedes Teilnehmers einschließlich des Therapeuten dazu, hervorzu-
kommen und zu lachen. El-Er-K-Gruppen sind typischerweise la-
chende Gruppen, die andererseits die große Fähigkeit haben, mit
dem fürsorglichen Eltern-Ich zu schützen und zu unterstützen, während das wachsame Erwachsenen-Ich nach neuen Lösungen sucht.

Die «Gefahr» liegt hier also darin, daß weder der Therapeut noch
sonst jemand von vornherein weiß, was die NICHT O. K.-Anschauung
im Kindheits-Ich dem Leben eines Menschen oder dem Leben anderer in seiner Umgebung antun kann. Wenn ein Gruppenteilnehmer
sagt: «Damit haben Sie mein NICHT O. K.-Kindheits-Ich hervorgelockt», dann ist der Weg frei für die Untersuchung eines der Geheimnisse unseres Daseins, deren Ergebnis sich als äußerst nützlich für
alle Gruppenteilnehmer erweisen mag.

12. El-Er-K und moralische Werte

Ich wage zu behaupten, daß die Spannung zwischen Naturwissenschaft und
Glaube nicht im Sinne von Elimination oder Dualität, sondern im Sinne
einer Synthese gelöst werden sollte.

Teilhard de Chardin

Sie sagen Ihrem sechsjährigen Sohn, er soll dem anderen Jungen
genauso ins Gesicht schlagen, «wie er dich geschlagen hat!» Warum?

Sie beteiligen sich an einer Protestdemonstration gegen Krieg,
Terror und Unrecht. Warum?

Sie zeigen Ihren Freund nicht bei der Steuerfahndung an, obwohl
Sie wissen, daß er umfangreiche Steuerhinterziehungen begeht.
Warum?

Sie übernehmen die Verantwortung für den Fehler eines Mitar-
beiters. Warum?

Sie sagen Ihrer Tochter, daß sie mit einem bestimmten Freund,
der «kein anständiges Zuhause hat», nicht mehr verkehren soll.
Warum?

Sie melden die Schlamperei eines Kollegen nicht, obwohl Sie wissen, daß Menschen dadurch geschädigt werden. Warum?

Fast alle Menschen haben tatsächlich derartige Entscheidungen
zu fällen. Es handelt sich um moralische Entscheidungen, oder um
Entscheidungen über gut und schlecht. Woher bekommen Sie die
Informationsgrundlage für diese Entscheidungen? Aus dem Eltern-
Ich, aus dem Erwachsenen-Ich und aus dem Kindheits-Ich. Was tun
Sie, wenn Sie alle Daten Ihres Eltern-Ichs geprüft, manche behalten
und manche verworfen haben und immer noch glauben, nicht die
nötigen Richtlinien für die Entscheidung zu haben? Auf die Entscheidung verzichten? Wenn Sie ein emanzipiertes Erwachsenen-
Ich haben, was tun Sie damit? Können Sie bei Fragen der Moral die
Dinge selbst entscheiden – oder müssen Sie eine «Autorität» um Rat
bitten? Können wir alle Ethiker sein? Oder bleibt das den Moral-
theologen und Philosophieprofessoren vorbehalten?

Wo können wir neue Daten suchen, wenn wir nicht besonders gut zurechtzukommen scheinen? Woran fehlt es uns? Welche Aspekte der Wirklichkeit kann das Erwachsenen-Ich untersuchen? Die Realität ist unser wichtigstes Mittel bei der Behandlung. Der Realität begegnen wir in der Geschichte und erfahren sie durch die Beobachtung des Menschen. So gewinnen wir den Stoff, aus dem wir ein gültiges ethisches System aufbauen. Aber es wäre ganz unvernünftig zu glauben, die einzige Wahrheit über die Wirklichkeit des Menschen liege in dem beschlossen, was wir persönlich erfahren und verstanden haben. Für manche Menschen ist die Wirklichkeit umfassender als für andere, weil sie mehr gesehen, mehr gelebt, mehr gelesen, mehr erfahren und mehr gedacht haben. Oder ihre Realität ist einfach anders als die eines anderen.

Unser Bedürfnis nach einem Richtungsweiser bei der Reise durchs Leben ähnelt dem Navigationsproblem eines Flugzeugpiloten. Zu Beginn der Luftfahrt konnten sich die Piloten nur auf ihr Sehvermögen verlassen – sie verglichen das, was sie unter sich sahen, die Flüsse, Buchten, Eisenbahngleise und Städte, mit den Karten, die sie vor sich ausgebreitet hatten. Das war natürlich eine riskante Sache, wenn die Sicht auch nur für kurze Zeit behindert war. Darum dachte man sich Navigationshilfen aus, die eine Peilung mit Hilfe zweier Punkte ermöglichen. Die zwei Punkte sind besondere Radiosender. Jeder strahlt ein Signal aus, das den Piloten die Funkstandlinie anzeigt. Der Punkt, in dem sich die Funkstandlinien schneiden, ist der Standort des Flugzeugs. Wenn der Navigator nur einen festen Punkt hätte, könnte er seinen Standort nicht ermitteln. Er könnte feststellen, daß er über dem Äquator ist. Aber *wo* über dem Äquator? Er müßte in einer anderen Richtung nach Daten suchen, die ihm diese Frage beantworten.

Ich glaube, daß viele Psychiater und Psychologen sich bei ihrer Behandlung auf nur einen festen Punkt verlassen haben: Sie verwandten ihre ganze Zeit darauf, nur eine Realität zu betrachten, die Vergangenheit des Patienten – *was er getan hat* –, und vernachlässigten weitgehend die Prüfung jener Realitäten, die ihm helfen könnten, zu verstehen, *was er tun sollte*. Wir sitzen rettungslos in einer Sackgasse, wenn wir glauben, unsere psychische Gesundheit beruhe einzig und allein auf solchen Realitäten, die sich in Aussagen widerspiegeln wie: «Ich bin so geworden, weil damals, als ich drei Jahre alt war, meine Mutter am Weihnachtsabend meinen Vater mit dem Kochlöffel verhauen hat.» Archäologie dieser Art erinnert mich an die Geschichte von dem kleinen Mädchen, das seiner Großmutter nach Weihnachten einen Dankeschönbrief für ein Buch über Pinguine schrieb: «Liebe Großmutter, vielen Dank für das hübsche Buch, das Du mir zu Weihnachten geschickt hast. Dieses Buch erzählt mir mehr über Pinguine, als ich wissen will.»

Wir können ein Leben lang im Schutt der Vergangenheit graben, als wäre das der einzige Ort, an dem Realität existiert, und andere zwingende Realitäten völlig außer acht lassen. *Eine dieser Realitäten ist, daß der Mensch ein Bezugssystem moralischer Werte braucht und Mangel litte, wenn er es nicht hätte.*

Viele Psychologen pochen darauf, ihre Disziplin sei eine wertfreie Wissenschaft, und sehen folglich in Werturteilen eine verabscheuungswürdige Abkehr von der wissenschaftlichen Methode, die unter allen Umständen umgangen werden muß. Diese Schule behauptet standhaft, daß moralische Wertvorstellungen wissenschaftlich nicht zugänglich seien. «*Das* ist ein Werturteil; darum können wir es nicht – untersuchen.» – «*Das* liegt im Bereich des Glaubens; deshalb können wir keine schlüssigen Nachweise dafür beibringen.» Sie übersehen die Tatsache, daß die wissenschaftliche Methode selbst völlig von einem moralischen Wert abhängt – der Vertrauenswürdigkeit des Berichterstatters über seine wissenschaftlichen Beobachtungen. Warum sagt ein Wissenschaftler die Wahrheit? Weil er in einem Labor nachweisen kann, daß er das tun sollte? Nathaniel Branden schrieb eine Arbeit über das ernste Problem, das jene heraufbeschwören, die der Ansicht sind, daß es nicht zur Aufgabe von Wissenschaftlern gehört, sich mit moralischen Werten auseinanderzusetzen:

«Ein Hauptproblem für die Wissenschaft der Psychologie ist die *Motivation*. Die Grundlage des Faches Psychologie ist das Bedürfnis, zwei fundamentale Fragen zu beantworten: Warum handelt ein Mensch so, wie er es tut? Was wäre nötig, damit er anders handelt? Der Schlüssel zur Motivation liegt im Bereich der Werte. Die Tragödie der heutigen Psychologie ist, daß sie die *Werte* als einzigen Sachverhalt nachdrücklich aus ihrem Gebiet verstoßen hat. Es stimmt nicht, daß allein durch die Bewußtmachung von Konflikten ihre Lösung garantiert wird. Das Moralische versteht sich nämlich keineswegs von selbst. Es erfordert vielmehr einen komplizierten philosophischen analytischen Denkprozeß. Effektive Psychotherapie braucht einen bewußten, rationalen, wissenschaftlichen Moralkodex, ein Wertsystem, das auf den Fakten der Realität beruht und den

Bedürfnissen des Menschenlebens auf der Erde angepaßt ist.»*

Branden behauptet, daß Psychiater und Psychologen eine schwere moralische Verantwortung übernehmen, wenn sie erklären, daß «philosophische und moralische Fragen sie nicht betreffen, daß die Wissenschaft keine Werturteile verkünden darf», wenn sie «ihre beruflichen Verpflichtungen mit der Erklärung abschütteln, daß ein rationaler Moralkodex unmöglich sei, und durch ihr Schweigen geistigen Mord sanktionieren».

Was ist ein rationaler Moralkodex?

Auf eine solche Frage erfolgt häufig die Antwort: «Wenn jeder nach dem moralischen Grund-Satz: ‹Was du nicht willst, daß man dir tu, das füg auch keinem andern zu› leben würde, wäre alles in Ordnung.» Das Unbefriedigende dieser Antwort liegt in der Tatsache, daß selbst dann, wenn wir anderen nur antun, was wir von ihnen angetan bekommen wollen, unser Tun destruktiv sein kann. Ein Mensch, der sein NICHT-O. K. durch ein hartes und andauerndes Spiel von «Schlag mich» beruhigen will, tut niemandem einen Gefallen, wenn er diese «Lösung» auf andere projiziert. Dieser moralische Grund-Satz ist keine angemessene Richtschnur, nicht weil ihr Ideal falsch wäre, sondern weil die meisten Menschen nicht genügend Daten haben über das, was sie für sich selbst wollen, oder warum sie es wollen. Sie kennen die Lebensanschauung ICH BIN NICHT O. K. – DU BIST O. K. nicht und sind sich der Spiele nicht bewußt, die sie treiben, um ihre Last zu erleichtern. Menschen hören auf, diesen Grund-Satz der Moral und viele ähnliche «Glaubensinhalte» ernst zu nehmen, weil sie nach ihren eigenen Erfahrungen nicht funktionieren.

Bertrand Russell schreibt:

«Viele Erwachsene glauben im Herzen immer noch alles, was man ihnen in der Kindheit beigebracht hat, und kommen sich sündhaft vor, weil ihr Leben mit den Maximen der Sonntagsschule nicht übereinstimmt. Der Schaden wurde nicht nur durch die Einführung einer Trennung zwischen der bewußten vernünftigen Persönlichkeit [Erwachsenen-Ich] und der unbewußten infantilen Persönlichkeit [Kindheits-Ich] angerichtet; der Schaden liegt auch in der Tatsa-

---

* Nathaniel Branden: ‹Psychotherapy and the Objectivist Ethics›. Vortrag, gehalten vor der psychiatrischen Abteilung der San Mateo County Medical Society, 24. Januar 1966.

che, daß die gültigen Bestandteile der konventionellen Moral zusammen mit den ungültigen diskreditiert werden. Diese Gefahr läßt sich von einem System nicht trennen, das die Jungen en bloc eine Anzahl von Glaubenssätzen lehrt, die sie fast mit Sicherheit verwerfen, sobald sie reif geworden sind.»*

Gibt es also, wie Russell sagt, «gültige Bestandteile der konventionellen Moral»? Eine Funktion des befreiten Erwachsenen-Ichs ist die Untersuchung des Eltern-Ichs, damit es die Wahl hat, Daten aus dem Eltern-Ich zu akzeptieren oder zu verwerfen. Wir müssen uns vor dem Dogma hüten, das Eltern-Ich *in toto* zu verwerfen, wir müssen vielmehr fragen: Gibt es hier noch etwas, was sich zu bewahren lohnt? Es ist klar, daß viele Daten des Eltern-Ichs zuverlässig sind. Immerhin wird unsere Kultur durch das Eltern-Ich übermittelt. Der Anthropologe Ralph Linton bemerkte, daß «ohne die Kultur, die vergangenen Errungenschaften bewahrt und jede folgende Generation nach ihren Mustern formt, der Homo sapiens nichts anderes wäre als ein auf dem Erdboden lebender anthropoider Affe, etwas abweichend im Körperbau und leicht überlegen an Intelligenz, doch ein Bruder von Schimpanse und Gorilla»**.

Es läßt sich also feststellen, daß moralische Werte zuerst im Eltern-Ich auftauchen. Wir betrachten «sollte» und «müßte» als Worte des Eltern-Ichs. *Die zentrale Frage dieses Kapitels heißt: Können «sollte» und «müßte» Worte des Erwachsenen-Ichs sein?*

Ist eine Übereinkunft über moralische Werte möglich?

Gibt es eine objektive Moral, die Forderungen an alle Menschen stellt, oder müssen wir jeweils unsere eigene, individuelle, situationsgebundene Moral konstruieren? Victor Frankl spricht von der Verzweiflung der heutigen Jugend, die sich in einem, wie er es nennt, existentiellen Vakuum befindet, wo jeder Mensch der Mittelpunkt seines eigenen Universums ist, wo geleugnet wird, daß es irgendwelche Forderungen gibt, die von «außerhalb» seiner selbst kommen.***

---

* B. Russell: ‹Warum ich kein Christ bin› (Reinbek: Rowohlt Taschenbuch Verlag, rororo sachbuch 6685).
** R. Linton: ‹The Study of Man› (New York: Appleton-Century-Crofts, 1936).
*** V. Frankl, Vortrag am Sacramento State College, 5. Mai 1966.

Alle Moral in diesem Vakuum ist subjektiv. Wenn das stimmt, dann müssen wir in Betracht ziehen, daß es heute auf der Welt drei Milliarden «Moralitäten» gibt, drei Milliarden Menschen, die ihre eigenen Wege gehen und leugnen, daß irgendwelche objektiven Prinzipien die Beziehungen zwischen den Menschen regieren. Doch es ist eine Tatsache, daß die Suche nach diesen objektiven Prinzipien und die Sehnsucht nach Beziehung eine universale Realität ist, die auch als persönliche Erfahrungstatsache empfunden wird. Es ist eine Tatsache, daß Menschen nicht ohne Beziehungen zu anderen Menschen leben können und wollen. Manche, die Rauschmittel nehmen, begründen ihren Drogengebrauch mit der von ihnen berichteten Transzendenz der psychedelischen Erfahrung, daß sie «dort draußen» ein gemeinsames Sein entdecken, das alle Menschen verbindet. Obwohl ihr Medium der Transzendenz äußerst fragwürdig ist, müssen wir die auch darin sich äußernde, allgemeine Sehnsucht nach Beziehung anerkennen, die Fähigkeit zum Empfinden der Einheit, die Evolution des menschlichen Geistes bis zu einem Punkt, wo er begreift und fühlt und akzeptiert, daß Menschen, weil sie in Verbindung stehen, Forderungen aneinander haben.

Die Sehnsucht nach Verbundenheit ist eine Tatsache, auch wenn die Prinzipien dieser Verbundenheit nicht empirisch erfaßt werden können. Wer aber den Gedanken verwirft, daß es eine objektive moralische Ordnung oder ein universales «Soll» gibt, muß die Schwierigkeiten bedenken, die in dieser Ablehnung enthalten sind. Die Existentialisten haben diese Vorstellung abgelehnt. Sartre behauptet, der Mensch schaffe sein eigenes menschliches Sein durch eine Folge von Entscheidungen, durch Handlungen, die ihn gestalten. Er argumentierte, daß der Mensch durch seine Taten seine eigene Definition des Menschen schafft, daß, um es verkürzt zu sagen, die Existenz des Menschen seinem menschlichen Sein vorausgeht. Der Mensch schafft danach nicht nur seine eigene wesentliche Menschlichkeit, er kreiert gleichzeitig auch die gesamte menschliche Würde. Er kann nur wählen, was gut für ihn ist, doch was gut für ihn ist, muß gut sein für die ganze Menschheit.

Joseph Collignon weist uns jedoch auf die Kehrseite der Medaille hin: «Der Mensch muß also die Verantwortung für jede Handlung übernehmen, und zwar nicht nur für sich selbst, sondern für die ganze Menschheit. Nicht ohne Grund sieht Sartre ‹Schmerz, Preisgegebensein und Verzweiflung› als Teil dieses Loses – und des Loses jedes Existentialisten. Denn wenn kein Mensch und kein Glaube bei einer Entscheidung helfen können, *die in ihrer Bedeutung kosmisch ist*, dann kann man sich leicht die Verzweiflung vorstellen, die eine solche Philosophie beinhaltet... Der Existentialismus hat eine starke Anziehungskraft für die Jugend. Es ist aufregend, die Welt für absurd zu halten, denn das gibt einem ein Gefühl der Überlegenheit über die etablierte Ordnung, ein Gefühl der Beherrschung seiner selbst. Die Welt hört auf, eine fix und fertige philosophische Geschlossenheit zu haben; es gibt Raum für die Tat, für die Erschaffung menschlicher Würde, auch wenn man sie nur für sich selbst kreiert.

. Aber es gibt auch die Desillusionierung. Vor einem Jahr stellte ich nach Beendigung einer Vorlesungsreihe über den Existentialismus fest, daß viele Studenten von dieser Philosophie begeistert waren. Die letzte Vorlesung wurde von der Schreckensmeldung vom Tod Präsident Kennedys unterbrochen. In die darauf folgende bestürzte Stille schrillte heftig und scharf eine Stimme: ‹Das war eine vollkommene existentialistische Tat.› Obwohl er aufs bestimmteste von den anderen, unter denen viele weinten, zum Schweigen gebracht wurde, blieb der Gedanke bestehen: Ja, es *war* eine vollkommene existentialistische Tat. Darüber brauchte nicht geredet zu werden; es war herrlich, individuell und frei zu handeln, gewiß, aber durfte die Befreiung durch die Tat zum Mord an einem jungen Präsidenten werden? Die Tat, einen Präsidenten zu töten, mag eine lohnende Erfahrung bei der freien Ausübung des Willens für Harvey Lee Oswald gewesen sein, doch nicht für die übrige Bevölkerung und für die ganze Welt...»*

Wenn es kein universales «Soll» gibt, kann man nicht sagen, daß Albert Schweitzer ein besserer Mensch war als Adolf Hitler. Dann können wir lediglich feststellen, daß Albert Schweitzer dies und jenes getan hat, und daß Adolf Hitler dies und jenes getan hat. Auch wenn wir weiter anführen, daß Albert Schweitzer soundso viele Menschenleben gerettet hat und Adolf Hitler Millionen Menschen sterben ließ, sind das nur statistische Daten im Buch der Geschichte ohne Bedeutung für eine ethische Reflexion über die Veränderbarkeit menschlichen Verhaltens. Der Wert von Völkern, von Menschen kann schließlich nicht wissenschaftlich bewiesen werden. Albert Schweitzer dachte, er habe recht. Adolf Hitler dachte, er habe

* J. Collignon: ‹*The Uses of Guilt*›. In: *Saturday Review of Literature*, 31. Oktober 1964.

recht. Daß beide recht hatten, ist ein offenkundiger Widerspruch.
Doch nach welcher Norm bestimmen wir, wer recht hatte?

Der Wert des Menschen

Ich möchte behaupten, daß eine sinnvolle Annäherung an diese
objektive moralische Ordnung oder letzte Wahrheit der Gedanke
ist, *daß Menschen wichtig sind*, weil sie alle in einer universalen
Beziehung miteinander verbunden sind, die ihre eigene persönliche
Existenz übersteigt. Ist das eine sinnvolle Voraussetzung? Das hilf-
reichste analytische Konzept bei dem Versuch, diese Frage zu beantworten, ist der Schwierigkeitsvergleich. Es ist schwierig, zu glauben,
daß Menschen wichtig sind, und es ist auch schwierig, zu glauben,
daß sie es nicht sind.

Die Verneinung der Wichtigkeit von Menschen macht alle unsere
Anstrengungen ihretwegen sinnlos. Warum dieses große Getue um
die Psychiatrie, wenn Menschen nicht wichtig sind? Die Vorstellung,
daß Menschen wichtig sind, ist ein *moralischer Gedanke*, ohne den
jedes System zum Verständnis des Menschen sinnlos ist. Doch wir
können diese Wichtigkeit nicht durch einen Syllogismus beweisen.
Die Geschichte aller Zeiten scheint mit den unzähligen Zeugnissen
von Erniedrigung und Zerstörung des Menschen umgekehrt eher die
Ansicht zu bestärken, daß Menschen ohne besondere Bedeutung
sind. Geburt, Qual und Tod von Milliarden Menschen, die auf dieser
Erde gelebt haben, scheinen, falls es weder Richtung noch Plan für
die menschliche Existenz geben sollte, logischer eine Einstellung zu
unterstützen, nach der alle unsere Bemühungen, die Psyche der
Menschen zu verstehen und Veränderungen im menschlichen Verhalten zu bewirken, sinnlos sind. Wir können nicht beweisen, daß die
Menschen wichtig sind. Wir glauben es nur, weil es schwieriger ist,
nicht daran zu glauben.

«Ein Mensch», schrieb Teilhard de Chardin, «wird nur so lange
weiterforschen, wie ein leidenschaftliches Interesse ihn dazu treibt,
und dieses Interesse wird von der für die Wissenschaft nicht exakt zu
beweisenden Überzeugung abhängen, daß der Kosmos einen Sinn
hat.»*

Wir sind keine gewissenhaften Wissenschaftler, wenn wir die Tat-

---

* Pierre Teilhard de Chardin: ‹*Der Mensch im Kosmos*› (München:
C. H. Beck, 1964).

sache außer acht lassen, daß dieses «leidenschaftliche Interesse» tatsächlich in der ganzen menschlichen Geschichte, in Pogromen und dunklen Zeiten, in Kriegen und Konzentrationslagern fortbestanden hat. Wir mögen glauben, daß der Kosmos einen Sinn hat, oder wir mögen es nicht glauben. Aber wir können nicht die Tatsache ignorieren, daß die Frage nach der Bedeutung des Menschen immer ein philosophisches Rätsel gewesen ist. Wenn wir weder die Bedeutung der Menschen beweisen noch vernünftigerweise das Problem ignorieren können, was sollen wir dann tun?

Da jede Kultur den Wert von Menschen unterschiedlich einschätzt und da diese Information durch das Eltern-Ich vermittelt wird, können wir uns nicht auf das Eltern-Ich verlassen, wenn wir zu einer Übereinstimmung über die Bedeutung von Menschen kommen wollen. In vielen Kulturen einschließlich unserer eigenen wird das Töten vom Eltern-Ich verziehen. Der Wert von Menschen ist also bedingt. Im Krieg wird das Töten akzeptiert. Die Todesstrafe ist in vielen Ländern sogar eine gesetzliche Vorschrift. Kindermord wurde in vielen Frühkulturen nach dem Prinzip praktiziert, die Besten der (eigenen!) Art zu erhalten. Selbst im 20. Jahrhundert kommt Kindermord noch vor. Zum Beispiel gibt es unter den Tanala auf Madagaskar zwei Gruppen, die sich deutlich durch ihre Hautfarbe unterscheiden, obwohl sie sich in anderen körperlichen Merkmalen sehr ähneln und in bezug auf Kultur und Sprache fast identisch sind. Diese Gruppen sind unter Bezeichnungen bekannt, die man grob als Roten Clan und Schwarzen Clan übersetzen könnte. Die normalen Angehörigen des Roten Clans sind hellbraun, die normalen Angehörigen des Schwarzen Clans tief dunkelbraun. Wenn im Roten Clan ein dunkles Kind geboren wird, über dessen Eltern kein Zweifel besteht, dann glaubt man, daß aus ihm ein Hexenmeister, ein Dieb, ein Blutschänder oder ein Leprakranker werden wird. Darum wird das Kind getötet.* Dieser Glaube über den Wert «dieser Sorte Mensch» wird durch das Eltern-Ich von Generation zu Generation übermittelt. Das kulturelle Eltern-Ich der meisten westlichen Länder stimmt damit nicht überein. Es entschuldigt jedoch andere Formen der Diskriminierung, die ebenfalls zum Tod führen können.

Auch auf das Kindheits-Ich können wir uns nicht stützen, wenn wir zu einer Einigung über den Wert von Menschen kommen wollen.

---

* Linton: ‹The Study of Man›, a. a. O.

Das Kindheits-Ich ist verstümmelt durch sein eigenes NICHT-O. K.
Darum enthält es wenige positive Aussagen über seinen eigenen
Wert, schon gar nicht über den Wert anderer. In jeder Gesellschaft
braucht das Kindheits-Ich nur ausreichend «angeheizt» zu werden,
und schon explodiert es in einer Mordswut, die durchaus zum Mord
führen kann, ja zum Massenmord.

Nur das emanzipierte Erwachsenen-Ich kann sich mit dem emanzipierten Erwachsenen-Ich anderer darüber einigen, worin der Wert
von Menschen liegt. Wir sehen ein, wie unangemessen Worte wie
«Gewissen» sind. Wir müssen fragen: «Was ist diese kleine dünne
Stimme in uns? Was ist dieses Gewissen, nach dem wir leben? Kommt
es vom Eltern-Ich, vom Erwachsenen-Ich oder vom Kindheits-
Ich?»

Bertrand Russell, den kein Dogma ruhen ließ, und sei es auch noch
so verschleiert, schrieb: «Dieser inneren Stimme, diesem gottgege-
benen Gewissen, das die ‹Bloody Mary›, Königin von England und
Irland, antrieb, die Protestanten zu verbrennen, dem sollen wir vernünftigen Menschen folgen? Ich halte den Gedanken für verrückt,
und ich trachte danach, mit der Vernunft so weit wie möglich zu
kommen.»*

«Ich bin wichtig, du bist wichtig»

Nur das Erwachsenen-Ich in uns kann sich für den Gedanken entscheiden: «Ich bin wichtig, du bist wichtig.» Eltern-Ich und Kindheits-Ich haben dazu nicht die Freiheit, weil sie einesteils an das
gebunden sind, was sie in einer bestimmten gesellschaftlichen
Umwelt gelernt und beobachtet haben, anderenteils an das, was sie
dabei empfunden und verstanden haben.

Eine Versicherung des Erwachsenen-Ichs, daß Menschen wichtig
sind, ist etwas ganz anderes als die Behauptung einer Patientin, die,
mit geballten Fäusten, überschwenglich ausrief: «Ich *liebe* die Menschen.» Diese Behauptung oder Variationen davon kamen aus ihrem
anpassungsfähigen Kindheits-Ich: «Jetzt geh schön und gib Tante
Erna einen Kuß, Liebling!» Die vierjährige Kleine tut es pflichtbe-
wußt, obwohl Tante Erna ihr Furcht einflößt. Aber das kleine Mädchen tut es, und zwar mit emphatischer Todesverachtung: «Ich *liebe*
Tante Erna!» Und schließlich macht sie ein Dogma daraus: «Ich

---

* Russell: ‹*Autobiographie*›, a. a. O.

liebe die Menschen!» Aber immer noch ballt sie die Fäuste.

Wir müssen alle unsere eigenen Versionen von «Ich liebe die Menschen» untersuchen, um zu verstehen, was wir wirklich empfinden und woher diese Daten kommen. Die meisten von uns halten an bestimmten Überzeugungen fest, die häufig aus der Indoktrination des Kindheits-Ichs durch das Eltern-Ich stammen, statt Folgerungen des Erwachsenen-Ichs auf der Grundlage mit Überlegung gesammelter Daten zu sein.

Im Gegensatz dazu geht das Erwachsenen-Ich etwa so an die Frage von der Wichtigkeit des Menschen heran:

Ich bin ein Mensch. Du bist ein Mensch. Ohne dich bin ich kein Mensch, denn nur durch dich wird die Sprache möglich, und nur durch die Sprache wird das Denken möglich, und nur durch Denken wird das Menschsein möglich. Du hast mich wichtig gemacht. Darum bin ich wichtig, und du bist wichtig. Wenn ich dich entwerte, entwerte ich mich selbst. Das ist das Grundprinzip der Lebensanschauung ICH BIN O. K. – DU BIST O. K. Allein im Lichte dieser Anschauung sind wir Menschen und nicht Dinge. Die Rückkehr des Menschen auf seinen angestammten Platz als unverwechselbare Person ist das Thema der Erlösung oder Versöhnung oder Erleuchtung, das im Mittelpunkt aller großen Weltreligionen steht. Diese Grundanschauung erfordert, daß wir füreinander verantwortlich sind, und diese Verantwortung ist der äußerste Anspruch, der allen Menschen gegenüber gleichermaßen erhoben wird. Die erste Folgerung, die wir daraus ziehen können, heißt: TÖTET EINANDER NICHT.

«Es funktioniert nicht»

Das Problem des Bösen ist freilich eine Realität dieser Welt. Angesichts all des Bösen um uns herum mag die vierte Lebensanschauung, ICH BIN O. K. – DU BIST O. K., wie ein unmöglicher Traum erscheinen, und scheint keineswegs der Anschauung des Lebens, wie es ist, zu entspringen. Aber vielleicht nähert sich der Lauf der Welt rasch einer beispiellosen Konfrontation: Entweder wir respektieren die Existenz des anderen, oder wir gehen alle unter. Und selbst bei größter Gleichgültigkeit müßten wir zugeben, daß es eine Schande wäre, eine Sache zu einem solchen Ende zu bringen, die unter so langen Mühen aufgebaut wurde. Teilhard, der mit seismographischem Erstaunen die Entfaltung des Kosmos als einen immer noch andauernden, sich stets höher entwickelnden und einem Ziel zustrebenden evolutionären Prozeß begreift, schließt sein großes Buch ‹Der Mensch im Kosmos› dennoch mit einer schmerzlichen Betrachtung über das Böse im Kosmos. Er überlegt, ob vielleicht all das Leiden und Versagen, all die Tränen und das Blut nicht einen gewissen Exzeß anzeigen, der, für unsere Vernunft unerklärlich, eintritt, wenn zu dem normalen Wirken der Evolution nicht der außerordentliche Anstoß einer Katastrophe oder Ur-Abweichung hinzugefügt wird.

Sind wir ein Irrtum der Evolution? Oder versprechen die erstaunlichen Ereignisse bei der Evolution zum Menschen hin noch größere arterhaltende Entwicklungsschritte in der Zukunft? Teilhard nennt den Augenblick, als der erste Mensch reflektierte, als er sein Sein wußte, «eine Mutation von Null zu allem». Vielleicht nähern wir uns einem anderen bedeutsamen Punkt, wo wir wegen der Notwendigkeit der Selbsterhaltung eine weitere Mutation durchmachen, wo wir wieder einen Sprung machen können, um – mit neuer Hoffnung, die auf der Erkenntnis unseres Seins beruht – zu reflektieren: Ich bin wichtig, du bist wichtig. ICH BIN O. K. – DU BIST O. K.

Ich glaube, daß die Transaktions-Analyse eine Lösung für das Dilemma des Menschen anbieten kann. Trotz der scheinbaren Vermessenheit dieser Behauptung lasse ich mich von J. Robert Oppenheimers Vision ermutigen, daß es zu einem «gemeinsamen Gespräch, einem ständigen Austausch zwischen der Welt der Wissenschaftler und der Welt der Menschen allgemein, der Künstler, Farmer, Juristen und Politiker» kommen werde. 1947 schrieb er: «... Weil die meisten Wissenschaftler, wie alle Gelehrten, zum Teil auch Lehrer sind, haben sie eine Verantwortung für die Vermittlung der Wahrheiten, die sie entdeckt haben.» Nach seiner 1960 formulierten Ansicht müssen «Menschen, die mit höchst intellektuellen Unternehmungen beschäftigt sind, zur allgemeinen Kultur beitragen, wo wir miteinander reden, nicht nur über die Fakten der Natur ... sondern über die Natur des menschlichen Dilemmas, über die Natur des Menschen, über das Gesetz, über das Gute und das Schlechte, über die Moral, über politische Tugend und über Politik.»*

Wir sind dafür verantwortlich, unsere Entdeckungen bei der Beobachtung von Transaktion zwischen Menschen auf das größere Problem der Erhaltung der Menschheit anzuwenden.

* T. B. Morgen: ‹With Oppenheimer›. In: Look, 27. Januar 1966.

Das ursprüngliche Spiel ist die ursprüngliche Sünde

Ich glaube, daß es nach den vorliegenden Daten möglich ist, etwas Neues zum Problem des Bösen zu sagen. Sünde, oder Schlechtigkeit, oder das Böse, oder «die menschliche Natur», wie immer wir auch den Makel in unserer Spezies nennen mögen, tritt in jedem Menschen auf. Mit der rätselhaften «Verfluchtheit» des Menschen können wir einfach nicht argumentieren. Ich glaube, das universale Problem liegt darin, daß von Natur aus jedes kleine Kind, gleichgültig, in welche Kultur es hineingeboren wurde, aus seiner Situation heraus (*der* menschlichen Situation überhaupt) sich für die Lebensanschauung ICH BIN NICHT O. K. – DU BIST O. K. entscheidet oder für die beiden anderen Variationen des Themas: ICH BIN O. K. – DU BIST NICHT O. K. oder ICH BIN NICHT O. K. – DU BIST NICHT O. K. Das ist eine Tragödie, aber sie wird nicht nachweislich böse, ehe nicht das erste Spiel begonnen ist, ehe nicht der erste Schachzug gegen einen anderen Menschen getan wird, um die Last des NICHT-O. K. zu verringern. Diese erste Vergeltungsmaßnahme beweist seine «eingeborene Schlechtigkeit» – oder ursprüngliche Sünde, die er, wie man ihm sagt, bereuen muß. Je härter er kämpft, um so größer ist seine Sünde, um so gekonnter werden seine Spiele, um so verdeckter wird sein Leben, bis er tatsächlich die große Entfremdung oder Isolierung empfindet, die Paul Tillich als Sünde definiert.* Doch nicht, was er tut (die Spiele), ist das primäre Problem, sondern was er von sich hält (seine Grundanschauung). Tillich sagt: «Bevor Sünde eine Handlung wird, ist sie ein Zustand.» Bevor es zu Spielen kam, wurde eine Lebensanschauung ausgebildet. Ich bin davon überzeugt, daß wir in diesem Zustand – mit der Grundanschauung ICH BIN NICHT O. K. – DU BIST O. K. – das Grundproblem unseres Lebens sehen müssen und daß dieses Grundproblem das Ergebnis einer Entscheidung ist, die früh im Leben unter Druck, ohne entsprechende Verarbeitung und ohne Beistand getroffen wurde. Doch wenn wir die wahre Situation erkennen, können wir den Fall wiederaufnehmen und eine neue Entscheidung fällen.

Einer meiner Patienten sagte: «Ich spiele ‹innerer Gerichtssaal›, wobei mein Eltern-Ich die Rollen des Richters, der Geschworenen und der Urteilsvollstrecker übernimmt. Es ist eine Scheinverhand-

* P. Tillich: ‹*Gesammelte Werke*› (Stuttgart: Evangelisches Verlagswerk).

lung, denn mein Eltern-Ich entscheidet schon im vorhinein, daß ich schuldig bin. Mir ist nie klar geworden, daß ein Angeklagter das Recht auf einen Verteidiger hat. Ich habe nie versucht, mein Kindheits-Ich zu verteidigen. Mein Eltern-Ich hat mir nicht erlaubt, sein Urteil anzufechten. Aber schließlich hat mein Computer funktioniert und mir bewußt gemacht, daß ich eine andere Möglichkeit habe: mein Erwachsenen-Ich kann die Rechtslage richtig einschätzen und für mein Kindheits-Ich sprechen. Das Erwachsenen-Ich ist der Rechtsanwalt.»

Durch die Einsicht, daß ICH BIN NICHT O. K. eine falsche Entscheidung war, kann jetzt die Strafe zur Bewährung ausgesetzt werden. In der Bewährungszeit kann sich die Erkenntnis durchsetzen, daß es ungefährlich ist, die Spiele aufzugeben.

El-Er-K und Religion

Die meisten westlichen Religionen sind bestimmt vom Widerstreit zwischen Eltern-Ich und Kindheits-Ich. Und das ist eigentlich paradox, wenn man bedenkt, daß die revolutionäre Wirkung der großen Religionsstifter das direkte Ergebnis ihres Mutes war, Eltern-Ich-Einrichtungen zu überprüfen und mit dem Erwachsenen-Ich weiter die Wahrheit zu suchen. Im Laufe nur einer Generation kann aus einer guten Sache eine schlechte Sache werden, aus einer Erfahrung ein Dogma. Das Dogma ist der Feind der Wahrheit und der Feind der Menschen. Das Dogma sagt: «Denke nicht! Sei weniger als ein Mensch!» Die Ideen, die in einem Dogma eingeschlossen sind, mögen gut und weise sein, doch das Dogma ist schlecht an sich, weil es ohne Überprüfung als gut akzeptiert wird.

Im Mittelpunkt der meisten Religionen steht ein Glaubensakt, durch den das Kindheits-Ich ein autoritäres Dogma übernimmt, wobei das Erwachsenen-Ich wenig oder gar nicht beteiligt ist. Darum ist die Moralität, die in die Struktur der Religion eingeschlossen ist, im wesentlichen vom Eltern-Ich bestimmt. Sie ist veraltet, häufig ungeprüft und oft widersprüchlich. Ich habe bereits darauf hingewiesen, daß wir mit Hilfe des Eltern-Ichs nicht zu einer Einigung über den Wert von Menschen kommen können, weil jede Kultur diesen Wert unterschiedlich einschätzt und weil diese Information vom Eltern-Ich übermittelt wird. *Darum* behindert die Moralität des Eltern-Ichs eher die Idee einer universalen Ethik, die alle Menschen fordert, statt ihre Formulierung zu fördern. Die Grundanschauung ICH BIN O. K. – DU BIST O. K. ist nicht möglich, wenn sie davon abhängt, daß du akzeptierst, was ich glaube.

Ich beschränke die folgenden Beobachtungen auf die christliche Religion, weil sie die einzige ist, über die ich genug Daten zur Rechtfertigung meiner Behauptung habe. Die zentrale Botschaft Christi war der *Begriff der Gnade.* Gnade ist ein «vorbelastetes» Wort, aber man findet kaum einen Ersatz dafür. Der Begriff der Gnade ist nach der Interpretation von Paul Tillich, dem Vater aller «neuen christlichen Theologen», eine theologische Formulierung von ICH BIN O. K. – DU BIST O. K. Es heißt nicht: DU KANNST O. K. SEIN, WENN oder DU WIRST ANGENOMMEN, FALLS, sondern DU BIST ANGENOMMEN – ohne jede Bedingung.

Tillich illustriert das durch den Hinweis auf die Geschichte von der Dirne, die zu Jesus kam. Tillich schrieb: «Nicht Jesus vergibt der Frau, sondern er stellt fest, daß sie Vergebung erfahren hat. Ihr Gemütszustand und die Ekstase ihrer Liebe deuten darauf hin, daß ihr etwas Besonderes widerfahren ist.» Tillich stellte weiter fest: «Die Frau in Simons Haus kommt zu Jesus, weil ihr vergeben worden *war*», nicht um Vergebung zu erlangen.* Vielleicht wäre sie nicht zu ihm gekommen, wenn sie nicht bereits gewußt hätte, daß er sie mit Liebe, oder Gnade, oder ICH BIN O. K. – DU BIST O. K. empfangen würde.

Dieses Konzept ist für viele «religiöse Menschen» unverständlich, weil es nur vom Erwachsenen-Ich begriffen werden kann, und viele religiöse Menschen sind von ihrem Eltern-Ich beherrscht. Das Eltern-Ich hat zu viele Vorbehalte gegenüber dem anderen, sein Credo heißt: DU KANNST O. K. SEIN, WENN. Das Kindheits-Ich hat sich andererseits viele Spiele ausgedacht, um dem Urteil des Eltern-Ichs zu entgehen. Ein Beispiel für ein solches Spiel ist «Religiöser Schlemihl», eine Variation von «Schlemihl», das Berne beschrieben hat.** Bei diesem Spiel verbringt der Sünder (der das Spiel inszeniert) die Woche damit, daß er seine Mieter hinauswirft, seine Angestellten unterbezahlt, seine Frau demütigt, seine Kinder anschreit, Klatsch über seine Konkurrenten verbreitet, und dann sagt er am Sonntag Gott in feierlicher Verbrämung: «Tut mir leid» und verläßt danach die Kirche mit dem schönen Gefühl: «Geschafft! Ende gut, alles gut» – und das ist der Nutzeffekt für ihn.

* P. Tillich: *Das neue Sein* (Stuttgart: Evangelisches Verlagswerk, 1959).
** Berne: *Spiele der Erwachsenen*, a. a. O.

Nicht alle «Sünder» sind so deutliche Spieler. Doch weil ihr innerer religiöser Dialog sich vorwiegend zwischen Eltern-Ich und Kindheits-Ich abspielt, sind sie unentwegt in einer ängstlichen Buchhaltung guter und schlechter Werke befangen, wobei sie nie wissen, wie der Saldo aussieht. Paul Tournier stellt fest, daß die religiöse Moral «das befreiende Erlebnis der Gnade [ICH BIN O. K. – DU BIST O. K.] durch die besessene Furcht vor einem Fehler ersetzt»*.

Wenn wir mit Tillich unser Ur-Problem als einen *Zustand* (eine Entfremdung, eine NICHT O. K.-Einstellung, oder Sünde im Singular) begreifen und nicht als eine *Handlung* (Taten der Sünde, Spiele zur Überwindung der Grundeinstellung oder Sünden im Plural), dann verstehen wir, wie wenig eine ständig wiederholte «Beichte von *Sünden*» eine Veränderung im Leben eines Menschen bewirken kann. Tillich schreibt, daß manche Menschen in der Gnade die Bereitschaft eines göttlichen Königs und Vaters sehen, immer wieder die Torheit und Schwäche seiner Untertanen und Kinder zu vergeben; ein solches Konzept der Gnade müssen wir zurückweisen, denn es ist nichts anderes als eine kindische Zerstörung der menschlichen Würde. Eine solche Sicht verstärkt nur noch das NICHT-O. K. Unsere *Grundanschauung* ist es, die wir «beichten», anerkennen, begreifen müssen. Dann können wir Spiele verstehen und unabhängig genug werden, auf sie zu verzichten.

Eine Beichte des Erwachsenen-Ichs unterscheidet sich sehr von einer Beichte des Kindheits-Ichs. Wo das Kindheits-Ich sagt: «Es tut mir leid ... ICH BIN NICHT O. K. ... verzeih mir bitte ... ist es nicht schrecklich», kann das Erwachsenen-Ich kritisch feststellen, wo eine Änderung möglich ist, und dann die Konsequenzen ziehen. *Beichte ohne Änderung ist ein Spiel.* Das gilt für das Gotteshaus genauso wie für das Arbeitszimmer des Pastors oder die Sprechstunde eines Psychiaters.

Die nicht vom Erwachsenen-Ich ausgestrahlte Übertragung christlicher Doktrinen war der größte Feind der christlichen Gnadensbotschaft. Im Laufe der Geschichte wurde die Botschaft verzerrt, bis sie in die Spielmuster jeder Kultur paßte, in die sie eingeführt wurde. Die Botschaft ICH BIN O. K. – DU BIST O. K. wurde immer wieder verdreht bis zu der Anschauung WIR SIND O. K. – DU BIST NICHT O. K. Unter dieser Sanktion wurden Juden verfolgt, Rassenfanatis-

---

* P. Tournier: ‹*The Seasons of Life*› (Richmond, Virginia: John Knox Press, 1961).

mus wurde moralisch *und* gesetzlich gerechtfertigt, immer wieder
kam es zu bestialisch geführten Religionskriegen, Hexen wurden
verbrannt und Ketzer zu Tode gefoltert. Die Lehre von der Gnade
ICH BIN O. K. – DU BIST O. K. ist kaum mehr zu erkennen in Doktrinen
wie jenen von den Auserwählten und der Prädestination, die unter
den Flüchen des Eltern-Ichs und unter dem Toben des Kindheits-
Ichs von Figuren wie Elmer Gantry* und Jonathan Edwards** verkündet wurden. Sie verstanden unter den Freuden des Himmels
einen Logenplatz zur Rechten Gottes, wo sie zuschauen können, wie
die Verdammten in der Hölle braten.

Das war ein hartes Spiel, das die Menschen dazu bringen sollte,
sich zu krümmen und zu winden. Heute bleiben viele Pfarrer gelassen, wenn es um die Sünde und Buße von Einzelpersonen geht. Sie
attackieren die Sünde der Gesellschaft und wollen die Gesellschaft
dazu bringen, sich zu winden. Dieser «Angriff» reicht von einem
milden soziologischen Vortrag bis zur wütenden Attacke auf die
soziale Ungerechtigkeit. Doch Slums und Gettos und Menschenver-
achtung werden aus der Gesellschaft erst dann verschwinden, wenn
Slums und Spiele aus den Herzen der Menschen verschwinden.
Traurige Beispiele dafür sind viele Volksabstimmungen. So wurde
1964 in Kalifornien ein Volksentscheid über die sogenannte Proposition 14 herbeigeführt. Die Proposition 14 beantragte, daß die von
Washington erlassenen Gesetze über die Freiheit der Wohnungs-
wahl für Angehörige *aller* Rassen in Kalifornien *nicht* rechtskräftig
werden sollten. Die Wahlberechtigten sollten also entscheiden, ob
sie Ernst machen wollten mit der Rassenintegration vor ihrer eigenen Haustür. Proposition 14 war ein reaktionäres Apartheitsgesetz.
Der Standpunkt der «Gesellschaft» war klar: Fast jede wichtige

---

* Elmer Gantry ist die Hauptfigur des gleichnamigen Romans von
Sinclair Lewis, in welchem die fragwürdige Karriere des heuchlerischen
Sektenpredigers Gantry geschildert wird (Anm. d. Übers.).

** Der amerikanische Theologe Jonathan Edwards lebte von 1703 bis
1758. Der fulminante Prediger und zeitweilige Indianermissionar begrün-
dete die «New English Theology» und hatte starken Einfluß auf die Erwek-
kungsbewegung («The Great Awakening») in Amerika. J. Edwards versuchte, das Denken Lockes und Newtons mit dem strengen Determinismus
Calvins zu einer neuen Lehre sittlich verantworteter Freiheit des Menschen
zu verbinden. Sein harter moralischer Rigorismus kommt auch in der
berühmt gewordenen Predigt von 1741 zum Ausdruck, die den bezeich-
nenden Titel trägt: «Sünder in der Hand eines zornigen Gottes» (Anm. d.
Übers.).

Organisation im Staat Kalifornien war offiziell dagegen – fast alle
religiösen Vereinigungen, Schulträgerschaften, die großen politischen Parteien, die Handelskammer, die Gewerkschaften, die Vereinigung der Rechtsanwälte und der Lehrer-Eltern-Verband, um
nur einige der repräsentativen Organisationen zu nennen. Aber die
«apartheitliche» Proposition 14 wurde trotzdem mit Zwei-Drittel-
Mehrheit angenommen. Was die Gesellschaft tun *sollte*, steht auf
einem anderen Blatt als was die Individuen zu tun *wagen*.

Daß sie auf diesen *ausschlaggebenden* Gebieten keine Änderung
bewirken konnten, hat viele Pfarrer zur Verzweiflung getrieben, hat
viele bewogen, ihr Amt zu verlassen, und andere dazu gebracht, resi-
gniert den «konservativen Standpunkt» zu teilen, nach dem trotz
erhabener Verkündigung die Kirche im Grunde nur eine Quelle von
Eltern-Ich-Diktaten ist, die alles beim alten lassen wollen – der Staat
soll weiterhin den Mammon (die Kirchensteuer) eintreiben, die Kirche verwaltet möglichst effektiv ihre Millionen wie sie Taufen,
Hochzeiten und Beerdigungen verwaltet. Es geschieht viel Gutes,
doch angesichts des Zustands der Welt reichen diese Aktivitäten
kaum aus. Junge Theologen, die heute aus den Seminaren kommen
und von Bonhoeffer, Tillich und Buber inspiriert sind, werden deprimiert und desillusioniert, wenn sie feststellen, daß ihre Aufgabe
darin besteht, Schiedsrichter bei den Spielen der Kirche zu sein, auf
die Kinder aufzupassen, nette gesellschaftliche Veranstaltungen für
die Jugendlichen zu planen und junge Mädchen davor zu schützen,
daß sie schwanger werden. Der Kontrakt besagt: *Eigentlich müssen
wir uns nicht ändern: wir sind doch so nette Leute.* Es ist sehr wahrscheinlich, daß der historische Jesus heute von vielen Sonntagmor-
gen-Gottesdiensten ausgeschlossen würde. Jesus wurde als Weinsäu-
fer und Fresser beschimpft, weil er gern in der Gemeinschaft
gewöhnlicher Menschen war. Das bürgerliche Eltern-Ich der Sonn-
tagschristen im 20. Jahrhundert sagt: «Man beurteilt dich nach deinen Freunden; verkehre nicht mit *solchen* Leuten.» Jesus sagte:
«Füttert meine Schafe.» Das Eltern-Ich sagt: «Dafür bezahlen wir
Kirchensteuern.» Jesus sagte: «Gesegnet sind die Armen und Schwachen.» Das Kindheits-Ich sagt: «Meins ist besser als deins.» Jesus
nannte als wichtigstes Gebot: «Du sollst Gott deinen Herrn von ganzem Herzen lieben und deinen Nächsten wie dich selbst.» Das Eltern-Ich sagt: «Wir wollen keine Gastarbeitermassen in unserer
Nachbarschaft.» Auch das Kindheits-Ich ist beteiligt. Es hat Angst
vor *«denen da»*.

Unglücklicherweise haben viele, deren Erwachsenen-Ich «all diese Widersprüche und Heuchelei nicht verkraften» kann, das Kind mit dem Bad ausgeschüttet und die ursprüngliche Botschaft Christi zusammen mit dem trüben Wasser des «Christentums» ausgekippt. Die «neuen Theologen» haben sich der Aufgabe zugewandt, die einfache Botschaft der persönlichen Befreiung wieder einzusetzen und den Schlamm des institutionellen Dogmas zu beseitigen.

Wenn die persönliche Befreiung der Schlüssel zur sozialen Veränderung ist und wenn die Wahrheit uns frei macht, dann besteht die Hauptfunktion der Kirche darin, einen Ort zur Verfügung zu stellen, wo die Menschen die Wahrheit hören können. Die Wahrheit ist nicht etwas, was bei einem kirchlichen Gipfeltreffen beschlossen oder in ein schwarzes Buch gebunden wurde. *Die Wahrheit ist eine wachsende Sammlung von Daten über das, was nach unseren Beobachtungen wahr ist.* Wenn die Transaktions-Analyse zu der Wahrheit gehört, die den Menschen befreit, dann sollten die Kirchen für ihre Verbreitung sorgen. Dieser Meinung sind viele Pfarrer, die in der Transaktions-Analyse ausgebildet wurden und nun entsprechende Kurse für ihre Kirchenmitglieder leiten oder die Methode bei ihrer Seelsorge anwenden.

Was ist eine religiöse Erfahrung?

Gibt es so etwas wie ein religiöses Erlebnis, oder handelt es sich dabei einfach um eine psychologische Verirrung? Wird der Geist nur von einem Wunsch mitgerissen, wie Freud* meinte, oder ist hier mehr im Spiel als Einbildung? Die Fähigkeit, über ein religiöses Erlebnis zu reflektieren, ist an sich schon bedeutsam. Woher kommt unser Vorstellungsvermögen von Gott oder «dem Mehr» oder der Transzendenz? Entsteht die Gottesidee einfach aus der Furcht vor dem Unbekannten? Berichtete man anfänglich von religiösen Erlebnissen, um andere durch die Behauptung der Existenz außerirdischer Kräfte zu manipulieren? Entstand und überlebte die Gottesidee einfach, weil sie irgendwie mit dem darwinistischen Überleben des Tüchtigsten in Zusammenhang stand?

In ‹*Der Mensch im Kosmos*› vertritt Teilhard den folgenden Standpunkt zur Evolution:

---

* Vgl. E. Jones: ‹*The Life and Work of Sigmund Freud*›, Bd. 3 (New York: Basic Books, 1957), S. 349–360.

«Wir sind definitiv gezwungen, die Vorstellung aufzugeben, jeden Fall einfach mit dem Überleben des Tüchtigsten zu erklären oder mit einer mechanischen Anpassung an Umwelt und Nutzen. Je häufiger ich auf dieses Problem stoße und je länger ich darüber nachgrüble, um so stärker gewinne ich den Eindruck, daß wir es tatsächlich mit einem Effekt nicht äußerer Kräfte, sondern der Psychologie zu tun haben. Entsprechend der gegenwärtigen Denkweise entwickelt ein Tier seine fleischfressenden Instinkte, *weil* seine Backenzähne schneidend und seine Klauen scharf werden. Sollten wir die Behauptung nicht umkehren? Mit anderen Worten, wenn der Tiger seine Fänge in die Länge zieht und seine Klauen schärft, geschieht das nicht eher, weil er entsprechend seiner Abkunft die ‹Seele eines Fleischfressers› empfängt, entwickelt und weitergibt?»

Es könnte sein, daß sich durch den langen Evolutionsprozeß etwas im Zustand des Menschen verändert hat, das zunächst als die Vorstellung der Transzendenz und dann als die Transzendenz selbst erscheint.

Teilhard schreibt weiter im gleichen Buch:

«Das Gesetz ist formal. Wir haben bereits darauf hingewiesen, als von der Geburt des Lebens die Rede war. Keine Größe der Welt kann immerzu weiterwachsen, ohne früher oder später einen kritischen Punkt zu erreichen, der eine Zustandsveränderung mit sich bringt.»

Zur ersten bemerkenswerten Zustandsveränderung bei der Entwicklung des Menschen kam es, als er die Schwelle der Reflexion überschritt. Teilhard nennt das eine kritische Verwandlung, eine «Mutation von Null zu allem». Durch die Kraft der Reflexion ist aus der Zelle «jemand» geworden. Teilhard meint, diese Schwelle habe mit einem Schritt überquert werden müssen und sei ein «transexperimentales Intervall» gewesen, «über das wir aus wissenschaftlicher Sicht nichts sagen können, jenseits der wir uns jedoch auf einer völlig neuen biologischen Ebene befinden».

Ist es angesichts der «unmöglichen, beispiellosen» Entwicklung des denkenden Menschen nicht sinnvoll und mit dem evolutionären Prozeß im Kosmos vereinbar, zu sagen, daß sich ein «unmöglicher, beispielloser» *transzendenter Mensch* entwickelt haben könnte? Transzendenz bedeutet ein Erlebnis dessen, was mehr ist als ich selbst, eine Realität außerhalb von mir, die Das Andere, Das All oder Gott genannt worden ist. Es handelt sich nicht um ein «Aufsteigen» wie auf den vorkopernikanischen Gemälden; in der Vorstellung der

Tiefe ist es besser ausgedrückt. So versteht es auch Tillich in ‹Das neue Sein›:

«Der Name dieser unendlichen und unerschöpflichen Tiefe, des Grunds alles Seins, ist *Gott*. Diese Tiefe ist, was das Wort *Gott* bedeutet. Und wenn das Wort diese Bedeutung für euch nicht hat, dann übersetzt es und sprecht von den Tiefen euers Lebens, von der Quelle eures Seins, von eurem äußersten Belang, von dem, was ihr ohne Einschränkung ernst nehmt. Vielleicht müßt ihr dazu alles Traditionelle vergessen, was ihr über Gott gelernt habt, vielleicht sogar das Wort selbst. Denn wenn ihr wißt, daß Gott Tiefe bedeutet, dann wißt ihr viel über ihn. Dann könnt ihr euch nicht Atheisten oder Ungläubige nennen. Denn ihr könnt nicht denken oder sagen: Das Leben hat keine Tiefe! Das Leben ist seicht. Sein selbst ist nur Oberfläche. Wenn ihr das in vollem Ernst sagen könntet, wärt ihr Atheisten; doch andernfalls seid ihr es nicht.»

Was geschieht also bei einem religiösen Erlebnis? Meiner Meinung nach ist das religiöse Erlebnis eine einmalige Verbindung des Kindheits-Ichs (ein Gefühl der Intimität) mit dem Erwachsenen-Ich (eine Reflexion über die letzten Dinge) bei völligem Ausschluß des Eltern-Ichs. Ich glaube, um den völligen Ausschluß des Eltern-Ichs handelt es sich bei der *Kenose* oder Selbstentäußerung. Diese Selbstentäußerung ist ein gemeinsames Kennzeichen aller mystischen Erlebnisse. Ich glaube, man entäußert sich dabei des Eltern-Ichs. Wie kann man Glück oder Ekstase in Gegenwart jener Aufzeichnung im Eltern-Ich erleben, die ursprünglich das NICHT-O. K. bewirkt haben? Wie kann ich das Angenommensein in Gegenwart der am frühesten *empfundenen* Ablehnung *empfinden*? Es stimmt, daß die Mutter anfangs an der Intimität teilnahm, doch diese Intimität hatte keinen Bestand, sie war bedingt und «nie genug». Ich glaube, die Funktion des Erwachsenen-Ichs beim religiösen Erlebnis besteht darin, das Eltern-Ich auszusperren, damit das natürliche Kindheits-Ich wieder zu seinem eigenen Wert und seiner eigenen Schönheit als Teil von Gottes Schöpfung erweckt werden kann.

Der kleine Mensch empfindet das Eltern-Ich als O. K. oder, religiös ausgedrückt, als gerecht. Tillich sagt: «Die Gerechtigkeit der Gerechten ist eine harte, selbstgewisse Gerechtigkeit.» (So sieht der kleine Mensch seine Eltern, selbst wenn sie tatsächlich nach anderen Maßstäben nicht gerecht sind.) Tillich fragt: «Warum wenden Kinder sich von ihren rechtschaffenen Eltern ab, Männer von ihren rechtschaffenen Frauen und umgekehrt? Warum wenden Christen sich von ihren rechtschaffenen Pastoren ab und so viele Menschen von ihren rechtschaffenen Mitmenschen? Warum gibt es so viele, die einem rechtschaffenen Christentum den Rücken kehren und sich damit abwenden von einem Jesus, wie ihn dieses Christentum darstellt, von dem Gott, den es verkündet? Warum wenden sie sich denen zu, die nicht als die Gerechten gelten? Oft zweifellos, weil sie einer Verurteilung entgehen wollen.»*

Das religiöse Erlebnis ist das Ausbrechen aus dem Gefängnis der Urteile und der Verurteilungen, ist bedingungslose Aufnahme. Der «Glaube der Väter» ist nicht das gleiche wie *mein* Glaube, auch wenn ich in der Ausübung *meines* Glaubens das gleiche Erlebnis entdecken kann wie sie, mit dem gleichen Gegenstand wie sie.

Es gibt eine Art des religiösen Erlebnisses, die sich qualitativ von dem gerade beschriebenen, sich des Eltern-Ichs entäußernden Erlebnis unterscheiden mag. Das ist das Gefühl großer Erleichterung, das aus der totalen Anpassung an das Eltern-Ich entsteht. «Ich werde mein böses Tun aufgeben, und genauso sein, wie ihr (das Eltern-Ich) mich haben wollt.» Ein Beispiel dafür ist eine «bekehrte» Frau, die sich zum Beweis ihrer Erlösung als erstes den Lippenstift abwischt. Rettung wird nicht als unabhängige Begegnung mit einem gnädigen Gott verstanden, sondern als die endlich gewonnene Anerkennung der Frommen, von denen die Regeln stammen. Der «Wille Gottes» ist der Wille des Eltern-Ichs in der Gemeinde. Freud glaubte, daß die religiöse Ekstase so entsteht: Das Kindheits-Ich fühlt sich omnipotent, weil es sich dem omnipotenten Eltern-Ich ergeben hat. Die Grundeinstellung heißt ICH BIN O. K. SOLANGE ICH ... Die Versöhnung bewirkt so köstliche Gefühle, daß man nach einer Wiederholung hungert. So kommt es zum «Rückfall», der den Weg zum nächsten «Versöhnungs»-Erlebnis pflastert. Das Erwachsenen-Ich ist an diesem Erlebnis nicht beteiligt. Das religiöse Erlebnis von Kindern mag dem entsprechen. Wir können die religiösen Erlebnisse anderer nicht beurteilen, weil es keine sichere, objektive Möglichkeit gibt zu wissen, was ihnen wirklich widerfährt. Wir können nicht sagen, das Erlebnis eines Menschen sei echt und das eines anderen nicht. Eine subjektive Einschätzung läßt sich jedoch glauben, daß ein Unterschied besteht zwischen einem religiösen Erlebnis, das auf dem Beifall des Eltern-Ichs beruht, und einem religiösen Erlebnis auf der Basis einer bedingungslosen Annahme.

* Tillich: ‹Das neue Sein›, a. a. O.

Wenn es stimmt, daß wir uns bei dem zuerst beschriebenen religiösen Erlebnis des Eltern-Ichs entäußern, dann bleiben Kindheits-Ich und Erwachsenen-Ich zurück. Ob Gott vom Kindheits-Ich oder vom Erwachsenen-Ich erlebt wird, ist eine faszinierende Frage. Man hat gesagt, der Gott der Philosophen sei nicht der gleiche Gott wie der Abrahams, Isaaks und Jakobs. Der Gott der Philosophen ist eine «Denk»-Konstruktion, eine erwachsene Suche nach dem Sinn, eine Reflexion über die Möglichkeit Gottes. Abraham, Isaak und Jakob «gingen mit Gott und sprachen mit Gott». Sie haben Transzendenz *erlebt*. Sie haben sie empfunden. Ihr Kindheits-Ich war beteiligt.

Die Theologie ist eine Sache des Erwachsenen-Ichs. Das religiöse Erlebnis betrifft auch das Kindheits-Ich, vielleicht sogar nur das Kindheits-Ich. Immerhin hatte der Abraham, der Gott aus dem Lande Ur folgte, die Thora nicht gelesen, und Paulus wurde ohne Hilfe des Neuen Testamentes bekehrt. Sie berichteten von einem Erlebnis, das ihr Leben veränderte.

«Wir reden, das wir wissen, und zeugen, das wir gesehen haben», schrieb Johannes. Vielleicht hingen Spontaneität und Vitalität der frühen Kirche mit der Tatsache zusammen, daß es keine formale christliche Theologie gab. Die frühe christliche Literatur war im wesentlichen ein Bericht über das, was geschehen war und was gesagt worden war. «Ich war blind und bin sehend geworden» ist die Mitteilung eines Erlebnisses und keine interessante theologische Idee. Die ersten Christen kamen zusammen, um über eine aufregende Begegnung mit einem Mann namens Jesus zu reden, der mit ihnen ging, mit ihnen lachte, mit ihnen weinte und dessen Aufgeschlossenheit für die Menschen und dessen Mitgefühl mit ihnen ein großes historisches Beispiel für ICH BIN O. K. – DU BIST O. K. war.

H. G. Wells sagte: «Ich bin ein Historiker. Ich bin kein gläubiger Mensch. Aber ich muß als Historiker zugeben, daß dieser arme Prediger aus Galiläa unausweichlich der Mittelpunkt der Geschichte ist.»

Die ersten Christen vertrauten ihm und glaubten ihm, und sie änderten sich. Sie sprachen miteinander über das, was geschehen war. Es gab wenig von dem starren Ritual und dem passiven Dämmern, die für unsere heutigen Kirchen so kennzeichnend ist. Harvey Cox, der Harvard-Theologe, sagte in einem Interview:

«Die ersten Zusammenkünfte der Anhänger Jesu ... waren ohne das kultische Zeremoniell der meisten gegenwärtigen Gottesdienste. Die Christen versammelten sich zum Brotbrechen, wie sie es nannten – das heißt, zu einem gemeinsamen Mahl.

Sie aßen Brot und tranken Wein, erinnerten sich an die Worte Jesu, lasen Briefe von den Aposteln und anderen Christengruppen, tauschten Ideen aus, sangen und beteten. Ihre Gottesdienste waren ziemlich lärmende Angelegenheiten ... eher mit den Siegesfeiern einer Fußballmannschaft vergleichbar als mit dem, was wir heute im allgemeinen Gottesdienst nennen.»*

Sie hatten einen neuen, revolutionären Lebensstil, der auf ICH BIN O. K. – DU BIST O. K. beruhte. Wenn das Christentum nur eine intellektuelle Idee gewesen wäre, hätte es seine schwachen Anfänge wahrscheinlich nicht überlebt. Es hat überlebt, weil seine Ankunft ein historisches Ereignis war wie Abrahams Auszug aus dem Lande Ur, wie der Exodus von Moses aus Ägypten, wie die Bekehrung des Paulus auf der Straße nach Damaskus. Wir mögen das religiöse Erlebnis nicht verstehen, wir mögen es unterschiedlich erklären, aber wenn wir ehrlich sind, können wir nicht leugnen, daß ehrenhafte Männer im Laufe der Jahrhunderte davon berichtet haben.

Wie wird ein religiöses Erlebnis empfunden?

Nach den Berichten ist ein religiöses Erlebnis mehr die Gegenwart Gottes als das Wissen von Gott. Vielleicht ist es tatsächlich unbeschreiblich, und die einzige objektive Bestätigung kann in der Veränderung gesehen werden, die es in das Leben eines Menschen bringt. Diese Veränderung nimmt man bei Menschen wahr, die das NICHT-O. K. aus ihren Grundanschauungen entfernen können, an denen sie im Hinblick auf sich und andere festgehalten haben. Die Entscheidung für die Position ICH BIN O. K. – DU BIST O. K. wurde in Berichten als ein Bekehrungserlebnis überliefert.

Die folgende Beschreibung von Tillich scheint dem Empfinden des religiösen Erlebnisses nahezukommen. Er beginnt mit der Frage: «Wißt ihr, was es heißt, von der Gnade durchdrungen zu sein»? (Ich möchte das abwandeln: Wißt ihr, was es heißt, ICH BIN O. K. – DU BIST O. K. zu erleben?) Seine Antwort lautet:

«Es heißt *nicht*, daß wir plötzlich an Gottes Existenz glauben oder daran, daß Jesus der Erlöser ist, oder daß die Bibel die Wahrheit enthält. Zu glauben, daß etwas *ist*, steht fast im Widerspruch zur Bedeutung der Gnade. Weiter heißt Gnade nicht, daß wir Fortschritte

---

* «Worship: Clack or Celebration – An Interview with Harvey Cox», *Colloquy*, Bd. 1, Nr. 2 (Februar 1968).

machen in unserer moralischen Selbstkontrolle, in unserem Kampf gegen die Gesellschaft. Moralischer Fortschritt mag eine Frucht der Gnade sein; doch er ist nicht die Gnade selbst, und er kann uns sogar daran hindern, Gnade zu empfangen ... Und ganz gewiß erleben wir die Gnade nicht... solange wir in unserer Selbstgefälligkeit glauben, ihrer nicht zu bedürfen. Die Gnade trifft uns, wenn wir in großer Not und Unruhe sind. Sie trifft uns, wenn wir durch das dunkle Tal eines sinnlosen und leeren Lebens wandern. Sie trifft uns, wenn wir unsere Entfremdung tiefer als gewöhnlich empfinden, weil wir ein anderes Leben verletzt haben. Sie trifft uns, wenn unser Ekel vor unserem eigenen Sein, unserer Gleichgültigkeit, unserer Schwäche, unserer Feindseligkeit, unserem Mangel an Richtung und Gelassenheit uns unerträglich geworden ist. Sie trifft uns, wenn Jahr um Jahr die ersehnte Vollendung unseres Lebens nicht zustande kommt, wenn uns wie vor Jahrzehnten alte Zwänge beherrschen, wenn die Verzweiflung alle Freude und allen Mut zerstört. Manchmal bricht in einem solchen Augenblick ein Lichtstrahl in unsere Dunkelheit, und es ist, als spräche eine Stimme: ‹Du bist angenommen, angenommen von dem, der größer ist als du, und dessen Namen du nicht kennst. Frage jetzt nicht nach dem Namen; vielleicht wirst du ihn später erfahren. Versuche jetzt nicht, irgend etwas zu tun; vielleicht wirst du später viel tun. Suche nichts; leiste nichts; plane nichts. Nimm einfach die Tatsache an, daß du angenommen bist!› Wenn uns das geschieht, dann erleben wir die Gnade. Nach einer solchen Erfahrung sind wir vielleicht nicht besser als zuvor, und vielleicht glauben wir nicht mehr als zuvor, doch alles ist verwandelt. In diesem Augenblick besiegt die Gnade die Sünde, und die Versöhnung überbrückt die Kluft der Entfremdung. Und nichts wird von diesem Erlebnis gefordert, keine religiösen oder moralischen oder intellektuellen Voraussetzungen, nichts als es anzunehmen.

Im Licht dieser Gnade begreifen wir die Macht der Gnade in unserer Beziehung zu anderen und zu uns selbst. Wir erleben die Gnade, einem andern offen in die Augen schauen zu können, die wunderbare Gnade einer Wiedervereinigung des Lebens mit dem Leben.»

Das ist Intimität. Das ist Bewußtheit. Berne erklärt in ‹Spiele der Erwachsenen›: «Bewußtheit ist die Fähigkeit, auf unverwechselbar eigene Art eine Kaffeekanne zu sehen und die Vögel singen zu hören, und nicht so, wie es einem beigebracht worden ist.» Tillich spricht vom Erleben Gottes oder der Gnade auf seine eigene Art und nicht so, wie es ihm beigebracht worden ist. Jede vorprogrammierte

Vorstellung vom Wesen Gottes steht dem Erleben Gottes im Weg.
Darum glaube ich, daß ein wesentlicher Aspekt des religiösen Erlebens der Intimität der Ausschluß des Eltern-Ichs ist.

Berne sagt, ebenfalls in ‹Spiele der Erwachsenen›:

«Ein kleiner Junge ist entzückt, wenn er die Vögel sieht und hört.
Dann kommt der ‹gute Vater› und fühlt das Bedürfnis, seinen Erfahrungsschatz mit seinem Sohn zu ‹teilen› und ihm in seiner ‹Entwicklung› behilflich zu sein. Er sagt zu Ihm: ‹Das ist ein Häher, und das
ist ein Spatz.› Von dem Augenblick an, in dem sich der Junge damit
befaßt, welches nun der Häher ist und welches der Spatz, kann er die
Vögel nicht mehr richtig sehen oder singen hören. Er muß sie nun so
sehen und hören, wie der Vater es verlangt. Der Vater hat für sein
Verhalten durchaus plausible Gründe, denn nur wenige Menschen
können es sich leisten, ihr Leben damit zu verbringen, daß sie dem
Gesang der Vögel lauschen; je eher er also mit der ‹Erziehung› seines
kleinen Sohnes beginnt, desto besser ist das für ihn ... Es gibt nur
noch einige wenige Menschen, die auf die alte Weise sehen und
hören können. Die weitaus meisten Menschen haben jedoch die
Fähigkeit verloren ... und sie haben nicht mehr die Wahlmöglichkeit, unmittelbar zu sehen und zu hören, selbst dann nicht, wenn sie
es sich eigentlich leisten könnten; sie sind gezwungen, ihre Eindrücke aus zweiter Hand zu empfangen.»

Aus diesem Grund kann die Theologie oder die Religion dem religiösen Erlebnis im Wege stehen. Es ist schwer, Ekstase zu erleben,
wenn der Kopf voll ist von einem weibischen Bildnis Jesu, Engeln mit
kitschigen Flügeln, der Schlange im Paradies, Auserwählungen oder
raffinierten Höllenqualen. Intimität ist ein Erlebnis des natürlichen
Kindheits-Ichs (des Kindes, das auf seine Art die Vögel singen hört).
«Eine höchst ungünstige Wirkung», sagt Berne, «übt auf sie im allgemeinen die Adaptation an die Einflüsse des Eltern-Ichs aus, und
unglücklicherweise ist das nahezu überall in der Welt der Fall.»

Die Adaptation beginnt bei der Geburt. Jesus sagte: «Wer das
Reich Gottes nicht empfähet als ein Kindlein, der wird nicht hineinkommen.» Ich glaube, das Kindlein, von dem Jesus spricht, ist das
wiedergeborene natürliche Kindheits-Ich. Seine Wiedergeburt ist
möglich, wenn das Erwachsenen-Ich das NICHT-O. K. begriffen hat,
das durch den Adaptations- oder Akkulturationsprozeß entstanden
ist. Wenn wir das Eltern-Ich ausschalten, ist sogar Intimität mit unseren Eltern möglich. Auch sie haben unter dem Adaptationsprozeß
gelitten.

Menschen in der Perspektive

Die Daten des Eltern-Ichs können für das Kindheits-Ich niederschmetternd sein, besonders wenn es um das Thema Religion geht.
Das Erwachsenen-Ich hat die Aufgabe, sie zu überprüfen. Es wird
dafür gestärkt, wenn man einen Schritt zurücktritt und so eine größere Perspektive, einen weiteren Gesichtskreis gewinnt.

Mir hat dazu ein «Kalender» der Evolution des Menschen verhol-
fen, den Robert S. Francœur verfaßt hat:

«Da das genaue Datum für das Erscheinen des Menschen nie bekannt sein wird, wollen wir es willkürlich auf vor etwa eineinhalb
Millionen Jahren festsetzen. Dann wollen wir die Geschichte der
Menschheit mit einem Kalenderjahr gleichsetzen, in dem ein ‹Tag›
viertausend Jahren Menschheitsgeschichte entspricht. Danach treten im Januar die Vorfahren unseres Homo habilis auf. Der Homo
habilis konnte aufrecht gehen und primitivste Werkzeuge anwenden. Wahrscheinlich konnte er nicht sprechen wie wir, doch da er in
Horden jagte, hatte er zweifellos irgendein Kommunikationsmittel.
Die Sprache, wie wir sie heute kennen, entwickelte sich sehr allmählich in den ersten drei Monaten unseres ‹Jahres›. Der evolutionäre
Fortschritt des Menschen war bestenfalls langsam und zögernd: Das
Feuer diente zunächst zum Schutz vor der Kälte und vor wilden Tieren, erst viel später zur Nahrungszubereitung; Werkzeuge wurden
aus Stein gehauen; die Geschicklichkeit des Jägers entwickelte sich
ebenso langsam wie seine Gehirnrinde. Der Sommer kam und ging,
und der Herbst war zu zwei Drittel vergangen, als endlich um den
ersten November der Neandertaler auftauchte. Die ersten Anzeichen eines religiösen Glaubens kann man in den Begräbnisstät-
ten der späten Neandertaloiden entdecken, etwa am 17. Dezember.

Bis zum 24. Dezember unseres hypothetischen Jahres sind alle
Vorgänger des Homo sapiens oder die primitiven Arten des Menschen ausgestorben beziehungsweise absorbiert vom fortschrittli-
cheren und moderneren Cromagnonmenschen. Der Ackerbau begann etwa am 28. Dezember, und unsere gesamte historische Ära,
die kurzen sechs- bis zehntausend Jahre, von denen wir eine
geschichtliche Kenntnis haben, fand in den letzten beiden Tagen
unseres ‹Jahres› statt. Sokrates, Plato und Aristoteles wurden ungefähr um neun Uhr früh am 31. Dezember geboren, Christus um
zwölf und Columbus um 21.30 Uhr. Die letzte Stunde des 31.

Dezember von 23 Uhr bis Mitternacht enthält das gesamte neunzehnte und zwanzigste Jahrhundert.»*

In dieser Perspektive erkennen wir ziemlich klar, daß unsere besondere Art «althergebrachter Religion» mit ihren Behauptungen letzter und äußerster Kenntnis Gottes und seiner Schöpfung letzten Endes doch nicht so alt ist.

Glaube ist kein blinder Sprung ins Nichts, sondern ein überlegter Gang in das Licht, das wir haben. Teil dieses Lichts ist die Erkenntnis, daß die Welt, die «Gott also liebte», wesentlich größer ist als unser eigenes persönliches Verständnis von ihr. Wenn nichts sonst, so sollte diese Erkenntnis uns bescheiden machen und unsere Rechte auf die ausschließliche Wahrheit widerlegen.

Ich erinnere mich an die Erklärung eines Politikers: «Wenn Weiße und Schwarze und Braune und alle Andersfarbenen beschließen, als Christen zusammen zu leben, dann, und nur dann, werden wir einen Weg aus allen diesen Nöten finden.» Diese Erklärung mag ihm etwas bedeuten; aber was bedeutet sie den eineinhalb Milliarden Menschen heute auf der Welt, die nicht wissen, wer Christus war, und noch nie seinen Namen gehört haben?

Das bringt uns auf eine zweite Möglichkeit, Menschen in der Perspektive zu sehen. In einer Predigt, die ich vor einiger Zeit hörte, wurden folgende statistische Überlegungen angestellt:

Wenn die drei Milliarden Menschen der Welt in einer Gruppe von einhundert repräsentiert werden könnten:

wären sechs davon Bürger der Vereinigten Staaten; vierundneunzig wären Bürger anderer Länder.

Sechs würden die Hälfte des Geldes der Welt besitzen; vierundneunzig würden sich die andere Hälfte teilen; von den vierundneunzig würden zwanzig faktisch die restliche Hälfte besitzen.

Sechs hätten fünfzehn mal mehr materielle Besitztümer als die anderen vierundneunzig zusammen.

Sechs hätten 72 Prozent des durchschnittlichen täglichen Nahrungsbedarfs; zwei Drittel der vierundneunzig hätten einen Ernährungsstandard unterhalb des Minimums, und viele von ihnen wären am Verhungern.

Die Lebenserwartung von sechs würde siebzig Jahre betragen.

---

* Eine Zusammenfassung aus dem Vorwort von R. T. Francœur zu ‹The Appearance of Man› von P. Teilhard de Chardin (New York: Harper, 1956).

Die Lebenserwartung von vierundneunzig käme auf neununddreißig Jahre.

Von den vierundneunzig kämen dreiunddreißig aus Ländern, in denen der christliche Glaube gelehrt wird. Von den dreiunddreißig wären vierundzwanzig Katholiken und neun Protestanten.

Weniger als die Hälfte der vierundneunzig hätte den Namen Christi gehört, doch die Mehrheit der vierundneunzig wüßten von Lenin.

Unter den vierundneunzig würden drei kommunistische Dokumente kursieren, die an Auflagenzahl der Bibel überlegen sind. Im Jahre 2000 wird jeder zweite Mensch Chinese sein.*

Wir betrügen uns selbst, wenn wir weiterhin mitreißende Erklärungen über Gott und den Menschen von uns geben, ohne ständig die Fakten des Lebens vor Augen zu haben: die lange Geschichte der menschlichen Entwicklung und die gegenwärtige Verschiedenartigkeit menschlichen Denkens. Für manche Menschen mögen das erschütternde Daten sein. «Hoffnungslos!» jammern sie vielleicht. Mir gefällt Teilhards Einstellung. Als er einmal gefragt wurde, was ihn glücklich mache, antwortete er: «Ich bin glücklich, weil die Welt rund ist.» Die Grenzen, Ecken oder Winkel sind nicht physisch, sondern psychisch. Wenn wir die psychologischen Zäune entfernen, die zum Schutze des NICHT O. K.-Kindheits-Ichs in jedem Menschen aufgerichtet wurden, dann gibt es keine Barrieren, die unser Zusammenleben in Frieden verhindern.

Was ist Realitätstherapie?

Zu Beginn dieses Kapitels habe ich erklärt, die Realität sei unser wichtigstes Behandlungsinstrument. Einige Realitäten habe ich untersucht. Zum Abschluß dieses Kapitels möchte ich kurz die Transaktions-Analyse mit der Realitätstherapie vergleichen, die William Glasser entwickelt hat.** Nach Glassers Ansicht ist das Grundproblem des Menschen insofern moralischer Natur, als die *Verantwortlichkeit* die Voraussetzung für die psychische Gesundheit sei.

Ich glaube, daß man beide Ansätze – die Transaktions-Analyse wie die Realitätstherapie – für Ergebnisse eines neuen Durchbruchs

* Michael D. Anderson, Predigt in der Fremont Presbyterian Church, Sacramento, 27. Dezember 1964.
** W. Glasser: ‹Reality Therapy› (New York: Harper & Row, 1965).

in der Psychiatrie ansehen kann, der aus der Unzufriedenheit mit der Unwirksamkeit und Unwirklichkeit jener Form der Psychiatrie und klinischen Psychologie entstanden ist, die im Effekt die Moralität aus dem Mittelpunkt der Behandlung entfernt haben.

Sowohl die Transaktions-Analyse wie die Realitätstherapie gehen davon aus, daß die Menschen für ihr Verhalten verantwortlich sind. Es gibt jedoch einen wesentlichen Unterschied. Ich teile Glassers Ansicht nicht, daß die Vergangenheit unwesentlich sei zum Verständnis des Verhaltens in der Gegenwart. Ich glaube nicht an das Spiel «Archäologie», an das Herumgraben in der Vergangenheit, aber ich glaube auch nicht, daß wir die Vergangenheit völlig ignorieren können. Wer seine Vergangenheit ignoriert, kommt mir vor wie ein Mann, der im Regen steht und erbittert dagegen protestiert, daß Wasser naß ist, während er bis auf die Haut durchweicht wird. Wenn man einem Patienten sagt, daß er verantwortlich sein muß, dann bedeutet das nicht im geringsten, daß er verantwortlich wird. Die Transaktions-Analyse ist ebenfalls eine «Realitätstherapie», doch sie bietet Antworten, die Glasser meiner Ansicht nach nicht gibt. Was fehlt zum Beispiel Menschen, die Realität nicht oder nur verzerrt (infolge der «Trübung») wahrnehmen können? Welche Antwort gibt er jenen, die «wissen, was sie tun müssen, aber es nie schaffen»? Glasser erklärt: «Wir beschäftigen uns nicht mit unbewußten seelischen Vorgängen ... wir befassen uns nicht mit der Geschichte des Patienten, weil wir weder das, was ihm geschehen ist, ändern noch die Tatsache akzeptieren können, daß er durch seine Vergangenheit behindert sei.»

Es stimmt, daß wir die Vergangenheit nicht ändern können. Doch sie schleicht sich durch Eltern-Ich und Kindheits-Ich unweigerlich in unser gegenwärtiges Leben ein, und wenn wir das nicht zugeben und nicht verstehen, warum das geschieht, haben wir kein emanzipiertes Erwachsenen-Ich, mit dem wir zu den verantwortungsbewußten Menschen werden können, als die Glasser uns sehen will. Wir müssen unser El-Er-K verstehen, bevor wir uns von der Vergangenheit abwenden können. Wenn ein Therapeut uns sagt, daß wir *müssen*, dann verkörpert er das Eltern-Ich. Wenn wir uns selbst dazu entschließen, weil wir verstehen, wie wir zusammengesetzt sind, dann kommt dieser Entschluß aus unserem Erwachsenen-Ich. Das «Stehvermögen» unserer Entscheidung hängt völlig davon ab, ob es sich um einen Entschluß des Eltern-Ichs oder des Erwachsenen-Ichs handelt.

Ein anderer Vorbehalt, den ich gegenüber der Realitätstherapie habe, betrifft ihren Mangel an einer besonderen Sprache, mit der berichtet werden kann, «was geschah». Glasser erklärt: «Die Fähigkeit des Therapeuten zum Engagement ist die Hauptkunst bei der Anwendung der Realitätstherapie, doch sie läßt sich nur unter Schwierigkeiten beschreiben. Wie faßt man den raschen Aufbau einer starken emotionalen Beziehung zwischen zwei relativ Fremden in Worte?»

In der Transaktions-Analyse haben wir diese Worte. Anfangs meldet sich im Patienten das Kindheits-Ich zu Wort und sieht im Therapeuten das Eltern-Ich. In der ersten Stunde werden Eltern-Ich, Erwachsenen-Ich und Kindheits-Ich definiert, und dann gebraucht man diese Worte, um den Kontrakt oder die gegenseitigen Behandlungserwartungen festzulegen. Der Kontrakt liegt auf der Ebene des Erwachsenen-Ichs. Wenn der Patient gefragt wird: «Was ist geschehen?», dann kann er sagen, was geschehen ist. Er hat gelernt, sein eigenes Eltern-Ich, Erwachsenen-Ich und Kindheits-Ich zu erkennen. Er hat gelernt, seine Transaktionen zu analysieren. Er hat ein *Instrument* erworben, mit dem er sein Erwachsenen-Ich befreien und stärken kann, und nur dieses Erwachsenen-Ich kann verantwortungsbewußt sein.

Ich bin von ganzem Herzen mit Glassers Konzentration auf die *Verantwortlichkeit* einverstanden, ebenso wie ich mit dem Ideal der Zehn Gebote und dem moralischen Grund-Satz («Was du nicht willst, daß man dir tu, das füg auch keinem andern zu») einverstanden bin. Mich beschäftigt allerdings die Realität, warum diese Ermahnungen nicht gewissermaßen automatisch verantwortliche Menschen schaffen. Die ständige Neuformulierung solcher Belehrungen hilft wenig.

Wir können nur zu verantwortlichen Menschen kommen, wenn wir ihnen zum Verständnis der Grundeinstellung ICH BIN NICHT O. K. – DU BIST O. K. verhelfen, die ihren komplizierten und destruktiven Spielen zugrunde liegt. Sobald wir die Lebensanschauungen und Spiele verstehen, beginnt sich die Freiheit der Reaktion als eine reale Möglichkeit zu entfalten. Solange Menschen durch die Vergangenheit gebunden sind, können sie nicht frei auf die Bedürfnisse und Bestrebungen anderer in der Gegenwart reagieren; und «die Feststellung, wir seien frei», sagt Will Durant, «bedeutet nur, daß wir wissen, was wir tun».

13. Soziale Folgerungen aus El-Er-K

Die Geschichte ist von Tyrannen bevölkert, die das Unvorstellbare getan haben. Und der Druckknopf ist vorhanden.

Aus der Fernsehdokumentation
‹In Search of Man›

Erhellt unser Verständnis der Verhaltensmotive von Individuen auch die Verhaltensmotive von Menschengruppen wie zum Beispiel Nationen? Diese Frage ist wichtig, denn wenn sie nicht bald gestellt und bald beantwortet wird, mag es wenig Sinn haben, sich überhaupt noch um Individuen zu sorgen.

«Glauben Sie wirklich, daß ein Mensch ein rationales Wesen ist?» hat William Fulbright einmal bei einem Hearing des Senatsausschusses für auswärtige Beziehungen gefragt. «Um einem Volk Wahlen zu geben», fuhr er fort, «in dem noch nie Wahlen stattgefunden haben, sind wir in Vietnam bereit, Tausende in eben diesem Land zu töten. Das erscheint mir irrational.»

Da kollektive ebenso wie persönliche Verhaltensweisen durch das Eltern-Ich von einer Generation zur nächsten vermittelt werden, muß eine Nation gegenüber ihren vorhandenen Institutionen und Verfahrensweisen ebenso gewissenhaft kritisch sein wie das Individuum. Die westlichen Demokratien gewähren für diese Art kritischer Untersuchung viel Freiheit, und doch bleibt die Frage, wie effektiv wir mit dieser Freiheit umgehen. Manchmal verteidigen wir unser politisches oder kollektives Eltern-Ich ziemlich blind und scheinen zu vergessen, daß andere Staaten das gleiche tun. Unsere Verteidigung nennen wir «Behauptung der Freiheit», die ihre «Sklaverei». Bis zu einem gewissen Grad leben alle Staaten hinter einem Vorhang. Vielleicht ist es der gleiche Vorhang.

Welches innere Verhältnis hat ein Staatsbürger zu seinem Staat? Bezeichnenderweise sprechen wir von «Vaterland» und «Mutterland». Es gibt zahllose Zeugnisse dafür, wie diese Eltern-Kind-Beziehung zwischen dem einzelnen und «Vater Staat» oder der «mütterlichen Heimaterde» (z. B. «Mütterchen Rußland») gelehrt und gelernt wird. Ein Beispiel für die amerikanische Version:

«Der gute Bürger verhält sich zu seinem Land wie der gute Sohn zu seiner Mutter.

Er gehorcht ihr, weil sie die ältere ist, weil sie in sich die Visionen vieler vereinigt und weil er ihr sein Leben und seine Erziehung verdankt.

Er ehrt sie vor allen andern und bewahrt sie in einer besonderen Kammer seines innersten Herzens, vor der stets die Kerzen der Ehrfurcht und Bewunderung brennen.

Er verteidigt sie gegen alle Feinde und opfert ihr sein Leben gern.

Vor allem andern liebt er sie tief und ohne Aufhebens. Er weiß, auch wenn er sich in dieses Privileg mit anderen teilt, so ist doch die Art seiner eigenen Zuneigung einmalig und persönlich. Sie steigt aus den tiefsten Quellen seines Seins und wird auf die gleiche Art erwidert.

Dies ist der gute Bürger. Solange seine Art sich behauptet, solange wird die Große Republik blühen und wachsen.»*

Die einzige überlegte Antwort auf eine solche Verkündung heißt: «Es kommt darauf an.» Ob wir unsere Mutter, unser Eltern-Ich oder unser nationales Eltern-Ich ehren, verteidigen und durch Gehorsam zufriedenstellen — es kommt darauf an, was für ein Eltern-Ich das wirklich ist. Weil wir meinen, an eine Idee glauben zu müssen, können wir vielleicht nicht erkennen, um welche Idee es geht.

Genau aus dieser Ergebenheit heraus läßt es die indische Bevölkerung zu, daß ein Fünftel der an sich schon unzulänglichen Nahrungsmittelreserven von Ratten gefressen wird oder daß eine Inderin zehn Kinder zur Welt bringt, die dann auf der Straße verhungern, weil das Eltern-Ich der Inderin nicht zuläßt, daß ihr ein Arzt eine empfängnisverhütende Vorrichtung in die Gebärmutter einsetzt. Ihr Eltern-Ich wendet sich nicht gegen das Verhütungsmittel, das in Indien jetzt massenhaft produziert wird, sondern gegen den männlichen Arzt. Es gibt nicht genug Ärztinnen, die diesen kleinen, harmlosen Eingriff bei den -zig Millionen indischer Frauen durchführen könnten.

Überall in der Welt sehen wir die Beweise der «Blindheit», und doch können wir nicht einsehen, daß an dieser Blindheit *alle* Men-

---

* Diese hymnische Beschwörung hat Max Rafferty, der einflußreiche California Superintendent of Schools, 1965 in *California Education*, Bd. II, Nr. 8, veröffentlicht.

schen leiden. Es ist die gleiche Blindheit wie die des kleinen Jungen im zweiten Kapitel, der glauben muß, «Bullen sind böse», obwohl seine eigenen Augen und Ohren ihm das Gegenteil «beweisen». Die ursprüngliche Furcht und Abhängigkeit des kleinen Kindes zwingen es, die Diktate seiner Eltern zu akzeptieren, damit es weiterleben kann. Dieses Dilemma müßten wir eigentlich aus eigener Erfahrung sehr genau nachempfinden können. Wenn wir uns statt auf das Eltern-Ich auf das Kindheits-Ich unserer ideologischen «Feinde» konzentrieren in der Hoffnung, eine Kommunikation auf der Ebene des beiderseitigen Erwachsenen-Ichs wiederherzustellen, kommen wir vielleicht zu einer verständnisvollen statt hysterischen Einschätzung dessen, was für eine bessere Welt getan werden kann.

Auf Fulbrights Frage, ob der Mensch rational sei, antwortete Jerome Frank, Professor für Psychiatrie an der Johns Hopkins Universität, der bei dem erwähnten Hearing anwesend war: «Wir sind nur von Zeit zu Zeit rational. Ich glaube, wir leiden an starker Angst und emotionaler Spannung, die klares Denken beeinträchtigen. Wir haben ein Recht darauf, uns vor nuklearen Waffen zu fürchten.»

Das kleine Kind hat auch ein Recht darauf, sich vor den Schlägen eines brutalen Vaters zu fürchten. Die zweckdienlichere Überlegung lautet jedoch nicht, ob man ein Recht hat, sich zu fürchten oder nicht, sondern was man dagegen tun kann. Wenn ein Leben von Furcht beherrscht ist, gibt es keine Möglichkeit für die präzise Datenverarbeitung, die allein zu einer (individuellen oder weltweiten) Lebenseinstellung führen kann, die Heilung verspricht: ICH BIN O. K. – DU BIST O. K.

Fulbright hat das bei anderer Gelegenheit in einer Rede aus dem Jahre 1964 ausgedrückt (Einfügungen in Klammern vom Autor):

«Zwischen der Welt, wie sie ist (vom emanzipierten Erwachsenen-Ich gesehen) und der Welt in der Wahrnehmung der Menschen (vom Eltern-Ich oder Kindheits-Ich oder vom getrübten Erwachsenen-Ich) besteht eine unvermeidliche Divergenz, die den Unzulänglichkeiten des menschlichen Geistes (dem getrübten Erwachsenen-Ich) zuzuschreiben ist. Solange unsere Wahrnehmungen einigermaßen der objektiven Realität (ungetrübt) nahekommen, können wir unsere Probleme auf rationale und angemessene (Erwachsenen-Ich) Weise behandeln. Doch wenn unsere Wahrnehmungen hinter den Ereignissen zurückbleiben (archaisch sind), wenn wir uns weigern, etwas zu glauben, weil es uns mißfällt (Eltern-Ich) oder uns ängstigt (Kindheits-Ich) oder weil es uns einfach höchst befremdlich vorkommt, dann wird die Kluft zu einem Abgrund, und was wir tun, wird irrelevant und irrational . . .»*

Das Grauen, das die meisten Menschen bei den Enthüllungen über die Verbrechen der Nazizeit befiel, wurde bei den Siegermächten nicht selten von der selbstgerechten Annahme begleitet, «das könnte bei uns niemals geschehen», *wir* (zum Beispiel die Amerikaner) könnten niemals so unglaubliche Greueltaten zulassen.

Wirklich nicht? Was geschah unter den Nazis? Können alle Menschen irrational sein? Wie irrational? Wer setzt die Grenzen? Sind zum Beispiel die Amerikaner mit ihrer langen demokratischen und humanitären Tradition dagegen gefeit, sich zu willenlosen Werkzeugen, zu Folterknechten erniedrigen zu lassen? Ich zitiere aus einer Rezension**, in der über ein von Stanley Milgram an der Yale University geleitetes Forschungsprojekt berichtet, das Beweise als Antwort auf diese Frage gibt:

«Milgram führte eine Reihe psychologischer Experimente über den Gehorsam durch. Als Versuchsgruppe nahm er einen Querschnitt der erwachsenen (zwanzig- bis fünfzigjährigen) männlichen Bevölkerung von Bridgeport, Connecticut, vom Arbeiter bis zum Akademiker. Das Experiment sollte feststellen, wieviel körperliche Bestrafung ein Mensch einem anderen auf Befehl zufügen würde, doch es wurde als wissenschaftliche Untersuchung der ‹Bridgeport Research Associates› über Lernmethoden getarnt. Die Versuchspersonen wurden aufs Geratewohl ausgewählt und mit viereinhalb Dollar für ihren Zeitaufwand entschädigt.

Ein ‹Schüler› wurde auf einen «elektrischen Stuhl› geschnallt, nachdem die Versuchsperson (ein ‹Lehrer›) einen Probeschock von 45 Volt empfangen hatte, der ihn von der Echtheit der Anlage überzeugte. Dann versetzte die Versuchsperson (Lehrer) dem Schüler von einem Nebenzimmer aus einen Schock von wachsender Intensität für jede falsche Antwort. In Wirklichkeit wurde der Schüler nicht geschockt, sondern seine Reaktionen waren eine standardisierte Tonbandaufnahme mit Gemurmel, Seufzern, Bitten und Schreien, die der steigenden Voltzahl angepaßt waren. Die Antworten waren vom Leiter des Experiments vorbereitet, so daß der einzige Beschränkungsfaktor, der den Lehrer davon abhielt,

---

* W. Fulbright: ‹Foreign Policy – Old Myths and New Realities›. In: *The Congressional Record*, 25. März 1964.

** R. Crawshaw: ‹But Everybody Cheats›. In: *Medical Opinion and Review*, Bd. 3, Nr. 1 (Januar 1967).

die Maximalintensität der Schockmaschine anzuwenden, sein Mitgefühl für einen leidenden Menschen war. Der Konflikt für den Lehrer (Herrn Jedermann) bestand zwischen dem Gehorsam gegenüber dem autoritären System auf der einen und seinem Glauben, daß er einen anderen Menschen nicht verletzen sollte, auf der anderen Seite.

Welcher Prozentsatz der sogenannten Lehrer ging bis zum Äußersten und gab den maximalen Schock? Aber bevor Sie raten, sollen Sie lesen, was Herr Jedermann am Schalter sagte:

Nach 150 Volt: ‹Soll ich weitermachen?› (*Versuchsleiter befiehlt weiterzumachen*)

Nach 165 Volt: ‹Der Kerl da drin schreit. Das ist eine Menge Strom. Vielleicht bekommt er einen Herzanfall. Soll ich weitermachen?› (*Versuchsleiter befiehlt weiterzumachen*)

Nach 180 Volt: ‹Er hält das nicht aus. Ich werde diesen Menschen dort drin nicht töten. Hören Sie nicht, wie er schreit? Er schreit. Er hält es nicht aus. Und wenn ihm etwas passiert? Wissen Sie, was ich meine? Ich meine, ich weigere mich, die Verantwortung zu übernehmen.› (*Der Leiter des Experiments übernimmt die Verantwortung.*) ‹Na gut.›

195 Volt, 210, 240 und so weiter.

Die Versuchsperson (Lehrer) gehorchte unfehlbar dem Experimentator. *Welcher Prozentsatz der fast eintausend ‹Lehrer› ging bis zum äußersten? Schätzen Sie, bevor Sie Ihre Augen weiterwandern lassen.* Eine Gruppe von vierzig Psychiatern, die das Projekt studiert hatten, sagten ein Zehntel eines Prozents voraus. Beim tatsächlichen Experiment gehorchten zweiundsechzig Prozent bis zum letzten den Befehlen des Experimentators. Was haben Sie geschätzt?

Milgram[*] kam zu dem Schluß: ‹Mit betäubender Regelmäßigkeit konnte man sehen, wie rechtschaffene Menschen sich den Befehlen der Autorität unterwarfen und Handlungen ausführten, die gefühllos und hart waren. Menschen, die im täglichen Leben verantwortungsbewußt und anständig sind, ließen sich von der Fassade der Autorität, von der Kontrolle ihrer Wahrnehmungen und von der unkritischen Annahme der Situationserläuterung durch den Experimentator zu grausamen Handlungen verleiten. Die Resultate dieses Laborversuchs erfüllen mich mit Besorgnis. *Sie weisen auf die Möglichkeit hin, daß die menschliche Natur oder, spezifischer ausge-*

---

[*] S. Milgram, *Human Relations*, Bd. 18 (1965), Nr. 1.

drückt, die Art von Charakter, die in der amerikanischen demokra-
tischen Gesellschaft hervorgebracht wird, nicht zuverlässig die Bür-
ger dieser Gesellschaft vor Brutalität und unmenschlicher Behand-
lung schützen wird, wenn sie von einer böswilligen Autorität gelenkt
wird.» (Hervorhebungen durch den Autor.)

Die Folgerungen aus diesem Experiment sind tatsächlich erschreckend, wenn wir der Ansicht sind, daß die Resultate nur mit
etwas Unauslöschbarem in der menschlichen Natur zusammenhängen. Mit Hilfe der Transaktions-Analyse können wir das Experiment jedoch völlig anders beurteilen. Wir können sagen, daß 62 Prozent der Versuchspersonen kein befreites Erwachsenen-Ich hatten,
um die Autorität im Eltern-Ich des Experimentators zu untersuchen.
Zweifellos war eine ungeprüfte Voraussetzung: Experimente, die
der Forschung dienen, sind immer gut. Vielleicht hat die gleiche Voraussetzung deutsche Wissenschaftler dazu gebracht, sich in der
Nazizeit an scheußlichen Menschenversuchen zu beteiligen.

Als kleinen Kindern hat man den meisten von uns «gehörigen
Respekt» vor der Autorität beigebracht. Diese Autorität personifi-
zierten der Polizist, der Busfahrer, der Pfarrer, der Lehrer, der Brief-
träger, der Schulleiter und auch abstrakte Größen wie die Behörden,
der Minister, der Parteivorsitzende, der Führer... Die Reaktion
vieler Menschen auf das Erscheinen solcher Autoritätsfiguren erfolgt *automatisch*. Wer zum Beispiel über die Landstraße dahinrast
und plötzlich im Rückspiegel ein Polizeiauto entdeckt, überlegt
nicht bewußt, ob er mit seiner (überhöhten) Geschwindigkeit herun-
tergehen soll; sein Fuß hebt sich automatisch vom Gas. Die alte Aufzeichnung: «Sei vorsichtig!» ertönt mit voller Lautstärke, und das
Kindheits-Ich reagiert automatisch, wie es immer reagiert hat. Bei
ruhigem Nachdenken erkennt das Erwachsenen-Ich an, daß Gesetze zur Geschwindigkeitsbegrenzung nötig sind. Darum ist die
automatische Reaktion in dieser Situation gut.

Nicht alle automatischen Reaktionen gegenüber der Autorität
sind gut. Fügsamkeit kann sehr riskant sein, wenn das Erwachsenen-
Ich in einer sich wandelnden Welt nicht neue Daten verarbeitet.
Darum können wir trotz unserer Besorgnis das gegenwärtige Klima
der Proteste und des Infragestellens in unserem Lande mit Hoffnung
betrachten. Die Demonstrationen und scharfen Fragen der Jungen
zeigen, daß Gesundheit und Kraft in ihrer Ablehnung stecken, sich
blind der Autorität zu beugen oder ohne weiteres Gesetze zu akzeptieren, die sie als feindlich gegenüber Gerechtigkeit und Überleben

empfinden. Gesetze sind nicht die letzte Wahrheit. Es hat schlechte Gesetze neben den guten gegeben, und viele schlechte wurden infolge von Protesten der Art geändert, wie wir sie heute sehen. Wenn wir gewaltlose Proteste nicht beachten, müssen wir mit wachsenden Anzeichen für eine Machtübernahme des Kindheits-Ichs mit Krawallen und Gewalttätigkeiten rechnen. Wenn wir nicht auf die Vernunft reagieren, werden unsere Reaktionen immer mehr von Furcht beherrscht sein. Zugleich müssen wir die Bedingungen des demokratischen Prozesses bedenken, der ohne Gesetze nicht funktionieren kann. Wie Churchill gesagt hat: «Demokratie ist die schlechteste Regierungsform, die man sich vorstellen kann, bis man versucht, sich eine bessere vorzustellen.» Doch die Demokratie kann nur mit einer intelligenten Wählerschaft funktionieren, und eine intelligente Wählerschaft ist eine «erwachsene» Wählerschaft. Eine Regierung des Eltern-Ichs für das Eltern-Ich und durch das Eltern-Ich wird untergehen.

Ist diese jüngere Generation anders?

Viele Eltern sind ernsthaft besorgt über das unabhängige Verhalten der heutigen Jugend. Der Gedanke, den elterlichen Druck zu verringern, ist nicht angenehm. Im Gegenteil, sagen manche, wir müssen den Druck verstärken. Viele Eltern können nicht glauben, daß im Kopf eines jungen Studenten, der lange Haare und Protestbuttons trägt und Hasch raucht, irgend etwas Konstruktives oder Praktisches stecken kann, auch wenn die gleichen Eltern nicht fähig sein mögen, ihre eigenen kurzen Haare, die Eröffnungszeremonien ihrer Verbindungen oder die Riten ihrer Cocktailparties überzeugend zu verteidigen. «Diese verwöhnten Bälger zerstören alles, was wir unter Schwierigkeiten aufgebaut haben», sagt ein zorniger Vater im Hinblick auf das *Free Speech Movement* an der Berkeley University. An dieser Behauptung ist etwas Wahres; junge Leute können zerstörerisch sein und manche sind es. Sie haben keine Steuern gezahlt, sie haben nicht zum Aufbau der Institutionen beigetragen, die sie angreifen. Andererseits können sie nicht wählen und werden doch aufgefordert, mehr zu geben als Steuern. Man verlangt von ihnen, ihr Leben in Kriegen zu opfern, die viele von ihnen nicht befürworten.

Eine El-Er-K-Untersuchung des heutigen College-Studenten verhilft zu einem neuen Verständnis seines Charakters, das dazu beitragen kann, dieses Thema aus dem klassischen Wettstreit (die ältere gegen die jüngere Generation) mit seinem händeringenden und unproduktiven «Ist es nicht schrecklich» herauszulösen.

1965 wurde eine der großartigsten Bildungsstätten der Welt, die Universität von Kalifornien in Berkeley, durch eine Reihe lautstarker Transaktionen erschüttert, die in die ganze Welt gemeldet wurden. Das rebellierende Kindheits-Ich vieler Studenten ließ sich an Slogans wie «Trau keinem über dreißig» deutlich nachweisen. Auch das Eltern-Ich trat hervor, wie im «gerechten Zorn» des Vorsitzenden des Aufsichtskomitees über den schamlosen Gebrauch *des* unanständigen Ausdrucks (*Fuck*). Ebenfalls erkennbar war das eindrucksvolle Erwachsenen-Ich des Universitäts-Präsidenten Clark Kerr, der im Januar 1967 entlassen wurde. (Entscheidungen des Erwachsenen-Ichs bürgen nicht für Zustimmung, Popularität oder Sicherheit, vor allem nicht unter jenen, die sich von der Realität zu sehr bedroht fühlen, um sie auch nur zu untersuchen.)

Was geschah wirklich auf dem Campus von Berkeley? Was bedeutete der unanständige Ausdruck wirklich? Warum forderten in einer Institution, die als eine der liberalsten des Landes gilt, Studenten in einem lärmenden, schrillen Protest gegen die gesamte Universitäts-Autorität unbeschränkte Freiheit? In einer umfassenden Analyse der Unruhen von Berkeley kommentierte Max Ways in der Zeitschrift *Fortune*:

«Noch nie hat eine pädagogische Institution den Namen eines Tyrannen weniger verdient als die Universität von Kalifornien. Die Studenten können – und in Berkeley tun es die meisten – außerhalb des Campus ohne die geringste Beaufsichtigung durch die Universität leben. Das akademische Angebot ist enorm und wird durch die Bedingungen der Lehrpläne nur geringfügig eingeengt. Tatsächlich stammen viele studentische Beschwerden, die als Forderungen nach mehr Freiheit formuliert werden, aus den Konsequenzen einer Situation, die Erzieher an weniger fortschrittlichen Universitäten als exzessive Freiheit bezeichnen würden.»*

Er bemerkte weiter, daß «vielen Studenten die Universität – und die Gesellschaft – als ein tyrannisches Establishment erscheint, weil sie früher zu wenig der institutionalisierten Autorität ausgesetzt waren, die durch unpersönliche Vorschriften regiert».

* M. Ways: ‹On the Campus: A Troubled Reflection of the U.S.›. In: *Fortune*, September–Oktober 1965.

Das ist ein wichtiger Gedanke. Wenden wir uns den ersten fünf Lebensjahren der meisten nichtgraduierten Studenten zu, von denen viele der Studentenrebellion positiv gegenüberstanden, wenn sie nicht aktiv an ihr teilnahmen. Die Altersspanne der nichtgraduierten College-Studenten reicht von achtzehn bis zweiundzwanzig. Viele protestierende Studenten wurden zwischen 1943 und 1946 geboren und verbrachten ihre prägendsten Jahre während der Kriegs- oder der unmittelbaren Nachkriegszeit. Diese Jahre waren gekennzeichnet von unbeständigen Familienkonstellationen, häufigen Ortswechseln, abwesenden, wenn nicht toten Vätern, sorgenvollen Müttern und allgemeinen gesellschaftlichen Zuständen, die die häusliche Unruhe vergrößerten. Viele junge Väter kamen aus dem Krieg zurück, schrieben sich an den Universitäten ein und überdachten nüchtern den Zustand einer Welt, die soviel von ihnen verlangt hatte. Ihre Verwundetenabzeichen und verwundeten Gemüter unterstrichen ihre verbalen Äußerungen, die vom Haß gegen den Krieg geprägt waren. Sie kapitulierten nicht leicht vor toten Institutionen und alten Klischees über den wünschenswerten Zustand der Welt. Ihre kleinen Kinder, die Studenten von heute, sahen das Leben nicht als Hafen häuslicher Heiterkeit oder als eine Welt, in der die Demokratie geborgen ist. Sie sahen im frühen Alter die Bilder von Konzentrationslagern und registrierten die ernsten Fragen, die sich aus diesen Bildern über das Gute im Menschen ergaben. Diese Daten wurden im Eltern-Ich aufgezeichnet.

Andererseits waren viele dieser Kinder die Empfänger von Wohlstandssymbolen, mit denen ihre Eltern sie überschütteten. Sie waren sauber und gewaschen, ohne Karies, mit Vitaminen gefüllt, kieferorthopädisch verklammert und für höhere Ausbildung versichert. Doch alle diese Wohltaten löschten nicht die frühen Aufzeichnungen, die wir jetzt aus den «unvernünftigen» Handlungen protestierender Studenten heraushören können. Wir müssen sorgsam darauf hinweisen, daß man das nicht auf alle Studenten oder alle protestierenden Studenten verallgemeinern kann. Es gibt sicherlich Ausnahmen. Manche unter ihnen waren älter als die anderen. Manche kamen aus Elternhäusern, die von den Kriegsjahren nicht erschüttert worden waren. Dennoch ist diese Art der Analyse wertvoll. Durch solche Nachforschungen überwinden wir das «Ist es nicht schrecklich» zur jüngeren Generation.

Daß sie früh Schwierigkeiten und Unbeständigkeiten ausgesetzt waren, entbindet diese jungen Leute nicht von der Verantwortung für ihr Verhalten. Doch ein Verständnis für die Aufzeichnungen im Eltern-Ich und Kindheits-Ich dieser Studenten macht ihre Einstellungen verständlicher. Wir erkennen, daß archaische Daten nicht nur von dem rebellischen, ängstlichen Kindheits-Ich kommen, sondern auch vom Eltern-Ich, das ebenfalls viele Prägungen der Angst und Rebellion, des Mißtrauens und des Überdrusses gegenüber einer Welt enthält, die ohne Krieg nicht lange existenzfähig zu sein scheint. Eine beachtliche Anzahl Studenten, von denen viele nie mit einer Autorität gelebt hatten, der sie vertrauen konnten oder die sich nicht manipulieren ließ, waren jetzt bereit für den Protest gegen alle Autorität einschließlich der Autorität der Universität. Sie waren für den Empfang vieler materieller Annehmlichkeiten konditioniert und zu wenig für Beweise der Behauptung, daß Menschen wichtig sind und das Leben einen Sinn hat. Ihr Eltern-Ich ist gebrochen, ihr Kindheits-Ich ist deprimiert, und ihr Erwachsenen-Ich fragt dringlich: «Gibt es nicht noch etwas anderes?»

Während der Auseinandersetzungen an der Universität wurde unter anderen kritischen Stimmen auch die Ansicht laut, «die Universität sei zu groß geworden». Das gleiche könnte man über die Weltbevölkerung sagen. Der Kanzler der Universität von Kalifornien, der Mediziner Franklin Murphy antwortete darauf mit einer streng biologischen Metapher, die zugleich Wichtiges über eine Welt aussagt, welche «zu groß geworden» ist:

«Nein, sie ist nicht zu groß. Aber sie ist in den letzten Jahren sehr rasch gewachsen. Man hat sich mehr mit der Anatomie des Tieres beschäftigt als mit der Physiologie. Wenn der Körper schneller wächst als das Nervensystem, dann wird das Tier unkoordiniert – es strauchelt manchmal. An der Universität müssen wir jetzt ein Nervensystem schaffen, das dem Tier entspricht. Es muß ein verfeinertes Nervensystem sein, damit es mit der ganzen Komplexität fertig wird und Botschaften zwischen den differenzierten Organen übermitteln kann. Die Universität braucht mehr und bessere Koordination.»

Das «Nervensystem» einer Universität hat die gleiche Funktion wie das Nervensystem im menschlichen Körper – *Kommunikation*. Die Funktion des Nervensystems hält außerdem die Welt zusammen, und die Konzentration auf die Kommunikation – was sie erleichtert und was sie beendet – wird eher etwas Neues unter der Sonne bewirken als die alte Zuflucht zur Gewalt, die sich gleich bleibt, ob wir sie nun Krieg, Polizeiaktion oder bewaffnete Intervention nennen.

Die Problemlöser, die internationalen wie die am heimatlichen Stammtisch, reden unentwegt von der «Notwendigkeit eines Dialogs», ohne jemals die Notwendigkeit der Begriffsdefinition zu bedenken. In der Transaktions-Analyse haben wir ein System entwickelt, das einmalig ist 1. in seiner Begriffsdefinition und 2. in seiner Reduktion des Verhaltens auf eine Grundeinheit zur Beobachtung. Wenn der Dialog irgend etwas bewirken soll, muß er auf einer Übereinkunft beruhen hinsichtlich dessen, *was* untersucht werden soll, und auf einer Übereinkunft hinsichtlich der Worte, mit denen wir *beschreiben*, was wir beobachten. Sonst stolpern wir einfach über Worte. Jemand, der Robert Kennedys Mörder Sirhan Sirhan kannte, berichtete: «Er war fanatisch, wenn es um sein Land ging, wenn es um politische Dinge ging – aber nein, er war nicht labil.» Worte wie «fanatisch» und «labil» sind zur Analyse oder Voraussage des Verhaltens nutzlos. Viele unserer Dialoge sind aus dem gleichen Grund nutzlos. Es wird viel gesagt, aber nicht verstanden.

Die Analyse internationaler Transaktionen

Wenn es die Transaktions-Analyse zwei Menschen ermöglicht zu verstehen, was zwischen ihnen vorgeht, kann dann die gleiche Sprache auch zum Verständnis der Vorgänge zwischen Nationen dienen? Wie bei Individuen können die Transaktionen zwischen Staaten nur komplementär sein, wenn die Vektoren im Transaktions-Schema parallel sind. Transaktionen auf der Ebene des Erwachsenen-Ichs sind die einzigen Komplementär-Transaktionen, die angesichts des Selbstbewußtseins und der Selbstbestimmung auch der kleinsten Nation in der Welt von heute funktionieren können. Die einst funktionsfähigen Eltern-Ich-Kindheits-Ich-Beziehungen zwischen großen und kleineren Ländern sind nicht mehr komplementär. Die kleineren Länder wachsen heran. Sie wollen nicht länger Kinder sein. Unsere Reaktion auf ihre zuweilen herbe Kritik heißt: Wie können sie nach allem, was wir für sie getan haben, so empfinden?

Eine der hoffnungsvollsten Einrichtungen zur Analyse internationaler Transaktionen ist die UNO. Sie hat viele Überkreuz-Transaktionen überlebt. Wenn der Ministerpräsident einer Weltmacht mit seinem Schuh auf den Tisch trommelt, hört die Kommunikation auf. Wenn man uns sagt, daß «sie uns beerdigen werden», lockt das unser Kindheits-Ich. Aber wir müssen nicht mit unserem Kindheits-Ich reagieren, ebensowenig wie mit unserem säbelrasselnden Eltern-Ich. *Und darin liegt die Möglichkeit der Veränderung.*

Man muß einem kleinen Kind immer wieder sagen: «Ich liebe dich», doch es braucht nur ein «Ich hasse dich», um sein Leben lang alle weiteren liebevollen elterlichen Annäherungen zu negieren. Wenn der kleine Mensch verstehen könnte, woher das «Ich hasse dich» kam – wie das Kindheits-Ich seiner Eltern zu seiner so unüberlegten und destruktiven Äußerung gegenüber dem kleinen Kind provoziert wurde, das sie wirklich lieben – dann müßte dieses kleine Kind nicht an dieser Bemerkung als höchster Wahrheit festhalten.

So steht es auch mit der Erklärung von Nikita Chruschtschow: «Wir werden euch beerdigen.» Obwohl das eine böse Erklärung war, die nichts Konstruktives für sein oder irgendein anderes Land förderte, wird sie vielleicht entschärft durch die Überlegung, daß Chruschtschow lediglich ein Mensch war mit Eltern-Ich, Erwachsenen-Ich und Kindheits-Ich, deren Inhalte sich vom Eltern-Ich, Erwachsenen-Ich und Kindheits-Ich jedes anderen unterscheidet.

Die Tatsache, daß er politisch in der Versenkung verschwand, noch ehe er beerdigt wurde, beweist, daß er kein politischer Übermensch war. Man braucht keine großen historischen Forschungen zu betreiben, um ähnlich unbesonnene Erklärungen – und Handlungen – von Führern anderer Länder einschließlich unseres eigenen zu entdecken. Wir müssen lernen, auf die Erklärungen und Handlungen anderer nicht mit unserem kollektiv verängstigten, kampfbereiten Kindheits-Ich zu reagieren, sondern mit unserem Erwachsenen-Ich, das die Wahrheit herausfinden kann, die Furcht im Kindheits-Ich anderer als das erkennt, was sie ist, und den Schmerz begreift, den ihnen ein kulturelles Eltern-Ich zufügt, das Dogmen verkündet, die nicht länger dem Überleben der Menschheit dienlich sind. Wir müssen auch dazu fähig sein, unser westliches kulturelles Eltern-Ich aus einer gewissen Distanz zu betrachten. Es enthält viel Größe, aber auch viel Niederträchtigkeit wie das Krebsgeschwür der Sklaverei und des Rassismus, die Erbkrankheit des religiösen Fanatismus und die Seuche menschenunwürdiger Ausbeutung der wirtschaftlich und sozial Schwachen.

Wer das Kindheits-Ich eines anderen Menschen lange genug demütigt, erzeugt ein Monstrum. Es sollte uns nicht überraschen, daß endlose Jahre der Demütigung viele «Monstren» in allen Erdteilen erzeugt haben, die uns entsetzen.

Nach den Unruhen in Watts bei Los Angeles reagierte eine Nege-

rin auf all die überreichlichen Erklärungen, warum es dazu kam
(nämlich Polizeiaktionen, Arbeitslosigkeit, Armut etc.) mit dem
Satz: «Wenn sie fragen müssen warum, werden sie es nie wissen.»

Ich meine, wir *wüßten* alle warum, wenn unser erschrecktes
Kindheits-Ich und unser selbstgerechtes Eltern-Ich nicht das Erwachsenen-Ich vertreiben würden.

Was man tun soll, ist eine andere Frage. Ich glaube, wir müssen mit
dem Gebrauch einer gemeinsamen Sprache anfangen, die sich auf
das menschliche Verhalten bezieht, und ich meine, wir haben diese
Sprache in der Transaktions-Analyse. Die Psychologie wird als die
große Wissenschaft der modernen Zeit dargestellt, doch sie hatte
bisher wenig zu sagen, was im Hinblick auf unsere gegenwärtigen
sozialen Kämpfe sinnvoll war.

Wenn wir verstehen, welche Macht das Eltern-Ich über uns hat
(wobei unser persönliches Eltern-Ich durch ein kulturelles Eltern-
Ich verstärkt wird), wenn wir das Entsetzen in unserem eigenen
Kindheits-Ich angesichts der Unruhen und Kriege verstehen, in den
Menschen von Indien, die dem Hunger und dem Aberglauben preis-
gegeben sind, in den Menschen der Sowjetunion mit ihrer Erinnerung an Ketten und Revolution, in den Menschen von Israel, die über
den Mord an sechs Millionen Juden nachdenken, in den Menschen
von Vietnam, Nord und Süd, die in der Furcht vor Napalm und Bajonetten leben, in den Menschen von Japan, die sich an die Bomben
von Hiroshima und Nagasaki erinnern – wenn wir anfangen können, dieses Kindheits-Ich als ein kleines menschliches Wesen in einer
Welt des Schreckens zu sehen, das nichts will als die Erlösung vom
Schmerz, dann würden unsere internationalen Gespräche vielleicht
anfangen, ein wenig anders zu klingen. Der amerikanische Dichter
Henry Wadsworth Longfellow (1807–1882) meinte, «wenn wir die
verborgene Geschichte unserer Feinde lesen könnten, würden wir
im Leben jedes Menschen genug Sorge und Leid finden, um alle
Feindseligkeit zu entwaffnen».

Wir können für das NICHT O. K.-Kindheits-Ich unserer Feinde kein
Mitleid empfinden, weil wir entsetzt sind von den Spielen, mit denen
sie diese Grundeinstellung leugnen wollen. Und aus dem gleichen
Grund haben sie kein Mitgefühl für uns. Wir alle leiden am Dilemma
des Mißtrauens. Überall wollen die Menschen verhandeln, aber nur
unter ihren eigenen besonderen Bedingungen. Wir werden große
Meister in der Behandlung kleiner Fragen, weil wir uns zu viele
Wahlmöglichkeiten im Umgang mit den großen Fragen verschlos-

sen haben. Wir mögen unsere beiderseitige Furcht anerkennen, aber wir wissen nicht, was wir tun sollen.

Wenn die Menschen, die internationale Verhandlungen führen, die Sprache von El-Er-K kennen würden, wenn sie alle wüßten, daß die Furcht im Kindheits-Ich wohnt, daß es keine Möglichkeit der Übereinkunft durch das Eltern-Ich gibt und daß nur durch die Emanzipation des Erwachsenen-Ichs die universale Lebensanschauung ICH BIN NICHT O. K. – DU BIST O. K. überwunden werden kann, dann könnten wir Lösungsmöglichkeiten jenseits der hemmenden Einflüsse der Vergangenheit zu sehen beginnen. Die Grundbegriffe der Transaktions-Analyse (Eltern-Ich, Erwachsenen-Ich, Kindheits-Ich, NICHT O. K., O. K., Spiele, Streicheln) sind so einfach, daß, selbst wenn sie nicht in alle anderen Sprachen übersetzbar wären, sie verwendet werden könnten, wie sie sind, mit Definitionen in den Worten jener Sprachen. O. K. ist bereits ein internationales Wort.

Jetzt, wo wir ein Konzept für das Verstehen menschlichen Verhaltens haben, das alle Menschen begreifen können, das man in einfache Worte fassen und in jede Sprache übersetzen kann, wäre es möglich, daß wir an einem Punkt anlangen, wo wir unsere archaischen Ängste, die auf den Tragödien der Vergangenheit beruhen, ablegen und miteinander auf die einzige Weise reden können, mit der eine Übereinkunft möglich sein wird: von Erwachsenen-Ich zu Erwachsenen-Ich. Mit dem Erwachsenen-Ich können wir gemeinsam einige der uralten Komplexe betrachten. Ungeprüfte Phrasen beenden unsere Wahlmöglichkeiten und unsere Hoffnungen auf ein Zusammenleben auf der Basis von ICH BIN O. K. – DU BIST O. K. Wie weit können wir zum Beispiel in der Weltdiplomatie kommen, wenn wir weiterhin eine abgeschlossene Sprache mit so hübsch versiegelten Phrasen wie «gottloser Kommunismus», «freier Westen» und «unversöhnlicher Konflikt» benutzen? Selbst der Ausdruck «Weltkommunismus» müßte überprüft werden. Er schwört solche Schrecken heraus, daß zu phantastischen Kosten Armeen unter Waffen gehalten werden und Kriege auch stattfinden. Wie viele Kriege wird es noch geben? Ist ein Ende in Sicht? Ist der Weltkommunismus möglich? Sind alle Kommunisten gottlos? Was ist ein Kommunist? Hat er sich in den letzten fünfzig Jahren geändert? Sind alle Kommunisten gleich?

Es gibt drei Milliarden Menschen auf der Welt. Wir wissen wenig von diesen Personen als Individuen. Wir denken kaum an sie als Individuen. Sehen wir zum Beispiel ein Land wie Indien nur als

undeutlichen, großen Fleck mit viel zu vielen Menschen, dessen
Bedeutung allein darin liegt, wie es sich im Kampf zwischen West
und Ost verhält? Oder können wir Indien als eine weitaus kompliziertere Nation mit wirklichen Menschen sehen, die ein Siebtel der
Weltbevölkerung ausmachen, sich in sechs verschiedene Volksgrup-
pen teilen, 845 Sprachen und Dialekte sprechen, sieben Hauptreli-
gionen und zwei einander feindliche Kulturen haben? Wenn das
indische und das westliche Eltern-Ich sich über nichts verständigen
können, sehen wir dann die erregende Möglichkeit der Entdeckung
gemeinsamer Interessen und Freuden durch die Emanzipation des
Erwachsenen-Ichs? Wir sind miteinander verwandt, und wir sind
Menschen, nicht Dinge. Die Menschen der Welt sind nicht Dinge,
die man manipulieren kann, sondern Menschen, die wissen sollen;
nicht Heiden, die bekehrt werden müssen, sondern Menschen, die
gehört werden wollen; nicht Feinde, die man haßt, sondern Menschen, denen man begegnet; nicht Brüder, die man hüten muß, sondern Brüder, die Brüder sein wollen.

Unmöglich? Naiv? In einer Wohlstandsgesellschaft, deren Angehörige konditioniert sind, zu glauben, daß sich die Probleme eines
Menschen nur durch die bezahlte Inanspruchnahme der Zeit eines
anderen Menschen (der nach Medizinstudium und Assistenzzeit drei
bis fünf Jahre in der Psychoanalyse ausgebildet wurde) für einen
Zeitraum von Tausenden von Stunden über mehrere Jahre hinweg
lösen lassen, erscheint der Gedanke, die Probleme von drei Milliarden Menschen in einer Krise zu lösen, verzweifelt absurd. Das
Eltern-Ich sagt: «Es wird immer Kriege und Kriegsgeschrei geben.»
Das Kindheits-Ich sagt: «Iß, trink und sei glücklich, denn morgen
sind wir tot.» Die Geschichte sagt uns, was gewesen ist. Aber sie kann
uns nicht sagen, was sein muß oder nicht sein kann. Dies ist ein offenes, sich entfaltendes Universum, und wir wissen nicht genug darüber, um sagen zu können, was nicht geschehen kann. Nur das
Erwachsenen-Ich kann an dieser erregenden Idee weiterarbeiten.
Nur das Erwachsenen-Ich hat schöpferische Kraft.

Das Erwachsenen-Ich kann Reaktionen des Kindheits-Ichs bei
anderen erkennen, aber beschließen, nicht konform zu reagieren.
Die Vereinigten Staaten zum Beispiel können sich nicht immer
durchsetzen.

«Was ist die angemessene Rolle der Vereinigten Staaten in der
Weltpolitik? Welchen richtigen und weisen Kurs sollte sie verfolgen?

Wir sind die Opfer nicht der Schlechtigkeit anderer – das wäre eine paranoide Ansicht –, sondern unserer eigenen Fehler und Wahnvorstellungen. Damit soll nicht geleugnet werden, daß andere schlecht sind. Natürlich sind sie es. *Was wir tun müssen, ist selbst Schlechtigkeit vermeiden*, ein Beispiel großmütiger und intelligenter Macht geben und die Welt so organisieren, daß sie die unvermeidbare Schlechtigkeit in Zaum hält, die wir daheim und draußen finden werden.»*

Mir scheint, daß sich der amerikanische Mythos auf die Position WIR SIND O. K. – IHR SEID NICHT O. K. gründet. WIR SIND O. K. dank unserer sentimentalen Erinnerungen an Patrick Henry und Thomas Jefferson und Thomas Paine und Abraham Lincoln. Wir sehen uns selbst in unseren besten Symbolen, doch wir karikieren die Opposition. Thomas Merton fragt im Zusammenhang mit der zornigen Welt von heute:

«Was werden wir tun, wenn wir endlich erkennen müssen, daß wir aus der einsamen Prärie ausgeschlossen und zusammen mit all den Itakern und Welschen und Polacken in eine geschichtliche Welt hinausgestoßen sind: daß wir genau wie all die andern nur ein Teil der Geschichte sind? Das ist das Ende des amerikanischen Mythos: Wir können uns nicht länger aus einer höheren und reineren Atmosphäre herabbeugen und vom Firmament aus den Menschen auf der Erde die Muster unserer idealen Republik zeigen. Wir stecken mit den andern im gleichen Durcheinander. Sollen wir das einfach ableugnen? Sollen wir die nächste Dose Bier aufmachen und auf den Knopf am Fernseher drücken und uns ins vertraute Präriegras zurückziehen, wo alle Probleme leicht zu lösen sind, wo die guten Kerle immer die besten Schützen sind und immer gewinnen?»**

Gut zu schießen und zu gewinnen wird in Amerika von «guten, ehrlichen, gottesfürchtigen Leuten» verherrlicht, die sich fragen, warum das Land von Gewalt durchtränkt ist. Nach dem Mord an Robert Kennedy schrieb Arthur Miller:

«Es gibt Gewalt, weil wir täglich Gewalt verherrlicht haben. Jeder halbgebildete Mann in einem guten Anzug kann sich ein Vermögen verdienen, wenn er einen Fernsehfilm zusammenbraut, dessen Brutalität in monströsen Einzelheiten fotografiert wird. Wer produziert

---

* R. Hutchins, Artikel im *San Francisco Chronicle*, 31. Juli 1966.
** T. Merton: ‹Conjectures of a Guilty Bystander› (New York: Doubleday, 1966).

diese Sendungen, wer bezahlt sie durch Werbespots, wer wird hono-
riert, weil er daran mitwirkt? Sind diese Leute kriminelle Psychopathen, die an Mietskasernen entlangschleichen? Nein, sie sind die
Säulen der Gesellschaft, unsere respektierten Mitbürger, unsere
Vorbilder an Erfolg und sozialer Stellung. Wir müssen die Scham
und Reue empfinden, die uns zukommt, bevor wir anfangen können,
mit Verstand eine friedliche Gesellschaft aufzubauen, ganz zu
schweigen von einer friedlichen Welt. Ein Land, in dem die Menschen nicht sicher durch ihre eigene Straße gehen können, hat nicht
das Recht verdient, anderen Menschen zu sagen, wie sie sich regieren
sollen, geschweige denn, sie zu bombardieren und zu verbrennen.»*

Die Verherrlichung der Gewalt ist im Eltern-Ich unserer kleinen
Kinder aufgezeichnet. Das gestattet die Wut und den Haß, die im
Kindheits-Ich jedes Menschen vorhanden sind. Die Kombination ist
ein Todesurteil für unsere Kultur.

Präsident Johnson beauftragte eine Kommission mit der Untersuchung der Kriminalität, «die Ursachen, das Auftreten und die Kontrolle psychischer Gewalt im ganzen Land» zu erforschen, «vom
Attentat, das durch Vorurteile und Ideologien und Politik und Gei-
steskrankheit motiviert ist, bis zur Gewalt in den Straßen unserer
Städte und *selbst in unseren Wohnungen*».

Die Gewalt in unseren Wohnungen ist die wichtigste. Das Kindheits-Ich mordet. Wo lernt es das?

Jeden Tag werden in den Vereinigten Staaten ein bis zwei Kinder
unter fünf Jahren von ihren Eltern getötet. Das berichten Ray E.
Helfer und C. Henry Kempe von der Universität Colorado in ihrem
Buch ‹The Battered Child›. Mehr Kinder sterben durch physische
Gewalt als insgesamt durch Tuberkulose, Keuchhusten, Kinderläh-
mung, Masern, Zucker, Gelenkrheumatismus und Blinddarment-
zündung. Dazu kommt, daß in jeder Stunde fünf Säuglinge durch
ihre Eltern oder Pflegeperson schwere körperliche Verletzungen erleiden.

Nach Ray Helfer besteht eines der Probleme bei der Suche nach
einer Lösung darin, Psychiater zu finden, die Eltern behandeln können. In einer Gallup-Umfrage am Tag nach dem Mord an Robert

---

* A. Miller: ‹The Trouble with Our Country›, ursprünglich ein Artikel
in der *New York Times*, nachgedruckt im *San Francisco Chronicle*, 16. Juni
1968.

Kennedy wurde Hilfe für die Eltern als eine Lösungsmöglichkeit zitiert. Die Antworten ergaben als erste Lösung für das Problem der Gewalttätigkeit «strengere Waffengesetze», doch außerdem wollte eine Mehrheit der Befragten «strengere Durchführung der Gesetze... das Absetzen von brutalen Fernsehprogrammen... die Verbesserung der elterlichen Kontrolle (einschließlich Elternkurse über Kindererziehung)».

Das Institut für Transaktions-Analyse in Sacramento bietet solche Kurse seit 1966 an. Mehrere hundert Eltern haben sie besucht. Die Acht-Wochen-Kurse begannen mit einer Erklärung von El-Er-K. Zum Lehrkörper gehörten Psychiater, Bewährungshelfer, Pfarrer, Kinderärzte, Erzieher, Psychologen und ein Geburtshelfer; sie alle gebrauchten die gleiche Sprache, El-Er-K. Die Transaktions-Analyse wurde auf folgende Themen angewandt: das Dilemma «Ich möchte ihm vertrauen, aber...»; wie man eine Änderung des jugendlichen Missetäters bewirkt; die Berechnung moralischer Werte; die Beziehung zwischen Freiheit und Liebe; Probleme der Leistungsschwäche und Behinderung; Verhalten bei Krisen; warum Kinder sich «dumm stellen»; Hilfe für «schwache Schüler»; wie man zu einer gesunden Einstellung gegenüber Sex und Ehe findet; emotionale Kontrolle. Diese Kurse haben guten Eltern geholfen, bessere Eltern zu werden, und sie haben unglücklichen Familien Hilfe gebracht.

Wer weiß, wie man die Gewalttätigkeit zu Hause beendet, weiß auch, wie man ihr in der Gesellschaft begegnet. Die Unternehmer, die Werbeleute, die Journalisten, Verleger und Programmdirektoren im Fernsehen müssen das gleiche lernen wie diese Eltern. Bemühungen zu Hause werden durch die ständige Fütterung mit widersprüchlichen Daten von außerhalb unterminiert. Meine zehnjährige Tochter fragte, ob «wir ‹Bonnie und Clyde› anschauen dürfen». Ich sagte nein, es sei ein brutaler Film, und ich sei damit nicht einverstanden, wie da ausgesprochen gemeine Individuen verherrlicht werden. Ein paar Tage später fiel es mir nicht ganz leicht zu erklären, warum ‹Bonnie und Clyde› wiederholt unter den Oscar-Preisträgern genannt wurde.

Ich glaube, Leute, die mit Brutalität Geld verdienen, trösten sich mit der Ansicht gewisser Psychologen, daß die Betrachtung von Brutalität ein Sicherheitsventil sei, mit dessen Hilfe die Menschen ihre Aggressionen entladen, statt sie in Aktivität umzusetzen. Dieser Standpunkt läßt sich nicht bestätigen. Ich meine vielmehr, die

Gegenbeweise häufen sich. Diese Psychologen glauben, daß Gefühle sich ansammeln wie in einem Eimer, der hin und wieder geleert werden muß. Es ist richtiger, in den Gefühlen eine Wiedergabe alter Aufzeichnungen zu sehen, die sich nach Wunsch ausschalten läßt. Wir müssen nicht umherlaufen und unsere Gefühle abladen. Wir können sie einfach ausschalten, sie daran hindern, unseren Computer zu überschwemmen, und statt dessen den Computer mit etwas anderem füllen. Emerson sagte: «Ein Mann ist das, was er den ganzen Tag lang denkt.»

In einem anderen Zeitalter, als die Welt voll war von politischem Mord, Sklavenhandel, der Kreuzigung Unschuldiger, dem Mord an Kindern und den Begeisterungsschreien von Despoten, die sich am Blut in der Arena ergötzten, schrieb ein weiser und guter Mann an eine kleine Gruppe von Menschen in Philippi: «Weiter, liebe Brüder, was wahrhaftig ist, was ehrbar, was gerecht, was keusch, was lieblich, was wohl lautet, ist etwa eine Tugend, ist etwa ein Lob, dem denket nach!»*

Nur eines kann das Engagement für das Gute verhindern, nämlich die Furcht – die Furcht vor anderen Menschen auf dieser Erde, *die Furcht im Kindheits-Ich*, die unsere Möglichkeiten zum Guten in einen ständig eskalierenden Kampf hineinzieht, von dem wir fälschlicherweise annehmen, wir könnten ihn gewinnen.

Gewinner und Verlierer

Hamlets Alternative hieß «Sein oder Nichtsein». Unsere Alternative ist angeblich «Gewinnen oder Nichtgewinnen» – nämlich den Kampf gegen den Weltkommunismus. Angesichts des wachsenden Risikos der letzten bewaffneten Aggression, die zur globalen Zerstörung führen wird, scheint das Gewinnen wichtiger als das Sein. Ein vietnamesisches Dorf wird so gründlich beschossen, daß nichts mehr steht und niemand mehr lebt, wenn die Truppen schließlich einziehen. Der Kommandant einer solchen Operation soll gesagt haben: «Wir mußten es zerstören, um es zu retten.»

Sind Gewinnen und Verlieren die einzigen Wahlmöglichkeiten für Menschen oder für Nationen? Man kann nur ein Gewinner bleiben, wenn man sich mit Verlierern umgibt. Gewinner und Verlierer waren die einzigen Vorbilder, die wir hatten. Als die Primaten aus

---

* Brief des Paulus an die Philipper, 4,8.

den Wäldern vertrieben wurden, weil die klimatischen Veränderungen die Waldgebiete verkleinerten, gab es nur zwei mögliche Ergebnisse ihrer Begegnung mit den damaligen Raubtieren in der offenen Ebene. Wer den Kampf um Nahrung gewann, überlebte; wer ihn verlor, war verloren. Es stimmt, daß religiöse und politische Führer von Zeit zu Zeit mit etwas auftauchten, was ihrer Behauptung nach ein neues Modell war. Doch die meisten Ideen dieser «Träumer und Propheten» wurden als utopisch, unirdisch und unmöglich verworfen. Es bleibt die Tatsache, daß die Modelle von Gewinnen und Verlieren im Laufe der menschlichen Geschichte vorherrschten.

Doch die Umstände haben sich verändert. Durch die Fortschritte der Wissenschaft kann genug Nahrung für die Menschen der ganzen Welt produziert werden, wenn es gelingt, die Bevölkerungsexplosion zu stoppen. Die Wissenschaft hat auch die Geburtenkontrolle ermöglicht. Jetzt können wir eine andere Wahlmöglichkeit konzipieren: ICH BIN O. K. – DU BIST O. K. Die Koexistenz ist endlich eine Möglichkeit, die auf der Realität beruht. Am Anfang wuchs und entwickelte sich das Gehirn des Menschen im Dienste seines eigenen Überlebens. Können wir dem Gehirn jetzt neue Aufgaben stellen, Aufgaben im Dienste des Überlebens aller Menschen in der Welt? Kann das Geschenk des Lebens und unsere kurze Existenzspanne auf dieser Erde bis zu den letzten menschlichen Geistesfähigkeiten genossen werden?

Wenn wir erkennen, daß ICH BIN O. K. – DU BIST O. K. zumindest im Bereich des Möglichen liegt, wagen wir es dann, nach einer Veränderung zu suchen, etwas Neues unter der Sonne, etwas, was die Gewalt beendet, die das zu zerstören droht, was in Millionen Jahren aufgebaut wurde?

Teilhard sagte: «Entweder verschließt sich die Natur unseren Forderungen nach Zukünftigkeit, dann wird der Gedanke, die Frucht einer Anstrengung in Millionen Jahren, erstickt, wirkungslos in einem selbstzerstörerischen und absurden Kosmos. Oder es existiert eine Öffnung ...»*

Wir glauben, wir haben eine Öffnung gefunden. Diese Öffnung wird von keinem namenlosen Kollektiv – der Gesellschaft – erkundet, sondern von Individuen, die zusammen in dieser Gesellschaft leben. Es kann nur geforscht werden, wenn sich Individuen von der Vergangenheit emanzipieren und frei werden, um nach ihrer Wahl

---

* Pierre Teilhard de Chardin: ‹Der Mensch im Kosmos›, a. a. O.

die Werte und Methoden der Vergangenheit entweder anzunehmen oder zu verwerfen. Eine Folgerung ist unausweichlich: Die Gesellschaft kann sich erst ändern, wenn die Menschen sich ändern. Wir begründen unsere Hoffnung auf die Zukunft mit der Tatsache, daß wir gesehen haben, wie Menschen sich änderten. Wie sie es getan haben, ist die gute Nachricht dieses Buches. Wir hoffen, daß es ein Buch der Zuversicht und eine wichtige Seite im Handbuch für das Überleben der Menschheit sein möge.

Nachwort und Danksagungen

Der Vater der Transaktions-Analyse ist Eric Berne. Ihm sind wir alle, die wir auf diesem Gebiet arbeiten, zu tiefem Dank verpflichtet. Berne hat die Transaktions-Analyse theoretisch begründet und praktisch ausgebaut zu einem einheitlichen System individueller und sozialer Psychiatrie, das in der Theorie verständlich und dessen Anwendung effektiv ist.

Ich hatte das Glück, über zehn Jahre lang mit Berne zusammenzuarbeiten. Seine neue Behandlungsmethode lernte ich zuerst 1957 auf einem Kongreß in Los Angeles kennen, wo er ein Referat hielt mit dem Titel: ‹Transaktions-Analyse: eine neue und effektive Methode der Gruppentherapie›. Ich war sofort davon überzeugt, daß es sich hier nicht um einen der üblichen Kongreßbeiträge handelte. Dies war eine völlig neuartige Deutung des menschlichen Geistes, formuliert in einer sehr genauen und doch verständlichen Sprache.

Inzwischen arbeiten sehr viele Menschen mit dem weiterentwikkelten Instrumentarium der Transaktions-Analyse. Über tausend Experten wurden nach dieser Methode in Kalifornien ausgebildet, und dieses therapeutische Training setzt sich rasch durch im In- und Ausland. Die Transaktions-Analyse wird gegenwärtig bei der Gruppentherapie in vielen Krankenhäusern, Strafvollzugsanstalten und Jugendheimen Kaliforniens angewandt. Eine wachsende Zahl von Therapeuten arbeitet nach dieser Methode bei der Eheberatung, bei der Behandlung von gefährdeten und gestörten Jugendlichen in der Pubertät und im Halbstarkenalter, bei der Familienberatung und in der Seelsorge und in zumindest einem Heim für geistig Behinderte, nämlich in Laurel Hills in Sacramento.

Die Transaktions-Analyse hat den unschätzbaren Vorzug, für jedermann verständlich und nachvollziehbar in einer «öffentlichen»

Sprache vorgenommen zu werden, entgiftet von Fachjargon und geeignet zur öffentlichen Diskussion allgemeiner Probleme unserer Gesellschaft.

Wenn eine Beziehung zwischen zwei Menschen kreativ, befriedigend und frei von Furcht gestaltet werden kann, dann ergibt sich daraus, daß das auch möglich ist bei zwei Beziehungen, oder bei drei oder hundert oder bei Beziehungen, die zwischen ganzen sozialen Gruppen und sogar zwischen ganzen Völkern bestehen. Die Probleme der Welt – die täglich in Schlagzeilen über Gewalt und Verzweiflung ihren Niederschlag finden – sind im wesentlichen die Probleme von Individuen. Wenn Individuen sich verändern können, kann der Lauf der Welt sich ändern.

Ich möchte allen denen danken, die die Arbeit an diesem Buch gefördert haben. Daß dieses Buch zustande gekommen ist, verdanke ich vor allem meiner Frau Amy. Sie war mir stets eine unschätzbare Hilfe und kluge Diskussionspartnerin. Spuren ihrer philosophischen, theologischen und literarischen Recherchen finden sich überall in diesem Band; das Kapitel über moralische Werte stammt von ihr.

Außerdem danke ich meinen Sekretärinnen Beverly Fleming und Conny Drewry, ferner Alice Billings, Merrill Heidig, Jean Lee, Marjorie Marshall und Jan Root für ihre wertvolle Unterstützung sowie meinen Kindern für ihre Anregungen.

Dank schulde ich außerdem meinen Kollegen, die mit mir zusammen das Institute for Transactional Analysis gegründet haben: Dr. Gordon Haiberg, Dr. Erwin Eichhorn, Dr. Bruce Marshall, Reverend J. Weaver Jess und John R. Saldine; den Direktoren Dr. David Applegate, Laverne Crites, Mrs. Donis Eichhorn, Dr. Ronald Fong, Dr. Alvyn Freed, David Hill, Dr. Dennis Marks, Larry Mart, Dr. John Mitchell, Richard Nicholson, Reverend Russell Osnes, Dr. Warren Prentice, Berton Root, Barry Rumbles, Frank Summers, Reverend Ira Tanner, Leroy Wolter und Dr. Z. O. Young; dem verstorbenen Reverend Dr. Robert R. Ferguson, Senior Pastor der Fremont Presbyterian Church in Sacramento und Berater für Erziehungspraxis am Theologischen Seminar von Princeton; Dr. John M. Campbell, Präsident des Departements für Anthropologie an der Universität von New Mexico; James J. Brown vom «Sacramento Bee», Eric Bjork für seinen klugen und großzügigen Rat; Dr. Ford Lewis, Pfarrer der First Unitarian Society von Sacramento, dessen Engagement für Wahrheit und Nächstenliebe eine Quelle der

Ermutigung gewesen ist. Dr. Elton Trueblood, Professor für Philosophie am Earlham College, für die wichtigen neuen Forschungsergebnisse, die er mir zugänglich gemacht hat; Bischof James Pike, Resident Theologian am Center for the Study of Democratic Institutions in Santa Barbara für seine ansteckende Begeisterung und großzügige Unterstützung; zwei Persönlichkeiten, denen ich jahrelang Ausbildung und Anregung verdanke, Dr. Frieda Fromm-Reichmann und Dr. Harry Stack Sullivan, in dessen Unterricht ich zum erstenmal den Begriff «interpersonale Transaktionen» gehört habe; und schließlich meinen Patienten, deren Denken viel zum Inhalt dieses Buches beigetragen hat. Auf ihren Wunsch hin habe ich es geschrieben.

Über den Verfasser

Thomas A. Harris wurde in Texas geboren und verlebte dort seine Kindheit. Er besuchte die High School in San Antonio und studierte anschließend Medizin.

1942 begann seine Ausbildung zum Facharzt für Psychiatrie in Washington, D. C., danach diente er als Psychiater in der U. S. Navy. Er wurde Chefarzt des psychiatrischen Dienstes am Marine-Hospital in Philadelphia. 1947 übernahm er die Leitung der Psychiatrischen Abteilung des Amtes für Medizin und Chirurgie im Navy Department.

Nach seinem Abschied erhielt er einen Lehrauftrag für Psychiatrie an der Universität von Arkansas. Im Anschluß daran wurde er Direktor der Behörde für das Anstaltswesen im Staate Washington an der Westküste. In dieser Funktion war er verantwortlich für die Betreuungsprogramme in allen staatlichen Strafvollzugs- und Heilanstalten. 1956 ließ er sich als Facharzt für Psychiatrie in der kalifornischen Hauptstadt Sacramento nieder. Er ist Gründer und Präsident des Instituts für Transaktions-Analyse in Sacramento und Direktor der Internationalen Vereinigung für Transaktions-Analyse.

Das vorliegende Buch ist die Summe einer fünfundzwanzigjährigen ärztlichen Erfahrung. Thomas A. Harris hat eng zusammengearbeitet mit Harry Stack Sullivan und Freida Fromm-Reichmann. Seit 1960 gehörte er zu den engsten Mitarbeitern von Eric Berne. Er ist Diplomate of the American Board of Psychiatry and Neurology, Mitglied der American Medical Association, der California Medical Association und der Sacramento County Medical Society. Er ist Fellow of the American Psychiatric Association und Mitglied des Board of Directors sowie vormaliger Vizepräsident der International Transactional Analysis Association.

Thomas A. Harris
Amy Bjork Harris

Einmal o.k. immer o.k.

Transaktionsanalyse für den Alltag

Deutsch von Irmela Brender

Inhalt

Dem Andenken unserer Eltern

Ruth Josefina Nyberg Bjork
Eric Johannes Bjork
Lula Jenkins Harris
William Milton Harris

Die in diesem Buch zitierten Fallbeispiele stammen aus unserer Beratungspraxis. Bei den darin vorkommenden Personen handelt es sich nicht um bestimmte reale Klienten oder Patienten, sondern die mit fiktiven Namen ausgestatteten Figuren sollen der Veranschaulichung dienen.

Vorwort

Thomas A. Harris

Es dürfte angebracht sein, zwischen dem vor sechzehn Jahren erschienenen «Ich bin o.k. – Du bist o.k.» und dem vorliegenden Buch eine Brücke zu schlagen. Jenes erste und einzige Buch, das wir bislang geschrieben haben, ist unser grundlegendes Handbuch, der «erste Führer für Laien» in der Transaktionsanalyse, wie Eric Berne, der Vater dieses Systems, es ausdrückte. Im August 1972 erklärte Webster Schott in der Zeitschrift *Life*: «Wenn eine Idee ihre Zeit und ihre Stimme findet, wird sie eine Macht. Die Idee ist die Transaktionsanalyse, ihre Zeit ist heute, und ‹Ich bin o.k. – Du bist o.k.› ist ihr Sprachrohr.» Wir sind der Überzeugung, daß unser Heute noch immer ihre Zeit ist und daß die TA auch heute noch genauso nützlich ist wie vor sechzehn Jahren, als unser erstes Buch herauskam. Wenn Sie es* noch nicht gelesen haben, sollten Sie es jetzt lesen, da dort die Grundsätze, auf denen das vorliegende Buch beruht, in allen Einzelheiten erläutert werden. Für alle, die «Ich bin o.k. – Du bist o.k.» noch nicht kennen, schicken wir im ersten Kapitel eine kurze Beschreibung der wichtigsten Punkte voraus.

Obwohl ich nicht mehr als Psychotherapeut praktiziere, hat mein lebenslanges Interesse an diesem Thema nicht nachgelassen. Nach wie vor beschäftigt mich die Frage, wie sich das, was die Menschen prägt und motiviert, besser verstehen läßt und

---

* Thomas A. Harris: «Ich bin o.k. – Du bist o.k.» Taschenbuchausgabe rororo Nr. 6916

was sich praktisch tun läßt, um das Leben reicher und erfüllter
zu machen. Wie eh und je bin ich begeistert von der Transaktionsanalyse und halte sie für das beste System, das je entwickelt wurde, um menschliches Verhalten zu verstehen und zu
erklären.

Zu dem Zeitpunkt, da «Ich bin o.k. – Du bist o.k.» geschrieben wurde, enthielt es die Quintessenz meiner dreißigjährigen
Suche, Forschung und Praxis als Therapeut. In das Buch
waren aber auch die gesammelten Beobachtungen und Notizen, das Fachwissen und die literarischen Talente von Amy
eingegangen, die seit fast dreißig Jahren meine Partnerin in Ehe
und Beruf ist. Die Begeisterung, mit der dieses Buch überall
aufgenommen wurde, zeigte uns, daß die darin enthaltenen
Gedanken nicht nur anregend waren, sondern auch praktisch
funktionierten! Das Buch wurde in fünfzehn Millionen Exemplaren aufgelegt und in achtzehn Sprachen übersetzt. Sogar in
Blindenschrift ist es erschienen. In Tausenden von Zuschriften
erreichten uns begeisterte Zustimmung und interessante Än-
derungsvorschläge. Noch immer erhalten wir Briefe von Menschen aus allen Lebensbereichen, von Strafgefangenen und
Priestern, von Professoren und Studenten, von Männern und
Frauen, Achtzigjährigen und Achtzehnjährigen, Moslems und
Christen, aus Kibbuzim und Klöstern, von Reichen und Armen, Wissenschaftlern und Arbeitern, Patienten und Therapeuten.

In vier von fünf Fällen baten die Briefschreiber um zusätzliche Informationen und um Hilfe bei Problemlösungen mittels
TA. Viele der Anwendungsrezepte im vorliegenden neuen
Buch entwickelten sich aus den Fragen in den Briefen und aus
der Arbeit in den Seminaren und Workshops, die unsere Kollegen, Amy und ich im Laufe der Jahre durchgeführt haben.
Unser besonderer Dank gilt den ehemaligen Mitarbeitern in
meiner Praxis sowie den Teilnehmern an den Lehrprogram-
men des Harris Institute of Transactional Analysis. Ihrer Begeisterung und Kreativität im Zusammenwirken mit der unseren verdankt das vorliegende Buch viele seiner Ideen. Vor allem

danken wir Dr. Craig Johnson, Robert Miller und Connie Drewry, der 1981 nach langem, tapferem Widerstand seinem Krebsleiden erlag. Die Danksagung steht gewissermaßen in der Vergangenheit, weil das Institut seine Arbeit eingestellt hat, nachdem ich mich zur Ruhe gesetzt hatte.

Dank schulden wir auch unseren TA-Kollegen Dr. Gordon Haiberg, Dr. Hedges Capers, Dr. Robert Goulding und Mary McClure Goulding, Bill Collins, Joseph Concannon, Dr. Stephen Karpman, Jacqui Schiff, John Defoore, Mary Joe Hannaford, Mary Boulton und Warren Cheney †. Viel Anregung und Ermutigung verdanken wir unseren Freunden, vor allem Thomas E. Smail, Jr., Judge Wyatt Heard und Heidi Frost Heard, Dr. Baxter Geeting, Corinne Geeting, Carol Jean Noren, Merrill Heidig und Lou Foley. Nicht zu vergessen die wertvollen Informationen, die wir von den Mitarbeitern des St. Helena Hospitals, des Health Centers in Deer Park, Kalifornien, und vielen anderen Kollegen erhielten, darunter Dr. med. Richard Frink, dem Begründer und Forschungsdirektor der Sacramento Heart Research Foundation.

Insbesondere danken wir Amys Bruder, Reverend Elvin E. Bjork, einem Pfarrer der Good Shepherd Lutheran Church in Salem, Oregon, unserem eigenen Pastor Dr. Robert R. Ball von der Fremont Presbyterian Church in Sacramento, unserem Freund Pater Henry Doherty aus Lenoir in North Carolina und Dr. Elton Trueblood, der als erster vorschlug, jenes Buch zu schreiben, aus dem dann schließlich «Ich bin o.k. – Du bist o.k.» wurde. In hohem Maße verpflichtet sind wir auch Eva Hewlin, der Freundin und unermüdlichen Helferin bei uns zu Hause. Wir danken unseren Kindern für ihre Geduld, ihre Liebe und ihre Klugheit; sie haben uns gegenüber eine erstaunliche Reife bewiesen.

Tief stehen wir ferner in der Schuld unseres früheren Lektors bei Harper & Row, Harold E. Grove. Nach seinem Ausscheiden hatten wir das große Glück, in Ann Bramson eine neue wunderbare Lektorin zu finden. Wir schulden ihr großen Dank für ihren unermüdlichen Zuspruch, ihre Gastfreundlichkeit und die liebenswürdige Hartnäckigkeit, mit der sie uns zur Vollendung dieses neuen Buches anhielt. Schließlich danken wir den vielen Tausend Lesern von «Ich bin o.k. – Du bist o.k.», die sich die Zeit nahmen, uns zu schreiben und uns zu drängen.

Wie ich im Vorwort zu «Ich bin o.k. – Du bist o.k.» schrieb, war die überzeugende Darlegung unserer Gedanken in jenem Buch, das ein so bemerkenswertes Echo fand, Amys literarischem Talent zu verdanken. Deshalb haben wir beschlossen, daß sie in «Einmal o.k. – immer o.k.» unseren Stoff in der Ich-Form darstellt. Amy ist in der International Transactional Analysis Association Dozentin für das Spezialgebiet Kommunikation. Sie hat in San Francisco Eric Bernes Seminare für Sozialpsychiatrie besucht und hat mit mir zusammen das Institut gegründet. Wie ich saß sie im Vorstand der International Transactional Analysis Association (ITAA) und hat sich in den zurückliegenden Jahren nicht nur als Autorin einen Namen gemacht, sondern auch durch ihre Vorträge über Theorie und Praxis der TA.

Da Amy in der ersten Person schreibt, sind Stil, Einfühlungsvermögen, Humor und Beispiele ganz allein ihr Verdienst. Trotzdem entspringt dieses Buch unserer gemeinsamen Arbeit, denn wir haben die zwischen beiden Veröffentlichungen liegende Zeit in so enger beruflicher Tuchfühlung verbracht, daß unsere Vorstellungen und Erfahrungen weitgehend zu einer einheitlichen Methode verschmolzen. Heute, nach Jahrzehnten der Behandlung schwerkranker Menschen und der Beratung normaler Menschen mit normalen Problemen, bin ich glücklich, ihr den kreativen Teil der Aufgabe, die krönende Zusammenfassung und die Niederschrift unserer Erfahrungen überlassen zu können.

Einer, der die Bedeutung von Amys Leistung schon früh erkannte, war Eric Berne. Für den Buchumschlag von «Ich bin o.k. – Du bist o.k.» schrieb er einen nur teilweise abgedruckten Text. Da wir ihn als Ausdruck seiner ständigen Unterstützung schätzen – einer Unterstützung, die er uns in vielen Briefen bis

zu seinem Tod im Jahr 1970 bekundete –, möchte ich diesen
Text hier in voller Länge zitieren:

«Ich bin Dr. Harris und seinen Mitarbeitern dankbar dafür, daß sie sich
einer längst fälligen Mühe unterzogen haben. In seinem Buch erläutert er
die Grundsätze der Transaktionsanalyse an überzeugenden und leicht verständlichen Beispielen, um sie dann, sehr intelligent und kompetent, unter
allgemeineren, auch ethischen Gesichtspunkten zu betrachten. Ich bin
sicher, daß viele Menschen aller Altersstufen dieses Buch als informativ und
hilfreich, aber auch einfach als angenehm und unterhaltsam empfinden
werden.

Natürlich ist es schmeichelhaft für mich, daß sich Thomas Harris so
intensiv mit dem Thema beschäftigt hat und ihm so viele interessante Seiten
abzugewinnen wußte. So hat sich unsere berufliche Verbindung für beide
Seiten als Gewinn erwiesen. Besonders froh bin ich darüber, daß dem Buch
der Einfluß von Mrs. Harris und den Kindern des Ehepaars so deutlich
anzumerken ist, ein sehr nachahmenswertes Beispiel, wie ich finde, für
andere Autoren, die über Menschen schreiben, aber auch für Autoren, die
über Tiere, Pflanzen, Stock oder Stein schreiben.»

I

Wenn ich o.k. bin und du o.k. bist, warum fühl ich mich dann nicht o.k.?

Wenn die Tür zugeknallt worden ist, wenn das Glas kaputt ist, die Sirenen heulen, das Interview im Sand verläuft, wenn jemand anders befördert wird, uns siedend heiß einfällt, was wir vergessen haben, wenn wir zuviel geredet haben, nach einem Blick in den Spiegel und nach tausend anderen Dingen zermartern wir uns mit Vorwürfen. Warum mußte ich das sagen? Warum konnte ich den Mund nicht halten? Warum habe ich mich nicht besser um mein Kind gekümmert? Warum habe ich den Mund nicht aufgemacht? Warum bin ich nicht lieber tot umgefallen?

Allein mit unseren Gefühlen im Dunkel der Nacht oder im überhellen Licht des Tages, klingt uns die strafende Stimme der Reue oft wie eine kaputte Schallplatte im Ohr: wenn ich doch nur, wenn ich doch nur, wenn ich doch nur. Wenn ich doch nur meine Worte zurücknehmen, alles ungeschehen machen und noch einmal von vorn beginnen könnte.

Als unsere Tochter Gretchen sechs Jahre alt war, bettelte sie so hartnäckig um etwas, das sie nicht haben konnte, bis mir der Kragen platzte und ich sie schimpfte. Daraufhin hörte sie mit der Bettelei auf, ging fort und setzte sich auf den Boden, während sich ihre großen blauen Augen mit Tränen füllten. Nach ein paar Minuten kam sie zurück.

«Du warst wütend auf mich. Du hast mich angeschrien», sagte sie.

«Stimmt», erwiderte ich. «Ich habe dich angeschrien, aber weißt du auch, was du vorher getan hast, bis ich dich schließlich angeschrien habe?»

Des Hin- und Herredens müde, wandte sie mir ihr nasses, gedankenschweres Gesichtchen zu und sagte: «Ach, Mama, manchmal müssen wir einfach von vorn anfangen.»

Das taten wir dann, und mein Gesicht wurde auch naß. Wie oft hatte ich mich nicht genauso gefühlt, wieder als kleines Mädchen, nach Nähe verlangend, nach einer neuen Chance? Ich war stolz auf ihr Standvermögen und beeindruckt von ihren Worten. Hatte sie nicht etwas Allgemein- und Endgültiges gesagt? Haben wir nicht alle von Zeit zu Zeit den Wunsch, von vorne anfangen zu können?

Das Schöne am Jungsein ist, daß man, wenn man noch einmal von vorne anfangen müßte, es auch könnte. Viele von uns sind nicht mehr jung. Unsere Geschichte folgt uns auf Schritt und Tritt wie ein geduldiger Hund, leise um unsere Aufmerksamkeit werbend, während lange weiße Haare auf den Teppich des Lebens fallen. Vergebens befehlen wir ihm, Platz zu nehmen, schon nach kurzer Zeit ist er wieder da. Wir werden die Vergangenheit nicht los, das Schlechte nicht und das Gute nicht und all die Gefühle nicht, die beide begleiten. Die guten Gefühle aus der Vergangenheit sind die schönen, wehmütigen Augenblicke, die uns das Herz so weit werden lassen, daß wir meinen, es müsse zerspringen. Alltäglichere Einflüsse aus der Vergangenheit sind jedoch die negativen Gefühle, die traurigen, die Gefühle kleiner Mädchen oder des Buben, etwas haben zu wollen und es nicht zu bekommen.

Quälende Gefühle untergraben die Selbstachtung. Wir können uns beim Aufwachen noch so phantastisch fühlen – ein kleiner Schatten genügt, ein unbedeutender Mißerfolg, der uns einfällt, und unsere Stimmung sinkt auf Null, ein Tief, das den ganzen Tag anhalten kann. Wir können ganze Regale voller Bücher über Verhalten, Motivation und «moralische Aufrüstung» lesen. Wir können voller Einsicht, Voraussicht und Nachsicht sein. All das kann sich augenblicklich in Luft auflösen, wenn jemand unseren wunden Punkt berührt, wenn uns ein Schicksalsschlag ereilt, die Gefühle unsere Nervenfasern zum Zerreißen spannen und die Stimme der Vernunft zum

Schweigen bringen, die Stimme, die uns Hoffnung geben und davon überzeugen könnte, daß sich alles wieder zum Guten wenden kann. Den meisten von uns sind die Symptome vertraut: Überdruß, Niedergeschlagenheit, Teilnahmslosigkeit, Schlaflosigkeit, ein schweres Herz, zuviel zu tun, keine Lust dazu, das Gefühl, daß einem alles über den Kopf wächst, Traurigkeit, Lustlosigkeit, Einsamkeit. Leere.

Die gute Nachricht lautet: *Wir können die negativen Gefühle zwar nicht daran hindern, uns zu überfallen, aber wir können sie daran hindern zu bleiben.* In diesem Buch wird nicht nur beschrieben, wie man sich von negativen Gefühlen befreit, wenn man sie einmal hat, sondern auch, wie man sich positive Gefühle verschafft. Es ist ein Buch vom Lieben, Sprechen, Zuhören, Wünschen, Geben, Nehmen, Entscheiden, wohin uns unser Weg führen soll, und von der Freude an unserer Reise auf diesem Weg. Es ist die einzige Reise unseres Lebens, und wir können etwas Gutes aus ihr machen, trotz unserer Unvollkommenheit und trotz der unvollkommenen Welt, in der wir leben.

Was «Ich bin o.k., du bist o.k.» bedeutet

Obwohl die Millionen Leser von «Ich bin o.k. – Du bist o.k.» wissen, was der Titel bedeutet, haben wir festgestellt, daß es eine große Zahl von Menschen gibt, die nur den Titel kennen. Bekanntheit hat ihre Tücken. Im Laufe der Zeit wurde der Titel zum Schlagwort mit all den Mißverständnissen und Verdrehungen, zu denen Schlagworte einladen. Zum Schlagwort verkürzt, als Sweatshirtaufschrift und Autoaufkleber, dürfte die Auffassung «Jeder ist o.k.» die Wahrheit nicht ganz treffen. Schließlich *wissen* wir, daß wir uns manchmal nicht o.k. fühlen, daß unser Verhalten manchmal nicht o.k. ist und daß es sicherlich eine Vielzahl von Menschen gibt, die sich noch schlimmer als wir fühlen oder verhalten.

Unlängst erhielten wir einen Brief von einer Frau, der das Buch 1969, im Jahr seines Erscheinens, von einer Freundin empfohlen wurde. Sie schrieb:

«Was sie mir über seinen Inhalt berichtete, wurde von meinem Verständnis des Titels überlagert, dem ich zu entnehmen
meinte, in dem Buch würde die etwas platte Philosophie ausgebreitet, man müsse alles nur ein bißchen gelassener angehen
lassen und sich gegenseitig akzeptieren, und schon wäre das
Leben viel erträglicher. Da ich mit solchen Einstellungen keine
Probleme hatte und mir keinen persönlichen Nutzen davon
versprach, habe ich Ihr Buch in meinem Bücherschrank ‹begraben›, wo es bis vor kurzem blieb. Tatsächlich aber hätten
mir die Gedanken in ‹Ich bin o.k. – Du bist o.k.› schon 1969
sehr geholfen, doch mein Vorverständnis und der nach meiner
Meinung irreführende Titel (so treffend er auch ist, wenn man
den Inhalt kennt) haben mir den Zugang zu einigen für mich
höchst wichtigen Gesichtspunkten sechzehn Jahre lang ver-
sperrt. Kürzlich habe ich Freunden, die von Ihrem Buch
gehört, aber es nicht gelesen hatten, von meiner Reaktion
berichtet. Ich stellte fest, daß vier von fünf den Titel in ganz
ähnlicher Weise wie ich mißverstanden hatten. Das klingt so,
als wollte ich Ihnen einen Vorwurf daraus machen, daß ich Ihr
Buch so lange ungenutzt habe liegen lassen. Das ist natürlich
Unsinn. Schuld trägt ganz allein meine mangelnde Neugier, von
meinem Interesse ganz zu schweigen. Trotzdem frage ich mich,
ob Ihnen im Lauf der Jahre ähnliche Reaktionen von zöger-
lichen Lesern zu Gehör gekommen sind. Mein Beweggrund ist
die Dankbarkeit dafür, daß es jemandem gelungen ist, einen so
entsetzlich komplizierten Sachverhalt so einfach, überzeugend
und hilfreich darzulegen. Das Buch hat in mir sogleich die Hoffnung geweckt, daß die Kommunikationsprobleme, die ich in
jahrelanger, bitterer Erfahrung als allgegenwärtig und unüber-
windlich erlebt hatte, möglicherweise doch lösbar seien. Ich
empfahl es allen, die es hören wollten und die nicht hören wollten, und entdeckte, daß sich auch diese Leute, obwohl sie die TA
[Transaktionsanalyse] geläufig im Mund führten, nicht die Zeit
genommen hatten, die Grundbegriffe wirklich zu verstehen.»
    Andere hielten den Titel für allzu griffig oder reißerisch.
Auch sie änderten ihre Meinung. Zu ihnen gehörte der inzwi-

schen verstorbene namhafte Neurochirurg Wilder Penfield,
von dessen bahnbrechenden Arbeiten auf dem Gebiet der
Gedächtnismechanismen in diesem Kapitel noch die Rede sein
wird. Im Dezember 1973 schrieb er uns einen Brief, in dem er
erklärte:

«Ich habe Ihr Buch ‹Ich bin o.k. – Du bist o.k.› gelesen. Ich
erhielt es von einem Chirurgen, der wie ich Mitglied der
American Philosophical Society ist . . . Ich möchte Ihnen gra-
tulieren. Dem Titel meinte ich zunächst entnehmen zu können,
daß es sich um einen oberflächlichen Ansatz handle. Ich
möchte mich für diese Fehleinschätzung entschuldigen.»

Da wir uns unseren Lesern gegenüber verantwortlich fühlen
und da das vorliegende Buch einen Großteil seiner Anerkennung der Tatsache verdankt, daß es von den Autoren von «Ich
bin o.k. – Du bist o.k.» stammt, halten wir es für wichtig, solche
Mißverständnisse auszuräumen.

Eine von vier Lebensanschauungen

«Ich bin o.k. – du bist o.k.» läßt sich am besten verstehen, indem
man es mit dem Kleinkind-Zustand «Ich bin nicht o.k. – du bist
o.k.» vergleicht. Wir sind der Überzeugung, daß alle Kinder im
Laufe des ersten oder zweiten Lebensjahrs zu dieser vorsprachlichen Schlußfolgerung gelangen, umgeben von lauter Riesen,
vor allem ihren Eltern, von denen alles abhängt – Nahrung,
Pflege, Zuwendung, das Leben selbst. Diese unaufhörlich ge-
speicherte Entscheidung ist ein Ergebnis der Kindheitssituation, in der das Entscheidende im Leben ihre Abhängigkeit
ist.* Im Kleinkindalter, eine Phase, zu der wir die ersten fünf
Lebensjahre rechnen, werden Tausende von Ereignissen und
Wahrnehmungen, darunter auch sehr heftige Gefühle, im Ge-

---

* Die beiden anderen Zustände – »Ich bin nicht o.k. – du bist nicht o.k.« und
«Ich bin o.k. – du bist nicht o.k.» – kommen im vorliegenden Buch nicht zur
Sprache, werden aber ausführlich in «Ich bin o.k. – Du bist o.k.» (S. 64–68)
erörtert. Beide sind Spielarten der ersten Anschauung «Ich bin nicht o.k. –
du bist o.k.».

hirn des kleinen Menschen gespeichert und bleiben das ganze
Leben lang abrufbar. Sobald wir später in eine Abhängigkeits-
situation geraten, werden wir wieder zum «Kind», empfinden
wir wieder haargenau die gleichen Gefühle, die uns als Kleinkinder heimgesucht haben. Wir erinnern uns nicht nur an
dieses Kind, wir *sind* es. Unter Umständen fühlen wir wieder
«Ich bin nicht o.k., und du bist o.k.». Ein Großteil unseres
Lebens besteht darin, diese frühe Festlegung zu überwinden,
zu umgehen, ihre Wahrheit zu beweisen oder zu widerlegen.
Damit Sie sich besser in diese mißliche Lage hineinfühlen
können, werden wir Ihr Gedächtnis auffrischen.

Was es bedeutet, ein Kind zu sein

Objektiv gesehen, erblickt ein Erwachsener, der ein Baby betrachtet, ein ehrfurchtgebietendes, unendlich kostbares Wunder der Schöpfung. Wenn das Baby nicht durch Erbschädigung
beeinträchtigt ist, ist es in der Tat vollkommen. Vollkommen
o.k. Entscheidend für das Verständnis von Gefühlen ist jedoch
die *subjektive* Sichtweise des Kindes, die Art und Weise, wie es
die Erfahrungen erlebt, denen es in der Kindheit unterworfen
ist. Mag es auch noch so vollkommen sein, trotzdem ist es klein,
und seine Eltern sind groß, trotzdem ist es hilflos, und seine
Eltern sind es nicht. Vor allem ist es völlig abhängig von ihnen.
Sogar als Erwachsenen fällt es uns schwer, objektiv zu bleiben,
wenn wir jemanden so sehr brauchen.

Können wir objektiv hinsichtlich dessen sein, was das Kind
fühlt? Wir können keinen Säugling befragen oder uns an unsere
Einstellungen während der ersten beiden Lebensjahre erinnern, also während des Zeitraums, da die Anschauung «Ich bin
nicht o.k. – du bist o.k.» sich allmählich verfestigt. Immerhin
können wir aber den kleinen Menschen und seine Lebenssituation beobachten. Er ist klein, unbeholfen, unkoordiniert in
seinen Bewegungen, unfähig, seine Gefühle in Worten auszudrücken, und von den Großen völlig abhängig, um die Situationen herzustellen, die positive Gefühle in ihm hervorrufen.

Bewußt erinnern wir uns meistens an die positiven Dinge. Dennoch ist die «glückliche Kindheit» ein Mythos, nicht weil es in der Kindheit überhaupt kein Glück gäbe, sondern weil das Kind keine Möglichkeit hatte, seine Umwelt so zu beeinflussen, daß den positiven Gefühlen Dauer beschieden war. Spielen wurde durch Zubettgehen unterbrochen, Matsch mußte abgewaschen werden, Milchverschütten führte zu zorniger Zurechtweisung, lief es geschwind wie der Wind den Hügel hinunter, waren aufgeschlagene Knie die Quittung, hielt Mutter es auf dem Arm, brachte das Klingeln des Telefons das Ende, schmuste es die Katze, erhielt es Kratzer, auf eine fehlerhafte Aussprache folgte Verbesserung, faszinierende Erkundungen des eigenen Körpers wurden gelegentlich unvermittelt unterbunden, und der Versuch, auf die Straße zu laufen, wurde unwirsch unterbrochen.

Auch in der günstigsten Situation, mit Eltern, die nur die besten Absichten hatten, hatte das Kind keine Möglichkeit, dafür zu sorgen, daß die positiven Gefühle anhielten. Machtlos, in völliger Abhängigkeit von anderen war das Kind dem Auf und Ab ausgesetzt von beglückender Freude und dem plötzlichen Ende dessen, was es als so angenehm empfand. Eine Möglichkeit, diese Situation zu begreifen, war die Entscheidung: «Du hast das Sagen, ich nicht», «Du bist o.k., ich nicht».

Verstärkt wird die Hilflosigkeit des kleinen Menschen dadurch, daß er so wenig über die riesige, fremdartige, neue, manchmal erschreckende Welt weiß, in die er gestellt ist. Als Erwachsene vergessen wir, aus welcher Perspektive wir die Welt gesehen haben, als wir klein waren, wie alles aussah und auf uns wirkte. Vor Jahren verbrachten wir eine Woche Urlaub auf einer Ranch in der kalifornischen Wüste. Wir wohnten in einer gemütlichen, roh behauenen Holzhütte, die mit indianischen Motiven aus dem Südwesten geschmückt war. In der ersten Nacht erwachte unser damals neun Monate altes Gretchen schreiend aus dem Schlaf. Ich machte das Licht im Mädchenschlafzimmer an und nahm sie auf den Arm. Trotzdem schrie sie in völlig ungewohnter Weise weiter. Ich dachte,

irgendein Tier hätte sie gestochen oder gebissen und unter-
suchte ihren Körper und ihr Bett. Aber ich konnte nichts
entdecken. Schließlich gelang es mir doch, sie zu beruhigen, ich
wiegte und tröstete sie, bis sie einnickte. Daraufhin machte ich
das Licht aus und legte sie in das Bettchen zurück. Kurz darauf
wurde sie abermals wach und begann erneut zu schreien. Das
Hochnehmen, Beruhigen, Einnicken setzte sich mehr als eine
Stunde lang fort. Doch jedesmal, wenn ich sie hinlegte, kehrte
ihr Entsetzen zurück.

Schließlich legte ich meinen Kopf, als ich sie wieder einmal
in ihr Bettchen tat, neben den ihren auf das Kopfkissen und
atmete tief, als wollte ich mit ihr schlafen. Da sah ich, was sie
sah. An der Wand hing eine indianische Handarbeit, eine
Zinnmaske mit grotesken Zügen und geschliffenen roten Glas-
augen. Vor dem Fenster war eine Lampe, die an- und ausging
und deren Lichtschein regelmäßig auf die Maske fiel, so daß die
roten Augen jedesmal schrecklich aufleuchteten – aufleuchteten, erloschen, aufleuchteten. Solange das Licht im Zimmer
brannte, erschien die Maske nicht so schrecklich. Aber von
Gretchens Bett aus gesehen, in der Dunkelheit, aus *ihrer* Perspektive, war der Anblick entsetzlich.

Ich nahm sie wieder hoch, schaltete das Licht an, und wir
gingen zur Maske, um sie zu untersuchen. «Wir legen die
Maske in die Schublade», sagte ich und tat das. «Die Maske ist
fort», beruhigte ich sie. «Sie tut dir nichts. Sie hängt da nur als
Schmuck, ein dummes Gesicht. Es hat schrecklich ausgesehen
im Dunkeln, aber nun wird es dich nicht mehr erschrecken. Es
darf dich nicht mehr erschrecken, ich sorge dafür.» Nachdem
ich sie noch ein bißchen im Arm gehalten und getröstet hatte,
legte ich sie wieder hin. Eine Zeitlang noch sah sie ruhig auf die
leere Wand, deren rosa und dunkelgraue Farben noch immer in
Abständen vom Widerschein der Außenlampe erhellt wurden,
und schlief schließlich ein. Ich hatte keine Möglichkeit, ihr
Entsetzen zu begreifen, bevor ich nicht gesehen hatte, was sie
sah. Mich hatte die Maske nicht erschreckt. Ich wußte, worum
es sich handelte. Gretchen nicht.

Wenn wir erwachsen werden, vergessen wir, was wir einst gesehen haben, wie erschreckend das Leben sein konnte, wie hilflos wir gewesen sind. Wir vergessen sogar, daß wir zu der Entscheidung «Ich bin nicht o.k. – du bist o.k.» gelangt sind. Doch sobald diese Entscheidung einmal gefallen ist, wird sie für immer aufgezeichnet. Da die Annahme auf einem zutreffenden Eindruck des Kindes von seiner Lebenssituation beruht, versucht es, diese Schlußfolgerung gegen alle Einwände abzuschirmen. Obwohl seine Annahme über sich und andere unvorteilhaft erscheint, hat sie ein großes Beharrungsvermögen, da es sich um eine Entscheidung handelt, die aus verläßlichen frühkindlichen Denkprozessen resultiert, aus dem Bemühen um praktische und erfolgreiche Anpassung. Aus schlechten Daten, aber guter Datenverarbeitung. Obwohl die «vermutete Wirklichkeit», die das Kind entwirft, möglicherweise auf falschen Annahmen beruht, ist sie für das Kind dessenungeachtet *Wirklichkeit*.

Nach unserer Auffassung gibt es eine Vielzahl von Anhaltspunkten dafür, daß zu dieser vorsprachlichen Annahme *alle* gelangen.* Warum erscheinen dann aber manche Kinder selbstsicherer, in höherem Maße o.k. als andere? Warum wirken manche praktisch von Anfang an wie kleine Prinzessinnen und Prinzen? Warum sind manche die meiste Zeit über aufgeschlossen, aufgeweckt, neugierig, gewinnend und selbstsicher, andere dagegen mürrisch, weinerlich oder schreckhaft? Warum sind einige Kinder glücklicher als andere? Liegt es daran, daß glückliche Kinder nie zu dem Schluß kommen «Ich bin nicht o.k. – du bist o.k.»? Dieser Ansicht sind wir nicht. Wir meinen, das Verhalten glücklicher Kinder ist ein Ergebnis bedingungsloser Liebe und des elterlichen Bemühens, dem Kind einfach, beständig und liebevoll zu zeigen, wie man denkt und Probleme löst. Denken und Tun schaffen Wissen und Können, und zwar *trotz* der ursprünglichen Entscheidung! Auch Erfolgserlebnisse werden mit den sie begleitenden Gefühlen des Selbstver-

---

* Vgl. «Ich bin o.k. – Du bist o.k.», S. 61 ff.

trauens gespeichert und abgerufen. Auch selbstbewußte Kinder haben, wie Erwachsene, ihre Nicht-o.k.-Momente.

Es gibt noch eine andere Möglichkeit, objektiv in Erfahrung zu bringen, welche Gefühle das Kleinkind sich selbst gegenüber hegt. Es ist das Abspielen unserer aufgezeichneten Gefühle, wenn wir uns in einer Situation der Abhängigkeit und Hilflosigkeit befinden – wenn uns ein Vorgesetzter in die Enge getrieben hat, wenn wir ein Problem lösen müssen und uns nichts mehr einfällt, wenn wir müde, kaputt, krank oder alt sind, wenn man uns mißversteht, wenn wir unser Bestes tun und es nicht gut genug ist, wenn wir ungerecht beurteilt werden, wenn unsere erfolgversprechendsten Vorhaben mißlingen, weil es irgend jemandem, der mächtiger ist, so gefällt. Unter solchen Umständen besagt das Gefühl der meisten Menschen etwas ganz anderes als «Ich bin o.k., du bist o.k.». Wenn sich das Gefühl «Ich bin nicht o.k.» einstellt, ist das ein Hinweis darauf, daß die ursprüngliche Situation der Hilflosigkeit und Abhängigkeit in früher Kindheit gespeichert wurde und in der Gegenwart abrufbar ist.

Die erste Hälfte der Gleichung – «Ich bin nicht o.k.» – dürfte sich ohne Schwierigkeiten beweisen lassen. Wir haben den direkten Zugang über unser Gefühl! Außerdem können wir ihre Äußerungen an Kleinkindern beobachten – Tränen, Wut, Schüchternheit, Angst, Enttäuschung. Warum sind wir dann zu dem Schluß gekommen, daß diese anderen, diese «sie», unsere Eltern, o.k. waren, wo sie doch so entscheidend an der Entstehung unserer Enttäuschung beteiligt waren? Woher kommt das «Du bist o.k.»? *Sie* waren o.k., weil sie für das Kind die Urquelle jenes lebensspendenden physischen und emotionalen Kontakts waren, den wir *Streicheln* nennen.

Entscheidungsrevision

Die ursprüngliche Entscheidung läßt sich revidieren. Unsere Kindheitsanschauung war vorsprachlicher Natur und beruhte auf Gefühlen, die aus unserem damaligen Eindruck vom Leben resultierten. Dagegen die Anschauung «Ich bin o.k. – du bist o.k.» gründet sich weniger auf Gefühle als auf bewußtes Denken, auf Glauben und auf die Art unseres Handelns. Sie ist die Entscheidung, unsere kindliche Ansicht vom Leben aufzugeben und unter Beweis zu stellen, daß wir nun keine hilflosen und abhängigen Kinder mehr sind. Sie ist nicht Ausdruck eines Werturteils, sondern von Akzeptanz. Sie ist Ausdruck unseres Glaubens an den Wert der Menschen, auch der eigenen Person. Sie bedeutet nicht, daß alle Menschen ohne Fehl und Tadel oder daß alle Handlungen gut sind. Sie bedeutet nicht, daß allen Handlungen das gleiche Verdienst zukommt oder daß alle Menschen gleich sind. Sie bedeutet, daß wir mit Menschen nicht wie mit Sachen umgehen, daß wir bereit sind, sie im bestmöglichen Licht zu sehen, offen für das, was sein kann, unabhängig von dem, was gewesen ist. Sie bedeutet auch, daß wir uns in der gleichen Weise sehen. Goethe umschreibt die Anschauung «Ich bin o.k. – du bist o.k.» so: «Wenn wir die Menschen nur nehmen, wie sie sind, so machen wir sie schlechter; wenn wir sie behandeln, als wären sie, was sie sein sollten, so bringen wir sie dahin, wohin sie zu bringen sind.»*

«Ich bin o.k., du bist o.k.» ist eine Änderung unseres persönlichen Grundgesetzes. Viele positive und neuartige Handlungen können folgen. Das heißt nicht, daß die ursprüngliche Ansicht («Ich bin nicht o.k. – du bist o.k.») ausgelöscht wird, denn sie wurde wie alle anderen Ereignisse in der Kindheit aufgezeichnet. Und ebensohäufig wie diese Ereignisse wird auch die Urentscheidung abgespielt. Je bewußter wir uns die neue Auffassung von uns («ich bin o.k.») und anderen («du bist o.k.») machen, desto leichter fällt es uns, den Charakter unserer täglichen Transaktionen zu verändern, unsere Begrüßungen, unsere Einstellungen, unsere Reaktion auf Streß und die Art und Weise, wie wir mit Gefühlen umgehen. Dabei leitet uns die Überzeugung, daß sich in dieser Welt bessere Beziehungen zwischen Menschen herstellen lassen als die feindseligen und

* Goethe, Wilhelm Meisters Lehrjahre, 8. Buch, 4. Kapitel

manipulativen Interaktionen, die uns heute alle zu vernichten drohen.

Was ist Transaktionsanalyse?

Nachdem wir die Bedeutung von «Ich bin o.k., du bist o.k.» geklärt haben, wollen wir uns nun den Fragen der Menschen zuwenden, die sich unter Transaktionsanalyse nichts vorstellen können. Wir hoffen darauf, daß diejenigen Leser, die mit den Grundlagen der TA bereits vertraut sind, den kurzen Rückblick geduldig über sich ergehen lassen. Es ist schlicht und einfach so, daß wir kein besseres oder genaueres Verfahren als TA kennen, um menschliches Verhalten zu verstehen und verständlich zu machen. Ebensowenig wären wir in der Lage, ohne die Instrumente der TA irgend etwas Neues über den Umgang mit Gefühlen zu sagen. Die folgenden Seiten des vorliegenden Kapitels und ein kurzer Abschnitt in Kapitel 3, der zur Erläuterung von Transaktionen dient, sind die einzigen Stellen dieses Buches, an denen grundlegende Dinge wiederholt werden. Für die Leser, die mit der TA nicht vertraut sind, ist das Verständnis der Grundlagen eine unentbehrliche Voraussetzung, um den kommenden Ausführungen folgen zu können. Wenn wir beispielsweise von Elternbremsen oder Elternaustreibern schreiben, heißt das nicht, daß wir etwas gegen Ihre oder unsere Eltern haben. Ganz im Gegenteil! Selbst alte TA-Hasen können vielleicht zu neuen Einsichten gelangen. Der amerikanische Dichter-Philosoph Ralph Waldo Emerson (1803–1882) hat gesagt: «Wir sind weit davon entfernt, die Bedeutung der wenigen von uns verwendeten Symbole ausgeschöpft zu haben.» Die TA-Symbole sind drei Kreise, die für die drei Persönlichkeitsbereiche jedes Menschen stehen: Eltern-Ich, Erwachsenen-Ich und Kindheits-Ich. Wir werden diese Begriffe im folgenden genauer erläutern.

Eine *Transaktion* ist die grundlegende Verhaltenseinheit: Sie sagen oder tun etwas, was für mich bestimmt ist, und ich antworte Ihnen darauf mit einer Äußerung oder einer Handlung. Die *Transaktionsanalyse* bestimmt, von welchem Ihrer drei Ich-Zustände die Transaktion ausgeht und welcher meiner Ich-Zustände reagiert.

Sie sind mehr als ein Kind

Bisher war größtenteils die Rede von jenem Persönlichkeitsbereich, den wir in der TA das *Kindheits-Ich* nennen, die aufgezeichnete Erfahrung jenes kleinen Menschen, der wir einst waren. Es ist eine bestimmte Verfassung, ein Zustand, in den wir auch heute noch zurückfallen können, von uns selbst empfunden und von anderen beobachtet.

In den fünfziger Jahren behandelte Eric Berne, der Begründer der Transaktionsanalyse, einen Rechtsanwalt. Im Laufe der Behandlung erklärte der Patient: «Im Moment fühle ich mich wie ein kleiner Junge.» Und er sah tatsächlich aus wie ein kleiner Junge – wie er dasaß, wie er sprach, sein Gesichtsausdruck. Bald begann sich die Behandlung auf die Frage zu konzentrieren: Wer spricht gerade, der gestandene Anwalt oder der kleine Junge? Es waren zwei verschiedene Menschen. Nach ungefähr sechs Monaten teilte Berne dem Patienten die Beobachtung mit, daß noch eine dritte Person in der Gegenwart vertreten sei, jemand, der dem Vater des Anwalts sehr ähnlich war, ein Eltern-Ich, das fürsorglich, manchmal aber auch kritisch eingriff.

TA gründet sich auf die Beobachtung, daß wir alle drei Ich-Zustände in uns vereinigen. Manchmal handeln wir wie das Kleinkind, das wir einmal gewesen sind, manchmal so, wie wir es an unseren Eltern beobachtet haben, und manchmal wie eine sachlich und nüchtern operierende EDV-Anlage, indem wir denken, analysieren, Vorhersagen aufstellen, Wahrscheinlichkeiten abschätzen, Entscheidungen treffen und Probleme lösen. Zu jedem beliebigen Zeitpunkt befinden wir uns in einem der drei Zustände, wobei wir in Sekundenschnelle von einem

Ich-Zustand in einen anderen überwechseln können. Alles an uns verändert sich dann: Gesichtsausdruck, Stimmlage, Atmung, Transpiration, Wortwahl und Gestik. Diese Ich-Zustände sind keine Rollen, sondern Wirklichkeiten. Ein solcher Zustand wird hervorgerufen durch das Abspielen von Ereignissen, die in der Vergangenheit aufgezeichnet wurden und an denen wirkliche Menschen zu wirklichen Zeitpunkten an wirklichen Orten wirkliche Entscheidungen und wirkliche Gefühle gehabt hatten.

Diese drei inneren Zustände geben wir durch drei Kreise wieder, die wir mit *Eltern-Ich*, *Erwachsenen-Ich* und *Kindheits-Ich* bezeichnen. Aus der Definition dieser drei Wörter wird die gesamte Terminologie der TA entwickelt. Der amerikanische Schriftsteller («Walden») Henry David Thoreau (1817–1862) hat einmal gesagt: «Hüten wir uns vor allen Unternehmungen, die neuer Kleider bedürfen.» In ähnlicher Weise schrecken viele Leute vor Systemen zurück, die neue Begriffe brauchen. Doch um Inhalte übermitteln zu können, müssen wir uns auf Definitionen einigen. Die Tausende von Briefen, die uns die Leser von «Ich bin o.k. – Du bist o.k.» geschickt haben, haben uns bestätigt, daß Inhalte tatsächlich durch unsere Terminologie übermittelt worden sind, und wir werden diese Begriffe hier genauso verwenden wie in unserem ersten Buch. Ein Werbeslogan lautet: «Einen Gedanken von einem Ort zu einem anderen zu transportieren, ist genauso wichtig, wie einen Gedanken zu haben.» Die Transportmittel unserer Gedanken sind die Wörter. Deshalb liefern wir im folgenden noch einmal die Definitionen für Eltern-Ich, Erwachsenen-Ich und Kindheits-Ich.

Eltern-Ich

Das Eltern-Ich setzt sich zusammen aus den Aufzeichnungen dessen, was das Kind im Laufe seiner ersten fünf Lebensjahre an Mutter und Vater (oder Elternersatzfiguren) beobachtet und erlebt hat. Das gilt für das, was sie getan haben, wie für das,

Abbildung 1
Die drei Ich-Zustände der Persönlichkeit

was sie gesagt haben. Die Aufzeichnungen wurden ohne kritische Auswahl vorgenommen, da das Kind nicht in der Lage war, die mächtigen Figuren in Frage zu stellen, von denen es in jeder Hinsicht abhing. Infolge dieser Abhängigkeit ging es von bestimmten Annahmen aus und schrieb seinen Eltern magi-

sche Fähigkeiten zu. Sie waren o.k., ganz gleich, wie sie sich
verhielten. Im Eltern-Ich ist ein *anerzogenes* und *vorgelebtes*
Lebenskonzept aufgezeichnet. Traditionen und Wertvorstellungen sammeln sich im Eltern-Ich, obwohl Wertvorstellungen
genauso wie andere Informationen im späteren Leben unter
Umständen auf einen neueren Stand gebracht werden müssen.
Das Eltern-Ich ist veraltet. Möglicherweise denken Ihre Eltern
heute etwas anderes als die Vater- oder die Mutter-Gestalt in
Ihrem Kopf. Ihre konkreten Eltern können sich ja verändert
haben. Ihr Eltern-Ich entspricht vielleicht noch nicht einmal
dem, was Ihre Eltern tatsächlich getan und gesagt haben, als
Sie klein waren, sondern dem, was sie *Ihrer Annahme nach* taten
und sagten.

Das Eltern-Ich ist unauslöschbar. Es ist zugleich fürsorglich
und kritisch, wenn Ihre Eltern beides waren. Das Eltern-Ich ist
die Geschichte Ihrer frühkindlichen Umwelt, der Ereignisse,
die sich wirklich zugetragen haben, keine Abstraktion wie das
«Über-Ich» im System der Freudschen Psychoanalyse. Das
Eltern-Ich ist individuell und unverwechselbar. Ihres unterscheidet sich von meinem. Das Eltern-Ich ist sowohl ein Zustand wie ein Einfluß. Aus dieser reichhaltigen Datenquelle
fließen Informationen in unsere Denkprozesse und beeinflussen unsere Entscheidungen. Oder wir «stellen» unser Eltern-
Ich «dar», verhalten uns genauso wie Vater und Mutter bis in
kleinste Einzelheiten von Gestik und Stimmlage. Das Eltern-
Ich ist eine Aufzeichnung. Wir denken nicht damit, wir spielen
es einfach ab.

Einen besonders starken Einfluß auf die Gegenwart übt das
Eltern-Ich während des «inneren Dialogs» aus, bei dem wir die
gleichen Lobäußerungen, Ermahnungen, Vorwürfe und strafenden Worte wie in der Kindheit hören. Der andere Teilnehmer des Dialogs ist das Kindheits-Ich, das kleine Vorschulkind
in unserem Kopf. Wir können uns genauso schlecht wie damals
fühlen, wenn das Eltern-Ich oder das Kindheits-Ich ins Spiel
kommen und wenn wir die unaufhörlichen inneren Stimmen
der Reue oder des Vorwurfs hören: «Wenn du doch nur, wenn

du doch nur, wenn du doch nur ... Warum hast du, warum hast du nicht ...» Wahrscheinlich können Menschen unsere Gefühle gar nicht verletzen, wenn es ihnen nicht gelingt, unser Eltern-Ich aufzurufen, das uns dann im inneren Dialog mit Vorwürfen überschüttet. Ein tyrannisches Eltern-Ich heißt nicht, daß wir grausame Eltern hatten. Sie können Engel gewesen sein, aber für das kleine Geschöpf, welches das Eltern-Ich aufgezeichnet hat, waren es Riesenengel, die ihm auch nicht immer als Engel erschienen sein mögen.

In gewisser Hinsicht ist *Eltern-Ich* ein problematisches Wort, denn obwohl es in der TA eine genau abgegrenzte Bedeutung hat, besitzt es doch sein semantisches Eigengewicht. Wir haben uns bemüht, ein weniger besetztes Wort zu finden. Ohne Erfolg. Es muß bei «Eltern-Ich» bleiben. Wir haben auch nicht vor, das bekannte Schema von Eltern-Ich, Erwachsenen-Ich und Kindheits-Ich zu ändern.

Vielleicht sind diese mitschwingenden Bedeutungen auch von Vorteil. Vielleicht mobilisieren sie genügend psychische Energie, um unsere geheiligten Dogmen und störenden Mißverständnisse einer unvoreingenommenen Überprüfung zu unterziehen. Der Begriff «Eltern-Ich» ist trotz der erwähnten semantischen Übertöne eine passende Bezeichnung für die Autorität in unserem Kopf, weil sie in erster Linie aus dem hervorgegangen ist, was Vater, Mutter oder entsprechende Ersatzfiguren getan und gesagt haben. Die entscheidende Verzerrung resultierte jedoch daraus, daß wir sie verinnerlicht haben und daß wir nicht fähig waren, dabei objektiv zu verfahren – nicht fähig zu begreifen, daß sie nicht der liebe Gott, sondern nur Menschen waren –, weil wir unentrinnbar in unserer Abhängigkeit, der archetypischen Kindheitssituation, gefangen waren.

Wenn wir diese Wahrnehmungsverzerrung erkennen und anstelle der ewigen Selbstkasteiungen allmählich Mitleid für uns empfinden, werden wir auch in die Lage versetzt, Mitgefühl für unsere Eltern aufzubringen, die mit uns in einem Boot sitzen oder saßen. Auch sie hatten ihr Kindheits-Ich.

Das Kindheits-Ich

Im vorangegangenen Text ist bereits ausführlich geschildert worden, was es heißt, ein Kind zu sein. Die Kindheitserfahrungen sind genauso aufgezeichnet worden wie das Eltern-Ich. Es sind die Reaktionen des Kindes auf das, was seine Eltern sagten und taten. Das Kindheits-Ich ist die lückenlose Aufzeichnung der inneren Ereignisse, die in Reaktion auf die äußeren Ereignisse der ersten fünf Lebensjahre stattfanden. Die nachhaltigsten inneren Ereignisse waren *Gefühle*. Häufig werden diese Gefühle in der Gegenwart abgerufen, wenn wir in eine ähnliche Situation wie in der Kindheit geraten – wenn wir in die Enge getrieben, abhängig, ungerechten Beschuldigungen ausgesetzt, ungeschickt oder uninformiert sind. Wenn wir es heute mit elternähnlichen Anklägern zu tun bekommen, werden wir unter Umständen wieder dorthin zurckgeworfen in unsere abhängige Kleinkinderzeit. Alte Platten lassen sich jederzeit abspielen, ob es sich nun um das Eltern-Ich oder das Kindheits-Ich handelt.

Zum Kindheits-Ich gehören unsere Triebe und Instinkte, unsere Erbanlagen, unser Körper-Ich, die Neugier und die Intuition. Es umfaßt die Freude und die Traurigkeit. Während das Eltern-Ich vollgestopft ist mit Forderungen, Anweisungen und Dogmen, ist das Kindheits-Ich voller Wünsche. Im Kindheits-Ich liegt das «Ich möchte», die Motivation beschlossen. Vieles von dem, was wir tun *müssen*, ist Anpassung an das Eltern-Ich. Vieles von dem, was wir tun *möchten*, entspringt dem Kindheits-Ich. Wie das Eltern-Ich ist auch das Kindheits-Ich zugleich ein Einflußfaktor und ein Zustand. Wenn wir uns *im* Kindheitszustand befinden, handeln wir und sehen wir aus wie das kleine Geschöpf, das wir einmal gewesen sind. Das Kindheits-Ich ist der wertvollste Teil unserer Persönlichkeit – oder kann es zumindest sein –, wenn ihm genügend Freiraum zugestanden wird, um seine Erfindungskraft, Kreativität und Spontaneität zu entfalten. Andererseits kann das

Kindheits-Ich ein sehr problematischer Bereich unserer Persönlichkeit sein, wenn es ängstlich, gehemmt oder egozentrisch ist. Als Schiedsrichter zwischen den Ansprüchen des Eltern-Ichs und den Wünschen des Kindheits-Ichs fungiert der dritte Teil der Persönlichkeit, das Erwachsenen-Ich, das denkt, Probleme löst und vermittelt.

Das Erwachsenen-Ich

Mit ungefähr zehn Monaten, vielleicht auch früher, verfügt das Kind über genügend muskelmotorische Kontrolle und Körperkraft, um seine Umgebung selbständig zu erkunden. Bald schon krabbelt, klettert, geht und läuft es! Es ist in die glorreiche Lebensphase der Fortbewegung eingetreten. Es beginnt auch zu denken und fügt damit zu dem anerzogenen Lebenskonzept des Eltern-Ichs und dem gefühlten Lebenskonzept des Kindheits-Ichs das dritte, das *gedachte Lebenskonzept* hinzu. Es beginnt, eigene Erklärungen zu entwerfen. Es fängt an, sich von der Mutter zu lösen und nein zu sagen. Eigene Absichten und eigene Gründe bestimmten fortan sein Handeln. Mit wachsenden sprachlichen Fähigkeiten beginnt es nach dem Warum zu fragen. Alle diese Tätigkeiten sind Voraussetzungen einer individuellen Existenz und entstammen dem sich entfaltenden Persönlichkeitsbereich, den wir das *Erwachsenen-Ich* nennen. Das Erwachsenen-Ich urteilt, denkt, sagt vorher und legt sich seine Handlungen zurecht. Nach und nach beginnt das Erwachsenen-Ich auch, Handlungskonsequenzen zu berücksichtigen. Während das Kindheits-Ich das «Ich möchte» liefert, steuert das Erwachsenen-Ich das «Wie» bei, wobei es sich stark an dem orientiert, was es von seinen Eltern gelernt hat. Gute Eltern fördern bei ihren Kindern den Aufbau des Erwachsenen-Ichs, loben seine Aufmerksamkeit und Neugier und begrüßen die Frage, warum der Regen fällt, der Rauch aufsteigt und der Schatten wandert.

Das Erwachsenen-Ich ist nicht nur ein wichtiger Teil der Persönlichkeit, sondern auch ein Zustand, der sich an anderen

beobachten läßt. Wenn sich jemand im Erwachsenenzustand befindet, so wirkt er nachdenklich, rational und ganz im Hier und Jetzt verankert. Gewöhnlich braucht man einen Menschen nur anzusehen, um zu sagen, in welchem Zustand er ist. Körpersprache, Wortschatz und Gestik lassen auf jeden der drei Zustände schließen. Das Erwachsenen-Ich verdankt seine Entstehung der angeborenen Neugier des Kindes. Erwachsenen-Ich und Kindheits-Ich sind von innen her entstanden, während das Eltern-Ich äußeren Ursprungs ist. Eine der wichtigsten Funktionen des Erwachsenen-Ichs ist die Überprüfung des Eltern-Ichs. Es trägt zur Sicherheit des Kindes bei, wenn es feststellt, daß die meisten Daten des Eltern-Ichs zuverlässig sind: «Sie haben mir die Wahrheit gesagt!»
Von den Funktionen aller drei Zustände wird in den folgenden Kapiteln die Rede sein. Lesern, die an einer eingehenden Erklärung von Eltern-Ich, Erwachsenen-Ich und Kindheits-Ich interessiert sind, empfehlen wir das Kapitel 2 aus «Ich bin o.k. – Du bist o.k.» zur nochmaligen Lektüre.

Achtung Aufnahme!

Eine verblüffende Bestätigung erfuhren die oben dargelegten Theorien durch die Entdeckungen von Professor Wilder Penfield von der McGill University in Montreal. In Hunderten von Experimenten löste er künstlich Gedächtniserlebnisse aus, indem er das freigelegte Gehirn von Patienten, die sich wegen einer Epilepsie mit organischem Entstehungsherd einem chirurgischen Eingriff unterzogen, mit einer elektrischen Sonde berührte. Es zeigte sich, daß die Vergangenheit in allen Einzelheiten und in genauer zeitlicher Abfolge aufgezeichnet wird.[*] Penfield entdeckte, daß die elektrische Stimulation eine klar abgegrenzte Erinnerung nach der anderen auslöste, kein Ge-

---

[*] Wilder Penfield, Memory Mechanism, *(AMA American Medical Association) Archives of Neurology and Psychiatry*, 1952, Bd. 67, S. 178–198, mit einer Stellungnahme von L. S. Kubie u.a.

dächtnismischmasch und keine Verallgemeinerungen. Die Ge-
dächtnisaufzeichnung des Menschen bleibt intakt, auch wenn
er längst nicht mehr fähig ist, sie abzurufen. Penfields Experimente führten zu vier Schlußfolgerungen, die für das Verständnis von Gefühlen von großer Bedeutung sind.*

1. Das Gehirn funktioniert wie ein Hi-Fi-Tonbandgerät und
hält alle Ereignisse unseres Lebens fest, wobei die entscheidendsten in unserer Kindheit liegen. Diese Aufzeichnungen
sind lückenlos und folgen der ursprünglichen zeitlichen An-
ordnung. «Immer wenn ein normaler Mensch bewußt auf etwas
achtet», erklärte Penfield, «zeichnet er es gleichzeitig in den
Schläfenlappen beider Gehirnhemisphären auf.»

2. Die *Gefühle*, die mit vergangenen Erlebnissen einhergingen, werden ebenfalls aufgezeichnet und sind mit ihnen *unauf-
löslich verwoben*.

3. Menschen können sich gleichzeitig an zwei «Orten» befinden. Man kann physisch mit jemandem im Hier und Jetzt
zusammensein, in Gedanken aber Kilometer und Jahre entfernt verweilen. Eines unserer Beziehungsprobleme besteht
darin, daß uns «irgend etwas» aus dem Hier und Jetzt entfernt
und daß wir nicht mehr bei dem Menschen sind, mit dem wir
zusammen sind.

4. Diese aufgezeichneten Erlebnisse und die *mit ihnen ver-
knüpften Gefühle* lassen sich heute genauso lebendig abrufen,
wie sie ursprünglich einmal waren, und sie geben weitgehend
Aufschluß über die prägenden Faktoren unserer heutigen
Transaktionen. Ereignisse in der Gegenwart können Abbilder
früherer Erfahrungen sein. Dann erinnern wir uns nicht nur
daran, was wir damals empfunden haben, wir empfinden es
auch. Wir einnern uns nicht nur an die Vergangenheit, wir
durchleben sie noch einmal.

Haben Sie sich je gefragt, was aus dem kleinen Jungen, dem
kleinen Mädchen geworden ist, das Sie einmal gewesen sind,
aus dem kleinen Geschöpf mit den Zahnlücken und dem zer-

---

* «Ich bin o.k. – Du bist o.k.», S. 19–27

zausten Haarschopf, das Sie aus dem Fotoalbum anschaut? Ein Blick in den Spiegel zeigt Ihnen, daß Sie sich verändert haben. Die Zellen Ihrer Haut und Ihrer Körpergewebe sind inzwischen millionenfach abgestorben und erneuert worden. Nicht aber Ihre Gehirnzellen. Wenn die durch Verletzungen oder fortschreitendes Alter zerstört werden, werden sie nicht erneuert, auch wenn ihre Funktionen von anderen Zellen übernommen werden können. Die meisten von uns haben noch einen Großteil der Gehirnzellen, über die sie verfügten, als ihr Gehirn seine endgültige Gestalt annahm. Dazu gehören auch die Zellen, die vorhanden waren, als wir die Augen im Kreißsaal öffneten, unsere ersten Schritte taten, die ersten Wörter lernten, die erste Neugier erwachen spürten, Freude empfanden, Scham, Angst, Geborgenheit, Ablehnung und das überwältigende Gefühl der Panik, wenn wir den Eindruck hatten, verloren oder nicht mehr Herr unserer selbst zu sein. Die Kindheitsereignisse und die sie begleitenden Gefühle wurden elektromechanisch in den Nervenbahnen des Gehirns aufgezeichnet und sind noch dort. Obwohl der Archivierungsprozeß nicht mit der Kindheit endet, sind die in diesen frühen Jahren so kunstvoll aufgebauten Schaltkreise die fundamentale Verdrahtung, an die alles andere angeschlossen wird. Noch immer sind wir das kleine Geschöpf, das Kind-Ich, wenn wir auch inzwischen sehr viel größer geworden sind.

Fakten über Gefühle

Warum scheinen Dinge, die uns Kummer bereiten, andere überhaupt nicht zu stören? Warum haben manche Menschen ständig ein «Hoch» und andere ständig ein «Tief»? Warum kann einer, der bei seinem Chef zu Hause das Aquarium aufs Parkett fallen läßt, darüber lachen, während ein anderer sich am liebsten zu den Fischen legen würde, um mit ihnen zu sterben? Vier Fakten erleichtern uns die Antwort.

1. *Jeder Mensch ist einzigartig.* Wir kommen mit unserem besonderen genetischen Code auf die Welt, der unsere unver-

wechselbaren Fingerabdrücke festlegt, unser Aussehen, unsere Körperfunktionen und bis zu einem gewissen Grad auch unsere geistigen Funktionen. Auch unsere Lebensgeschichte ist einzigartig. Auch sie wird ständig und detailliert im Gehirn aufgezeichnet. Jeder wird in eine andere Situation hineingeboren. Eine Frau bekam vier Kinder in rascher Folge. Als wir sahen, wie mühelos sie mit den ständig wachsenden Anforderungen ihrer Kinder fertig wurde, fragten wir sie: «Wie schaffst du das bloß, Lisa?» Sie antwortete lächelnd: «Mit jedem neuen Kind setze ich meine Ansprüche herunter.» In dieser Familie hat, wie in jeder anderen, jedes Kind seine eigene, unverwechselbare Geschichte, seinen Platz in der Geschwisterfolge, unterschiedliche Ansprüche und seine ganz individuelle Wirklichkeit. Diese unverwechselbare Geschichte der frühkindlichen Erfahrung wird unablässig aufgezeichnet.

Infolge unserer Besonderheit gehen wir mit Freud und Leid des Lebens unterschiedlich um. Wenn zum Beispiel die Mutter eines Mannes gestorben ist, als er vier Jahre alt war, wird ihm vermutlich während seines Lebens jedes Verlusterlebnis schmerzlicher erscheinen als anderen. Der Verlust eines Partners, eines Arbeitsplatzes, einer Kreditkarte oder noch belangloserer Dinge wird bei ihm wahrscheinlich ein höheres Maß an Verzweiflung hervorrufen als bei jemand, der auf weniger leidvolle Kindheitserfahrungen zurückblicken kann. Natürlich gibt es mildernde Umstände. Sie hängen davon ab, wer seine neue «Mutter» wurde, wie sein Vater war, ganz allgemein von dem Gefühl der Sicherheit, das er hatte oder nicht hatte.

Bilder, Laute und Gerüche wirken sich infolge unserer Einzigartigkeit auf jeden von uns anders aus. Wenn Sie beispielsweise heute ein rotes Auto sehen, beginnen in Ihren Schaltkreisen «rotes Auto» alle Eindrücke zu kreisen, die Sie je von roten Autos empfangen haben. Wenn Ihre erste Liebe jemand war, der ein rotes Kabrio fuhr, werden Sie heute beim Anblick eines roten Autos noch immer von Glücksgefühlen durchströmt. Wenn Sie jedoch einmal mit einem roten Auto einen Frontalzusammenstoß hatten und monatelang in Gips liegen mußten,

werden bei Ihnen wahrscheinlich ganz andere Gefühle ausgelöst als im Fall der Romanze. Die frühesten Erfahrungen sind
die nachhaltigsten: Fruchtbonbons lösen eben mehr aus als
Kaviar.

So einzigartig wie unsere Geschichte sind auch unsere
Wahrnehmungen und Gefühle. Ein Auto hat eine Fehlzündung. Fünf Menschen reagieren verschieden, je nach ihrer
früheren Erfahrung. Es war ein Revolverschuß, ein platzender
Luftballon, eine Bombe, ein Knallkörper, eine Fehlzündung.
Im Laufe seiner Experimente machte Penfield folgende Entdeckung: «Die Versuchsperson erlebt noch einmal das *Gefühl*,
das die Situation ursprünglich in ihr auslöste, und deutet das
Ereignis auf die gleiche – zutreffende oder falsche – Weise, wie
sie es einst mit der realen Erfahrung tat. Evozierte Erinnerungen sind also nicht die exakte photographische oder phonogra-
phische Wiedergabe früherer Szenen oder Ereignisse. Sie sind
die Wiedergabe dessen, was der Patient *sah, hörte, empfand und
verstand.*»*

Da unsere Gefühle einzigartig sind, bleiben auch unsere
gelungensten Versuche, sie zu beschreiben, hinter der Wirklichkeit zurück, obwohl das immerhin eine Möglichkeit ist, uns
anderen mitzuteilen. Wenn Sie einem Freund sagen, daß Sie
traurig sind, weiß er ungefähr, was Sie damit meinen. Er weiß,
was *traurig* für ihn bedeutet, er weiß aber nicht *genau*, wie Sie
sich fühlen, weil er sich nicht in Ihren Gedächtnisspeicher
hineinversetzen kann. Gefühlen Wörter zuzuordnen, ähnelt
dem Versuch, ein Bild zu singen oder ein Lied zu malen.
Trotzdem, wenn wir uns in Wörtern ausdrücken, ist das ungeachtet aller Grenzen eine der Möglichkeiten, die wir haben,
einander zu helfen. Wenn wir nicht über die Sprache geböten,
wären dem stummen Beistand, den wir einander leisten können, noch engere Grenzen gezogen.

2. *Gefühle sind wirklich.* Gefühle sind unmittelbares, unbe-
zweifelbares Wissen. Den größten Teil unseres Wissens über

---

* Penfield, a.a.O.

die Welt erhalten wir aus zweiter Hand, durch die Berichte anderer. Durch die Abstraktheit der Sprache können wir sehr genau zutreffende Erkenntnisse über historische, mathematische, geographische Fakten oder über die neuesten Ereignisse in aller Welt, ja sogar aus dem Weltraum gewinnen. Wir können logisch überprüfen, vermuten, bestreiten oder uns fragen, ob diese Information zutrifft oder nicht. Gefühle dagegen sind ursprüngliches, ganz persönliches Wissen. Wenn uns *Gefühle* ergreifen, dann wissen wir das! Das heißt: die meisten wissen das dann. Einigen Menschen hat man nämlich beigebracht, ihre Gefühle nicht zu fühlen. Wenn Kindern, die berichten, was sie empfinden, gesagt wird, es sei «böse», solche Gefühle zu hegen, oder wenn die Mutter sagt: «Worüber kann denn ein Knirps wie du schon traurig sein?», beschließen sie vielleicht, ihre Gefühle für sich zu behalten, «sie in sich zu verschließen». Wenn jeglicher Gefühlsausdruck mißachtet oder mißdeutet wird, können Kinder das Vertrauen in ihre Wahrnehmungen verlieren oder ihre Gefühle überhaupt nicht mehr *fühlen*. In ihrem späteren Leben sind sie dann vielleicht «gefühllose» Menschen. Eine Frau, die sich selbst als gefühllos bezeichnete, erklärte: «Ich kann mich an gar nichts erinnern, wenn ich an meine Kindheit zurückdenke.» Die Kindheit war befrachtet mit Gefühlen. Da Gefühle als unschicklich galten, wurde die Kindheit zusammen mit den Gefühlen begraben, die ihr nicht zugestanden wurden. Sie gab jedoch zu, daß sie ein Gefühl der Leere hatte.

Im moralischen Sinn sind Gefühle weder gut noch schlecht. Sie sind Ereignisse, Tatsachen unseres Daseins. Was wir in ihrem Namen tun, kann gut oder schlecht sein. Aber die Gefühle selbst lassen sich nicht über den moralischen Leisten schlagen. Sie stellen sich ungebeten ein. Wir können uns eines schönen Tages entscheiden, keinen Ärger mehr zu empfinden. Wir können beschließen, alle Welt zu lieben und keinen Haß mehr in uns aufkommen zu lassen. Dann plötzlich, aus heiterem Himmel, werden wir wütend. Irgend etwas ist uns zugestoßen. Wir mögen nicht die geringste Ahnung haben, was die

Wut hervorgerufen hat. Aber das Gefühl ist wirklich. Es ist ein
Ereignis. *Subjektiv* empfinden wir Gefühle als gut oder
schlecht. Besonders schlecht sind Gefühle, wenn sie das Erwachsenen-Ich ausschalten und wir dann das Maß unseres
Elends voll machen, indem wir eine Dummheit nach der anderen begehen.

3. *Wir können unsere Gefühle verändern.* Allerdings läßt sich
das nicht durch einen einfachen Entschluß oder durch Ein-
schwenken auf den Königsweg zur ewigen Glückseligkeit be-
werkstelligen. Wir können unsere Gefühle nur verändern, indem wir ihren Ursprung erkennen und anschließend unser
Verhalten verändern. Ein Großteil dieses Buches ist dem Versuch gewidmet, zu erklären, wie sich das machen läßt.

4. *Jeder war einmal ein Kind.* Unsere gegenwärtige Erfahrung
wird durch die detailliert aufgezeichneten Kindheitsereignisse
und -gefühle gefiltert. Wir können in der Gegenwart kein
Gefühl haben, das nicht an ähnliche, in der Vergangenheit
aufgezeichnete Gefühle «angeschlossen» ist, wobei die wichtigsten und wirksamsten aus den ersten Lebensjahren stammen.
Dies bedeutet nicht, daß unsere gegenwärtigen Gefühle nicht
wirklich sind oder daß wir sie mit dem Hinweis abtun können,
sie seien nur «eine alte Aufnahme». Wir sind heute das, was wir
einmal gewesen sind. Die Nicht-o.k.-Gefühle, die sich aus der
Abhängigkeit und Hilflosigkeit unserer ersten Lebensjahre ergaben, sind aufgezeichnet und jederzeit abrufbar, wenn wir in
Situationen geraten, in denen wir uns abhängig und hilflos
vorkommen. Wenn wir beschämt sind, wird beispielsweise der
Schaltkreis «Scham» aktiviert. Dann erinnern wir uns nicht nur
daran, daß wir einmal beschämt waren, wir durchleben es noch
einmal, wir *sind* noch einmal der beschämte kleine Mensch, der
wir einmal gewesen sind. Wir empfinden die gleichen Gefühle,
die wir früher einmal gehabt haben, und erliegen damit der
nachhaltigen, kumulativen Wirkung, die diese Gefühle in der
Gegenwart auf uns haben.

Sich selbst sortieren

Wir offenbaren uns heute. Wir tun das in Handlungen, in Transaktionen. Wir erfahren, wie sich unsere Eltern in jenen frühen Jahren unseres Lebens verhalten haben, als wir die Beobachtungen machten, aus denen sich unser Eltern-Ich zusammensetzt. Das gleiche gilt für das Kindheits-Ich und das Erwachsenen-Ich. TA ist ein hervorragendes Sortiergerät, das uns zeigt, wie wir unser Eltern-Ich, Erwachsenen-Ich und Kindheits-Ich voneinander unterscheiden können, woran diese verschiedenen Ich-Formen in unseren gegenwärtigen Transaktionen erkennbar sind. Der Schweizer Psychiater Paul Tournier beschreibt die Seele als eine unordentliche Schublade, die man immer wieder ausleeren und aufräumen muß. Diese totale Entleerung entspricht etwa der klassischen Psychoanalyse. Es dauert lange, bis man jeden Gegenstand in die Hand genommen und dorthin getan hat, wohin er gehört. Außerdem ist während der Psychoanalyse der Gebrauchswert der Schublade erheblich eingeschränkt. In der TA bringen wir in unserer Seelenschublade zwei Trennwände an und beginnen, in die drei entstandenen Fächer – Eltern-Ich, Erwachsenen-Ich und Kindheits-Ich – alles an seinen Platz zu legen. Der Vorteil liegt darin, daß die Schublade weiter benutzt werden kann. Es ist etwa so, als wenn man eine Eisenbahnbrücke Schwelle um Schwelle erneuert. Die Züge können sie weiterhin passieren, und trotzdem steht am Ende eine völlig neue Brücke da.

Genau das leistet die Transaktionsanalyse. Das Ziel der TA ist die Stärkung und Emanzipation des Erwachsenen-Ichs durch die Erkenntnis, «welcher Teil von mir gerade den Ton angibt», und durch das Urteil darüber, ob das wahr, vernünftig und der heutigen Wirklichkeit angemessen ist. Es geht nicht darum, das Eltern-Ich oder das Kindheits-Ich abzuschaffen, sondern um eine unvoreingenommene Untersuchung dieser Datensammlungen. Das Erwachsenen-Ich, so könnte man in Abwandlung eines Emersonausspruchs sagen, «darf sich nicht

durch die Bezeichnung Gottheit abhalten lassen, sondern muß
untersuchen, ob es wirklich die Gottheit ist» beziehungsweise
das Schlechte, wie in der ursprünglichen Entscheidung «Ich
bin nicht o.k.». Letztlich will die TA dem Menschen Entschei-
dungsfreiheit ermöglichen. «Frei sein», sagt der amerikanische
Kulturphilosoph Will Durant, «heißt lediglich, daß wir wissen,
was wir tun.» Diese Freiheit schafft die Voraussetzung für neue
Wahlmöglichkeiten – über die Grenzen hinaus, die uns die
Vergangenheit setzt.

Dieses Buch soll zeigen, wie sich mit Hilfe der TA-Instru-
mente negative Gefühle in den Griff bekommen lassen und wie
positive geschaffen werden können. Positive Gefühle liefern
uns die Energie für unseren Weg durchs Leben. Unter dem
Eindruck negativer Gefühle breitet sich in vielen Menschen
Leere aus. Enttäuschung, Abhängigkeit und Verwirrung können uns völlig überwältigen, unsere Vorhaben zum Scheitern
bringen, die Beziehungen zerstören, die uns am Herzen liegen,
und uns in tiefe Verzweiflung stürzen, eine Verzweiflung, die
aus dem Gefühl resultiert, daß wir völlig unbedeutend seien.
Als wir fünf Jahre alt waren, waren wir anderen auf Gnade und
Ungnade ausgeliefert. Das war eine vergangene Wirklichkeit.
Die gegenwärtige Wirklichkeit ist, daß wir nicht völlig hilflos
sind, auch wenn wir es so *empfinden* mögen.

Häufigste Ursache negativer Gefühle ist die Unfähigkeit,
den Bedingungen gerecht zu werden, denen wir nach unserer
ursprünglichen Annahme zu genügen hatten, um o.k. zu sein,
jenen bedeutsamen *Wenns* oder, wie Immanuel Kant sagt, der
Handvoll Maximen, die unser Leben regieren.

2

Du kannst o.k. sein,
wenn . . .

«Die meisten von uns wurden nach dem Motto erzogen, ich liebe dich, wenn . . . Ich liebe dich, wenn, wenn, wenn . . . Ich liebe dich, wenn du gute Noten nach Hause bringst. Ich liebe dich, wenn du die Schule schaffst. Himmel, was würde ich dich lieben, wenn du das College absolvierst. Oh, wie würde ich dich lieben, wenn ich sagen könnte: mein Sohn ist Arzt. Und am Ende . . . glauben wir buchstäblich, daß wir Liebe durch gutes Verhalten, durch Belohnungen oder durch irgend etwas anderes erkaufen können . . . und dann heiraten sie jemanden, der sagt, ich liebe dich, wenn du mir einen Nerzmantel kaufst. Wenn wir die nächste Kindergeneration mit *bedingungsloser Liebe* großziehen würden, würden diese Kinder niemals Angst vor dem Leben oder vor dem Tod haben, und wir brauchten keine Filme zu drehen und keine Bücher zu schreiben über Tod und Sterben.»*

Wir fühlen uns bestätigt und verwirrt durch diese Gedanken von Elisabeth Kübler-Ross. Viele Menschen, besonders bestimmte Typen von leistungsorientierten Aufsteigern, werden sich der Wahrheit der hier aufgezählten Bedingungen nicht verschließen können. Soziale Anerkennung ist mit großer Wahrscheinlichkeit an bestimmte Bedingungen geknüpft. Von welcher «Gesellschaft» wir Anerkennung suchen, hängt weitgehend davon ab, was unsere Eltern billigten. Ob wir Anerkennung in der Kirche, in der Wirtschaft, im Beruf, im «Dschungel dort draußen» oder in der Unterwelt suchen, richtet sich vor allem danach, auf welchen Umgang unsere Eltern Wert legten. Wir treten in eine Organisation ein und lernen als erstes ihre

* Elisabeth Kübler-Ross, To Live Until You Die, NOVA, WGBH Educational Foundation, 1983, S. 19,20.

geschriebenen und ungeschriebenen Gesetze: «Wenn du es hier zu etwas bringen willst, mußt du das und das tun.»

«Es zu etwas bringen», das ist das große Ziel. Leistung ist der Maßstab. Viele unserer «besten Leute» gehen durchs Leben und messen sich an anderen, hungrig nach Anerkennung und wie die netten Kerle und Sweethearts im nächsten Kapitel ständig beschäftigt mit der Frage: «Wie komme ich an?» Das Paradoxe daran ist, daß im allgemeinen zu solchen Erkenntnissen über das Leistungsprinzip nur fähig ist, wer selbst leistungsorientiert ist. Wäre Elisabeth Kübler-Ross zu einer solchen Einsicht in der Lage gewesen, wenn sie nicht selbst, aus welchen Gründen auch immer, leistungsorientiert wäre?

Daraus ergibt sich die Frage: Ist es falsch, wenn Eltern an ihre Kinder Erwartungen stellen? Wir glauben das nicht, doch bevor wir ergründen warum, müssen wir zwischen *erklärten* und *vermuteten* Erwartungen unterscheiden.

Das entscheidende Faktum des Kleinkindalters ist *Abhängigkeit*. Unfähig, feine Unterschiede wahrzunehmen oder die Gründe für die manchmal wechselnden Erwartungen ihrer Eltern zu verstehen, konstruieren Kleinkinder eine «vermeintliche Wirklichkeit», die sie selbst und ihre Umgebung umfaßt.* Alles – von der Herkunft über den Rang in der Geschwisterfolge, über Krankheit bis hin zur allgemeinen Weltlage – geht in diese Annahmen ein. Die Annahmen mögen falsch sein, doch für das Kind sind sie *Wirklichkeit*. Die entscheidendste Annahme lautet: «Ich bin nicht o.k. – du bist o.k.».

Sobald das Kind dieses Dilemma erkannt hat, sucht es bei seinen Eltern nach Hinweisen dafür, was es tun kann, um ihnen, die es für o.k. hält, zu gefallen. Für das Kind besitzen sie magische Kräfte. Sie sind groß, mächtig, liefern Geborgenheit, manchmal auch Schrecken und sind, dies vor allem, *unentbehrlich*. Ganz gleich, wie sie das Kind behandeln, es braucht sie.

Vor einigen Jahren war von einem Prozeß zu lesen, in dem

---

* Thomas A. Harris, The Developing Child and His Assumptive Reality. Vortrag vor der American Ortho-Psychiatric Association, 24. Februar 1951.

ein Vater angeklagt war, der seine vierjährige Tochter über
einen Zeitraum von 24 Stunden zu Tode geprügelt hatte, weil
sie «nicht auf ihn hören wollte». An dieser unaufhörlichen,
entsetzlichen Bestrafung mit Gürteln und Peitschen beteiligte
sich auch die Mutter. In einer der erschütterndsten Aussagen
des gesamten Prozesses wurde berichtet, wie das kleine Mädchen nach etwa 20 Stunden am Ende seiner Kräfte und ster-
bend auf den Vater zukroch, damit er ihr die Ösen an ihrer
Latzhose öffne und sie aufs Klo gehen konnte. Sie wandte sich
an ihren Folterknecht, weil sie ihn *brauchte*, und er war nun
einmal ihr Vater.

Unter den günstigsten wie unter den schlimmsten Umständen haben die Kindheitsbedürfnisse Vorrang. Da das Kind
niemand anders hat, an den es sich wenden kann, formt es seine
Wahrnehmungen nach seinen Bedürfnissen, so daß Verzerrun-
gen im Denken oder falsche Annahmen nicht nur möglich,
sondern sogar wahrscheinlich sind.

Anfangs bekommt der Säugling das, was er haben möchte,
durch Schreien, doch erhält er häufig schon nach kurzer Zeit,
durch Wörter oder Handlungen, die Botschaft, daß ein
schreiendes Baby ein schlechtes Baby ist. So sucht der Säugling
nach neuen Wegen, seine Bedürfnisse zu befriedigen, die Mutter zum Lächeln zu bringen. Was immer er tut, er wird es
weiter tun, wenn es funktioniert.

Mit fortschreitender Entwicklung seines Sinnesapparates
schärft er seine Wahrnehmung für Hinweise, die ihm sagen,
womit er seine Eltern erfreuen oder zumindest ihre Aufmerksamkeit gewinnen kann. Seine Augen suchen ihr Gesicht nach
der benötigten Billigung oder gefürchteten Mißbilligung ab.
Nicht in einem einzigen Anlauf, sondern Stück für Stück setzt
das Kind sein Wirklichkeitsverständnis zusammen und entscheidet, was es tun muß, um o.k. zu sein. Wenn das Zusammenspiel Gestalt gewinnt, trifft das Kind eine Reihe von Entscheidungen, die die Grundlage für das Drehbuch seines
Lebens liefern.

Du kannst o.k. sein, wenn . . .

Elisabeth Kübler-Ross hält es für möglich, Kinder in bedingungsloser Liebe zu erziehen. Aus elterlicher Sicht mag dieses
Ideal im Bereich des Möglichen zu liegen. Aus der Sicht des
Kindes ist das nicht der Fall, da sogar das Überleben von
bestimmten Bedingungen abhängig ist: Die Mutter muß in
seiner Nähe sein, es hochnehmen, ernähren und pflegen. Wenn
aus dem Säugling ein Kleinkind wird, werden die lebensretten-
den *Verbote* der Eltern zu einer unentbehrlichen Bedingung für
das Kind. Du bleibst am Leben, wenn du nicht auf die Straße
läufst, keine Haarklammer in die Steckdose steckst, nicht an
den Medizinschrank gehst, kein Lysol trinkst oder nicht mit
dem Fleischmesser spielst. Das Kind begreift diese Tätigkeiten
nicht als lebensbedrohend, weil es nicht weiß, was *lebensbedrohend* heißt. Selbst wenn diese Gefahren hinter Schloß und
Riegel sind, wie es der Fall sein sollte, gelangt ein Kleinkind,
von der Neugier getrieben, an die unmöglichsten Orte. Deshalb braucht es entschiedene sprachliche und körperliche Einschränkungen. Wenn ein Kind sich auf gefährliche Abenteuer
einläßt und zurückgehalten oder bestraft wird, so bedeutet das
für das Kind, daß es sich falsch verhalten hat: Es ist nicht o.k.
Zwar *hat* es sich falsch verhalten, aber die Annahme, *es sei nicht
o.k.*, ist unzutreffend. Aber so empfindet es.

Deshalb verwandelt sich seine Entdeckung: «Ich kann o.k.
sein, wenn ich auf Mutter höre», zu der *Tatsache einer Liebe, die
an Bedingungen geknüpft ist*. Es muß auf einen Teil seiner
Selbstbehauptung verzichten, um am Leben zu bleiben. Eltern
können versuchen, dem Dilemma aus dem Weg zu gehen,
indem sie 1. alle Gefahren von dem Kind fernhalten, was sie
tun sollten, oder 2. alles erklären. Das Problem der ersten
Lösung liegt, abgesehen davon, daß sie praktisch unmöglich
ist, darin, daß im Denken des Kindes dann keine klaren, an
bestimmte Bedingungen geknüpften Neins verwurzelt werden,
die es zum Überleben braucht. Die Mutter kann nicht ständig

in seiner Nähe sein, und es bedarf nur einer Sekunde, um einer
Gefahr zum Opfer zu fallen. Überdies werden die eingewurzel-
ten Neins zu nützlichen Hemmschwellen, wenn das Kind seinen Aktionsradius erweitert. Es ist alles andere als sicher, sich
ohne sie hinauszuwagen. Die zweite Lösung – alles zu erklären – ist machbar, wenn das Kind sprechen gelernt hat. Doch
bevor es angemessen mit Wörtern umgehen kann, werden
entsprechende Erklärungen eher verwirren als ihm helfen.
Viele der kindlichen Annahmen sind vorsprachlicher Natur,
ganz besonders die Annahme «Ich bin nicht o.k. – du bist o.k.».

Das Kind konstruiert sich einige seiner inneren Neins ganz
von allein, auch wenn sie von seinen Eltern nicht ausgesprochen und ihm auf keine Art beigebracht werden. Die Transak-
tionsanalytiker Robert und Mary Goulding schreiben: «Wir
glauben, daß viele Befehle nie ausgesprochen wurden! Das
Kind phantasiert, erfindet und mißdeutet und gibt sich dadurch selbst seine Befehle. Wenn ein Bruder stirbt, glaubt das
Kind vielleicht, seine Eifersucht habe den Tod des Bruders
magisch verursacht, weil das Kind nicht begreift, was eine
Lungenentzündung ist. Aus seinem Schuldgefühl heraus gibt
es sich dann möglicherweise den *Sei-nicht*-Befehl. Wenn der
geliebte Vater stirbt, kann das Kind beschließen, nie wieder
jemandem so eng verbunden zu sein. In dem Bestreben, künftig den Schmerz zu vermeiden, den es beim Tod des Vaters
empfunden hat, gibt es sich den *Binde-dich-nie*-Befehl. Im
Grunde sagt es sich: ‹Ich werde nie wieder lieben, dann bleibt
mir künftig Leid erspart.›»*

Genausowenig wie die Persönlichkeit des Kindes an einem
Tag entsteht, tun es seine Entscheidungen, wenn auch ein so
schwerwiegendes Trauma wie das oben geschilderte der töd-
lichen Mißhandlung durch die eigenen Eltern, zu plötzlichen
Entscheidungen führen *kann*. Die meisten Entscheidungen
ergeben sich jedoch aus einer langen Reihe von Signalen oder

---

* Robert und Mary Goulding, Changing Lives Through Redecision Therapy.
  New York 1979, S. 39 f.

Erlebnissen. Eltern müssen mehr als einen Fehler machen, bevor das Kind einen solchen Beschluß faßt. Seine frühen Annahmen sind vorläufiger Natur und werden endgültig erst bei wiederholter Bekräftigung.

Ein kleines Mädchen läuft jeden Tag bis zu nächsten Ecke, um ihren Papa zu begrüßen, wenn er abends von der Arbeit nach Hause kommt. Tag für Tag wiederholt sich das gleiche Begrüßungsritual. Er nimmt sie auf den Arm, gibt ihr einen Kuß und sagt ihr, sie sei seine kleine Prinzessin. Eines Tages kommt er nicht. Sie ist enttäuscht, aber in dem Glauben an ihren Papa ungebrochen. Am folgenden Tag wird das Begrüßungsritual wiederaufgenommen und viele Wochen lang ohne Störung beibehalten. Eines Tages kommt er aus Gründen, die er für sich behält, ärgerlich nach Hause, läuft an ihr vorbei und nimmt sie nicht auf den Arm. Sie ist enttäuscht, glaubt aber noch immer an ihren Papa. Abermals wird das Ritual am folgenden Tag wiederaufgenommen und beibehalten. Dann kommt Papa eines Tages betrunken nach Hause. Als sie auf ihn zuläuft, sagt er, sie solle sich verziehen, sich nicht so kindisch benehmen und ihm nicht auf die Nerven fallen. Selbst dieses Verhalten muß noch nicht zu einer Umentscheidung führen, aber das Vertrauen wird brüchig und von Angst untergraben. Die Enttäuschung wiederholt sich noch einmal und noch einmal, bis in der Stunde X am Tage Y des Jahres Z das Vertrauen unter dem Gewicht der aufgehäuften Enttäuschungen zerbricht und das Mädchen zu dem Schluß kommt: «Ich werde meinem Papa nie wieder vertrauen» oder: «Ich werde allen Vätern nie wieder vertrauen» oder: «Ich werde überhaupt den Männern niemals vertrauen».

Das Vertrauen des Kindes ist hartnäckig, weil sein Bedürfnis groß ist. Deshalb kann ein Kind viele negative Erlebnisse einstecken, bevor es die «Trennungs»-Entscheidung trifft. Wir legen Wert auf diese Feststellung, weil sie Eltern von unnötigen Ängsten befreien kann. Obwohl ein Tropfen das Maß zum Überlaufen bringen kann, muß sich vorher schon eine Menge Flüssigkeit angesammelt haben.

Auch unter den günstigsten Bedingungen, die man sich vorstellen kann, und mit Eltern, die sich nur von den allerbesten Absichten leiten lassen, sind die ersten Annahmen des Kindes an Bedingungen geknüpft. In der späteren Kindheit mögen die Taten und Worte der Eltern durchaus bedingungslose Liebe vermitteln, doch sie können die Aufzeichnung der frühen vorsprachlichen Ereignisse nicht auslöschen. Das Wörtchen *wenn* bleibt ein Dreh- und Angelpunkt im menschlichen Leben. Mag es auch problematische Gefühle hervorrufen, so schafft es doch Stabilität, Vorhersagbarkeit und Sicherheit, vorausgesetzt, es bietet kein verschwommenes Bild wie im Fall der widersprüchlichen Doppelbotschaften, von denen in diesem Kapitel noch die Rede sein wird.

Laß-das-Botschaften

Laß-das-Botschaften sind wirkungsvoller als *Tu-das*-Botschaften, obwohl oft versucht wird, die negativen Botschaften durch positives Handeln zu überwinden. Wir verdanken den Gouldings eine sehr übersichtliche Zusammenfassung der Arten von *Laß-das*-Botschaften, die ein Kind als Befehle verinnerlicht. Sie resultieren entweder aus falschen Annahmen, wie im Fall des Jungen, dessen Bruder an Lungenentzündung starb, oder aus richtigen Interpretationen dessen, was die Mutter oder der Vater tatsächlich gesagt oder getan haben. Ausgesprochen oder unausgesprochen lautet die Botschaft: «Ich liebe dich, wenn du nicht . . .» Bei den Gouldings heißt es: «Befehle sind Botschaften vom Kindheits-Ich der Eltern, ausgesendet unter Umständen, die für die Eltern selbst unangenehm sind: Kummer, Angst, Enttäuschung, Ärger, Frustration, geheime Wünsche.»* Wenige Eltern sind frei von solchen negativen Gefühlen und dem (für das Kind) verwirrenden Verhalten, das ihre Begleiterscheinung ist. Deshalb kann das Kind, wenn es bei seinen Eltern wiederholt auf solch «belastetes» Verhalten

* a.a.O. S. 34 f.

stößt, sich für eine der folgenden *Laß-das*-Spielarten entscheiden:

1. *Laß das*. Punkt. Diese Botschaft wird von ängstlichen, überfürsorglichen Eltern ausgegeben, die unfähig sind, auf irgendeinen der Wünsche ihres Kindes positiv zu reagieren, gleichgültig ob er gefährlich ist oder nicht. «Geh hinaus und sag Johnny, egal was er gerade macht, er soll es lassen.» Das Leben ist ein einziges großes NEIN, das Neugier und Kreativität erstickt. Eltern wie Kinder sind voller Ängste und Sorgen.

2. *Sei nicht*. Dies ist nach den Gouldings die tödlichste Botschaft, besagt sie doch auf die eine oder andere Weise: «Ich wünschte, du wärst nie geboren worden.» – «Was könnten wir nicht alles ohne Kinder tun?» spielt, wörtlich verstanden, ganz konkret mit der Möglichkeit eines Lebens «ohne die Kinder». Übermittelt werden kann die Botschaft durch ständige Nichtbeachtung des Kindes, indem die Eltern etwa so reden, als wäre das Kind nicht vorhanden, oder indem sie sagen: «Weißt du noch, wie schön wir es hatten, als die Kinder noch nicht da waren?» Was soll das Kind mit einer solchen Äußerung anfangen?

3. *Binde dich nicht*. Diese Entscheidung kann aus Verlust erwachsen, dem Tod eines Elternteils oder eines Geschwisters, oder aus grausamem Verhalten der Eltern.

4. *Nimm dich nicht wichtig*. Werden die Leistungen eines Kindes ständig geschmälert, schüchtert man es jedesmal ein, wenn es vor Erwachsenen spricht – «Was glaubst du eigentlich, wer du bist?» –, so kann ein Kind diese negative Einstellung zu sich selbst bekommen.

5. *Sei kein Kind*. «Papa ist fort, nun mußt du Mamas kleiner Mann sein.» – «Werd endlich erwachsen!» Und schon ist die Kindheit verloren.

6. *Werde nicht älter*. Eltern können es oft nicht ertragen, daß ihre Kleinen dem Säuglingsalter/der Kindheit/der Familie entwachsen oder in die (von ihnen) als bedrohlich empfundene Pubertät eintreten. «Bleib so niedlich, wie du bist.» – «Du bleibst immer Papis kleines Mädchen.» Oder man bewahrt die

Babysprache bis ins Erwachsenenalter hinein, wenn erwachsene Frauen «Babsie» oder «Püppi» heißen oder erwachsene Männer mit der Verkleinerungsform ihrer Namen angeredet werden – Heini, Karlchen, Joschka, Jupp oder Sepp. Das ist nur ein Hinweis, kein Beweis, denn manche befreien sich davon. Außerdem dienen Kosenamen auch dazu, Zuneigung auszudrücken.

7. *Sei nicht erfolgreich.* Vater spielt Schach mit seinem Sohn, und eines Tages gewinnt dieser. Da setzt sich Vater nie wieder mit ihm ans Brett. Auch Perfektionismus kann erfolgreiches Verhalten untergraben: «Wenn du es nicht ordentlich machst, laß es lieber ganz sein!»

8. *Sei nicht normal, sei nicht gesund.* Kinder, die gestreichelt werden, wenn sie krank sind, Aufmerksamkeit erhalten, wenn sie «durcheinander» sind, deren Therapeuten immer dann gewechselt werden, wenn sie sich auf dem Weg zur Normalität befinden, gelangen zu der Entscheidung, daß sie Liebe bekommen, wenn sie bleiben, wie sie sind – krank oder gestört.

9. *Gehör nicht dazu.* In einer Einwandererfamilie, die von den «Amerikanare» verächtlich als «Ausländern» sprach, war es den Kindern untersagt, bei den Pfadfindern einzutreten oder in der Schule am Sportunterricht teilzunehmen. Die Eltern hatten das Gefühl, nicht dazuzugehören, und gaben diese Botschaft an ihre Kinder weiter.

10. Andere *Laß-das*-Botschaften lauten: Habe kein Vertrauen, denk nicht, zeig keine Gefühle, hab deine Gefühle nicht (du hast keinen Hunger, du bist müde) und hab keine Freude. Außerdem: du verdienst es nicht, du bekommst es nicht, du verlierst es wieder, wenn du es doch bekommst, du wirst es bereuen, du wirst es teuer bezahlen und du hast mehr, als du verdienst.

Tu-das-Botschaften

Im allgemeinen sind sich die Menschen der oben genannten «geheimen» Negativbotschaften nicht bewußt. *Tu-das*-Botschaften dagegen werden in vollem Bewußtsein ausgesendet. Das Kind hat sie in vielerlei Gestalt gehört oder sie aus dem erschlossen, was die Eltern gesagt oder getan haben. Das Kind glaubt, es kann o.k. sein, *wenn* es einen oder mehrere der folgenden Befehle befolgt:

1. Sei vollkommen. «Und warum da nur eine Zwei?» fragt der Vater seinen Sohn, dessen Zeugnis fünf Einsen und eine Zwei aufweist.

2. Sei der Beste. «Gewinnen ist nicht alles, aber verlieren ist gar nichts.»

3. Gib dein Bestes. «Der Junge leistet einfach nicht das, was er leisten könnte.»

4. Tu, was mir gefällt. «Wenn du nicht die Dinge tust, die mir gefallen, mag ich dich nicht.»

5. Sei flink. «Wer zuerst kommt, mahlt zuerst.»

6. Sei stark (und zeig keine Gefühle).

Wenn jemand diesen «positiven» Befehlen nicht genügen kann, werden die früheren *Laß-das*-Botschaften bestätigt. Ich kann nicht vollkommen sein, deshalb kann ich mein Ziel nicht erreichen. Ich kann nicht der Beste sein, deshalb werde ich ohne Bedeutung bleiben. Ich kann nicht mein Bestes geben, deshalb werde ich nicht gut sein. Ich kann dir nicht gefallen, deshalb werde ich nicht ich selbst sein – oder ich werde gar nicht sein. Flinker kann ich nicht sein, deshalb werde ich nicht erwachsen. Ich kann nicht stark sein und meine Gefühle verbergen, deshalb werde ich überhaupt keine Gefühle haben.

Widersprüchliche Doppelbotschaften

Kinder entwickeln sich gesund, wenn die Gebote und Verbote in sich stimmig und konsequent sind. Leider ist das nicht immer der Fall. Die Eltern mögen noch so gute Absichten haben, häufig übermitteln sie unklare Botschaften, die das Kind verwirren.

Wir beziehen unsere Signale ursprünglich aus sechs Quellen: dem Eltern-, Erwachsenen- und Kindheits-Ich der Mutter sowie dem Eltern-, Erwachsenen- und Kindheits-Ich des Vaters. Diese sechs Quellen verinnerlichen wir, indem wir sie in unserem eigenen Eltern-Ich aufzeichnen, wo sie den Rest unseres Lebens erhalten bleiben. Die wirksamsten Botschaften sind die Gefühle der Eltern, die Dinge, die sie gesagt haben, als ihr *eigenes* Kindheits-Ich im Spiel war.

Daß sich alle sechs Quellen ständig in Übereinstimmung befinden, ist so unwahrscheinlich wie ein einstimmiger Beschluß in der UNO. Entscheidend für unser Verständnis mangelnder Übereinstimmung ist der Umstand, daß häufig ein klarer Interessenkonflikt zwischen den sechs Quellen vorliegt. Das Problem ist nicht so sehr, daß Eltern mißverstanden werden, sondern daß sie zu gut verstanden werden. Henry Kissinger hat gesagt: «Der Diplomat glaubt, daß ein internationaler Konflikt aus einem Mißverständnis entsteht. Deshalb sucht er nach einer sprachlichen Formel, die es ausräumen kann. Der Staatsmann glaubt, daß der Konflikt aus unterschiedlichen Interessen und gegensätzlichen Positionen erwächst. Deshalb versucht er die grundlegenden Realitäten zu verändern.»[*]

Wir können die «grundlegenden Realitäten», die aufgezeichneten Interaktionen mit unserer dreigeteilten Mutter und unserem dreigeteilten Vater, nicht verändern. Obwohl wir an der Überzeugung festhalten, daß unsere «Eltern es gut meinten», was auf die meisten Eltern ja auch wirklich zutrifft, müssen wir

[*] *Time*, 1. April 1974, S. 26.

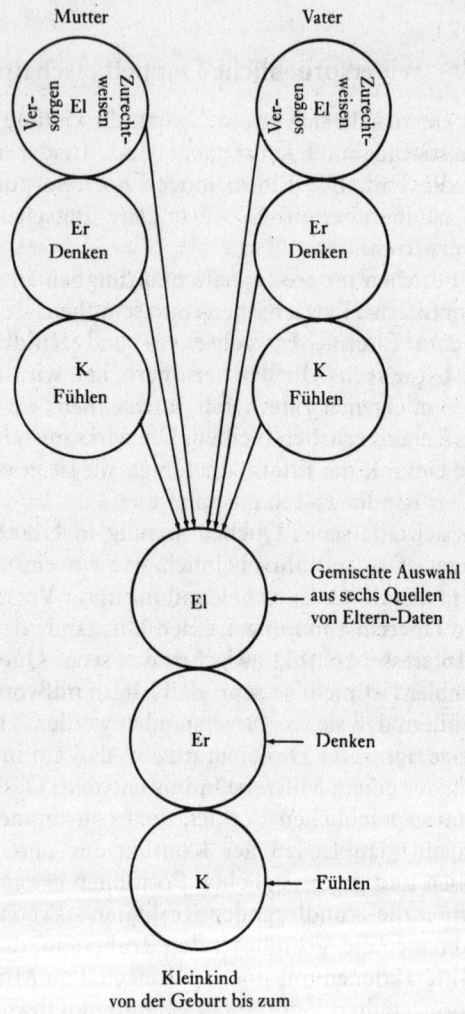

Abbildung 2
Die sechs ursprünglichen Quellen, aus denen unser Eltern-Ich Daten
gespeichert hat

die Doppelbotschaften doch unbedingt als das erkennen, was
sie waren und sind: als *widersprüchlich*. Kinder sehen und
erleben Mitteilungen aus allen drei Persönlichkeitsbereichen
beider Eltern: das Eltern-Ich voller Zuwendung und Kritik,
das Kindheits-Ich gefühlsbetont, das Erwachsenen-Ich um
Problemlösung bemüht. Sie hatten ihre eigenen inneren Konflikte, und jeder Bereich mag sich im Widerspruch zum anderen befunden haben. Diese ganze heterogene äußere Wirklichkeit wurde im Eltern-Ich des kleinen Menschen aufgezeichnet,
ein buntes Sammelsurium menschlicher Bedürfnisse und
Hoffnungen. Aus diesem verwirrenden Durcheinander muß er
seine Auswahl treffen. Wer hatte recht? Was war richtig?

Der Konflikt der Eltern wird zum Konflikt des Kindes und
zum Anlaß für seine Verwirrung. In dem Bestreben zu gefallen
versucht das Kind, sowohl den Anweisungen der Eltern als
auch den von ihnen zum Ausdruck gebrachten Gefühlen gerecht zu werden, selbst wenn beide nicht übereinstimmen.
Auch wenn es sein Bestes tut, hat es unrecht, bleibt es gefangen
in der Doppelbindung des «Wehe, wenn du es tust, und wehe,
wenn du es nicht tust». Als Kind besitzt der Mensch weder die
Macht noch die intellektuelle Möglichkeit, den Konflikt aufzudecken, so daß er zu dem Schluß gelangen muß, der Fehler
liege bei ihm. Später können wir durch eine Analyse der Ich-
Zustände unserer Eltern den Konflikt dort einordnen, wo er
hingehört, und uns dann frei entscheiden, mit welchen Eltern-
Botschaften wir auch weiterhin leben wollen, welche Wertvorstellungen uns auch in unserer Gegenwart als Erwachsenen
helfen können. Als Erwachsene brauchen wir unsere Eltern
nicht mehr zum *Überleben*. Als die Botschaften aufgezeichnet
wurden, war das aber der Fall.

Wir sind nicht völlig festgelegt

Unsere Annahmen über die Außenwelt, vor allem über Vater
und Mutter, sind ein Teil von uns geworden. Wohlgemerkt,
nur ein Teil. Auch wir haben ein Kindheits-Ich und ein Er-

wachsenen-Ich und in diesen beiden Bereichen unserer Persönlichkeit die Möglichkeit, zu fühlen, neue Wege zu beschrei-
ten und kreative Gedanken zu entwickeln. Das Kindheits-Ich
hat seine eigenen Wünsche und Absichten, und das Erwachsenen-Ich trifft seine Entscheidungen nicht nur an Hand der
Signale, die es vom Eltern-Ich erhält, sondern berücksichtigt
auch die Botschaften vom Kindheits-Ich und unterzieht die
aus der Außenwelt eintreffenden Daten einer autonomen Prüfung. Die Botschaften des Eltern-Ichs, die ursprünglich automatische kindliche Reaktionen hervorrufen, verlieren ihren
«reflexauslösenden» Charakter, sobald wir sie uns bewußtge-
macht haben. Wir sind nicht völlig festgelegt, und darin liegt
unsere Hoffnung auf Veränderung.*

Bei Tournier fanden wir folgenden Bericht einer Patientin
über ihre Erfahrungen mit einem anderen Therapeuten, einem
Psychoanalytiker: «Die moralische Neutralität meines Psycho-
analytikers hat mir sehr geholfen, mich von dem Gewicht des
Formalismus zu befreien, der mich zu ersticken drohte. Aber
ich kann mich noch gut an das nicht weniger lebhafte Gefühl
der Befreiung erinnern, das ich empfand, als ich mich eines
Tages mit Ihnen unterhielt und mir klar wurde, daß ich persönlich für eine Handlung verantwortlich war, von der der Psychoanalytiker immer behauptet hatte, ich sei nicht für sie verantwortlich. Es war, als ob sich der Weg aus meiner Krankheit
plötzlich vor mir auftat. Verstehen Sie, solange ich für nichts
verantwortlich war, konnte ich nichts tun, um da herauszukommen. Ich hatte das Gefühl, in diese Unabänderlichkeit
eingesperrt zu sein.»**

Ein Mann, der dabei war, sich von einer Depression zu
befreien, entdeckte, daß ein Großteil seiner Schwierigkeiten in
den widersprüchlichen Botschaften seines Eltern-Ichs wurzel-
ten: 1. Sei immer der Beste, 2. sei immer nett. Sein Versuch,

---

* Vgl. den Abschnitt «Hat der Mensch einen freien Willen?» in: «Ich bin o.k.,
  du bist o.k.», S. 80–83
** Paul Tournier, The Person Reborn. New York 1966, S. 121

beiden Forderungen gerecht zu werden, hatten ihn in eine
Sackgasse geführt, aus der es keinen Ausweg zu geben schien.
Der Konkurrenzgeist, der ihn antrieb, stand ständig auf dem
Kriegsfuß mit der für ihn nicht akzeptablen Aggressivität, die
er dazu brauchte: Nette Leute sind nicht aggressiv. Er wurde
erdrückt von der peinigenden Gewißheit, daß er, ganz gleich,
was er tat, das Falsche tat und tun mußte.

Obwohl er bei einer näheren Untersuchung der widersprüchlichen Eltern-Ich-Botschaften erkannte, wo die Ursache
für einen Teil seiner Schwierigkeiten lag, *zog er doch den
größten Nutzen aus der Entdeckung, daß auch er Verantwortung
an seinen Entscheidungen trug.* «Ich möchte nicht wie ein willen-
loses Geschöpf behandelt werden», sagte er. «Ich hatte auch
selber etwas dazu beigetragen. Es hat mir gefallen, der Beste zu
sein. Sie haben bestimmte Dinge von mir erwartet, aber ich
habe auch vieles von mir erwartet. Ich habe Entscheidungen
getroffen, und ich habe auch Fehler gemacht.» Er sagte, die
Vorstellung, nur ein ohnmächtiges Glied in einer Kette von
Ursachen und Wirkungen zu sein, sei erniedrigender für ihn als
das Eingeständnis, daß er sich mitschuldig gemacht habe an
den Entscheidungen, die ihn dorthin gebracht hätten, wo er
sich jetzt befinde. Wenn wir die Verantwortung zumindest für
einen Teil unserer Vergangenheit übernehmen, gewinnen wir
die Möglichkeit, über unsere Zukunft selbst zu bestimmen.
Obwohl die verschiedenen *Laß-das-* und *Tu-das-*Botschaften,
die wir beschrieben haben, nützliche Hinweise sein können,
wenn wir uns ändern wollen, bedeuten sie keine Festlegung. An
jeder Kreuzung unseres Lebensweges hatten wir die Wahl,
unabhängig von dem, was uns unsere Eltern gesagt oder vorgelebt haben. Immer haben wir *ja* oder *nein* gesagt.

Wir verfransen uns hoffnungslos in nichtssagenden Formulierungen, wenn wir versuchen zu bestimmen, wieviel von
unserem Verhalten festgelegt und wieviel frei ist. Wenn wir es
nur mit dem Determinismus halten, kommen wir zu dem
schrecklichen Schluß, daß wir gar nichts tun können. Wir
brauchen weder Lob noch Tadel zu antizipieren. Alles hätte

genausogut auch anders kommen können. So verstanden, wird das Leben sinnlos, beängstigend und hoffnungslos. Wenn wir andererseits alle deterministischen Faktoren leugnen, betrügen wir uns genauso und müssen zu dem Schluß gelangen, daß alles, was uns zustößt, unsere eigene Schuld ist. Statt, wie der Determinist, von dem Gefühl hilfloser Ohnmacht, werden wir dann von Schuldgefühlen erdrückt, die uns allen Mut so gründlich rauben können, daß wir schließlich jeden Versuch aufgeben, uns zu ändern, und nur noch dahinvegetieren.

Deshalb sollten wir bei der Prüfung der *Wenns*, nach denen wir leben, Nachsicht walten lassen – uns selbst gegenüber und unseren Eltern gegenüber. Sie hatten ihre Gründe, ihre *Wenns*, ihre Bedürfnisse, ihre Ängste und ihre Widersprüche. Wenn wir eine völlig negative Haltung gegenüber dem Eltern-Ich einnehmen, so verkennen wir die positiven, die lebenserhaltenden und lebensbereichernden Gaben, die wir von unseren Eltern empfangen haben – vorausgesetzt, wir haben tatsächlich welche empfangen.

Auch Unglück muß in der Gleichung berücksichtigt werden. Wurden unsere Eltern von Not, Armut, Krankheit heimgesucht, als wir klein waren? Was haben wir daraus gemacht? Was taten sie dagegen? In welcher Form ist das Unglück in unserem Eltern-Ich verinnerlicht? Das Unkontrollierbare muß berücksichtigt werden, nicht nur in der Vergangenheit, sondern auch in der Gegenwart. Ist Ihr Haus abgebrannt? Ist Ihr Sohn tödlich verunglückt? Sind Sie niedergeschlagen, weil Sie Ihren Arbeitsplatz verloren haben? Sind Sie das Opfer eines Verbrechens? Es gibt Aspekte unseres Lebens, über die wir kaum, wenn überhaupt, irgendwelche Kontrolle besitzen. Das galt auch für unsere Eltern, obwohl wir als Kleinkinder dachten, sie seien mit Zauberkräften ausgestattet und allmächtig.

Ebensowenig wie unsere sämtlichen Probleme hausgemacht sind, ist es unser Glück. Mag auch der Selfmademan seine Bilanzen genüßlich betrachten und behaupten, nur weil er jeden Tag um sechs aufgestanden ist und bis zum späten Abend geschuftet hat, habe er es im Leben zu etwas gebracht. Und

mag er die Armen für faul und dumm halten. Tatsächlich gibt
es ein Millionenheer von Menschen, die um sechs Uhr morgens
aufstehen und bis zum späten Abend schuften – auf der Suche
nach Wasser, Holz und einer Handvoll zu essen –, ohne daß sie
es zu mehr bringen als zu einer Wellblechhütte, ein paar Hab-
seligkeiten und einem Haufen verstörter Kinder mit traurigen
Augen und geschwollenen Bäuchen. Und nur weil *sie* in Ban-
gladesh und nicht in Boston geboren wurden. Und es gibt noch
viele andere Gegebenheiten, auf die wir absolut keinen Einfluß
haben. Oder spielt es etwa keine Rolle, ob wir Männer oder
Frauen sind? Schwarz oder weiß oder irgend etwas dazwischen? Ob unsere Eltern Juden, Christen, Moslems oder nichts
davon waren? Ob wir ehelich geboren sind oder unehelich? Ob
wir blind oder taub geboren wurden?

Schwierige Voraussetzungen können ein schlimmes Handi-
kap für uns bedeuten. Doch viel mehr noch können wir aus der
neuen Gegenwart und Zukunft herausholen. Die frohe Botschaft lautet, daß wir denken können! Das Denken selbst
schafft Neues. Wir können nicht nur die Vergangenheit betrachten, sondern auch in die Zukunft blicken. Wir können uns
selbst, unsere Eltern und unsere Kinder aus einer historischen
Perspektive betrachten und jeden als aktives Element eines
schöpferischen Verursachungsprozesses begreifen. Wir können
nicht alles kontrollieren, aber ein paar Dinge schon. Wenn wir
ein Teil des Problems sind, so können wir auch ein Teil der
Lösung sein. Das ist die schöpferische Herausforderung, die
darin liegt, o.k. zu sein, sich o.k. zu fühlen und o.k. zu bleiben.

Prüfung des El-Er-K unserer Eltern

Als ich einmal vor einer schwierigen Entscheidung stand,
zeichnete ich die El-Er-K-Diagramme meiner Eltern, um herauszufinden, was meine Eltern in einer solchen Situation getan
hätten und inwieweit das Eltern-, Erwachsenen- und Kindheits-Ich der beiden daran beteiligt war. Es gab positive Anweisungen, aber auch Warnungen, jene Art von «Sieh dich

vor»-Botschaften, die Eltern ihren Kindern mitgeben, um sie
zu schützen. Abgesehen davon, daß ich Neues über den Inhalt
meines Eltern-Ichs erfuhr, war die wichtigste Erkenntnis, zu
der ich gelangte, daß sie während meiner Kindheit und meines
späteren Lebens *vieles über viele Dinge* gesagt haben. Sie haben
auch viele Dinge *getan*. Würde Ihnen eine auf wenige Wörter
zusammengekürzte Inhaltsangabe all dessen gefallen, was Sie
zu Ihren Kindern gesagt haben? Und würde diese Kurzform
der Wahrheit wohl gerecht?

In einer Abwandlung des El-Er-K-Diagramms bekommen
die drei Ich-Zustände Zylinderform, so daß der Aspekt der
Quantität berücksichtigt werden kann. Eltern, die wenig zu
ihren Kindern sagen, keinen Anteil an ihrem Leben nehmen
oder selten zugegen sind, bekommen nur einen kurzen Zylin-
der zugeordnet, weil es wenig Information gibt, die zu prüfen
ist. Je mehr Information sich im Eltern-Ich befindet, desto
mehr haben wir zu prüfen, nicht nur im Konfliktfall, sondern
auch im Hinblick auf nützliche Informationen für unser Leben. Eine Analyse dieser Information kann uns bei unseren
tagtäglichen Entscheidungen helfen – ob wir uns einen neuen
Arbeitsplatz suchen, ein Haus kaufen, heiraten oder eine bestimmte Position in einer moralischen Frage beziehen sollen.
Was würde Vaters Eltern-Ich sagen? Was würde sein Kindheits-Ich empfinden? Was würde sein Erwachsenen-Ich zu tun
beschließen? Was wäre mit Mutters Eltern-, Erwachsenen-
und Kindheits-Ich? Und was wäre mit Ihrem?

Ist es falsch, von Kindern etwas zu erwarten?

Bislang ging es um die destruktiven, unrealistischen und verin-
nerlichten *Annahmen* des Kindes über die Dinge, die es seiner
Meinung nach tun oder unterlassen muß, um geliebt zu werden. Diese Entscheidungen hat das Kind getroffen, sie beruhen
auf einem Wirklichkeitsverständnis, das in einem Zustand der
Abhängigkeit und Bedürftigkeit entstanden ist.

Nun mögen sich Eltern fragen, was sie denn überhaupt

sagen, erwarten oder fordern *können*, um aus ihren Kindern glückliche Menschen voller Selbstvertrauen und Tatkraft zu machen. Wir halten es nicht für falsch, von Kindern etwas zu erwarten, vorausgesetzt, die Erwartungen sind eindeutig und realistisch, das heißt, sie berücksichtigen die Bedürfnisse und Fähigkeiten des Kindes. Nichts zu erwarten, ist eine Form der Abwertung. Man sagt dann gewissermaßen: «Es hat ja doch keinen Zweck, etwas von dir zu erwarten», so daß das Kind zu der Annahme gelangt, ihm würden die notwendigen Voraussetzungen fehlen. Können ist eine Belohnung in sich selbst. Das Baby überlegt sich, wie es einen fortrollenden Ball zurückholen kann. Ein Kind lernt, die Tür zu öffnen oder seinen Namen zu schreiben. Seine Eltern mögen ihm geholfen und ihm gezeigt haben, wie es geht, doch sobald die Aufgabe bewältigt wird, möchte das Kind es selbst tun. Ein kleiner Junge, den man zum Lichtschalter hochgehoben hatte, damit er das Licht ein- und ausschalten konnte, wurde gefragt: «Wodurch geht das Licht an?» – «Durch mich!» antwortete er stolz.

Viele der kindlichen Annahmen über das, was sich tun und meistern läßt, entstammt dem, was Kinder an ihren Eltern wahrnehmen. Kinder möchten das tun, was ihre Eltern tun. Wenn die Mutter Klavier spielt, möchte das Kind es auch, mögen seine ersten Versuche auch unmelodisch und lärmend sein. «Tu das, was ich tue» ist ohne Zweifel eine wirksame Botschaft. Aber auch das «Tu, was ich dir sage» ist erforderlich. Die Sprache ist eine Besonderheit des Menschen und eine Voraussetzung des Denkens. Wir können einem Kind beispielsweise nicht zeigen, wie es sich auf einem Spielplatz zu verhalten hat (wir werden nicht immer dort sein), aber wir können es ihm *sagen*. Besonders wirksam sind Botschaften, in denen sich Sagen und Tun in Einklang befinden.

Jacqui Schiff, eine Pionierin in der Behandlung jugendlicher Schizophrener, hebt die Bedeutung dreier Botschaften hervor, die Eltern ihren Kindern übermitteln sollten: 1. Du kannst Probleme lösen. 2. Du kannst denken. 3. Du kannst etwas tun. Sie erklärt: «Ein häufiger Erziehungsfehler ist ein Mangel an

‹Tu-das›-Botschaften, die Kindern angeboten werden. Fast unvermeidlich werden die Kinder ‹Laß-das›-Botschaften ver- innerlichen . . . Eine gute Richtlinie für die Erziehungspraxis besagt, den Kindern immer, wenn man ihnen etwas untersagt, auch zu sagen, was sie tun können. Das gibt ihnen das Gefühl, o.k. zu sein und Probleme lösen zu können, stärkt ihre Bereit- schaft, ihre Grenzen zu erproben, und lehrt sie denken.»*

Glückliche Leistungsorientiertheit

Freude an der Leistung wird ein Kind entwickeln, wenn es sich vor dem Handeln bedingungslos akzeptiert fühlt, und nicht umgekehrt. Wenn es sich geliebt weiß, möchte es seinen Lieben gefallen, ihnen alles zeigen und erzählen, ihnen von seinem Tag draußen in der Welt berichten. Besonderes Glück bedeutet es, wenn die Eltern das Kind für sein Verhalten streicheln.

Auch wenn das Kind Bedingungen vermutet – «Ich bin o.k., wenn» ich meine Schulaufgaben erledige, die Hausarbeit mache, mich ordentlich benehme –, so ist es glücklich, wenn es die «versprochenen» Streicheleinheiten erhält. Der Vertrag ist dann erfüllt. «Ich mache euch stolz auf mich» wird also als eine andere Art von Können erlebt.

Unglückliche Leistungsorientiertheit

Tun Kinder, was von ihnen erwartet wird, so fühlen sie sich hintergangen, wenn ihnen ihr Streicheln vorenthalten wird. Dies geschieht auf vielfältige Weise und aus zahlreichen Grün- den, die die Eltern für «gut» halten mögen:

1. Das Streicheln wird vorenthalten, damit «du dir keine Flausen in den Kopf setzst». Da dem Kind das Streicheln vorenthalten wird, lernt es auch in seinem späteren Leben nicht, Streicheln zu akzeptieren oder mit Anstand Danke zu sagen. Es bringt sein Unglück auf den – von Berne stammen-

---

* Jacqui Schiff, Cathexis Reader. New York 1975, S. 33 f.

den – knappen Nenner «Mist, das war nichts» und weiß doch, daß es sehr wohl was war.

2. «Ruh dich nicht auf deinen Lorbeeren aus.» Manche Eltern geizen mit ihrem Lob, stecken das Ziel noch höher, um ihre Kinder zu größerer Leistung anzuspornen. Ständig erklimmt ein solches Kind Berge, deren Gipfel nie in Sicht kommen, und stürzt in bodenlose Löcher der Verzweiflung, weil die erhoffte Belohnung ausbleibt. Es läßt nicht nach in seinen Anstrengungen, aber es frißt den Ärger und die Enttäuschung in sich hinein, bis sie überhandnehmen und nicht selten in offene Feindseligkeit umschlagen.

3. Leistungen werden nicht erkannt und deshalb abgewertet. John kommt mit einer Auszeichnung nach Hause, weil er in der Schule eine Debatte über die Frage gewonnen hat, wie sich die Innentemperatur weit entfernter Sterne am besten messen läßt. Da hört er, wie die Mutter zu einer Freundin sagt: «Reden konnte er schon immer.» Sie zeigt kein Verständnis dafür, welche Leistung es bedeutet, sich in so jungen Jahren schon in einer so schwierigen Theorie auszukennen.

4. Du hast es nicht auf die richtige (nämlich auf meine) Art getan. Jahrelang studiert ein Mann Medizin, legt sein Examen ab und unterzieht sich einer fachärztlichen Ausbildung zum Psychiater. «Bist du überhaupt noch als Arzt tätig?» fragt seine Mutter. «Es ist toll, daß du Arzt geworden bist, aber mußtest du unbedingt Psychiater werden?» Die Botschaft des Eltern-Ichs lautet in diesem Fall: «Sei nicht du selbst, sei meine Vorstellung von dir.» Mein Sohn, der Chirurg.

5. Es ist nicht vollkommen. Tagelang haben Susan und Jennie ihr Zimmer umgeräumt und es dabei auch neu gestrichen. Schließlich wird Vater gerufen, um das Ergebnis zu begutachten. Erwartungsvoll sehen sie ihn an, während er sich umblickt. «Ihr habt eine Stelle an der Decke vergessen», ist sein einziger Kommentar.

6. Streicheleinheiten werden gestohlen. Ein junger Mann wird für seine besonderen Leistungen im Studium öffentlich geehrt. Nach der Feier sagt seine Mutter: «Weißt du, ich habe

mein Leben lang für dich gebetet. Gott gebührt alle Ehre.»
Braucht Gott soviel Ehre? Der junge Mann braucht zumindest
ein bißchen davon. Mitgeteilt wird, daß Mutter die Ehre
braucht. Dankbarkeit wird im wesentlichen nur zum Ausdruck
gebracht, wenn sie nicht gefordert wird. Kinder lernen «danke»
zu sagen, wenn sie hören, wie ihre Eltern es sagen.

7. Dem Streicheln wird die Wirkung genommen. Das Lob
von Freunden und Bekannten hält der elterlichen Kritik nicht
stand. «Was wissen diese Leute schon. Die haben doch keine
Ahnung.» Oder: «Es ist ja schön, daß du dich auf diesem
obskuren College so gut machst, aber warum haben sie dich
dann in Harvard nicht genommen, wie deinen Vetter Fred?»

8. Leistungen werden geschmälert. Joseph absolviert das
College, gewinnt trotz einer Vollzeitstellung ein Stipendium
für Oxford und wird dann Dozent für kulturelle Anthropologie
an einem kleinen College in Neuengland, um dann von seinem
Vater zu hören: «Da haben wir ihn also wieder, mit all seiner
hochgestochenen Wissenschaft! Hast du von George Wilson
gehört? Ist gerade Vizedirektor bei Ford geworden. *Das* nenn
ich Karriere!»

9. Du bist nicht der Beste gewesen. «Die Silbermedaille ist ja
ganz nett, aber wenn du dich ein bißchen mehr angestrengt
hättest, hätte es Gold werden können. Vielleicht das nächste
Mal.»

Du kannst o.k. sein, wenn . . . was? Manchen Eltern und dem
Eltern-Ich im Kopf mancher Menschen kann es niemand recht
machen. Dann wird das Leben zu einem sinnlosen Streben
nach etwas, das es gar nicht gibt. Dieser Druck läßt sich nur
vermindern durch die Einsicht, daß die Bedürfnisse der Eltern
so groß waren, daß sie ihre Kinder einfach nicht belohnen
konnten. Elterliche Streicheleinheiten (äußere wie innere) sind
sehr angenehm, wahrscheinlich die angenehmsten, die wir kennen, aber wenn sie ausbleiben, müssen wir uns andere Belohnungen suchen – in unseren alltäglichen Beziehungen, bei
unseren Freunden, in der Erkenntnis, daß wir *gute Arbeit*

geleistet haben. Wir haben unser Bestes getan, und unser Bestes ist gut.

Wir haben dieses Kapitel mit einem Zitat von Elisabeth Kübler-Ross begonnen, in dem es hieß, daß Kinder auch anders erzogen werden könnten, nämlich mit bedingungsloser Liebe. Wir werden uns mit diesem Thema noch einmal in Kapitel 14, «Kinder bilden», beschäftigen. Doch bevor wir versuchen, auf die wichtige Frage «Was ist gute Erziehung?» eine Antwort zu finden, müssen wir erheblich mehr über uns selbst in Erfahrung bringen. Im nächsten Kapitel werden wir zeigen, wie die «Vergangenheit in die Gegenwart hineinspielt», ja, die Gegenwart ersetzt durch das unaufhörliche «innere Gespräch mit uns selbst», einen alten Dialog, der uns von den Personen in unserer Umgebung ablenkt, den Personen, auf die wir so entscheidend angewiesen sind, um o.k. zu bleiben, und auch den Personen, die uns brauchen, vor allem von unseren Kindern.

3

Der innere Dialog

In den zehn Billionen synaptischen Verbindungen unseres Gehirns nach etwas so Einfachem wie einem Dialog zu suchen, wäre so vergeblich wie die sprichwörtliche Suche nach der Stecknadel im Heuhaufen. Trotzdem gibt es ihn, diesen inneren Dialog, zusammengesetzt aus den Aufzeichnungen der unzähligen Interaktionen zwischen Ihnen und Ihren Eltern – sprachlich und nichtsprachlich, tröstlich und peinigend, rechtfertigend und vernichtend. Der Dialog ist veraltet und läuft meist knapp unter der Bewußtseinsschwelle ab, wie ein Radio mit gedämpfter Lautstärke. *Wenn* er uns bewußt wird und wir in ihn eintreten, gleiten wir aus dem Hier und Jetzt in eine vergangene Wirklichkeit hinüber und wenden uns vorübergehend von allen Menschen ab, mit denen wir gerade zusammen sind. Für jede Beziehung ist es außerordentlich nachteilig, wenn wir uns mitten im Gespräch davonmachen. In unseren Beziehungen zu Menschen o.k. zu bleiben, heißt im allgemeinen, daß wir für sie präsent bleiben. Für die Aufrechterhaltung komplementärer Transaktionen, die in diesem Kapitel beschrieben werden, ist es deshalb wesentlich zu verstehen, inwiefern der innere Dialog für unsere Abwesenheit sorgt.

Wie ist dieses aufgezeichnete innere Gespräch beschaffen? Unsere ersten «Gespräche» in der Säuglingszeit waren Bilder und Laute. Der Blick in Mutters Gesicht und der Tonfall ihrer Stimme waren Urmitteilungen, lange bevor wir Wörter verstehen konnten. Auch Tasterlebnisse waren Urmitteilungen. Tatsächlich galt noch vor kurzem der Hautkontakt zwischen Mutter und Kind als das wichtigste Streichelerlebnis des Neugeborenen. Wir wissen heute, daß von Geburt an alle Sinnesorgane aktiv sind und daß das Neugeborene mit Augen und Ohren an dem Bindungsprozeß teilnimmt, der zwischen ihm und der Mutter gleich nach der Geburt einsetzt.

Wenn die Mutter lächelt, wird dies im Gedächtnis gespeichert. Das, wodurch wir Mutter zum Lächeln gebracht haben, war unser Beitrag zum Dialog. Es ist eine häufig wiederholte «Unterhaltung», weil Mutters Lächeln, da es Nahrung oder Streicheln ankündigte, Überleben bedeutete. Mit innerem Dialog meinen wir also nicht nur Worte, sondern das gesamte Zusammenspiel von optischen und akustischen Sinneswahrnehmungen, die wir einst empfunden und *aufgezeichnet* haben. Zu diesen Wahrnehmungen gehören auch Worte, doch die frühesten und entscheidendsten Aufzeichnungen waren vorsprachlicher Natur. Diese Aufzeichnungen spielen in die Gegenwart hinein. Wenn Ihnen einer Ihrer Lieben über die Hafergrütze einen mißbilligenden Blick zuwirft, so rühren *Ihre* Gefühle nicht nur von diesem einen mißbilligenden Blick her, sondern von allen mißbilligenden Blicken oder unangenehmen Ereignissen her, an denen Ihre Hafergrütze-Datenbank beteiligt war: kalt, klumpig, klebrig, täglich. In Ihrem Gehirn läuft eine alte Platte ab: Der mißbilligende Blick wird dem Eltern-Ich zugeordnet, die Gefühle des Kindheits-Ichs folgen nach.

Wenn der innere Dialog in die Gegenwart eingreift, machen Kindheits-Ich und Eltern-Ich dort weiter, wo sie vor langer Zeit aufgehört haben – das Eltern-Ich fünfmal so groß wie das Kindheits-Ich. Daß solche inneren Gespräche tatsächlich aufgezeichnet werden, zeigen die Ausrufe und Selbstvorwürfe, die wir unwillkürlich ausstoßen und die uns erst zu Bewußtsein kommen, wenn wir sie ausgesprochen haben: «Dummkopf!» – «Jetzt hast du es vermasselt!» – «Idiot!»

Ist es Ihnen auch schon einmal passiert, daß Sie bei Rot in Ihrem Auto saßen und laut mit sich selbst gesprochen haben, bis Sie plötzlich bemerkt haben, daß der Fahrer des Wagens neben Ihnen Sie so merkwürdig ansah? Welcher Teil von Ihnen hat da gesprochen? Welchem Teil wurde bewußt, daß Sie beobachtet wurden?

Manchmal ähnelt das innere Gespräch eher dem Stimmgewirr einer Massenversammlung. Die Worte sind unklar. Flüchtige Bilder und Laute stellen sich ein: aus der ersten Klasse, der Sonntagsschule, dem Sprechzimmer des Zahnarzts – erste Erinnerungen. Bilder, Laute und Gerüche lassen alte Erlebnisse lebendig werden, die manchmal sehr angenehm, manchmal scheußlich und manchmal von einer unbestimmten Traurigkeit erfüllt sind.

Der innere Dialog läßt sich am besten verstehen als eine Verlagerung des Bewußtseins vom Hier und Jetzt (Wahrnehmung des Erwachsenen-Ichs) hin zum Dort und Damals (dem Schauplatz des ursprünglichen Eltern-Kind-Dialogs).

Gelegentlich können wir auch inneren Beifall vernehmen. Braver Junge! Braves Mädchen! Unsere Eltern haben uns gewiß nicht umsonst gelobt. Mit besonderer Wertschätzung aufgenommen, wurden lobende Äußerungen in bevorzugte Gedächtniskreise eingespeichert und jedesmal verstärkt, wenn wir uns so verhielten, daß wir sie erneut zu hören bekamen.

Da wir jedoch klein, abhängig, ungeschickt und töricht waren, waren viele der elterlichen Äußerungen, die wir zu hören bekamen, zurechtweisender Natur, nach unserer *Annahme* vorwurfsvoll oder auch tatsächlich vorwurfsvoll, also negativ: Böser Junge! Ungezogenes Mädchen! Für viele Kinder reiht sich dergestalt eine Erniedrigung an die andere: «Nicht *diese* Socken», «Halt den Mund, sitz gerade, beug dich nach vorn». Was bedeutet der Satz «Dein Gesicht ist schmutzig» für einen zweijährigen Jungen? Oder «Du bist noch nicht alt genug für Kaffee»? Ist das Kind schuld an seinem Alter? Es kann durch solche Äußerungen dazu gebracht werden, an seine Schuld zu glauben. Also: Ich bin nicht o.k.

Vor dreihundert Jahren schrieb der französische Mathematiker und Philosoph Blaise Pascal in seinen «Gedanken über die Religion»: «So ist der Mensch! Sagt man ihm oft, er sei ein Tor, so glaubt er es, und er braucht es sich nur selbst zu sagen, so redet er es sich ein. Denn der Mensch führt innerlich mit sich ein Gespräch, das man richtig leiten muß.»*

Die Beschämungen und Vorwürfe unserer Kindheit sind viel schlimmer als alle Kritik, die uns heute zugedacht wird. *Wir sind der Überzeugung, daß niemand uns verletzen, genauer, unsere Gefühle verletzen kann, wenn es ihm nicht gelingt, unser Eltern-Ich ins Spiel zu bringen, das uns dann innerlich anklagt.* Eleanor Roosevelt hat gesagt: «Niemand kann uns ohne unser Einverständnis das Gefühl der Minderwertigkeit geben.» Das heißt, ohne das Einverständnis unseres Eltern-Ichs. Wir haben unsere besonderen Verletzlichkeiten, unsere besondere Geschichte und unser besonderes Eltern-Ich.

Das erklärt, warum manche kritische Äußerungen wirkungslos an uns abprallen, während andere uns bis ins Mark treffen. Wenn Ihre Nase ein Problem für Sie ist, braucht nur jemand fasziniert darauf zu starren, und schon räumen Sie fluchtartig das Feld. Lange Nasen sind in meiner Familie gute Tradition. Mit zehn fragte Heidi mich: «Hatte zu deiner Zeit eigentlich jeder eine lange Nase, Mama?» In meiner Familie sind große Nasen o.k., deshalb empfand ich die Bemerkung keineswegs als negativ. Nur die Worte «zu deiner Zeit» stimmten mich nachdenklich. Das hörte sich verdächtig nach «alter Zeit» an, deshalb begab ich mich vor den Spiegel und suchte mein Gesicht nach Falten ab. In Toms Familie waren Nasen ein Thema, obwohl ich finde, daß seine Nase ausgezeichnet in sein gutaussehendes Gesicht paßt. Er hält sie für zu klein, wobei er ein altes Band hört: «Mein Sohn, warum ist deine Nase so klein?» Meine Mutter glaubte, es sei besser, groß als klein zu sein. Körpergröße hielt sie für ein Zeichen guter Ernährung und Pflege. Wahrscheinlich spielte für sie auch eine Rolle, daß große Menschen häufiger als kleine den Eindruck von Macht und Überlegenheit vermitteln. Obwohl kleiner als ich und mit den Gesetzen der Vererbung durchaus vertraut, sagte sie trotzdem zu mir, als ich eine erwachsene Frau war: «Ich verstehe gar

* Blaise Pascal, «Pensées» Nr. 536

nicht, daß du so klein bist. Du warst als Kind so groß.» In uns
allen gibt es die «anderen Stimmen, anderen Räume». Unser
innerer Dialog ist unverwechselbar, höchst privat und jederzeit
in der Lage, uns mitten in einem Gespräch aus der Gegenwart
herauszureißen.

Als sehr nützlich hat es sich erwiesen, mit den Kreissymbo-
len der TA Gespräche darzustellen, so daß wir «sehen» können,
was wir sagen und welcher Teil von uns es gesagt hat. Wir
können auch abbilden, was geschieht, wenn der innere Dialog

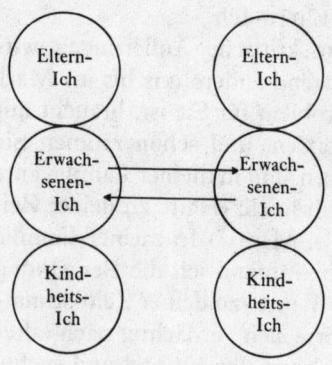

Abbildung 3a
Komplementär-Transaktion
von Erwachsenen-Ich zu
Erwachsenen-Ich.
Reiz:
«Was machst du nach dem Essen?»
Reaktion: «Ich stelle die
Tagesordnung für die
Gesellschafterversammlung auf.»

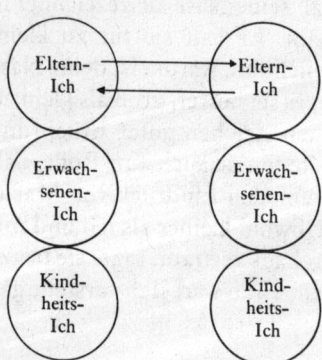

Abbildung 3b
Komplementär-Transaktion von
Eltern-Ich zu Eltern-Ich.
Reiz: «Seine Frau ist berufstätig,
müssen Sie wissen.»
Reaktion:
«Na, das erklärt natürlich alles.»

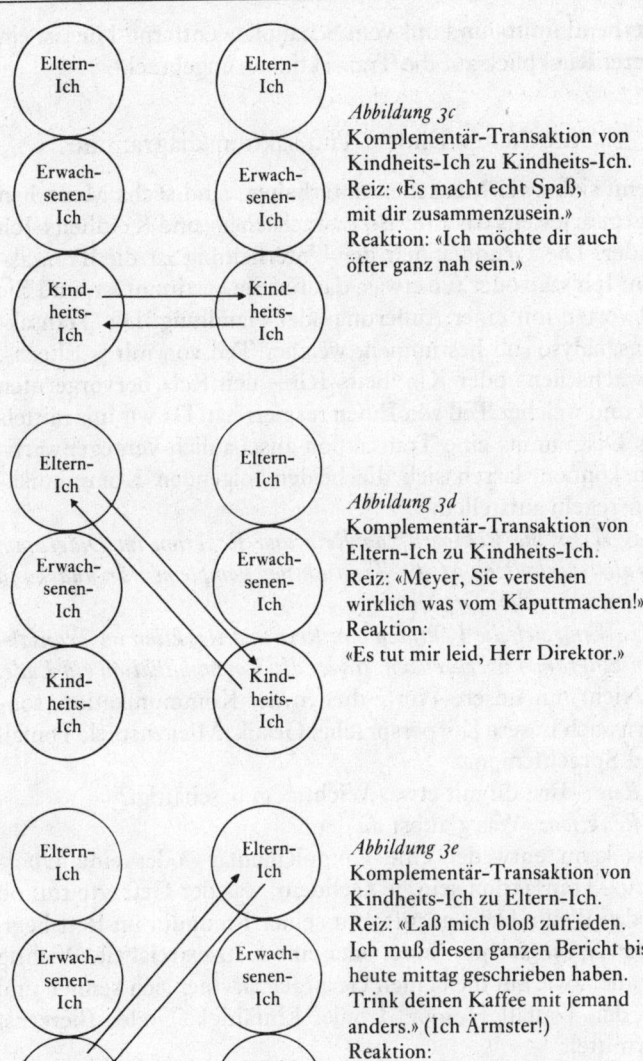

Abbildung 3c
Komplementär-Transaktion von
Kindheits-Ich zu Kindheits-Ich.
Reiz: «Es macht echt Spaß,
mit dir zusammenzusein.»
Reaktion: «Ich möchte dir auch
öfter ganz nah sein.»

Abbildung 3d
Komplementär-Transaktion von
Eltern-Ich zu Kindheits-Ich.
Reiz: «Meyer, Sie verstehen
wirklich was vom Kaputtmachen!»
Reaktion:
«Es tut mir leid, Herr Direktor.»

Abbildung 3e
Komplementär-Transaktion von
Kindheits-Ich zu Eltern-Ich.
Reiz: «Laß mich bloß zufrieden.
Ich muß diesen ganzen Bericht bis
heute mittag geschrieben haben.
Trink deinen Kaffee mit jemand
anders.» (Ich Ärmster!)
Reaktion:
«Warum läßt du immer alles
bis zur letzten Sekunde liegen?»

überhandnimmt und uns vom Schauplatz entfernt. Hier ist ein
kurzer Rückblick auf die Transaktionen angebracht.

Sprechende Bilder: Transaktionsdiagramme

Wenn sich zwei Menschen unterhalten, sind sechs Menschen
zugegen: jeweils das Eltern-, Erwachsenen- und Kindheits-Ich
beider. Die Grundeinheit der Unterhaltung ist die Transaktion: Ich sage oder tue etwas, das für Sie bestimmt ist, und Sie
antworten mit einer Äußerung oder Handlung. Die Transaktionsanalyse soll bestimmen, welcher Teil von mir – Eltern-,
Erwachsenen- oder Kindheits-Ich – den Reiz hervorgerufen
hat und welcher Teil von Ihnen reagiert hat. Da wir uns mittels
des Diagramms eine Transaktion anschaulich vergegenwärtigen können, lassen sich die beiden folgenden Kommunika-
tionsregeln aufstellen:

1. *Wenn die Vektoren von Reiz und Reaktion im Diagramm
parallel verlaufen, ist die Transaktion komplementär und kann
theoretisch endlos fortdauern.*

2. *Wenn sich die Vektoren von Reiz und Reaktion im Transak-
tionsdiagramm überkreuzen, findet die Kommunikation ein Ende.*

Nicht nur unsere Worte dienen der Kommunikation, sondern auch unsere Körpersprache: Gestik, Mienenspiel, Tonfall
und Sprechtempo.

Reiz: «Bist du mit etwas Wichtigem beschäftigt?»

Reaktion: «Was glaubst *du* denn?»

Das kann entweder eine Komplementär- oder eine Überkreuz-Transaktion sein, je nachdem, was der Gefragte tut: ob
er das Weiße Haus anruft, mit seiner Freundin im Bett liegt,
einen Sprengkörper findet oder eine Katze streichelt. Wichtig
ist auch, wie gut die beiden Gesprächspartner sich kennen und
ob der Tonfall Humor, Ironie, Einfältigkeit oder Bierernst
vermittelt.

Es sind viele Transaktions-Konstellationen möglich. Bezüg-
lich anderer Transaktionsformen, unter anderem auch der
Doppel-Transaktionen, bei denen die Kommunikation gleich-

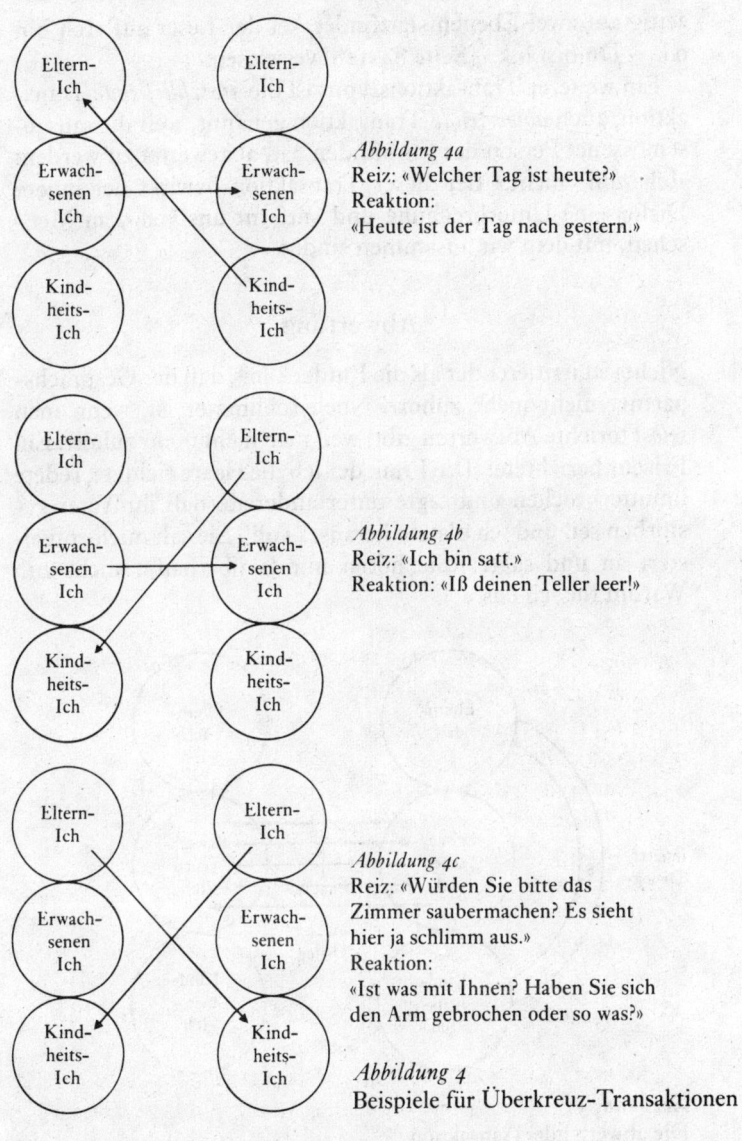

Abbildung 4a
Reiz: «Welcher Tag ist heute?»
Reaktion:
«Heute ist der Tag nach gestern.»

Abbildung 4b
Reiz: «Ich bin satt.»
Reaktion: «Iß deinen Teller leer!»

Abbildung 4c
Reiz: «Würden Sie bitte das
Zimmer saubermachen? Es sieht
hier ja schlimm aus.»
Reaktion:
«Ist was mit Ihnen? Haben Sie sich
den Arm gebrochen oder so was?»

Abbildung 4
Beispiele für Überkreuz-Transaktionen

zeitig auf zwei Ebenen stattfindet, sei der Leser auf «Ich bin
o.k. – Du bist o.k.», Seite 84-118, verwiesen.

Ein weiterer Transaktionstypus ist die *ausschließende* Transaktion, auch *abwertende* Transaktion genannt, weil die «ausge-
schlossene» Person das Empfinden hat, abgewertet zu werden:
«Ich zähle nicht.» Bei dieser Transaktion bewirkt der innere
Dialog eine Unterbrechung und entfernt uns von dem Menschen, mit dem wir zusammen sind.

Abwertung

Nichts ist irritierender als die Entdeckung, daß der Gesprächspartner nicht mehr zuhört. Noch schlimmer ist, wenn man
selbst törichte Antworten gibt, weil man nicht mehr zuhört. Ein
Friseur berichtete: «Die Frau, der ich die Haare richtete, redete
ununterbrochen und sagte unter anderem, daß ihr Vater gestorben sei, und ich platzte heraus: ‹Toll!› Sie sah mich entgei-
stert an und sagte: ‹Sie hören mir ja überhaupt nicht zu.›
Warum tue ich das?»

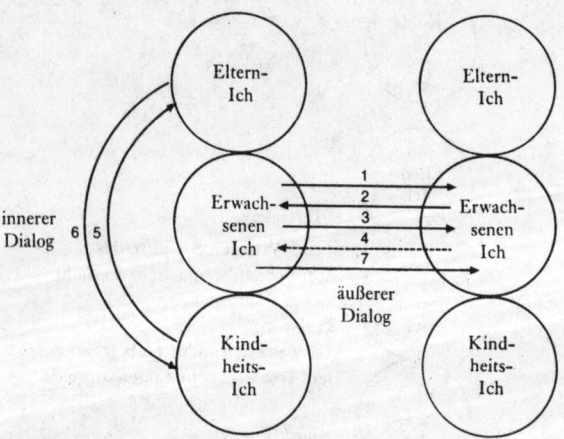

Abbildung 5
Die abwertende Transaktion

An einem Sonnabendmorgen trifft Joe vor dem Waschsalon auf Mac. Joe sagt: «Hallo, Mac!» Und Mac sagt: «Hallo, Joe!» – «Scheint dir gut zu gehen.» – «Dir auch nicht gerade schlecht.» Solche Interaktionen werden durch die Vektoren 1 und 2 – Erwachsenen-Ich und Erwachsenen-Ich – wiedergegeben. Sie werden dem Erwachsenen-Ich zugerechnet, weil sie gesellschaftlich vereinbarte Rituale sind, die für den Fortgang eines Gespräches sorgen. Wenn jemand fragt: «Was gibt's Neues?», ist die angemessene, die komplementäre Reaktion, nicht eine detaillierte Aufzählung aller neuen Ereignisse, die sich seit dem letzten Zusammentreffen ereignet haben. Die erwartete Reaktion lautet etwa: «Oh, nichts Besonderes. Was gibt es Neues bei dir?» Wir nähern uns dem entscheidenden Punkt. Während des Rituals überlegen wir blitzschnell, wie weit wir in dem Gespräch gehen wollen, und richten uns dabei nach Tonfall, Sprechtempo, Gesichtsausdruck usw. Wenn jemand offensichtlich «in Eile» ist, werden wir wahrscheinlich darauf verzichten, ihn über die neuesten Verwicklungen unseres Liebeslebens in Kenntnis zu setzen. Begrüßungsrituale dienen uns also als Vorhersageinstrumente. Außerdem sind sie ein Austausch von Streicheleinheiten. Wenn jegliche Begrüßung ausbleibt, fühlen wir uns mißachtet, abgewertet, ungeliebt.

Dann fragt Joe: «Irgendeine Reise gemacht in letzter Zeit?» (Vektor 3) Mac erwidert: «Haben wir. Sind im Sommer nach Europa gefahren mit den Kindern, bevor sie aus dem Haus gehen. Haben sogar einen Abstecher nach Kairo gemacht und sind auf Kamelen zu den Pyramiden geritten. Schließlich waren wir noch in Schottland, im Land meiner Vorfahren . . .»

An irgendeinem Punkt von Macs Reisebericht (Vektor 4) blendet Joe sich aus (Vektor 5). Höchstwahrscheinlich geht sein Abschied aus dem Hier und Jetzt auf irgendein Empfinden der Angst oder des Unbehagens im Kindheits-Ich zurück, oder er langweilt sich, was auch ein unangenehmes Gefühl ist. Deshalb wendet er seine Aufmerksamkeit von seinem Freund sich selbst zu. Er achtet nur noch auf sich selbst. Der Schaltkreis «Wie ich Mutter zum Lächeln bringe» wird aktiviert und produziert eine

«Gefühlsfrage»: «*Wie mache ich mich? Wie mache ich mich, Mama . . . bin ich ein lieber Junge, der sich nach den Menschen erkundigt . . . bin ich aufgeschlossen und an anderen interessiert . . .*»

Während Mac in seinem Reisebericht fortfährt, der nach allem, was Joe weiß, noch einige absolut katastrophale Ereignisse bringen kann, lauscht Joe der Antwort des Eltern-Ichs (Vektor 6). Manchmal ist die Antwort positiv: *Braver Junge. Richtig so, mein Junge, stell ihm noch ein paar Fragen, zeig dich interessiert* (die ganze Zeit über hat Joe das eingefrorene Lächeln im Gesicht) *und versuche dich an die Namen seiner Kinder zu erinnern . . .* Manchmal negativ: *Was hast du dir bloß für einen Ort ausgesucht . . . einen Waschsalon . . . Welcher Mann wäscht selbst . . . Mein Gott, steh doch gerade . . . Und sei ein bißchen locker . . . Bist du sicher, daß er Mac heißt? . . .*

Nach einer Reihe von geistesabwesenden «Toll», «Donnerwetter» und «Herrlich» findet Joe endlich wieder ins Hier und Jetzt zurück und sagt zu Mac: «Das ist ja wirklich schrecklich, Mac. (Vektor 7) Hast du übrigens in letzter Zeit irgendwelche Reisen gemacht?» Was daraufhin geschieht, hängt von dem Grad ihrer Freundschaft ab. Wenn Mac viel an Joe gelegen ist, sagt er vielleicht: «He, Joe, fehlt dir was? Du hast ja überhaupt nicht zugehört.» Wenn nicht, wird er Joe wahrscheinlich stehenlassen oder ihn zum Teufel schicken.

Während Mac spricht, gilt Joes ungeteilte Aufmerksamkeit dem inneren Dialog zwischen Eltern-Ich und Kindheits-Ich. Er kann nicht gleichzeitig Joe und seinem Eltern-Ich zuhören. Während der innere Dialog abläuft, wird das Erwachsenen-Ich abgeschaltet. Wir haben im Kopf sozusagen einen Schalter mit zwei Einstellungen: *Abspielen* und *Rechnen*, und wir können nur eines zur Zeit tun.

Das Abspielen alter Bänder und die Berechnung eingehender Daten sind einander ausschließende Tätigkeiten, wenn auch einige Menschen rasch von der einen auf die andere Tätigkeit umschalten können und umgekehrt. In Sekundenbruchteilen kann das Erwachsenen-Ich seine Tätigkeit wiederaufnehmen, sobald das Eltern-Ich sein Stück abgespielt hat. Ein Politiker, der über eine stattliche und häufig genutzte Sammlung von Eltern-Ich-Bändern verfügte, sprach über das Hochschulwesen. Sein Erwachsenen-Ich setzte sich mit bestimmten Steuerfragen auseinander, die offensichtlich einen so starken Druck erzeugten, daß sich sein Eltern-Ich einschaltete und mit Nachdruck verkündete: «Es ist höchste Zeit, daß . . .» (eine besonders emphatische Redefigur des Eltern-Ichs). Dann folgte eine kurze, aber merkliche Pause, in der er zu seinem Thema zurückfinden mußte. Er war woanders gewesen und hatte den Faden verloren.

Manche Menschen blenden sich mitten in einem Gespräch aus, weil sie «krank vor Kummer» sind. Es entsteht der Eindruck, sie müßten das Zimmer verlassen und sich hinlegen. Haben Sie schon einmal gesagt: «Ich bin heute nicht ich selbst»? Wenn nicht Sie selbst, wer dann? Ein anderer Ausdruck, der diesen Zustand der «Abwesenheit» beschreibt, lautet: «Ich bin heute ganz daneben.» Wer ist «Ich» und neben wem steht dieses Ich? Wo befinden wir uns, wenn wir abwesend sind? Menschen, die sich ausblenden, begeben sich irgendwohin, und dieses Irgendwo ist eine vergangene Wirklichkeit, die in der Ursituation der Kindheit aufgezeichnet wurde. Die Vergangenheit wird, ja sie *ist* gegenwärtig und wird nicht nur erinnert, sondern erneut durchlebt. *Wir sind dort*, und je nach unserer besonderen Geschichte empfinden wir Qual, Angst, das verzweifelte Bedürfnis nach Bedeutung oder den Zwang, jenen Bedingungen gerecht zu werden, denen wir nach unserer damaligen Entscheidung genügen müssen, um o.k. zu sein.

Nette Burschen und liebe Mädchen

Unter einer besonders schweren Form von Geistesabwesenheit
leiden die netten Burschen und lieben Mädchen.* Ihr Verhalten ist ein sehr anschauliches Beispiel für die Arbeitsweise des
inneren Dialogs. Der «nette Bursche» oder das «liebe Mädchen»
besitzt ein übermächtiges Eltern-Ich und ein unglückliches
Kindheits-Ich, das unglücklich ist, weil es unter Streichelentzug leidet, dem es an Streicheleinheiten mangelt, weil äußere
Reize häufig nicht in sein Bewußtsein dringen oder seiner
Aufmerksamkeit entgehen, dem äußere Reize nicht bewußt
werden, weil die Funktionen des Erwachsenen-Ichs ständig
vom inneren Dialog zwischen Eltern-Ich und Kindheits-Ich
ausgeschaltet werden.

Obwohl die Bezeichnungen, die wir für diese Menschen gewählt haben, durchaus nicht traurig klingen, ist es ihr Leben
durch und durch. Sie sind häufig depressiv, weil ihnen die Menschen in ihrem Leben gar nicht richtig bewußt werden. Weil ihre
Aufmerksamkeit ständig nach innen gerichtet ist, weil sie ständig die alten Bänder mit den «Hättest du», «Hättest du nicht»,
«Du mußt» oder «Du hättest lieber» abspielen, entgeht ihren
Augen das Lächeln im Gesicht der anderen, hören ihre Ohren
das Lob nicht, geht ihre Seele am Streichelmangel zugrunde.

Trotzdem gibt der «nette Bursche» (hier und im folgenden
sind die «lieben Mädchen» meist mitgemeint) seine verzweifelten Versuche nicht auf und leitet so viele Transaktionen wie
möglich ein, um die Anerkennung zu gewinnen, die er nach
seinem Empfinden nur höchst selten bekommt. Vergebens
erzählen ihm neunundneunzig Leute, wie großartig er ist, er
investiert all seine Energie in den Versuch, von der einen
distanzierten Person, die ihn nicht zu mögen scheint, ein Kompliment zu ergattern, und mag es noch so bescheiden sein. Er

---

* Amy Harris, Good Guys and Sweethearts. *Transactional Analysis Journal*,
  Januar 1972

trägt gleichsam ein Sweatshirt, auf dem vorne zu lesen steht: «Wie mache ich mich?» und hinten: «Gib dir mehr Mühe». Er weiß nicht, wann es *genug* ist. Das Streben nach hundert Prozent ist etwas für Anfänger.

Da der «nette Bursche» ununterbrochen mit der Frage: «Wie mache ich mich?» beschäftigt ist, sieht er sich zu echtem Interesse für die Frage: «Was machst du?» außerstande. Sicherlich wird er anderen diese Frage stellen (schließlich weiß er, was sich gehört), doch in dem Augenblick, da der andere mit seiner Antwort beginnt, blendet er sich aus und widmet sich seiner inneren Tagesordnung. Insofern wertet er andere ständig ab, so daß diese ihn keineswegs für einen netten Burschen halten, womit all seine komplizierten Bemühungen hinfällig werden, sich ihre Achtung zu verschaffen.

Der «nette Bursche» ist nicht wirklich bei dem Menschen, mit dem er zusammen ist. Lohnend ist das Ganze nur, wenn Dritte zuschauen: Mama, Papa oder irgendeine andere wichtige Respektsperson, mag sie nun tatsächlich vorhanden oder nur in der Erinnerung zugegen sein. Die Dinge, die ein solcher «lieber Kerl» zu jemandem sagt, sind häufig indirekte Transaktionen, die einen Dritten im Raum beeindrucken sollen. Wenn Sie ein «netter Bursche» sind, werden Sie womöglich enttäuscht sein, daß kein Dritter zugegen ist und Sie bewundern kann.

«Nette Burschen» können kein Familienpicknick genießen, weil sie sich und andere ständig mit ihrem «wenn doch nur Peter und Petra hier wären» nerven. «Nette Burschen» können keinen Sonnenuntergang genießen, weil sie ein Foto nach dem anderen schießen, um zu Hause etwas vorweisen zu können. So wird das Hier und Jetzt ausgeschlossen durch das Dort und Damals (das Eltern-Ich stellt Vergleiche an) oder das Wenn und Wäre (das Kindheits-Ich kommt mit Wunschvorstellungen dazwischen).

«Nette Burschen» teilen ihr Bett mit vielen, die sie als Zeugen ihrer sexuellen Leistungsfähigkeit anrufen: die Burschen von der Pokerrunde, die Frauen von der Jazzgymnastik, den Gemeindepfarrer oder die Mitglieder ihrer Therapiegruppe;

manchmal sogar Mama, Papa und Tante Mathilde. Der «nette Bursche» trägt sein Sweatshirt eben auch im Bett.

Es gibt verschiedene Merkmale, an denen man einen «netten Burschen» erkennen kann. Es folgen ein paar nützliche Hinweise zur Selbstprüfung.

Nette Burschen können sich keine Witze und Namen merken

Sie gehen auf eine Party, auf der zwei Stunden lang Witze erzählt werden, und am nächsten Tag können Sie sich nicht an einen einzigen erinnern. Denn während ein Witz erzählt wird, sind Sie damit beschäftigt, sich den ins Gedächtnis zu rufen, den Sie als nächstes erzählen wollen, bevor ein anderer beginnen kann. Dies geschieht auf Geheiß Ihres Eltern-Ichs: «Sei immer der Mittelpunkt der Gesellschaft . . .» Das ständige Umschalten ist sehr mißlich: Von Zeit zu Zeit das Erwachsenen-Ich einzuschalten, um den Witz mitzubekommen, der erzählt wird, um sich anschließend wieder der eigenen Witzsammlung zuzuwenden. «Nette Burschen» vergessen jede Pointe. Außerdem haben «nette Burschen» ihre Schwierigkeiten beim Vorstellen. Sie werden mit Susie Smith bekannt gemacht und sagen: «Hallo, Susie . . .» *Namen sind wichtig, erinnere dich an ihren, zeig ihr, wie freundlich und aufmerksam du bist* . . . Und einen Sekundenbruchteil später ist alles wie weggewischt. Oder ausgerechnet in dem Augenblick, da bei einer Vorstellung der Name von jemandem genannt wird, dröhnt das Eltern-Ich dazwischen mit seinem VERGISS IHREN NAMEN NICHT, so daß man ihn prompt nicht mitbekommt.

Auf Knopfdruck funktionieren

Das Telefon klingelt. Ob wir Lust haben, im Ausschuß für das Schulfest mitzuarbeiten. «Aber gerne doch», sagen wir fröhlich, obwohl wir schon um Wochen im Verzug sind mit der Arbeit für fünfzehn andere Ausschüsse, für die wir ebenso mechanisch zugesagt haben. «Nette Burschen» und «liebe Mädchen» können nicht nein sagen. Sie schlagen die Einladung zu einer Party, zu der sie keine Lust haben, nicht aus, weil sie Angst haben, daß sie, wenn sie nicht hingehen, nie wieder zu einer Party eingeladen werden, zu der sie keine Lust haben.

Die Mutter der fünfzehnjährigen, unehelich schwangeren Mary ringt die Hände in ungläubiger Verzweiflung: «Ich verstehe nicht, wie das passieren konnte. Mary ist immer ein so liebes Mädchen gewesen. Sie hat immer getan, was wir gesagt haben. Sie war so fügsam. Nie hat sie widersprochen, nie hat sie nein gesagt.» «Nette Burschen» und «liebe Mädchen» hatten nie Gelegenheit, Unterschiede zu machen. Deshalb müssen sie sich bei aller Welt lieb Kind machen. Sie denken nicht, sie fragen nicht, ob sie es wollen oder nicht, sie fügen sich den Bedürfnissen von jedem, mit dem sie zu tun bekommen, also auch denen ihrer erhitzt schnaufenden Partner auf den Rücksitzen geparkter Autos.

Wenn du nichts Nettes sagen kannst, sag gar nichts

Ein «netter Bursche» darf nichts Schlechtes sagen. Wenn wir uns eine waagerechte Zahlengerade vorstellen, in der Mitte die Null, die negativen Zahlen auf der linken Seite und die positiven Zahlen auf der rechten, würden wir feststellen, daß der Wortschatz «netter Burschen» ganz und gar auf der Plus-Seite untergebracht wäre. Insofern ist ihr Wortschatz auf die Hälfte reduziert. Jede Party, auf die sie gehen, ist eine gute Party. Wenn der Zufall es will, daß so ein «netter Bursche» sich tatsächlich auf einer guten Party befindet, so kann er sie von all den anderen guten Parties nur dadurch unterscheiden, daß er sie als «*wirklich* gute Party» bezeichnet oder als «*ganz wirklich sehr, sehr* gute Party». Andere Wörter aus dem Lexikon des «netten Burschen» sind: sehr, großartig, super, mein bester Freund, meine allerbeste Freundin, wahnsinnig, absolut wahnsinnig. «Nette Burschen» und «liebe Mädchen» tun sich schwer mit Grußformeln in Briefen. Statt zu schreiben «Herzlich», was direkt und unmißverständlich wäre, steht bei ihnen «Herzlichst», «von ganzem Herzen» oder «in tiefer Zuneigung». Wenn sie an ihre Eltern schreiben, heißt es nicht «Liebe Mama, lieber Papa», nein, da steht «Liebste Mama, liebster Papa». Dadurch werden Mama und Papa zu zwei Exemplaren aus einem ganzen Sortiment von Eltern, was im übrigen gar nicht so weit von der Wahrheit entfernt ist. «Nette Burschen» umgeben sich gern mit Menschen, die von ihrem Eltern-Ich beherrscht werden.

Druck

Manche «netten Burschen» haben einen unverwechselbaren Briefstil. Sie unterstreichen Wörter, manchmal ganze Sätze. Wenn der ganze Satz unterstrichen ist, müssen manche Wörter doppelt unterstrichen werden, gelegentlich auch dreifach. Oder sie setzen Sternchen und Doppelsternchen, vielleicht auch kleine schwarze Kästchen. Beliebt sind auch endlose Reihen von Ausrufezeichen. «Ganz ehrlich, du kannst es mir wirklich glauben!» Wenn man den Brief umdreht, kann man erkennen, unter welchem Druck der «nette Bursche» steht. Beim Unterstreichen ist der Stift fast durchs Papier gegangen. «Wie mache ich mich? Ich muß mir mehr Mühe geben und noch mehr!»

Druck ist die Körpersprache von Niedergeschlagenheit oder Unter*drückung*. Ein «netter Bursche» hat eine Druckstelle am Mittelfinger, wo er den Füller hält. Wenn «nette Burschen» rauchen, inhalieren sie bis in die Fußspitzen. Oder sie knabbern an den Fingernägeln. Solche Verhaltensweisen blocken, unterdrücken und beschwichtigen das Rachebedürfnis, denn Rache ist nicht erlaubt. Schließlich ist das Kind zu der Annahme gelangt und hat sie aufgezeichnet: «Du kannst o.k. sein, *wenn* du nett bist.» Deshalb ist die einzig zulässige Reaktion gegenüber feindselig eingestellten Leuten (Eltern-Ichs, die sie sich aussuchen), sie zu *besänftigen*. Gewissermaßen verbringen die «netten Burschen» ihr ganzes Leben in einem Käfig mit einem riesigen Tiger, ihrem Eltern-Ich, und alles, was ihnen in dieser Situation einfällt, ist, zurückzuweichen und zu sagen: «Liebes Kätzchen, liebes Kätzchen.» Während die Augen des Kindheits-Ich gebannt am Tiger Eltern-Ich hängen und alle Aufmerksamkeit dem Zwiegespräch zwischen Eltern-Ich und Kindheits-Ich gilt, liegt das Erwachsenen-Ich brach. (Jeder Unbeteiligte kann erkennen, daß der Tiger fünfzig Jahre alt ist, keine Zähne mehr hat und sich nur noch mühsam vorwärts schleppt. Das Schloß an der Käfigtür ist verrostet, die Flucht jederzeit möglich.) Der «nette Bursche» sieht nicht, was für andere möglicherweise auf der Hand liegt, weil sein Wahrnehmungsapparat, das Erwachsenen-Ich, ausgeschaltet ist.

Sein Kindheits-Ich dagegen klebt fleißig emotionale Rabattmarken: Eine Marke für jede Käfigrunde. Und es tauscht sie ein gegen die kostenlosen, selbstzerstörerischen Preise (Es kostet mich keine Schuld, das heißt, ich habe dieses Elend verdient und ein Recht darauf): Kopfschmerzen, Magengeschwüre, Schlaflosigkeit oder sogar Selbstmordwünsche. Die Schuldgefühle, die seine Nettigkeit in so vielen Menschen hervorgerufen hat (weil er sie sich in vielerlei Hinsicht verpflichtete), bringen ihm viele Kranzspenden auf seinem frühzeitigen Begräbnis und 55 Gedenkminuten in den 55 Organisationen, in denen er aufopfernd, wenn auch nicht immer sehr effektiv mitgearbeitet hat. Seine Grabinschrift lautet: «Vergebt mir, daß ich nicht widersprochen habe.»

Gelegentlich macht sich der «nette Bursche» Luft, indem er seinen gerechten Zorn gegen irgendeinen verschwommenen, abstrakten Feind schleudert, der sich nicht wehren kann – gegen die Gesellschaft, die Welt von heute oder den Verwaltungsapparat. Manchmal verschiebt er seinen Ärger und mißhandelt seine Kinder, wenn sie klein sind und sich nicht wehren können. Wenn ihm ganz selten einmal der Kragen platzt und sich seine aufgestaute Wut entlädt, kann sich das «zu jedermanns Erstaunen» in körperlicher Gewalt äußern. Im allgemeinen bemüht er sich jedoch nach Kräften, seine Wut zu verbergen. *Du kannst o. k. sein, wenn du nett bist.* Deshalb bemüht er sich unablässig, ein *netter* Bursche zu sein. Er möchte gefallen.

Er trägt sein Gepäck lieber selbst, weil er Angst hat, daß der
Gepäckträger mit seinem Trinkgeld nicht einverstanden sein
könnte. Oder er räumt die Wohnung auf, bevor die Putzfrau
kommt. Wenn er todkrank beim Arzt sitzt und dieser ihn fragt,
wie es ihm geht, sagt er «Danke, gut». Am liebsten macht er alles
selbst. Es fällt ihm schwer, andere um Hilfe zu bitten. Er
möchte ihnen nicht lästig sein.

Sind üble Burschen besser?

Die wünschenswerte Alternative zum netten Burschen ist nicht
der üble Bursche, sondern jemand, der o.k. ist. Durch ein paar
Vergleiche läßt sich der Unterschied deutlich machen. Nette
Burschen leben meist in der Vergangenheit; O.k.-Menschen
leben in der Gegenwart. Nette Burschen verhalten sich in
Übereinstimmung mit einem unüberprüften Eltern-Ich-
Maßstab für Nettigkeit. O.k.-Menschen leben nach einem zeit-
gemäßen Maßstab, der vom Erwachsenen-Ich entwickelt worden ist, wobei Eltern-Ich-Maßstäbe im Licht neuer Daten und
im Bewußtsein einer veränderten Gegenwart akzeptiert oder
abgelehnt werden können. Nette Burschen neigen zu automatischen Reaktionen; O.k.-Menschen denken, bevor sie reagieren. Nette Burschen sind in ihrem Verhalten vorhersagbar;
O.k.-Menschen sind überraschend. Nette Burschen sind nützlich; O.k.-Menschen können zwar auch nützlich sein, sie sind
aber außerdem erfreulich. Nette Burschen lächeln viel; O.k.-
Menschen lächeln nicht nur, sie lachen und weinen auch.

Veränderung ist möglich

Die Aussichten netter Burschen sind im allgemeinen nicht
schlecht, weil sie aus den vielen Sozialtechniken, die sie zur
Beschwichtigung des Eltern-Ichs gelernt haben, auch im Hier
und Jetzt und in der Begegnung mit konkreten Menschen
Kapital in Form von Streicheleinheiten und der Verwirklichung konkreter Vorhaben schlagen können. Wenn die Laut-

stärke des inneren Zwiegesprächs zwischen Eltern-Ich und Kindheits-Ich herabgedreht ist (ganz abstellen läßt es sich nicht), kann in jeder Transaktion alle Aufmerksamkeit den anderen gewidmet werden. Nette Burschen können lernen, anderen Menschen *nahe zu sein* und ihnen nahe zu bleiben. Die vormals so drückende Last der Verantwortung läßt sich in Reaktionsbereitschaft verwandeln. Die Liebe, einst ein verschwommenes und furchteinflößendes Gebot – *Du sollst jeden lieben* –, verwandelt sich in die Fähigkeit, das Kindheits-Ich des anderen wahrzunehmen.

Ein geheilter netter Bursche hört nicht unbedingt auf, nett zu sein, doch er wird sich aussuchen, wo er in Zukunft seine Nettigkeit investiert. Sein Kindheits-Ich weiß instinktiv, daß man nicht aller Welt gefallen kann. Nur hat es in der Vergangenheit weder gewagt, irgend jemand etwas abzuschlagen, noch war es zur Unterscheidung fähig. Sobald sich sein Erwachsenen-Ich emanzipiert hat, vermag es die vielen Tausend Signale zu berücksichtigen, die von den anderen Menschen ausgesandt werden, und auf der Grundlage dieser bislang abgeblockten Daten vorherzusagen, welche Menschen vertrauenswürdig und welche es nicht sind. So kann dieser Mensch sein Verhalten ändern und in Zukunft selbst bestimmen, wo er seine Energie investieren will. Solche Entscheidungen mögen nicht ohne eine gewisse Gefahr sein, doch er steht von nun an unter dem Schutz des Erwachsenen-Ichs, das sich an Wirklichkeiten orientiert, die seiner Aufmerksamkeit bislang entgangen sind.

Im nächsten Kapitel werden wir erklären, wie sich der Einfluß des inneren Dialogs eindämmen läßt, so daß wir das Leben unbelastet von der Tyrannei der Vergangenheit im Hier und Jetzt genießen können.

4

Umgang mit Gefühlen durch Spurensuche

Wir können den inneren Dialog nicht durch bloße Willenskraft abschalten. Wenn wir das Gefühl haben, daß hartnäckige Gehemmtheit unsere Beziehungen ruiniert, werden wir durch den grimmigen Entschluß «Keine Hemmungen mehr!» wenig verändern. Schon am ersten Tag unseres Neuanfangs kann das Kindheits-Ich das Eltern-Ich fragen: «Wie mache ich mich, bin ich locker und frei von Hemmungen?» – und schon sind wir wieder mitten im alten Dialog.

Ganz gleich, wie entschlossen wir sind, uns zu ändern, der alte Dialog mischt sich ungebeten in die Gegenwart ein, blendet uns aus dem Hier und Jetzt aus und befördert uns zurück in ferne Kindheitstage, so daß wir wieder die Anweisungen, Ermahnungen, Tadel und Warnungen unserer Eltern im Ohr haben *und uns die Annahmen zu eigen machen, von denen wir damals ausgegangen sind.* Wie viele Stunden eines Tages verbringen wir in der Vergangenheit? Vor vielen Jahren erboste sich ein schwarzer Autor über die vielen Minuten und Sekunden – insgesamt täglich mehrere Stunden –, da sein Bewußtsein völlig von der Tatsache in Anspruch genommen war, daß er schwarz war, Zeit, die ihm verlorenging, weil er sich mit seinem Anderssein beschäftigte, weil ihn taktlose Leute anstarrten oder weil er verächtlich übersehen wurde, Zeit, die ihm durch solche Vorfälle verlorenging und durch seine eigenen verwirrten Annahmen über das, was es bedeutete, schwarz zu sein. Schwarze Kinder, die heute mit dem Slogan «Black ist beautiful» aufwachsen, werden gewiß ein anderes Bewußtsein von sich selbst haben als dieser Mann, was allerdings auch abhängig ist von ihren Erfahrungen in einer Gesellschaft, in der sich das, was getan wird, nicht immer mit dem deckt, was gesagt wird.

Innere Erschütterungen unserer Selbstachtung ließen sich – könnte man sie sehen – mit den Muskelkrämpfen dessen vergleichen, der an einem Tick leidet. Keine Sache, der man sich längere Zeit widmen könnte, ohne daß es zur verhaßten Unterbrechung durch die unwillkürlichen Muskelkontraktionen käme, die darauf aufmerksam machen. «Etwas ist nicht in Ordnung mit mir», «Etwas ist außergewöhnlich mit mir», «Etwas ist nicht o.k. mit mir». Welch ein Anteil unserer Wachzeit wird von dieser alles beherrschenden Zweifelsfrage «Bin ich o.k?» in Anspruch genommen. Diese Zeit zu verringern, ist die Aufgabe der Spurensuche, des wichtigsten Instruments für den Umgang mit Gefühlen.

Wie in Kapitel 3 erwähnt, können wir im Hier und Jetzt nicht verletzt werden, wenn nicht etwas in der Gegenwart eine Aufzeichnung des Eltern-Ichs auslöst. Jeder von uns hat seine besonderen Verwundbarkeiten, da jeder sein besonderes Eltern-Ich und sein besonderes Kindheits-Ich hat. In diesen Datenbeständen ist unsere persönliche Geschichte gespeichert. Viele Menschen leiden ununterbrochen unter irgendwelchen *subjektiven* Mängeln: sie sind zu klein oder zu groß. Ihre Ohren sind zu groß oder zu klein. Sie sind zu dick oder zu dünn. Sie haben einen zu großen oder zu kleinen Busen. Entscheidend ist das kleine Wörtchen *zu*. Im allgemeinen sind wir in unseren Vorstellungen, wie wir zu sein haben, gar nicht so festgelegt. Wie groß, klein, dick, dünn, arm, reich, ausladend wäre denn richtig? Elternbotschaften wurden oft als verschwommener Tadel empfunden ohne genaue Richtlinien über das, was richtig ist. Wir hörten einmal die folgende anschauliche Beschreibung des Gefühls «Wie du es machst, ist es falsch»: Wenn man zu einer Verabredung zu früh kommt, ist man ängstlich. Wenn man zu spät kommt, ist man rücksichtslos. Wenn man genau zur rechten Zeit kommt, ist man ein Zwangsneurotiker.

Im allgemeinen sind wir uns der in der Kindheit aufgezeich-

neten elterlichen Anweisungen und Befehle nicht bewußt. Das
innerliche Unbehagen dringt zunächst in Gestalt von *Gefühlen*
in unser Bewußtsein. Wenn wir mit dem *bekannten* Faktum der
Gefühle beginnen, können wir die Spur zurückverfolgen zum
unbekannten Faktum früher Elternbotschaften, den Urhebern
der Gefühle im inneren Dialog, der sich in unsere gegenwärtigen Transaktionen einmischt.

Drei Vorteile bringt der Prozeß der Spurensuche. Erstens, wir
spüren unmittelbare Erleichterung von unangenehmen Gefühlen, weil die Spurensuche ein Problemlösungsverfahren ist, das
auf das Erwachsenen-Ich angewiesen ist. Sobald wir auf dieses
umschalten, kommen die Bänder des Eltern- und des Kindheits-
Ichs zum Stillstand, zumindest während des Zeitraums, da wir
mit der Spurensuche beschäftigt sind. Solange wir effektiv an der
Lösung eines Problems arbeiten, fühlen wir uns nicht töricht.
Zweitens, wir sammeln Erkenntnisse über den Inhalt unseres
Eltern-Ichs. Die meisten von uns erinnern sich nicht mehr bewußt an die schmerzlichen Eltern-Ich-Botschaften, die sie im
Laufe ihrer ersten fünf Lebensjahre aufgezeichnet haben. Wir
beschließen, nur die glücklichen Augenblicke im Gedächtnis zu
behalten, während wir die Erniedrigungen und die Verzweiflung
streichen, die wir in den Jahren unserer Kindheitsabhängigkeit
erlebt haben. Drittens, wir gelangen zu einer Entscheidung
darüber, *was wir anders machen können*, so daß uns nicht in alle
Ewigkeit die immer gleichen alten Gefühle quälen. Neue Gefühle erwachsen aus neuem Tun, und das ist letztlich das Ziel
der Spurensuche. Wir können die Vergangenheit nicht verändern, aber wir können uns in der Gegenwart verändern.

Die sieben Schritte der Spurensuche

Dazu müssen wir uns einem *wirklichen* Gefühl zuwenden,
unserem eigenen. Außerdem müssen wir *unangenehme* Gefühle
verfolgen, denn ihnen verdanken wir unsere Probleme. Natürlich können wir auch angenehme Gefühle zurückverfolgen,
doch hier scheint sich eher anzubieten, sie zu GENIESSEN!

Schritt 1: Etwas tut mir weh. Diese Erkenntnis muß unbedingt am Anfang stehen. Vielen von uns wurde beigebracht, ihre Gefühle zu verleugnen: Du haßt deinen Lehrer nicht. Über Zahnschmerzen weint man nicht. Kopf hoch, über verschüttete Milch vergießt man keine Tränen. Sei kein Kind! Die Fähigkeit, uns zu unseren Gefühlen zu bekennen, hängt auch von kulturellen Bedingungen ab. Häufiger als Frauen werden Männer dazu angehalten, keine Gefühle zu zeigen. Wer keine Gefühle zeigt, gelangt häufig dazu, ihr Vorhandensein zu leugnen. Und doch: *Gefühle sind wirklich*. Unser früherer Mitarbeiter Craig Johnson pflegte zu sagen: «Gefühle sickern durch.» Auf die eine oder andere Weise sickern sie durch – in der Körpersprache oder in unsere Körper *hinein*, wo sie zu Magengeschwüren, Kopfschmerzen, Verspannungen, Verstopfung oder Depression führen. Die Wirklichkeit ist das wichtigste Therapieinstrument. Gefühle sind eine Urwirklichkeit, direkte Erkenntnis unseres Innenlebens. Sie anzuerkennen ist unser erster Schritt zur Veränderung.

Schritt 2: Welcher Teil von mir tut weh? Das ist eine rhetorische Frage, weil gemäß der Definition, die wir Ihnen anbieten, das Kindheits-Ich der schmerzende Teil ist. Wir machen diese Frage zu einem bewußten Schritt der Spurensuche, damit wir Kontakt aufnehmen mit dem kleinen Jungen oder dem kleinen Mädchen, der oder das wir einst waren. (Halten Sie einen Augenblick inne und versuchen sich daran zu erinnern, wie Sie aussahen, als Sie fünf waren, wie Sie *auf*schauten zu den wichtigen Personen in ihrer Umgebung und wie diese auf Sie *herab*sahen. Gehen Sie noch weiter zurück und versuchen Sie sich vorzustellen, wie das Leben als Kleinkind war, als sich in Ihrer Augenhöhe Tischkanten, die Knie der Erwachsenen, die kräftigen weißen Zähne des Hundes, die glühenden Scheite des Kamins, Kühlergrills und Springbrunnen befanden. Versetzen Sie sich in die Situation Ihrer Kindheit zurück, um mit diesem kleinen Menschen bekannt zu werden. Nehmen Sie ein Fotoalbum zur Hand. Wie sahen Sie aus? Wer waren Sie damals? Was stieß diesem kleinen Jungen, diesem kleinen Mädchen zu?

Er oder es ist so lebendig wie damals, aufgezeichnet in den Milliarden von Nervenbahnen, die es gab und gibt.) *Diesem kleinen Menschen tut es heute so weh wie damals,* als er die ursprünglichen Transaktionen erlebte, als er sich stieß und hinfiel, Vorwürfe und Tadel zu hören bekam und all den zivilisierenden und sozialisierenden Prozessen unterworfen wurde, die verhindern sollen, daß wir uns schlecht benehmen und auf die Straße laufen.

Schritt 3: Welches Wort beschreibt meinen Schmerz am besten? Es mag einige Zeit dauern, bis man auf das treffendste Wort kommt. Oft entdeckte Gefühle sind: töricht, häßlich, «meine Schuld», verstört, verrückt, schlecht, «zum alten Eisen geworfen», kaputt, beschämt, einsam, besorgt, unerwünscht, verlegen, beschuldigt und schuldig. Gelegentlich scheint unsere Selbsteinschätzung eher die Frage zu betreffen, wie wir *sind*, als wie wir uns fühlen: Ich bin ein Versager. Ich bin nicht liebenswert. Ich bin «nicht aus dem rechten Holz geschnitzt». Ich bin ein Nervenbündel. So bin ich nun mal. Mit solchen Feststellungen oder Diagnosen darf man sich nicht zufriedengeben, sondern muß nach den Gefühlen suchen, die ihnen zugrunde liegen. «Wie ich bin»-Äußerungen lassen das Bemühen um Selbstverständnis leicht im Sand verlaufen. Was soll der Versuch, mich zu ändern, wenn ich nun einmal so *bin?* Das mag zwar unser augenblickliches Gefühl sein, doch damit ist der Fall noch nicht abgeschlossen. Eine alte Entscheidung, auf der Basis unzureichender Information und unter Zwang gefällt, bedarf der Überprüfung und muß notfalls erneuert werden.

Schritt 4: Was ist in letzter Zeit geschehen, um dieses Gefühl auszulösen? Wie Träume werden auch Gefühle durch bestimmte Ereignisse angeregt – eine Überkreuz-Transaktion, einen mißbilligenden Blick, einen Dämpfer durch das Eltern-Ich, einen Blick auf die Wirklichkeit (etwa auf die Auszüge, die zeigen, daß das Konto überzogen ist), einen Anruf, keinen Anruf, körperliche Schmerzen, andere, die sich amüsieren oder befördert werden. Auch die Erinnerung an eine lange zurückliegende Schwierigkeit kann unangenehme Gefühle hervorrufen, doch nach unserer Überzeugung werden auch solche Erinnerungen durch irgendein Ereignis in der Gegenwart ausgelöst. Die mögliche Vielfalt der Verbindungen zwischen Ereignissen und Gefühlen ist so groß wie die der Individuen und ihrer besonderen Geschichten. Was den einen traurig macht, kann den anderen glücklich machen. Wenn durch Stromausfall sechs Menschen in einem Fahrstuhl festgehalten werden, werden sie diese Situation wahrscheinlich alle anders empfinden. Es mag einige gemeinsame Gefühle geben, etwa die anfängliche Furcht, doch bald schon würden sich die individuellen Wesensarten durchsetzen. Der eine wird hysterisch. Der zweite beruhigt seine Mitinsassen und erklärt optimistisch: «Da ist wahrscheinlich durch vorübergehende Überlastung eine Sicherung durchgebrannt.» Der dritte hadert mit seinem Schicksal: «Warum muß das ausgerechnet mir passieren?» Der vierte sucht nach einer praktischen Lösung und fragt, ob jemand eine Taschenlampe oder Streichhölzer hat, damit sie die Gegensprechanlage im Fahrstuhl suchen können. Und der fünfte macht sich an die sechste heran, die je nach ihren Empfindungen auf die Annäherungsversuche eingeht oder schockiert ist.

Die gegenwärtigen Auslöser alter Gefühle sind häufig Transaktionen mit anderen. Wer hat was gesagt? In was für einem Tonfall? Mit was für einem Gesichtsausdruck? Was haben Sie gesagt? Rekonstruieren Sie den Augenblick, als Sie sich des Schmerzes erstmals bewußt wurden. Am Ende des Kapitels werden zwei Beispiele für Spurensuche in allen Einzelheiten zeigen, wie dies zu geschehen hat.

Schritt 5: Was sagt Ihr Eltern-Ich, und wie reagiert Ihr Kindheits-Ich? Stellen Sie sich in dieser Phase der Spurensuche ganz konkret vor, wie Ihr Erwachsenen-Ich dasteht und die alten Tonbänder der Interaktionen zwischen Eltern- und Kindheits-Ich ablaufen läßt. Können Sie in die Position des Kindheits-Ichs schlüpfen und den Ermahnungen des Eltern-Ichs lauschen? Bei Ihrer ersten Spurensuche wird Sie das einige Zeit kosten, mehrere Minuten, vielleicht sogar länger. Mit einiger

Übung können Sie die Spurensuche in wenigen Sekunden absolvieren. Ziel des ganzen Prozesses ist es, Ihnen die Aufzeichnungen bewußtzumachen, denn sobald Sie sie kennen und als das erkannt haben, was sie sind – steinalt und nur vorgespielt –, verlieren sie viel von ihrer Gewalt über Sie, wenn sie sich auch nicht ganz auslöschen lassen.

Ein Beispiel für solche Aufzeichnungen ist: «Jetzt hast du es vermasselt!» Diesen inneren Urteilsspruch muß sich derjenige häufig anhören, dessen Eltern-Ich Vollkommenheit verlangt. Versagen jeder Art ist eine unverzeihliche Sünde. Nicht ein einziger Fehler ist erlaubt. Kein Risiko darf eingegangen werden. *Du hast deine Chance gehabt, und du hast sie vertan!* Zugrunde liegt die Forderung, perfekt zu sein. Ein einziger Fehler wird als völliges Versagen empfunden. Perfektionismus nimmt jeder Anstrengung die Kraft: «Wenn du es nicht richtig machen kannst, dann laß es ganz!» Trotz sorgfältiger Planung wird dann gelegentlich gar nichts geleistet.

Eine Frau, die traurig war, stieß bei der Spurensuche auf die Eltern-Ich-Äußerung: «Egal, wie sehr du dich bemühst, die Menschen werden dich doch enttäuschen.» Ihre Spurensuche bei einem Gefühl des Drucks führte zu der Ermahnung: «Du darfst keine Gelegenheit ungenutzt lassen.» Die Gefühle der Frau, die diese Spurensuche vornahm, wurden ausgelöst, als sie nach einem harten Tag im Büro in der Stoßzeit nach Hause fuhr, darüber nachdachte, was sie für ihre fünfköpfige Familie zum Abendessen kochen sollte, und ein Plakat sah, auf dem stand: «Finde ein Bedürfnis und befriedige es!» Ihre Abgespanntheit verwandelte sich in Zorn. Ein Bedürfnis. Das hatte ihr noch gefehlt! Erst überschritt sie die Geschwindigkeitsbegrenzung, dann schrie sie die Kinder an, verstauchte sich den Knöchel und ließ das Essen anbrennen. Später am Abend nahm sie eine Spurensuche vor und kam zu dem Schluß, daß es ein paar Bedürfnisse gab, die sie nicht zu befriedigen brauchte. Eine andere Spurensuche, die ausging von einem Gefühl des Versagens, ermittelte den Vorwurf des

Eltern-Ichs: «Warum kannst du nichts zu Ende bringen, was du anfängst?»

Eltern-Ich-Äußerungen dieser Art, die im Laufe der Kindheit in den verschiedensten Formen und Situationen wiederholt werden, bringen das Kind zu bestimmten Entscheidungen, die als Ausdruck oder Lösung der Anschauung «Ich bin nicht o.k. – Du bist o.k.» anzusehen sind. Dabei dürfen wir nicht vergessen, daß die entscheidende Aufzeichnung nicht das wiedergibt, was die Eltern gemeint haben, sondern das, was nach der *Annahme* des Kindes gesagt wurde. Die Eltern bedeuten für das Kleinkind Sicherheit, Streicheleinheiten, *alles und jedes*. Sie sind die mit übermächtiger Zauberkraft ausgestatteten Wesen, denen das Kind um jeden Preis gefallen muß. Elternäußerungen, aus der überragenden Höhe des Vaters oder der Mutter fallengelassen, wenn diese selbst in ihren inneren Dialog verstrickt sind, können sich, wenn sie oft genug wiederholt werden, als Entscheidungen im Kopf des Kindes festsetzen. Weder Mama noch Papa mag je gesagt haben: «Sei vollkommen!» Aber sie haben sich vielleicht eher mit den Fehlern als mit den Leistungen beschäftigt. Statt das Kind für einen neunzigprozentig richtigen Rechtschreibtest zu loben, haben sie gefragt: «Welche Wörter hast du falsch geschrieben?» Für jemanden, der ein so anspruchsvolles Eltern-Ich besitzt, mag eine Korrektur auf einer ansonsten fehlerlosen Schreibmaschinenseite so störend sein, daß er die Seite wieder und wieder schreibt, bis sie in Ordnung, das heißt vollkommen ist.

Auf die vermutete Eltern-Ich-Forderung «Sei vollkommen!» hin kann das Kindheits-Ich entscheiden: «Versuch es gar nicht erst.» Stellt das Eltern-Ich fest: «Ganz egal, wieviel Mühe du dir gibst, die Menschen enttäuschen dich doch», kann das Kindheits-Ich entscheiden: «Hab kein Vertrauen.» Bei dem Eltern-Ich-Befehl: «Du darfst keine Gelegenheit verpassen», mag die Entscheidung des Kindheits-Ichs lauten: «Sag ja zu jedem.» Auf den Vorwurf des Eltern-Ichs: «Du kannst nichts von dem beenden, was du anfängst», antwortet das Kindheits-Ich möglicherweise mit der Entscheidung: «Fang gar nicht erst

an». Wir sagen *kann, mag, möglicherweise*, weil jeder Mensch
anders reagiert. Was wir oben beschrieben haben, ist jedoch der
Inhalt vieler Reaktionen auf Eltern-Botschaften, die im Verlauf
der Spurensuche entdeckt worden sind.

Die Elternäußerungen, die uns bei der Spurensuche zu
Bewußtsein kommen, sind Belege für eine *Vielzahl* ähnlicher
Formulierungen. Eine vereinzelte Äußerung eines Elternteils
kann noch keinen endgültigen Entschluß im Kindheits-Ich
herbeiführen. Spielarten des «Sei vollkommen!» sind ohne
Zweifel in vielerlei Gestalt und viele Male wiederholt worden.
Erst die Häufung dieser Äußerungen veranlaßt das Kind
schließlich zu einer Entscheidung darüber, wie es zu sein hat.
Eine Frau erinnerte sich, daß der Begriff des Besten durch alle
Gespräche geisterte, die ihr aus der Kindheit erinnerlich waren. Wenn ein Familienmitglied zum Arzt ging, war es der
«beste Arzt an der Ostküste.» – «Dies ist die beste Art, Rind-
fleisch zu kochen.» Stets wußte man, wer der «beste Schüler» in
der Klasse war. «Es schadet nichts, wenn du dir deine Freunde
unter den Besten suchst.»

Wichtige Aspekte der Eltern-Kind-Kommunikation sind
die Körpersprache der Eltern, ihr Tonfall, Sprechtempo, Gesichtsausdruck und Körperkontakt mit dem Kind. Häufig sind
die «sichtbaren» Mitteilungen weit einflußreicher als Worte.
«Du bist die Welt für mich» läßt sich zärtlich, verführerisch,
leichtfertig, egoistisch oder boshaft sagen. So wichtig wie die
Erinnerung an das, was in der frühen Kindheit *gesagt* wurde,
ist deshalb das erneute Durchleben der nichtsprachlichen,
konkret vergegenwärtigten Elternmitteilungen und der eigenen Körperreaktionen. Penfields Experimente mit künstlich
im Gehirn ausgelösten Erinnerungen zeigen, wie ursprungs-
nah diese Aufzeichnungen von Gesehenem und Gehörtem
sind: «Die empirische Reaktion auf die Elektrode des Chirurgen ist ein evoziertes Bewußtwerden der Gedanken und Gefühle, die sich einst im Geist der Versuchsperson regten. Von
einem flüchtigen Augenblick zum anderen werden sie jetzt
mit der Frische gegenwärtiger Erfahrung erneut lebendig.

*Dabei sind stets die auditiven und visuellen Komponenten vor-
herrschend.»**

Eine Technik, sich diese visuellen und auditiven Körperbot-
schaften bewußtzumachen, ist eine entspannte Haltung in sit-
zender oder liegender Position, in der man die Augen schließt
und sich seine Körperempfindungen vergegenwärtigt. Dieses
Verfahren empfiehlt sich besonders in den Fällen, in denen die
Betroffenen keine sprachlichen Äußerungen erinnern oder ihre
Gefühle nicht in Worte fassen können.

Ein Mann, der das Gefühl hatte, unter starkem Druck zu
stehen, und ihm mit der Spurensuche beizukommen suchte,
berichtete von der körperlichen Empfindung, von hinten ge-
knufft zu werden, so daß er «die Knöchel des Vaters förmlich im
Kreuz spüren konnte». Ein anderer Mann empfand eine heftige
Abneigung gegen Händeschütteln und berichtete, daß sich sein
«ganzer Körper versteifte», wenn er mit jemandem bekannt
gemacht wurde. Beim Händeschütteln blieb seine Hand
schlaff, und er zog sie so rasch wie möglich zurück, obwohl er
sich sehr wohl bewußt war, daß ein schlapper Händedruck
nicht gerade von Vorteil im Wirtschaftsleben ist. Er konnte sich
nicht dazu zwingen, fester zuzugreifen. Seine Gefühle erkannte
er als heftige Angst, doch bei der Spurensuche kamen ihm
keine Äußerungen des Eltern-Ichs in Erinnerung.

Er wurde veranlaßt, sich zu entspannen und sich seine Körperempfindungen zu vergegenwärtigen, wobei er mit der Kopf-
haut begann und sich über Gesicht, Hals, Schultern usw. nach
unten durcharbeiten sollte. Als das Wort «Schultern» fiel, versteifte sich sein ganzer Körper. Er sah sich plötzlich als kleinen
Jungen, der von der Mutter, einer Frau von fast 1 Meter 80, am
Handgelenk gepackt und durch das Gewühl der Weihnachts-
käufer geschleift wurde. Seine Füße berührten nicht den Boden, und er wurde von den entgegenkommenden Fußgängern
unsanft angerempelt. Er empfand heftige Schmerzen im

* Wilder Penfield, Engrams in the Human Brain. In: *Proceedings of the Royal
Society of Medicine*, August 1968, Bd. 61, Nr. 8, S. 831-840

Schultergelenk, als er in seiner Vorstellung noch einmal in der stahlhart zupackenden Hand der Mutter hing. Damals hatte er den ganzen Weg über geweint, doch sie hielt nicht an, bis sie am Auto angelangt waren. Dort schlug sie ihn, weil er geweint hatte, und sagte, der Weihnachtsmann würde solchen Heulsusen bestimmt nichts bringen. Als der erwachsene Mann diese Situation noch einmal durchlebte, weinte er. Er erinnerte sich, daß seine Mutter ihn oft in dieser Weise hinter sich herschleifte. (Kinderärzte warnen davor, Kleinkinder so anzuheben, weil es zu ernsten Schulterverletzungen führen kann.)

Eine Frau berichtete von der Spurensuche nach einem Gefühl, das sie als Verzweiflung beschrieb. Sie legte sich hin, entspannte sich, um sich zu vergegenwärtigen, was mit ihrem Körper geschah. Sie berichtete, sie hatte das Gefühl, man würde sie «in eine winzige Kammer quetschen», von den Seiten und von oben kräftig drücken, bis sie in einer «kleinen Ecke fast verschwand». Es gab kein Entkommen. Versuchte sie es in der einen Richtung, traf sie auf Widerstand, versuchte sie es in einer anderen, war es das gleiche. Schließlich erklärte sie: «Ich fühl mich in die Ecke gedrängt.» Und das galt in der Tat für ihre gesamte Lebenssituation.

Sie erinnerte sich dann an den Kommentar ihrer Mutter zu der Frage, ob sich Mädchen bei Verabredungen mit Schulfreunden auf sexuelle Beziehungen einlassen sollten oder nicht. «Du bist unten durch, wenn du es tust, und unten durch, wenn du es nicht tust.» Als sie in ihrem Gedächtnis nachforschte, stellte sie fest, das fast alle Äußerungen ihrer Eltern ambivalent waren. Eindeutige, uneingeschränkte Feststellungen waren selten. Sie zeigte einen Brief ihrer Mutter, der praktisch aus einem einzigen langen Satz bestand, durch eine endlose Kette von «aber» und «wenngleich» verknüpft. «Es ist wichtig, Freunde zu haben, aber du mußt sie sorgfältig auswählen, wenngleich du auch nicht zu heikel sein darfst, aber auch nicht zu leichtgläubig, aber sei vor allem freundlich in allem, was du tust.» Jeder Aspekt ihres Lebens saß in der Falle der Doppelbindung gefangen, so daß dem Verdikt verfallen mußte, was immer sie tat, und sie sich ständig in einem Zustand der Unentschlossenheit befand. *Verwirrung* war ihr vorherrschendes Gefühl, so sehr, daß sie sogar nicht auf das Wort zu kommen vermochte. Eine Prüfung der El-Er-K ihrer Eltern ergab rasch die Ursachen und die Beschaffenheit der widersprüchlichen Botschaften. Objektiv und im Zusammenhang gesehen, verloren die Botschaften ihren überwältigenden Einfluß, und sie traf ihre Entscheidungen fortan nach Maßgabe eigener Gesichtspunkte und realistischer Beurteilung der Konsequenzen.

Schritt 6: Was kann ich jetzt anders machen? Wenn wir mit unserer Spurensuche so weit gediehen sind, tun wir bereits etwas anderes. Wir haben auf das Erwachsenen-Ich umgeschaltet, sammeln Daten und lösen Probleme. Allerdings steht noch immer die Entscheidung aus, wie wir uns in Bezug auf unser unangenehmes Gefühl verhalten sollen. Eine häufige Form des Umgangs mit Gefühlen ist das Sparen: Man sammelt sie als emotionale Rabattmarken. Schon früh lernt ein Kind, daß es meist nicht angebracht ist, Gefühle im Augenblick ihres Auftretens zum Ausdruck zu bringen. Denken wir an den kleinen Jungen, der weinte, weil er durch das Gewühl der Weihnachtseinkäufer gezerrt wurde. Als er weinte, erhielt er Schläge. Manchmal lernen Kinder auch, daß es unangebracht ist, positive Gefühle zu äußern. Der kleine Junge kommt vor Freude jauchzend ins Wohnzimmer gestürzt und muß hören, daß er gefälligst den Mund halten soll. So verschließt das Kind seine Gefühle, um sie zu einem späteren, von den Eltern gebilligten Zeitpunkt zu äußern. Negative Gefühle werden in ein Rabattmarkenbuch geklebt. Wenn es voll ist, kann es gegen Preise eingetauscht werden, die keine Schuldgefühle kosten. Für ein Buch gibt es eine kostenlose schlechte Laune, für zwei einen Wutanfall, für fünf ein kostenloses Besäufnis, für zehn eine kostenlose Trennung – eine Kündigung, eine Scheidung, eine neue Heimat. Jeder, der so viel Unrecht zu erdulden hat, hat das Recht, das Handtuch zu werfen. Zumindest sind dies die *Gefühle* des Kindheits-Ichs. Doch die Konsequenzen dienen seinen Zwecken nicht. Bald wird der Betroffene sich mit noch mehr negativen Gefühlen herumzuschlagen haben – Einsamkeit, Reue, Niedergeschlagenheit. Offensichtlich eignet sich dieses Verfahren nicht besonders für den Umgang mit Gefühlen.

Eine andere Möglichkeit besteht darin, das Problem des verletzten Gefühls mit dem durchzusprechen, der es ausgelöst hat. Man kann das Gespräch mit einer «Ich fühle»-Äußerung beginnen: Ich fühle mich miserabel, seit wir heute morgen miteinander gesprochen haben. Vielleicht war ich dir gegenüber nicht fair; oder ich finde, daß du dich nicht fair verhalten hast. Vielleicht läßt sich die Angelegenheit durch einen Telefonanruf aus der Welt schaffen, eine Entschuldigung, irgendeine Art von Versöhnung. Als Erwachsene haben wir einen erheblich größeren Spielraum für Verhandlungen und rationale Entschlüsse denn als Kleinkinder. Möglicherweise kommen wir auch zu dem Schluß, daß sich gar nichts machen läßt. Auch das ist eine Entscheidung, mit der die Angelegenheit abgehakt werden kann.

Eine andere Möglichkeit für den Umgang mit unseren Gefühlen ist der Versuch, aus ihnen zu lernen und unserem Datenbestand im Erwachsenen-Ich die bei der Spurensuche neu entdeckten Informationen aus dem Eltern-Ich und Kindheits-Ich einzuverleiben, so daß wir sie leicht abrufen können, wenn unsere Gefühle das nächste Mal verletzt sind und wir uns zur Spurensuche veranlaßt sehen. Denn wenn wir noch einmal das gleiche empfinden, werden wir uns erinnern: «Klar, das habe ich schon einmal durchgemacht.» Durch die Spurensuche sammeln wir immer mehr Erkenntnisse über unsere Verletzlichkeiten, Stärken und die zunehmende Beherrschung unseres Innenlebens.

Schritt 7: Was kann ich das nächste Mal anders machen? Damit wenden wir uns der Frage zu, wie wir die Weichen stellen, um verletzt zu werden. Wir mögen uns als unschuldige Opfer fühlen und gegen die Menschen wettern, die «auf unseren Gefühlen herumtrampeln». Doch häufig befinden wir uns mit eben diesen Menschen in einem heimlichen Einverständnis, auch wenn es uns nicht bewußt ist. Hier kann es helfen, noch einmal zum Schritt 4 zurückzukehren und zu untersuchen, inwiefern wir zum Scheitern der Transaktion beigetragen haben, wenn es wirklich eine Transaktion war, die das Gefühl ausgelöst hat. Wir sollten uns fragen: Welcher Persönlichkeitsbereich des anderen löste mein Gefühl aus – das Eltern-Ich, das Erwachsenen-Ich oder das Kindheits-Ich? Vielleicht werden wir feststellen, daß wir häufig bei Menschen anecken, die von ihrem Eltern-Ich beherrscht werden und in solchen Fällen mit Mißbilligung oder Vorwürfen reagieren. Das kann auf mancherlei Weise geschehen: Wir können uns als nicht o.k. zu erkennen geben, ein großes Schild vor uns hertragend, auf dem steht «Bitte, tu mir nichts», eine unwiderstehliche Einladung für den anderen, genau das zu tun. Oder wir lassen einem quengelnden Kindheits-Ich freien Lauf, einem aufsässigen Kindheits-Ich, oder wir kümmern uns nicht um die Gefühle anderer Menschen. Wenn wir unsere Gartenabfälle dem Nachbarn auf sein Grundstück kippen, werden wir es sicherlich mit seinem Eltern-Ich zu tun bekommen. Wenn wir nie unsere Verträge mit anderen halten und nie pünktlich sind, werden wir wahrscheinlich den Zorn vieler Eltern-Ichs erregen. Wenn wir zu o.k. sind, d.h. wenn wir eine zu strahlende Laune zur Schau tragen, während der andere niedergeschlagen ist, können wir auch bei seinem Eltern-Ich anecken. Schon König Salomon hat festgestellt: «Wenn einer seinen Nächsten des Morgens früh mit lauter Stimme segnet, das wird ihm für einen Fluch gerechnet.»* Prüfen Sie, was Sie für Beweggründe haben, jeden Morgen bei Ankunft an Ihrem Arbeitsplatz «Auf in den Kampf» zu pfeifen. Wenn Sie ständig beim Eltern-Ich anderer Leute anecken, überlegen Sie, wie das kommt. Sie können sich ändern.

Eckt das Erwachsenen-Ich des anderen bei Ihnen an? Tut die Wahrheit weh? Wenn ein Kunde Ihnen mitteilt, daß er sein Konto bei einer anderen Bank einrichten wird, weil er seine

---

* Sprüche 27,14

Auszüge rechtzeitig braucht, haben Sie dann schlechte Arbeit geleistet? Bleiben bei Ihnen die Vorgänge immer liegen? Haben Sie Angst, Verantwortung zu delegieren? Sind Sie der einzige, der die Arbeit ordentlich erledigen kann? Brechen Sie Verträge und lassen Sie Leute fallen? Wenn Ihr Verhalten zu den unerfreulichen Konsequenzen beiträgt, prüfen Sie Ihr Verhalten. Sie können sich ändern.

War es das Kindheits-Ich des anderen, bei dem Sie angeeckt sind? Haben Sie Angst vor den Gefühlen anderer Menschen? Stehen Sie unter großem Druck, den Frieden um jeden Preis zu wahren? Rufen die Nicht-o.k.-Gefühle Ihrer Kinder in Ihnen das Empfinden hervor, als Vater oder Mutter versagt zu haben? Versagen Sie als selbsternannter Retter in der Not, wenn andere unter dem Gefühl der Sinnlosigkeit, unter Wut oder Angst leiden? Haben Sie Probleme mit dem sexuell attraktiven Kindheits-Ich eines anderen? Versetzen Sie sexuelle Angebote in Schrecken? Gibt es noch andere Möglichkeiten als Schrecken? Möglicherweise hat die Fürsorglichkeit Ihres Eltern-Ichs Sie dazu konditioniert, *die Finger von so etwas zu lassen*. Um unerwünschte Verwicklungen zu vermeiden, hat Ihr Erwachsenen-Ich bessere Möglichkeiten zur Hand als die Verteufelung von Sexualität oder sexuell offensiven Menschen.

Das sind die sieben Schritte der Spurensuche. Wir empfehlen, daß jede Gefühlsverletzung auf diese Weise untersucht wird. Anfangs ist man dazu mitten in einer Transaktion nicht in der Lage. Die Spurensuche muß bis zum Abend warten, bis man Zeit hat, sich zu konzentrieren. Mit einiger Übung läßt sich das Verfahren jedoch in Sekundenschnelle durchführen.

Entdeckung von Eltern-Ich-Botschaften

Abgesehen davon, daß die Spurensuche uns hilft, Gefühlsverletzungen zu überwinden, hat sie noch einen anderen Vorteil, der bereits erwähnt wurde. *Sie ist sehr geeignet, den Inhalt des Eltern-Ichs zu entdecken.* Was wir bewußt von den Dingen erinnern, die unsere Eltern uns gesagt haben, ist nur ein Bruchteil dessen, was sie tatsächlich gesagt und getan haben. Das Material, das die größte Unruhe stiftet, befindet sich gewöhnlich nicht in Reichweite unseres Bewußtseins – gemeint sind die geheimen Botschaften, die ihren Ursprung im Kindheits-Ich unserer Eltern hatten, Botschaften, wie sie zum Beispiel in der Liste des Kapitels 2 enthalten sind. Es gibt drei Möglichkeiten, unbewußte Daten des Eltern-Ichs aufzuspüren. Zu ihnen gehört *nicht* der Versuch, uns zu beobachten, wenn wir uns im Zustand des Eltern-Ichs befinden. In dem Augenblick, da wir uns im Eltern-Ich-Zustand befinden, wissen wir es nicht, weil solche Erkenntnisarbeit vom Erwachsenen-Ich geleistet wird und weil das Erwachsenen-Ich abgeschaltet ist, wenn das Eltern-Ich eingeschaltet ist. Wir können uns nicht gleichzeitig in beiden Zuständen befinden. Tatsächlich fühlen wir uns häufig großartig, wenn wir über das Eltern-Ich handeln: Wir sind dann stark, haben recht, alles im Griff und spüren Macht. Das Kindheits-Ich hat die Verantwortung für die Transaktion an das Eltern-Ich abgegeben und fühlt die gleiche Art von Sicherheit, die der kleine Junge empfindet, der seinem Spielkameraden erklärt: «Mein Papa kann deinen Papa verhauen», oder wenn er seinen Papa tatsächlich herbeiruft, um eine Prügelei zu beenden, die gefährlich zu werden droht. Manche Menschen handeln regelmäßig über das Eltern-Ich, ohne es zu wissen.

Die drei Möglichkeiten, wie sich das feststellen läßt, sind:

1. Die Rekonstruktion dessen, was nach einer Überkreuz-Transaktion geschehen ist:

Sohn: «Ich habe das Auto heute nachmittag gewaschen, Papa.»

Vater: «Das ist ja wohl auch das mindeste nach den vielen Kilometern, die du damit am letzten Wochenende gefahren bist.»

Sohn: (Verläßt wütend und türenschlagend das Zimmer.)

Wenn das Gespräch plötzlich abbricht: Suchen Sie nach der Überkreuz-Transaktion. Im obigen Beispiel kreuzte der Vater

die Unterhaltung nachdrücklich mit einem Vorwurf des Eltern-Ichs und beendete sie dadurch. Damit soll dem Vater
nicht das Recht abgesprochen werden, Gefühle zu haben, in
deren Licht besehen seine Antwort durchaus gerechtfertigt
erscheinen mag. Es wäre jedoch ein Vertrag erforderlich gewesen über die Benutzung des Autos. Verträge werden in Kapitel 6 ausführlich behandelt.   •

2. Wann wir über das Eltern-Ich handeln, können wir erfahren durch das Feedback einer Therapiegruppe in einer Situation, die durch einen Gruppenvertrag abgesichert ist. Wenn
der Vater aus dem Beispiel oben in der Gruppe ist, weil er die
Kommunikation mit seinem Sohn verbessern will, liefern ihm
unter Umständen die Gruppenmitglieder die erforderlichen
Daten durch Beobachtung seiner Körpersprache, seiner Gesten, seines Tonfalls und ihrer eigenen Gefühle in Reaktion auf
ihn. Das kann ihn zur Erkenntnis seiner drei Ich-Zustände
führen, woraus sich möglicherweise die Fähigkeit entwickelt,
sein Eltern-Ich unter Kontrolle zu bringen.

3. Wir erfahren durch Spurensuche, was in unserem Eltern-
Ich enthalten ist, indem wir uns, wie gezeigt, vom Bekannten
(den Gefühlen) zum Unbekannten (den alten Aufzeichnungen sowohl im Eltern-Ich als auch im Kindheits-Ich) zurück-
tasten.

Spurensuche: Beispiel Nr. 1

Diese erste Spurensuche wurde von einer Frau vorgenommen,
die das Gefühl quälte, nicht akzeptiert zu werden, nachdem sie
die Sitzung eines Gemeindeausschusses besucht hatte, in den
sie erst kürzlich aufgenommen worden war. Es folgen die
Schritte, von denen sie berichtet hat:

1. *«Ich leide.»*

2. *Wo tut's mir weh?* «In meinem Kindheits-Ich» (bezeichnet
es mit ihrem Namen).

3. *Welches Gefühl beschreibt meinen Schmerz am besten?* «Das
Gefühl des Ausgeschlossenseins.»

4. *Wann wurde mir das Gefühl bewußt? Was ist geschehen? Was war der Anlaß?* «Ich bin in den Sitzungsraum gegangen. Die Verhandlung war bereits im Gange. Ich wurde nicht vorgestellt. [Sie zeichnet die Sitzordnung auf.] Das Vorstandsmitglied, das mich zur Mitarbeit aufgefordert hatte, war nicht anwesend. Blickkontakt hatte ich mit einem Mitglied der siebenköpfigen Gruppe. Die anderen bildeten einen Blickkontaktkreis, in den ich nicht einbezogen wurde. Das blieb so während der ganzen Sitzung. Ich spürte, wie Langeweile und Ärger in mir wuchsen. Meine Situation war nicht klar. Was sollte ich in diesem Ausschuß? Da ging es gar nicht um die Fragen, die mir im Vorbereitungsgespräch vom Vorstandsmitglied genannt worden waren. Mein Zorn entlud sich teilweise in gelegentlichen Diskussionsbeiträgen. So erklärte ich einmal, einer meiner Vorredner hätte so unmögliche Ideen vertreten, daß ich Lust hätte, ‹alles hinzuschmeißen›. Das war eine überzogene Formulierung, die mir trotzdem nicht die Aufmerksamkeit und Reaktion eintrug, die ich mir erhofft hatte. Später stellte ich die Frage, ob der Ausschuß an einem Rassenproblem in einer der Schulen interessiert sei, und ein ungeduldiger, feindselig wirkender Mann lehnte das unwirsch ab. Nun fühlte ich mich endgültig ausgeschlossen. Nun fühlte ich mich tief verletzt und versank in Selbstmitleid – und war damit reif für transaktionelle Spiele der Erwachsenen.»

5. *Was sagt mein Eltern-Ich, und wie reagiert mein Kindheits-Ich?* «Ich war nicht in der Lage, mir irgendeinen Dialog zwischen Eltern-Ich und Kindheits-Ich zu vergegenwärtigen, und fragte ich mich statt dessen: ‹Fallen mir ähnliche Ereignisse aus der Vergangenheit ein?› Ich entspannte mich, schloß die Augen und wartete auf die Vorstellungsbilder. Ich sah mich im Kindergarten auf allen vieren, mit dem Springtau um den Hals und von einem Mädchen geführt, das die ‹Schwester› spielte. Ich war neu in dem Kindergarten und wollte um jeden Preis mit den beliebten Mädchen spielen. Sie spielten ‹Familie›, und alle wichtigen Rollen (Mutter, Vater, Bruder, Schwester) waren schon besetzt. Sie beschlossen, daß ich der Familienhund sein

könnte. Glücklich, daß ich dazugehören durfte, übernahm ich den wenig schmeichelhaften Part. Ich mußte sogar in die Büsche gehen, um ‹mein Geschäft zu machen›. Mein Gefühl war: ‹Ich habe am wenigsten Bedeutung.› Ich zähle nicht. Ich bin ein Hund. Ich erinnerte mich an andere Situationen, in denen ich ausgeschlossen wurde, obwohl ich keinen sehnlicheren Wunsch hatte, als dazuzugehören. Meine Eltern zogen oft um, und ich habe häufig die Schule wechseln müssen.»

Durch die Erkenntnis, daß Gefühle in der Gegenwart Gefühle aus der Vergangenheit wachrufen, wurde ihr klar, daß vergangener Schmerz häufig in der Gegenwart wiedererlebt wird. Sie war wieder ein kleines Mädchen, war verzweifelt bemüht, anzukommen, wurde aber von der «Ingroup» herumkommandiert, ausgelacht oder ignoriert.

Dieses Gefühl des Ausgeschlossenseins entsprach haargenau dem Empfinden, welches sie angesichts der unfreundlichen Aufnahme in der Ausschußsitzung verspürt hatte. Dadurch, daß sie die innere Beziehung zu dem kleinen Mädchen auf allen vieren, dem Hund in den Büschen des Kindergartens, herstellte, veranlaßte sie ihr fürsorgliches Eltern-Ich, das kleine Mädchen in sein Herz zu schließen, und ihr Erwachsenen-Ich, ihm beizustehen. Sie kam zu dem Schluß: «Nicht alle Menschen sind nett, ganz gleich, wie man sich bemüht.» Sie beschloß, dieses Problem den anderen zu überlassen und es sich nicht selber aufzuhalsen.

6. *Was kann ich jetzt anders machen?* «Ich fragte mich: Wie soll ich mit diesem Gefühl umgehen? Soll ich es meiner selbstmitleidigen moralischen ‹Rabattmarkensammlung› einverleiben? Ich fand es besser, mit einer Freundin darüber zu sprechen. Gemeinsam machten wir uns an die Spurensuche. Durch das Umschalten auf das Erwachsenen-Ich wurden das Abspielen der alten Bänder mit dem *Schmerz* des Kindheits-Ichs gestoppt. Ich brauchte mich von diesem Gefühl nicht mehr beherrschen zu lassen, sondern konnte daraus die Einsicht gewinnen, in welchen Situationen diese alten Aufzeichnungen abgerufen werden. Ich brauchte daraus nicht den Schluß zu

ziehen: ‹Niemand mag mich›, sondern konnte mir sagen: ‹Manche Menschen mögen mich nicht, und das ist *ihr* Problem, nicht meines.›»

7. *Was kann ich das nächste Mal anders machen?* «Inwieweit habe ich selber dazu beigetragen, verletzt zu werden? Ich hatte nicht begriffen, wohin ich geraten war. Ich war noch nicht einmal auf der richtigen Sitzung gewesen. Das nächste Mal werde ich keine Angst haben, ein paar Fragen zu stellen. Es stellte sich heraus, daß ich im falschen Ausschuß gesessen hatte, nicht in dem, in dem mitzuarbeiten man mich gebeten hatte. Ich werde mich in Zukunft von Menschen, die über ihr Eltern-Ich handeln, nicht dazu bringen lassen, Äußerungen von mir zu geben, die mich verletzlich machen. Ich will in meinem Erwachsenen-Ich bleiben. Nicht mehr vom ‹Hinschmeißen› reden. Das macht eine schlechte Situation nur noch schlechter. Ich will auf Vorstellung und Klärung bestehen. Ich bin kein hilfloses kleines Mädchen. Ich bin 36 Jahre alt.

Dann rief ich den Ausschußvorsitzenden an und erklärte ihm, daß ich im falschen Ausschuß gelandet war. Ich bat ihn um Verständnis dafür, daß ich an weiteren Sitzungen nicht mehr teilnehmen würde.»

Spurensuche: Beispiel Nr. 2

Ein sechzigjähriger Mann berichtete, daß er auf seinem Fahrrad saß und wie wild strampelte, als er plötzlich bemerkte, daß er voller Wut war. Da er schon ein Experte in der Spurensuche war, kostete es ihn nur ein paar Augenblicke, die Ursache ausfindig zu machen, woraufhin er wieder ruhiger in die Pedalen trat. Die Rekonstruktion der einzelnen Schritte sah folgendermaßen aus:

1. *«Ich leide.»*

2. *Wo tut's mir weh?* «In meinem Kindheits-Ich. Der kleine Junge in mir ist verletzt, gekränkt, beleidigt – er leidet.»

3. *Welches Wort beschreibt meinen Schmerz am besten?* «Das Wort Wut.»

4. *Wodurch ist dieses Gefühl ausgelöst worden?* «Ich war auf meiner allmorgendlichen Fünfzehn-Kilometer-Tour und fuhr auf dem Radweg eines Wohngebietes. Als ich an einem Grundstück vorbeikam, auf dem ein Auto im Begriff war, rückwärts auf die Straße zu fahren, ließ der Fahrer den Motor aufheulen und blökte mich an: ‹Machen Sie gefälligst die Ausfahrt frei!›»

5. *Welche Erinnerungsbilder fielen mir ein, als ich versuchte, mit meiner Wut Kontakt aufzunehmen?* «Ich sah mich als kleinen Jungen von fünf Jahren einen Weg entlanggehen, der zur Hintertür unseres Hauses führte. Beim Gehen führte ich Selbstgespräche voller Wut und vollführte Fausthiebe und Stockschläge in die Luft. Jemand hatte mich ‹Narbengesicht› genannt – ein verhaßter und grausamer Spitzname, der auf eine große Narbe in meinem Gesicht anspielte. Mit vier Jahren hatte ich zugeschaut, wie meine älteren Brüder Unkraut verbrannten. Dabei fiel mir ein achtlos fortgeworfener brennender Jutesack über den ganzen Körper. Der rasende Schmerz verschlimmerte sich noch, als eine meiner Schwestern die Brandwunden mit der falschen Salbe bestrich, die der Arzt später wieder abkratzen mußte.

Meine Wut galt weniger dem Ereignis selbst als dem Vorwurf, es sei ‹meine Schuld› gewesen, und der Grausamkeit derer, die mich Narbengesicht nannten. Ich erinnere mich an einen bösartigen Nachbarn, der mich immer damit aufzog, daß er eine Schachtel Streichhölzer aus der Tasche zog und mich fragte, ob ich nicht ein Feuer anmachen wolle. Die Erinnerung ging weiter: Ich erreichte unser Haus, und einer meiner älteren Brüder, der auf einem Zaun saß und beobachtet hatte, wie ich auf die Luft einschlug, fragte mich: ‹Wen willst du denn umbringen?› Die schmerzlichen Gefühle wurden durch die Entdeckung noch verstärkt. Daraus zog ich den Schluß: Zeige deine Gefühle nicht. Niemand kümmert sich um sie oder versteht sie. Mach es mit dir selber aus. Sei unempfindlich gegen dich selbst. *Spann alle Kräfte an!*»

6. *Was kann ich jetzt anders machen?* «Zunächst machte ich mir mein körperliches Unbehagen bewußt, den Schmerz in der

Brust und die brennenden Muskeln. Ich merkte, daß ich meinem Körper mit dieser Strapaze keinen guten Dienst erwies und daß ich ihm höchst ungewohnte Anstrengungen zumutete. Ich erkannte die Ursache der Wut – boshafte Menschen, die mich, als ich vier war, verletzt und sich über mich lustig gemacht hatten –, und sofort hörte ich mit der verrückten Strampelei auf, um meine Fahrradtour entspannt und locker zu beenden.»

7. *Was werde ich das nächste Mal anders machen?* «Da stehen mir verschiedene Möglichkeiten offen. Ich kann vermeiden, an diesem Grundstück vorbeizufahren. Jedesmal, wenn ich dem Kerl begegne, hat er irgendeine dumme Bemerkung parat. Wenn wir uns doch mal begegnen, kann ich mir sagen, daß sein Verhalten *sein* Problem ist. Soll er sich doch mit den Nachteilen feindseligen Verhaltens herumschlagen. Ich jedenfalls werde mich nicht mehr dazu bringen lassen, schneller zu fahren, kräftiger in die Pedalen zu treten oder mir sein Problem zu eigen zu machen.»

In beiden Beispielen führte die Spurensuche zu positiver Veränderung. Einsicht und Veränderung führten zu Aufzeichnungen ganz anderer Art: der Beherrschung der Situation. Wenn wir dafür sorgen, daß sich die Schleusen unserer Erinnerung öffnen, können wir unsere Verletzlichkeiten *verstehen*. Wir können in der Gegenwart andere Entscheidungen treffen. Es ist nicht wahr, daß sich niemand um unsere Gefühle kümmert oder keiner sie versteht. Für manche Menschen trifft das zu. Für andere nicht! Wir können selbst bestimmen, wem wir unsere Gefühle mitteilen. Durch Beobachten und Zuhören können wir ihre Reaktionen antizipieren. Wir können erkennen, ob wir Zuneigung und Verständnis von ihnen erwarten dürfen, und nur wenn das der Fall ist, können wir bei ihnen Beistand suchen. Wir können auch vorhersagen, wer kein Verständnis für uns zeigen wird, und uns vor weiteren Verletzungen hüten, indem wir solchen Menschen nicht mehr unsere tiefsten Gefühle eröffnen. Wir brauchen unsere Energie nicht damit zu verschwenden, daß wir sie *hassen*. Wir bedienen uns einfach unseres Erwachsenen-Ichs, um sie zu verstehen und ihre Reaktionen vorherzusagen, so daß unser Kindheits-Ich vor weiteren Verletzungen bewahrt bleibt.

Die Spurensuche versetzt uns in die Lage, erstens unsere Verletzlichkeiten zu erkennen, und zweitens, die Situationen vorherzusehen, in denen diese Verletzlichkeiten bloßgelegt werden und uns weiteren Schmerz bereiten. Wir können die alten Bänder nicht löschen, aber wir können Situationen vermeiden, in denen die alten Aufzeichnungen die Gegenwart überlagern. Dazu ist vor allem eine klare *Entscheidung* erforderlich. Dieses Handeln ist das beste Mittel gegen schmerzliche Gefühle. Deshalb bedarf es für das Gefühl, o.k. zu sein, 1. des Verstehens und 2. des Handelns. Sobald wir die Wirksamkeit unseres Handelns erlebt haben, sammeln wir neue Erfahrungen, an die wir uns halten können und die uns das Gefühl geben, uns von unserer Umwelt zunehmend unabhängig zu machen und sie zu beherrschen. Wir brauchen nicht mehr das kleine Kind zu sein, das grausamem Spott und schmählicher Erniedrigung hilflos ausgeliefert ist. Wir können uns selbst davor bewahren. Und genau dies ist eine der wichtigsten Aufgaben des Erwachsenen-Ichs – alles Erforderliche zu tun, damit wir uns o.k. fühlen. Andere Arten des Schutzes werden wir in Kapitel 6 beschreiben.

5

Verwirrung entwirren

Verwirrung ist so verwirrend, weil man die nicht zusammenpassenden Teile nicht ohne weiteres erkennen kann. «Ich bin nicht durcheinander», sagte ein Student. «Nein, ich bin nun einmal so!» Ich bin nun mal so, wie ich bin, sagt man. Das ist so oberflächlich, wie wenn man sagt: Ein Eimer Milch ist nun mal ein Eimer Milch. Milch ist eben nun mal Milch, oder nicht?

Milch kam mir in den Sinn, weil ich mir die Herkunft des anderen Wortes für Verwirrung – «Konfusion» – angesehen habe. Es kommt aus dem Lateinischen, wo die Vorsilbe «cum» ‹zusammen› bedeutet und «fundere» ‹gießen›. Zusammengegossen also sind wir, wir sind ein so komplexes Sammelsurium von Erfahrungen, daß es für jeden von uns leichter ist zu erklären: «Ich bin nun einmal so.»

Auf unserer Farm hatten wir eine Milchtrennschleuder. Ein Eimer frischer Kuhmilch, weiß und schaumig, wurde in den großen Behälter oben auf der Maschine gekippt. Es war eine handbetriebene Zentrifuge, die die Milch mit hoher Geschwindigkeit durch ein Gefüge ineinander verschachtelter Metallscheiben preßte, um den Rahm von der Magermilch zu trennen, die aus gesonderten Abflußrohren in die betreffenden Behälter liefen. Zwar hätte man die Kuhmilch auch einfach in große Schüsseln gießen und lange stehen lassen können – dann hätte sich der Rahm, da er leichter ist («Fett schwimmt oben»), oben auf der Milch abgesetzt –, doch die Trennschleuder sorgte im Handumdrehen dafür.

Wenn wir lange genug stehen gelassen werden, setzen sich
einige Teileelemente unserer Verwirrung oben ab, aber wir
fahren weit besser, wenn wir über einen Mechanismus verfügen, mit dem sich das schneller leisten läßt. Der unumgängli-
che Trennvorgang am Anfang ist die Unterscheidung zwischen
der Verwirrung «draußen» in der Außenwelt und der Verwirrung «innen». Dabei geht es nicht nur um die widersprüchlichen Botschaften im Eltern-Ich, sondern auch um die Forderungen des Kindheits-Ichs und die Wirklichkeitseinschätzung
des Erwachsenen-Ichs. Anders als die Milchzentrifuge weist
unsere geistige Trennschleuder oft Mängel auf, die uns die
Verwirrung in der Welt draußen noch schlimmer erscheinen
lassen, als sie tatsächlich ist.

Verwirrung in der Außenwelt

Wahrscheinlich wird auch der Rest unseres Lebens in unruhige
Zeiten fallen. Einfache Antworten auf die drängenden Fragen
unserer Zeit sind verdächtig. Ganz gleich, wie «verantwortlich»
wir uns für unser Leben fühlen, unser Schicksal hängt in
hohem Maße von dem ab, was in Washington geschieht, im
Kreml, der Wall Street und den Nachrichtenbüros, die uns
über die Ereignisse in der Außenwelt berichten.

Von morgens bis abends lösen die eintreffenden Signale in
unserem Gehirn einen Sturm widersprüchlicher Gedanken aus,
während wir versuchen, Entscheidungen über ganz alltägliche
Dinge zu treffen. Von dem Augenblick an, da wir die Augen
aufschlagen, bis zu dem Moment, da wir müde die Decke über
die Ohren ziehen, werden ununterbrochen Entscheidungen von
uns verlangt. Sollen wir Kaffee trinken oder das koffeinfreie
Getränk? (Aber das ist auch Kaffee, sagt der freundliche Fern-
sehdoktor, der gar kein Arzt ist.) Sollen wir ihn schwarz oder mit
Milch trinken? Oder mit fettarmer Milch? Mit Süßstoff oder mit
Zucker? Dürfen wir Eier essen? Ist Schinken krebserregend,
oder ist das wieder eines der vielen Märchen, die die Wissenschaftler von der Konkurrenz in die Welt gesetzt haben?

Nachdem wir uns alle diese Frühstücksentscheidungen abgerungen haben, entfalten wir die Morgenzeitung. Ist dem Mörder «verminderte Zurechnungsfähigkeit» zuzubilligen, oder ist er für seine Tat verantwortlich? Gehen die Börsenkurse nach oben oder nach unten? Sollen wir Silber verkaufen oder horten? Sollen wir bei den Weight Watchers oder der Jazzgymnastik mitmachen? Auf was für eine Schule sollen wir die Kinder schicken? Sollen wir aufs Land ziehen oder in der Stadt die Luft anhalten? Das Telefon klingelt. Sollen wir rangehen oder es klingeln lassen? Die Türklingel schellt. Ist es ein Freund oder ein Feind?

Teilnahmslos sitzen die Kinder am Frühstückstisch. Auf die mütterlich-fürsorgliche Frage nach ihrem Wohlbefinden an diesem schönen Morgen bekommt man zu hören, daß ihnen nicht nach Sprechen zumute ist. Sollen wir sie zurechtweisen oder aufmuntern? Sollen wir den Mund halten oder unsere Gefühle zur Sprache bringen? Verursachen unterdrückte Gefühle Krebs? Was verursacht keinen?

Wenn wir zur Arbeit gehen, endet für die meisten dieses nervtötende Stimmengewirr im eigenen Kopf, da wir dann in Abläufe eingegliedert werden, die in der Regel von anderen strukturiert worden sind. Doch selbst da zehrt die Verwirrung an der Energie und bringt viele Menschen um einen Teil ihrer Konzentration und Kreativität. Soll ich ein Risiko eingehen oder auf Nummer Sicher gehen? Soll ich delegieren oder es selber machen? Soll ich widersprechen oder klein beigeben? Soll ich ihn duzen oder siezen? Auf einer tieferen Ebene haben wir es mit noch beunruhigenderen Ungewißheiten zu tun – Gesundheit, Alter, Sicherheit, dem Sinn unseres Daseins. Oft sprechen wir mit niemandem darüber. Aber es zerrt Tag für Tag an jeder Faser unseres Körpers, ein ständiges Ja-Nein, ein binäres Ein-Aus, das unsere kostbare Energie in Grübeleien vergeudet, die wenig zu unserem Wohlbefinden oder unserer Lebenssicherung beitragen.

Manche Menschen, die die Ungewißheit nicht als die Grundwirklichkeit ihres Lebens anerkennen wollen, sehnen sich nach der «guten alten Zeit» zurück, als das Geld noch etwas galt, ein Mann noch ein Mann und eine Frau noch eine Frau war. Sicherlich hat der immer raschere technische Fortschritt – Mikrochips, Mobilität, Genmanipulation, künstliche Befruchtung und Raumfahrt – neue und sehr schwerwiegende Probleme sowohl technischer wie moralischer Art heraufbeschworen. Doch sind wir da mit Hayakawa einer Meinung, der sagt: «Daß Autos komplizierter sind als Schubkarren, ist kein Grund, wieder zur Schubkarre zurückzukehren.»

Andere Menschen scheinen ihre Verwirrung zu überwinden, weil mit zunehmendem Alter die Zahl ihrer Möglichkeiten abnimmt. Der Choreograph George Balanchine erklärte: «Alte Menschen werden nicht müde. Nur die Jungen ermüden. Die Verwirrung erschöpft sie. Ich habe heute mehr Energie als in jüngeren Jahren, weil ich genau weiß, was ich will.»

Wie schwierig es auch sein mag, die meisten Menschen suchen nach Lösungen für ihre Verwirrung, weil der Verstand Widersprüche nicht unbegrenzt aushalten kann. Er beginnt dann mit der Suche nach einer Lösung, nach einer Auflösung der Widersprüche. Die Suche führt verschiedene Menschen zu verschiedenen Ergebnissen, die nicht alle in gleichem Maße zur Verbesserung der Lebensqualität beitragen. Alle Lösungen sind, zumindest anfangs, *lebenserhaltend*, denn auf jeden Fall sind sie besser als die Qual, gleichzeitig in zwei Richtungen gezogen zu werden.

Verwirrung in der Innenwelt

Unsere Milchzentrifuge wurde immer gut in Schuß gehalten – sie war sauber, geölt und richtig zusammengesetzt. Wenn eine einzige Scheibe falsch eingesetzt worden wäre, hätte die Maschine nicht richtig funktioniert, und der Rahm wäre nicht von der Milch getrennt worden.

Wir alle brauchen ein funktionstüchtiges, unbeeinträchtigtes Erwachsenen-Ich, um das verwirrende Durcheinander in der Außenwelt aufzulösen. Manche Menschen sind so verwirrt, daß ihr Erwachsenen-Ich überhaupt nicht mehr einsatzfähig ist und sie dringend der Therapie bedürfen. Andere denken, benutzen ihr Erwachsenen-Ich und können aus eigener Kraft «Trennverfahren» lernen, um ihr Weltbild zu klären.

Eine entscheidende Beeinträchtigung des Erwachsenen-Ichs kann auf wiederholte Traumatisierungen in der frühen Kindheit zurückgehen. Das mag ein Beispiel erläutern, das wir in einem Supermarkt beobachtet haben: Ein kleiner Junge von ungefähr zwei Jahren saß im Einkaufswagen und wurde von seiner Mutter geschoben. Als ein anderer Wagen vorbeifuhr, griff der Junge nach einem hellen Gegenstand im anderen Wagen. Die Mutter sah das Kind nach diesem Gegenstand greifen und – schlug ihrem Sohn mitten ins Gesicht. Unmittelbar darauf hob sie den heulenden Jungen aus dem Wagen, drückte ihn an sich und sagte: «Ich hab dich ja so lieb.» Hier folgte auf höchste Wut völlige Zerknirschung. Entsprechend war die Verwirrung, die sich auf dem Gesicht des Kindes zeigte. Während die Tränen noch in seinen Augen standen, verzog sich sein Mund schon zu einem Lächeln. Er versuchte es der Mutter recht zu machen, wollte gleichzeitig sowohl auf ihren Schlag als auch auf ihr Streicheln reagieren. Wenn ein Kind solchen Erfahrungen wiederholt ausgesetzt ist, wird es möglicherweise jeden Versuch aufgeben, sich Zuneigung zu verschaffen oder Probleme zu lösen. Vielleicht hört sein Erwachsenen-Ich ganz auf zu funktionieren. Wozu sollte es auch funktionieren?

Von dieser Art Verwirrung ist nicht die Rede, wenn wir im folgenden Vorschläge machen, wie man mit Verwirrung umgehen kann. Jemand, der wiederholt einer solchen Form von nichtauflösbarem Verhalten unterworfen worden ist, wird zur Entwirrung seines Kindheits-Ichs therapeutischer Hilfe bedürfen. Erst dann wird sich das Erwachsenen-Ich wieder seiner angestammten Aufgabe annehmen können – Sinn in die Welt zu bringen, in seine eigene und in die größere, in der er lebt.

Verwirrung durch Vielfalt

Ein Großteil unserer Verwirrung resultiert aus *Überlastung*, und ein Großteil unserer Überlastung ergibt sich aus Verwirrung. Die Kapazität der Nervenbahnen ist begrenzt. Ihre Leistungsgeschwindigkeit schwankt je nach Durchmesser und Faserart zwischen 50 und 12 500 Zentimeter pro Sekunde. Einen Eindruck vom Tempo der Nervenimpulse gewinnen wir, wenn wir beobachten, wie lange es dauert, bis der Kniereflex nach dem Hammerschlag des Arztes einsetzt. Die Reiz-Reaktions-Zeit beim Kniereflex ist länger als bei den meisten Nervenübertragungen, weil der Impuls einen sehr langen Weg zurücklegen muß. Die verschlungenen Gehirnwindungen in unserem Schädel sind dagegen die reinsten Rennbahnen. Jede Sekunde treffen 100 Millionen Einzelbotschaften aus unseren Sinnesorganen im Gehirn ein. Ganz schlicht gesagt, bedeutet das, daß es sich um eine *Riesenmenge* handelt und daß unserer Verarbeitungskapazität eine *Grenze* gesetzt ist.

Eintreffende Signale sind mit unserer täglichen Post zu vergleichen. Als tüchtig gelten wir, wenn wir sie rechtzeitig öffnen, sortieren, wegwerfen, was wir nicht brauchen, und die Dinge bearbeiten, die wir für wichtig halten, indem wir Briefe beantworten, Rechnungen bezahlen und Schriftstücke in zureichend gekennzeichneten Ordnern abheften, so daß wir sie wiederfinden, wenn wir sie brauchen. Als unfähig gelten wir, wenn sich die Post, bei der wir zu keiner Entscheidung gelangen können, auf unserem Schreibtisch stapelt. Einige Briefe können nicht beantwortet werden, bevor wir nicht mehr Informationen haben. Manche Rechnungen werden nicht bezahlt, weil wir erst mehr Geld benötigen. Einige Einladungen bleiben liegen, weil wir uns nicht entscheiden können.

Wenn der Stapel «unerledigt» zu hoch wird, macht sich Apathie breit. Wir tragen ihn in ein anderes Zimmer. Wenn wir lange genug warten, ist es zu spät, um auf die Einladung zu antworten. Wenn wir unsere Rechnungen nicht bezahlen, überlassen wir die Entscheidung jemand anders, und das Elektrizitätswerk stellt den Strom ab. Ohne Zweifel müssen wir unsere Post angemessen und rechtzeitig bearbeiten, wenn wir den gesellschaftlichen Erwartungen genügen wollen. Genauso müssen wir eintreffende Sinnessignale angemessen und rechtzeitig bearbeiten, damit unsere geistigen Funktionen ihren Aufgaben gewachsen sind.

Ein deutlicher Hinweis darauf, daß jemand unter «zuviel Post», zu vielen eintreffenden Daten, zu vielen Ratschlägen, zu vielen widersprüchlichen Meinungen, zu vielen anstehenden Entscheidungen leidet, ist in den meisten Fällen *Erschöpfung*. Wir werden müde, wir werden krank, und wenn wir es schließlich satt haben, krank und müde zu sein, dann treffen wir doch endlich eine Entscheidung und tun etwas gegen unsere Verwirrung.

Es folgen zwei Aufzählungen von Verfahren zur Bekämpfung von Verwirrung, die erste mit *unwirksamen Methoden*, die zweite mit *wirksamen Methoden*.

Unwirksame Verfahren zur Bekämpfung von Verwirrung

1. *Rückzug*. Alkohol und Drogen sind Mittel, sich zurückzuziehen. Sie gewähren unmittelbare, wenn auch kurzlebige Erleichterung der Verwirrung. Andere ziehen sich zurück, indem sie jede Form der Geselligkeit vermeiden, sich abschließen und isolieren. Einladungen werden abgelehnt, gesellige Anlässe vermieden und Grüße nicht beantwortet. Andere haben gesellschaftliche Kontakte, verschließen aber ihre Gefühle, während sie sich innerlich «vor Kummer verzehren». Die äußerste Form des Zurückziehens ist der Selbstmord, wenn der Betreffende das Gefühl hat, daß ein Leben in dieser schrecklichen, unerträglichen Verwirrung schlimmer ist als der Tod. Die Tragik liegt darin, daß die anderen Möglichkeiten, die dem Leben wieder einen Wert hätten geben können, nicht rechtzeitig ausgelotet wurden.

2. *Aufschieben*. Wie Scarlett O'Hara in «Vom Winde verweht» sagen solche Leute: «Darüber denke ich morgen nach.»
Oder heute nachmittag. Oder in einer Minute. Zu dieser Kategorie gehören die Menschen, die rauchen, obwohl sie wissen,
daß sie es nicht dürfen, die herumtrödeln, obwohl ein Berg von
Arbeit vor ihnen liegt, oder die zuviel essen. «Ich könnte
genausogut jetzt etwas tun, während ich morgen, heute nachmittag oder die nächste Minute abwarte.» Verwirrung ist so
unerträglich für das Kindheits-Ich, daß es sofortige, infantile
Befriedigung sucht, etwas, was ihm ein angenehmeres Gefühl
verschafft, wie etwa das letzte Stück Zitronentorte oder die
Zigarette, die, wenn auch nicht die Luft, so doch die Gedanken
klärt. Menschen, die kein Gespräch führen können ohne eine
Zigarette zwischen den Fingern, haben viele Stimmen im
Kopf, die ihnen sagen, sie sollten etwas anderes tun. Wenn sie
in einem Zimmer mit etwas Sinnvollem beschäftigt sind, haben
sie das Gefühl, sie sollten in einem anderen Zimmer sitzen und
etwas anderes Sinnvolles tun. Unentschlossenheit ist ihr ständiger Begleiter. Ganz gleich, was sie tun, es gibt immer etwas
genauso Dringliches. Der innere Eltern-Ich-Befehl: «Gib dir
mehr Mühe» hindert sie an der Vollendung der jeweiligen
Aufgabe. Warum also überhaupt anfangen? Ich fang morgen
damit an. Inzwischen verwöhne ich mein Kindheits-Ich ein
bißchen.

Für die Annahme, daß Rauchen mit Verwirrung zu tun hat,
spricht die Tatsache, daß Lungenkrebs den Brustkrebs von der
Spitze der für Frauen tödlich endenden Krebserkankungen
verdrängt hat. Sicherlich haben Streß und Verwirrung hinsichtlich der Frage: «Karriere und/oder Familienrolle?» in den
letzten Jahren bei Frauen dramatisch zugenommen. Gibt es
einen Zusammenhang zwischen dieser Verwirrung und der
erhöhten Lungenkrebsrate bei Frauen? Wir halten das für
möglich.

3. *Mehr Tempo*. Dies ist der Versuch, die geistigen Prozesse
anzukurbeln, um der Verwirrung Herr zu werden. In diese
Kategorie gehören Leute, die übermäßig Kaffee trinken, Süß-

zeug in sich hineinfressen, Kettenraucher sind, Amphetamine nehmen oder Kokain schnupfen. Alle diese Mittel erzeugen ein künstliches Hochgefühl, das auf Kosten der Körperfunktionen geht, die, bis an die Grenzen ihrer Belastbarkeit beansprucht, irgendwann völlig ausfallen. Die Wirkung der Suchtmittel läßt allmählich nach, so daß wachsende Mengen benötigt werden, um die anfangs erlebte Euphorie wiederherzustellen. Der ungeheure Energieaufwand scheint die angezielte «Lösung» zu ermöglichen – Denkprozesse, die so rasch ablaufen, daß sie der Verwirrung Herr werden.

Einen Beweis für die «heilsame» Wirkung der Amphetamine glaubt man in der Entdeckung zu erkennen, daß ein bestimmtes Stimulans des Zentralnervensystems hyperaktive Kinder beruhigt. Ein Kinderarzt meinte dazu: «Alle waren verblüfft. Es war eine Zufallsentdeckung. Die Kinder beruhigen sich und werden vernünftig. Ich habe sogar Proben ihrer Handschrift vor und nach Einnahme des Mittels gesehen. Sie schreiben besser. Sie schlafen sogar besser. Das Paradoxe daran ist, daß die Kinder durch Phenobarbital, ein Beruhigungsmittel, angeregt werden. Das Anregungsmittel dagegen beruhigt sie.»

Was aber wird dann angeregt und was beruhigt, wenn ein Anregungsmittel ein hyperaktives Kind beruhigt? Ist es denkbar, daß das Kind sich beruhigt, weil die raschere Datenverarbeitung im Gehirn der Verwirrung Herr wird? Verringert sich die Angst, wenn die Funktionen des Erwachsenen-Ichs beschleunigt werden? Diese Fragen sind von entscheidender Bedeutung, wenn wir uns später mit den Lösungen für das Problem der Verwirrung beschäftigen.

Inwiefern künstliche Anregung zur «Klarheit» des Denkens beiträgt, ist der Spekulation überlassen. Unlängst haben wir einen Film über den Kaffeeverbrauch gesehen. Jedes Jahr werden in Amerika 137 Milliarden Tassen Kaffee getrunken, alle 24 Stunden 400 Millionen Tassen, jährlich 2,7 Pfund Kaffeebohnen pro Kopf. Im Film wurde eine große Spinne gezeigt, die ein riesiges Netz spann, ein elegantes symmetrisches Gebilde von regelmäßig wiederkehrenden geometrischen

Formen, eine einzigartige Struktur von herrlicher Kompliziertheit, in der sich Seitenlängen und Winkelgrößen mit unübertrefflicher Genauigkeit unendlich wiederholten. Dann wurde der Spinne eine Dosis Koffein verabreicht, die das Äquivalent von zwei Tassen Kaffee für einen 150 Pfund schweren Mann darstellte. Das führte zu einem konfusen Gewirr verknoteter, in sich verschlungener «Seile», das keinen Vergleich mit dem vorher gefertigten Gebilde aushielt. Das Tier schien über zusätzliche Energien zu verfügen, aber die Übersicht verloren zu haben. Es brauchte vier Tage, um sich zu erholen. Dann fand es zurück zu seinem alten, schönen Muster.

4. *Passivität*. Die Entscheidung eines Menschen, aufzugeben, die Hände in den Schoß zu legen. Es ist keine glückliche Lösung, weil die Passivität neue Probleme schafft, neue Hindernisse in den Beziehungen errichtet, die so unumgänglich für Bestätigung und Selbstachtung sind. Das Erwachsenen-Ich gibt alle Versuche auf, nach praktikablen Einstellungen zu den scheinbar unvereinbaren Doppelbotschaften des Eltern-Ichs zu suchen: «Du mußt die Verantwortung für dein Leben übernehmen. Hör zu, wie man das macht.» – «Sei ein Held! Sei nicht aggressiv!» – «Du bist sehr intelligent, weißt du. Was hast du da schon wieder für eine Dummheit gemacht!» – «Komm sofort her! Nicht rennen!» Dies sind Beispiele für das «Wie man unmöglich ist», verinnerlicht als der Befehl «Sei nicht».

Die Entscheidung fürs Passivbleiben ist der einzige Weg, der dem Betroffenen noch offensteht, um seine Umwelt zu kontrollieren. Außerdem ist sein Verhalten, richtiger sein Nichtverhalten, ein wirksames Mittel, um Feindseligkeit zum Ausdruck zu bringen und die Anstrengungen derer zu vereiteln, die ihn zur «Selbstverwirklichung» zu bewegen trachten. Er reagiert rational auf eine innere und äußere Umwelt, die er als irrational erlebt.

Wirksame Verfahren zur Bekämpfung von Verwirrung

1. *Denken*. Dieses simple Rezept empfiehlt sich für alle, die den Befehl: «Gehorchen sollst du und nicht denken!» verinnerlicht haben. Tu, was man dir sagt, stell keine Fragen, du machst dir zu viele Gedanken, was glaubst du eigentlich, wer du bist. Denken ist eine kreative Arbeit, die etwas wirklich Neues hervorbringen kann. Das «Undenkbare» denken ist das kognitive Gegenstück zum «Träumen des unmöglichen Traums». Ermunterung zum Denken brauchen vor allem diejenigen, die die wichtigsten Elternbotschaften nicht erhalten haben: 1. Du kannst Probleme lösen, 2. du kannst denken und 3. du kannst etwas tun.

Laut Buckminster Fuller hat sich ein Kind im Alter von sieben oder acht Jahren für eine von zwei Möglichkeiten zur Lösung von Problemen entschieden: zu der mit den Fäusten oder der mit den Büchern. Mit Schüssen oder mit Gedanken. Angst ist ein Zustand, in dem das Unbekannte das Bekannte überwiegt. Das Bekannte, das Wissen, ist eine Sache von Worten. Wir denken, weil wir Wörter haben. Kinder, die in einem reichlich mit Büchern ausgestatteten Haus aufwachsen, in einer Familie, in der die Bücher nicht nach ihrer Farbe, sondern nach ihrem Inhalt ausgesucht werden, werden weit eher in der Lage sein, verwirrende Probleme zu lösen als Kinder, die ohne Bücher aufwachsen. «Etwas nachschlagen» ist positives Handeln. Handeln vertreibt verwirrende Gefühle. «Faustmenschen» finden keine funktionierenden, dauerhaften Lösungen. Irgendwo ist immer jemand, der die größeren Fäuste, Stöcke, Steine oder Raketen hat.

Emotionen lösen keine Probleme. Eine der Tragödien der sechziger Jahre war die Flucht in extreme Sinneserfahrungen. Viele der drogenseligen «Blumenkinder» aus den Szenevierteln sind heute Opfer von Sekten, deren Führer sagen: «Überlaßt das Denken uns.» Es mag ein intensives Erlebnis sein, das

eigene Leben jemand anders zu verschreiben, aber es ist auch
gefährlich. Intensive Erlebnisse lösen keine Probleme. *Denken
schafft das.* Wie immer unser Verhalten in der Kindheit geprägt
worden sein mag, wir können lernen zu denken. Ebenso wie wir
lesen, schreiben und buchstabieren lernen können. Jeder kann
an einem Lese-Rechtschreibkurs teilnehmen oder ein Lexikon
lesen. Wie bei jeder Anstrengung bedarf es auch hier eines
Entschlusses. Gewöhnliche Menschen können sich ungewöhnliche Ziele stecken. Große Träume kosten keinen Deut mehr als
kleine Träume.

2. *Sprechen.* Dank unserer Fähigkeit zu sprechen können wir
Hilfe von anderen bekommen. Zwei Köpfe sind besser als
einer. Sprechen trägt nicht nur dazu bei, unsere Verwirrung zu
objektivieren, es ist auch eine Streichelquelle. Da wir über
Wörter gebieten, können wir andere dazu bringen, unsere
Verwirrung zu klären. Wenn man nicht sagen kann, was man
meint, weiß man wahrscheinlich gar nicht, was man meint.
Manchmal bedarf es außerordentlicher Anstrengung, die Verwirrung in Worte zu fassen, die wir empfinden. Im Gespräch
müssen wir aus uns herauskommen, unsere Gedanken an der
Wirklichkeit überprüfen, uns selbst zuhören und die Reaktionen zur Kenntnis nehmen, die wir in anderen hervorrufen.

3. *Um Klärung bitten.* Es ist o.k., Fragen zu stellen. Wenn Sie
jemanden nicht verstehen, bitten Sie ihn, seine Äußerung zu
wiederholen. Wenn Sie nicht wissen, worauf er hinauswill,
sagen Sie es ihm. Häufig lassen wir verwirrende Äußerungen
durchgehen, weil wir nicht dumm erscheinen wollen, und
wursteln uns durch. Wie viele Mißverständnisse in Ehe,
Unterricht und Weltpolitik ließen sich vermeiden, wenn die
Menschen keine Angst hätten, «dumme» Fragen zu stellen.
Sprechen Sie unlogische Dinge an. Bitten Sie um Aufklärung.
Das wird nicht nur Ihnen helfen, es wird auch anderen helfen.
Häufig sind es gerade die «dummen» Fragen, auf die es an-
kommt. Bei dem ehrlichen Bemühen um Information gibt es
keine dummen Fragen. Dummheit fragt *nicht*.

4. *Schreiben.* Weiterhin können wir verwirrende Gedanken

objektivieren, indem wir sie niederschreiben. Wir haben Listen für alles mögliche – Einkäufe, Weihnachtsgeschenke, Inventar und ausstehende Arbeiten. Warum keine Listen für Gedanken? Wenn wir vor einem schwierigen Problem stehen, wenn alle möglichen Lösungen voller Probleme zu stecken scheinen, hilft es, die Schwierigkeiten aufzulisten und zu vergleichen. Wenn in einem solchen Dilemma alle Vorteile auf der einen Seite stünden und alle Nachteile auf der anderen, wäre die Entscheidung leicht. Leider sind die meisten Entscheidungssituationen nicht so einfach. Wenn wir die Schwierigkeiten vergleichen, indem wir sie schwarz auf weiß betrachten, können wir die Möglichkeit auswählen, die die wenigsten Schwierigkeiten bietet. Es werden immer noch Schwierigkeiten bleiben, aber wir haben die größte überwunden – die Unentschlossenheit.

Ein anderes Verfahren zur Bewertung unterschiedlicher Handlungsmöglichkeiten heißt «doppelte Positiva». Schreiben Sie alle positiven Aspekte beider Alternativen auf und spielen Sie, wenn möglich, beide gleichzeitig durch, indem Sie nur nach ihren besten Eigenschaften Ausschau halten. Wenn sich also eine Frau zwischen Hans und Franz nicht entscheiden kann, wird sie sich bei diesem Verfahren beide Männer vergegenwärtigen und mit aller Kraft versuchen, die positiven Aspekte beider Beziehungen zu sehen. Selbst von seiner besten Seite betrachtet, ist Franz weder so attraktiv noch so tüchtig wie Hans. Auf dieser Grundlage läßt sich eine klare Entscheidung treffen: Hans ist zu wählen. Wenn die Frau unentschlossen und halbherzig bleibt, wird sie von beiden Beziehungen nicht viel erwarten dürfen. Dieses Verfahren hat gegenüber dem Vergleich von Schwierigkeiten den Vorteil, daß es ein positiver Ansatz ist, der überraschende und verborgene Schätze zum Vorschein bringen kann.

5. *Expertenwissen einholen.* Wir brauchen Experten, nicht weil sie besser als wir sind, sondern weil sie Informationen besitzen, über die wir nicht verfügen. Wir können von ihnen lernen und selbst Experten werden. Anfangs brauchten wir Lehrer. Wir brauchen sie unser ganzes Leben lang, weil Ler-

nen ein lebenslanger Prozeß ist. Von Zeit zu Zeit brauchen wir
Steuerberater, Rechtsanwälte, Pastoren und Therapeuten. Um
Hilfe zu bitten, ist kein Zeichen von Schwäche, sondern von
Klugheit. Niemand ist schwerer zu ertragen als jemand, der
niemand braucht.

6. *Genau sein.* Genaue Uhren, Meßgeräte, Kalender, Ther-
mometer, gestimmte Klaviere, gespitzte Bleistifte, richtig ver-
schriebene Brillen – sie alle stehen im Dienst der Klarheit und
verringern die Verwirrung. Menschen, die uns verwirren wollen, entfernen oft zu diesem Zweck solche Instrumente aus
unserer Reichweite.

Die Warnlichter auf dem Armaturenbrett sind ein schönes
Beispiel dafür; in den Vereinigten Staaten heißen sie sehr
zutreffend «idiot lights». Der runde Temperaturmesser, der wie
eine Kühlerfigur auf dem Ford-T-Modell saß, gab unübersch-
bar Auskunft über den Grad der Motorwärme. In späteren
Modellen bekam der Fahrer die Information durch Armaturenanzeigen mit chromumrandeten Ziffernblättern, schwarzen
Zeigern und Zahlen. Die Bedeutung von Armaturenanzeigen
liegt darin, daß sie dem Fahrer die Beurteilung von Trends
ermöglichen: dem Temperaturanstieg, dem Abfall des Öl-
drucks. Anhand dieser Information kann der Fahrer entscheiden, was er tun will, bevor es zu spät ist. Was er sieht, mag nicht
erfreulich sein, aber es ist genau. Die heute üblichen «idiot
lights», die Warnlampen, teilen einem mit, daß die Temperatur
gefährlich hoch oder der Öldruck gefährlich niedrig ist. Wenn
die Lampe aufleuchtet, befindet sich der Fahrer in einem
Zustand der Verwirrung, weil die Information ungenau ist. Er
schwankt zwischen dem Entschluß, sofort am Straßenrand
anzuhalten oder bis zur nächsten Tankstelle weiterzufahren.
Wenn er sich dafür entscheidet weiterzufahren, beruhigt er sich
möglicherweise mit der Annahme, daß die Lampe irrtümlich
aufleuchtet. Obwohl unzureichend informiert, muß er später
sich die Schuld geben, wenn er einen Kolbenfresser zu bezahlen hat.

Eine andere geisttötende Erfindung ist die Digitaluhr. In

bestimmten Situationen hat sie gegenüber den herkömmlichen Zifferblattuhren Vorteile: beim Registrieren der genauen Zeit von Anrufen, dem Abstoppen von Lauf- oder Rennzeiten oder der Programmierung von Videoaufnahmen. In diesen Fällen wird die registrierte Zeit automatisch zu anderen Daten in *Beziehung* gesetzt. Genaue Aufzeichnungen sind durch Digitaluhren zweifellos besser zu leisten.

Doch die Digitaluhr am Arm ist in ihren Informationen lange nicht so *beziehungsreich* wie eine Zeigeruhr mit Zifferblatt. Von ihr bekommen wir Informationen räumlicher Natur: ein «Viertel [des Zifferblatts] vor drei». Wir können sehen, wie weit der Vormittag vorgeschritten ist oder wie lange es noch bis zum Abendessen dauert. Zwar sind auch diese Daten symbolisch, aber sie enthalten eine konkrete Komponente, einen bestimmten Ausschnitt auf einer zweidimensionalen, kreisförmigen Fläche, die wir Zifferblatt nennen.

7. *Ein paar große Entscheidungen treffen, die viele kleine, täglich wiederholte Entscheidungen überflüssig machen.* Entscheidungen kosten Rechenzeit. Sie kosten auch Energie. Deshalb gilt es, die Ersparnisse einmal getroffener Entscheidungen auch zu nutzen. Wenn eine Frau beschließt, in ein Kloster einzutreten, braucht sie sich nicht mehr um die neuesten Trends der Modezeitschriften zu kümmern. Sie hat zumindest in einem Lebensbereich Einfachheit erreicht. Wenn ein Ehepaar beschließt, einen Bauernhof alternativ zu bewirtschaften, braucht es sich keine Gedanken mehr um die Wohnungsmieten in der Innenstadt zu machen. Wenn jemand beschließt, fortan die Wahrheit zu sagen, muß er sich keine Sorgen mehr darüber machen, was er am Freitag im Büro gesagt hat. An die Wahrheit kann jederzeit angeknüpft werden, wer lügt, muß ein gutes Gedächtnis haben. Lügen ins Gedächtnis zurückzurufen kostet Energie.

Wie gesagt: die Kapazität unserer Nervenbahnen ist begrenzt. Wir müssen uns entscheiden. Wer sind wir? Wer möchten wir sein? Das kann bedeuten, daß wir ein neues Modell verinnerlichen müssen. Im allgemeinen eifern wir den bereits

in unseren Köpfen aufgezeichneten Modellen nach: Mutter
und Vater. Das kann ein Segen sein oder ein Fluch. Gewöhnlich geben wir diese Modelle nie ganz auf. Eingehender werden
wir diese Frage in Kapitel 10, «Voraussetzungen für Veränderung», erörtern.

8. *Ungewißheit akzeptieren.* Wir können zwar die Verwirrung
vermindern, jedoch die Ungewißheit ausräumen können wir
nicht. Wir werden niemals von uns behaupten können, die
Geheimnisse des Lebens restlos zu verstehen – gleichgültig ob
es um das Leben in unserem Inneren oder in der Außenwelt
geht. Es ist verständlich, daß sich Menschen, die nie beigebracht bekommen haben, wie man sich selber helfen und wie
man selber denken kann, nach Autoritätsfiguren sehnen, die
ihnen das Denken abnehmen. Zu den jungen Menschen, die
sich autoritären Kulten und Ideologien in die Arme werfen,
meint der Theologe Harvey Cox: «Man kann Sympathie empfinden für die, die sich nach einer Welt ohne Komplikationen
sehnen, nach einer Welt, in der man die Wahl hat zwischen
Schwarz und Weiß. Doch am Ende werden sie entdecken, daß
es eine solche Welt niemals geben wird.» Sorgen machen ihm
«diejenigen, die sich nach einer absoluten religiösen und moralischen Autorität sehnen, so über jeden Zweifel erhaben allum-
fassend, daß sie keine schwierigen Entscheidungen mehr zu
treffen brauchen.

Menschen, denen danach verlangt, sich einer solchen Art
von Autorität zu unterwerfen, leiden unter den Wunden, die
ihnen Elternhaus, Schule und Arbeitsplatz zugefügt haben, wo
sie nie dazu ermutigt wurden, ihre Entscheidungsfähigkeit zu
entwickeln. Doch um reife Menschen zu werden, ist noch ein
vollkommener Meister, der ihre Probleme für sie löst, das
letzte, was sie brauchen.»*

Wir ermutigen die Menschen, «ihre Entscheidungsfähigkeit
zu entwickeln» und in das Abenteuer des Lebens hineinzu-

---

* Harvey Cox, Eastern Cults and Western Culture: Why Young Americans
Are Buying Oriental Religions. In: *Psychology Today*, Juli 1977

gehen, Hand in Hand mit anderen in der gemeinsamen Suche nach Sinn und Freude. Damit erfüllen wir unsere Bestimmung als Menschen, zu diesem Zweck sind wir geschaffen worden.

6

Schutz durch das Erwachsenen-Ich oder durch das Eltern-Ich

Ein Witz ohne Worte: Bild 1: Der Schauplatz ist ein Kreißsaal. Ein Kind ist soeben geholt worden. Bild 2: Der Arzt hält das Baby bei den Füßen und gibt ihm einen Klaps auf das Hinterteil, um seine Atmung in Gang zu setzen. Bild 3: Der kleine Bursche revanchiert sich, noch immer an den Füßen hängend, mit einem kräftigen Aufwärtshaken an das Kinn des Arztes.

Seine Zeit wird kommen, jedoch nicht im Kreißsaal und nicht in den nächsten paar Jahren. Uns allen ist es ganz ähnlich ergangen. Wir sind denen, die uns auf die Welt holen, auf Gnade und Ungnade ausgeliefert. Wir haben eine gewisse Schutzvorrichtung, einige Abwehrkräfte, eine Schreckreaktion, gute Saugmuskeln und die Fähigkeit, um Hilfe zu schreien. Einige Neugeborene sind außerordentlich zäh und haben sogar eine kalte Nacht im Mülleimer überlebt. Doch im Vergleich zu neugeborenen Tieren sind die meisten Menschensäuglinge überaus anfällig und in weit höherem Maße von anderen abhängig, um zu überleben. Vor allem verdanken wir das Überleben in den ersten Lebensjahren unseren Eltern, und wir sind uns dessen auch *bewußt*. Da unser Leben auf dem Spiel steht, empfinden wir die schützenden Verbote oft als streng und emotionsgeladen. Die Eltern blicken auf und sehen, daß ein riesiger Lkw rückwärts über ihre begeisterte kleine Tochter auf ihrem neuen Dreirad hinwegzurollen droht. Schreckliche Emotionen treiben sie zum Handeln. Schreckliche Emotionen erschrecken das kleine Mädchen, wenn es ihre Schreie hört und das wütende Zupacken ihrer Hände spürt. Wie soll es wissen, daß es aus Liebe geschieht? Was das Mädchen *erlebt* und aufzeichnet, ist die Wut und die Angst der Eltern.

Faß den Herd *nicht* an. Geh *nicht* auf die Straße. Iß *keine* ungewaschenen Nahrungsmittel. Sprich *nie* mit Fremden. Zu diesen Anweisungen, die in einem bestimmten Alter, zu bestimmten Zeiten und an bestimmten Orten begründet sein mögen, gesellen sich abergläubische Überzeugungen, die überhaupt keine Begründung haben: Geh nicht unter einer Leiter hindurch. Verschenk keine Schere, sie zerschneidet die Freundschaft. Klopf auf Holz. Und viele andere mehr.

Jemand, dem die obigen Verbote tief ins Gedächtnis gegraben sind, würde – vorausgesetzt, er würde sie nie überprüfen und abändern – gehorsam durchs Leben gehen und seine Mahlzeiten kalt essen, das Haus nicht verlassen oder sich höchstens einmal bis zum Gartenzaun wagen, die Fertiggerichte aus der Tiefkühltruhe waschen und kaum Freunde haben, weil ja jeder, der nicht zur Familie gehört, ein Fremder ist. Einen solchen Menschen würden wir zweifellos für etwas merkwürdig halten. Doch glücklicherweise bleiben die meisten von uns den einst notwendigen, aber längst nicht mehr angemessenen Kindheitsgeboten nicht in absolutem Gehorsam verhaftet.

Zweifellos bringen die meisten von uns diese frühesten Formen des Schutzes auf einen zeitgemäßeren Stand. Doch wie gründlich wir sie modernisieren, ist eine entscheidende Frage. Unter Streß – der fast immer vorhanden ist, wenn wir Schutz brauchen – neigen wir dazu, auf frühe Formen erlernten Schutzes zurückzugehen, das heißt auf den *Schutz des Eltern-Ichs*, der zwar für jeden von uns besondere Formen besessen hat, sich aber in der folgenden Weise verallgemeinern läßt.

Schutz durch das Eltern-Ich

Rückzug

Zurückziehen ist ein Eltern-Ich-Schutz, den wir aus all den Halt-dich-fern-Warnungen unserer frühen Kindheit gelernt haben. Es hat viele Erscheinungsbilder. Halt dich da raus,

denkt der Arzt, der an einer Unfallstelle vorbeikommt, wo die
Verletzten auf der Straße liegen. Sie könnten dich belangen.
Halt dich da raus, denken die Leute in einem Hochhaus, die
hören und sehen, wie auf dem Hinterhof des Wohnblocks eine
junge Frau angegriffen und zu Tode geprügelt wird. Halt dich
da raus, rät Frau X. ihrer Tochter, die sich Sorgen macht, weil
ihre beste Freundin sich Drogen verschafft. Soll sie es jemand
sagen oder nicht? Alle diese Menschen fürchten nicht nur, in
etwas hineingezogen zu werden, sie haben auch Angst, dem
«klugen» und gleichfalls ängstlichen Eltern-Ich in ihrem Inneren den Gehorsam zu verweigern. Ein Sich-Zurückziehen dieser Art wird im allgemeinen von Eltern vermittelt, die sorg-sam
sind, das heißt voller Sorgen, oft schlecht informiert und ängstlich, und die häufig selbst dazu neigen, sich zurückzuziehen.

Absichtliches Unbeteiligtsein ist negative Selbstbehauptung.
«Was hab ich damit zu tun?» sagt der gleichgültige Augenzeuge zur
Not eines anderen. Eine andere Form des Zurückziehens verzichtet auf jede Form der Selbstbehauptung und wird *Schüchternheit*
genannt. Solche Mädchen und Jungen gelten als «sensibel», sind ein
beliebter Auslöser für mütterliche Gefühle und bleiben von
schwierigen Aufgaben verschont, weil sie zu «zart» sind.

Passivität ist eine kontrollierende Form des Unbeteiligt-
seins, da sie andere dazu «zwingt», die Verantwortung zu übernehmen. Von Jugendlichen wird Passivität häufig als Gegen-
kontrolltechnik in der Beziehung zu den Eltern benutzt. «Wo
warst du?» – «Weg.» – «Was hast du gemacht?» – «Nichts.» Ein
Scheingespräch am Rande des Verstummens.

Passivität ist eine wirksame Form des Schutzes, zwingt aber
zum völligen Rückzug von anderen und dem Verzicht auf
Streichelquellen. Ein völlig zurückgezogener Mensch mag vor
den meisten Formen äußerer Bedrohung geschützt sein, wird
aber wohl auch unter dem Streichelmangel leiden.

Einschüchterung

Eine andere Form erlernten Schutzes ist Einschüchterung:
Feindseligkeit, zur Schau getragene Härte, geschwollener

Kamm und Imponiergehabe oder schäumende Wut. «Bleib mir vom Leibe, oder du kannst was erleben!» Der Spielplatzrowdy und der «King» auf dem Gefängnishof schützen sich beide durch brutales Auftreten. Wenn du Streit haben willst, erkennt dich deine eigene Mutter nicht wieder! Kinder lernen aus dem, was sie sehen. Eltern, die Probleme mit lauter Stimme und harter Hand lösen, lehren gewaltsame Lösungen. Gewalt wird gelehrt und gewöhnlich belohnt: «Gucken Sie sich meinen Jungen an! Den schubst keiner herum», sagt der stolze Vater mit den groben Fäusten.

Vor einigen Jahren begrüßte uns in Südschweden ein wuschelhaariger Sechsjähriger mit beiden Fäusten, indem er zuerst mit der einen und dann mit der anderen in die Luft hieb und sagte: «Lukta på den och smaka på den» (Riech an dieser und schmeck diese). Als wir ihn näher kennenlernten, erwies er sich in seiner von Fäusten beschützten Welt als liebenswürdig und phantasievoll. Er war nicht durch und durch feindselig, aber er mußte zunächst einmal den schützenden Schrecken verbreiten. Sein Verhalten war erlernt. Der betont männliche Vater strahlte vor Stolz, als der Knirps die Fäuste hochstreckte, ermahnte ihn dann aber, den amerikanischen Gästen brav die Hand zu geben.

Manche Menschen sind ständig feindselig, ihr Schutzverhalten hat sich zu dem verdichtet, was andere dann als Miesepeter, Streithammel oder Ekelpaket bezeichnen. Einige der Menschen, auf die diese Charakteristik zutrifft, sind wirklich einsam, weil sie allen gesagt haben, sie sollen sie in Ruhe lassen. Einige Menschen mögen durch Einschüchterung etwas gewinnen, doch Freunde werden es in der Regel nicht sein.

Intellektualisierung

Intellektualisierung ist ein erlerntes Schutzverfahren, durch das man sich andere vom Leibe hält, indem man sich einer nichtkommunikativen, geistig anspruchsvoll klingenden Verschleierungstaktik bedient:

Sie (voller Zuneigung): «Ich liebe die Art, wie deine Augen aufleuchten, wenn du den Weihnachtsbaum schmückst.»

Er: «Interessant, daß du das sagst. Ich habe gerade in einem Artikel gelesen, daß sich die Pupillen erweitern, wenn jemand eine Überraschung vorausahnt oder vergangene Gefühle noch einmal durchlebt. Ich habe das schon bei anderen bemerkt.»

Sie: «Was ich meinte, war, daß ich dich liebe, wenn du wie ein kleiner Junge bist.»

Er: «Warum sagst du nicht, was du meinst? Ich habe gerade gelesen . . .»

Ein anderes Beispiel:

Frau: «Ich ruf an, um dir zu sagen, daß mir dein Anruf am Montag sehr gut getan hat. Ich war völlig down, und du hast mich richtig wieder auf die Beine gebracht.»

Ihr Freund: «Freut mich zu hören. Den Montagmorgen habe ich für Telefongespräche mit Freunden reserviert. Da kann ich den Rest der Woche ungestört arbeiten. Eine gute Zeiteinteilung ist das ganze Geheimnis, wie man sein Leben in den Griff bekommt.»

Noch ein Beispiel:

Er: «Ich liebe dich.»

Sie: «Was ist Liebe?»

Rituale

Rituale, gleichgültig ob individueller oder kollektiver Art, sind wirkungsvolle Schutzmechanismen, weil es sich um Verhaltensweisen handelt, die sich auf einen gesellschaftlichen Konsens gründen. Wie die Pause während der Nationalhymne vor einem Meisterschaftskampf signalisieren sie einen Aufschub der Feindseligkeiten. Ein solches Ritual ist beispielsweise das Entzünden einer Pfeife während eines Gesprächs, ein ziemlich zeitaufwendiges Verfahren, um die Antwort auf eine persönliche Frage aufzuschieben oder ganz zu vermeiden. Da ist das Auskratzen, Stopfen, Anzünden, Ziehen, das erneute Anzünden, Stopfen, Anzünden und schließlich die Absegnung des ganzen geheiligten Vorgangs durch die Hervorbringung von Rauchwolken. Wer würde es wagen, *dieses* Ritual zu unterbrechen? Man hat Rauch einmal «weißes Rauschen» genannt. Und tatsächlich schirmt er uns gegen andere ab, indem er Abstand und Schutz herstellt. Die visuellen Gründe für das Rauchen werden häufig unterschätzt. Wenn Sie ein Raucher sind, prüfen Sie sich, ob es Ihnen Spaß macht, im Dunkeln zu rauchen.

Ein anderes Schutzritual ist das *Abnehmen der Brille*. Wenn ein Sprecher seine Brille abnimmt, ist es als Signal zu verstehen, daß er vor einer Äußerung steht, die ihm 1. Angst macht (weshalb er sich scheut, den Gesichtsausdruck seiner Zuhörer zu sehen), die ihm 2. unklar ist («Ich weiß nicht genau, was ich meine») oder die ihn 3. verlegen macht (wie der Dozent, der während eines Dreistunden-Seminars mit Gemeindevertreterinnen seine Brille nur zweimal abnahm, einmal, als er über das Gebet sprach, und einmal, als er über Sex sprach). Die Brille abzunehmen, ist eine sichere Methode, sich den Anblick der «entsetzten Miene» zu ersparen, eines emotional stark besetzten Bildes, das viele von uns in ihrer Kindheit sehr häufig aufgezeichnet haben.

Auch Reinlichkeits- und Ordnungsrituale bieten Schutz, etwa wenn man mitten in einer ernsthaften Unterhaltung Aschenbecher ausleert oder Bilder zurechtrückt. Auch eine Umarmung kann ein Ritual sein, wenn dadurch der Blickkontakt vermieden werden soll, wie die Sexualität zur Vermeidung von wirklicher Nähe benutzt werden kann. Ferien und Geburtstage können Schutzrituale sein: Natürlich muß man heute nett zueinander sein, schließlich hat er Geburtstag!

Alle genannten Verfahren – Zurückziehen, Einschüchterung, Intellektualisieren und Rituale – schützen uns vor anderen Menschen. Das Problem ist nur, daß sie uns auch um Streicheleinheiten bringen. Das Streicheln besorgen die anderen Menschen, und genau die halten wir uns durch die geschilderten Schutzmechanismen vom Leibe. Auf diese Weise zu leben, ist wie in einer Festung zu leben, in der die Tore verrammelt und mit Sandsäcken verschanzt werden, bevor man versucht, die Lebensmittel hereinzubekommen. In einer solchen Festung wird man nicht lange überleben können. Trotzdem verschließen viele Menschen den schwindenden

Schatz ihrer Lebensjahre hinter furchteinflößenden Mauern, während sie gleichzeitig auf eine Welt fluchen, der es in so beklagenswerter Weise an Liebe gebricht.

Schutz durch das Erwachsenen-Ich

Als Kleinkinder dürften wir andere als die vier oben aufgeführten Formen des Schutzes kennengelernt haben, wenn wir verständnisvolle und fürsorgliche Eltern gehabt haben, die wußten, wie wichtig es ist, daß man Kindern die Werkzeuge ihrer Unabhängigkeit an die Hand gibt. Unsere ersten, ungeprüften Schutzmechanismen waren jedoch die, die gerade geschildert worden sind. Wir erlebten und behielten die Wirksamkeit des *Zurückziehens*, wenn wir vor Schlägen davonliefen oder Tante Ernas feuchten Küssen auswichen. Wir erlebten die Wirksamkeit der *Einschüchterung*, wenn wir uns der kleinen Schwester gegenüber als Tyrann aufspielten, und wir merkten, daß *Intellektualisieren* funktioniert, wenn wir durch «logische» Erklärungen etwas Unangenehmes vermieden: «Jungen küssen ihre Väter nicht, nur ihre Mütter! Es ist weibisch.» Die Wirksamkeit von *Ritualen* wurde uns klar, wenn uns eine Tracht Prügel erspart blieb, weil Heiligabend war.

Die folgenden Verhaltensweisen des Erwachsenen-Ichs beschützen uns, ohne daß sie andere vor den Kopf stoßen. Die Schutzmechanismen des Eltern-Ichs halten die anderen auf Abstand, was uns sicher macht, aber auch traurig. Gesucht wird ja eine Möglichkeit, das Kindheits-Ich zu schützen, ohne auf die anderen Menschen verzichten zu müssen und auf die Streicheleinheiten, die wir nur von ihnen bekommen können.

Blickkontakt

Eine Frau hatte als Teenager unter schwerer Akne gelitten und deshalb wöchentlich ihren Hautarzt aufgesucht, der sie mit Röntgenstrahlen behandelte. Das war damals die allgemein übliche Behandlungsmethode, die auch eine gewisse Wirkung zeigte, allerdings heute als zu gefährlich gilt. Ihre Akne wurde etwas besser, doch ihr Gesicht behielt einen ständigen «Sonnenbrand», von der Umgebung ihrer Augen abgesehen, die weiß blieb, da sie während der Bestrahlung einen Augenschutz aus Blei getragen hatte. So gelassen sie auch war, ihr Aussehen blieb ihr stets bewußt und verunsicherte sie so sehr, daß sie eines Tages bei ihrem Arzt einen tränenreichen Zusammenbruch hatte. Voller Verständnis für ihr Problem setzte er sich zu ihr und gab ihr folgenden Rat: «Ich will Ihnen sagen, was Sie tun müssen: Gucken Sie den Menschen, mit denen Sie sprechen, direkt in die Augen. Halten Sie den Blick Ihrer Gesprächspartner fest, und die werden in Ihre Augen blicken müssen, nicht auf Ihr Gesicht. Dann brauchen Sie sich keinen Kummer mehr darüber zu machen, wie Ihr Gesicht aussieht.»

Sie versuchte es, und es funktionierte. Bis heute legt sie eine Direktheit an den Tag, die sie manchmal ein wenig abschwächen muß, indem sie den Blick abwendet. Dies wurde ihr vor allem bewußt, als sie erfuhr, daß Ausländer, von denen etliche zu ihrem Freundeskreis zählen, den ununterbrochenen Blickkontakt als zudringlich empfinden, sozusagen als einen Übergriff auf die Privatsphäre. Das Kennenlernen kultureller Besonderheiten und Empfindlichkeiten ist eine wichtige Schutzvorrichtung, die mit dem Schrumpfen unserer Welt an Bedeutung gewinnt, da wir mit immer mehr Menschen der verschiedensten Nationalitäten zusammenkommen, nicht nur an internationalen Konferenztischen, sondern auch im Supermarkt und auf dem Elternabend.

Eine Schutzfunktion des Blickkontakts besteht darin, daß er uns im Hier und Jetzt festhält. Im allgemeinen werden unsere Ängste durch Signale in der Gegenwart wachgerufen, die alte Eltern-Ich-Ermahnungen und Kindheits-Ich-Ängste auslösen. Sie verstärken sich, wenn sich unser Blick in der Ferne verliert. Dadurch, daß wir unseren Blick auf die Augen unseres Gegenübers fixieren, werden wir in das Heute zurückgeholt, und die Bänder mit den alten Ängsten können nicht abgespielt werden.

In anderen lesen

Zu unserem Schutz ist im allgemeinen nicht nur der Blickkontakt, sondern auch das *Sehen* erforderlich. Zur Einschätzung einer Situation müssen wir den Gesichtsausdruck und die Körpersprache des anderen berücksichtigen sowie Veränderungen beider. Eine Voraussetzung solcher Wahrnehmung ist das Ausblenden des inneren Dialogs, so daß wir uns ganz auf den anderen konzentrieren können. Oft brauchen wir jemand anders nur anzusehen, um zu entscheiden, ob er in seinem Eltern-Ich, Erwachsenen-Ich oder Kindheits-Ich ist. Wenn sich das vorher «offene» Gesicht unseres Gegenübers plötzlich «verschließt», wenn seine Muskeln starr und steif werden, so können wir darauf schließen, daß durch irgendeinen Vorfall sein Eltern-Ich auf den Plan gerufen worden ist. Es wirkt, als hätte er das Visier seiner Rüstung fallengelassen. Damit haben wir eine Information, mit deren Hilfe wir entscheiden können, was wir als nächstes tun wollen. Geschäftliche Verhandlungen sind schwer zu führen, so daß wir uns möglicherweise überlegen müssen, wie wir das Erwachsenen-Ich unseres Gegenübers wieder ins Spiel bringen oder «sein Eltern-Ich einschränken», wovon in Kapitel 12 die Rede sein wird. Zumindest können wir die Verhaltensweise vermeiden, durch die wir erstmalig sein Eltern-Ich auf den Plan gerufen haben. Oder wenn es nichts von dem war, was *wir* gesagt oder getan haben, können wir uns überlegen, was dann verantwortlich war. Sicherlich werden wir den Grund nicht immer herausfinden.

Wir können auch in anderen Menschen lesen, indem wir uns an unsere anderen Sinne halten – Gehör, Geruch, Tastsinn, wenn möglich, und Intuition. Bei hinreichender Aufmerksamkeit können wir die Signale der Angst oder der Traurigkeit auffangen. Wir können das Kippen in der Stimme hören, das die fröhlichen Worte, alles stehe zum besten, Lügen straft. Wir können die Hand zittern sehen. Ärzte erfahren eine Menge über ihre Patienten, indem sie ihnen einfach auf die Hände sehen. Wir können das genausogut, wenn wir lernen, worauf wir zu achten haben. Abgesehen von dem, was die Hände tun

– ob sie zittern, gerungen werden, mit dem Ehering spielen, an den Nägeln pulen, ineinander verschlungen sind («Ich muß mich zusammennehmen») –, ist auch der Zustand der Hände zu berücksichtigen. Glatt oder rauh, geschmeidige oder zersprungene Haut, blaue oder rosa Nägel, zusammengeballt oder offen. Viele Bücher sind über die Körpersprache geschrieben worden und können uns helfen zu deuten, was wir sehen. Doch viele unserer Vermutungen sind intuitiver Natur. Wenn wir hinsehen!

Solche Beobachtungen bewahren uns vor dem Fehler, Salz in die Wunden unseres Gesprächspartners zu streuen. Wenn wir einen heftigen Auftritt mit unseren Kindern vermeiden wollen, müssen wir herausfinden, «wo sie sind» – in ihrem Eltern-, Erwachsenen- oder Kindheits-Ich. Wir können uns vor Überkreuz-Transaktionen hüten, die jedes Gespräch kaputtmachen. Wir können uns vor dem Eltern-Ich des anderen schützen, indem wir rote Tücher vermeiden. Wenn wir aufmerksam sind – uns Leute ansehen und in ihnen lesen –, werden wir bald wissen, *welche* roten Tücher *welche* Menschen reizen. Beispielsweise können Friedensresolutionen für verschiedene Menschen je nach ihrer persönlichen Erfahrung Verschiedenes bedeuten. Man sollte annehmen, daß alle den Frieden wollen. Doch wenn man Unterschriften für einen Friedensaufruf sammelt, dann wird unter Umständen eine «Kriegerwitwe» anders reagieren als ein Student und dieser wiederum anders als ein Kriegsversehrter aus der Ardennenschlacht.

Die Fähigkeit, in Menschen zu lesen, kann uns auch bei der Wahl des richtigen Zeitpunkts helfen. Wenn wir eine Gehaltserhöhung haben wollen und mit eigenen Augen sehen, daß der Chef eine dicke Grippe hat, empfiehlt es sich wahrscheinlich, unsere Forderung aufzuschieben. Man hat beobachtet, daß solche Bitten nach einer reichlichen Mahlzeit, wenn der Adressat sein Kindheits-Ich mit einem vollen Magen zufriedengestellt hat, besonders gute Erfolgsaussichten haben – es sei denn, der Betreffende hätte gegen seine Schlankheitsdiät verstoßen,

sich maßlos vollgestopft und wäre jetzt dabei, sich mit Selbst-
vorwürfen zu überschütten.

Einfühlung in die Stimmung des Ehepartners ist eine
Voraussetzung für eine gute Ehe. Wenn der andere am Boden
zerstört ist, weil er seinen Arbeitsplatz verloren hat, wird es der
Beziehung kaum guttun, wenn man sich darüber beklagt, daß
das Haus unbedingt einen neuen Anstrich braucht – selbst
wenn das der Fall sein sollte. Wir schützen nicht nur uns selbst,
sondern auch die, die wir lieben, und sogar die, die wir nicht
lieben, wenn wir aufmerksam *hinsehen*.

Vorhersagen

Eine der Aufgaben des Erwachsenen-Ichs ist die Vorhersage
oder Einschätzung von Wahrscheinlichkeiten. Diese Fähigkeit
ist nicht unbedingt identisch mit der Urteilsfähigkeit. Eine
Frau berichtete in der Therapiegruppe, daß ihr Mann sie
betrog. Es hatte vor Jahren begonnen. Nach einem gemeinsamen Weihnachtsurlaub begann er eine Freundin der Familie zu
besuchen. Im Sommer hatte sie die Affäre zur Sprache gebracht und beendet. Alles ging gut bis zum Urlaub, der «immer
einen deprimierenden Verlauf» zu nehmen schien. Nun hörte
die Frau von einer neuen Liebschaft ihres Mannes im Anschluß an eine Weihnachtsfeier im Betrieb. Doch zum Zeitpunkt des Sommerurlaubs in den Bergen schien auch dieses
Verhältnis wieder eingeschlafen zu sein. Vier Jahre lang ging es
in diesem Rhythmus weiter. Unter Tränen berichtete sie der
Gruppe: «Ich kann meinem Mann einfach nicht trauen.» Ein
anderes Gruppenmitglied erwiderte: «Was soll das heißen, du
kannst ihm nicht trauen? Ich habe eher das Gefühl, du kannst
dich fest auf ihn verlassen. Du kannst dich darauf verlassen,
daß er jedes Jahr um Weihnachten eine Affäre beginnt und sie
zur Sommerszeit beendet.» Die Beobachtung hatte was für
sich, und die Frau mußte trotz ihres Kummers lachen. «Eigentlich hast du recht. Ich muß wohl von dieser Tatsache ausgehen.»

Die Wirklichkeit, mag sie auch noch so unbequem sein, hilft

uns bei unseren Vorhersagen und liefert uns deshalb die Grundlage, um zu bestimmen, was wir *tun* können, statt hilflos darauf zu warten, bis uns die Umstände überwältigen.

Wir können über die Menschen in unserem Leben zuverlässige Daten sammeln. Kommt jemand *immer* eine Viertelstunde zu spät zu Verabredungen? Dann können wir die Sache entweder zur Sprache bringen und ihn darauf hinweisen, daß ein solches Verhalten wenig Achtung gegenüber anderen bezeugt, oder wir können es vorziehen, selber eine Viertelstunde später zu erscheinen. Wir haben die Wahl. Wir können beschließen, uns auf keine politischen Diskussionen mit jemandem einzulassen, der *immer* die Republikaner oder Demokraten wählt, weil es Zeitverschwendung ist. Wenn jemand am Montagmorgen *immer* zu spät im Büro erscheint, können wir beschließen, auf seine Teilnahme an einer Konferenz zu verzichten, die am Montag um zehn Uhr morgens anberaumt ist. Wenn ein Kind *immer* würgt, sobald es Eier ißt, wird man möglicherweise besser von der Annahme ausgehen, daß es Eier nicht verträgt, statt ihm vorzuwerfen, daß es mäklig ist.

Vorhersagen helfen uns auch bei der Entscheidung, wem wir trauen können. Vertrauen muß nicht blind sein. Eine Frau schickte sich an, eine frischgebackene Freundin ins Vertrauen zu ziehen, und begann: «Ich weiß nicht, ob ich dir vertrauen kann, aber . . .» Ihre Freundin unterbrach sie: «Bevor du nicht weißt, ob du mir vertrauen kannst, kannst du mir nicht vertrauen.» Damit gab sie die Verantwortung für das Vertrauen an den Menschen zurück, der sie zu tragen hatte. Im Vertrauen bleibt immer eine Unbekannte, aber wir können die Ungewißheit erheblich vermindern, wenn wir unsere Vorhersage auf die vorliegenden Anhaltspunkte gründen. Wenn Ihnen jemand erklärt: «Ich habe versprochen, es keiner Seele weiterzuerzählen, und du mußt mir versprechen, es unbedingt für dich zu behalten», so können Sie mit großer Wahrscheinlichkeit davon ausgehen, daß auch Ihre Geheimnisse bei diesem Menschen nicht sehr gut aufgehoben sein werden.

Andere Hinweise, auf die wir unsere Vorhersagen gründen

können, sind der intuitive Eindruck, den wir von jemandem haben, und das Gefühl, das uns in seiner Gegenwart befällt. Manchmal senden Menschen Botschaften aus, die wir unterschwellig empfangen, etwa unmerkliche Veränderungen des Mienenspiels und des Tonfalls. Das Kindheits-Ich spürt diese Botschaften intuitiv, und wir tun gut daran, davon Notiz zu nehmen. Wir brauchen daraufhin kein endgültiges Urteil zu fällen, aber wir können solche Daten den Informationen hinzufügen, auf deren Grundlage wir zu unseren Vorhersagen gelangen. «Da stimmt irgend etwas nicht» ist ein Warnsignal, dem wir unsere Aufmerksamkeit nicht verweigern sollten.

Alternativen

Nicht alles geht in Erfüllung. Manche unserer sorgfältig ausgeklügelten Pläne schlagen fehl. Wir müssen uns nicht nur das Recht einräumen, Risiken einzugehen, sondern auch das Recht, Mißerfolge zu haben. Mißerfolge sind keine Katastrophen, wenn wir Alternativen haben – ein weiterer wichtiger Schutzmechanismus des Erwachsenen-Ichs. Alternativen kann man sich zum Beispiel dadurch schaffen, daß man Fertigkeiten auf verschiedenen Gebieten entwickelt, daß man mehr als nur ein Eisen im Feuer hat, daß man neben dem Beruf auch Hobbies hat und durchspielt, «was geschehen würde, wenn». Wenn alles nach Plan läuft, haben wir genügend Zeit, vorauszudenken und uns zu überlegen, was wir tun wollen, wenn etwas schiefgeht, wenn sich die Situation auf dem Arbeitsmarkt verschlechtert oder wenn die Pensionierung in Sicht ist. Diversifikation ist für die Investition unserer Zeit und unseres Denkens genauso wichtig wie für die Investition unseres Geldes. Wir brauchen die Pläne B, C, und D für den Fall, daß unser bevorzugter Plan A nicht aufgeht. Bob Miller, der die Liste der Schutzmaßnahmen aufgestellt hat, die wir in diesem Kapitel erörtern, zählte die Alternativen zu den wichtigsten Maßnahmen.

Wir halten es für möglich, uns einer Sache ohne Vorbehalt zu widmen und trotzdem andere Handlungsmöglichkeiten in der Reserve zu haben, falls das erste Unternehmen scheitert. Für Alternativen zu sorgen, bedeutet nicht Halbherzigkeit, sondern Umsichtigkeit und Realismus. So wie wir mehr als eine Möglichkeit zur Lösung eines Problems oder zur Verwirklichung eines Ziels brauchen, so brauchen wir auch mehr als einen Menschen in unserem Leben. «Beziehungs-Alternativen» werden zusammen mit anderen Alternativen noch in späteren Kapiteln zur Sprache kommen.

Verträge

Verträge – die Grundlage unseres rechtlichen, gesellschaftlichen und wirtschaftlichen Systems – sind Festlegungen gegenseitiger Erwartungen. Sie sind genauso unentbehrlich in persönlichen Beziehungen – in der Ehe, bei der Kindererziehung und in der Freundschaft. «Vertrag» mag sich im Zusammenhang mit persönlichen Beziehungen reichlich sachlich anhören, aber es läßt sich schwer ein treffenderes Wort finden. Als unsere Tochter Heidi ein Teenager war, erklärte sie eines Tages, sie könne das Wort nicht mehr ausstehen, es höre sich an wie «eine automatische Verpflichtung». Damals erschienen ihr Verträge einseitig, was sie wahrscheinlich auch waren. Die weitgehende Abhängigkeit der Kinder gibt den Wünschen ihrer Eltern größeres Gewicht in den Verträgen, da sie letztlich die gesetzliche und finanzielle Verantwortung tragen. Trotzdem funktioniert das Konzept der Verträge, wenn die folgenden Gesichtspunkte beachtet werden:

1. *Der Vertrag ist keine Einbahnstraße.* Die Parteien müssen ihre Zustimmung davon abhängig machen, daß beide aus der klaren Festlegung ihrer gegenseitigen Erwartungen Nutzen ziehen.

2. *Für das Kindheits-Ich beider Parteien ist etwas «drin».* Die Bereitschaft zusammenzuarbeiten hat nur Erfolg, wenn eine Belohnung in Sicht ist. Wenn die Hausarbeit gerecht auf die Familienmitglieder verteilt wird, kann die Belohnung in der Sauberkeit und Ordnung liegen, in dem Ende der Nörgelei über Verstöße gegen irgendwelche unbestimmten Regeln –

«Du drückst dich, wo du kannst». Die Belohnung für die Kinder sind fröhliche Eltern, die nicht mehr gereizt sind, weil ihnen niemand hilft. Auch das Streicheln für eine Arbeit, die man gut gemacht hat, ist eine Belohnung. Zusätzliche Freizeit für Familienausflüge, einen Abend im Kino, Parties und Urlaub wird möglich, wenn jeder in der Familie Pflichten übernimmt.

3. *Der Vertrag wird zwischen Erwachsenen-Ich und Erwachsenen-Ich geschlossen.* Ein Vertragsabschluß auf emotionaler Basis – zwischen Kindheits-Ich und Kindheits-Ich – hat keinen Zweck, weil das Kindheits-Ich impulsiv ist, keine Konsequenzen berücksichtigt und sich nicht weiter um das Eltern-Ich kümmert, seine allgegenwärtige Wirklichkeit. Das Eltern-Ich zu verstehen heißt nicht, es zu übergehen. Wenn ihm eine Handlung oder ein Vertrag genügend gegen den Strich geht, kann es sich unbarmherzig rächen.

In diesem Zusammenhang haben wir uns mit vier Eltern-Ichs herumzuschlagen. Wenn Ihrem Kindheits-Ich beispielsweise danach zumute ist, ein verliebtes Wochenende in den Bergen zu verbringen, sollten Sie folgendes berücksichtigen: 1. Das Eltern-Ich der Frau. Was wird ihr Gewissen am Montagmorgen sagen, wenn alles vorbei ist? Hat sie sich das klargemacht? 2. Das Eltern-Ich des Mannes. Was wird er am Montagmorgen von seiner Wochenend-Freundin halten? Wird er sie für leichtsinnig, unmoralisch oder billig halten oder – wenn er ihr Chef ist – sie sogar entlassen? 3. Das Eltern-Ich der andern, das heißt der Gesellschaft – der Mitarbeiter, Nachbarn, Freunde oder der Frau des Chefs. 4. Das Eltern-Ich der Zukunft, der unbarmherzige Ankläger, der am Ende des Weges nach Jahren auf Sie wartet, wenn Sie sich um ein hohes Amt bewerben und die Schnüffler von der Presse es herausgefunden haben. Das Kindheits-Ich kümmert sich nicht weiter um solche Fragen. Deshalb ist unser bester Schutz vor dem impulsiven Verhalten des Kindheits-Ichs ein klardenkendes Erwachsenen-Ich, das der Gesamtpersönlichkeit – dem Eltern-, Erwachsenen- und Kindheits-Ich in uns und anderen – Rechnung trägt. Das Erwachsenen-Ich muß auch die moralischen Gesichtspunkte berücksichtigen. Wenn wir das Eltern-Ich aus dem Spiel lassen, heißt das nicht, daß wir uns über moralische Gesichtspunkte hinwegsetzen. Gleichgültig ob wir die moralischen Werte unserer Eltern akzeptieren oder ablehnen, wir haben keinen Freibrief. Zu lernen, was «wir zu tun haben», ist die Arbeit des Erwachsenen-Ichs, kein blinder Konformismus gegenüber dem Eltern-Ich.*

4. *Der Vertrag ist gerecht: Es gibt einen Gewinn für beide Parteien, wenn er gehalten wird, und einen Verlust für beide Parteien, wenn er gebrochen wird.* Die Gewißheit, daß wir etwas verlieren, wenn wir unsere Vereinbarungen nicht halten, ist ein wirksamer Ansporn zur Zuverlässigkeit. Ein gutes Beispiel ist die Verwaltung des Geldes, in den meisten Familien eine Funktion von größter Wichtigkeit. Wenn in der Familie die Rolle des «Schatzkanzlers» auf eine Person beschränkt ist und der Betreffende das Gefühl hat, allein dafür verantwortlich zu sein, daß die Familie über die Runden kommt, werden seine Äußerungen zu diesem Thema von den anderen Familienmitgliedern oft als frustrierend empfunden: «Nein, du kannst keinen neuen Mantel haben. Du gibst das Geld aus, als würde es auf Bäumen wachsen. Als ich in deinem Alter war . . .» Sogar Erklärungen können ihre Wirkung verfehlen.

Häufig liegt solchen abweisenden, anklagenden Äußerungen Angst zugrunde. Wenn Vater das Geld verwaltet und seine Sorgen für sich behält, weiß er vielleicht als einziger, daß die Autoversicherung erloschen ist und sie keinen Pfennig bekommen werden oder daß bei der nächsten unbezahlten Rate das Haus unter den Hammer kommt oder daß sich sein Magen jedesmal zusammenkrampft, wenn es an der Tür klingelt, weil es der Gerichtsvollzieher sein könnte. Vielleicht weiß er als einziger, daß er ein Magengeschwür hat. Wer gibt die Signale? Sein Eltern-Ich: Geld ist Männersache. Werd damit fertig!

* Vgl. das Kapitel «El-Er-K und moralische Werte» in «Ich bin o.k. – Du bist o.k.», S. 231–261

Hüte dich, deine Frau zu verwöhnen. Kinder müssen lernen, daß das Leben hart ist.

Vielleicht will er gar nicht hart sein. Vielleicht weint er innerlich und hat keinen sehnlicheren Wunsch, als daß die Familie weiß, wie prekär die Situation ist. Die Fälle von Kindesmißhandlung häufen sich, wenn die Arbeitslosenzahlen steigen. Die erschöpften, besorgten und arbeitslosen Ernährer machen häufig nur ihrem Kummer Luft, wenn sie brutal auf ihre Kinder einschlagen. Dabei gibt es eine so einfache Lösung.

Kinder sind die geborenen Problemlöser. Schon mit fünf, sechs oder sieben Jahren können sie bei der Verwaltung des Geldes helfen, vorausgesetzt, man erklärt ihnen ein paar Grundtatsachen. Ein Kind kann ohne weiteres ein Kreisdiagramm verstehen und es auf «unsere Familie» übertragen – Auto, Lebensmittel, Strom, Heizung, Arztrechnungen und Spenden. Es kann teilhaben am Besitzerstolz auf das neue Klavier, das in Monatsraten abgezahlt werden muß und Weihnachten in einem Jahr *unser* Klavier sein wird. Wir können es dann behalten! Oder daß «das Haus, wenn du fünfzehn Jahre alt bist, uns gehören wird». Und wenn wir uns an unseren Haushaltsplan halten, können wir dir ein eigenes Zimmer anbauen, wenn du zwölf bist.

Damit erfährt das Kind nicht nur Grundsätzliches über das Leben in unserer Gesellschaft, es macht auch positive Erfahrungen mit dem Verzicht auf seine Wünsche. «Das können wir uns in diesem Jahr nicht leisten», kann es mit dem Ernst des Erwachsenen verkünden und den Stolz genießen, zu einer Familie zu gehören, die ihre Probleme gemeinsam löst. Wenn es sich später mit Zeitungsaustragen, Babysitten und Rasenmähen Geld verdient, bekommen diese Jobs einen ganz anderen Stellenwert. «Ich trage zum Familienunterhalt bei. Außerdem helfe ich Mama und Papa bei ihren Problemen, *unseren* Problemen.»

5. *Der Vertrag ist einfach, aber nicht zu einfach.* Verträge sollen Einzelfragen behandeln, nicht einen ganzen Fächer von Erwartungen. Wenn zwischen Familienmitgliedern eine Vereinbarung über die Benutzung des Autos getroffen wird, sollte dieses Nutzungsrecht nicht mit Vorschriften über die Reini-

gung der Garage, des Dachbodens, des Hinterhofes, über Hausarbeiten und Haarschnitt gekoppelt werden. Zu viele Bedingungen können tatsächlich zu einer «automatischen Verpflichtung» führen. Wenn du dich von heute bis zu deinem zwanzigsten Geburtstag ohne Fehl und Tadel verhältst, darfst du das Auto am Samstagabend haben!

Früher habe ich lange und ausführliche Aufstellungen der Küchenarbeiten an die Kühlschranktür geklebt. Ich habe es sogar mit Abhaklisten und Bonuspunkten versucht, gewann aber bald den niederschmetternden Eindruck, daß sie noch nicht einmal gelesen wurden. Als viel wirksamer erwies sich ein einfaches Schild, das auf drei Punkte einging und in großen roten Druckbuchstaben geschrieben war: 1. RÄUM ES WEG. 2. WISCH ES AUF. 3. TU ES SOFORT. Unterschrift: Die Direktion. Das hat sich gut bewährt.

6. *Für den Fall des Vertragsbruches werden Konsequenzen genannt, keine Strafen.* Soll das funktionieren, müssen alle Familienmitglieder einen Überblick über die Gesamtsituation haben. Kinder lernen Nachsicht dadurch, daß sie Nachsicht erfahren. Was würden Sie empfinden, wenn jemand Sie jedesmal in Ihr Zimmer einsperren würde, wenn Sie gegen Ihre Diät verstoßen? Den Kotflügel einbeulen? Ein Weinglas fallen lassen? Verschlafen? Was würden Sie empfinden, wenn Sie mit einem Gürtel durchgeprügelt würden? Wenn Kinder begreifen, daß der Vertrag Vorteile für sie mit sich bringt, werden sie auch begreifen, daß sie etwas verlieren, wenn sie ihn brechen. Wir können nicht in die Berge fahren, bevor nicht die Erdbeeren gepflückt sind. Wir können nicht auf eine neue Stereoanlage sparen, wenn die Ölrechnung zu hoch ist, und wir können die Kosten für die Heizung einschränken, wenn wir uns vernünftig anziehen und nicht gedankenlos Türen und Fenster offen lassen.

7. *Er wird aufgeschrieben.* Manche Verträge erfordern einige geistige Anstrengung. Lernen Sie aus Erfolgen und sparen Sie geistige Energien, indem Sie Ihre Verträge niederschreiben, und unterzeichnen Sie sie, wenn sie besonders wichtig sind.

Kürzlich lasen wir von einem Vertrag von Schülern mit ihren Eltern, in dem sie versicherten, daß sie auf jeglichen Alkohol am Steuer verzichten würden. Diese Versicherung wurde in offizieller Form aufgesetzt und von Schülern wie Eltern in Gegenwart von Zeugen unterschrieben. Manche Vereinbarungen sind wichtiger als andere. «Rette dein Leben, Tochter oder Sohn, und unseres, das von Mutter und Vater» ist ein feierliches Abkommen, das wert ist, eingerahmt zu werden, bezeichnet es doch den Wert, den wir unserem Leben und unserer gegenseitigen Liebe einräumen.

8. *Der Vertrag kann zum Gegenstand erneuter Verhandlungen gemacht werden.* Menschen verändern sich. Familien müssen sich verändern. Umstände ändern sich. Wenn wir glauben, wir hätten alles berücksichtigt, müssen wir uns in der Regel auf einige Überraschungen, vielleicht sogar auf Enttäuschungen gefaßt machen. Zum Beispiel sind von der Inflation nicht nur Erwachsene, sondern auch Kinder betroffen. Ist das vereinbarte Taschengeld noch ausreichend? Ist die anfallende Arbeit gerecht verteilt? Ist sie realistisch? Wenn der Vertrag nicht funktioniert, muß er vielleicht abgeändert werden, nicht weil jemand ihn böswillig untergräbt, sondern weil sich die faktischen Grundlagen verändert haben.

Was ist, wenn wir es beim besten Willen nicht schaffen? Wenn wir unseren Teil des Vertrages nicht einhalten können? Eine Familie ist kein Wirtschaftsunternehmen, das nach Umsatzkurven und Produktivitätsraten geführt wird. Eine Familie ist ein lebender, atmender Organismus. Sie ist auch ein Zufluchtsort, wo ihre Mitglieder Verständnis und oft auch Nachsicht finden können. Wenn Liebe und Verständnis eine Familie zusammenhalten, können wir uns akzeptiert fühlen, Fehler zugeben und neue Anfänge machen. Wir verändern uns, wenn wir akzeptiert werden, und nur dann.

Der nützlichste Aspekt von Verträgen als Schutzvorkehrungen liegt darin, daß sie die Gefahr von Mißverständnissen verringern und uns ermöglichen, im täglichen Miteinander vernünftig, praktisch und freundlich zu handeln.

7

Eltern-Ich-Bremsen

Manche Tage sind schlimmer als andere. Wir sind mit der Arbeit des Erwachsenen-Ichs, der Bewältigung negativer Gefühle, nicht auf dem laufenden, und plötzlich haben sich diese negativen Gefühle in einem solchen Maß aufgehäuft, daß sie uns überwältigen. Wir kommen uns minderwertig vor. Hilflos. Hoffnungslos. Wir sind gar nichts. Wenn wir genügend Selbstanklagen zusammenbringen, wird das Erwachsenen-Ich völlig ausgeschaltet, so daß überhaupt nicht mehr zu denken ist an Spurensuche, TA, Schutz durch das Erwachsenen-Ich, Einsicht, Voraussicht, Nachsicht und dergleichen. Wir hängen wie ein angeschlagener Boxer in den Seilen, schützen uns mit beiden Armen, versuchen den Schlägen auszuweichen, den Riß über der Augenbraue zu decken, die rote Prellung auf unserem Ego. Das passiert manchmal. Was können wir dagegen tun?

Der Boxer hat bestimmte Verteidigungsstrategien gelernt und trainiert, die mechanisch einsetzen, wenn er sein Bewußtsein zu verlieren droht. Auch wir verlieren unser Bewußtsein, wenn wir unser Erwachsenen-Ich verlieren, was immer dann geschieht, wenn sich der innere Dialog nicht mehr abstellen läßt. Vor exzessiver innerer Selbstanklage können wir uns schützen, wenn wir über eine handliche Liste von Dingen verfügen, die wir erlernt und eintrainiert haben. Wir nennen diese Notmaßnahmen Eltern-Ich-Bremsen, weil sie uns in die Gegenwart, in das Territorium des Erwachsenen-Ichs, zurückholen. Wenn wir die Funktionen des Erwachsenen-Ichs ausüben, schalten wir die Vergangenheit vorübergehend ab, so daß das Replay der aufgezeichneten Anklagen unterbrochen wird.

Es geht nicht darum, etwas zu analysieren oder theoretisch zu durchdenken. Es geht um Dinge, die wir *tun* können, bis das Denken einsetzt. Manchmal sind wir erschöpft von unseren Versuchen, das Durcheinander der Vergangenheit zu entwirren. Wir wissen, wir wissen, wir wissen. Manchmal ist alles, was wir wissen, daß nichts mehr geht.

Unsere Therapiegruppen haben eine Reihe von Erste-Hilfe-Maßnahmen für das am Boden zerstörte Kindheits-Ich entwickelt. Es sind keine langfristigen Lösungen, sondern Maßnahmen, die vorübergehende Erleichterung von innerer Not verschaffen. Sie stellen das Eltern-Ich ab, beauftragen das Erwachsenen-Ich mit einfachen Beobachtungen und richten das Kindheits-Ich auf.

1. *Lösen Sie die Körperspannung.* Nach Carl Rogers tendieren Gefühle, Gedanken und Körperzustand (Muskulatur, Haltung, Gesichtsausdruck) zur Kongruenz. Wenn wir wütend sind, sind nicht nur unsere Empfindungen wütend, sondern auch die Inhalte unseres Denkens sind wütend, und unser Körper bereitet sich zum Kampf vor, die Fäuste sind geballt, die Zähne zusammengebissen und die Muskeln gespannt. Unsere Gefühle und Gedanken können wir vielleicht nicht willkürlich verändern, aber wir *können*, wenn wir uns unseren Körper bewußtmachen, seinen Zustand verändern. Auf Kommando können wir unsere Fäuste öffnen, die Schultern fallenlassen, tief Atem holen und den Unterkiefer lösen. Damit haben wir uns *entspannt*. Danach wird mit unseren Gedanken und Gefühlen in der Regel das gleiche geschehen. Worauf waren wir eigentlich wütend? Was wollte ich gerade sagen? Auf wen war ich so wütend?

2. *Seien Sie im Hier und Jetzt.* Sehen Sie sich im Zimmer um. Zählen Sie laut die Dinge auf, die Sie sehen. Einen braunen Schreibtisch, weiße Vorhänge, Diplome an den Wänden, zwei grüne Kristallvasen, eine Papierschere, eine stehengebliebene Pendeluhr, einen blauen Schuh an meinem Fuß, ein schwarzes

Notizbuch, Briefordner, eine Orange, einen Kupferkübel. Bei der Aufzählung dieser Dinge mußte sich das Erwachsenen-Ich die Gegenwart *bewußt machen*. Die Vergangenheit konnte nicht weiter ablaufen. Für einen glücklichen Augenblick war Feuerpause. Versuchen Sie es. Sagen Sie, was Sie sehen. Sagen Sie es laut. Die winzigen Dinge des Lebens haben ihren Wert.

3. *Übertreiben Sie das Problem*. Sie haben eine Beule in den Kotflügel gemacht. Schlimm, schlimm, schlimm. Dumm. Töricht. Unachtsam. Teuer. Aber Sie hätten auch die ganze Seite des Wagens eindrücken können, einen Totalschaden verursachen, ein Bein, den Hüftknochen brechen, einen Fußgänger anfahren und Ihren Führerschein verlieren können. Ihre Versicherung hätte abgelaufen sein können. Sie hätten das Auto voller Kinder haben können. Sie hätten eine Anklage wegen grober Fahrlässigkeit bekommen können. *Doch nichts davon ist geschehen!* Sie haben nur eine Beule im Kotflügel! Was für eine Erleichterung.

4. *Körperliche Betätigung*. Jede Art von Bewegung regt den Stoffwechsel an. Sie sind müde? Machen Sie einen Spaziergang. «Laufen Sie um Ihr Leben», riet Tom häufig den Patienten, die unter Depressionen litten. Setzen Sie einen Fuß vor den anderen. Es ist leicht. Atmen Sie tief durch. Denken Sie an den Sauerstoff, der Ihr Gehirn erhellt wie ein Feuerwerk. Herrlich. Gehen Sie immer weiter. Wählen Sie ein bequemes Tempo. Denken Sie an das Blut, das durch Ihre Arterien strömt. Hellrot. Denken Sie an die großen Muskelflächen, ihre harmonischen, schönen, kraftvollen Bewegungen. Sie sind nicht mehr schwach oder hilflos. Sie sind großartig! (Wenn Sie über vierzig, herzkrank oder sonst irgendwie leidend sind, konsultieren Sie Ihren Arzt, bevor Sie sich zu *forschen* Spaziergängen entschließen.)

5. *Suchen Sie sich einen Zufluchtsort*. Einen stillen Platz. Unten am Fluß. Unter der Eiche. Ein schönes Buch. Ein Kreuzworträtsel. Ein Hobby. Irgend etwas, was Sie anfassen können, wo Sie sich von den komplizierten und abstrakten Lebenszusammenhängen erholen können. Oder fahren Sie aufs

Land. Suchen Sie sich eine schöne Aussicht, wo Sie weit blicken und tief in die Wunder des Himmels, der Wolken und der Berge hineinsehen können. Das ist Ihr ganz persönlicher Ort. Suchen Sie ihn auf und ruhen Sie sich aus.

6. *Suchen Sie sich eine schützende «Schallmauer».* Händels «Wassermusik», Simon und Garfunkel, Bizets «Carmen», Tschaikowskis Violinkonzert in D-Dur mit Itzhak Perlman, Jerome Kern, Larry King, wenn Sie nicht schlafen können. Wenn Sie «Ole Man River» hören, der «just keeps rollin' along», werden Sie sich kaum Gedanken machen können über den tropfenden Wasserhahn, der abgedichtet werden muß, und die Rechnungen, die bezahlt werden müssen, und warum muß ich mich um alles kümmern, und alle anderen scheren sich um nichts . . .

7. *Wechseln Sie das Thema.* Eines Tages ging ich ein bißchen zu hart mit mir ins Gericht, weil ich auf einer Sitzung am Abend zuvor zuviel geredet hatte. Warum hast du nicht wenigstens ab und zu den Mund gehalten? sagte mein Eltern-Ich, und mein Kindheits-Ich duckte sich wie ein geprügelter Hund. Dieses Unbehagen hielt den ganzen Tag an, bis ich mich schließlich erschöpft aufs Bett legte und aufzuzählen begann, was ich sah. Jeder Anblick erinnerte mich an etwas anderes aus erfreulicheren Zusammenhängen. Als ich auf das Entlüftungsrohr sah, dachte ich an das Haus meiner Spielkameradin Betty. Es besaß im Unterschied zu unserem eine Klimaanlage. Es war himmlisch, mitten im Hochsommer vor dem Entlüftungsrohr zu sitzen und sich abkühlen zu lassen. Es roch dort immer nach Bohnerwachs, Flieder, Zimt und Zeder. Es war schön dort. Heute sind alle Zimmer im Haus mit Klimaanlage versehen. Man stelle sich das vor!

Dann fiel mein Blick auf die Kristallampe auf der Frisierkommode, die mich an das schöne, blaßrosa Schlafzimmer von Hilma Anderson erinnerte, das kühl war, nach selbstgezogenem Lavendel roch und voller Kristall, Parfüm und silbernen Haarbürsten war. Sie war eine Freundin meiner Mutter, schön und lebhaft. Ich betete sie an.

Dann betrachtete ich die Spiegeltüren unseres Kleider-
schranks, die mich an mein erstes eigenes Zimmer erinnerten,
weil meine Kleider dort in einer kleinen Kammer untergebracht waren, die mein Vater durch eine mit Astlöchern über-
säte Wand aus Kiefernholz abgetrennt hatte. In dieser Kammer
war ein Fenster mit Spitzengardinen, die vom Wind bewegt
wurden, so daß die Blätter des riesigen Ahornbaumes vor dem
Haus hereinschimmerten. Die Bäume waren meine Freunde,
ihre Arme meine Spielkameraden, in den Astgabeln saß ich,
von den Ästen ließ ich mich an den Knien herabhängen, hoch
oben waren Herzen und Pfeile hineingeschnitten, und überall
in den Wipfeln hatte ich stille Plätzchen, wo ich mich verstecken, Pläne schmieden und mir die Zukunft ausmalen
konnte.

Dann fiel mein Blick durch die offene Tür auf die weiß-
lackierten Geländersäulen der Treppe, glänzend, in Reih und
Glied und ohne Fehl, was mir ins Bewußtsein rief, daß wir in
einem zweistöckigen Haus wohnen. Nur das waren für mich
echte Häuser, als ich klein war und wir noch kein Obergeschoß
hatten.

Nun blickte ich die Quarzuhr an, auf der man mit einem
beweglichen Ziffernring ablesen kann, wie spät es an jedem
beliebigen Ort der Welt ist, und ich fragte mich, was meine
Verwandten in Schweden zu diesem Zeitpunkt tun mochten.
Wahrscheinlich tranken sie Kaffee unter ausladenden Birken.
Ich sah mich um in dem Zimmer und fand es schön, ganz in
Smaragdgrün und Weiß und Rosa, die fernöstliche Tapete mit
grünen Blättern und rosa Blüten. Das erinnerte mich an die
Apfelblüte im Staat Washington, in der wunderhübschen
Kleinstadt Selah, in der ich aufgewachsen bin. Wenn man dort
auf der Landstraße fuhr, roch man die Blüten, als wäre eine
Riesenflasche Parfüm über dem Tal ausgegossen worden. Ich
konnte das Summen der Bienen in den Hunderten und Tausenden von Bäumen hören, so daß der Eindruck von Millionen
von Bienen entstand, die dort die Blüten bestäubten.

So streiften meine Träume, und ich mit ihnen, über die

ganze Welt und durch die Jahrzehnte. Ich war überall dort.
Worüber hatte ich mir noch Kummer gemacht? Heute, da ich
diese Zeilen schreibe, habe ich 20 089 Tage gelebt. Warum
sollte ich sie mir alle durch ein einziges Ereignis an einem
einzigen Abend verderben lassen? Lassen Sie sich von Ihren
Gedanken und Träumen davontreiben wie der Surfer von einer
Welle. Das ist eine großartige Eltern-Ich-Bremse.

8. *Sprechen Sie mit jemandem.* Gehen Sie die Straße hinunter
und sprechen Sie mit einem Nachbarn. Rufen Sie eine Freundin an. Auch das ist eine Hier-und-Jetzt-Tätigkeit, die den
inneren Dialog ausblenden kann. Das einzige Problem dabei
ist, daß Sie der Versuchung erliegen, Ihre negativen Gefühle
auf jemand anders abzuwälzen, so daß das Ganze in dem
trübseligen Spiel «War es nicht schrecklich» oder «Ich armes
Schwein» endet. Und genauso werden Sie sich fühlen, wenn
das Gespräch vorbei ist – schrecklich und armselig.

9. *Sehen Sie sich die anderen an.* Sind Sie der einzige auf der
Welt, der törichte Sachen macht? Wenn Sie Verständnis für
andere aufbringen können, warum nicht auch für sich selbst?
Fehler bringen Sie nicht um. Selbstzerfleischung schon eher.
Andere machen auch weiter. Warum nicht Sie?

10. *Schneiden Sie sich im Spiegel Grimassen.* Klingt blöd,
nicht wahr? «Sich gegenseitig Grimassen schneiden», so lautete
das Rezept für ein Ehepaar, das sich den Abend damit vergällte,
daß es sich all das Elend des Tages minuziös aufzählte. Von
aller Welt angeödet, kehrten sie ihren Zorn schließlich gegeneinander und putzten sich im Wechselspiel zwischen Eltern-
Ich und Kindheits-Ich, zwischen Vorwurf und Verteidigung
gegenseitig herunter. Das Abendessen war immer ein Alp-
traum, bis das Grimassenschneiden, das törichte, lächerliche
Grimassenschneiden kleiner Kinder, die Routine durchbrach
und die beiden in helles Gelächter ausbrachen.

11. *Machen Sie ein Schläfchen.* Manchmal gehen wir so hart
mit uns ins Gericht, daß wir zu Tode erschöpft sind. Dann
brauchen wir trotz der Ermahnung des Eltern-Ichs, daß «man
nicht sein Leben verschlafen kann», unsere Ruhe. Vielleicht ist

uns hier mit einer anderen Autorität besser gedient. Shake-
speare sagt:

«Schlaf, der des Grams verworrn Gespinst entwirrt,
Den Tod von jedem Lebenstag, das Bad
Der wunden Müh, den Balsam kranker Seelen,
Den zweiten Gang im Gastmahl der Natur,
Das nährendste Gericht beim Fest des Lebens.»
(Macbeth II, 2.)

12. *Beten Sie*. Das Gebet bedeutet für viele Menschen eine
große Erleichterung. «Hüpf auf, mein Herz, spring, tanz und
sing, in deinem Gott sei guter Ding, der Himmel steht dir
offen», wie es in einem alten Kirchenlied heißt. Eines meiner
Lieblingsworte aus der Bibel steht in der 1. Epistel des Johannes: «Daran erkennen wir, daß wir aus der Wahrheit sind, und
können unser Herz vor ihm damit stillen, daß, so uns unser
Herz verdammt, Gott größer ist denn unser Herz, und erken-
net alle Dinge.» (1. Joh. 3, 19–20) Ich bin nur ein Mensch und
unvollkommen, und doch finde ich Vergebung und Liebe.
Welch eine Erleichterung: Gott und das Eltern-Ich sind nicht
eines.

Alle aufgeführten Eltern-Ich-Bremsen können unseren Kummer nur *vorübergehend* erleichtern. Sie sind nicht als endgültige
Lösungen gedacht. Einen Großteil unseres Elends, wenn nicht
sogar alles, verursachen wir selbst, so daß oft genug wir selbst
es sind, die verändert werden müssen. Bei extremer Übertrei-
bung der Eltern-Ich-Bremsen könnten wir in der Tat unser
Leben verschlafen, in Traumwelten flüchten, den ganzen Tag
am Telefon hängen oder uns zu Tode joggen. Als Erste-Hilfe-
Maßnahmen dagegen leisten sie gute Dienste. Ausgeruht und
erfrischt können wir dann auf das Erwachsenen-Ich umschalten und das Werk der Veränderung in Angriff nehmen, einer
Veränderung des Verhaltens, die letztlich auch eine Veränderung der Gefühle bewirkt.

8

Streicheln

Streicheln, das ist ein liebevoller Blick, der auf Ihnen ruht, ein freundliches «Hallo» vom Nachbargrundstück, ein Anruf, der keinen besonderen Grund hat, ein schriftlicher Gruß, ein Lob in Schule und Universität, ein paar persönliche Worte unter einer Klassenarbeit oder Klausur, eine Anrede mit Namen, ein Klaps auf die Schulter, ein Gespräch zwischen anderen Leuten, in dem von Ihnen die Rede ist und von dem Sie erfahren. Streicheln, das heißt im Bewußtsein anderer vorhanden zu sein. Streicheln ist etwas, das Ihr Kindheits-Ich empfindet. Meistens empfinden wir Streicheln als angenehm. Es gibt uns Energie, es hält uns am Leben.

Bei der Geburt, nach der langen, beschwerlichen Reise ans Licht der Welt, gab das Streicheln uns die Gewißheit, daß das Leben außerhalb des Mutterleibes in Ordnung ist. Damals war das Streicheln lebenswichtig. Und das ist es noch heute. Der Psychologe Abraham Maslow bezeichnet Streicheln als «optimale Stimulation» und zählt es in seiner Bedürfnispyramide neben Nahrung und Wasser zu den Primärbedürfnissen des Menschen.

Manchmal unterscheiden wir zwischen positivem und negativem Streicheln, wobei positiv heißt, daß wir es als angenehm empfinden, negativ, daß wir es als unangenehm empfinden. Jede Aufmerksamkeit ist besser als keine, es sei denn, sie ist grausam oder gemein. Es hat sich jedoch eingebürgert, *Streicheln* nur in positiver Bedeutung zu verwenden. Deshalb soll es auch hier geschehen.

Annehmlichkeitszonen

Nicht alle scheinen das gleiche Streichelbedürfnis zu besitzen. Wie sehr es uns nach Streicheln verlangt, scheint davon abzuhängen, an welches Maß von Streicheln wir in der Kindheit gewöhnt wurden. Wir scheinen gut zurechtzukommen, solange wir uns in den Grenzen unserer Annehmlichkeitszone (Abb. 6) bewegen. Wird es zuviel – zu viele Menschen, zuviel Aufregung, zu viele Anrufe, zu viele Anforderungen, sogar zu viele Komplimente –, nimmt unsere Aufnahmefähigkeit rapide ab und unsere Sehnsucht nach einem Ortswechsel zu. Vielleicht suchen wir uns dann eine Beschäftigung, bei der wir mit uns selbst allein sind – wir lesen ein Buch, arbeiten im Garten, spielen Klavier, setzen uns still in den Garten, gehen spazieren, nehmen einen Tag frei, schaukeln in der Hängematte oder schließen die Tür hinter uns ab. Wenn wir das Gefühl haben, von allem erdrückt zu werden, läßt uns die Stille Atem schöpfen. Vielleicht begeben wir uns sogar an einen Ort, wo die Stille strukturiert ist, wo alle ein Schweigegelübde abgelegt haben,

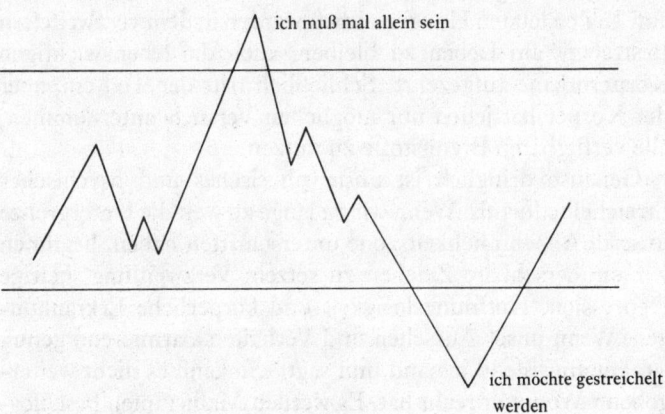

Abbildung 6
Annehmlichkeitszone des Streichelns

wo man sich an der Gegenwart der anderen erfreuen kann, aber
nicht zu antworten braucht. Wir ziehen uns zurück, um nachzudenken, uns zu besinnen, zu meditieren, um uns über uns
selbst und den Sinn unseres Lebens klarzuwerden. Wir sind
dazu ohne große Schwierigkeiten in der Lage, wenn wir wissen,
daß wir jederzeit zu den Menschen zurückkehren können,
wenn wir es wollen. Die meisten Menschen können Einsamkeit
nicht lange ertragen.

Menschen, die die untere Grenze ihrer Annehmlichkeitszone unterschreiten, werden von Niedergeschlagenheit heimgesucht. Unsere seelische Konstitution sorgt dafür, daß wir uns
auf die eine oder die andere Weise *unsere Streicheleinheiten
besorgen*, genauso wie sich der Körper seine Nährstoffe auf die
eine oder die andere Weise besorgt. Menschen, die physisch
hungern, verbrennen auch weiterhin genügend Stoffwechsel-
reserven, um sich am Leben zu erhalten. Fehlt es an Nahrung,
wird zunächst das überschüssige Fettgewebe verbrannt, dann
das Muskelgewebe. Wenn über längere Zeit die Nahrungsauf-
nahme unter einer kritischen Grenze liegt, gibt der Körper, in
Erkenntnis der drohenden Gefahr, bei der Verbrennung die
Unterscheidung zwischen Fett und anderen Körpergeweben
auf. In den letzten Hungerstadien werden in dem verzweifelten
Bestreben, am Leben zu bleiben, auch die lebenswichtigen
Körperorgane aufgezehrt. Schließlich tritt der Tod ein, aber
der Körper hat jeden nur möglichen Versuch unternommen,
alle verfügbaren Brennstoffe zu nutzen.

Genauso dringlich ist unser physisches und psychisches
Streichelbedürfnis. Wenn wir zu lange zu weit die Untergrenze
unserer Annehmlichkeitszone unterschritten haben, beginnen
wir unübersehbare Zeichen zu setzen: Verzweiflung, heftige
Depression, Hoffnungslosigkeit und körperliche Erkrankungen. Wenn unser Aussehen und Verhalten alarmierend genug
ist, kommt irgend jemand und sagt: «So kann es nicht weitergehen.» Womit er recht hat. Es werden Maßnahmen beschlossen, eine Therapie oder ein Klinikaufenthalt – und wir erhalten
Streicheleinheiten in reichlichem Maße. In den meisten Fällen

bleibt den Menschen der Überlebenswille erhalten, und selbst in äußerst geschwächtem Zustand finden sie Mittel und Wege, ihr Bedürfnis mitzuteilen. Wenn wir es nicht tun, sterben wir seelisch, genauso wie nach anhaltendem Nahrungsentzug der körperliche Tod eintritt.

Der üblichste Weg, unsere Versorgung mit Streicheleinheiten in der Annehmlichkeitszone zu halten, sind die *Spiele*, die Eric Berne eingehend in «Spiele der Erwachsenen»* beschreibt und die wir in «Ich bin o.k. – Du bist o.k.»** noch einmal dargestellt haben. Ein solches *Spiel* besteht aus einer Sequenz von komplementären, verdeckten Transaktionen, die bis zu einem festgelegten, vorhersagbaren Ergebnis, der Belohnung, fortgesetzt werden. *Spiele* entstehen aus Streichelmangel, und die Betroffenen verschaffen sich ihre Streicheleinheiten, wie der Körper sich seine Nährstoffe verschafft, selbst wenn sich dieses Unterfangen als selbstzerstörerisch erweist. Obwohl *Spiele* prinzipiell unehrlich sind und uns den Menschen entfremden, verschaffen sie uns Augenblicke extrem emotionsgeladener Konfrontation *und* die ersehnten Streicheleinheiten, bevor uns die Menschen wieder fremd werden. Alle Spieler ziehen *irgendeinen* Nutzen aus ihren Spielen, sonst würden sie nicht immer wieder gespielt werden. Das Spiel ist ein Schauspiel. Ein Drehbuch dazu wird in Kapitel 11 beschrieben werden.

Streicheln kommt von Menschen

Gewiß ist positives Denken von Vorteil, doch unser erster positiver Gedanke ist meistens, irgend jemanden anzurufen. Es hat den Anschein, als könnten wir unsere Batterien nicht selbst aufladen. Selbst in einsamer Kontemplation laufen uns die Gedanken fort zu anderen Menschen, zu glorreichen Auftritten im Beisein anderer, zur Erinnerung an Menschen, die

* rororo Nr. 6735
** rororo Nr. 6916

schon lange tot oder aus unserem Blickfeld verschwunden sind
und deren Leben sich vorübergehend mit dem unseren ver-
knüpfte. Die «gute alte Zeit» wird gewöhnlich bevölkert mit den
«guten alten Menschen» – Mama und Papa, dem Kumpel
Kalle, dem Mädchen von nebenan, dem besonders verständnisvollen Lehrer, der freundlichen Tante, die immer Zeit für
uns hatte. Selbst wenn wir das Zwiegespräch mit Gott suchen,
beziehen wir unser Gottesverständnis gewöhnlich aus der Erinnerung an Menschen, unter deren Einfluß wir unsere ersten
Vorstellungen von Gott entwickelten.

Die Menschen aus der Vergangenheit

Eine Streichelquelle ist die Vergegenwärtigung von Streicheleinheiten, die wir in der Vergangenheit empfangen haben. Das
fürsorgliche Eltern-Ich gehört ebenso zu unserem Gedächtnis-
bestand wie das kritische Eltern-Ich. Häufig wird uns das
Glück der Kindheit noch einmal zuteil, wenn wir im Inneren
den Beifall des Eltern-Ichs «hören». Das frühkindliche, überwältigende Wohlgefühl, das aus elterlicher Anerkennung er-
wuchs, war und bleibt für alles, was wir tun, ein mächtiger
Motivationseinfluß. Wir bleiben gewissermaßen unser ganzes
Leben auf der Suche nach Ebenbildern unserer Urstreichler,
und wenn wir sie nicht finden, stellen wir die Situationen nach,
die sie uns ins Gedächtnis rufen.

Ich fühle mich von einer Welle des Glücks überflutet, wenn
ich unseren Rosengarten oder einen hübsch gedeckten Tisch
anschaue, weil ich weiß, daß meine Mutter, wäre sie noch am
Leben, mich, ihr kleines Mädchen, überschwenglich loben
würde, weil es sich so gut macht. Ich kann ihre Worte hören,
habe ich sie doch bei vielen Gelegenheiten getreulich aufgezeichnet. Ich höre auch noch meinen Vater ausrufen: «Das ist
ja ausgezeichnet!», wenn ich als Kind neue und schwierige
Worte richtig verwendete. Er lobte mich sogar, wenn ich sie
falsch benutzte, holte dann aber das Wörterbuch, damit «wir es
gemeinsam lernten». Gewöhnlich fällt es uns sehr schwer, die

Dinge zu unterlassen, für die wir gelobt werden oder wurden. Das kann, je nachdem, wofür wir gelobt wurden, eine Gnade oder ein Fluch sein. Wenn ein Kind dafür gelobt wurde, daß es im Lebensmittelladen an der Ecke für die vaterlose Familie lange Finger machte, mag es später ein gerissener Dieb werden. Mutter hat mich dafür geliebt, warum tut ihr anderen das nicht?

In unseren Hobbies spiegeln sich die Glücksmomente der Vergangenheit. Tom baut sich gegenwärtig in einem Raum, den er erst vor kurzem fertiggestellt hat, eine komplizierte Gleisanlage für eine Modelleisenbahn der Spur o. Sie ist ein technisches Wunderwerk, maßstabsgetreu und lebensecht noch in den Geräuschen, die sie von sich gibt. Berge, Seen, Lokomotivschuppen, Pumpstationen, Kreuzungen, Brückenkonstruktionen liefern die Kulisse für die prächtigen Lokomotiven, Reise- und Güterzüge, an denen er schon zeit seines Lebens bastelt. Obwohl er dort viel Zeit alleine verbringt, ist er nicht wirklich alleine, weil er die vielfältigen Erinnerungen an seinen Vater abspielt, einen Lokomotivführer, auf dessen Schoß er abends saß und den oft erzählten, aufregenden Geschichten lauschte, in denen das stählerne Ungetüm mit Volldampf über die Hauptstrecke gejagt wurde, «um den Zug pünktlich nach Hause zu bringen».

Menschen in der Gegenwart

Die Vergangenheit in der Gegenwart zum Leben zu erwecken, das besitzt für viele Menschen große persönliche Bedeutung, doch es reicht nicht. Streicheln ist wie Himmelsmanna. Es hält einen Tag lang vor, dann brauchen wir Nachschub, da das Glück vergangener Tage so alt ist wie die Zeitung von gestern. Mögen wir in der Vergangenheit noch so viele Triumphe gefeiert, Trophäen gesammelt, Notizbücher vollgeschrieben und Fotoalben gefüllt haben, wir wachen auf und denken: «Was gibt es heute?» so sicher wie wir uns fragen: «Was gibt's zum Frühstück?» Wir werden nicht nur unserer Diät untreu, sondern auch den Figuren in unserer Vergangenheit.

Wir sind der Überzeugung, daß jeder, der einen Raum voller Menschen betritt, zu einer Konferenz eintrifft, in ein Kloster eintritt, sich in den Straßenkampf zweier Jugendbanden stürzt, zu einer Party am Swimmingpool stößt oder eine Reise zum Mond antritt, vor allem eine Frage im Kopf hat, die Urfrage: «*Wo bekommt man hier Streicheleinheiten her?*» Sie ist so fundamental wie die Mutterbrust oder das «Guck mal, Mama, freihändig!».

Menschen in Beziehungen

Zufallsbegegnungen sind keine zuverlässigen Streichelquellen. Deshalb gehen wir *Beziehungen* ein. Beziehungen sind für das Streicheln, was die Getreidespeicher für das Brot sind: eine Versorgungsgarantie. Der Mensch wird definiert durch die Summe seiner Beziehungen. Wenn Sie wissen möchten, wer Sie sind, betrachten Sie Ihre Beziehungen. Eine gute Übung ist es, alle die Personen aufzuzählen, die man in sich vereint. Eine Frau kann Ehefrau sein, Mutter, Tante, Schwester, Bürgerin, Lehrerin, Freundin, Nachbarin, Studentin, Kirchenmitglied, Bowlingsspielerin, Geldanlegerin, Philosophin, Philanthropin, Bridgespielerin oder Fußballspielerin. Stellen Sie Ihre eigene Liste zusammen. Von Ehefrau, Mutter, Tante und Schwester abgesehen, kann ein Mann alle oben genannten Rollen genausogut bekleiden. Jede Person, die Sie sind, bringt Sie mit anderen Menschen in ganz besonderen Beziehungen zusammen, das heißt, Sie sind für Ihren Partner jemand anders als für Ihren Nachbarn und für diesen wiederum jemand anders als für die Leute in der Kleinstadt, aus der Sie kommen. Sie können sich Ihre Beziehungswelt dadurch vergegenwärtigen, daß Sie ein Diagramm (Abb. 7) zeichnen, das Sie selbst im Mittelkreis zeigt und die Menschen aus Ihrem Leben in den Satellitenkreisen rundherum, die alle durch eine Speiche mit Ihnen verbunden sind.

Entscheidend für eine Beziehung ist, daß Sie ihr ein Anrecht auf Ihre Person, vor allem Ihre Zeit einräumen. Das unterscheidet

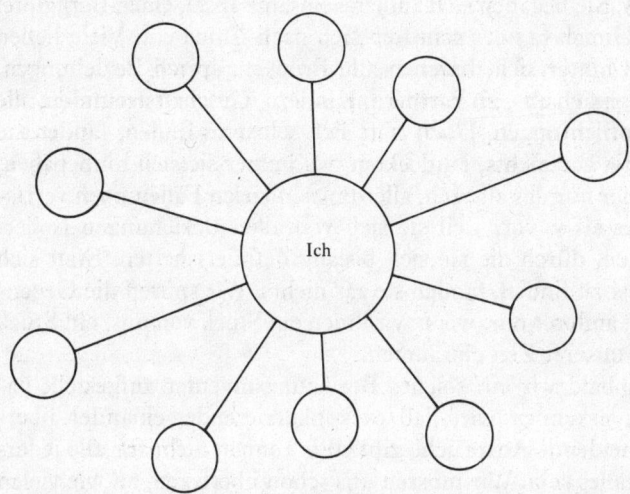

Abbildung 7
Beziehungsdiagramm

eine Beziehung von einer Zufallsbekanntschaft, jemandem, dem man ständig im Vorortzug oder Supermarkt begegnet. Und selbst eine Zufallsbekanntschaft hat nach unserer Auffassung einen Anspruch auf Freundlichkeit oder auch auf Hilfe, wenn der Betreffende in Not gerät, weil er ein Mensch ist. Doch die Ansprüche aus persönlichen Beziehungen haben Vorrang. Wenn Sie diesen Beziehungsanspruch verweigern und eine der auf Sie zulaufenden Speichen abtrennen, indem Sie zum Ausdruck bringen: «Tut mir leid, ich habe keine Zeit mehr für dich», so hört diese Beziehung auf zu existieren. Der Betreffende mag durchaus in Ihrem Umfeld bleiben, doch Sie *spüren* seine Gegenwart nicht mehr. Dann sind Sie es vielleicht, der sich einsam fühlt.

Während der «emanzipierten sechziger und sinnsuchenden siebziger Jahre» beschloß eine ungewöhnlich große Zahl von Menschen, «alles hinter sich zu lassen und sich selbst zu finden». Sie begaben sich auf eine einsame Insel, einen Berggipfel im Himalaya oder schifften sich nach China ein. Viele ließen alles hinter sich, brachen alle Brücken, sprich Beziehungen, hinter sich ab – zu Partnern, Kindern, Geschäftsfreunden, alle Verpflichtungen. Doch statt sich selbst zu finden, fanden sie häufig gar nichts, entdeckten, wo immer sie sich hinbegaben, immer nur das alte Ich, allerdings in vielen Fällen noch verlassener als zuvor, weil sie sich von allen Beziehungen isoliert hatten, durch die sie sich bislang definiert hatten. Statt sich selbst zu finden, fanden sie gar nichts. Wir spüren die Gegenwart anderer nur, wenn wir ihnen ein Stück von uns, ein Stück von unserer Zeit einräumen.

Sobald wir ein solches Beziehungsinventar aufgestellt haben, erkennen wir, daß es konkurrierende, einander überschneidende Ansprüche gibt. Wir können nicht für alle jederzeit alles sein. Wir müssen uns schon überlegen, zu wie vielen Leuten wir Beziehungen unterhalten können. Außerdem müssen wir Prioritäten setzen. Welche Beziehungen können als Vorratsspeicher fungieren? Familien können das. Freunde auch. Zusammenschlüsse mit gemeinsamen Zielsetzungen können es – Kirchen und gemeinnützige Vereine. Was wird mit Ihrer Bowlingmannschaft sein, wenn Sie fünfundsechzig sind? Oder mit den Geschäftsfreunden? Oder mit den Leuten in der Stammkneipe? Vielleicht bleiben Sie Ihnen erhalten, aber auf jeden Fall sollten Sie sich diese Fragen stellen. Wenn wir uns in kleiner Münze veräußern, wird uns die emotionale Rendite auch in kleiner Münze heimgezahlt werden. Das erinnert mich an die traurige Feststellung einer mit gesellschaftlichen Verpflichtungen überlasteten Frau: «Als meine Kinder klein waren, dachte ich, ich könnte es nicht aushalten, bis sie erwachsen sind, und als sie es glücklich waren, entdeckte ich, daß sie mich nicht aushalten konnten.» Es kann auch zu viele Menschen in unserem Leben geben.

Einen Fehler in der entgegengesetzten Richtung begeht man, wenn man zuwenig Menschen in seinem Leben hat, so daß man sich verzweifelt an die klammert, die man hat, und sie dadurch letztlich verliert. Mehr davon in Kapitel 11, «Menschen halten».

Streicheleinheiten austeilen

Jemanden streicheln heißt, ihm das zu geben, was er haben möchte. Nicht jeder wünscht die gleiche Art des Streichelns. *Ganz grundsätzlich wird Streicheln definiert als das Eindringen in das Bewußtsein eines anderen.* Es ist ein Zur-Kenntnis-Nehmen. Sie sehen mich. Sie bemerken meinen Eintritt ins Zimmer. Sie sagen «Hallo». Ich erwidere den Gruß. Das verursacht ein angenehmes Gefühl. Wenn diese elementare Anerkennung fehlt, fühlen wir uns abgewertet: wörtlich, ich habe keinen Wert. Man will mich hier nicht. Ich hätte nicht kommen sollen.

Zu einer solchen Bewußtheit sind wir erst in der Lage, wenn wir gelernt haben, unseren inneren Dialog zu verstehen, so daß unser Erwachsenen-Ich Zeit und Muße hat, andere zu *sehen.* Umfassendes Sehen heißt, daß wir sie *ganz* sehen – ihr Eltern-Ich, ihr Erwachsenen-Ich und ihr Kindheits-Ich. Wir können Signale auffangen, die uns über ihre Bedürfnisse Auskunft geben. Manchmal muß man sie allein lassen, wenn man ihre Gegenwart zur Kenntnis genommen hat. Eigentlich beschwört das Wort *Streicheln* das Bild einer körperlichen Tätigkeit herauf. So verstanden und auf die Spitze getrieben, würde eine Zusammenkunft streichelbewußter Leute einen sehr komischen Anblick bieten: Jeder würde herumgehen, Hände schütteln, Rücken klopfen, Wangen tätscheln, ständig lächeln, Nachdruck in jedes Wort legen. Das Ganze wäre so aufdringlich, daß jeder einigermaßen empfindsame Mensch davonlaufen wollte.

Wenn wir Streicheleinheiten an andere austeilen, weil es *unserem* Bedürfnis entspringt, weil es von uns erwartet wird, könnte man das als «Honig um den Bart schmieren» bezeichnen: anfangs ganz nett, aber bald ekelerregend süßlich. «Geh und streichel jemanden» mag *unseren* Bedürfnissen entsprechen, möglicherweise aber nicht denen unserer Adressaten.

Haben Sie einmal den verwirrten Ausdruck auf dem Gesicht
eines Säuglings gesehen, der von einer ängstlichen Mutter
hochgenommen und heftig gedrückt wird, um ihn zu «trösten»?
Natürlich hört das Baby auf zu weinen. Es kann ja kaum noch
atmen.

Die größte Bestätigung, die wir uns gegenseitig geben können, ist zunächst einmal *Aufmerksamkeit* und dann Reaktionen,
die von dem ausgehen, was er oder sie sagt oder tut, nicht von
dem, was unser Eltern- oder Kindheits-Ich verlangt. Die Liebe
beginnt damit, daß wir das Kindheits-Ich des anderen sehen,
was erst möglich ist, wenn wir unsere eigenen Gefühle durch
Spurensuche im Griff haben. Wenn unser Blick unbeeinträchtigt ist, weil unsere ungeteilte Aufmerksamkeit dem anderen
gilt, werden wir erkennen, was erforderlich ist: eine Berührung
an der Schulter, keine Berührung, ein ruhiger Blick, eine
Frage, keine Frage, ein Hilfsangebot, eine *Bitte* um Hilfe. Über
unser Bedürfnis zu geben vergessen wir unter Umständen, daß
auch andere das Bedürfnis haben zu geben, so daß wir undank-
bare Empfänger werden. Wir können auch ausgehungerte Ge-
ber sein. Man kann auf eine so entbehrungsvolle Art «Ich liebe
dich» sagen, daß der derart «geliebte» Mensch sich ausgesogen
vorkommt.

Wenn wir uns jemandem zuwenden, eifrig bestrebt, eine
Streicheleinheit «an den Mann zu bringen», müssen wir uns
fragen: Warum tue ich das? Weil ich es soll, muß, mich dazu
gezwungen sehe? Ein Geschäft auf Gegenseitigkeit? Wenn wir
das Geben für eine Garantie der Gegenleistung halten, für eine
mathematische Formel, mit der man durch magere Zeiten
kommt, wird sich die egoistische Natur unseres Gebens wahrscheinlich nicht verheimlichen lassen. Früher war es in manchen Kreisen üblich, Körbe voll Lebensmittel für die Bedürftigen zu sammeln und sie in einem Ritual der Barmherzigkeit
am Heiligen Abend zu verteilen, um dann sobald als möglich
den tristen Schauplatz zu verlassen, wenn man seine Pflicht
getan hatte. Zweifellos füllten diese milden Gaben hungrige
Bäuche, füllten sie aber auch die hungrigen Herzen? Es gibt

eine bevormundende Art des Gebens, die die Adressaten des
mildtätigen Aktes hinterher noch ärmer dastehen läßt als vorher. Die Grundregel, die es immer zu beachten gilt, lautet:
Schütze das Kindheits-Ich des anderen, seine Gefühle und
seine Selbstachtung. Heute helfen karitative Organisationen
den Armen, indem sie einen Vorrat an Lebensmitteln und
Kleidern anlegen, so daß sich die Bedürftigen diese Dinge zu
einem von ihnen selbst bestimmten Zeitpunkt abholen können.
Das scheint ein besseres Verfahren zu sein.

Sehr häufig brauchen Menschen, vor allem in Zeiten großen
Kummers, weniger unseren Rat oder unseren Trost als *uns*.
Dazusein ist dann oft das größte Geschenk, das wir ihnen
machen können. Ein offenes Ohr ist häufig willkommener als
ein sprechender Mund. Geteilte Tränen sind unter Umständen
mehr wert als tröstende Worte. Lord Byron hat geschrieben:
«Wir können weiter durch eine Träne als durch ein Fernrohr
sehen.» Gefühle sind oft wertvoller als Fakten. Abermals ist
Aufmerksamkeit der Schlüssel zum anderen. Der Schwache
braucht nicht immer den Starken. Manchmal hilft es, wenn wir
unsere Mißerfolge teilen. Wenn Ihnen nach Weinen zumute ist
und Sie lassen Ihren Tränen freien Lauf, so können Sie einem
bedrückten Menschen dadurch in seinem Kummer helfen, Sie
geben ihm eine tief und dankbar empfundene Streicheleinheit.

Formen des Streichelns

Angenommen, wir sind *bewußt* und haben den ehrlichen
Wunsch, in Gemeinschaft mit anderen zu leben, welche besonderen Formen des Streichelns stehen uns dann zur Verfügung?

1. *Blickkontakt.* Ich sehe dich, du siehst mich – das ist, als
würden sich zwei Seelen durchdringen. Dieser Kontakt
braucht nicht von Dauer, nicht besonders intensiv, ein Anstar-
ren etwa, zu sein. «Was macht Männer sexy?» wurde eine Frau
gefragt. Ihre Antwort: «Daß sie mich sehen.» Sehen Sie andere
um ihrer selbst willen!

Wenn Sie Brillenträger sind, tragen Sie Ihre Brille! Putzen

Sie sie außerdem mindestens einmal am Tag. Wenn Sie eine
Brille brauchen, aber keine tragen möchten, fragen Sie Ihren
Augenarzt, ob sich Ihr Sehfehler auch durch Kontaktlinsen
korrigieren läßt. Eitelkeit mag sich auszahlen, doch nicht zugunsten enger Beziehungen. Manchmal lassen Brillenträger
ihre Brille zu Hause, wenn sie zu einer Party gehen, weil sie sich
so für attraktiver halten. Doch Sie werden kaum das Gefühl
haben, richtig dazuzugehören, wenn Sie alle verschwommen
sehen. Sie interessiert nur die Frage «Wie sehe *ich* aus?», nicht
«Wie siehst *du* aus?», und das ist ebenso fatal wie das «Wie
mache ich mich?» des «netten Burschen». Wie sollen Sie auch
ein freundliches Winken in der entgegengesetzten Ecke eines
überfüllten Raumes wahrnehmen, wenn Sie kaum zwei Meter
weit sehen können? Wir verpassen unsere Streicheleinheiten,
wenn wir nicht sehen können. Genausowenig können wir andere streicheln, wenn wir sie nicht sehen.

2. *Zuhören.* Zu den wirksamsten Streichelarten gehört es,
anderen zuzuhören. Lassen Sie andere Menschen aussprechen.
Lassen Sie sich Zeit. Lassen Sie ihnen Zeit. Entspannen Sie
sich. Vermeiden Sie jede zur Eile drängende Körpersprache,
die Auf- und Abbewegung des Kopfes, die dem anderen bedeuten soll, er möge schneller sprechen, die ungeduldigen
Unterbrechungen, die deutlich machen «Mach schon, ich hab
nicht den ganzen Tag Zeit». Wenn Sie wirklich nicht den
ganzen Tag Zeit haben, dann warten Sie eine günstige Gelegenheit ab und sagen Sie es *ehrlich*: «Ich würde gerne noch
bleiben und mich mit Ihnen unterhalten, aber ich habe eine
Verabredung um zehn, deshalb muß ich jetzt gehen.» Solche
Mitteilungen sollten so rücksichtsvoll gemacht werden, daß das
Kindheits-Ich des anderen nicht verletzt wird.

Wenn Sie schwerhörig sind, tragen Sie ein Hörgerät. Wenn
Sie jemanden kennen, der ein solches Gerät trägt, fragen Sie
ihn, was das für ein Gefühl ist. Hörgeräte sind nicht leicht zu
tragen. Toms Hörfähigkeit ist stark eingeschränkt. Er hat als
Arzt in der Kriegsmarine gedient, als Pearl Harbor von den
Japanern angegriffen wurde. Die stundenlangen Explosionen

und Erschütterungen schädigten seine Ohren. Er trägt zwei Hörgeräte, praktiziert aber auch das Lippenlesen. Man kann auf seine Beeinträchtigung Rücksicht nehmen, indem man stehenbleibt, während man mit ihm spricht, keinen Satz beginnt und quer durch das Zimmer geht, während man ihn beendet. Wenn wir von der Behinderung wissen, besteht eine Möglichkeit, den Betroffenen zu streicheln, darin, daß wir ihn nach seiner Behinderung fragen und sie nicht übersehen, als wäre sie gar nichts. Wir können dann weiter fragen: «Was kann ich tun, um es Ihnen leichter zu machen?» Träger von Hörgeräten braucht man nicht anzuschreien. Für die Lautstärke ist gesorgt. Schreien ist schmerzhaft.

3. *Fragen stellen.* Was und wie wir fragen, ergibt sich aus unserer Aufmerksamkeit. Obwohl uns ja allen beigebracht worden ist, uns nicht in die Angelegenheiten anderer Leute einzumischen, freuen sich in Wirklichkeit die meisten Menschen darüber, wenn man sich eingehend nach ihnen erkundigt. Nicht alle, doch die meisten. Wir werden mit Leuten bekannt gemacht, die offensichtlich schon einiges erlebt haben. Vielleicht stapeln sich ihre Verdienste bis zur Decke, und nun würden sie Ihnen gerne etwas aus ihrem reichen Leben mitteilen. Doch sie können schlecht sagen: Wußten Sie eigentlich, daß ich die erste Frau bin, die die Erde umkreist, den Ärmelkanal durchschwommen, Anno dazumal den Nobelpreis erhalten hat? Da genügt ein freundlicher Anstoß. «Ich könnte mir vorstellen, daß Sie einen interessanten Beruf haben» wird eine freudige Reaktion auslösen, es sei denn, Sie haben es zufällig mit einem Gangster zu tun. Daran läßt sich dann leicht anknüpfen: «Mich würde interessieren, wie Sie Sachverständiger für Fragen des Briefmarkentausches geworden sind.» Und so entwickelt sich ein Gespräch, aus dem Sie beide Nutzen ziehen.

4. *Benutzen Sie Namen.* Wie schön ist es, beim Namen genannt zu werden. Wie niederschmetternd dagegen, mit dem Namen eines anderen angeredet zu werden oder mit einem Dutzendwort wie Süße, Lieber, Alter oder Na du. Von der Wiege bis zum Grab sind *Sie* Ihr Name. Mit fünfundachtzig

lag mein Vater nach einer schweren Operation im Krankenhaus. Er war so schwach, daß er nur flüstern konnte, aber sogar
seinem Flüsterton hörte man die Entrüstung an: «Was wissen
diese Schwestern eigentlich von kranken Menschen? Sie nennen mich *Opa*. Kennen sie noch nicht einmal meinen Namen?»
Ich schlug dem Krankenhausdirektor vor, den Namen eines
jeden Patienten in großen Buchstaben auf das Fußende der
Betten schreiben zu lassen, so daß die Schwestern ihn beim
Betreten des Zimmers sehen müssen. Das würde, so erläuterte
ich ihm meine Auffassung, so heilsam sein wie irgendeine der
ärztlichen Maßnahmen. Er erklärte sich einverstanden und
wollte sich darum kümmern, wies allerdings darauf hin, daß es
dazu des Einverständnisses der Patienten bedürfe, da es Patienten gäbe, die gern anonym blieben.

Der Schlüssel zum richtigen Gebrauch von Namen ist wiederum Bewußtheit. In unserer flapsigen, zudringlichen amerikanischen Art sind wir viel zu schnell mit den Vornamen bei der
Hand. Wenn jemand ein Viertel seines Lebens damit zuge-
bracht hat, seinen Doktor zu machen, wird er es wahrscheinlich
sehr zu schätzen wissen, wenn man ihn mit *Dr*. Meier anredet.
Es ist nicht nur eine Frage der Ehre, sondern auch eine der
Information.

Nachdem ich längere Zeit in Schweden verbracht hatte,
gewann ich zunehmend Gefallen an dem schwedischen Titel-
gebrauch. Dort hat fast jeder einen Titel. Das Vorstellen geschieht sehr förmlich. Wenn der Betreffende Bahnhofsvorste-
her ist, geht diese Information als Titel in die Vorstellung ein.
Als ich dort war, wurde mir jemand als «Journalist Soundso»
vorgestellt. So kann man die Menschen einordnen – als Krankenschwestern, Lehrer, Angestellte, Geistliche, Wissenschaftler, Ingenieure, Redakteure, Psychologen, Psychiater, Buch-
halter, Gutsbesitzer, Filialleiter, Sekretärinnen. Deshalb kann
man gleich nach der Vorstellung ein Gespräch beginnen, denn
man weiß ja schon eine ganze Menge.

Als Schwedens König Karl Gustav San Francisco besuchte,
wurde er von einem Reporter gefragt, wie er denn gerne ange-

redet werden möchte. Karl Gustav antwortete: «Sie können mich König nennen.» Eine blitzsaubere Transaktion.

Außerdem wollen wir alle auch gern etwas über uns mitteilen. Diese Information schmuggeln wir dann doch noch über die Anstandsgrenze, aber eben auf verdeckte Weise, durch *Spiele*. Wenn wir nicht direkt sagen können, was wir sind (beruflich), beginnen wir, mit Symbolen – Autos, Kleidung, Schmuck – oder Manierismen – freundliche Herablassung, elitäre Sprechweise, Schweigen – zu arbeiten. Das wäre unter der Würde eines gebildeten Menschen, meinen Sie? Wollen wir wetten? Menschen sind oft allzu menschlich.

Ein negativer Aspekt des Titelsystems ist seine scheinbar undemokratische Wirkung. Was ist, wenn man «nur ein Mensch» ist, ein Herr oder eine Frau Soundso? Doch auch diese Anrede in Verbindung mit dem Nachnamen bezeichnet den Menschen genauer als nur der Vorname, ordnet sie ihn doch einer Familie zu. Wenn die Menschen sich kennen, mag es einfacher sein, sich mit Vornamen anzureden, das hängt von den Usancen der Gruppe ab. Einige Großunternehmen legen ihren Angestellten die Anrede mit Vornamen nahe, weil sie meinen, die Zwanglosigkeit fördere den Teamgeist und die Kreativität. Es ist jedoch wahrscheinlich, daß diese Angestellten schon einiges voneinander wissen. Vielleicht haben sie manches erfahren, als sie vorgestellt wurden.

Die meisten Menschen fühlen sich bei Vorstellungen etwas unbehaglich und wissen nicht recht, was sie sagen sollen, weil es nur sehr unbestimmte Regeln für solche Anlässe gibt. Das ist schade, denn Vorstellungen können der Beginn einer erfreulichen Transaktion oder sogar Beziehung sein. Wir müssen entscheiden, welche Etikette für uns Geltung haben soll, und danach unseren Kindern beibringen, wie man sich mit Menschen bekannt macht. Nach unserer Auffassung sollten Kinder ältere Verwandte mit den entsprechenden Bezeichnungen anreden, etwa als Tante Margret oder Onkel Erwin, und den Nachbarn als Herrn Naumann oder Frau Wegner. Das ist eine Möglichkeit, Kindern klarzumachen, daß in unserer Gesell-

schaft die Erwachsenen die Verantwortung tragen. Wie der
Dank an die Stewardeß sind solche Anreden eine Frage des
Benehmens. Und gute Manieren sorgen nicht nur für freundliche, übersichtliche Beziehungen, sondern, wie Prinz Charles
gesagt hat: «Sie verschaffen uns, was wir haben möchten.»

Doch ganz gleich, wie wir Menschen anreden, die entscheidende Mitteilung muß lauten, daß sie uns etwas bedeuten, *daß
sie o.k. sind*. Der *San Francisco Chronicle* brachte folgende
Anekdote über den für seine Liebenswürdigkeit bekannten
Pierre Monteux, damals Dirigent der San Franciscoer Sym-
phoniker: «Eines Tages wurde das Ehepaar Monteux mitsamt
dem berühmten Pudel Fifi in einem Motel in New England von
der Besitzerin abgewiesen, die beim Anblick des Hundes unwirsch erklärte: ‹Wir sind besetzt.› Plötzlich erkannte sie den
berühmten Musiker, lief hinter ihm her und entschuldigte sich
mit den Worten: ‹Ich habe erst nicht gesehen, wer Sie sind.›
‹Madame›, erwiderte der Maestro, ‹jeder Mensch ist wer. Au
revoir.›»

5. *Geben Sie sich preis.* Machen Sie einen Anfang, indem Sie
Ihren Namen preisgeben. Sie merken leicht, wenn sich jemand
nicht an Sie erinnern kann. Plötzliche Erleichterung wird sich
auf seinem Gesicht zeigen, wenn Sie freundlich sagen: «Ich bin
Frau Kramer. Ich glaube, wir haben uns auf dem Elternabend
getroffen. Ich bin Martins Mutter.» Wenn Ihre Gesprächspart-
nerin nicht mit *ihrem* Namen antwortet, was sie jedoch wahrscheinlich tun wird, ist es keine Schande zu sagen: «Tut mir
leid, ich müßte mich eigentlich an Ihren Namen erinnern, aber
er fällt mir nicht ein.» Seien Sie mutig. Das ist besser, als sich
durch ein peinliches Gespräch zu wurschteln, nichts als die
Frage im Kopf: Wie war ihr Name? Wie *war* ihr Name? *Wie*
war ihr Name?

6. *Seien Sie ein Belohner.* Ganz gleich, wieviel Sie zu tun
haben, es kostet Sie nur eine Minute, jemandem eine Postkarte
oder eine Nachricht zu schicken, die ihm mitteilt, wie sehr Sie
sich über seine Freundlichkeit, seinen Anruf oder seinen Brief
gefreut haben. Die Regel lautet: Tun Sie es jetzt! Dann können

Sie auf den langen ersten Absatz verzichten, in dem Sie aufzählen, wieviel Sie zu tun gehabt haben, Ihre Saumseligkeit erklären und all die langweiligen Entschuldigungen herbeten.

7. *Tragen Sie stets Adreßbuch, Postkarten und Schreiber bei sich.* Ein Unsegen der modernen Zeit ist das Warten. Auf Flughäfen, in Behörden, an Bushaltestellen und in Wartezimmern. Statt sich über die Zeitverschwendung oder die uralten Illustrierten zu ärgern, schreiben Sie doch lieber eine Nachricht an einen Freund. Wenn Menschen das Wichtigste auf der Welt sind, ist Ihr Adreßbuch einer Ihrer wichtigsten Aktivposten. Der blasseste Federzug ist immer noch besser als eine gute Absicht, die eine Absicht blieb. Zehn hastig gekritzelte Worte sind besser als keines.

8. *Machen Sie Pläne.* Manche Menschen glauben, das Glück sei etwas, das Fortuna wahllos aus ihrem Füllhorn zieht. Sie legen die Hände in den Schoß und warten. Ein bißchen mehr kann man schon tun. In einer unserer Gruppen sprachen wir über die Planung von Parties. Eine Frau sagte: «Ich finde, spontane Feste machen mehr Spaß.» Wir fanden auch, daß spontane Geselligkeiten mehr Spaß machen. Es zeigte sich aber im weiteren Verlauf des Gesprächs, daß spontane Dinge eher solchen Menschen gelingen, die auch systematisch planen können.

Wir haben Probleme mit Parties, weil wir sie zu raffiniert machen. Irgendeine mahnende innere Stimme sagt uns: «*Das kann man den Leuten doch nicht vorsetzen!*» Wenn es eßbar ist, kann man es. Perfektionismus kann die besten Absichten zunichte machen. Was macht es schon, wenn die Party nicht perfekt ist? Vielleicht macht sie Spaß.

9. *Lassen Sie keine Nichtachtung durchgehen.* Nichtachtung ist Abwertung, und das Gegenteil von Nichtachtung ist Beachtung, also *Achtung.* Wenn Sie jemanden mit «Hallo» begrüßen und der Betreffende Ihren Gruß nicht beachtet, dann seien Sie hartnäckig. Wiederholen Sie ihn: «He, hallo!» Vielleicht hat er Sie nicht gehört. Wenn der andere Sie absichtlich übersieht, ist es *sein* Problem. Sie haben das Ihre getan. «Zeigen Sie hörbare

Reaktionen!» lautete eine unserer Vorschriften für TA-Gruppen. Wenn jemand einen Beitrag zur Gruppendiskussion liefert, müssen Sie als Gruppenleiter so laut, daß der Betreffende es hören kann, sagen: «Das gefällt mir» oder «Ich bin nicht Ihrer Meinung, aber ich danke Ihnen für Ihre Äußerung». Fehlt es an hörbaren Reaktionen, fühlen sich die Gruppenmitglieder abgewertet. Vielleicht glauben sie, eine törichte Bemerkung gemacht zu haben, und schwören sich, das nächste Mal den Mund zu halten.

10. *Sorgen Sie für Auflockerung.* Humor ist die Schlagsahne des Lebens, die dem Kindheits-Ich des anderen auf der Zunge zergeht. Lachen kann uns von der Last der Pflicht, der Verantwortung, der Sorge und Plackerei befreien. Als unsere Tochter Gretchen noch ein kleines Mädchen war, habe ich ihr einmal eine lange Gardinenpredigt gehalten, die mit den Worten endete: «Ich weiß einfach nicht, was ich mit dir machen soll.» «Küß mich!» schlug sie fröhlich vor. Das Problem habe ich vergessen, aber an den Kuß erinnere ich mich noch.

11. *Tun Sie etwas.* In Ihrem Leben wird sich nichts verändern, bis Ihre Absichten in Ihre Muskeln fahren und das Handeln beginnt. Ein verräterischer Hinweis auf die Untätigkeit eines Menschen ist das Wort «versuchen»: Ich will versuchen, mehr Menschen kennenzulernen; ich will versuchen, die Verantwortung für mein Leben zu übernehmen; ich will versuchen, freundlicher zu sein. Ersetzen Sie «ich will versuchen» durch «ich werde», und die Erfolgsaussichten stehen gut. Ersetzen Sie «Ich werde das und das tun» dadurch, daß Sie anfangen, eben dies zu tun, und alles ist vollbracht.

Neue, bessere Gefühle erwachsen aus dem Handeln, nicht aus dem Nachdenken über das Handeln. Ich will versuchen, Onkel Helmut in den nächsten Tagen zu schreiben, ist lediglich etwas, was ich tun *muß*. Wenn ich jedoch den Brief in den Kasten werfe, so ist das eine Handlung, die Zufriedenheit schafft.

12. *Beschränken Sie die Zahl Ihrer Absichten.* Wenn Sie gleich heute eine der obigen Streichelanleitungen in die Tat umset-

zen, so haben Sie den Bann der langen Untätigkeit gebrochen
– sofern Sie bis heute untätig gewesen sind. Wahrscheinlich ist
es besser, *einmal* anzurufen, als eine Liste der 55 Leute aufzu-
stellen, die Sie in diesem Jahr noch anrufen wollen.

9

Was wünschen Sie?

Eine Frau berichtet, daß sie in einem Arbeitskreis der Kirchengemeinde für längerfristige Planung mitgearbeitet hatte. Auf der ersten Abendsitzung schrieb der Vorsitzende an die Wandtafel: ZIELE: *kurzfristige und langfristige.*

Müdigkeit zeigte sich auf den Gesichtern der Ausschußmitglieder, die alle schon einen langen Tag hinter sich hatten. Ziele, das schien nur ein anderes Wort zu sein für «Du mußt», «Du bist verpflichtet», ja, für das «Du sollst» der Zehn Gebote. Angesichts dieser Reaktion fragte die Frau den Vorsitzenden, ob sie an der Tafel etwas umformulieren dürfe, was er gern erlaubte. Sie strich ZIELE durch und schrieb WÜNSCHE: *kurzfristige und langfristige.* Darunter schrieb sie: *Ich wünsche:* 1 . . . 2 . . . 3 . . . 4 . . .

Auf den Gesichtern zeigte sich jetzt Neugier. Drei Leute setzten sich bequemer hin, zwei beugten sich in ihren Stühlen nach vorn, eine Frau legte ihren Bleistift hin, eine andere fragte heiter: «Was haben Sie vor?» Auftritt des Kindheits-Ichs. Vereinzelte Lacher.

Sie erklärte, was sie verändert hatte. *Ziel* ist Eltern-Ich, *Wunsch* ist Kindheits-Ich. Wenn wir das Kindheits-Ich nicht in unseren Plänen berücksichtigen – ganz gleich, ob sie für die kirchliche Arbeit, ein Schulprogramm oder einen Familienausflug bestimmt sind –, so können wir mit einiger Sicherheit davon ausgehen, daß unsere Pläne scheitern werden. Im allgemeinen werden wir keine Ziele erreichen, die wir nicht wünschen. Sobald der Ausschuß über Wünsche, persönliche Wünsche zu sprechen begann, wandte sich das Gespräch vom Allgemeinen dem Besonderen zu. Ein Mitglied berichtete von Familienschwierigkeiten und erklärte, er würde es begrüßen, wenn die Kirchengemeinde eine regelmäßige Beratungsgruppe einrichten würde. Eine andere Teilnehmerin machte sich Sorgen um ihren halbwüchsigen Sohn, der zur Konfirmationsstunde keine Lust mehr hatte, weil er fand, das sei «etwas für Kinder». Eine Frau sagte, sie sei einsam und würde sich freuen, wenn jemand zu ihr in das Haus ziehen würde, das ihr viel zu groß und leer erschien, seit ihr Mann gestorben war. Plötzlich sprachen die Ausschußmitglieder über ihre ureigensten Interessen, unter anderem über die Ängste, Bedürfnisse und *Wünsche* ihres Kindheits-Ichs. Nachdem sie diese persönlichen Wünsche in eine Beziehung zur Gemeindearbeit gebracht und aufgelistet hatten, begannen sie, Maßnahmen zu ihrer Erfüllung zu entwerfen.

Typische *Ziele*, an denen das Kindheits-Ich nicht teilhat, sind unsere guten Vorsätze zu Neujahr: 1. Das Trinken aufgeben. (Welche Getränke?) 2. Nicht mehr soviel essen. (Wieviel wäre richtig?) 3. Ordnung in das Leben bringen. (In die Gewerkschaft eintreten? Den Schreibtisch aufräumen? Eine Demonstration planen? Oder was sonst?) 4. Jeden Morgen um fünf Uhr 15 Kilometer joggen. (Beim Arzt gewesen, um feststellen zu lassen, daß keine Einwände gegen das Joggen bestehen?) 5. Weniger Fernsehen. (Welche Sendungen sollen gestrichen werden?) 6. Unter allen Umständen freundlich bleiben. (Und wenn die Kellnerin mir heißen Kaffee über den Rücken schüttet?) Das Kindheits-Ich ist helle. Wenn es irgendeinen der oben genannten Punkte *wünscht*, wird der entsprechende Vorsatz sehr viel detaillierter sein. Verschwommenheit schreibt den Status quo fest. Denken wir an die Politiker, die den Armen bessere Lebensbedingungen versprechen oder den Frauen mehr Gleichberechtigung. Gleichberechtigung ist *Gleich*berechtigung. Wie kann es davon mehr oder weniger geben?

Kaum haben wir zu Neujahr die guten Vorsätze gefaßt, wiegen wir uns in der Illusion, daß wir uns ändern werden.

Doch schon am dritten Tag ist es mit unserer Energie vorbei,
wir vergessen alle Vorsätze, holen die Kartoffelchips aus
dem Schrank, legen die Beine hoch und sehen uns den Spät-
film an, obwohl wir wissen, daß wir lieber ins Bett gehen
sollten.

Friedman und Rosenman schrieben in ihrem Buch «Der
A-Typ und der B-Typ»: «Wenn Sie Ihr Leben also genießen
wollen, müssen Sie zuerst jeden einzelnen Tag genießen.» Und
wie genießt man jeden einzelnen Tag? Die Autoren schlagen
vor: «Um die Tage zu genießen, brauchen Sie . . . schöne Dinge
und Ereignisse, an die Sie denken können – obgleich diese
Dinge und Ereignisse Ihren Freunden und Kollegen albern
vorkommen mögen.»*

So wie wir unser Leben in überschaubare Tagesabschnitte
zerlegen müssen, so müssen wir auch die Schönheit betrachten,
damit wir in der Lage sind, sie zu sehen. Schönheit, die erlebt
werden soll, muß im Kontext unseres Lebens vorkommen.
Wenn Häßlichkeit und Elend unseren Erfahrungshorizont bestimmen und wir diese Erfahrung verändern möchten, müssen
wir irgendwo am Detail beginnen. Wir fangen mit einer
Wunschliste an. Den Menschen, die meinen, Wünsche seien
egoistisch, genußsüchtig oder «töricht», kann eine Analyse ihrer
Wünsche zeigen, ob ihre Ansicht zutrifft oder nicht. Allerdings
läßt sich nichts analysieren, bevor es nicht eindeutig ausgesprochen oder niedergeschrieben ist. Das geht ganz einfach.

Nehmen Sie ein Blatt Papier und schreiben Sie auf, was
Ihnen in den Sinn kommt, folgen Sie Ihrer freien Assoziation.
Unzensiert. Es ist *Ihre* Liste und Ihr Leben. Zeigen Sie sie
niemandem, bevor Sie sie nicht analysiert haben. Wenn Sie
beispielsweise mit Drachenfliegen beginnen wollen, zeigen Sie
die Liste Ihrem Ehepartner nicht, bevor Sie sich nicht über die
Konsequenzen klargeworden sind – auch das ist ein Teil der
Analyse. Wenn *Ihr* Entschluß zum Drachenfliegen aus Ihrem

---

* M. Friedman und R. Rosenman, Der A-Typ und der B-Typ. Reinbek bei
  Hamburg 1975, S. 208

Partner ein Nervenbündel macht, sollten Sie sich dagegen entscheiden. Die vielen Bereiche unseres Lebens, die meist von Beziehungen geprägt sind, müssen untereinander verbunden sein, wenn wir nicht als Einsiedler leben wollen. Das heißt nicht, daß jedes unserer Vorhaben auf einhellige Zustimmung stoßen muß. Doch wir müssen uns die Folgen einer Ablehnung klarmachen. Und wir müssen uns überlegen, was wir tun können, wenn unsere Wünsche mit den Wünschen anderer kollidieren.

Schreiben Sie zunächst Ihre Wünsche auf, alle, die Ihnen in den Sinn kommen, die kurzfristigen und die langfristigen, die idiotischen, die interessanten und die intelligenten. Es folgt eine solche Liste:

1. Einen roten Sportwagen
2. Rollerskates
3. Sonnenbräune
4. Eine Million Dollar
5. Einen Freund
6. Zwölf Kinder
7. Einen Lamyfüller
8. Eine Goetheausgabe
9. Einen Heimcomputer
10. Einen Hund
11. Präsident der Vereinigten Staaten werden
12. Elternbeiratsvorsitzende werden
13. Ein Paar Birkenstockschuhe
14. Hübsche Zähne
15. Kontaktlinsen
16. Einen tollen Körper
17. Einen Blumenkasten voller Geranien an der Eingangstür
18. Blondes Haar
19. Eine gleichgesinnte Seele
20. Ein Wasserbett
21. Mein Name in Leuchtbuchstaben ganz groß irgendwo
22. Eine Berghütte

23. Genug zu essen für meine Kinder
24. Ein großes Abendessen
25. Hanteln
26. Eine Riesenpackung Pralinen
27. Ein Moped

    Ganz schön lang, nicht? Schreiben Sie weiter! Große Träume kosten keinen Pfennig mehr als kleine Träume.

28. Eine große Sache, für die ich mich einsetzen kann
29. Bilaterale Abrüstung
30. Einen Tröster für schwere Stunden
31. Klavierspielen
32. Einen eigenen Schreibtisch
33. Einen Anrufbeantworter
34. Jeden Morgen zwei Stunden Frieden und Ruhe
35. Öffentliches Ansehen
36. Eine fehlerfreie Rechtschreibung
37. Eine wirklich enge Beziehung zu einem anderen Menschen
38. Weihnachten in der Karibik
39. Das Leben in vollen Zügen zu genießen
40. Eine Dusche
41. Jemand Nettes und Reiches zum Heiraten
42. Jugend
43. Einen Besuch beim Friseur
44. Am Morgen glücklich aufzuwachen
45. Ein Stück Zitronentorte
46. Ein Buch zu schreiben
47. Den Dr. phil.
48. Ein Ferngespräch mit einem alten Freund
49. Ein Adoptivkind
50. Keine Kopfschmerzen
51. Eine Party
52. Französisch zu lernen
53. Jedes Land Europas zu besuchen
54. Einen Rosengarten anzulegen
55. In einem Chor zu singen

56. Einen aufgeräumten Schreibtisch
57. Eine Beförderung
58. Eine Scheidung
59. In einer Kommune zu leben
60. Lange zu leben
61. Die Königin von England zu treffen
62. Einen Sitz im Parlament
63. Domino spielen
64. Lachen
65. Spazierenzugehen
66. In einen Meditationskurs zu gehen
67. Den Chef runterzuputzen
68. Shakespeares Werk auswendig zu lernen
69. Maßgeschneiderte Kleidung
70. Waldhorn zu spielen
71. Kartoffeln anzupflanzen
72. Den Briefkasten zu streichen
73. Fließend Wasser
74. Einen Heimtrainer
75. Eine Banane

Der Wert einer solchen Liste liegt in ihrer Detailliertheit und Spontaneität. Es müssen genau die Wünsche sein, die in unser Bewußtsein dringen, während wir unseren täglichen Geschäften nachgehen. Uns wird dann auch eher klar, daß die anderen Menschen sich mit ebenso konkreten oder auch «merkwürdigen» Wünschen tragen wie wir. Manche Menschen möchten ihre Wünsche absichern, indem sie ihre Phantasien etikettieren und sich in Form von Aufklebern aufs Auto pappen: «Ich würde lieber fliegen» oder tauchen oder segeln oder lieben.

Manche Dinge können wir sofort tun, etwa lächeln oder lachen. Als Norman Cousins schwer erkrankte, glaubte er an die Heilwirkung des Lachens und bewies, daß er recht hatte.*

* «Zur Kontrolle lasen wir unmittelbar vor und mehrere Stunden nach den ‹Lachepisoden› die Blutsenkung ab. Jedesmal war sie um mindestens fünf Punkte gesunken. Das war zwar kein wesentlicher Rückgang, aber er hielt an und verstärkte sich. Ich freute mich sehr über die Entdeckung, daß es eine

Von einer Krankenschwester ließ er sich komische Filme vor-
führen und aus Witzbüchern vorlesen. Er mußte sein Gelächter planen. Um einen Lamyfüller zu kaufen, müssen wir nur ins
Geschäft gehen und das nötige Geld haben, um ihn zu kaufen.
Wir können jederzeit spazierengehen, und es kostet uns keinen Pfennig. Nützlich ist es, unsere Wünsche zu unterteilen in
1. Dinge, die wir alleine tun können und die nichts kosten;
2. Dinge, die wir alleine tun können und die etwas kosten;
3. Dinge, die wir nur mit anderen tun können und die nichts
kosten; und 4. Dinge, die wir nur mit anderen tun können und
die etwas kosten. Anhand dieser Kategorien können wir unsere
Entschuldigungen entkräften, daß «wir nicht genug Geld» oder
«keine Freunde» haben.

Oft müssen wir unsere sehr globalen Wünsche in überschaubare Einzelwünsche zerlegen. Realisieren lassen sich
nur konkrete Wünsche. Obwohl wir möglicherweise etwas so
Endgültiges wie den Weltfrieden wünschen, werden wir uns
dieses Verlangens im allgemeinen nur innerhalb einer
Gruppe, einer Diskussion weltpolitischer Probleme oder bei
der Lektüre unserer Morgenzeitung bewußt. In der Regel
wird der Wunsch nicht konkret, bevor wir nicht lesen, daß
wir möglicherweise eingezogen werden, oder uns den Film
«The Day After» ansehen. Auf einem Schild in unserem Arbeitszimmer heißt es: «Nichts passiert, bevor es nicht dir
selbst passiert.» In Wirklichkeit stimmt das natürlich nicht,
doch unserer Erfahrung stellt es sich so dar. Einige der oben
aufgelisteten Wünsche mögen manchen Menschen, vielleicht
auch Ihnen, trivial erscheinen. Das führt uns zum nächsten
Schritt unserer Wunschanalyse.

physiologische Grundlage für die alte Theorie gab, daß Lachen eine gute
Medizin sei.» Norman Cousins, Der Arzt in uns selbst. Anatomie einer
Krankheit aus der Sicht des Betroffenen. Reinbek bei Hamburg 1981, S. 38

Welcher Teil von mir wünscht es?

Entscheiden Sie bei jedem Wunsch, welcher Teil von Ihnen diesen Wunsch hegt: Eltern-Ich, Erwachsenen-Ich, Kindheits-Ich oder irgendeine Kombination dieser Teile. Wie jede andere Analyse erfordert auch diese Zeit und Nachdenken. Wenn wir bei einer Sache feststellen, daß unser Kindheits-Ich sie nicht wünscht, werden wir sie wahrscheinlich nicht bekommen, da das Kindheits-Ich das «Ich möchte», die Motivation, beisteuert. Wenn nur das Kindheits-Ich es wünscht, ist es unter Umständen nicht von Vorteil für uns, da das Kindheits-Ich weder Konsequenzen noch andere Wirklichkeitsaspekte berücksichtigt. Wenn nur das Eltern-Ich es wünscht, werden wir vielleicht ein starkes *Muß* empfinden, und die Angst im Kindheits-Ich mag eine gewisse Motivation darstellen, doch Angst, mag sie auch dem Selbsterhaltungstrieb entspringen, führt nicht immer zu einer Verbesserung der Lebensqualität. Auch das Erwachsenen-Ich muß an dem Wunsch beteiligt sein, da dieser Teil unserer Persönlichkeit für das «Wie» zuständig ist. Gelegentlich ist eine Zusammenarbeit zwischen Erwachsenen-Ich und Kindheits-Ich von Erfolg gekrönt, auch wenn das Eltern-Ich nicht bekommt, was es möchte. Die Verbindung von Eltern-, Erwachsenen- *und* Kindheits-Ich wird, wenn eine solche Konstellation überhaupt möglich ist, in der Regel dafür sorgen, daß man bekommt, was man wünscht. Nie verläßt uns das Verlangen, dem Eltern-Ich zu gefallen. Die Billigung des Eltern-Ichs ist eine ununterbrochen laufende Aufzeichnung, ein innerer Beifall, der uns noch immer guttut. Deshalb hören wir nie auf, uns dem Eltern-Ich anzupassen, so wie wir es als Kleinkinder taten, obwohl unsere Anpassung inzwischen den selbstbewußten Stempel unserer eigenen Persönlichkeit tragen mag. So kann zum Beispiel der Sohn eines Politikers schwören, niemals Politiker zu werden, vielleicht aber wird er Journalist und nimmt es nun mit den Politikern *und* seinem Eltern-Ich auf, hat aber nach wie vor mit der Politik zu tun.

Alternativen für die Erfüllung
der einzelnen Wünsche

Wenn Sie sich eine Million Dollar wünschen, haben Sie verschiedene Möglichkeiten, sich diesen Wunsch zu erfüllen, unter anderem, indem Sie eine Bank überfallen. Sie können auch ein Universitätsstudium absolvieren, von der Poesie auf die Petrochemie umsteigen, eine reiche Heirat machen, eine Gehaltserhöhung verlangen, nach versunkenen Schätzen tauchen, all Ihr Geld sparen oder nichts ausgeben. Oder Sie kaufen sich ein Buch, das Ihnen das Geheimnis verrät: «Reich werden ohne Mühe», wenn es sein muß, auch mit Mühe. Jedenfalls brauchen Sie Information und müssen diese kritisch prüfen, wenn Sie bekommen wollen, was Sie sich wünschen. Vielleicht werden Sie sich dabei darüber klar, daß Sie es, bei Licht besehen, gar nicht mehr wünschen.

Eine Möglichkeit, die die Menschen heute ganz vergessen, besteht darin, daß man um das bittet, was man haben möchte. Je deutlicher unsere Bitte, desto größer die Aussicht, daß wir es bekommen. Sie sind zu Besuch im Haus von Freunden. Am Nachmittag verspüren Sie plötzlich einen Heißhunger auf eine Banane. Wie sind Ihre Aussichten, mit einer der folgenden Äußerungen eine Banane zu bekommen?

1. «Ich würde euch heute abend gerne zum Essen einladen [Vielleicht haben die dort Bananen].» (Das dauert noch Stunden, und Sie möchten Ihre Banane *jetzt*.)

2. «Interessant, wie viele Obstbäume hier wachsen. Habt ihr auch welche?» (Daran schließt sich unter Umständen ein langes Gespräch über Gartenbau an, während Ihr Magen noch immer nach einer Banane knurrt.)

3. «Seit ich hier lebe, habe ich mich zu einem richtigen Obstnarren entwickelt. Ich könnte schon wieder Obst essen.» («Na, wunderbar», sagt Ihre Gastgeberin, «ich habe ein paar herrliche frische Pfirsiche. Soll ich Ihnen einige waschen?» Sehr schön, aber ein Pfirsich ist keine Banane.)

4. «Aus irgendeinem Grund habe ich einen Wahnsinnsappetit auf eine Banane. Du hast nicht zufällig eine im Haus?» (Aller Wahrscheinlichkeit nach bekommen Sie, wonach Ihnen verlangt. Entweder holt Ihre Gastgeberin Ihnen eine aus der Küche, oder Sie können ihr anbieten, zum Obststand an der Ecke zu gehen und ein paar zu kaufen, oder Sie laden Ihre Freundin zu einem Bananensplit in der Eisdiele ein.)

Bei Ihrem Verlangen nach einer Banane müssen Sie natürlich auch andere Gesichtspunkte berücksichtigen – den Zeitpunkt, die Höflichkeit, wie lange es her ist, seit Sie gegessen haben, und anderes mehr. Doch wenn alle diese Voraussetzungen günstig sind, werden Sie wahrscheinlich genau das bekommen, was Sie haben wollen, weil Sie danach gefragt haben. Doch bevor Sie fragen, müssen Sie an die Konsequenzen denken.

Konsequenzen der verschiedenen Möglichkeiten

Aufgabe des Erwachsenen-Ichs ist es, die Konsequenzen jeder Möglichkeit, die ihm offensteht, zu bedenken, um zu bekommen, was es haben möchte. Ein Banküberfall mag uns für ein paar Stunden eine Million Dollar verschaffen. Doch wahrscheinlich landen wir dann im Gefängnis. Wenn wir jemanden heiraten, der reich ist, kann das bedeuten, daß wir jemanden heiraten, der egoistisch ist. Vielleicht auch nicht, das kommt auf die Person an. Eine Scheidung kann zu der Entdeckung führen, daß die Kirschen in Nachbars Garten nicht unbedingt süßer sind.

Eine Folge ständiger knackiger Sonnenbräune kann Hautkrebs sein. Wenn mein Name an den Kinofassaden in Leuchtbuchstaben prangt, muß ich unter Umständen mit Privatleben bezahlen. Wenn ich meinem Chef die Meinung sage, kann ich meine Beförderung wahrscheinlich vergessen. Wenn ich mir eine Riesenschachtel Pralinen zu Gemüte führe, schlage ich mir den Bauch mit 8 898 Kalorien voll, was mir zweieinhalb Pfund Gewicht einträgt, da 3 500 Kalorien ein Pfund ergeben.

Ich müßte 125 Kilometer mit einer Geschwindigkeit von viereinhalb Stundenkilometern gehen, um sie zu verbrennen.
Wenn ich mir selbst sage: «Du darfst keine Süßigkeiten essen»,
so ist das weniger motivierend, als wenn ich sage: «Du kannst
diese Süßigkeiten essen, wenn du 125 Kilometer gehen möchtest oder in den nächsten Wochen in deinem Ernährungsplan
8 898 Kalorien einsparst.» Eine objektive Beurteilung der Konsequenzen ist die Aufgabe des Erwachsenen-Ichs. Auch das
Eltern-Ich kann zu dieser «Diskussion» seinen Beitrag leisten.
«Iß Pralinen pfundweise, und du wirst fett» trifft den Nagel
zwar möglicherweise, wenn nicht sogar wahrscheinlich, auf den
Kopf, doch genaue Kenntnis darüber, «wie viele Bonbons» und
«wie dick», wäre wahrscheinlich überzeugender. Laß-das-
Botschaften des Eltern-Ichs frustrieren. Schlußfolgerungen
des Erwachsenen-Ichs lassen uns die Freiheit der Entscheidung und die Verantwortung für unser Handeln. Wir können
uns glücklich schätzen, wenn wir gute Ernährungs-Botschaften
im Eltern-Ich haben, da sie die positiven Eßgewohnheiten
verstärken, die auch das Erwachsenen-Ich befürwortet. Doch
häufiger werden wir durch die Werbebotschaften beeinflußt,
die uns die Dickmacher in den verführerischsten Farben ausmalen. Gewiß geht die Liebe durch den Magen, doch wenn alle
Ihre Familienmitglieder wie Pfannkuchen aussehen und wenn
sie nach dem Gang von einem Zimmer ins andere schon nach
Luft schnappen müssen, so hat es nichts mit Liebe zu tun,
ihnen nach dem Brathähnchen, dem Kartoffelmus mit Braten-
soße auch noch Schwarzwälder Kirschtorte aufzutischen.

Der Wunsch, zwölf Kinder zu haben, mag auf den Film «Im
Dutzend billiger» oder die «Trappfamilie» zurückgehen. Doch
sind das *unsere* Verhältnisse? Zwölf Kinder kosten Geld, Zeit
und Nerven. Das gilt schon für zwei Kinder, ja für eines. Im
Fall großer Familien mögen Eltern-Ich und Kindheits-Ich
einverstanden sein, während vielleicht das Erwachsenen-Ich
etwas dagegen hat. Wenn es so ist, dann setzen wir uns nur
unter großer Gefahr über seinen Standpunkt hinweg.

Wenn Wünsche kollidieren

Wir haben nicht für alles und jedes Zeit. Vielleicht haben wir unsere Wunschliste schon auf die realistischen, möglichen, vom Kindheits-Ich begehrten, vom Erwachsenen-Ich gebilligten und möglicherweise auch vom Eltern-Ich unterstützten Bedürfnisse beschnitten. Sogar dann bedarf es noch weiterer Einschränkungen unserer Aufstellung. Unter anderem wiegen wir uns in der Illusion – vor allem, wenn wir jung sind –, daß wir ewig leben. Deshalb müssen wir Prioritäten setzen, denn unsere Wünsche mögen zwar zahlreich sein, doch unsere Zeit ist mit Sicherheit begrenzt.

Eine zwanzigjährige Frau, die eine politische Karriere und letztlich einen Abgeordnetensitz anstrebt, wird in Anbetracht der zur Verfügung stehenden Zeit und im Gedanken an ihre Wertvorstellungen möglicherweise auf eigene Kinder verzichten und lieber ein älteres Kind adoptieren, das nicht mehr soviel Zeit braucht wie ein Vorschulkind. Sie muß außerdem wissen, wieviel Zuwendung ein älteres Kind braucht. Oder sie muß ihren politischen Ehrgeiz so lange zurückstellen, bis ihre Kinder groß sind.

Wenn sie eine Figur wie Bo Derek haben möchte, muß sie vielleicht auf die Zitronentorte und die Pralinen verzichten. Wenn man am Morgen glücklich und ohne Kopfschmerzen aufwachen möchte, muß man sich unter Umständen die ständigen Abendgesellschaften aus dem Kopf schlagen. Wenn man ein Buch schreiben möchte, bleibt vielleicht keine Zeit mehr für die Arbeit in der Frauengruppe, die Protestmärsche oder den Chor. Wenn man seinen Doktor machen möchte, bleibt vielleicht keine Zeit mehr für eine Weltreise. *Vielleicht*, darauf kommt es an.

Die Erfolgreichen, die uns gewöhnlich von ihrer Schokoladenseite präsentiert werden (in Zeitschriftenartikeln, Fernsehinterviews und Talkshows), sind oft genug gehetzt und erschöpft. Supermüttern ist zwar nicht abzusprechen, daß sie nur

das Beste wollen, doch häufig haben sie Kinder, die nicht nur
ihre Fürsorge brauchen, sondern ihnen auch auf der Tasche
liegen. Wenn wir einmal Verantwortung übernommen haben,
können wir uns nicht guten Gewissens abwenden. Am besten
stellt man seine Wunschliste möglichst früh im Leben auf.
Leider geschieht das nur selten. Wenn wir uns selbst wichtig
nehmen und wenn wir die Grenzen unserer Zeit und Energie
berücksichtigen, dann dürfen wir uns nicht mehr aufladen, als
wir bei realistischer Beurteilung der Sachlage bewältigen können. Wenn wir nicht gelernt haben, nein zu sagen, wird unser
Ja zunehmend an Begeisterung und Glaubhaftigkeit verlieren.

Wenn wir wissen, was wir wollen, können wir wahrscheinlich
wesentlich mehr aus unserem Leben machen, als wir glauben.
Ungeahnte Energien werden frei, wenn wir zumindest einige
unserer Ziele erreichen und unserer endlosen Unentschlossenheit ein Ende setzen. Verlieren wir dagegen unsere Ziele aus dem
Auge, so bekämpfen wir die daraus erwachsende Angst oft
durch eine Verdoppelung unserer Anstrengungen. Wir erreichen damit gar nichts, das aber doppelt so schnell. Veränderung
zeigt sich nur in der Erschöpfung unseres Körpers und in der
allmählichen Auszehrung unserer Lebensfreude.

Bei einer Überprüfung unserer Wünsche stellen wir unter
Umständen fest, daß sie sich mit unseren moralischen Überzeugungen in Konflikt befinden. Unsere moralischen Überzeugungen sind nicht unbedingt im Eltern-Ich verankert, obwohl sie
häufig ihre Wurzeln in dem haben, was wir als Kinder gelernt
haben. Wie in «Ich bin o.k. – Du bist o.k.» dargelegt, gibt es
Pflichten, die dem Erwachsenen-Ich zuzurechnen sind.* Bleibt
mir, wenn ich mir verschaffe, was ich mir wünsche, Zeit genug,
anderen dabei zu helfen, daß sie bekommen, was sie sich wünschen? Geht mein Glück auf Kosten des Glücks anderer? Werde
ich glücklich sein, wenn ich das bekomme, was ich mir wünsche?
Was wird mich glücklich machen?

---

* Vgl. das Kapitel «El-Er-K und moralische Werte» in: «Ich bin o.k. – Du bist
  o.k.», S. 231–261

Was hat sich das Kindheits-Ich
ursprünglich gewünscht?

Wenn wir eine Liste unserer vorübergehenden oder ständigen Wünsche schriftlich niederlegen, so hat das unter anderem den Vorteil, daß wir mit der Wirklichkeit in Berührung kommen. Die Wirklichkeit ist unser wichtigstes therapeutisches Instrument. Was wir nicht sagen können, wissen wir wahrscheinlich auch nicht. Sobald unsere Wünsche aufgeschrieben sind, entwickeln sie ein Eigenleben. Wir können sie überprüfen, umordnen, streichen und berichtigen. Wir haben ein nützliches Inventarverzeichnis jener inneren Sehnsüchte angelegt, die – unausgesprochen – nur als Mangel empfunden werden. «Wenn ich nur . . . . hätte, wäre ich glücklich.» Ein eigenes Haus, ein Auto, eine hübsche Figur, einen gesunden Schlaf. Werden mich diese Dinge glücklich machen?

Weil das Kindheits-Ich unser Wünscheproduzent ist, sollte man fragen: «Was hat mein Kindheits-Ich sich ursprünglich gewünscht?» Wir glauben, daß es drei Urwünsche gibt: Sicherheit, Neuheit und Sinn.

1. *Sicherheit.* Vor der Geburt im dunklen, warmen, schaukelnden Hort des Mutterleibes empfand das werdende Kind Sicherheit und Geborgenheit. Nach der unsanften Vertreibung aus dem Paradies fand das Kind die Sicherheit im Arm der Mutter wieder. Obwohl das Neugeborene sich in den Monaten danach mehr und mehr als von der Mutter getrenntes Wesen wahrnahm, blieb das Verlangen nach Sicherheit sein ständiger Begleiter. Wir verlieren es nie. Kleinkinder verschaffen sich die beruhigende Sicherheit, indem sie sich erklären lassen, daß dies wirklich ihnen gehört: «mein» Bett, «mein» Zimmer, «meine» Ecke, «meine» Bettdecke, «mein» Spielzeug, «meine» Mutter, «mein» Vater. Fremde machen Angst. Wenn Mutter ihren Mantel anzieht, bedeutet das Trennung. Das Baby weint. Doch der Entwicklungs- und Lernprozeß geht weiter, und aus dem reichen Schatz der angeborenen Fähigkeiten des Kindes tritt

die Neugier in den Vordergrund. Es beginnt die Sicherheit –
die sicheren Grenzen seines Kinderzimmers – gegen die *Neuheit* dessen abzuwägen, was außerhalb dieser Grenzen liegt.
Sicherheit genügt ihm nicht mehr.

2. *Neuheit*. Die von der Neugier beflügelte Suche nach
Neuem ist in der Kindheit heftiger als in irgendeinem anderen
Lebensabschnitt. Man schätzt, daß wir 50 Prozent unserer
Fertigkeiten und Kenntnisse in den ersten vier Lebensjahren
erwerben. Denken wir nur daran, wie komplex der Lernprozeß
ist, mit dessen Hilfe wir uns Wörter, Sätze, Farbbezeichnun-
gen und Symbole für Symbole aneignen.

Eine Verkörperung kindlicher Neugier und Phantasie war
für uns der avantgardistische Architekt Buckminster Fuller.
Unvergeßlich ist uns eine Podiumsdiskussion mit dem verehr-
ten, inzwischen verstorbenen Freund in Honolulu. Wir saßen
hingerissen im Auditorium, als Bucky einen Vortrag hielt über
«Elementare physikalische Bewegungen des Universums», die
er mit seinem eigenen Körper vorführte. Er hat einmal gesagt:
«Wenn man von etwas kein Modell hat, ist es nicht wahr.» Bei
dieser Gelegenheit hatte er mit seinem verwegenen Bürsten-
haarschnitt, den dicken Brillengläsern und dem nach oben
gewandten, strahlenden Gesicht große Ähnlichkeit mit einem
kleinen Jungen – und dabei war er achtundsiebzig! Er trug ein
weißes Polohemd und verwaschene braune Drillichhosen. Sie
sahen aus, als wären sie «ausgelassen» worden – der alte Saum
schien sich etwas heller abzuzeichnen –, so daß der verblüffende Eindruck entstand, er sei noch im Wachsen. Geistig
wuchs er mit jedem Tag seines Lebens, und seine mitreißende
Begeisterung für die Renaissance hat uns einige der größten
Bauwerke des Jahrhunderts geschenkt.

Fuller hat gesagt, daß jedes Kind mit einer Reihe von Weckern
auf die Welt kommt, jederzeit bereit, in seinem Kopf zu klingeln,
was sie auch regelmäßig tun, wenn nicht jemand kommt und sie
abstellt: «Du bist zu jung, um solche Fragen zu stellen.» – «Geh
mir nicht auf die Nerven.» – «Kümmer dich nicht darum, warum
es regnet.» – «Zieh dir lieber deine Gummistiefel an.»

Dank seiner Neugier überwindet das Kind seine Angst vor Fremden und streckt die Hand aus, um den ungewohnten Bart, die Autoschlüssel von Mutters Freundin oder das weiße Fell des neuen Kätzchens zu berühren. Paradoxerweise wagt sich ein Kleinkind auf seiner Suche nach Neuem um so weiter hinaus, je sicherer es sich fühlt. Die Fähigkeit zu sprechen verstärkt das Gefühl der Sicherheit beträchtlich. Wie Erwachsenen kann man ihm sagen, was es zu erwarten hat, und ihm so die Angst vor dem Kommen und Gehen der Menschen nehmen.

Eine Freundin erzählte uns von ihrer vierjährigen Tochter Polly. Polly hatte das Glück, eine Mutter zu haben, die fest daran glaubte, daß es Kindern hilft, wenn man sie informiert. Eines Tages wurde eine Besucherin erwartet.

Die Mutter erklärte: «Polly, um zwei Uhr kommt Mrs. Brown zu Besuch. Sie will mir etwas über einen Fernlehrkurs erzählen, an dem ich teilnehmen möchte. Sie wird etwa eine Stunde bleiben. Während dieser Zeit kannst du entweder ruhig bei uns sitzen und zuhören oder dich in deinem Zimmer beschäftigen.» Die Mutter fügte hinzu: «Wenn ich ihr Auto sehe, sage ich dir Bescheid. Du kannst den Butler spielen und ihr die Tür öffnen. Sie heißt Mrs. Brown.»

Dergestalt vorinformiert, öffnete die vierjährige Polly der Besucherin die Tür und sagte: «Guten Tag, Mrs. Brown. Ich bin Polly. Kommen Sie bitte herein.»

Diese sichere Gastfreundlichkeit des kleinen Mädchens bezauberte Mrs. Brown und veranlaßte die Mutter zu einem strahlenden, aber durchaus sachlichen Lob. Dann fragte Mrs. Brown, ob sie «das Örtchen» aufsuchen dürfe, woraufhin Polly erklärte, so etwas hätten sie wohl nicht. Als ihr gesagt wurde, daß man die Toilette manchmal so nenne, äußerte sie mit Bestimmtheit, eine Toilette hätten sie.

Kinder wie Polly sind aufgeweckt und ihren Jahren voraus, weil man ihnen sagt, was um sie herum vorgeht, was sie tun müssen und wie lange es dauern wird. Erwartungen werden zum Ausdruck gebracht, und das «Wie» wird erklärt. *Informa-*

tion gibt Kindern Sicherheit in neuen Situationen. Obwohl
immer ein Risiko bleibt, wird es eingeschränkt.

Leider ist für die meisten Menschen das Verhältnis von
Sicherheit und Neuheit nicht so angenehm wie für Polly. Die
beiden sind polarisiert, als befänden sie sich an den entgegengesetzten Enden eines Spektrums (Abb. 8). Diese Konstellation bleibt ein Leben lang erhalten. Die meisten von uns leben
irgendwo in der Mitte, ein bißchen auf dem Kriegsfuß mit
beiden Enden. Einige Erwachsene wenden alle ihre Energien
zur Aufrechterhaltung der Sicherheit auf und räumen ihr in der
Prioritätenliste ihrer Bedürfnisse den ersten Platz ein. Sie richten hohe Mauern um Haus und Ich auf, sparen jeden Pfennig
für schlechte Zeiten und wägen alle Konsequenzen auf der
Briefwaage ab, bis es zu spät ist, eine Entscheidung zu treffen.
Die Zäune, die sie beschützen, isolieren sie auch. Sie sind
sicher, aber tot.

Sicherheit   Neuheit
├──┤

Abbildung 8
Das Sicherheits-Neuheits-Spektrum

Manche Menschen leben am anderen Ende des Spektrums.
Alle Bedenken in den Wind schlagend, leben sie nur dem
Augenblick, ständig auf der Jagd nach neuen Erfahrungen, mal
heiß, mal kalt. Ihr Problem ist, daß ihre subjektiv empfundene
Unabhängigkeit meist nicht von langer Dauer ist, weil es ihnen
geht wie dem LSD-beflügelten Autofahrer, der nach einem
Frontalzusammenstoß im Gips landet, weil er den Unterschied
zwischen Engelsflügeln und Kotflügeln nicht mehr begreift.
Am Neuheitsende des Spektrums finden wir die Kopf-und-
Kragen-Typen, die tollkühnen Männer in ihren Kisten und
Kästen, die Liebhaber des russischen Roulettes. Ihnen scheint
es egal zu sein, wer ihre Arztrechnungen zahlt, wenn sie über-
leben.

Woher nehmen sie die Kraft zu ihrem waghalsigen Lebensstil? Paradoxerweise oft aus der Sicherheit, die sie empfinden, wenn sie sich an die Anweisung ihres Eltern-Ichs halten, etwas zu wagen, hart zu sein und ihr Licht nicht unter den Scheffel zu stellen – alles ohne Zweifel gutgemeinte Ratschläge. Oder sie folgen der gefährlichen Elternbotschaft: «Geh spielen auf der Straße.» Fürsorgliche Eltern, die ihre Kinder auf Wagnisse vorbereiten, vermitteln auch Geborgenheit und infolgedessen eine bekömmliche Mischung aus Neuheit und Sicherheit. Wenn das der Fall ist, führt Risikobereitschaft zu dem befriedigenden Gefühl, abenteuerliche Situationen zu meistern. Gefahr kann Spaß machen, wenn wir mit ihr fertig werden.

Ist das alles? Sicherheit und Neuheit? Wir kennen Menschen, die beides im Überfluß zu haben scheinen und trotzdem unglücklich zu sein scheinen. Auf der Sicherheitsseite verbuchen sie Grundstücke und Villen im In- und im Ausland, Schiffe, Flugzeuge, bezahlte Sklaven, einen Blankoscheck für Sachen, Sachen und noch mehr Sachen. Auf der Neuheitsseite sind sie Sammler exotischer Erfahrungen, haben sie alles ausprobiert, Nacktbaden im Senegal, Karneval in Rio, Yoga in Poona. Sie sind kreuzfahrtmüde, safarigenervt und mit allem technischen Schnickschnack übersättigt. Sie haben Geld im Überfluß und nichts als Überdruß, oder zumindest kommt es ihnen so vor.

Was ihnen fehlt, ist – wie es scheint – der *Sinn*. Welche Bedeutung hat das Leben, *mein* Leben bei all meinem immerfort Aktivsein und in der geheimen Angst vor der Leere und dem Nichtstun? Dieser Sinn, das heißt die Überzeugung von der eigenen Bedeutung in Beziehung zum umgebenden Universum, ist auch ein Verlangen des Kleinkindes. Wenn der kleine Mensch fragt: «Woher komme ich?», so spricht er aus dem Ursprung alles Philosophierens. Wozu leben wir? Was hat es mit dem Tode auf sich? Was bin ich wert? Gibt es nicht noch etwas Höheres? Ist das nicht das höchste Verlangen? Viele Menschen würden dem zustimmen.

In meiner Kindheit nahmen solche Überlegungen großen

Raum in meinem Leben ein. Besonders erinnere ich mich an
Totensonntag. Meine Familie brachte Rosen in dicken Bündeln auf den Friedhof, wo ich mithalf, auf den Gräbern heim-
gegangener Verwandter und Freunde riesige Blumensträuße in
eingelassenen Metallkrügen anzuordnen. Stets blieben genügend Blumen für irgendein vergessenes Grab übrig, «von dem
da drüben, um den sich niemand kümmert». Totensonntag war
eine freundliche Lektion über den Tod. Damals gingen mir
seltsame Gedanken durch den Kopf, als ich zwischen den
Marmorsteinen hindurchging, die steinernen Lämmer strei-
chelte, den Engeln in die leeren, tief ausgemeißelten Augen
blickte und mich fragte, wie der Leichnam, auf dem ich stand,
«wohl jetzt aussehen» mochte.

Damit haben wir die dritte Dimension zu den Sehnsüchten
des Kindes hinzugefügt, Sehnsüchte, die wir das ganze Leben
lang behalten (Abb. 9). Sicherheit, Neuheit und Sinn, wobei
der tiefste Wunsch der nach Sinn ist. Um ihrem Leben einen
Sinn zu geben, haben die Helden und Heldinnen der Menschheit oft auf ein hohes Maß an Sicherheit und Neuheit verzichtet. Wir sind die Erben ihrer Erfahrungen und können noch
immer von ihnen lernen.

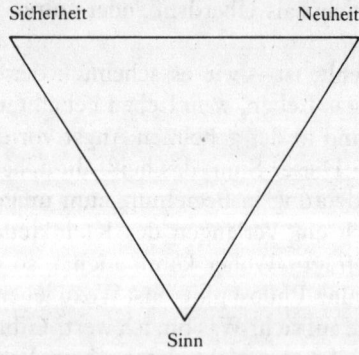

Abbildung 9
Die drei Ur-Wünsche des Kindheits-Ichs

10

Voraussetzungen für Veränderung

Was tun, wenn die Wunschliste aufgestellt ist? Der Wunsch an sich ist schon die halbe Erfüllung. Die andere Hälfte ist Veränderung. Was und wer soll sich ändern? Wir sind umgeben von Veränderung, die allerdings großenteils eine Verschlechterung zu bedeuten scheint – weltweit schreckenerregende wirtschaftliche und politische Spannungen, die Staatsverschuldung, steigende Lebenshaltungskosten, Bevölkerungswachstum und eine besorgniserregende Verknappung der Rohstoffe. Unser Beitrag zu diesen Veränderungen, oder ihrer Eindämmung, ist sehr bescheiden, obwohl es Beispiele dafür gibt, daß die Stimme des Predigers in der Wüste gehört wird und etwas bewegt.

Und was ist mit der kleinen Welt, in der sich unser Alltag abspielt? Wie sehr wir auch versuchen mögen, andere zu verändern, wir können uns der Tatsache nicht verschließen, daß wir das nicht schaffen. Wir können beeinflussen, überreden und sogar helfen. Doch wenn andere nein sagen, dann müssen wir passen. Wir können nur uns selbst ändern. Wenn *wir* uns ändern, können wir Veränderung in anderen bewirken, doch wir müssen bei uns selbst anfangen.

Zuerst kommt das Wünschen

Nichts Neues wird geschehen, solange wir nicht den *Wunsch* haben, uns zu ändern. Andere können uns noch so oft erzählen, was wir tun und lassen sollen. Das wissen wir vielleicht schon

längst, doch unser Wissen setzt die Schalthebel unserer Motivation erst in Bewegung, *wenn wir uns entscheiden*, daß wir
anders zu leben wünschen.

Drei Dinge rufen im Menschen den Wunsch wach, sich zu
verändern: Leiden, Langeweile und Erkenntnis. Wenn Menschen genug gelitten, sich lange genug den Kopf an einer
undurchdringlichen Wand blutig geschlagen haben, wenn sie
Jahre hindurch ihr Geld in Spielautomaten gesteckt haben,
ohne etwas herauszuholen, wenn sie körperlich oder seelisch
den absoluten Tiefpunkt erreicht haben, dann kommt ein Augenblick überwältigender Endgültigkeit. Es ist genug! Sie sind
bereit und *willens*, sich zu ändern.

Langeweile weckt in den Menschen den Wunsch nach
Veränderung, weil sie durchs Leben gehen und fragen: «Was
soll's?», bis sie schließlich das große WAS SOLL DAS ALLES? fragen
und darauf bestehen: «Das Leben muß mehr sein als das.»

Ein dritter Ursprung des Wunsches nach Veränderung ist
die Erkenntnis des Menschen, daß er sich verändern kann. Dies
ist eine offenkundige Wirkung von TA. Viele Menschen haben
ohne ein erkennbares Verlangen nach Veränderung TA durch
Vorträge oder Lektüre kennengelernt und fanden es aufregend,
daß sie Möglichkeiten hatten, von denen sie sich nichts hatten
träumen lassen. Tausende der Leser von «Ich bin o.k. – Du bist
o.k.» konnten davon berichten, wie das Buch und die darin
enthaltenen Einsichten der Transaktionsanalyse ihr Leben verändert haben.

Positive Wünsche funktionieren, negative nicht

Häufig fassen wir Veränderung ins Auge, indem wir uns überlegen, welche Dinge wir uns vom Hals schaffen wollen: Unordnung, zuviel Arbeit, Fett, Furcht, Schulden und manchmal
Menschen. Laß-das-Wünsche sind frustrierend und erklären
das Scheitern vieler unserer Neujahrsvorsätze, von denen die
Hälfte mit «Keine Soundso mehr» beginnt. Bevor wir eine
Gewohnheit ablegen, müssen wir uns überlegen, was an ihre

Stelle treten soll, oder wir werden am Ende schlimmer dran sein als vorher. Tu-das-Wünsche dagegen beflügeln. Ohne sie stellt sich das Gefühl der Leere ein, ein Zustand, der ja alles andere als wünschenswert ist.

Ist unsere Motivation positiv oder negativ? Wenn wir uns vom Eltern-Ich-Programm eingeengt fühlen, können wir uns nicht dadurch befreien, daß wir die Computerkarte umdrehen und sie gegen den Strich ablaufen lassen. Solche Gegenreaktionen lassen sich häufig bei Jugendlichen beobachten, wenn ihr Verhalten das genaue Gegenteil dessen zu sein scheint, was man ihnen beigebracht hat. Obwohl sie sich zu verändern scheinen, hat sie das alte Programm noch immer im Griff: Sie *müssen* genau das Gegenteil tun. Sie sind nicht frei, weil sie jeder Manipulation zum Opfer fallen, die ihnen rät, das Gegenteil von dem zu tun, was der Manipulator will. Veränderung, die nur das Ziel hat, «es ihnen zu zeigen», bringt auf lange Sicht keine Befriedigung. Freiheit ist, wenn man das tut, was gut für einen ist, sogar wenn seine Eltern ebenfalls das Gute für einen wollten. Vielleicht ist in Ihrem Eltern-Ich neben all den störenden Botschaften, von denen in früheren Kapiteln die Rede war, eine Vielzahl kluger Anweisungen gespeichert. Hüten müssen wir uns nur davor, dem Eltern-Ich blindlings Folge zu leisten, ohne seine Anweisungen zu prüfen, als würden wir Tabletten aus einem Röhrchen ohne Etikett einnehmen. Es können Vitamintabletten, aber auch Strychnintabletten sein. Wir müssen den Inhalt kennen.

Während Laß-das-Programme frustrierend sind, sind Tu-das-Programme beflügelnd. «Beginne ein Gespräch mit zehn Leuten, mit denen du normalerweise nicht sprichst!» wird Ihnen Streichelheiten, Spaß und Überraschung bringen. «Hock nicht den ganzen Tag drinnen und blase Trübsal!» wird Sie wahrscheinlich dazu bringen, den ganzen Tag drinnen zu hocken und Trübsal zu blasen. Positive Programme entstehen aus der Arbeit an Ihrer Wunschliste.

Stellen Sie sich eine Belohnung in Aussicht

Wie dargelegt, verlangt eine Veränderung oder Entscheidungs-
revision die Beteiligung des Kindheits-Ichs. Das Kindheits-
Ich war wesentlich an unseren ersten Entscheidungen darüber
beteiligt, wie wir zu Streicheleinheiten kommen und am Leben
bleiben könnten. Veränderung wird nicht funktionieren, wenn
sie eine rein intellektuelle Angelegenheit bleibt, an der nur das
Erwachsenen-Ich mitwirkt. Es muß auch etwas für das Kindheits-Ich drin sein, kleine Belohnungen am Wegesrand, nicht
nur eine große, ungewisse Belohnung nach Jahren der Plage,
wie zum Beispiel «ein glückliches und produktives Leben». Wie
wäre es mit glücklichen Tagen? Wenn man eine Veränderung
– eine Heirat, Scheidung, Wiederverheiratung, einen Umzug,
Verkauf, Kauf oder eine Kündigung – ins Auge faßt, lautet eine
wichtige Frage, die man sich zu stellen hat: Werde ich mich
morgen infolge dieser Veränderung besser *fühlen*? In fünf Jahren? Ist *dies* die Veränderung, die eine Verbesserung für mein
Leben bedeutet?

Wir haben unseren Urlaub oft im St. Helena Health Center im kalifornischen Napa Valley verbracht. Man bietet dort
ein vorzügliches Fitneßprogramm an, und ein paar Wochen
dort bringen ein hohes Maß an Ruhe, Erholung und neuen
Erfahrungen. Das schönste Erlebnis des Tages ist der frische,
sauerstoffreiche Spaziergang morgens um sechs durch die
dunstverschleierten Hügel über den Weinbergen des Tals auf
Wanderwegen, die gesäumt sind von Blumen, Büschen und
alten Bäumen. Einer der Wege führt an einer Farm vorbei. Auf
der Koppel graste ein weißes Pferd, das sich einen festen,
dunkelglänzenden Pfad zum Gatter getrampelt hatte, an dem
es jeden Morgen erschien, um die gesundheitsuchenden Stadt-
menschen vertrauensvoll zu begrüßen, die gewöhnlich ein
Streicheln und ein paar freundliche Worte für es hatten. Eines
Tages brachte Tom dem Pferd einen Apfel mit, den es gierig
verschlag. Auch am nächsten Tag hatte Tom einen Apfel bei

sich, rief das Pferd aber schon von der Ecke der Weide, statt bis zum schmalen Trampelpfad zu gehen. Er pfiff und hielt den Apfel hoch, so daß es ihn sehen konnte. Wie gewöhnlich ging das Pferd seinen schmalen Pfad entlang, veränderte aber auf halbem Wege seine Richtung und begab sich auf direktem Weg zu jener Ecke der Weide, wo Tom wartete. Am nächsten Tag ließ das Pferd beim Anblick des Apfels seinen Pfad ganz links liegen und kam direkt zur Ecke. Am Tag darauf wartete es schon an der Ecke, als Tom um die Wegbiegung kam. Mit einer Belohnung zunächst vor Augen und dann in der Vorstellung war es rasch bereit, seine alte Gewohnheit zu verändern und sich einen neuen Pfad zu bahnen, der es so rasch wie möglich ans Ziel seiner Wünsche brachte.

Ein Großteil unseres Lebens wird von Gewohnheiten beherrscht. Ohne darüber nachzudenken, schlagen wir immer wieder die gleichen Pfade ein, Tag für Tag, Jahr für Jahr. Belohnungen – wenn sie bewußt und wiederholt erlebt werden – sind ein Grund, sogar unsere hartnäckigsten Gewohnheiten zu verändern, selbst diejenigen, von denen wir meinen, wir könnten sie nie verändern: So bin ich nun mal, das ist meine Natur.

Die Macht der Gewohnheit

Gewohnheiten werden vom Körper benutzt, um Energie zu sparen, und sind deshalb durchaus von Wert. Das meiste, was wir tun, tun wir gewohnheitsmäßig. Müßten wir jeden Morgen von neuem lernen, wie man sich wäscht, würde die Sonne hoch am Himmel stehen, bevor wir es herausgefunden hätten. Unsere Morgenrituale – Zähneputzen, Rasieren, Schminken, Anziehen, Haarebürsten, Bettenmachen – sind größtenteils mechanische Tätigkeiten. Nicht anders verhält es sich, wenn wir uns Eier kochen, sie sauber verspeisen, die Tür verschließen, das Auto anlassen, bei Rot an der Ampel halten und diese ganze Prozedur zeitlich so abstimmen, daß wir rechtzeitig zur Arbeit erscheinen. Gewohnheiten sind ein müheloses, kräftesparendes

Verfahren, das uns erlaubt, unsere Energie für neue Tätigkeiten, für problemlösendes, kreatives Denken, für die Aktivitäten
des Intellekts und der Phantasie aufzusparen.

Meistens löst das Wort «Gewohnheiten» negative Vorstellungen aus; wir denken an schlechte Gewohnheiten, die wir ablegen
wollen: Jähzorn, Rauchen, hemmungsloses Essen, schlampige
Kleidung, Hast, Unentschlossenheit, Mißbilligung, Verschwendungssucht, ständiges Ja- oder Nein-Sagen, übereilte
Entscheidungen. Gleichgültig ob uns Gewohnheiten gute oder
schlechte Dienste erweisen, stets sind sie automatische Verhaltensweisen, programmiert in primären Schaltkreisen des
Gehirns und unterworfen dem Gesetz des geringsten Widerstandes. Wenn wir unsere Energie nicht bewußt und wiederholt in neue Handlungsabläufe investieren, werden wir immer
wieder die gleichen Dinge auf die gleiche altbekannte Weise
tun.

Die Gehirnphysiologie der Veränderung

Wie leichthin sprechen wir von Veränderung! «Ich habe meine
Meinung geändert», heißt es da. Oder: «Ich will die Verantwortung für mein Leben übernehmen.» Wir sprechen davon, «ein
neues Kapitel aufzuschlagen» oder «ein neuer Mensch zu werden». Es ist schon merkwürdig, wie wir von unseren Absichten
und Überzeugungen sprechen, ohne die geringste Ahnung von
den unglaublich komplexen Feuerwerken zu haben, die gezün-
det werden, während wir sprechen.

Im Laufe des Lebens verlieren wir die Fähigkeit, uns zu
wundern, die wir einst als Kinder besessen haben. Als unsere
Tochter Heidi drei Jahre alt war, fiel sie in einen Stacheldraht-
zaun und zog sich einen Kratzer am Bauch zu. Fasziniert rief
sie aus: «Sieh mal, Mama, ich habe mich aufgeschnitten.» Ihre
Neugier auf das, was «in mir drin ist», war unverfälscht und
herzerfrischend; für sie bedeutete dieser kleine Schnitt den
Zugang zur Innenwelt ihres Körpers. Wie oft machen wir uns
noch bewußt, daß das Blut durch unsere Arterien pulst, wie oft

denken wir an den zuverlässigen Schlag unseres Herzen, sieb-
zigmal in der Minute, an die unaufhörliche peristaltische Arbeit unseres Verdauungssystems? Wir vergessen, was für Wun-
derwerke wir sind.

Doch keines dieser «Eingeweidewunder» ist auch nur halb so
unglaublich wie das, was sich Sekundenbruchteil für Sekun-
denbruchteil in unserem Gehirn zuträgt. In dem Augenblick,
da ich diese Zeilen schreibe, fängt mein Gehirn pro Sekunde
Millionen von Einzelbotschaften aus den Sinnesorgangen auf:
Informationen über Gleichgewicht, Wärme, Kälte, Licht,
Farbe, Berührungen, die Laute der zwitschernden Vögel, das
Summen der Klimaanlage, die Erkenntnis, daß es noch nicht
Mittag ist, Durst, die Suche nach Worten, die Erinnerung
daran, daß heute Donnerstag ist.

Diese Gehirnereignisse finden an ganz konkreten Orten
statt. Es gibt eine bestimmte Gewebsmasse, die für Gedanken
zuständig ist. Mit ausreichenden Techniken und Kenntnissen
müßten wir sogar die winzige Spur einer Idee ausfindig machen können. Auch in diesem Augenblick werden einige Ihrer
Gehirnzellen mehrere tausendmal pro Sekunde aktiviert. Wo
und wie?

Die meisten von uns können sich diese elektronenmikrosko-
pischen Prozesse gar nicht vorstellen. Das erinnert mich an ein
Spiel, das mein Bruder und ich als Kinder spielten und das wir
«Halbe Strecke» nannten. Wir standen zum Beispiel an einem
bestimmten Punkt in einem Zimmer und gingen dann die halbe
Strecke bis zur Wand. Von dort legten wir wieder die halbe
Strecke zurück. Und das immer und immer noch einmal.
Obwohl wir immer nur die halbe Strecke zurücklegten und
theoretisch wußten, daß wir die Wand nie erreichen konnten,
taten wir es trotzdem, enttäuscht und uns gegenseitig neckend,
wenn unsere Füße an die Scheuerleiste stießen. Unser Spiel
war eine frühe Lektion über das Problem von Theorie und
Praxis. Wir glaubten, daß die Theorie logisch sei und daß
deshalb «etwas mit uns nicht stimmte», da wir sie nicht in die
Praxis umsetzen konnten. Unsere Füße waren zu groß.

Das Problem «der zu großen Füße» ist in der Gehirnphysio-
logie durch die Erfindung des Elektronenmikroskops gelöst
worden, das uns in Verbindung mit Elektronenrechnern von
«unsichtbaren» Wirklichkeiten so große Bilder liefert, daß wir
damit die Wände tapezieren können. Nach vorsichtigen Schät-
zungen gibt es zumindest zehn Millionen Neuronen im
menschlichen Gehirn, das schon beim siebenjährigen Kind fast
die Größe und das Gewicht des Erwachsenen-Gehirns erreicht
hat. Danach erwächst Komplexität nicht mehr aus der Entstehung weiterer Zellen, sondern aus den Verbindungen zwischen
den Zellen. Solche Verbindungen gibt es in einer Größenord-
nung zwischen zehn und hundert Billionen.

Jedes Neuron läßt sich mit einem elektrischen Generator
vergleichen. Manche Neuronen sind ununterbrochen in Betrieb, während andere nur von Zeit zu Zeit aktiviert werden,
wenn sie Signale von anderen Neuronen empfangen. Jede
Nervenzelle erzeugt eine Spannung von ungefähr 20 Millivolt.
Die Information wird durch die Impulsfrequenz verschlüsselt.
Diese Elektrizität erkennen wir auf den Kurven des Elektroen-
zephalogramms.

Das Neuron besteht aus drei Teilen: 1. dem Zellkörper, der
den Kern enthält; 2. den Dendriten, das heißt den Verzweigun-
gen der «Empfangsdrähte», die die Signale von anderen Neuronen auffangen; und 3. dem Axon oder dem «Sendedraht», über
den die Signale nach Prüfung durch den Kern weitergegeben
werden.

Der Sendedraht einer Zelle steht nicht in direktem Kontakt
mit den Empfangsdrähten anderer Zellen. Beide Enden sind
durch eine Spalte getrennt, die weniger als einen Millionstel
Millimeter breit ist (also ein gutes Stück weniger als «die halbe
Strecke zur Wand»). Das Signal muß die «Synapse» genannte
Spalte überspringen. Und bei der nächsten Zelle wiederholt
sich der Prozeß. Gehirnsignale können diesen «Sprung» 500-
bis 1000mal in der Sekunde ausführen, doch die durchschnittliche Impulsfrequenz beträgt 100mal pro Sekunde.

Es gibt keine konkrete elektrische Verbindung und keine

Leitung des elektrischen Stroms zwischen einem Neuron und seinen Nachbarn. Der Sendedraht der Zelle endet in kleinen Proteinbläschen, die man synaptische Vesikel nennt. Die tatsächliche Übertragung des Signals an der Synapse geschieht durch eine chemische Reaktion. Chemische Substanzen, die von den synaptischen Vesikeln erzeugt werden, «spritzen» das Signal hinüber. Wenn Handlungen wiederholt und damit die Zellen in kurzen Abständen aktiviert werden, nehmen die synaptischen Vesikel nach Zahl und Größe zu, so daß der Abstand, den das Signal zu überspringen hat, kleiner wird. *Je mehr Vesikel es gibt, desto weniger Energie bedarf es zum Handeln; so entstehen Gewohnheiten.* Je häufiger wir eine Handlung ausführen, desto tiefer verankern wir die Gewohnheit. Bis zu 80 000 Vesikel hat man am Ende eines einzigen Neurons gezählt. Vesikel, die Signale auf Gewohnheitsbahnen übertragen, bleiben nach heute gültiger wissenschaftlicher Auffassung erhalten. *Engramme* nennt man die besonderen Neuronenvernetzungen in Gewohnheits- oder Gedächtnisketten, die bei Stimulation oder Assoziation immer gleiche Bilder oder Bewegungen produzieren (Abb. 10).

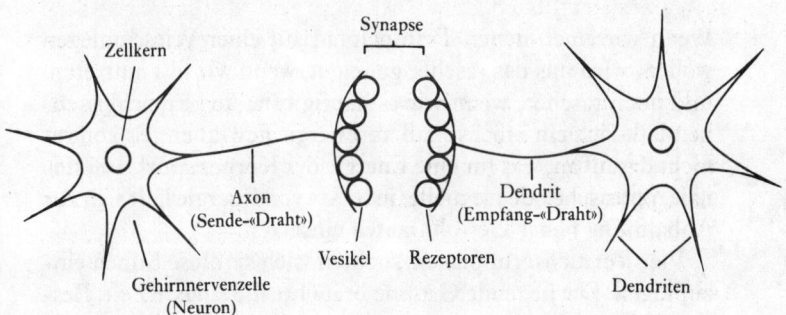

Abbildung 10
Reizübertragung zwischen zwei Gehirnzellen

Wir werden unsere alten Vesikel nicht los, aber wir können neue anlegen

Denken Sie an Ihre Gewohnheiten. Denken Sie an Ihre Vesikel. Wie wollen Sie Ihre Gewohnheiten verändern, wenn Sie Ihre Vesikel nicht loswerden, die zuverlässigen Übermittler jahrelanger, sparsamer Reiz-Reaktions-Signale? «Wie geht es Ihnen? Danke, gut.» Du riechst Rauch, du zündest dir eine Zigarette an. Das Telefon klingelt, du nimmst den Hörer ab. Der Chef kommt herein, du siehst beschäftigt aus. Du gehst zu einer Hochzeit, du bekommst feuchte Augen vor Rührung. Du siehst eine Leiter, du gehst außen herum. Du siehst einen Streifenwagen und nimmst den Fuß vom Gaspedal. Wenn unser früheres Verhalten so fest in einem konkreten biologischen System verankert ist, wie können wir uns dann ändern?

Eine ermutigende Entdeckung zeigt, daß wir zwar die alten Vesikel nicht abbauen, wohl aber neue anlegen und mit neuen Nervenbahnen die alten umgehen können. Die wichtigste Voraussetzung beim Aufbau neuer Gewohnheiten ist nicht Zeit, sondern *Energie*.

Energie legt neue Gewohnheitsbahnen an

Wenn wir einen neuen Trampelpfad auf einer Wiese anlegen wollen, wird uns das rascher gelingen, wenn wir fest auftreten, und noch rascher, wenn wir es häufig tun. Aus Entschlossenheit läßt sich ein Höchstmaß an Energie gewinnen. Es kommt nicht darauf an, was für eine Energie der Körper spürt, emotionale, physische oder sexuelle: jede Art von Energie läßt sich zur Anbahnung neuer Gewohnheiten einsetzen.

Vier Versuchsgruppen versuchten, sich sinnlose Silben einzuprägen. Die liegende Gruppe brauchte die längste Zeit. Besser schnitten die Versuchspersonen ab, die saßen. Die stehende Gruppe war noch besser. Doch am schnellsten lernten die Versuchspersonen, die gingen und die Silben laut vor sich hin sprachen. Die Energie positiver Gefühle – Freude, Begeisterung, Vorfreude, die Vorstellung künftigen Ruhms, Streichelerlebnisse – ist die stärkste Energie.

Wenn wir uns daranmachen, alte Gewohnheiten zu durchbrechen und neue anzulegen, verschwenden wir unsere Energie oft durch Zagen und Zieren. Wir machen eine Schlankheitskur. Man bietet uns ein Stück Torte an. Zehn Energieeinheiten stehen uns für unsere Reaktion zur Verfügung. Wenn wir alle zehn in ein tapferes, aber freundliches «Nein, danke» stecken, so entsteht damit eine ganze Schar von Vesikelmolekülen in dem Engramm «Nein, danke, ich bin rank und schlank und möchte so bleiben». Statt dessen verschwenden wir häufig unsere zehn Energieeinheiten, weil wir hin- und hergerissen sind:

Gastgeberin: «Möchten Sie ein Stück von der Torte, die ich heute morgen gebacken habe?»

Übergewichtige Besucherin: «Ob ich ein Stück Torte möchte? Mag die Katze Mäuse?» (1 Einheit verbraucht.)

G: «Hier, ich schneide Ihnen ein Stück ab.»

ÜG: «Oh, ich sollte eigentlich wirklich nicht. Ich mache eine Schlankheitskur, wissen Sie?» (In den Klauen der Versuchung; «einmal ist keinmal»; 2 weitere Einheiten verbraucht.)

G: «Heute ist mein Geburtstag. Seien Sie nett, feiern Sie mit! Ein Stück schadet doch nichts.»

ÜG: «Also gut, ein winziges Stück.» (Die Höflichkeit setzt ein. Weitere zwei Einheiten verbraucht.)

G: (Schneidet ein riesiges Stück ab.) «Ein bißchen Schlagsahne dazu?»

ÜG: «Um Gottes willen! Na gut, ein kleines bißchen.» (Die Niederlage nimmt ihren Anfang: weitere 3 Einheiten verbraucht.)

G: (Stellt ihr Kuchen und Schlagsahne hin.)

ÜG: (Ißt schuldbewußt, läßt einen Teil des Zuckergusses liegen – das Beste am ganzen Kuchen –, ist frustriert: die letzten 2 Einheiten verbraucht.)

Hätte die übergewichtige Besucherin alle zehn Energieeinheiten in das «Nein, danke» gesteckt, hätte sie die Synapsen einer neuen Gewohnheitsbahn aktiviert. Da sie die zehn Einheiten in Unentschlossenheit vertat, blieb den Synapsen nicht genügend Energie, um in Aktion zu treten, so daß die alte Gewohnheit, das Schuldgefühl und alles, was daran hängt, verstärkt wurden. Mit der Versuchung liebäugeln kostet Energie.

Daß Veränderung Energie verbraucht, zeigt die Streßskala für «Veränderungen der Lebensumstände», die Thomas H. Holmes und Richard Raahe von der Washington School of Medicine entwickelt haben. Selbst glückliche Veränderungen wie Heirat, Geburt eines Kindes oder Beförderung erzeugen Streß. Negative Veränderungen sind deutlich schlimmer, wobei der Tod des Ehepartners den höchsten Rang in der Streßskala einnimmt. Wenn viele Veränderungen gleichzeitig eintreten, so daß der Streß über das erträgliche Maß hinaus ansteigt, so ist die häufige Folge eine körperliche Krankheit. Holmes empfiehlt, daß wir uns Zeit nehmen für die wichtigen Entscheidungen unseres Lebens, daß wir Veränderungen vorwegnehmen, sie einplanen und nach Möglichkeit zu viele auf einmal vermeiden.

Deshalb sollten wir den Zeitpunkt gut wählen, zu dem wir umziehen, abnehmen oder irgendeine andere Veränderung in unserem Verhalten vornehmen wollen. Wenn eine ungünstige zeitliche Planung unsere Bemühungen scheitern läßt, so verstärken wir dadurch unter Umständen nur unsere falsche Annahme, daß 1. das Glück etwas für andere ist, 2. nichts, was ich tue, mich glücklich macht, und 3. ich wieder einmal recht gehabt habe.

Energie kommt von Menschen

Energie kommt von Streicheleinheiten, und Streicheleinheiten kommen von Menschen. Aus eigener Kraft können wir uns kaum verändern. Deshalb empfiehlt es sich, die Absicht, sich zu ändern, öffentlich bekanntzugeben. Bitten Sie die anderen um Hilfe, und wenn denen etwas an uns gelegen ist, werden sie uns keine Torte mehr anbieten. Aus dem gleichen Grund ist die Gruppentherapie so wirksam. Wenn man uns für unsere hart erkämpften Erfolge lobt, so ist dieses Lob der Apfel, der uns einen neuen Pfad entlanglockt. Die Nachhaltigkeit der neuen Programmierung hängt davon ab, wie gut sie durch angenehme Gefühle verstärkt wird, die Belohnungen für das Kindheits-Ich! Diese Gefühle können nur durch Erfahrungen mit anderen hervorgerufen werden. Leben Sie in Gemeinschaft. Bitten Sie Ihre Familie um Hilfe. Schließen Sie sich einer Gruppe an. Bringen Sie sich voll ein.

Ein neues inneres Modell

Am Anfang haben wir ein Modell des Menschen konstruiert, der wir sein sollten, indem wir unsere Eltern beobachtet haben. Kinder «schlagen nach» ihren Eltern; rundliche Väter und Mütter haben häufig rundliche Kinder. Die Kinder glücklicher, aufgeschlossener Eltern sind häufig ebenfalls glücklich und aufgeschlossen. Ängstliche Eltern – ängstliche Kinder. Türenknaller, Türenknaller, Friedensstifter, Friedensstifter. Wenn Eltern selten gesehen oder gehört werden, können Kinder sich jemand anders zum Modell wählen – einen Verwandten, Lehrer, Filmschauspieler. Beim Heranwachsen gewinnen gleichaltrige Modelle zunehmend an Wichtigkeit, doch die alten Eltern-Ich-Modelle verschwinden nicht. Einige der haarigsten Studenten der haarsträubenden sechziger Jahre sind heute kurzgeschoren, in seriöses Flanell gewandet und tragen einen Regenschirm. Mag uns unser inneres Modell auch nicht bewußt sein, es existiert in unserem Eltern-Ich.

Verinnerlichte «Personen» sind wirksamere Motivationsfaktoren als intellektuelle Begriffe, auch wenn sich das Erwachsenen-Ich solcher Begriffe bedienen mag, um Veränderung zu bewirken. Das Kindheits-Ich muß die Veränderung *wünschen*, und das Kindheits-Ich läßt sich nur durch einen wirk-

lichen Menschen, dem es nacheifern kann, aus der Reserve
locken.

Woran können wir uns halten, wenn Mutter und Vater keine
gesunden, attraktiven Modelle abgeben? Biographien sind reiche Fundgruben für Modelle. Freunde und Geschäftspartner
können als Modelle dienen. Das Fernsehen liefert Modelle,
wenn es sein Publikum auch zu häufig mit wenig positiven,
wenn nicht sogar ausgesprochen häßlichen Formen menschlichen Verhaltens in Berührung bringt – mit Grausamkeit, Betrug, Treulosigkeit und sentimentalem Kitsch.

Wen wünschen Sie sich denn als Ihr neues inneres Modell?
Wer sind Ihre Helden und Heldinnen? Und wer waren *deren*
Helden und Heldinnen? An wen haben sie geglaubt? Woher
nahmen sie ihre Kraft? Wer gibt Ihnen das Gefühl, lebendig zu
sein? Wer gibt Ihnen Mut? Wer gibt Ihnen Hoffnung? Suchen
Sie sich einen Menschen aus. Vielleicht kennt ihn niemand
außer Ihnen. Einen Menschen, den Sie bewundern. Finden Sie
alles über ihn oder sie heraus, was Sie in Erfahrung bringen
können. Versuchen Sie ein Experiment und *seien* Sie einen
Monat lang wie dieser Mensch und warten Sie ab, was geschieht. Haben sich Ihre Gefühle verändert? Hat sich Ihre
Wirkung auf andere Menschen verändert? Als wir Kinder
waren, hat man sich über uns lustig gemacht, wenn wir der edle
Ritter oder die stolze Rothaut waren. Was ist schlimm daran?
Sie sind noch immer Sie selbst, aber Sie haben in Ihre Persönlichkeit eine greifbare Idee dessen hineingetragen, was Sie sein
möchten. Ein Hut macht noch keinen Humphrey Bogart, aber
wenn er Ihnen gefällt, so tragen Sie ihn. Es macht Spaß, und
wenn es niemandem weh tut, warum nicht?

Wir ändern uns immer nur ein bißchen

Wenn man bedenkt, daß es seine Zeit braucht, die Gewohnheitsbahnen unseres Gehirns zu verändern, so darf man nicht
erwarten, sich von heute auf morgen völlig ändern zu können.
Tatsächlich ist eine Kehrtwendung um 180 Grad verdächtig.

Entweder haben wir die Computerkarte umgedreht und sind zum aufsässigen Gegenteil geworden, oder wir haben bloß unseren Treueeid geändert und folgen jetzt einem neuen Führer mit der gleichen blinden Anpassungsbereitschaft wie einst dem Eltern-Ich. Fanatiker bleiben fanatisch, auch wenn sie die Gefolgschaft wechseln.

Kleine, konsequente Veränderungen führen eher zu einem grundsätzlichen Wandel unserer Lebenssituation als die dramatische Erscheinung eines «neuen Menschen». Bei einer Flugreise wird schon eine minimale Abweichung um fünf Grad am Ende der Strecke einen beträchtlichen Unterschied ausmachen. Obwohl einer Veränderung im Verhalten eine Veränderung im Denken vorangeht, kommt es auf die Verhaltensänderung an. Das Handeln, nicht das Denken allein führt zu einer Reihe neuer Aufzeichnungen und läßt Vesikel entstehen, deren neues Aktivierungsmuster der Veränderung Dauer verleiht.

Zur Planung von Verhaltensveränderung wurde in unseren Gruppen eine nützliche Tabelle entwickelt (Abb. 11). Sie hat vier Spalten:

1. Der Unterschied, den ich erreichen will
2. Wie weit will ich gehen?
3. Gewinn und Verlust
4. Was will ich anders machen?

Ein junger Mann, der seine Schüchternheit überwinden wollte, benutzte seine Tabelle wie folgt:

1. Mehr Aufgeschlossenheit
2. Mehr Aufgeschlossenheit in den Begrüßungsformen
3. *Gewinn*: Streicheleinheiten; Bekanntschaften schließen; Überwindung der Einsamkeit; das Gefühl, lebendig zu sein. *Verlust*: Der Schutz, den die Schüchternheit, die Empfindlichkeit bot: Wer wagt es schon, einen solchen lieben Jungen zu kritisieren: «Er ist so schüchtern, wissen Sie.»
4. Anrede mit Vornamen: Statt eines «Hallo» oder Winkens

Der Unterschied, den ich erreichen will	Wie weit will ich gehen?	Gewinn und Verlust	Was will ich anders machen?

Abbildung 11
Tabelle zur Verhaltensänderung

sagte er nun: «Na, Bill», «Guten Morgen, Susan». Außerdem begann er, lauter zu sprechen, was ihn einerseits Energie kostete, ihm andererseits aber auch neue einbrachte, weil die Reaktionen anderer lebhafter wurden.

Veränderung bringt Verlust wie Gewinn

Die Art und Weise, wie wir sind, macht sich für uns bezahlt. Wie wir sind, erwächst aus unserer frühkindlichen Entscheidung: «Du kannst o.k. sein, wenn.» Wenn sich für den kleinen Menschen Schüchternheit als Möglichkeit erwies, für die Eltern o.k. zu sein, wird Schüchternheit auch noch die Beziehungen des Erwachsenen prägen, obwohl sie viele Nachteile hat. Die Schüchternheit – oder andere schützende Verhaltensweisen – aufzugeben, kann einen zeitweiligen Verlust von Schutz bedeuten. Die meisten Verhaltensveränderungen verursachen sowohl Verluste wie Gewinne. Wenn die Verluste nicht eingeplant und die Konsequenzen unangenehm sind, dann haben wir möglicherweise das Empfinden, daß unsere Entscheidung, uns zu ändern, falsch war.

Die Entscheidung für mehr Selbstbewußtsein, dafür, zu sagen, was wir meinen und fühlen, statt unsere Gefühle immer in uns zu verschließen, kann für andere Menschen unangenehm sein. Abnehmen kann andere dazu veranlassen, uns in Worten oder Taten zu verstehen zu geben: «Ich mochte dich lieber, wie du warst.» – «Fehlt dir etwas? Du bist so dünn geworden!» Unsere Veränderung kann für andere beunruhigend sein. Deshalb ist es so wichtig, mit denen, die wir lieben, über unsere Absichten zu sprechen, damit sie sich durch unsere Veränderung nicht bedroht fühlen.

Manche Veränderungen werden als Entwicklung zu mehr Unabhängigkeit erlebt. Unabhängigkeit heißt nicht, daß wir fortan allein zurechtkommen. Es heißt, daß wir die Zahl der Menschen erhöhen, bei denen wir Unterstützung suchen. Wir klammern uns nicht mehr nur an einen oder zwei Menschen, an die Angehörigen der engsten Familie, sondern erweitern den Kreis der Freunde und Bekannten, unserer Streichelquellen. Vielleicht empfinden wir den Fortfall der alten, bequemen Ausschließlichkeit, des «Nur du und ich, Schatz» als Verlust. Doch unter dem Strich gewinnen wir durch die Zunahme an Selbstachtung und den Rückgang jener Angst, die daraus resultiert, daß wir alle Lebenshoffnung auf eine Karte setzen. Oft spüren wir den Verlust, bevor uns der Gewinn bewußt wird. Deshalb müssen wir das Ziel im Blick behalten, damit uns eine vorübergehende Beeinträchtigung unseres Selbstbewußtseins nicht dazu bringt, das ganze Programm aufzugeben.

Alles hat seinen Preis. Wenn wir mehr Freiheit wollen, müssen wir auch mehr Verantwortung akzeptieren (Abb. 12). Wenn wir zehn Einheiten Freiheit wollen, so müssen wir zehn Einheiten Verantwortung in Kauf nehmen. Als Kindern wurde uns die Freiheit zugestanden, zum Kaufmann zu gehen, wenn wir den verantwortungsvollen Umgang mit Straßenschildern,

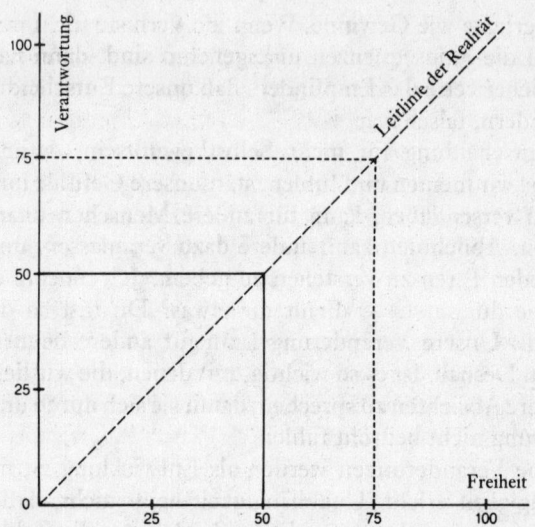

Abbildung 12
Freiheit und Verantwortung in graphischer Darstellung

dem Einkaufszettel und Geld gelernt hatten. Als junge Leute durften wir Auto fahren, wenn wir die Verantwortung für die Zahlung der erhöhten Versicherungsprämien übernehmen konnten, die uns als Führerscheinneulingen oblagen. Es steht uns frei, in einer eigenen Wohnung zu leben, wenn wir die Verantwortung für Miete, Einrichtung und Wäsche übernehmen können. Wir können unsere Freiheit im Handumdrehen einbüßen, wenn wir uns weigern, Verantwortung zu übernehmen. So mag es ein inneres Fest für jemanden sein, auf alle Verkehrsregeln zu pfeifen und Einbahnstraßen in der falschen Richtung zu befahren. Seine Freiheit wird allerdings stark eingeschränkt sein, wenn er sich im Gips oder in der Gefängniszelle wiederfindet.

Umgekehrt können wir nicht das erforderliche Maß an Verantwortung übernehmen, wenn man uns nicht genügend Freiheit läßt. So hat zum Beispiel der Personaldirektor eines großen Unternehmens die Aufgabe, die Betriebszeitung herauszugeben, Arbeitsplatzbeschreibungen zu entwerfen und das Arbeitsklima für die Belegschaft zu stärken. Er besitzt jedoch nicht die Freiheit, Leute einzustellen oder zu entlassen. Deshalb muß er mit dem einen nervtötenden Angestellten leben, der alle seine Bemühungen sabotiert, bei dem die Arbeit liegenbleibt und der allen anderen Knüppel zwischen die Beine wirft. Der Personalchef kann seiner Verantwortung nicht gerecht werden, kann die Arbeitsmoral nicht spürbar verbessern, wenn er nicht die Freiheit besitzt, denjenigen, der den Kern des Problems darstellt, zur Rede zu stellen oder sogar zu entlassen.

Die graphische Darstellung des Verhältnisses zwischen Freiheit und Verantwortung kann uns helfen, wenn wir an Veränderung denken. Ist die Verantwortung, die Sie *fühlen*, realistisch? Fühlen Sie sich für alles und jeden verantwortlich? Erlauben Sie sich, sich frei zu *fühlen*? Haben Sie die Wenns in Ihrem Leben auf den neuesten Stand gebracht? Planen Sie auch genügend Zeit ein für Ruhe und Erholung, wenn Sie mehr Verantwortung übernehmen, die unter Umständen Arbeit bis spät in die Nacht und an den Wochenenden bedeutet? Bedeutet Ihre Veränderung nur ein Mehr und kein Weniger? An was für eine Veränderung Sie auch immer denken, eines bleibt gewiß: Der Tag hat nur 24 Stunden.

Protokollieren Sie Ihre Gewinne

Das Kindheits-Ich möchte die Fortschritte *sehen*. Wenn wir Protokoll über die wichtigen Veränderungen in unserem Leben führen, zeigen uns diese Aufzeichnungen nicht nur, was wir geleistet haben, sondern spornen uns auch an mit dem Beweis, daß *wir es können!* Bewahren Sie Ihre jeweils gültige Wunschliste stets in Reichweite auf. Tragen Sie sie im Notizbuch bei sich als stets gegenwärtige Erinnerung an Ihren Lebensplan. Sie wird Ihnen helfen, wenn Sie auf Reisen, in einer ungewohnten oder in einer feindseligen Umgebung sind. Würden Sie ohne

Landkarte quer durchs Land fahren? Ebenso wird Ihr privater
Führer Sie daran hindern, in die Irre zu gehen. Wenn Sie die
Punkte 5 und 12 auf Ihrer Wunschliste geschafft haben, dann
versehen Sie sie mit Sternchen. Sie haben sie sich verdient.
Setzen Sie andere Wünsche an ihre Stellen. Es sollten sich auf
Ihrer Liste immer mindestens zehn spezielle Wünsche befinden. Führen Sie ein Tagebuch. Kreativität hängt an einem
dünnen Faden. Schreiben Sie den glänzenden Gedanken auf,
der Ihnen in dem flüchtigen Augenblick der Wahrheit durch
den Kopf ging. Ein Jahr später, beim Wiederlesen, können Sie
sich beglückwünschen. Wie klug ich war. Nein: bin! Nicht alle
brillanten Sätze werden von anderen geschrieben.

Sorgen Sie für Alternativen

Nicht alles, was wir uns vornehmen, gelingt. Faktoren, über die
wir keine Kontrolle haben, können unsere Pläne durchkreuzen.
Ohne Alternativen zur Beschaffung dessen, was wir haben
wollen, droht uns Mißerfolg. Was ist, wenn wir unseren Arbeitsplatz verlieren? Oder unseren Ehepartner? Unsere Gesundheit? Das sind alles keine erfreulichen Aussichten, doch
das ändert nichts an der Tatsache, daß Verluste vorkommen,
oft ohne eigenes Verschulden. Haben wir Plan B, C und D?
Haben wir viele Freundschaften gepflegt, die uns Halt geben
können in schweren Zeiten? Was geschieht, wenn wir nur einen
Freund haben und ihn verlieren? Während unsere Kinder
heranwachsen, haben wir genügend Zeit, um zu planen, was
wir tun werden, wenn sie von zu Hause fortgehen. Nutzen wir
unsere Zeit? Treffen wir Vorsorge für den Ruhestand?
    Es kann ganz nützlich sein, am Rand der Wunschliste zu
vermerken: «Wann fange ich an?» und «Wann breche ich ab,
wenn es nicht funktioniert?» Wenn wir am falschen Plan festhalten, beweisen wir damit kaum etwas anderes als Sturheit
oder Dickköpfigkeit. Seien Sie flexibel. Das Selbstvertrauen
muß nicht an widrigen Umständen zerbrechen. Emerson riet
dazu, immer wieder von vorne anzufangen, in der Meinung,

daß wir nicht eine, sondern hundert Chancen haben: «Wenn unsere jungen Männer mit ihren ersten Unterfangen Schiffbruch erleiden, verlieren sie allen Mut. Wenn der junge Kaufmann Mißerfolg hat, heißt es, er sei ruiniert. Wenn das größte Genie an unseren Colleges studiert und nicht ein Jahr danach seinen festen Platz in einem der Büros in den Städten oder Vorstädten von New York oder Boston gefunden hat, so scheint es seinen Freunden und ihm selbst gerechtfertigt, wenn es für den Rest seines Lebens den Kopf hängen läßt und sein trauriges Schicksal beklagt. Ein zäher Bursche aus New Hampshire oder Vermont, der alle Berufe durchprobiert, der Vieh züchtet, sich als Farmer versucht, hausieren geht, eine Schule leitet, eine Zeitung herausgibt, sich in den Kongreß wählen läßt, eine Stadt kauft und so fortfährt im Laufe der Jahre, wobei er immer wieder auf die Füße fällt wie eine Katze, der ist hundert solcher Stadtpuppen wert.»*

Hilfe empfangen

Die meisten von uns brauchen alle Hilfe, die sie bekommen können. Deshalb müssen wir alle Annahmen und Vorstellungen kennen, die wir mit solcher Hilfe verknüpfen. Eine Annahme besagt, daß wir nur den richtigen finden müßten – den richtigen Freund, Ehepartner oder Therapeuten –, um von ihm die magischen Antworten zu bekommen, die unsere Probleme für uns lösen werden. «Sagen Sie, was Sie für das beste halten, Herr Doktor» ist eine typische Äußerung von Patienten, die nach einem Zauber oder Zauberer suchen, der sie erlöst. Wenn solch ein Mensch keine detaillierten Anweisungen erhält, wird er wahrscheinlich den Therapeuten wechseln. Eine andere Annahme lautet, daß Therapeuten keine wirklichen Menschen sind, oder wenn doch, dann doch gewiß «bessere» als wir.

Es gibt keine Menschen, die mit magischen Kräften ausge-

---

* Ralph Waldo Emerson, Self-Reliance. Essays and Poems. London und Glasgow 1954

stattet sind. Von Zeit zu Zeit brauchen wir die Hilfe von
Fachleuten, nicht weil sie den Zauberstab schwingen oder
bessere Menschen sind als wir, sondern weil sie über Erkenntnisse, Fertigkeiten und Informationen verfügen, die wir benötigen. Grundsätzliche Wertgleichheit, die «Ich bin o.k. – Du
bist o.k.»-Haltung, ist eine wesentliche Voraussetzung für alle
gesunden Beziehungen, auch therapeutische Beziehungen.

Frieda Fromm-Reichmann schreibt: «Jeder Psychiater mit
Selbstachtung wird sich der Tatsache bewußt bleiben, daß er
seinen Patienten *nur* insofern überlegen ist, als er über eine
besondere Ausbildung und Erfahrung verfügt, nicht aber notwendigerweise in irgendeiner anderen Hinsicht. Daß jemand
psychiatrische Hilfe braucht, um die emotionalen Schwierigkeiten seines Lebens zu bewältigen, bedeutet keineswegs irgendeine grundlegende Unterlegenheit. Nur der Psychiater,
dem dies bewußt ist, kann seinen Patienten so zuhören, daß ein
psychotherapeutischer Erfolg möglich wird.»*

Hilfe kann nur dann wirksam sein, wenn wir bereit sind, die
Suche nach magischen Lösungen aufzugeben und uns, die
Hilfe unseres Helfers in Anspruch nehmend, mit ganzer Kraft
an der Bewältigung unserer Probleme zu beteiligen. Ein guter
Therapeut sagt uns nicht, was wir sehen, sondern wohin wir
blicken sollen, nicht, was wir tun sollen, sondern welche Mög-
lichkeiten es gibt. Entscheiden müssen wir letztlich selbst.
Oder wie unsere geschätzte, leider verstorbene Kollegin Con-
nie Drewry den Workshopteilnehmern zu sagen pflegte: «Nicht
TA funktioniert, Sie funktionieren!»

* Frieda Fromm-Reichmann, Principles of Intensive Psychotherapy. Chicago
  1950, S. 17

11

Menschen halten

Eine der Folgen von Veränderung besteht darin, daß sie andere Menschen in Mitleidenschaft zieht. Die anderen haben gelernt, unser Verhalten vorherzusagen, und gehen in ihrem Handeln von der Annahme aus, daß wir «so nett bleiben werden, wie wir sind», daß wir ihnen stets beipflichten oder stets die Führungsrolle beibehalten werden.

Veränderung wird für unser Leben kaum eine Bereicherung sein, wenn sie die Menschen vertreibt, von denen wir die lebensnotwendigen Streicheleinheiten bekommen. Manchmal sind es andere, die sich verändern und die, statt uns in ihren veränderten Erwartungshorizont mit hinüberzunehmen, einfach aus unserem Leben gehen. Das passierte Dorothy.

Als die fünfundvierzigjährige Dorothy – eine sehr gepflegte Erscheinung mit viel zur Schau getragenem Selbstbewußtsein – als diese «gestandene» Frau an der Reihe war, ein Papier zu verfassen über ihre Wünsche im Hinblick auf die Gruppentherapie, saß sie lange Zeit stumm da. Schließlich sagte sie: «Ich weiß einfach nicht, was ich mir wünschen soll.»

«Warum sind Sie hierhergekommen?» fragte der Gruppenleiter.

«Ich bin nicht sehr glücklich», sagte sie. Sie eröffnete, daß sie vor zehn Monaten von ihrem Mann verlassen worden war und daß ihre Kinder, beide Anfang zwanzig, kurz darauf in eigene Wohnungen gezogen waren. Sie war dann bei einigen Therapeuten gewesen, doch die «schienen nichts genützt» zu haben. «Ich hatte eine wirklich gute Freundin –» eine Frau, mit der sie zusammengearbeitet hatte – «aber sie ruft mich praktisch überhaupt nicht mehr an.» Sie berichtete außerdem, daß sie vor einem Jahr ihren Arbeitsplatz verloren hatte. «Sie haben mir gesagt, es sei aus wirtschaftlichen Gründen, sie müßten sparen. Ich glaube nicht, daß das der wirkliche Grund war. Doch mein eigentliches Problem, das bin nicht ich, das ist mein Mann. Er hat mich nach fünfundzwanzigjähriger Ehe verlassen, einfach so.»

«Haben Sie irgendwelche Anzeichen dafür bemerkt, daß er unglücklich war oder daran dachte, Sie zu verlassen?» wurde sie gefragt.

«Nein, keinerlei Anzeichen. Alles war vollkommen in Ordnung», sagte sie und zupfte einen Fussel von ihrem blauen Sergekostüm. «Ich wäre nie darauf gekommen, daß mein Mann fortgehen könnte. Ich habe alles für ihn getan.»

Während sie berichtete, fiel ihre Stimme in einen eigentümlichen Singsang, als erzähle sie eine einstudierte Geschichte. Ihre Gesichtsmuskeln blieben fast unbewegt, und Blickkontakt hatte sie mit niemandem. Die sieben anderen Gruppenmitglieder sahen gelangweilt aus.

Der Gruppenleiter ging zur Tafel und sagte: «Ich möchte, daß Sie einen Vertrag machen, mit dem Sie Ihre Probleme bewältigen können. Können Sie formulieren, was Sie von dieser Veranstaltung, von dieser Gruppe, von mir erwarten?»

«Ich habe Ihnen ja nun von meinen Problemen berichtet. Was kann ich noch tun?»

Ein männliches Gruppenmitglied erklärte: «Für Sie, Dorothy, wäre ein guter Vertrag, Menschen halten. Mir scheint, damit haben Sie Schwierigkeiten.»

«Menschen halten?» erwiderte Dorothy. «John, mein Mann, ist der einzige Mensch, den ich halten möchte. Wenn es nicht um ihn ginge, hätte ich alle diese Probleme gar nicht.»

«Sie haben uns gerade erzählt, daß Sie ihn, Ihre Kinder, Ihre Arbeit, Ihre Freunde und mehrere Therapeuten verloren haben», sagte der Mann. «Für mich hört sich das an, als könnten Sie keine Menschen in Ihrer Nähe halten.»

«Alles, was ich mir wünsche, ist eine gute Ehe mit einem guten Mann, und die hatten wir, glaube ich.»

«Sie verlieren gerade *mich*», sagte der Mann achselzuckend.

«Mit *dem* Verlust werde ich halt leben müssen», bemerkte sie spitz und zog sich eingeschnappt aus dem Gespräch zurück.

Der Leiter wandte sich dem nächsten Gruppenmitglied zu und sagte: «Wir kommen auf Ihren Vertrag später zurück, Dorothy.»

Nachdem die Verträge auf großen Blättern festgehalten und an den Wänden befestigt worden waren, damit alle sie vor Augen hatten, fragte der Leiter: «Das wär's? Noch irgend jemand, der etwas möchte? Wer möchte seinen Vertrag ändern, bevor wir mit der Arbeit beginnen?»

Dorothy fummelte an ihrem Notizheft herum.

«Nun, Dorothy? Wie steht es jetzt mit Ihrem Vertrag? Können Sie jetzt einen formulieren?»

«Ich möchte glücklich sein», erklärte Dorothy ernsthaft.

«Was würde Sie glücklich machen?»

«Ich weiß nicht. Deswegen bin ich ja hier.»

«Wer, glauben Sie, wird Ihnen hier helfen?»

«Sie! Sie sind der Fachmann.»

«Was ist mit dem Rest der Gruppe?»

«Was können *die* schon wissen? Die sind doch selber hier, weil sie Probleme haben.»

«Seien Sie willkommen in unserem Verein.»

«Machen Sie sich nicht über mich lustig!»

«Liegt Ihnen was an irgend jemand hier im Raum?»

«Natürlich.»

«Was erwarten Sie von ihnen?»

«Nichts.»

«Carl hat doch schon einen guten Vorschlag gemacht. Machen Sie doch einen Vertrag darüber, wie Sie Menschen halten wollen.»

«Ich möchte keine Menschen halten. Ich möchte John halten.»

Der Einziggeliebte – ein Glück auf tönernen Füßen

Hält man sich mit seinen emotionalen Bedürfnissen nur an einen Menschen, so ist das Scheitern vorhersehbar. Die erste Liebesglut des «Nur du und ich» ist rasch abgekühlt. Das trifft auch zu, wenn beide Partner gleich empfinden. Gibt es sonst niemanden im Leben, entsteht ein geschlossenes System gegenseitiger Abhängigkeit. Die Liebe verwandelt sich allmählich in die Furcht vor dem Verlust der einzigen Quelle emotionaler Befriedigung. Die ursprüngliche Nähe wird der Belastung ständiger *Vorsicht* ausgesetzt. Wenn du *alles* für mich bedeutest, wage ich nicht, dich zu kränken. Es ist schwer, aufrichtig mit jemandem zu sein, den man so sehr braucht. Mit bestürzender Geschwindigkeit nimmt die Beziehung die Gestalt eines A an: Beide lehnen sich aneinander an, wobei es ums nackte Überleben, nicht um die Liebe geht. Auch Langeweile breitet sich aus. Bald kennen sie alle Witze, Anekdoten und Geschichten des anderen. Schließlich macht sich Gereiztheit bemerkbar. «Du sagst mir überhaupt nicht mehr, daß du mich liebst», sagt der eine vorwurfsvoll. «Du weißt doch, daß ich dich liebe», kommt es leicht gereizt zurück.

Gesunde Beziehungen sind auf die größere *Gemeinschaft* angewiesen: Freunde, Bekannte, Kollegen, die Angehörigen der gesellschaftlichen Gruppen, zu denen die gesamte Familie gehört oder in denen einzelne Familienmitglieder mitarbeiten. Wenn Sie Ihr ganzes Leben auf dem «einen und einzigen» Menschen aufbauen, müssen Sie darauf gefaßt sein, daß Sie eines Tages niemanden haben und einsam sind. Abgöttische «Liebe» gründet sich auf die Illusion, daß wir einen Menschen nur genug verehren müssen, damit er uns mit ewiger Liebe dankt. Die Wirklichkeit sieht leider so aus, daß Menschen uns manchmal enttäuschen, vor allem wenn sie lieber wirkliche Menschen als Idole sind. Genau das war Dorothy passiert. Sie erklärte sich schließlich damit einverstanden, mit einem Vertrag zu arbeiten, der ihr half, «Menschen zu halten». Was die Gruppe ihr vorschlug, waren im wesentlichen folgende Punkte:

Legen Sie sich Wünsche zu, nicht nur Bedürfnisse

«Kann das Liebe sein, was sich gegenseitig aufsaugt wie der Schwamm das Wasser?» schrieb William Blake, ein Dichter des 18. Jahrhunderts. Natürlich brauchen wir andere Menschen, und zwar aus vielen verschiedenen Gründen. Können wir andere auch als Wesen mit Bedürfnissen sehen, wie wir sie haben? Sind wir in der Lage, ihre Gesellschaft um ihrer selbst willen zu wünschen, nicht bloß als Anhängsel unseres Bedürfnissystems? Mögen wir die Menschen, die wir «lieben»? Irgend jemand hat gesagt: «Vielleicht hat Gott die Menschen einfach zu seinem Vergnügen erschaffen.» Können wir Menschen mögen, lieben und wünschen einfach zu unserem Vergnügen, weil es schön ist und natürlich? Oder müssen wir unsere Beziehung zu ihnen kühl kalkulierend davon abhängig machen, ob sie unseren Zwecken helfen und dienen? «Sie ist gut für ihn», sagt jemand weise. Aber ist er auch gut für sie? Haben sie gemeinsame Ziele? Ist das Geben und Nehmen gerecht verteilt, oder gibt es den Energiefluß nur in eine Richtung?

Legen Sie sich viele Streichelquellen zu

Jede Beziehung, in der sich einer der Partner bei dem anderen mehr als 50 Prozent seines emotionalen Inputs besorgt, ist vermutlich nicht in Ordnung. Wie läßt sich der emotionale Input messen? Die Zeit, die man zusammen verbringt? Transaktionen, die man austauscht? Daß der andere an einen denkt? Deswegen braucht man noch nicht gleich zu heiraten. Jede Beziehung ist anders. Die Ehe ist nur eine Form der Beziehung, die sich auf ein Treuegelübde gründet. Das heißt jedoch nicht, daß es keine anderen Beziehungen geben kann. Viele Eheverträge, die in der ersten Woche nach oder gar vor der Hochzeit geschlossen werden, entfernen beide Partner auf tragische

Weise gerade von jenem «menschlichen Background», der sie in erster Linie füreinander attraktiv gemacht hat. Statt daß das Ganze größer als die Summe seiner Teile ist, ist es kleiner: etwa $1 + 1 = \frac{3}{4}$.

Helen und Harald begegnen sich, verlieben sich und heiraten. Helen liebt die Oper. Harald findet sie «ohrenbetäubend». Also gibt Helen die Oper auf, weil man «ohne seinen Mann natürlich nicht in die Oper gehen kann – was werden die Leute sagen?». Harald hat einen Kumpel, John, den Helen nicht leiden kann. Er ist «ungehobelt, laut und obendrein dumm», deshalb schmollt sie, wenn Harald mit John zusammen ist. Also gibt Harald seinen Freund auf. Bei dem Handel hat sie ein Stück von ihren musischen Neigungen, er ein Stück von seiner unbekümmerten Junggesellenzeit eingebüßt. Sie haben sich bereits ein bißchen verändert. Helen geht am Sonntag gern ihre Eltern besuchen, doch Harald hängt das allwöchentliche Ritual zum Hals heraus. Da Helen nicht ohne ihn fahren mag, stellt sie die Besuche ein und verzichtet damit auf eine sichere Streichelquelle. Vorwurfsvoll fragt sie: «Also, was machen wir *diesen* Sonntag?» – «Ich bin müde», sagt Harald, stellt das Fußballspiel an und öffnet eine Dose Bier. Helen, der der Beginn einer zweistündigen Mißachtung ihrer Person schwant (soweit es Harald betrifft, könnte sie ebensogut nicht auf der Welt sein), setzt sich hin und schreibt an Mutter und Vater. Beide Partner *nehmen* Dinge *an*, für die es gar keine Beweise gibt, und haben Angst, über ihre Gefühle zu sprechen. «Ohne seinen Mann/ seine Frau kann man nirgends hingehen» lautet eine Annahme. «Wir müssen die gleichen Dinge mögen» eine andere. Oder «Männer verstehen etwas vom Fußball, Frauen gar nichts». Helen und Harald haben bestimmte Annahmen über die Oper, John, Fußball, Sonntage und wahrscheinlich die Eltern, ihre und seine. Was sie brauchen, ist eine unvoreingenommene Überprüfung ihrer Annahmen und die Bereitschaft zu fragen: «Was ist hier wichtig?»

Wir neigen zu dem Wunsch, in unserer Ehe die Situation in unserer Herkunftsfamilie wiederherzustellen. Wenn Marlenes

Vater abends von der Arbeit nach Hause kam, geschah folgendes: Er holte die Kinder, rangelte mit ihnen auf dem Fußboden und hörte sich an, was sie vom Tag zu berichten hatten. Seine erste Stunde zu Hause gehörte der Familie. *So muß eine Familie sein*, war Marlenes Überzeugung.

Wenn Willis Vater nach Hause kam, war die erste Stunde für ihn selbst reserviert. Er las die Zeitung in seinem Lieblingssessel, nippte an seinem Bier, und die Kinder waren «still wie die Mäuschen». *So muß eine Familie sein*, war Willis Überzeugung.

Marlene begann das Gefühl zu haben, daß Willi sie und die Kinder nicht liebte. «Die Kinder brauchen ihren Vater», hielt sie Willi vor. Willi hatte allmählich das Gefühl, eine Nervensäge geheiratet zu haben, wagte es aber nicht zu sagen. Natürlich liebte er sie, aber warum zum Teufel wurde sie nicht mit den Kindern fertig?

Ein Abstecher in die Kneipe mit seinem unverheirateten Kollegen wurde zu einer attraktiven Alternative am Ende eines Arbeitstages. Dann fingen die Ausreden an. «Ich hatte noch zu arbeiten.» Einmal in der Woche. Dann zweimal.

«Du arbeitest zuviel in letzter Zeit», warf ihm Marlene eines Abends vor. Annahmen, die nicht überprüft waren, führten zu Ausreden, Ausflüchten und schließlich Vorwürfen. «Ich werde dem ein für allemal ein Ende machen», dachte Marlene, als sie sich in dieser Nacht schlaflos im Bett wälzte. Sie wollte Willi am Morgen, bevor er zur Arbeit ging, ihr Ultimatum stellen.

Erforderlich gewesen wäre eine Diskussion darüber, *wie Familien sind* oder *waren* und *wie wir unsere haben möchten*.

Haben Sie Spaß miteinander

Macht es Spaß, mit Ihnen zusammen zu sein? Macht es Spaß, zu Ihnen nach Hause zu kommen? Die Menschen lachen gern, weil es sie den Ernst des Lebens vergessen läßt. Sie können für Spaß sorgen, wenn sie Ihrem eigenen verspielten Kindheits-Ich freien Lauf lassen und nach dem verspielten Kindheits-Ich in anderen Ausschau halten. «Habe *täglich* Spaß» ist ein gutes

Rezept, um Menschen zu halten. Es ist überdies ein sehr
gesundes Rezept. Eine Kinderärztin stellte fest, daß in manchen Familien kaum Krankheiten auftreten, obwohl sich weder
Eltern noch Kinder besonders in acht nehmen. Der gemeinsame Nenner, den sie in diesen Familien entdeckte, war Glück.
Ein kluger junger Mann aus unserer Bekanntschaft hat einmal
gesagt: «Gesunde Menschen machen Menschen gesund.» Spaß
ist ansteckend.

Durch die Beobachtung anderer können wir feststellen, was
ihnen Spaß macht. Fragen stellen? Auf sehr vergnügliche
Weise können Menschen sich kennenlernen, indem sie sich ihre
Phantasien mitteilen: Was würdest du tun, wenn ... du eine
Million hättest, Besitzer einer Zeitung wärst, ein Jahr Urlaub
bekämst, dir eine Berghütte bauen würdest? Das Familienleben wird öde, wenn immer zuerst die Probleme kommen:
Hänschens schlechtes Zeugnis, das undichte Dach oder das
überzogene Konto. Probleme müssen beachtet werden, doch
die Lösungen stellen sich leichter ein, wenn die Menschen sich
zuerst die Zeit nehmen, sich zu entspannen. Wie lange ist es
her, daß Sie irgend etwas Verrücktes getan haben, sich ins Auto
gesetzt haben, um eine Fahrt ins Blaue zu machen, ihrer
Freundin ein komisches Geschenk gekauft haben, jemandem
einen Witz per Brief geschickt haben, einen Tag blau gemacht
haben, ohne ihr «unproduktives» Verhalten im geringsten zu
rechtfertigen? Können Sie sich eine Beziehung zu jemandem
vorstellen, der ständig ernsthaft ist? Soll Ihr Zusammensein so
aussehen? Überlegen Sie es sich zweimal. Spaß ist gesund.
Spaß macht Spaß!

Entdecken Sie das Eltern-Ich des anderen

Was können Ihre Freunde nicht «ausstehen»? Die meisten von
uns haben bestimmte Tabuzonen, die vom Eltern-Ich abge-
steckt worden sind. Durch Beobachten, Zuhören und Reden
können wir in Erfahrung bringen, welche Bereiche «verboten»
sind, und können ihnen ausweichen. Eines Tages werden wir

vielleicht hereingebeten, doch bis dahin sollten wir lieber draußen bleiben. Politik, Religion, Geld, bestimmte Reizwörter
können solche neuralgischen Punkte sein, die wir kennen müssen. Wenn es zu viele Dinge gibt, die Sie nicht ansprechen
dürfen, kommen Sie vielleicht zu dem Ergebnis, daß es sich um
einen Menschen handelt, den Sie nicht unbedingt halten wollen. Eine gute Methode der Annäherung an Eltern-Ich-
Territorien besteht darin, daß Sie Ihre eigenen neuralgischen
Punkte offen bekennen. Sie lassen sich wechselseitig erforschen, wenn beide Personen TA kennen. Dadurch wird das
Eltern-Ich jedoch nicht ausgelöscht. Also wecken Sie keine
schlafenden Hunde, wenn es nicht unbedingt erforderlich ist.

Seien Sie sich der Wirkung bewußt, die Sie auf andere haben

Schlafen die Leute ein, wenn Sie sich mit ihnen unterhalten?
Gähnen sie? Fangen sie an, hin- und herzurutschen? Sind Sie
langweilig? Können Sie sehen, wie sich Ärger ansammelt? Sind
Sie gedankenlos? Machen Sie andere zornig? Vielleicht ist es
deren Problem. Doch das wird dann unter Umständen auch
Ihr Problem. Reden Sie zuviel und hören Sie zuwenig zu?
Legen Sie sich Ihre Worte zurecht, während andere sprechen?
Hören Sie, was sie sagen? Sind Sie sich dessen *bewußt*, was Sie
sagen?

Seien Sie nicht zornig

Zorn empfinden ist eine Tatsache. Zornig *handeln* kann eine
Prüfung sein. Die beste Methode, mit seinem Zorn fertig zu
werden, ist die Spurensuche. Zorn stößt die Menschen vor den
Kopf. Mögen Sie mit Menschen zusammen sein, die beim
geringsten Anlaß in die Luft gehen? Gewalt erzeugt Gewalt.
Ein Luftballon wird nicht dadurch kleiner, daß man ihn auf-
bläst. Wenn man zu jemandem sagt: «Du mußt wissen, daß ich
einiges gegen dich habe», so ist das nicht gerade eine Einladung

zu einer engeren Beziehung. Es wird gern propagiert, man müsse seinem Ärger «Luft machen», «wirklich ehrlich» sein und «sagen, was man denkt». Wir werden unseren Zorn wohl kaum los, indem wir andere wütend machen. Es sei denn, wir mögen das *Spiel* «Tumult» und finden Menschen, die es mit uns spielen. Im allgemeinen entfremden wir uns jedoch die Menschen, wenn wir zornig sind.

Halten Sie Verträge

Verträge kann man nur halten, wenn man welche geschlossen hat. Was sie sind und wie sie aufgesetzt werden, wurde in Kapitel 6 erörtert. Ist auf Ihr Wort Verlaß? Meinen Sie es ernst, wenn Sie sich zu etwas bereit erklären? Sind Ihre Schecks gedeckt? Lassen Sie Menschen fallen? Und wenn, können Sie es dann mit dem Entschluß entschuldigen, daß Sie Ihre automatische Liebenswürdigkeit verändern wollen? Sich entschuldigen ist eine gute Sache, aber ein Leben voller Entschuldigungen ohne die Absicht, sich zu verändern, ist ein *Spiel*, das Eric Berne «Schlemihl» nennt. Irgendwann werden es die Menschen müde, hinter Ihnen herzuräumen, und gehen fort.

Kontrollieren Sie sich selbst, nicht andere

Manche Leute denken, sie können andere Menschen halten, indem sie sie kontrollieren. Der Versuch, alle zu kontrollieren, gleicht dem Versuch, in einem Schwimmbecken fünf Wasserbälle gleichzeitig unter Wasser zu halten. Es ist anstrengend, nicht ungefährlich, wenn Sie sich im Tiefen befinden, und letztlich nicht zu schaffen. Sie können noch nicht einmal einen Ball die ganze Zeit unter Wasser halten, ohne die ganze Zeit bei ihm zu bleiben. Menschen haben wie Wasserbälle einen unwiderstehlichen Aufwärtstrieb – sie möchten oben schwimmen.

Die Transaktionsmechanismen der Kontrolle lassen sich sehr gut anhand des Karpmandrama-Dreiecks erklären, das von dem San Franciscoer Psychiater Stephen B. Karpman zur

Erklärung von *Spielen* entwickelt wurde. Er hat beobachtet, daß *Spiele* die gleichen Elemente enthalten wie das griechische Drama und geschlossene Systeme sind, Dreiecke, in denen es stets die Rollen des Verfolgers, des Opfers und des Retters zu besetzen gilt, wobei jede Rolle einer Ecke des Dreiecks zugeordnet ist (Abb. 13). Das «Kontrollspiel» ist im Gange, wenn die Darsteller die Ecken wechseln.

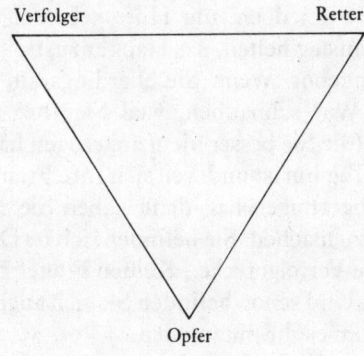

Abbildung 13
Karpmans Dramendreieck

Verfolger, Opfer und Retter unterscheiden sich von normalen zur Rede zu stellenden, verletzten und helfenden Menschen durch den Rollenwechsel. Jemand, der einen anderen Menschen in einer Konfliktsituation zur Rede stellt, ist kein Verfolger im Sinne des *Spiels*, es sei denn, daß nach der Konfrontation die zur Rede gestellte Person zurückschlägt, so daß sich nun die ursprünglich zur Rede stellende Person als Opfer fühlt.

Stellen Sie deshalb niemanden zur Rede, wenn Sie sich nicht in Ihrem Erwachsenen-Ich befinden. «Du gibst zuviel Geld aus» ist Verfolgung und Aufforderung zu einem *Spiel*. «Das Bankkonto ist überzogen, und ich mache mir Sorgen, weil wir keinen Haushaltsplan ausgearbeitet haben» ist sachliches Zur-Rede-Stellen und die Einladung zur Kooperation.

«Hilfe» ist keine Rettung, *wenn* Sie darum gebeten worden sind, wenn Sie Ihr Hilfsangebot ehrlich meinen, es halten können und genau erklärt haben, worin Ihre Leistung bestehen soll. «Du armes Ding! Da lebst du nun in einem so heruntergekommenen Haus und bist mit einem so ungeschickten Mann verheiratet! So einen Anstrich hätten wir beide an einem Wochenende fertig.» Das ist eine «Aufforderung zum *Spiel*», die Sie abgeben, weil Ihnen danach zumute ist, den Retter zu spielen. Wenn Sie jedoch, um Hilfe gebeten, erklären: «Ich kann dir am Samstag helfen, das Haus anzustreichen», dann ist das ein Hilfsangebot. Wenn Sie allerdings am Abend dieses Samstags vor Wut schnauben, weil Sie Ihre Boutiquejeans ruiniert haben (die Sie besser nicht angezogen hätten), weil Ihr einziger freier Tag hin ist und weil sich Ihre Freundin kaum ein Dankeschön abgerungen hat, dann haben Sie sich entschlossen, das Opfer zu machen. Sie befinden sich *im* Dreieck und auf dem Weg in die Verfolgerecke: «Keinen Finger rühr ich jemals wieder für *die*!» Und schon befinden Sie sich auch auf dem Weg zum Telefon, um es ihr mitzuteilen.

Verletzt zu werden heißt noch lange nicht, daß man auch ein Opfer im Dramendreieck ist, es sei denn, man wechselt in eine andere Ecke. Menschen werden immer wieder verletzt, weil wir eben alle Menschen sind und uns von Zeit zu Zeit Enttäuschungen bereiten. Wir müssen uns damit abfinden und lernen, uns soweit wie möglich zu schützen, zum Beispiel durch Vorhersagen oder andere der in Kapitel 6 beschriebenen Maßnahmen.

Wenn Sie jedoch auf Rache sinnen und nach Wegen suchen, es dem anderen «heimzuzahlen», dann haben Sie bereits die Ecke gewechselt.

Ein anderer Sprung ist der aus der Rolle des Verfolgers in die des Retters. Zum Frühstück tischt Marlene ihrem Willi alle seine Unzulänglichkeiten auf. Nie geht er mit ihr aus, wirft sie ihm vor. Andere Leute haben so viel Spaß. Er liebt die Kinder nicht. Das Geld reicht nicht, weil er bei seinem Chef nicht energisch genug auf eine Gehaltserhöhung pocht. Schließlich der Höhepunkt: «Ich kann mir schon vorstellen, woran du bis spätabends arbeitest!» Auf dem Weg zur Arbeit kocht Willi vor Wut, weil Marlene ihn mit ihrem Gekeife bis in die Einfahrt verfolgt.

Im weiteren Verlauf des Morgens überkommt sie Reue. Warum schien er so wütend? Was hatte sie nur getan! Auch Willi ist in sich gegangen. Mittags ruft er an und eröffnet ihr freudig: «Ich habe einen Tisch zum Essen bestellt. Wir machen uns einen schönen Abend.»

«Oh, wie nett», sagt sie, und dann impulsiv und seine sorgfältige Planung einfach über den Haufen werfend: «Weißt du was? Wir essen bei *uns* zu Abend, nur wir beide, bei Kerzenlicht. Wir können es uns einfach nicht leisten, auswärts zu essen. Und weißt du, was ich noch getan habe? Ich habe einen Brief für dich an deinen Chef geschrieben. Es ist nicht fair, daß ich alles auf dich abwälze. Ich kümmer mich darum. Du wirst schon sehen!» So ist Willis ehrlicher Versuch, seiner Frau eine Freude zu machen, gescheitert. Marlene hat das Heft in die Hand genommen. Die Rettung im Anschluß an die Verfolgung macht Willi zum Opfer, gibt ihm das Gefühl, daß er es seiner Frau beim besten Willen nicht recht machen kann und daß er noch nicht einmal Manns genug ist, selbst mit seinem Chef zurechtzukommen.

Entfernen Sie sich aus dem Dreieck

Die einzige Möglichkeit zur Beendigung des *Spiels* Verfolger-Opfer-Retter besteht darin, daß man sich aus dem Dreieck entfernt. Eine Voraussetzung dafür ist, daß man *andere Streichelquellen hat*. Sie werden sich kaum verändern, wenn Sie kein anderes *Spiel* zur Verfügung haben. Eine andere Voraussetzung ist die Entscheidung, *ich werde weitermachen mit meinem Leben, ganz gleich, was geschieht*. Dazu müssen Sie sich selbst kennen, Alternativen planen, eine gute Wunschliste parat haben, sich durch Ihr Erwachsenen-Ich schützen und Mut haben. «Glück ist eine Form des Mutes», sagt Holbrook Jackson,

was mit Sicherheit für den Verzicht auf destruktive *Spiele*
zutrifft. Mit blinder Tapferkeit ist uns allerdings wenig geholfen, weil zum Mut das Überdenken früher Kindheitsentschei-
dungen hinzukommen muß – Entscheidungen, in denen es
darum geht, wie wir auf Verfolgung reagieren. Ein Kind kann
die Mutter nicht verlassen. Der Erwachsene kann es. Er kann
auch experimentierende Verhaltensweisen wagen, die die
*Spiel*regeln in von ihm hochbewerteten Beziehungen außer
Kraft setzen.

Wenn Sie Alternativen geplant haben – Plan B, C oder D –,
müssen Sie sich die *Spiel*züge *bewußtmachen*. Sobald Sie am
Haken hängen, auf irgendeine Aufforderung anspringen, müssen Sie das *Spiel* bis zum Ende mitspielen. Deshalb ist es
entscheidend, daß Sie den Haken erkennen und nicht zubei-
ßen.

Angelhaken sind gekrümmt, und ihre scharfen Widerhaken
sind oft hinter prächtigen, ganz natürlich aussehenden «Fliegen»
verborgen. Sprachliche Hinweise sind: «Hör mal, du bist doch
ein Experte auf diesem Gebiet.» (Ein Opfer, das zur Rettung
auffordert.) Oder: «Ich will dir einmal etwas ganz ehrlich sagen.»
(Ein Verfolger, der es Ihnen zeigen will.) Ein Warnsignal aus der
Rettungsecke ist: «Ich weiß, daß es mich nichts angeht, aber . . .»
Alle diese Äußerungen sind Einladungen zu einer munteren
Runde im Dreieck. Solche und ähnliche Feststellungen signalisieren den Beginn einer doppelbödigen Transaktion, die Sie
durch eine Reaktion Ihres Erwachsenen-Ichs durchkreuzen und
verhindern können. Auch Humor, wenn er angemessen zum
Ausdruck gebracht wird, kann helfen.

Für die genannten Eröffnungszüge gibt es eine Reihe von
Alternativen, mit deren Hilfe Sie verhindern können, in das
Dreieck hineingezogen zu werden:

Reiz: «Hör mal, du bist doch ein Experte auf diesem Gebiet.»
   Mögliche Reaktionen:
   1. «Woran du wohl schon wieder denkst!» [*mit einem Augen-
zwinkern*]

2. «Laß dir eines sagen: *Du* bist ein Experte auf diesem Gebiet!»

3. «Nur weiter so. Ich kann von Komplimenten nie genug kriegen.»

4. Warten Sie nähere Einzelheiten ab. Vielleicht ist es kein verborgener Angelhaken, sondern nur eine Redensart.

Reiz: «Ich will dir einmal etwas ganz offen sagen.»

1. Nehmen Sie Reißaus.

2. «Tust du das nicht immer?»

3. «Möchtest du nicht zuerst eine Tasse Tee?» (Gewinnen Sie Zeit.)

4. «*Offen* ist ein interessantes Wort. Da habe ich gestern etwas Interessantes von Alfred North Whitehead gelesen, der sagt: ‹Offenheit läßt sich ohne technische Hilfsmittel wahrnehmen.› Du hast doch Whitehead gelesen, oder? Wirklich ein Genie. Er hat auch gesagt: ‹Moralische Erziehung ist unmöglich ohne eine permanente Vision von Größe.› Er hat große Bedeutung für mein Konzept des ‹inneren Modells› und ... Was hältst *du* von seinen Vorstellungen?» (Wechseln Sie das Thema.)

5. «Das finde ich so toll an dir, diese Fähigkeit, ein Problem genau zu erkennen und es auf den Punkt zu bringen, ohne lange um den heißen Brei herumzureden. Schieß los!» (Streicheln Sie sein Kindheits-Ich. Während er Ihr Kompliment auf der Zunge zergehen läßt, vergißt er wahrscheinlich, was er sagen wollte. Wenn nicht, sehen Sie zu, daß Sie außer Schußweite gelangen.)

6. Weitere Reaktionen finden Sie im nächsten Kapitel.

Reiz: «Ich weiß, daß es mich nichts angeht, aber ...»
Mögliche Reaktionen:

1. «Wie war das? Was geht dich etwas an?»

2. «Nun, wenn es dich nichts angeht, dann geht es mich auch nichts an.»

3. «Woher *weißt* du, daß es dich nichts angeht?»

4. «Hör zu, mein Lieber, ich stecke bis über beide Ohren in

Arbeit, und wenn es nicht so wichtig ist, sollte ich lieber weitermachen.»

5. Wenn es Ihnen nicht gelingt, die Einleitungsphrasen abzuwürgen, bevor Inhalte zur Sprache kommen, und wenn es dabei um jemanden geht, der etwas über Sie gesagt hat, so bieten sich andere Möglichkeiten an, etwa: «Komisch. Von dir spricht sie immer sehr anerkennend.» Oder holen Sie einen Kugelschreiber hervor und sagen Sie: «Halt mal. Das möchte ich gern schwarz auf weiß haben. Was hat sie gesagt?» Das führt in der Regel zu einem raschen Rückzieher und Themawechsel.

Die genannten Beispiele sind natürlich keine vollständige Liste der zur Verfügung stehenden Möglichkeiten. Entscheidend ist, daß wir Alternativen haben. Je besser es uns gelingt, uns aus unserem eigenen inneren Dialog herauszuhalten, desto wirksamer kann unser Erwachsenen-Ich arbeiten, kann es Hinweise vom sprunghaften Kindheits-Ich auffangen, Angelhaken ausweichen und Aufforderungen zum *Spiel* ausschlagen. Wir brauchen nicht auf jede Einladung anzuspringen. Die Kunst des Neinsagens im Sinne des «Ich bin o.k. – Du bist o.k.» besteht darin, sein möglichstes zu tun, um das Kindheits-Ich des anderen zu schonen, aber auch gleichzeitig dafür zu sorgen, daß das eigene nicht zu kurz kommt. Manchmal läßt sich ein *Spiel* am besten abblocken, indem man *schweigt* und dem anderen in die Augen sieht, während man in dem fürchterlichen Durcheinander des *Spiels* nach einem Kindheits-Ich sucht. Doch sogar das birgt Gefahren. Sir Thomas More berief sich 1534 in dem Prozeß, in dem es um sein Leben ging, darauf, daß er sich niemals gegen die kirchliche Oberhoheit König Heinrichs VIII. ausgesprochen habe und daß «es auf der ganzen Welt kein Gesetz gibt, welches Schweigen unter Strafe stellt». Trotzdem verlor er seinen Kopf auf dem Schafott.

Die Moral von der Geschicht: Verlieren Sie nicht Ihren Kopf, das heißt: Ihr Erwachsenen-Ich. Bedenken Sie, was Sie tun, und behalten Sie das Kindheits-Ich im Auge, das eigene und das der andern.

Halten Sie inne und denken Sie nach

Die oben genannten Alternativen sind Beispiele für Reaktionen, die Ihnen zur Verfügung stehen, wenn Sie sich mitten in einer Transaktion befinden, wenn *Sie* von einem Verfolger, Opfer oder Retter sprachlich zu einem *Spiel* aufgefordert worden sind. Aber manchmal sind Sie – oder ich – selber versucht, den Anstifter zu spielen. Nützliche Vorsichtsmaßregeln, um zu verhindern, daß wir in ein selbstgewolltes Dreieck tappen, sind unter anderem:

1. Wenn Sie das starke Bedürfnis haben, für jemanden anderen einzuspringen und sein Problem zu lösen, ihn zu retten, ihn zu schützen, den hilfreichen Freund zu spielen, *so halten Sie inne und denken Sie nach*. Warum liegt Ihnen soviel daran? Wessen Problem ist es? Wissen Sie, wie man es lösen kann? Geht es Sie etwas an? Wie werden Sie sich am Tag danach fühlen? Hier ist eine «Spurensuche der Zukunft» angebracht, bei der Sie sich an die Schrittfolge des Kapitels 4 halten können. Vergegenwärtigen Sie sich das «Was ist, wenn». Sagen Sie Ihre Gefühle voraus. Fängt es an mit «Ich leide an . . .»? Wenn dem so ist, schlagen Sie sich die Rolle des Retters aus dem Kopf.

2. Wenn es Sie drängt, es jemand heimzuzahlen, ihm die Meinung zu sagen, ihm zu zeigen, wo es langgeht, ihn festzunageln, *so halten Sie inne und denken Sie nach*. Warum wollen Sie das? Was haben Sie davon? Was nützt es der Beziehung? Wie werden Sie sich fühlen, wenn Sie Ihrem Herzen Luft gemacht haben? Wenn sich vorhersagen läßt, daß Sie das Bedürfnis empfinden werden, es wiedergutzumachen (Rettung), oder daß Sie sich leid tun (Opfer), dann spielen Sie nicht den Verfolger. Lassen Sie es gut sein. Fahren Sie fort mit Plan B, C oder D.

3. Wenn es Sie drängt, Ihren Kummer in einem Wochenendbesäufnis zu ertränken oder sich abends ans Telefon zu hängen, um einer Freundin zu erzählen, wie traurig alles ist, *dann halten Sie inne und denken Sie nach*. Warum wollen Sie das tun? Weil Sie sich verletzt fühlen? Sich verletzt fühlen ist kein *Spiel*,

sondern ein Bad in süßem Selbstmitleid. Wer seine Not zum Zahlungsmittel macht, der macht sich eines betrügerischen Handels schuldig, bei dem er seinen seelischen Schmerz zu einer Währung macht, für die er Streicheleinheiten eintauscht. Dann sind Sie ein Opfer. Fahren Sie statt dessen fort mit Plan B, C oder D.

Hüten Sie sich davor, Ihr Dreieck in eine neue Beziehung einzubringen. Das ist leichter gesagt als getan. Eine Frau, deren Mann sich weigert, weiterhin den Verfolger, den Retter und das Opfer für sie zu machen, findet unter Umständen jemand anders, der das *Spiel* mit ihr spielt. Ein Mann wird vielleicht seine Frau verlassen und sich jemand anders suchen, der sich an die alten Spielregeln hält.

Der Grund dafür, daß *Spiele* so schwer aufzugeben sind, liegt darin, daß sie uns Streicheleinheiten verschaffen, unsere Stellung festigen, transaktionale Rabattmarken bringen, Nähe verhindern, Zeit strukturieren oder alles auf einmal leisten. Deshalb müssen die Pläne B, C oder D Ersatz für diese Vorteile bieten. Die Kenntnis von TA zusammen mit der Kenntnis der wichtigen «Wenns» in unserem Leben sind eine Voraussetzung dafür, auf den Beweis dessen zu verzichten, was zu beweisen uns immer am Herzen liegen mag. Nach Eric Berne gehören die Ziele aller *Spiele* den folgenden Kategorien an: Selbstbestrafung, Rechtfertigung, Beruhigung, Absolution, Rache, Beschwichtigung von Schuldgefühl und Verteidigung. Alles Methoden, mittels derer das Kind versichert: «Ich bin *auch* o.k.!» Sogar bei der Selbstbestrafung lautet die Behauptung: «Ich bin o.k.», das heißt: «Ich tue, was du von mir verlangst, Eltern-Ich.» In diesem Fall heißt es in der Eltern-Ich-Botschaft: «Du wirst o.k. sein, *wenn* du versagst. Dann wirst du meine Hilfe brauchen.»

Spiele sind ein so wichtiges Element der Zeitstrukturierung, daß wir dringend zur Lektüre von «Spiele der Erwachsenen»*

---

* Eric Berne, Spiele der Erwachsenen, Reinbek bei Hamburg, 1967

raten, auch wenn das Buch schon bekannt sein sollte. Ihren Sinn bekommen die *Spiele*, wenn man sie als Verteidigung der Lebenseinstellung «Ich bin nicht o.k. – Du bist o.k.» sieht. Anfangs war es der Versuch des Kindheits-Ichs, durch die Kontrolle anderer momentane Erleichterung von Nicht-o.k. -Gefühlen zu gewinnen. Am Ende war es unglücklicherweise nicht weiter gekommen als zuvor, getrennt und doch abhängig von denen, die es wollte und brauchte.

Manipulatives Streicheln ist eine andere Form kontrollierenden Verhaltens. Da Streicheleinheiten die wertvollste Währung im zwischenmenschlichen Tauschhandel sind, werden sie häufig zu Manipulationszwecken eingesetzt. Die Verweigerung von Streicheleinheiten ist ein wirksames Verfahren, um das Verhalten anderer zu kontrollieren. Besonders anfällig für Streichelentzug sind Menschen, die der Eltern-Ich-Anweisung «Gefall mir» gehorchen. Die Mißachtung eines solchen Menschen, weil er einem mißfallen hat, ist ein Schachzug, der ihn ziemlich rasch wieder «auf Vordermann» bringt. In seinem Bestreben zu gefallen wird er *fast alles* tun, um die Streichelbeziehung wiederherzustellen.

Ein dreigleisiges Verfahren, die Botschaft «Du hast mir mißfallen» zu verstärken, besteht für Streichellieferanten darin, die Gegenwart von Streichelsuchern zu übersehen und statt dessen jemanden überschwenglich zu streicheln, den sie lieber mögen. «Schau, wie lieb ich sein kann! Zu schade, daß du nicht spurst.» Wie in der Geschwisterrivalität folgen Eifersucht und Wut. Die Betroffenen müssen sich etwas Neues einfallen lassen, um den Rivalen auszustechen («Macht das unter euch aus») und wieder in der Günstlingsposition inthronisiert zu werden (Mamas Liebling, Papis Mäuschen, des Lehrers Vorzugsschüler oder die rechte Hand des Chefs).

Es kommt jemand zu einer Ausschußsitzung eine halbe Stunde zu spät. Wenn der Vorsitzende dies als persönliche Beleidigung auffaßt und es durch Streichelverweigerung ahndet, so wird er Blickkontakt meiden, Beiträge des Betreffenden übergehen und nach zwei Dritteln der Sitzungszeit den Antrag stellen, daß Zuspätkommen nach dem dritten Mal zum Verlust der Mitgliedschaft führt. Das ist eine Doppeltransaktion, die indirekt auf den Störenfried gezielt ist, obwohl er nach außen hin noch immer nicht beachtet wird.

Ehrlicher wäre es, die Ankunft des Zuspätkommenden zur Kenntnis zu nehmen, seine Verspätung zu thematisieren, indem man ihn fragt, ob ihm etwas dazwischengekommen ist, und ihn dann in das Sitzungsgeschehen einzubeziehen. Bei ständiger Verspätung sollte man ihn zur Rede stellen, und zwar wiederum ganz ehrlich: «Sie sind jetzt dreimal hintereinander zu spät gekommen. Nach meinem Empfinden stört das die Ausschußarbeit und ist denen gegenüber unfair, die pünktlich kommen. Wo liegt das Problem?»

Damit ist es die Aufgabe des Zuspätkommenden, sein Verhalten zu erklären und seine künftigen Absichten mitzuteilen: «Die Sitzung fällt ausgerechnet auf den einzigen Abend, den meine Familie gemeinsam verbringen kann. Deshalb ist es wohl am besten, wenn ich aus dem Ausschuß ausscheide.» Wenn sich kein Kompromiß finden läßt, ist die Äußerung «Das tut mir leid, wir werden Sie vermissen» immer noch eine ehrliche Transaktion von seiten des Vorsitzenden.

Den anderen so zur Rede zu stellen, daß man sein Kindheits-Ich schont, ist eine erfolgversprechende Methode, Probleme anzugehen. Mißachtung, Abwertung oder indirekte Angriffe sind es nicht.

Menschen mit «Gefall mir»-Drehbüchern müssen die Tatsache akzeptieren, daß sie nicht allen gefallen können. Sobald sie davon überzeugt sind, können sie entscheiden und auswählen, auf manche Tätigkeiten verzichten, sich anderen ganz widmen und ihr Leben vereinfachen. Wenn nicht, sind sie ständig in Hetze und so überlastet, daß sie eine Streicheleinheit auch dann nicht erkennen würden, wenn sie mit Händen zu greifen wäre. Obwohl sie ihr Leben damit zubringen, «gefällig» zu sein – als «nette Burschen» und «liebe Mädchen» –, sind sie so ängstlich, daß kein Streicheln zu Buche schlägt und sie niedergeschlagen durchs Leben gehen. Obwohl sie andere da-

durch zu kontrollieren versuchen, daß sie sich noch mehr
Mühe geben, haben sie das *Gefühl*, daß man sie nicht schätzt,
weil ihr innerer Dialog sie gegen die Signale abschirmt, die von
anderen bei ihnen eintreffen.

Mit der Einstellung «Ich bin o.k. – Du bist o.k.» lassen sich
andere weder durch Überlegenheit noch durch Unterlegenheit
kontrollieren.

Konfliktlösung

Wer Menschen halten will, muß in der Lage sein, Konflikte
zu lösen. Das gemeinsame Erlernen von TA ist eine erfolgversprechende Methode, Konflikte anzugehen. Hätten Willi und
Marlene verstanden, wie einflußreich ihre unterschiedlichen
Eltern-Ich-Aufzeichnungen von dem waren, «was Väter tun,
wenn sie von der Arbeit nach Hause kommen», hätten die
anschließenden Mißverständnisse und Aufregungen vermieden werden können. Sie hätten sogar Möglichkeiten ausfindig
machen können, ihre aus dem Eltern-Ich stammenden Vorstellungen in Einklang zu bringen. Einige hätten sie beibehalten
können, andere hätten sie ablegen müssen, um so den ganz
persönlichen Entwurf *ihrer* Ehe zu entwickeln.

Für die Darlegung der folgenden Methoden zur Konfliktlösung sind wir Louis Normington von St. Helena Health Center
zu Dank verpflichtet. Wir haben sie durch Beispiele und Zu-
sätze ergänzt. Wie er in diesem Zusammenhang erklärt, sind
einige wirksam, andere nicht.

1. *Konsens. Konsens* hört sich gut an und bedeutet allgemeine
Übereinstimmung oder einhellige Meinung. Wenn jeder un-
eingeschränkt mitreden kann *und* gleiche Macht besitzt, kann
die Übereinstimmung echt sein. Doch häufig ist sie es nicht.
Oft lautet die verdeckte Botschaft des Mächtigeren: «Ich
möchte, daß du tust, was du möchtest; aber ich möchte, daß du
möchtest, was ich möchte.» Tatsächlich geschieht folgendes:

2. *Konzession.* Ein Partner gibt so oft nach, bis es ganz

natürlich erscheint, daß er es tut. Deshalb fährt die Familie jede Weihnacht zu seinen Eltern und jede Ostern zu ihren. Wenn sie oder er zur nachgiebigen Art gehört, kann diese Regelung jahrelang gutgehen, bis sie oder er eines Tages zu Beginn des Urlaubs aus heiterem Himmel erklärt: «Ich verlasse dich!» Einmal nachgeben. Zweimal nachgeben. Dreimal nachgeben. Peng! Explosion!

3. *Kompromiß*. Ein Kompromiß ist häufig eine gegenseitige Konzession, in der keine Partei bekommt, was sie wünscht. Beide Seiten müssen auf etwas verzichten. Oft scheint der Kompromiß die einzige Möglichkeit zur Lösung eines Konfliktes zu sein, doch es ist nicht unbedingt die beste Möglichkeit. Joseph wünscht sich ein Segelboot, Judith eine Hütte in den Bergen. Sie wird seekrank, und er ist nicht schwindelfrei. Sie schließen einen Kompromiß, indem sie sich ein Wochenendhaus an der See kaufen. Bei den langen Spaziergängen am Strand vermißt sie die Skihänge und er das Rollen und Stampfen auf hoher See. Beide bekommen nicht, was sie sich gewünscht haben. Ein Kompromiß ist das, aber kein Spaß.

Die Pensionierung kommt. Zur Feier dieses lang erwarteten Augenblicks haben sie etwas Geld auf die hohe Kante gelegt. Joseph möchte die antiken Ruinen von Athen besuchen und die griechischen Inseln bereisen. Judith zieht es nach Australien, um ihre Brüder und Schwestern zu besuchen, die sie seit dreißig Jahren nicht gesehen hat. Ihr Kompromiß ist eine Kreuzfahrt in die Karibik. Keiner bekommt, was er sich gewünscht hat. Ein Kompromiß sieht oft so aus, daß zwei Parteien mit unterschiedlichen Auffassungen das aufgeben, was sie sich am meisten wünschen, um sich auf «neutralem» Boden zu treffen. In diesen beiden Beispielen wären unter Umständen folgende Verfahren bessere Lösungen gewesen:

4. *Kooperation*. Das heißt, alle bemühen sich mit vereinten Kräften, ein möglichst großes Maß an Freude für alle Beteiligten zu erzielen. Im ersten Beispiel wäre eine kooperative Lösung gewesen, daß Joseph in einen Segelverein und Judith in einen Skiclub eingetreten wäre. So hätten sich beide an ihren

bevorzugten Sportarten erfreuen können. Auch im zweiten Beispiel hätten sie beide ihre eigenen Wege gehen können. Er hätte eine Griechenlandrundfahrt machen und sie nach Australien fliegen können, um ihre Familie wiederzusehen.

Entscheidend für kooperatives Handeln ist die Bereitschaft, die Annahme zu überprüfen, daß «man alles zusammen tun muß». Zuwendung und Verständnis würden ihre Beziehung sicherlich über die kurzen Trennungszeiten hinwegbringen. Menschen können kooperieren, indem sie sich einig sind, daß sie sich nicht einig sind. Sie können gemeinsam machen, worin ihre Auffassungen zusammengehen, und getrennt machen, wo ihre Meinungen sich trennen. Deswegen kann ihre Beziehung so eng wie je sein. Die Enge einer Beziehung mißt sich nicht an gleichen Wünschen, sondern an gleicher Zuneigung. Zur Zuneigung gehört Vertrauen.

Denen, die wir lieben, zu erlauben, sie selbst zu sein, ist eine gute Methode, die Liebe am Leben zu erhalten. Es gibt viele gemeinsame Aktivitäten, die sich ebenfalls planen lassen und die nicht vernachlässigt werden dürfen. Wenn jeder Konflikt dadurch gelöst wird, daß man seine eigenen Wege geht, dann gibt es gar keine Beziehung. Doch wenn die Beziehung in Ordnung ist, dann tut ein bißchen Trennung dann und wann der Zuneigung keinen Abbruch. Ist sie jedoch nicht in Ordnung, dann bleiben in der Regel, wie Normington meint, «nur Ruinen und Rechtsstreitigkeiten» übrig.

Wer bringt in Ihrer Familie sein «emotionales Schäflein» ins trockene? Joseph und Judith hätten doppelt soviel Abwechslung mit nach Hause bringen können, wenn sie sich ihre tiefsten Sehnsüchte erfüllt hätten, um anschließend von ihren getrennten Abenteuern zu berichten. So konnten sie nur über die Schäden meckern, die das Salzwasser ihrem Wochenendhäuschen zufügte, und sich viele überflüssige Pfunde zulegen auf der Kreuzfahrt in die Karibik zur Entschädigung dafür, daß Joseph sich nicht auf der Akropolis und Judith nicht in Adelaide befand.

Ein praktisches Verfahren, um herauszufinden, ob Sie und

Ihr Ehepartner etwas gemeinsam tun wollen, besteht darin, zunächst einmal deutlich zu sagen, was Sie tun möchten. «Wie wär's mit einer Partie Domino?» fragt Tom. Da ich Domino sehr gern spiele, bin ich im allgemeinen sofort zu einer Partie bereit. Wenn ich gerade mit etwas anderem beschäftigt bin, frage ich: «Auf einer Skala von eins bis zehn, wie gern möchtest du spielen?» Wenn er antwortet: «Acht», werde ich wahrscheinlich – wenn es irgend geht – beiseite legen, was ich gerade tue, und spielen. Wenn er sagt: «Ungefähr drei», dann sprechen wir darüber und verschieben die Partie vielleicht. Wenn ich bei «Zwei» liege, wird er vorschlagen, später zu spielen. Das mag sich vielleicht ein bißchen statistisch oder sogar komisch anhören, aber es funktioniert. Wir lassen einander nicht nur wissen, was wir tun möchten, sondern auch, wie gern. Es macht mehr Spaß, Dinge gemeinsam zu tun, wenn man nicht das bedrückende Gefühl hat, der andere tut es nur aus Gefälligkeit. Versuchen Sie es einmal! «Laß uns heute abend essen gehen!» Hört sich für mich an wie eine Zehn. (Guter Tip für Schlankheitskurer: Domino ist ein guter Ersatz für den Nachtisch.)

5. *Konfrontation*. Die Konfrontation, das Ansprechen des Konfliktes, ist nützlich, wenn das Erwachsenen-Ich die Verantwortung trägt. «Es gibt hier ein ernstes Problem, und ich finde, wir müssen uns einmal zusammensetzen und das Ganze durchsprechen. Mir macht es schwer zu schaffen. Ich kann so nicht weitermachen.» Das Erwachsenen-Ich berichtet über Gefühle des Kindheits-Ichs und sichert sich auch die Hilfe des anderen, um das Problem zu lösen.

Sobald das Problem angesprochen worden ist, kann es zu einem wechselseitigen Gespräch, sogar zu einer freundlichen Unterhaltung kommen, vorausgesetzt, das Eltern-Ich reißt das Gespräch nicht an sich mit Vorwürfen, Beschwichtigungen oder langatmigen Vorträgen, und wenn sich das Kindheits-Ich dem Problem nicht durch Ablenkungen entzieht, etwa indem es das Thema wechselt oder die Sache ins Lächerliche zieht, als sei sie nur ein Sturm im Wasserglas oder zum völlig falschen Zeitpunkt aufs Tapet gebracht worden.

Zu den schwierigsten Problemen, vor die sich Menschen heutzutage gestellt sehen, gehören wirtschaftliche Schwierigkeiten, sei es, daß sie arbeitslos sind, sei es, daß sie mit ihrem Geld trotz eines regelmäßigen Einkommens nicht zurechtkommen. Fast noch konfliktträchtiger ist das Problem der Arbeitsteilung in Ehen, in denen beide Partner arbeiten: Was ist fair und wer tut was? «Hell hour», Höllenstunde, nennen die Amerikaner den Zeitraum zwischen fünf Uhr nachmittags und sieben Uhr abends in den Familien, in denen beide Partner gerade von der Arbeit nach Hause gekommen sind. Wer legt die Füße hoch und ruht sich aus? Einer? Oder beide? Oder keiner? Was ist mit den Kindern? Wer unterhält sich mit ihnen? Das sind wichtige Fragen, die in manchen Familien zu erbitterten Konflikten führen. Mehr davon in Kapitel 14.

6. *Konzilianz.* Konzilianz ist die Versöhnlichkeit nach einer Konfrontation. *Konzilianz* heißt, daß man die Feindseligkeit oder das Mißtrauen überwindet und die Freundschaft wieder festigt. Bemerkenswert sind in diesem Zusammenhang die Worte von George McGovern auf dem Parteitag der Demokraten im Jahr 1984, als die Parteimitglieder nach den Kämpfen im Vorfeld der Vorwahlen ihre politischen Interessen zu wahren suchten: «Die Versöhnung muß Hand in Hand mit dem Gewissen gehen.» Da das «Gewissen» vor allem aus unseren Eltern-Ich-Aufzeichnungen besteht, liefert diese Äußerung ein Modell für die persönliche Problemlösung. Konfliktlösung und Versöhnung durch Konfrontation und Kooperation sind möglich, wenn das Kindheits-Ich sie wünscht und das Erwachsenen-Ich einen Weg findet. Immer geht es darum, Menschen zu halten. Und Menschen in seiner Nähe zu halten, ist von Anbeginn ein Wunsch des Kindheits-Ich.

Vom Haken lösen

Viele Menschen suchen Beratung, weil sie in destruktive Beziehungen verstrickt sind. Sie sitzen am Angelhaken – unerlaubten Beziehungen, Ehen voller Grausamkeit oder ausweglose

Verbindungen. Es sind junge Menschen, die versuchen, sich von Eltern zu befreien, die nicht wollen, daß sie erwachsen werden. Oder es sind Beziehungen, die sich auf bestimmte Abhängigkeiten gründen – Alkohol, Drogen oder die Manipulation durch «Rattenfänger».

Die Vernunft sagt diesen emotional versklavten Menschen, daß sie sich befreien müssen, aber sie hängen zu fest am Haken ihrer unüberprüften Gefühle, wie das Beispiel der jungen Frau zeigt, die die Anklage auf tätliche Beleidigung und Körperverletzung gegen ihren brutalen Freund zurückzog, weil sie ihn «liebte». Unsere Gruppen haben eine Liste von Maßnahmen entwickelt, mit deren Hilfe man sich vom Haken lösen kann. Sie wirken berechnend, sind es auch, aber sie bieten verschiedene Möglichkeiten, untragbare Beziehungen zu beenden oder von Grund auf zu verändern. Junge Menschen, die sich von ihren Eltern lösen, müssen nicht unbedingt aufhören, sie zu lieben, doch sie können sich die Unabhängigkeit verschaffen, um ihr eigenes Leben zu führen.

1. Vergeben Sie und sammeln Sie keine «emotionalen Rabattmarken». Setzen Sie den anderen nicht herab, und lassen Sie sich nicht von ihm herabsetzen. Werden Sie nicht wütend. Das heizt nur unnötig auf.

2. Teilen Sie moderate Streicheleinheiten aus. «Du siehst gut aus» ist ein vorsichtiges Kompliment, das nicht gleich ins Schlafzimmer weist. «Dein Hemd ist prachtvoll und paßt gut zu deinen himmelblauen Augen» schon eher.

3. Spielen Sie nicht den Verfolger, den Retter oder das Opfer. Hüten Sie sich vor dem Dreieck. Da sitzt der Angelhaken.

4. Bleiben Sie o.k., aber tragen Sie es nicht zur Schau. «Mir geht es ganz gut. Wie geht es Ihnen?» ist eine neutrale Äußerung gegenüber jemandem, den man ein paar Wochen nicht gesehen hat. «Phantastisch, habe mich nie besser gefühlt!» (Wer braucht Sie?) ist des Guten ein bißchen zuviel.

5. Sorgen Sie dafür, daß die Transaktionen im Erwachse-

nen-Ich bleiben. Annäherungsversuche oder Wehklagen des Kindheits-Ichs und Herabsetzung des Eltern-Ichs schaffen die Voraussetzung für neue *Spiele*.

6. Bleiben Sie im Hier und Jetzt. Wenn Sie die Bilder von dem heißen Wochenende in den Bergen hervorholen, so trägt das nicht zu einer Beruhigung der Angelegenheit bei. Genausowenig hilft es, über die Zukunft zu sprechen – wie soll ich nur die nächste Woche ohne dich überstehen?

7. Schonen Sie nach Möglichkeit das Kindheits-Ich im anderen. Vermeiden Sie Schimpfworte gegenüber demjenigen, von dem Sie sich lösen wollen. Brüsten Sie sich nicht mit Ihrer neuen Liebschaft. Ganz gleich, aus welchen Gründen Ihre Beziehung nicht fortgesetzt werden kann, seien Sie nicht grausam! Seien Sie freundlich und höflich zu Ihren Eltern, auch wenn Sie Anstalten treffen, Ihre eigenen Wege zu gehen. Vielleicht beeindrucken Sie sie damit, wie erwachsen und vernünftig Sie geworden sind.

8. Knüpfen Sie andere Beziehungen an. Einsamkeit und Streichelbedürfnis liefern eine hervorragende Entschuldigung dafür, «noch einen Versuch zu machen». Sie können nicht aus dem *Spiel*dreieck oder irgendeinem anderen Dreieck herauskommen, wenn es das einzige Eisen im Feuer ist.

9. Seien Sie konsequent. Wenn wir uns von jemandem trennen, erinnern wir uns leicht an all die schönen Zeiten. Denken Sie daran, warum Sie sich lösen wollen. Dies ist eine der Situationen, in denen man gut daran tut, sich an die schlechten Zeiten zu erinnern. Was geschieht, wenn die Beziehung fortgesetzt wird? Die Entscheidung, sich vom Haken zu lösen, ist schwer genug. Machen Sie sie sich nicht noch schwerer durch «einen Telefonanruf, der nichts schadet» und mit dem Sie alles zunichte machen, was Sie bisher erreicht haben.

10. Bleiben Sie, wenn möglich, Freunde. Wenn es nicht möglich ist, dann eben nicht. Wenn Sie sich selbst den Weg mit destruktiven Beziehungen verbauen, werden Sie nicht die Menschen finden, die Sie halten möchten.

Die Lösung vom Haken wird Ihnen leichter fallen, wenn Sie sich klarmachen, daß «am Haken hängen» vor allem ein emotionaler Zustand ist. Das Erwachsenen-Ich ist meist nicht an dem anfänglichen Zustand blinder Vernarrtheit beteiligt. Bringen Sie das Erwachsenen-Ich dadurch ins Spiel, daß Sie sich harte, realistische Fragen stellen: Wohin entwickelt sich diese Beziehung? Wieviel Strafe bin ich bereit einzustecken? Welche Wertvorstellungen habe ich? Was werde ich in fünf Jahren tun, wenn ich mich nicht ändere? In zehn? Wenn ich alt bin?

Wechseln Sie ruhig das Pferd mitten im Fluß, wenn das Pferd, auf dem Sie sitzen, untergeht und Sie mit ihm.

12

Eltern-Ich-Schranken

Menschen, deren Kommunikation vor allem über das Eltern-Ich abläuft, lassen sich schwer halten. Wir sind da versucht, das Weite zu suchen, was natürlich nicht von Vorteil ist, wenn es sich bei dem Betreffenden um Chef, Ehepartner, Mutter, Vater, Tochter, Sohn oder Freund handelt – Menschen, die wir in unserem Leben halten möchten. Eltern-Ich-Schranken sind von unseren Gruppenmitgliedern entwickelt worden, um andere aus dem Eltern-Ich in das Erwachsenen-Ich oder Kindheits-Ich zu holen, damit die Beziehungen unbeeinträchtigt von Maßregelungen des Kindheits-Ichs aufrechterhalten werden können.

Das Gespräch mit jemandem, der sich ständig im Eltern-Ich befindet, ist wie der Versuch, sich mit der Zeitansage zu unterhalten: «Beim nächsten Ton des Zeitzeichens ist es . . .» Alle zehn Sekunden die gleiche unabänderliche Feststellung. Versuchen Sie einmal, das zu unterbrechen!

Genauso schwer ist es, jemanden zu unterbrechen, der sich ständig im Zustand des Eltern-Ichs befindet, weil Sie da ebenfalls einer Tonbandaufzeichnung lauschen. Das Eltern-Ich hat weder Augen noch Ohren für irgend etwas außerhalb seiner selbst, sondern ist zuerst und vor allem daran interessiert, die Institution des Eltern-Ichs zu bewahren, nicht die ganze Persönlichkeit. Es geht in diesem Kapitel nicht darum, Menschen Schranken zu setzen, sondern dem Eltern-Ich in anderen Menschen, um Transaktionen zu ermöglichen, an denen Erwachsenen-Ich und Kindheits-Ich beteiligt sind, in denen die Partner

aufeinander hören, kooperieren und sich für Neues aufgeschlossen zeigen.

Menschen, die sich ständig im Eltern-Ich befinden, haben
sich für diesen Zustand meist aus defensiven Gründen entschieden. «Das ständige Eltern-Ich, das ständige Erwachsenen-Ich und das ständige Kindheits-Ich, sie resultieren alle in
erster Linie aus dem defensiven Ausschluß der beiden komplementären Aspekte.»* Das ständige Eltern-Ich benutzt zwar
sein Erwachsenen-Ich, doch es ist ein eltern-ich-verseuchtes
Erwachsenen-Ich, das heißt, der Computer ist ganz und gar in
den Dienst des Eltern-Ichs gestellt und wird nur mit dessen
Programmen gefüttert. Was diesen Menschen als Wirklichkeit
erscheint, ist tatsächlich ihr eigenes unüberprüftes Dogma,
veräußerlicht in dem, was unser Pastor Robert Ball «Behauptungen mit göttlichem Allmächtigkeitsanspruch» nennt.**
Vorurteile, das heißt Überzeugungen, die keiner Prüfung
durch das Erwachsenen-Ich unterworfen sind, kennzeichnen
den Inhalt des ständigen Eltern-Ichs.

Warum verhalten sich Menschen so? Vom Eltern-Ich be-
herrschte Menschen sind in ihrer Kindheit für Anpassung,
Gefügigkeit und bedingungslosen Gehorsam belohnt worden.
So erscheint ihnen auch als Erwachsenen noch als der beste
Weg die totale Anpassung an das Eltern-Ich und die ständige
Ausklammerung kindhafter Verhaltensweisen oder Impulse.
Manchmal wird die gedankenlose oder furchtsame Anpassung
durch schwere körperliche Züchtigung von Kleinkindern er-
zwungen, wie sie heute noch aus manchen religiösen Sekten
berichtet wird. In einer dieser Kirchen «dürfen die Kinder von
jedem Erwachsenen geschlagen werden, der sich zuständig
fühlt» – so eine Frau, die die Sekte verlassen hat. Sie berichtet,
man habe im allgemeinen «die Kinder so lange geschlagen, bis
ihr Wille gebrochen war». Das Oberhaupt der Sekte wurde
gefragt: «Was glauben Sie, in welchem Alter sind Kinder für ihr

---

* Eric Berne, Transactional Analysis in Psychotherapy. New York 1961
** Vgl. Robert R. Ball, Why can't I Tell You Who I Really Am? Waco 1977

Verhalten verantwortlich und müssen dafür zur Rechenschaft gezogen werden?» Er antwortete: «Wir glauben, daß man zu lange gewartet hat, wenn man so lange wartet, bis die Kinder denken können.»

Eltern, die ihre Kinder menschenunwürdig dressieren, klonen sich selbst, produzieren Automaten, die genau das tun, was man ihnen sagt, die bedingungslos gehorchen (in Jonestown sogar bis in den Tod), die Angst haben, ja nicht einmal mehr in der Lage sind, Autorität in Frage zu stellen, da sie nie gelernt haben, selbständig zu denken. Durch körperliche Bedrohung lassen sich keine denkenden, kreativen Menschen heranziehen. Mitgeteilt wird lediglich, daß die Macht bei dem Elternteil ist, das die Peitsche schwingt, und daß man, wenn alles andere nichts verschlägt, eben zur Gewalt greifen muß. Bomben. Zerstören. Verwüsten. Töten. Es ist ein finsterer Reflex, daß Kinder, die häufig geschlagen werden, als Erwachsene oft nicht nur ihre eigenen Kinder schlagen, sondern auch ihre alten Eltern, von denen sie ihre Lektion in körperlicher Gewalt gelernt haben. Wir ernten, was wir säen, eine Wahrheit, der sich hoffentlich auch jene Eltern nicht länger verschließen können, die ihre Kinder «zu deren eigenem Besten» mißhandeln.

Wie wir das Eltern-Ich ködern

Alle, sogar die nettesten, vernünftigsten Leute, haben ein Eltern-Ich, das hervorgelockt, geködert werden kann. Wenn wir es ständig mit dem Eltern-Ich eines anderen zu tun bekommen, sollten wir uns fragen, was wir dazu beitragen. Ziehen wir uns den Zorn des Eltern-Ichs zu? Worauf springt das Eltern-Ich an? Wenn wir stets weinerlich, reizbar, eigensinnig, schlampig, unpünktlich und unvernünftig sind, können wir Menschen sehr wohl dazu bringen, die «höhere Macht in ihrem Inneren» anzurufen. In einer Therapiegruppe, in der die Mitglieder auf großen Kissen im Kreis saßen, waren buchstäblich alle ärgerlich auf eine junge Frau. Es war ihr gelungen, das Eltern-Ich aller Anwesenden zu ködern. Die Situation wurde thematisiert. Was tat diese Frau, um eine so einhellige Reaktion zu provozieren?

Das Haar fiel ihr ins Gesicht, so daß niemand ihren Gesichtsausdruck erkennen konnte. Wenn sie sprach, so tat sie es rasch und mit undeutlicher Aussprache. Dazu bediente sie sich häufig des Slangs der Drogenszene. Alle hatten Mühe, ihr zu folgen. Ihre Mißachtung für die Äußerungen anderer bewies sie, indem sie zu Boden blickte, wenn sie sprachen. Sie war von ihrem Sitzkissen heruntergerutscht, so daß sie auf Rücken und Schultern lag, eine Haltung, die alles andere zum Ausdruck brachte als den Entschluß, Verantwortung für ihr Leben zu übernehmen – der ein Grundbestandteil des Gruppenvertrags war. So forderte sie die anderen auf, ihre Arbeit mitzuübernehmen, und da sie sich weigerte, sich ihres Erwachsenen-Ichs zu bedienen, und nur als rebellisches Kind agierte, sahen sich die anderen Gruppenmitglieder schließlich in die Eltern-Ich-Position «gezwungen». Das passiv-aggressive Verhalten dieser Teilnehmerin schaltete das Erwachsenen-Ich und das Kindheits-Ich der anderen Gruppenmitglieder aus, so daß diese sich schließlich frustriert ihrer Urquelle für Ideen, Schutz und Macht zuwandten – ihrem Eltern-Ich. In diesem Fall war die junge Frau selbst schuld daran, daß das Eltern-Ich der anderen ins Spiel kam. Wenn wir das Eltern-Ich eines anderen Menschen provozieren, dann rufen wir unter Umständen nicht nur das kritische Eltern-Ich, sondern auch das fürsorgliche auf den Plan, die uns auf lange Sicht beide nicht recht sein dürften.

Das kritische Eltern-Ich

Von jemandem, der sich ständig im Zustand seines kritischen Eltern-Ichs befindet, haben wir den Eindruck, daß er von Vorurteilen beherrscht ist, daß er uns unterdrücken, einschüchtern, kontrollieren und in die Enge treiben will. Häufig besteht er auf Ja- oder Nein-Antworten, entweder-oder, so daß jenseits der begrenzten Antwort kein Spielraum für Nuancen und Kreativität bleibt. «Haben Sie den Telefonanruf erledigt, um den ich Sie gebeten hatte, ja oder nein?» Vielleicht haben Sie es nicht getan, doch aus Gründen, die Sie gerne erklären würden, die vielleicht sogar im Interesse des Fragers liegen: «Ich habe mich entschlossen, zu warten, bis Sie zurückgekehrt sind, weil während Ihrer Abwesenheit dieser Brief eingetroffen ist, und ich dachte, Sie würden ihn erst lesen wollen, bevor Sie Mr. Jones antworten.» Ein Chef, der von seinem Eltern-Ich beherrscht wird, wird vielleicht den Gehorsam seiner Angestellten über sein eigenes Interesse stellen, wiederum ein Beispiel dafür, daß das Eltern-Ich mehr daran interessiert ist, im Interesse der eigenen Macht als der ganzen Person zu handeln.

Einem eltern-ich-dominierten Menschen wird etwas von seiner Bedrohlichkeit genommen, wenn wir uns klarmachen, daß er im Grunde seines Herzens Angst hat. «Wer mich in Schrecken versetzt, der läßt sich auch in Schrecken versetzen», hat Steinbeck, der Meister der Menschenbeobachtung, einmal festgestellt.* Das Eltern-Ich dieses Menschen, das nach außen hin auf Sie einschlägt, schlägt nach innen auf sich selbst ein. Das Kindheits-Ich fährt am besten, wenn es den Zorn nach außen lenkt. Dann *fühlt* es die gleiche Macht, die der kleine Junge empfand, wenn er seinen Vater herbeirief, damit er ihn von dem Nachbarsjungen errette. Besser man hat Machtgefühle als Angst. Das Kindheits-Ich des eltern-ich-dominierten Menschen wird nicht nur von Angst beherrscht, sondern auch von Mißtrauen gegenüber dem eigenen Denken, das heißt dem Erwachsenen-Ich, zu dessen Gebrauch es in der Kindheit nicht angehalten wurde. Deshalb hat der Betroffene große Schwierigkeiten, sich an kooperativen Problemlösungsprozessen zwischen Erwachsenen-Ich und Erwachsenen-Ich zu beteiligen. Er traut weder anderen noch sich selbst. Statt dessen beruft er sich auf Autoritäten.

---

* John Steinbeck, In Dubious Battle. New York 1936

Das fürsorgliche Eltern-Ich

Das Eltern-Ich ist nicht nur kritisch, sondern auch fürsorglich. Es gibt Zeiten, da sehnen wir uns nach einem fürsorglichen Eltern-Ich, so wie Mama früher war, da wollen wir mit Hühnersuppe und Apfelkuchen verwöhnt werden, da soll das Federbett an den Füßen festgestopft werden, und da wollen wir das köstliche Gefühl genießen, wieder klein zu sein. Wenn wir krank oder traurig sind, ist das ein schönes Gefühl. Eine Zeitlang. Doch dann kommt der Punkt, wo wir uns, so wie wir uns von dem kritischen Eltern-Ich unterdrückt fühlen, vom fürsorglichen Eltern-Ich bedrückt fühlen. Dr. Craig Johnson hat berichtet, was in einer psychiatrischen Anstalt geschah, an der er beschäftigt war, als ein neues Programm eingeführt wurde, das vorsah, alle «depressiven Patienten» auf derselben Station unterzubringen. Die Verwaltung bat Freiwillige der verschiedenen Fachrichtungen, sich für die neue Station zu melden. Wie zu erwarten, gehörten die Therapeuten und Wärter, die sich freiwillig meldeten, größtenteils zum Typ des fürsorglichen Eltern-Ichs. Die Station füllte sich rasch mit Patienten und wies die geringste Fluktuation der ganzen Anstalt auf. Niemand wurde gesund und entlassen. Nach einem halben Jahr wurde die Station wieder aufgelöst. Die depressiven Patienten kamen auf andere Stationen der Klinik, erholten sich rasch und wurden entlassen. Die durchschnittliche Verweildauer auf den regulären Stationen betrug drei Wochen. Johnson kam zu dem Schluß, daß die Überfürsorge diese Patienten, trotz bester Absichten, in ihrer Depression bestärkte. Hingegen verbesserte sich ihr Zustand sogleich, wenn medizinisches Personal mit normal entwickeltem Eltern-Ich ihnen die Notwendigkeit vor Augen hielt, Verantwortung für ihr Leben zu übernehmen, zu denken, ihr Erwachsenen-Ich zu benutzen.

Bei manchen Erwachsenen weckt ein Besuch bei Mama und Papa nicht nur Glücksgefühle, sondern auch das Gefühl der Hilflosigkeit. Zunächst ist da nur die herrliche Erinnerung an

die Geborgenheit der schönen alten Zeit, doch nach einer
gewissen Zeit kann sich auch Niedergeschlagenheit einstellen.
Gute, dauerhafte Beziehungen zwischen Eltern und Kindern
beruhen auf einem flexiblen Einsatz der Gesamtpersönlichkeit,
zu der auch das Erwachsenen-Ich und das Kindheits-Ich gehören. Nur so ist eine Beziehung auf gleicher Ebene möglich,
in der Gegenwart und Vergangenheit gleichermaßen vertreten
sind.

Sind Eltern-Ich-Schranken o.k.?

Die Entscheidung, das Eltern-Ich in seine Schranken zu weisen, geht von drei Beobachtungen aus. Erstens, das Eltern-Ich
denkt nicht. Wie die Zeitansage ist es eine Tonbandaufnahme.
Wenn sich jemand in seinem Eltern-Ich befindet, ist das Erwachsenen-Ich ausgeschaltet, so daß er weder nachdenkt noch
zuhört. Wenn wir mit einem Eltern-Ich konfrontiert sind,
merken wir das gewöhnlich daran, daß wir uns unterdrückt
fühlen. Es folgen einige andere Indizien. *Körperlich*: Stirnrun-
zeln, spitzer Mund, mahnender Zeigefinger, Kopfwiegen, «ent-
setzter Blick», ungeduldiges Klopfen mit dem Fuß oder Bleistift, in die Hüften gestemmte Arme, über der Brust gekreuzte
Arme (die den anderen ausschließen), Händeringen, Zungen-
schnalzen, Seufzen, Kopftätscheln. *Sprachlich*: «Ich werde dem
ein für allemal ein Ende setzen»; «Wenn ich etwas auf den Tod
nicht ausstehen kann . . .»; «Merk dir bitte eines . . .»; «Wie oft
habe ich dir gesagt»; «Wenn ich an deiner Stelle wäre . . .»
Immer und *nie* sind typische Wörter des Eltern-Ichs und offenbaren die Grenzen eines archaischen Systems, das sich neuen
Daten gegenüber verschließt. Auch die häufige Verwendung
von Klischees ist ein Hinweis auf das Eltern-Ich.*

Die zweite Beobachtung zeigt, daß eine aus dem Eltern-Ich
stammende Transaktion, die von einer Reaktion des Erwachsenen-Ichs überkreuzt wird, nicht in der gleichen Weise fortge-

---

* Vgl. Ich bin o.k. – Du bist o.k., S. 37

setzt werden kann. Das mag wünschenswert sein oder auch nicht. In jedem Fall ist es eine Alternative und kann wünschenswert sein, wenn man ein unangenehmes Thema wechseln möchte. Das Eltern-Ich hat es auf Ihr Kindheits-Ich abgesehen. Wenn Sie also mit Ihrem Kindheits-Ich reagieren (Angst, Verwirrung, Ärger, Gefügigkeit), dann ist die Transaktion komplementär, und das Eltern-Ich des anderen fühlt sich dazu ermutigt, sich weiterhin mit Ihnen zu beschäftigen. Ihnen stehen zwei Alternativen offen. Entweder Sie antworten mit dem Eltern-Ich und versuchen, das Kindheits-Ich des anderen zu provozieren. Das nennt sich dann ein Streitgespräch, in Wahrheit eine Unterhaltung unter Tauben, da keiner von beiden zuhört. Oder man antwortet mit dem Erwachsenen-Ich, mit Fakten, die die Situation erhellen. Vater zum zehnjährigen Sohn: «Halt den Mund und iß deine Banane!» Sohn: «Das geht nicht.» (Wie kann ich gleichzeitig meinen Mund zumachen und eine Banane essen?) Kinder haben eine besondere Begabung für solche entwaffnenden Feststellungen, obwohl sie sich damit nicht selten eine Ohrfeige wegen Frechheit einhandeln.

Die dritte Beobachtung gilt der Art und Weise, wie Menschen ihr Kindheits-Ich schützen, wenn sich jemand über das Eltern-Ich an sie wendet. Doch hinter allem Theater verbirgt sich ein wirklicher, lebendiger Mensch, den wir gerne erreichen würden. Wenn wir ein Eltern-Ich in seine Schranken verweisen, geht das nicht zu Lasten der Position «Ich bin o.k. – Du bist o.k.», sondern wir versuchen vielmehr, sie durch unsere Transaktionen zu ermöglichen.

Eltern-Ich-Schranken

Eine Möglichkeit, den Angriffen eines rücksichtslosen Eltern-Ichs zu entgehen, ist die Flucht. Doch was ist, wenn das Eltern-Ich unser Chef, unser Ehepartner, unsere Mutter, unser Vater, eines unserer Kinder, also einer der wichtigen Menschen in unserem Leben ist, die wir zu halten wünschen? Gibt es Alternativen zur Flucht?

Es gibt sie. In unseren Gruppen wurden folgende Eltern-Ich-Schranken entwickelt. *Ausschalten* könnte man den Vorgang auch nennen, denn der Inhalt des Eltern-Ichs ist eine unlöschbare Aufzeichnung, die immer abrufbar bleibt. *Zweck der Eltern-Ich-Schranken ist es, den anderen dazu zu bringen, sein Eltern-Ich zu verlassen und sich in den Zustand des Erwachsenen-Ichs oder des Kindheits-Ichs zu begeben, so daß sich die Kommunikation im Hier und Jetzt vollziehen kann.* Sie unterscheiden sich von den Eltern-Ich-Bremsen, die in Kapitel 7 beschrieben wurden. Eltern-Ich-Bremsen dienen dazu, unser eigenes Eltern-Ich abzuschalten, wenn es innerlich auf uns einschlägt. Eltern-Ich-Schranken dienen dazu, das Eltern-Ich eines anderen abzuschalten, wenn es von außen auf uns einschlägt.

Eltern-Ich-Schranken sind mit Vorsicht zu handhaben, weil nur eine dünne Grenzlinie den Schutz des eigenen Kindheits-Ichs von der Manipulation durch andere Menschen trennt. Doch wie in der Liebe und im Krieg sind defensive Transaktionsanalysen erlaubt, wenn es darum geht, unser Kindheits-Ich vor der Mißhandlung durch ein selbstgerechtes, rücksichtsloses Eltern-Ich zu schützen. Würden Sie es einem Kleinkind vorwerfen, wenn es sich durch Treten, Spucken oder Kratzen aus den Händen grausamer Eltern zu befreien suchte? Natürlich schlagen wir kein Treten, Spucken oder Kratzen vor, sondern gewaltfreie Reaktionen des Erwachsenen-Ichs. Sie sollen Ihren Verstand benützen und nicht Ihre Fäuste, um sich zu schützen, und Sie sollen, wenn Sie Erfolg haben, auch wieder Brücken der Verständigung schlagen.

Keinesfalls in seine Schranken zu weisen ist ein Eltern-Ich dadurch, daß man dem Betreffenden mitteilt, er agiere gerade über sein Eltern-Ich. Dadurch gießen Sie nur Öl ins Feuer. Ebensowenig läßt sich das Eltern-Ich in die Schranken weisen, indem man den anderen herabsetzt, das heißt, wenn man die Beziehung fortsetzen möchte – es sei denn, sie lebt von Spaß und Spiel. Es macht Spaß, sich zu überlegen, was man gerne sagen würde oder – im nachhinein betrachtet – was man hätte sagen können, wenn man Churchills geistreiche Art hätte, der

eines Abends, als ihm seine Haushälterin wegen seines übermäßigen Alkoholkonsums Vorwürfe machte, erklärte: «Madame, ich bin betrunken, und Sie sind häßlich, aber ich bin
morgen früh wieder nüchtern.» Churchill war Churchill. Sie
und ich, wir sind Sie und ich. Für uns sind die folgenden
Verhaltensweisen zweifellos angemessener.

1. *Überkreuzen Sie die Transaktion.* Mögliche Reaktionen des
Erwachsenen-Ichs auf die Herabsetzung oder Strafpredigt eines
Eltern-Ichs sind: «Ich sehe, daß Ihnen diese Frage sehr am
Herzen liegt. Würden Sie so nett sein und mir sagen, wie Sie zu
diesem Schluß gekommen sind? Es ist mir sehr recht, daß Sie
mir mitteilen, was Sie denken. So kann man natürlich mit der
Situation umgehen, doch es wirft Probleme auf. Mir wäre sehr
damit gedient, wenn Sie zur nächsten Sitzung einen kurzen
Bericht schreiben würden.» Jede der vorstehenden Äußerungen
ist für sich genommen eine Reaktion, bei der jeweils die nächste
Äußerung des Eltern-Ich-Kommunikationspartners abzuwarten wäre. Im allgemeinen bringen drei solcher Äußerungen des
Erwachsenen-Ichs jeden dazu, auf das eigene Erwachsenen-Ich
umzuschalten. Natürlich gibt es keine Garantie dafür.
  Bleibt der andere hartnäckig im Eltern-Ich, so kann man
auch vorschlagen: «Es wäre nützlich, wenn Sie mich wissen
lassen würden, was Sie zu *tun* gedenken.» Das Erwachsenen-
Ich redet gern, hat aber mit dem Handeln seine Schwierigkeiten. Der andere wird zurückstecken, fortgehen oder sein Erwachsenen-Ich ins Spiel bringen, da zum Handeln Verstand
und Zeit erforderlich sind. Diese Reaktionsart des Erwachsenen-Ichs muß der jeweiligen Situation angepaßt sein. Wenn
Ihr Erwachsenen-Ich rasch arbeitet und Ihr Handeln bestimmt, dann können Sie auf Grund Ihrer früheren Erfahrungen und der Hinweise aus der konkreten Situation vorhersagen,
was voraussichtlich geschehen oder nicht geschehen wird. Das
Geheimnis eines rasch arbeitenden Erwachsenen-Ichs liegt
darin, daß man seine Hausaufgaben gemacht hat: Spurensuche
und andere in diesem Buch beschriebene TA-Methoden.

2. *Stimmen Sie zu.* Spielarten der Zustimmung sind: «Sie haben recht», «Da haben Sie etwas Richtiges erkannt» und «Ich verstehe, was Sie meinen.» Das bringt jedoch nur etwas, wenn der andere wirklich recht hat. Wenn Sie beispielsweise irgendwo mit deutlich überhöhter Geschwindigkeit gefahren sind und von einem Streifenwagen gestoppt werden, dann befindet sich das Eltern-Ich des Beamten möglicherweise in Aufruhr, und er mag sich anschicken, Ihnen eine Strafpredigt zu halten, vor allem, wenn er tagtäglich mit rücksichtslosen Autofahrern zu tun hat. Wenn Sie das Fenster herunterdrehen und er sagt: «Da sind wir wohl ein bißchen flott gefahren», kann das die Einleitung zu einem langen Sermon sein. Den wird er jedoch nicht los, wenn Sie sagen: «Völlig richtig. Das bin ich. Es tut mir sehr leid.» (Ihren Strafzettel bekommen Sie sowieso, da können Sie wenigstens sein Eltern-Ich in die Schranken weisen, um einen Teil der Strafpredigt zu vermeiden.)

Bei einem Einkauf im Supermarkt habe ich einmal mein Portemonnaie im Einkaufswagen liegenlassen, während ich etwas im Regal suchte. Als ich mich wieder umdrehte, stand eine Frau mit bösem Gesicht vor mir und keifte: «Was fällt Ihnen ein? Sie können doch nicht Ihr Portemonnaie im Wagen liegenlassen!» Ich erwiderte: «Ein guter Rat. Das sollte ich wirklich nicht. Sie haben vollkommen recht!» Das hatte sie. Und ich ging weiter, bestraft zwar, aber ohne offene Wunden. Oft läßt sich irgendein Punkt der Übereinstimmung mit jemandem finden, der unter dem Einfluß seines Eltern-Ichs steht, auch wenn man die meisten seiner Äußerungen als ziemlich unbegründet empfindet. Wenn es Ihnen gelingt, diesen einen Punkt herauszugreifen und sich positiv zu ihm zu äußern, dann verliert der andere vielleicht den Wunsch, sich über die anderen neunzehn Punkte zu ereifern.

3. *Wechseln Sie das Thema.* Dieser Weg birgt ein kleines Risiko, doch er kann dazu führen, daß der andere aus seinem Eltern-Ich herauskommt. Äußerung des Eltern-Ichs: «Ich konnte einfach nicht glauben, daß Sie Paul Hannemann mit der Leitung der Werbeaktion für unsere Familienstiftung beauf-

tragt haben, zumal er, wie es heißt, noch nicht einmal verheiratet ist.» Reaktion: «Paul Hannemann? Ach wissen Sie, noch heute morgen habe ich mit ihm gesprochen, und er hat einige sehr schmeichelhafte Dinge über Sie gesagt. Er hat nicht vergessen, wie nett Sie sich um ihn gekümmert haben, als er hierhergezogen ist. Wußten Sie eigentlich, daß er einer der Hannemanns aus Dingsda ist? Haben Sie einmal den herrlichen Park gesehen, den die Familie dort gestiftet hat? Wir hatten eine Versammlung usw., usw.»

4. *Begeistertes Lob*. Wenn ein Eltern-Ich eine erregte Äußerung zu irgendeiner Frage gemacht hat, dann entwaffnen Sie den Betreffenden. «Das ist ja phantastisch! Das haben Sie wirklich auf den Punkt gebracht. Ich wollte, alle wären mit dieser Begeisterung bei der Sache. Ich würde mich sehr freuen, wenn Sie Ihre Ideen auf unserer Sitzung vortragen würden, wir hätten dann eine hervorragende Diskussionsgrundlage. Ich würde zu gern mehr darüber hören. Könnten Sie Ihre Gedanken schriftlich ausführen?»

5. *Schweigen*. Ein verwirrter oder interessierter Blick mit der Andeutung eines freundlichen Lächelns im Mundwinkel ist entwaffnend. Vielleicht macht sich der Betroffene noch einmal klar, was er gerade gesagt hat. Fünf bis zehn Sekunden Schweigen werden sein Unbehagen so anwachsen lassen, daß er das Gefühl hat, er müsse etwas anderes sagen. Die meisten Menschen können Schweigen nicht ertragen. Wahrscheinlich werden sie ihre Äußerung abändern. Auf Ihr Schweigen angesprochen, können Sie immer noch sagen: «Ich muß darüber erst einmal nachdenken.» Womit Sie keineswegs lügen, denn nachdenken läßt sich über alles.

6. *Rücken Sie ihm auf den Leib*. Der Eltern-Ich-Typus fühlt sich sehr unbehaglich, wenn man in seinen Nahraum eindringt. Überschreiten Sie die Grenze. Stehen Sie vom Schreibtisch auf und gehen Sie auf fünfzig Zentimeter an ihn heran – so nah, daß Sie in diese Zone eindringen. Er wird zurückweichen. Er wird buchstäblich in die Flucht geschlagen oder dazu gezwungen, darüber nachzudenken (Erwachsenen-Ich), was vorgeht.

7. *Ändern Sie Ihre Meinung*, wenn Sie es ehrlich meinen. Wenn man Sie für etwas kritisiert, was Sie vor einem halben Jahr auf dem 25. Jahrestreffen der Bierdeckelsammler gesagt haben, so erklären Sie, Sie hätten Ihre Äußerung gründlich überdacht und seien heute ganz und gar nicht mehr von ihr überzeugt. Sagen Sie Ihrem Kritiker, er habe den besseren Überblick bewiesen, und fragen Sie ihn, was er statt dessen vorschlage. Das Eltern-Ich neigt zur Kritik an den Gedanken anderer. Zur Entwicklung eigener Vorschläge bedarf es des Erwachsenen-Ichs.

8. *Könnten Sie das bitte näher erläutern?* Wenn jemand gerade Dampf abgelassen, eine leidenschaftliche Erklärung abgegeben hat, dann können Sie in scheinbarer Verwirrung erwidern: «Ich möchte sicher sein, daß ich Ihnen folge, daß ich Sie nicht mißverstehe. Könnten Sie es näher erläutern?» Da die Verlautbarungen des Eltern-Ichs Aufzeichnungen sind, muß Ihr Gesprächspartner das Band zurückspulen und erneut abspielen. Das braucht seine Zeit und vielleicht auch einiges Nachdenken, so daß das Erwachsenen-Ich ins Spiel kommen kann. Die zweite Äußerung wird nicht mehr so leidenschaftlich sein wie die erste.

9. *Spielen Sie mit Bande*. Wenn ein Dritter anwesend ist, dann wenden Sie sich an ihn, aber so, daß der Eltern-Ich-Sprecher es hört. «Dieser Mann hat wirklich was geleistet. Er hat ganz allein die Bürgerinitiative zur Rettung der alten Salzspeicher ins Leben gerufen und zum Erfolg geführt.» Das ist die Holzhammermethode und der Auftakt zu einem fröhlichen Dreiergespräch.

10. *Schreiben Sie es auf*. Wenn jemand in Ihrer Gegenwart über Dritte herzieht, dann machen Sie eine große Affäre daraus. «Wie war doch gleich der Name? Einen Augenblick bitte! Wie schreibt sich Sybille oder Sibylle?» Ein hübsches ledergebundenes Notizbuch und ein goldener Füller hinterlassen einen tiefen Eindruck.

11. *Suchen Sie das Kindheits-Ich und verwöhnen Sie es*. Dies ist die empfehlenswerteste Eltern-Ich-Schranke. Jeder hat ein

hungriges Kindheits-Ich, selbst wenn es unter Tonnen von Eltern-Ich-Kompost begraben liegt. Wenn jemand ständig meckert über das, was in Ihrer Kirchengemeinde, Elternversammlung, Familie oder in Ihrem Betrieb geschieht, kann er zu einer Erörterung seiner eigenen tieferen Bedürfnisse durch Fragen wie die folgende gebracht werden: «Ich will es ja gar nicht von Ihnen verlangen, aber *wenn* Sie die Möglichkeit hätten, das Schulfest (die Familienfinanzen, den Gottesdienst, die Weihnachtsfeier) zu planen, was würden Sie dann verändern?» Vielleicht wissen Sie schon etwas über die tieferen Bedürfnisse des anderen. Vielleicht ist Ihnen bekannt, daß Ihr Chef, der Wirtschaftsboß, eigentlich Bildhauer werden wollte oder daß er seine Laufbahn als Musiker aufgeben mußte, um nach dem Tod seines Vaters die Familie zu ernähren. Achten Sie auf seine Gewohnheiten, nicht zuletzt darauf, wieviel Alka Seltzer er nimmt. Ist er verletzt, einsam, hat er Angst? Hat er ein Kind bei einem Verkehrsunfall verloren? War er eine Waise? Fürchtet er die Pensionierung? Hat er Angst vor der Zukunft? Was für Hobbies hat er? Häkelt er heimlich? Ist er ein heimlicher Liberaler? Haben Sie jemals Tränen in seinen Augen gesehen? Können Sie auf Grund Ihrer täglichen Beobachtungen sein Kindheits-Ich in seinem Inneren *sehen*, auch wenn er von seinem Eltern-Ich bestimmt wird? Freundlichkeit, geboren aus der Erkenntnis, daß auch er Liebe braucht, kann gelegentlich die Feindseligkeit zum Schmelzen bringen.

12. *Seien Sie o.k.* Selbstachtung ist die Voraussetzung dafür, daß irgendeine der genannten Maßnahmen funktioniert. Für die meisten von uns ist das eine schwierige Aufgabe und verlangt, daß wir täglich unsere inneren Kraftquellen aufladen – entweder dadurch, daß wir uns auf uns selbst besinnen oder daß wir mit Menschen zusammen sind, die uns wertschätzen. O.k. sein heißt nicht, daß man ständig Euphorie zur Schau trägt, fröhlich pfeift oder unaufhörlich lächelt. Vielmehr ist es die ruhige Selbstachtung, die die flatternden Segel bei schwerem Wetter an ihrem Platz hält. Manche Menschen ziehen sich auf ihr Eltern-Ich zurück, sobald die Zeichen auf Sturm ste-

hen. Wenn sie nicht mit Kritik reagieren, dann wenigstens mit Fürsorge. Das ist manchmal angenehm, doch nicht immer. Das eine kann so lästig sein wie das andere. Manche Menschen sind wie die Schadensersatzspezialisten unter den Anwälten – immer zur Stelle, wenn etwas passiert ist, immer mit einem Rat zur Hand, immer im Bilde, selbst wenn es etwas makaber ist. Wenn Sie Ihre Probleme zu den Katastrophensüchtigen tragen, wird Ihnen das kaum helfen. Erörtern Sie Ihre Probleme lieber mit *denkenden* und *fühlenden* Menschen. Das hilft.

Nicht jedes Eltern-Ich läßt sich in die Schranken weisen. Manche Menschen halten es in schwierigen Situationen für ihre einzige Möglichkeit, sich auf die vertraute Bastion, das Eltern-Ich, zurückzuziehen. Sie begreifen nicht, warum das Eltern-Ich einen so starken Einfluß auf sie ausübt. TA kann das entsprechende Wissen liefern, und die Erkenntnis, die daraus erwächst, ist die beste Eltern-Ich-Schranke. Wenn Sie etwas wissen, was anderen nicht bekannt ist, müssen Sie die Last der Erkenntnis alleine tragen und hoffen, daß die Zeit und die Gelegenheit kommen werden, da Sie diese Erkenntnis mit ihnen teilen können. Bis dahin können die oben beschriebenen Maßnahmen Sie heil durch viele zwischenmenschliche Gefahrensituationen führen. Bleiben Sie bei allem, was Sie tun, freundlich, höflich und aufgeschlossen, stets bereit, das Kindheits-Ich mit offenen Armen zu empfangen, wenn es sich aus den Zwängen befreit, die das Eltern-Ich ihm auferlegt.

13

Über seine Zeit bestimmen

O.k. bleiben heißt, daß Sie über Ihr Leben bestimmen, und das wiederum heißt, daß Sie über Ihre Zeit bestimmen. Bevor wir nicht das Nagen jenes Giftes spüren, das man «Midlife Crisis» nennt, machen sich die meisten von uns nicht viel Gedanken um die Zeit, wiegen sie sich doch in der Illusion, ewig zu leben. In unserer scheinbar unbegrenzten Jugend schlagen wir die Zeit oft tot, als wäre sie unser schlimmster Feind, und bringen die Tage, Wochen und Jahre hinter uns, ohne die Zeit als unsere wertvollste Mitgift zu erkennen. Vom Geld hat William Sloane Coffin gesagt: «Es gibt zwei Möglichkeiten, reich zu sein. Die eine ist, man hat viel Geld, die andere, man hat wenige Bedürfnisse.» Die erste Möglichkeit, mehr zu haben, steht uns nicht offen, soweit es die Zeit betrifft. Wir haben unser Maß und können es nicht wesentlich erweitern. Aber wir können die Anforderungen verringern, die wir an die uns zugemessene Zeit stellen, und wir können unser Leben so organisieren, daß wir die Zeit in einer Weise nutzen, die uns befriedigt.

Das setzt voraus, daß wir unsere Zeit bewußt nutzen, daß wir unser Leben planen und daß wir, wie Elton Trueblood vorschlägt, «unser Leben in Kapiteln leben, so daß wir stets wissen, in welchem Kapitel wir uns gerade befinden.» Die bewußte Verwendung unserer Zeit fällt uns nicht in den Schoß. Wir müssen lernen, wie man das macht. Anfangs wird der größte Teil unserer Zeit von anderen verplant – von Eltern, Lehrern, Professoren, Arbeitsämtern, Vorgesetzten, Ehepartnern und dann von den Kindern. Nicht viele Menschen stellen gleich zu Anfang ihres Lebens eine Wunschliste auf, um dann zielstrebig an der Verwirklichung ihrer Wünsche zu arbeiten. Die meisten von uns haben schon ein gutes Stück des Weges zurückgelegt, bevor sie innehalten und sich umsehen.

Sehr sinnvoll kann es sein, eine Zeitleiste zu zeichnen, die die verschiedenen Abschnitte Ihres Lebens darstellt – mit der Geburt beginnend über den Zeitraum, den Sie zu leben erwarten. Unsere Erwartung wird nicht ohne Einfluß auf unsere tatsächliche Lebensdauer bleiben, da sie mitbestimmt, wie pfleglich wir mit uns umgehen. Die Statistiken liefern uns Durchschnittszahlen, an denen wir uns orientieren können, doch wir können uns an die Obergrenze halten und hoffen, daß wir die Vorhersagen übertreffen. Die Lebenserwartung von Amerikanern, die 1980 geboren wurden, beträgt bei Männern 70 Jahre und bei Frauen 77,7 Jahre oder im Durchschnitt ungefähr 74 Jahre. Verzweifeln Sie nicht, wenn Sie heute schon 74 Jahre alt sind. Wenn Sie es schon so weit gebracht haben, beträgt Ihre Lebenserwartung nämlich laut Statistik abermals 13,3 Jahre. Ebenso wie die Reichen immer reicher zu werden scheinen, scheinen die Alten immer älter zu werden.

Wenn Sie Ihre Zeitleiste gezeichnet haben, stellen Sie fest, an welcher Stelle Sie sich befinden. Wenn Sie 50 sind und eine Frau, so haben Sie noch ungefähr 30 Jahre vor sich. Haben Sie einen Plan? Wie lang sind 30 Jahre? Denken Sie an die vergangenen 30 Jahre und überlegen Sie, was in dieser Zeit alles geschehen ist. 30 Jahre sind eine lange Zeit. Werden Sie diese Zeit «aussitzen», oder werden Sie leben? Die Antwort hängt davon ab, ob Sie Ihr Leben selbst in die Hand nehmen, mit Ihrem Pfund wuchern und sich genau überlegen, was Sie mit Ihrer Zeit anfangen wollen.

Lernen Sie von Ihrem Herzen

Das beste Vorbild für Zeiteinteilung ist Ihr Herz. Während des aus drei Phasen bestehenden Herzschlags arbeitet das Herz ein Drittel der Zeit und ruht zwei Drittel. Zuverlässig und fehlerfrei erfüllt es seine Aufgabe von der Geburt bis zu unserer letzten Stunde. Bei einem gesunden Menschen summiert sich das im Laufe eines Lebens zu annähernd drei Milliarden Schlägen – oder dreitausend Millionen, wenn Ihnen das eine bessere Vorstellung von dieser enormen Leistung vermittelt.

Würden wir dem Beispiel unseres Herzens folgen, würden wir die vierundzwanzig Stunden des Tages in drei Abschnitte einteilen: acht Stunden Arbeit, acht Stunden Schlaf und acht Stunden für Tätigkeiten, die die Kräfte regenerieren. Was für eine revolutionäre Veränderung würden wir als Einzelwesen und als Gesellschaft erleben, wenn wir dem Beispiel unseres Herzens folgten.

Manche Menschen behaupten, sie brauchten keine acht Stunden Schlaf. Vielleicht ist das wahr. Es mag da Schwankungen um vielleicht eine Stunde geben. Oder sie verteilen ihren Schlaf in kleinen Nickerchen über den Tag. Doch wie immer wir es mit unserem Schlaf halten, wir wissen genau, ob wir genug bekommen. Bleiben also noch die beiden anderen Abschnitte, Arbeit und Erholung . Für manche Menschen ist die Arbeit Erholung und sogar Spaß, so daß sich diese beiden Abschnitte überschneiden. Doch für die meisten Menschen dauert die Arbeit acht Stunden am Tag, es sei denn, sie sind arbeitende Mütter oder Nebenverdienstler, für die die Plackerei nie ein Ende hat. Folglich besteht der entscheidende, frei verfügbare Zeitraum aus den acht Stunden zwischen Arbeit und Schlaf.

Wer ist für Ihre Zeit verantwortlich? Eine Freundin erzählte uns, daß sie eines Nachts erwachte, sich unruhig hin und her wälzte und nicht einschlafen konnte, weil irgend etwas sie beunruhigte. Plötzlich wurde ihr klar, daß Mrs. Smith (ihre Chefin) «über meinen Schlaf bestimmte». Schluß damit, beschloß sie und schlief prompt wieder ein. Wer bestimmt über Ihren Schlaf, Ihre Arbeit, Ihre Freizeit? Häufig ist sie nicht frei, weil sie wie ein Vakuum ist, das sich mit den Programmen anderer füllt. Oder wir tun blindlings das, was man von uns erwartet, ob es uns nun gefällt oder nicht.

Ich bereitete einen Vortrag über die «Hastkrankheit» vor, in dem ich auch über Meyer Friedmans und Ray Rosenmans Buch «Der A-Typ und der B-Typ» berichten wollte. Gretchen kam ins Zimmer, und ich bat sie um Hilfe. «Gretchen, was ist beim Typ-A-Verhalten zu bedenken?» Ihre Antwort kam wie aus der Pistole geschossen: «Man muß sich entscheiden, ob man so eines haben will oder nicht.» Ich gab ihr eine Eins für ihre Klugheit und einen Kuß für ihre Hilfe.

Wer über seine Zeit bestimmen will, muß Entscheidungen treffen. Selbst wenn wir auf Grund früherer, unüberlegter Entscheidungen unter einem unerträglichen Druck leben, haben wir noch Alternativen. Wenn wir meinen, wir hätten keine, dann müssen wir sie schaffen, denn sonst gehen wir unter Umständen zugrunde. Der lateinische Ursprung von «Angst», sicherlich eine Begleiterscheinung großen Zeitdrucks, ist «angustiae» und bedeutet «Enge» oder «Knappheit», ein Gefühl, wie man es vom Asthma kennt. Manchmal resultiert die Enge tatsächlich daraus, daß zu viele Anforderungen auf uns lasten, doch manchmal ist sie auch nur eine Enge des Denkens. Dieses Kapitel soll unser Denken etwas weiten, so daß uns das Atmen leichterfällt. Auf jeden Fall können wir Zeit sparen, indem wir uns von den Zeitvergeudern befreien, Beschäftigungen, die uns keine Freude bringen, sondern nur Kummer.

Zeitvergeuder

1. *Sachen.* Selbst wenn wir nicht durchs Haus gehen können, ohne über die letzten Kartons zu stolpern, wir kaufen weiter. Viele von uns sind unverbesserliche Sammler, Geschenkekäufer, Stereofreaks, Katalogsüchtige, Gutscheinbesessene, Boutiquenbummler und, wenn das Geld nicht mehr reicht, Schaufensterbummler. Wieviel ist genug? Wir zahlen nicht nur mit unserem Geld für die Sachen, sondern auch mit unserer Zeit. Alles, was wir besitzen, nimmt uns Zeit, auch die Dinge, die wir gar nicht mögen. Sachen müssen abgestaubt, umgeräumt, eingeschlossen, aufgehängt, verstaut, eingemottet, katalogisiert,

geschützt und versichert werden. Es kostet sogar Zeit, wenn wir uns schuldig fühlen, weil das Ding da auf dem Bord einen Hunderter gekostet hat und wir es nie benutzt haben. Jedesmal wenn unser Blick darauf fällt – ein Augenblick des Schuldgefühls, der unserem Tag verlorengeht.

Wieviel Zeit am Tag verbringen wir damit, unsere Kinder anzumeckern, weil sie ihre Sachen nicht weggeräumt haben? Fühlen wir uns schuldig und als schlechte Eltern, weil auch unsere Kinder ihre Sachen nicht benutzen?

Kleine Dinge scheinen mehr Spaß zu machen als große. Eines meiner Lieblingsbücher sind Pascals «Pensées», eine Sammlung knapp formulierter Gedanken, die einen unendlichen Reichtum an Bedeutung enthalten. Jeder Abschnitt ist kurz, steht für sich und hat mehr Substanz als manches Buch. T. S. Eliot hat von Pascal gesagt: «Sein Verstand war nicht akkumulativ, sondern aktiv.» Ist unser Verstand aktiv? Sind die Dinge, die wir kaufen, geistig anregend, oder sammeln sie sich nur an wie Staub auf dem Regal? Natürlich hat die Ästhetik ihre Berechtigung, die Schönheit um ihrer selbst willen, die Gemälde an den Wänden und die Primeln am Wegrand. Wir wollen niemandem die Freude an der Schönheit ausreden, sondern lediglich fragen, ob er Freude empfindet oder nicht. Da wir mit unserer Zeit bezahlen, müssen wir uns die Frage stellen, ob die Sache, die wir da gerade kaufen wollen, unsere Zeit wert ist. Königin Elisabeth I. sagte auf ihrem Sterbebett: «Alles, was ich besitze, für ein bißchen Zeit.»

2. *Verwirrung.* In Kapitel 5 haben wir uns ausführlich mit dem Energieverlust und der Zeitverschwendung beschäftigt, die durch Verwirrung entsteht, nicht nur in der Welt «dort draußen», sondern auch in der geistigen Welt in unserem Inneren. Aufgeschobene Entscheidungen rauben uns den Schlaf und die Konzentration bei der Arbeit; sie können uns auch jede Freude an der Erholungsphase nehmen. Die entscheidende Frage lautet nicht, ob wir schwierige Probleme haben oder nicht, sondern ob wir heute noch die gleichen Probleme haben wie vor einem Jahr. Wenn das so ist, wie viele Stunden des

vergangenen Jahres haben wir dann mit der Sorge um sie vertan? Können wir wenigstens einige Entscheidungen treffen und verwirklichen, damit wir uns neuen Fragen zuwenden können?

Wir können unsere Entscheidungsmöglichkeiten einengen. Zum Schönsten auf Reisen gehört es, daß man beim Öffnen des Hotelschranks nur drei Kleider sieht. So hat man sich im Augenblick entschieden, welches man tragen möchte. Wenn wir packen, werden die Möglichkeiten durch die Größe des Koffers eingeschränkt. Die Schränke zu Hause sind lange nicht so angenehm. Wie viele Kleidungsstücke heben Sie auf, die Sie seit zehn Jahren nicht mehr getragen haben? Haben Sie Kleidungsstücke in verschiedenen Größen, Ihrem schwankenden Gewicht angepaßt? Vielleicht müssen Sie eine Entscheidung über Ihr Gewicht treffen. Heben Sie Schuhe auf, die drücken und die Sie nicht mehr getragen haben, seit Sie sie gekauft haben, die Sie aber nicht wegwerfen, weil Sie sich nicht von etwas trennen mögen, das so teuer war? Tragen Sie sie noch ab und zu mit Todesverachtung, nur um zu rechtfertigen, daß Sie sie behalten? Wer sagt, daß Sie mit wunden Füßen durchs Leben gehen müssen? Trennen Sie sich von drückenden Schuhen. Legen Sie sich die Kleidungsstücke für Mittwoch schon am Dienstagabend zurecht. Nichts zwingt Sie dazu, den neuen Tag mit Zaudern und Zagen zwischen dem grauen und dem braunen Kostüm zu beginnen. Machen Sie einen Plan. Wenn Sie im Zweifel sind, dann sortieren Sie das Stück aus. In die Kleidersammlung! Sie machen jemanden glücklich, und Sie selbst sind erleichtert.

Früher hing über meinem Schreibtisch ein Schild mit der Aufschrift: «Ein sauberer Schreibtisch läßt auf eine kranke Seele schließen.» Das war nichts als eine billige Entschuldigung. Unordnung bedeutet unerledigte Arbeit. Wie oft nehmen Sie ein Papier in die Hand? Wie viele Papiere sind auf Ihrem Schreibtisch? Vielleicht brauchen Sie ein System. Vielleicht liegt Ihr Problem darin, daß Sie schlecht delegieren oder um Hilfe bitten können, weil Sie nach dem elften Gebot leben,

das da lautet: «Du sollst alles selber tun.» Sie haben am Tag
genauso viele Stunden zur Verfügung wie der Präsident der
Vereinigten Staaten. Die Regierung eines Landes kommt ohne
Delegation von Verantwortung nicht aus. Warum sollten Sie
es?

3. *Sie können nicht nein sagen.* Tage und Wochen vergeuden
wir damit, uns mit Aufgaben herumzuschlagen, die wir nie
hätten übernehmen dürfen. Von Anfang an wußten wir, daß
wir weder Lust noch Zeit hatten, da wir schon fünfzig andere
Sachen am Hals hatten, die schon alle überfällig waren. Ganz
gut läßt sich die Jasagerei – zumindest am Telefon – durch den
Entschluß durchbrechen, nie wieder eine Entscheidung aus
dem Augenblick heraus zu treffen. Es kostet ein bißchen Zeit
zu sagen: «Ich muß erst einen Blick in meinen Terminkalender
werfen und darüber nachdenken, dann ruf ich zurück», doch
nicht annähernd soviel Zeit wie eine Zustimmung, die nicht
ehrlich gemeint ist.

4. *Sie können andere nicht unterbrechen.* Höflichkeit kann
Ihren Tag auffressen. Waren Sie schon einmal das Opfer eines
langen, einseitigen Gesprächs, das sich ununterbrochen wie
der Strahl aus einem Feuerwehrschlauch über Sie ergoß, während Sie pausenlos an die Verabredung dachten, zu der Sie
ohnehin zu spät kommen würden? Man kann es lernen, jemanden zu unterbrechen, ohne unhöflich zu sein. Das ist sicherlich
besser, als ungeduldig zuzuhören und mit der Körpersprache
seinen Ärger herauszuschreien.

5. *Betäubung der Sinne.* Die Menschen haben ihre Gründe
für das, was sie tun. Müde und abgeschlagen suchen wir häufig
Entspannung in Dingen, die eine momentane Befriedigung
bringen, die uns aber der einzigen Sache berauben, die wirkliche Zufriedenheit schenken könnte – der Streicheleinheiten.
Die Party, diese gepriesene Institution unserer Kultur, bringt
es im Handumdrehen fertig, den Austausch unserer sozialen
Rituale einzuschränken. Bedenkt man, wie streichelhungrig die
meisten von uns sind, so liegt eine gehörige Portion Ironie
darin, daß wir unsere Zeit damit verbringen, unsere Sinne so

rasch wie möglich zu betäuben. «Kann ich Ihnen etwas zu trinken holen?» hat das «Guten Tag» längst verdrängt.

Eine Gastgeberin verbringt eine Woche damit, ein Fest für Zunge und Gaumen vorzubereiten, doch keinem schmeckt das Essen. Was für eine Verschwendung! Ich erinnere mich an meine Kindheitstage auf der Farm, wenn Besuch kam. Alkohol wurde nicht getrunken. Man hatte an der Geselligkeit genug. Das Gespräch entwickelte sich von allein. Man genoß das Zusammensein, sogar das Schweigen, und lauschte friedlich dem fernen Froschkonzert oder den Dampfpfeifen der Northern-Pacific-Güterzüge, die in die Berge fuhren. Niemand brauchte den kleinen oder großen «Kick». Wenn jemand sprach, gleich welchen Alters, ob Großtante oder Kind, hörten alle zu.

Wenn wir unsere Sinneswahrnehmung verlieren, verlieren wir auch unsere Zeit. Wie viele Abende sind verloren, Gespräche vergessen, Streicheleinheiten unbemerkt geblieben, weil die Menschen sich mit dem Alkohol langsam ins Vergessen befördern. Eric Berne meinte, die Menschen trinken, um die Kontrolle des Eltern-Ichs zu vermindern, so daß das Kindheits-Ich herauskommen und spielen kann. Nach seiner Überzeugung wird zunächst das Eltern-Ich ausgeschaltet. Nach unserer Beobachtung werden durch den Alkohol alle drei Persönlichkeitsbereiche gleichzeitig in Mitleidenschaft gezogen. Auch die Funktionen des Erwachsenen-Ichs werden eingeschränkt, oft mit katastrophalen Folgen auf Grund verminderter Urteilsfähigkeit. Vielleicht erlebt das Kindheits-Ich unter dem Einfluß des Alkohols und ohne Schutz ein Hochgefühl, doch das Tief am folgenden Tag kommt bestimmt, weil ihm bewußt wird, was es gesagt, getan oder vergessen hat. Besser lassen sich die Einschränkungen des Eltern-Ichs durch Spurensuche beseitigen. Ähnlicher Betäubung, die manchmal bis zur völligen Stumpfheit geht, setzen sich Drogenkonsumenten aus. Äußerungen anderer werden nicht gehört, Streicheleinheiten nicht registriert.

6. *Fernsehen.* Aus einer jüngeren Erhebung geht hervor, daß

der Fernsehapparat in der amerikanischen Durchschnittsfamilie mehr als sieben Stunden pro Tag läuft. Was bleibt da noch vom achtstündigen Erholungsabschnitt des Tages? Obwohl das Fernsehprogramm gut, entspannend und spannend, unterhaltsam und bildend sein kann, kann es doch nicht streicheln. Wir sehen da keine Menschen, die an *uns* interessiert sind. Wir betrachten eine große, leblose Kiste. Der Kummer ist, daß wir zwar Lucy lieben können, Lucy aber uns nicht. Für manche Menschen sind die Fernsehserien mittlerweile wirklicher als ihr eigenes Leben. Ein Mann, der erklärte, er lasse sich vom Fernsehen nicht beeinflussen, wurde gefragt, mit welcher Zahnpasta er sich die Zähne putze. Er nannte eine bestimmte Marke, und auf die Frage, warum denn gerade die, antwortete er: «Weil ich mir nicht nach jeder Mahlzeit die Zähne putzen kann.» Das war genau das Argument, mit dem für diese Marke geworben wurde.

Eines der großen Probleme des Fernsehens ist, daß es uns die Möglichkeit nimmt, eine der wichtigsten Funktionen des menschlichen Geistes auszuüben – die *Phantasie*. Wenn man fernsieht, befindet man sich schon *in* der Erfahrung, und die Phantasie ist schon besetzt. Die Fernsehbilder verdrängen die Phantasiebilder. Die Phantasie ist einer der wichtigsten Bereiche für die geistige Entwicklung des Kindes. Zwei Besenstiele, ein Baum und eine Wolldecke – mehr ist nicht erforderlich, um ein Haus auf dem Rasen des Gartens zu errichten. In der Vorstellung des Kindes wird es zu einem Palast, dem Schlupfwinkel eines Seeräubers oder einer Puppenstube. Wenn die Sinne von den Bildern des Fernsehapparates gefangengenommen werden, können wir uns kaum noch irgend etwas vorstellen. Wenn wir ein Buch lesen, so sind wir selbst an diesem Erlebnis beteiligt. Wir stellen uns vor, wie die Heldin und wie der Schuft aussieht, indem wir sie aus dem reichen Fundus unserer Erfahrungen ausstatten. Kennen Sie die Enttäuschung, die sich einstellt, wenn man einen Film nach einem Buch sieht, das man gelesen hat? Können sich die Bilder auf der Leinwand mit denen in unserer Vorstellung messen?

Damit soll nichts gegen das Fernsehen generell gesagt sein, sondern nur etwas gegen den gedankenlosen Konsum aller Dinge, die über die Mattscheibe flimmern. Nehmen Sie sich vor Wochenbeginn die Programmzeitschrift und suchen Sie sich in Ruhe die Sendungen aus, die Sie zu sehen wünschen. Überlegen Sie hin und wieder, ob Sie die Zeit nicht sinnvoller verwenden können.

7. *Verwendung erstklassiger Zeit für zweitklassige Aufgaben.* Zu welcher Tageszeit haben Sie Ihre beste, kreativste Phase? Für viele ist es der Morgen. Verbringen Sie die Hälfte des Morgens mit Zeitungslektüre, obwohl Sie doch Ihre eigenen Neuigkeiten produzieren könnten? Heben Sie sich die Zeitungen für einen späteren Zeitpunkt auf, wenn Sie das Bedürfnis haben, die Beine hochzulegen und eine Pause zu machen. Die Neuigkeiten gehen Ihnen nicht verloren. Vielleicht müssen Sie einen Blick auf die erste Seite werfen, um über das Wichtigste informiert zu sein. Die anderen Seiten können warten. Sie haben die Wahl.

8. *Der falsche Zeitpunkt.* Ob Sie Ihren Chef um eine Gehaltserhöhung oder Ihren Ehepartner um einen Gefallen bitten, die Wahl des Zeitpunktes ist von entscheidender Bedeutung. Sie können sich Ihre Bitte noch so sorgfältig zurechtgelegt haben, sie wird vergebliche Liebesmühe bleiben, wenn sie zur Unzeit vorgebracht wird. Die Wahl des richtigen Zeitpunktes lehrt uns die Aufmerksamkeit. Wenn der andere in Eile oder Sorge ist, kann die berechtigtste Forderung der winzig kleine Tropfen sein, der das Faß zum Überlaufen bringt.

9. *Ein blitzeblankes Haus.* Das Haus sauberzuhalten, sagt Erma Bombeck, sei wie der Versuch, Perlen auf eine Schnur zu ziehen, die keinen Knoten hat. Buckminster Fuller, der immer Lust hatte, eine heilige Kuh zu schlachten, hat den Prototyp der amerikanischen Hausfrau beschrieben: «Wohl weil Sauberkeit im Volksempfinden gleich nach der Gottgefälligkeit kommt, summiert sich die tägliche Hausarbeit – anderthalb Stunden Abwasch, anderthalb Stunden Wäsche von Kleidung, Handtüchern und Bettwäsche, eine Stunde Hausputz, zwei

Stunden Vor- und Zubereitung der Mahlzeiten, eine Stunde
Selbstreinigung, innerlich und äußerlich, dazwischen eine
Stunde Ruhe für den schmerzenden Rücken – zu einem Acht-
Stunden-Tag, der dem Schmutz von gestern gewidmet ist,
damit er nicht zur Verderbnis von heute und zur Krankheit von
morgen werde. Und alle acht Stunden sind der Aufarbeitung
von gestern vorbehalten, keine konstruktive Tat, kein zu-
kunftsorientierter Zuwachs an Lebenstandard wird geleistet.

Ich denke mir, es bedarf da eines siebenten Tages, der Ruhe
vorbehalten, dem Gebet, der Predigt und den frommen Lie-
dern, um die Hausfrau und Mutter bei Laune zu halten,
während sie nach und nach alle ihre Lebenschancen der nach-
folgenden Generation opfert.»*

Ob wir uns nun Fullers Meinung anschließen können oder
nicht – *irgend jemand* muß schließlich den Fußboden scheuern –,
es bleibt eine wichtige Frage. Haben wir eine Wahl? Läßt sich
die Hausarbeit auch anders erledigen? Aus einer Untersuchung
des Arbeitsministeriums geht hervor, daß 84 Prozent der
Frauen mit Ganztagsbeschäftigung auch die Arbeit in Haus
und Familie vollbringen. Fügen Sie zur Sorge um den Schmutz
von gestern noch eine Ganztagsbeschäftigung hinzu, und Sie
erhalten eine sehr erschöpfte Frau. Da dürfte kaum Zeit für
Erholung bleiben. Doch Menschen, die keine Zeit zur Erholung finden, müssen sich über kurz oder lang die Zeit zur
Krankheit nehmen.

10. *Sorgen um das Altern.* Falten können Sie umbringen,
wenn Sie bei jedem Blick in den Spiegel einen Schreck bekommen. Jede neue Falte ein schlimmer Augenblick. Dabei sind
Falten interessant, denn sie erzählen Ihre Geschichte. Sie sind
wie Narben, die zweierlei berichten, erstens, daß Ihnen eine
Wunde zugefügt wurde, und zweitens, daß sie verheilt ist. In
der Kunstfotografie gibt es faszinierende Porträtstudien, die in
starkem Kontrast das Relief des menschlichen Gesichtes abbilden. Ist es etwa gerecht, daß Männer Falten haben dürfen,

* Buckminster Fuller, Ideas and Integrities. New York 1963, S. 114

Frauen aber nicht? Es hat mich beruhigt, daß Golda Meir allem Anschein nach nicht übermäßig viel Zeit damit verbringt, sich die Augenbrauen auszuzupfen. Was schadet es denn, wenn wir so sind, wie wir sind? Das heißt natürlich nicht, daß unser Aussehen überhaupt keine Rolle spielt. Unser Äußeres ist eine politische Meinungsäußerung und auch Ausdruck unserer Selbstachtung oder unserer mangelnden Selbstachtung. Denken Sie etwa an die Wahrheit des Aphorismus: «Sie bekommen nie eine zweite Chance, einen guten ersten Eindruck zu machen.»

11. *Lange aufbleiben.* Ihr Körper braucht Regelmäßigkeit. Wir können uns unser Jet-lag selbst zulegen, indem wir zu lange aufbleiben und – wie Trueblood sagt – «auf dem Kuchen noch herumkauen, wenn der Zucker längst raus ist». Wach zu sein macht einen guten ersten Eindruck.

Wie Sie über Ihre Zeit selbst bestimmen

Wenn Sie nicht selbst über Ihre Zeit bestimmen, wird es jemand anders tun. Neben den bereits vorgeschlagenen Maßnahmen zur Eindämmung des Energieverlustes durch Zeitvergeudung schlagen wir noch folgende Methoden vor:

1. *Machen Sie Pläne.* Planung scheint eine so naheliegende Lösung zu sein, daß der Vorschlag trivial erscheint. Das Problem liegt darin, daß wir gewöhnlich für Zeiträume planen, die nicht lang genug sind. Haben Sie sich eigentlich schon mal klargemacht, daß Sie einen Plan für Ihr ganzes Leben entwerfen können, fein säuberlich in Kapitel gegliedert, die auch Ihren Ruhestand erfassen? Zunächst brauchen wir eine Wunschliste und eine Folge von Prioritäten, die sich an einer moralischen Sinnbewertung unseres Lebens orientieren. Wir müssen darüber *entscheiden*, ob wir Kinder haben, uns einen Namen machen, vorbildliche Bürger mit viel Zeit für öffentliche Aufgaben werden, mit fünfundzwanzig eine Million haben oder uns ganz der Verwirklichung unseres höchsten Traumes – dem Wochenendhaus am Wasserfall – verschreiben wollen.

Einige unserer Gedanken sind Programme des Eltern-Ichs.
Wird unser Kindheits-Ich auch etwas davon haben, und wird
unser Erwachsenen-Ich unsere Strebungen als realistisch oder
möglich beurteilen? Ein Lebensplan ist nicht an einem Tag
aufgestellt, aber wir können damit anfangen, daß wir zumindest ein Jahr im voraus planen.

2. *Tragen Sie mehr ein in Ihren Kalender.* Nützlicher als die
guten Vorsätze zum neuen Jahr ist ein Tag, den Sie mit Eintra-
gungen in den neuen Terminkalender verbringen. Streichen
Sie die Tage durch, die Sie für sich selbst reservieren wollen.
Tragen Sie Geburtstage, Feste und Ferien ein. Wenn ein Montag ein guter Tag «zum Alleinsein und Organisieren» ist, dann
schreiben Sie «besetzt». Treffen Sie eine Verabredung mit sich
selbst. Wenn Sie dann jemand anruft, um mit Ihnen etwas am
Montag zu unternehmen, können Sie wahrheitsgemäß erklären: «Tut mir leid, der Montag ist schon dicht.» Oder: im Juli
haben Sie viel vor. Es ist Ihr Terminkalender und Ihr Leben.
Wenn der Morgen Ihre schöpferische Tageszeit ist, dann ver-
stopfen Sie ihn sich nicht mit Verabredungen, die Sie ebensogut am Nachmittag treffen können. Tage sind ein wertvoller
Rohstoff. Vergeuden Sie ihn nicht mit Leuten.

3. *Berechnen Sie die Kosten.* Wie lange dauert es, ein Kind zu
bekommen, es großzuziehen, zu promovieren, ein Projekt zu
beenden? Wieviel Zeit müssen Sie realistisch für den Pendel-
verkehr rechnen? Wie groß darf der Gemüsegarten sein, gemessen an der Zeit, die Sie für ihn zur Verfügung haben? Was
müssen Sie für den Sportverein rechnen? Für wie viele Kinder,
Ausschüsse, Aufträge haben Sie Zeit? Haben Sie Zeit genug,
um zu beenden, was Sie anfangen? Fangen Sie zu spät an?
Trueblood erzählt eine Geschichte von einem Ehepaar, das
eine Jubiläums-Pilgerfahrt quer durch die Vereinigten Staaten
zur Stanford Chapel unternahm, wo es getraut worden war. Sie
kamen am Freitag um Viertel nach fünf Uhr nachmittags an
und mußten zu ihrer Enttäuschung feststellen, daß die Kirche
um fünf geschlossen worden war. Sie flehten den Küster an,
ihnen noch einmal zu öffnen und sie hineinzulassen, schließlich

seien sie vor sechs Tagen in Neuengland nur um dieser Erinnerung willen aufgebrochen. «Tut mir leid», erwiderte der Wärter, «Sie hätten in Neuengland eine Viertelstunde früher abfahren sollen.»

Welchen gesundheitlichen Preis bezahlen Sie für Ihren Lebensplan? Wie lange noch können Sie wie eine Kerze an beiden Enden brennen? Sind Sie ernsthaft bereit, das Herz als Vorbild in Betracht zu ziehen – eine Arbeitsphase und zwei Ruhephasen? Unter Erkrankungen der Herzkranzgefäße leiden laut Friedman und Rosenman, den Autoren des Buches «Der A-Typ und der B-Typ», 100 Millionen Amerikaner. Das ist einer auf 2,25 Einwohner unseres Landes. Die Autoren beschreiben Typ-A-Verhalten als einen «bestimmten Komplex von Persönlichkeitsmerkmalen – unter anderem ein übertriebenes Konkurrenzstreben, Aggressivität, Ungeduld – und dem marternden Gefühl, unter Zeitdruck zu stehen. Menschen mit diesem Verhaltensmuster scheinen in einen chronischen, unaufhörlichen und häufig vergeblichen Kampf verstrickt – mit sich selbst und anderen, mit den Umständen, mit der Zeit, manchmal mit dem Leben selbst.» Sie kommen zu dem Schluß, daß der Cholesteringehalt des Blutes, ein wesentlicher Faktor bei Herzkranzgefäßkrankheiten, «möglicherweise ebensosehr durch das bestimmt wird, was der Mensch empfindet, wie durch das, was er ißt.»

Das auffälligste Wesensmerkmal von Menschen des Typ-A-Verhaltens ist der Zeitdruck oder die «Hastkrankheit». Ein anderer ist ihre Zahlenbessenheit. Sie leiden unter einem Mangel an Selbstwertgefühl: «Der A-Typ hat den inneren Maßstab verloren oder nie besessen, mit dem er seinen persönlichen Wert zu seiner Zufriedenheit messen kann, so daß er diesen Wert an Hand der *Zahl* seiner *Leistungen* zu messen beginnt. So wird das *Tempo* zu einer primären Maßgröße seines *Erfolges*.» – «Die Unsicherheit des A-Typs resultiert vor allem daraus, daß er seine innerste Sicherheit vom Tempo seiner Statusaufwertung abhängig macht. Dieses Tempo wird definiert durch eine *maximale* Zahl von Erfolgen in einem *minimalen* Zeitraum.»

J. Paul Getty machte mit elf Jahren folgende Eintragung: «Habe jetzt 275 Murmeln. Meine Briefmarken gezählt: 305.»* Früh krümmt sich, wer ein A-Typ werden will.

Der Preis ist zu hoch, wenn Sie ständig die folgenden von Friedman und Rosenman aufgezählten Verhaltensweisen an den Tag legen:

Sie besitzen ein Typ-A-Verhaltensmuster:

1. Wenn Sie a) die Angewohnheit haben, beim normalen Sprechen irgendwelche Wörter explosiv zu betonen, auch wenn es für eine derartige Akzentuierung gar keinen triftigen Grund gibt, und wenn Sie b) dazu neigen, Ihre Wörter zum Satzende hin beträchtlich schneller zu sprechen als am Satzanfang. Hinter Ihrer aufbrausenden Sprechweise verbirgt sich die überschüssige Aggressivität oder Feindseligkeit, die Sie hegen. Das Schnellerwerden zum Satzende hin spiegelt Ihre verdeckte Ungeduld wider: Sie gönnen sich nicht einmal die Zeit, die Sie selbst zum Sprechen benötigen.

2. Wenn Sie *immer* in Eile sind: bei allen Bewegungen, beim Laufen, beim Essen.

3. Wenn Sie von Ungeduld erfüllt sind (vor allem, wenn Sie diese gegenüber anderen offen zeigen), weil Ihnen fast alles zu langsam geht. Diese Art von Ungeduld hat Sie befallen, wenn Sie sich nur mit Mühe beherrschen können, anderen dauernd ins Wort zu fallen, sie nicht ausreden zu lassen und sich in die Marotte flüchten, unentwegt mit «aha, aha» oder «ja, ja, ja» dazwischenzufunken, wenn jemand anders spricht, womit Sie ihm unbewußt zu verstehen geben: «Nun mach schon!» oder sein Sprechtempo beschleunigen wollen. Sie leiden ferner an Ungeduld, wenn Sie die Sätze Ihrer Gesprächspartner zum Abschluß bringen wollen, ehe der andere soweit ist.

Andere Formen dieser Art von Ungeduld: Wenn Sie unverhältnismäßig nervös oder sogar wütend werden, sobald Sie hinter einem anderen Auto in der Fahrspur festhängen, das nach Ihrer Meinung zu langsam fährt; wenn Sie es quälend finden, irgendwo Schlange stehen zu müssen oder abzuwarten, bis in einem Lokal ein Tisch für Sie frei wird; wenn Sie es nicht mit ansehen können, daß jemand sich mit einer Arbeit abgibt, die Sie im Handumdrehen erledigt hätten; wenn Sie mit sich selbst die Geduld verlieren, sooft Sie Routinearbeiten auszuführen haben (Zahlungsanweisungen ausfüllen, Schecks schreiben, Geschirrspülen usw.), die zwar unumgänglich sind, aber Sie von den Tätigkeiten abhalten, die Sie eigentlich interessieren; wenn Sie immer das Gefühl haben, Sie müßten beim Lesen schneller

---

* K. Lamott, The Money Makers, Boston 1969

vorankommen, und ständig darauf aus sind, Auszüge und Zusammenfassungen von wichtigen und wertvollen Büchern zu ergattern.

4. Wenn Sie beim Denken und Handeln der Mehrphasigkeit frönen, also häufig zwei Dinge oder mehr zur gleichen Zeit denken oder tun möchten. Zum Beispiel: Wenn Sie jemandem zuhören wollen und im selben Moment andauernd mit völlig anderen Gedanken beschäftigt sind, dann liegt bei Ihnen mehrphasiges Denken vor. Oder entsprechend: Wenn Sie beim Golfspielen oder beim Angeln fortwährend Ihre beruflichen Sorgen im Kopf haben oder wenn Sie sich elektrisch rasieren und nebenbei Ihr Frühstück hinunterschlingen oder autofahren wollen, oder wenn Sie beim Autofahren Geschäftsbriefe auf Band sprechen – in solchen Fällen handelt es sich um Ihre Neigung zu mehrphasigem Handeln. Diese Eigenheit ist das häufigste Charakteristikum des A-Typs. Er gibt sich kaum je damit zufrieden, nur zwei Dinge in einem Augenblick zu tun. Wir kennen welche, die sich nicht nur gleichzeitig rasierten und Brötchen in den Mund schoben, sondern es auch noch fertigbrachten, nebenher und obendrein Akten zu studieren oder ein Fachblatt zu überfliegen.

5. Wenn Sie sich *immer und überall* nur schwer bezähmen können, ständig nur von den Dingen zu sprechen und jede Unterhaltung auf solche Themen hinzulenken, die Ihnen speziell am Herzen liegen, und falls Sie mit diesem Manöver nicht durchkommen, so tun, als ob Sie ganz Ohr wären, in Wirklichkeit aber Ihre Gedanken eigene Wege gehen lassen.

6. Wenn so gut wie immer ein unbestimmtes Schuldgefühl an Ihnen nagt, sobald Sie ein wenig ausspannen und einmal gar nichts tun für mehrere Stunden oder Tage.

7. Wenn Sie keinen Blick mehr haben für die wesentlichen, interessanten oder schönen Dinge in Ihrer Umgebung. Zum Beispiel, wenn Sie zum erstenmal ein Büro, einen Laden, eine Wohnung betreten und nach dem Weggehen keinerlei Vorstellungen mehr davon haben, wie diese Räume aussehen, dann heißt das, Sie haben Ihre Beobachtungsgabe verloren – oder Ihre Lebensfreude, mit anderen Worten.

8. Wenn Sie keine Zeit erübrigen können, um das zu erreichen, was Sie *sein* möchten, weil Sie immer nur dem nachjagen, was Sie *haben* wollen.

9. Wenn Sie immer mehr in immer weniger Zeit einplanen wollen und damit immer seltener Ausnahmen zulassen für unvorhergesehene Zufälle. Eine Begleiterscheinung dazu ist ein *chronisches Gefühl der Zeitknappheit*, einer der Knotenpunkte des Verhaltensmusters vom A-Typ.

10. Wenn Sie einem anderen schwer infizierten A-Typ begegnen und ihn nun keineswegs bedauern wegen seines Leidens, sondern sich im Gegenteil aufgefordert fühlen, mit ihm «in den Ring» zu steigen. Dies ist ein eindeutiges Kennzeichen, denn niemand facht die aggressiven bzw. feindseligen Empfindungen eines A-Typs mächtiger an als ein anderer A-Typ.

11. Wenn Sie sich bestimmte charakteristische Gesten oder nervöse Tics zulegen. Zum Beispiel: Wenn Sie während einer Unterhaltung wiederholt die Faust ballen oder mit der Hand auf den Tisch hauen oder mit der Faust

in die hohle andere Hand boxen, um so einen Gesprächspunkt hervorzuheben, dann vollführen Sie damit A-Typ-Gesten. Ebenfalls, wenn Sie Ihre Mundwinkel krampfartig und tic-ähnlich nach hinten ziehen, wobei Sie kurz die Zähne zeigen, oder wenn Sie gewohnheitsmäßig die Zähne zusammenbeißen oder sogar mit den Zähnen knirschen, dann lassen diese Muskelanspannungen bei Ihnen auf einen anhaltenden inneren *Kampf* schließen, der natürlich den Kern des Verhaltensmusters vom Typ A bildet.

12. Wenn Sie glauben, daß Sie alle Ihre Erfolge in erster Linie Ihrer Fähigkeit zu verdanken haben, schneller zu arbeiten als Ihre Nebenmänner, und wenn Sie davor zurückschrecken, aufzuhören mit dem Bestreben, alles immer noch schneller zu erledigen.

13. Wenn Sie zunehmend und unentrinnbar an sich die innere Nötigung beobachten, nicht nur Ihre eigenen Tätigkeiten, sondern auch die von anderen in *Zahlen* zu übersetzen und zahlenmäßig zu bewerten.*

Wenn Sie sich in den beschriebenen Verhaltensmustern wiedererkennen, verlangt es Sie dann nach süßer Erleichterung, oder können Sie sich *entscheiden* – wie Gretchen vorgeschlagen hat –, anders zu leben? Manche Menschen erklären, daß sie den Druck mögen, daß sie dann mehr schaffen, den Wettlauf mit der Zeit genießen oder es sogar für die moralisch bessere Art halten, seine Aufgaben zu erledigen. Es ist nicht gesagt, daß Sie auf die Hetze verzichten wollen. Doch wir raten Ihnen, sich den Preis dafür bewußtzumachen. Was treibt Sie an? Welche «Wenns» bestimmen Ihr Leben? Bringen Sie sich um, um Ihrem Eltern-Ich etwas zu beweisen? Etwas, was Sie nie überprüft haben? Können Sie Ihre ganze Persönlichkeit, einschließlich des Kindheits-Ichs, wieder freilegen?

4. *Bestimmen Sie über Ihren Raum.* Eine halbe Stunde nach der Magenbitterflasche zu suchen, ist reine Quälerei. Ob wir in einer Zehn-Zimmer-Villa oder in einem Einzimmerapartment wohnen, wir verlieren Unmengen von Zeit, weil wir die Dinge, die wir brauchen, nicht finden. «Ein Platz für jedes Ding und jedes Ding an seinem Platz» ist ein Motto von nicht zu unterschätzendem Wert. Wo die wichtigen Dinge aufbewahrt werden – die Akten, Geburtsurkunden, Kraftfahrzeugbriefe, Kreditkarten und Steuerbescheide –, das wissen wir im allgemeinen.

---

* Friedman/Rosenman, a. a. O. S. 88 ff.

Es sind die kleinen Dinge, die uns die Zeit stehlen – der Dosenöffner, der Hefter, die Hundeleine, die Verlängerungsschnur, die Kleiderbügel, der Gießkannenkopf, die Regenschirme und die Sonnenbrille.

Unsere Wohnungen drohen unter einer Flut von Papieren zu ersticken: Versicherungsformulare, Urkunden, Zeitschriften, Zeitungen, Briefe, Notizen für uns selbst, Notizen für Familienangehörige, Zettel, Briefwechsel mit gefühllosen Computern, Kataloge, Telefonrechnungen, Taschenkalender, Babybilder und ein Berg von Reklamesendungen, der mit atemberaubender Geschwindigkeit anwächst. Jeder Haushalt braucht ein Büro mit großen Schreibtischen, geeigneten Aktenschränken, Regalen und ordentlich aufbewahrten Bürobedarfsartikeln. Es ist schon komisch, ein feudales neues Haus zu sehen, das über alle Raffinessen verfügt – Sauna, Whirlpool, vollautomatische Küche –, nur eben keinen vernünftigen Büroraum.

Viele Menschen haben sich ihr Haushaltsbüro im Gästezimmer eingerichtet, doch für wenige Häuser ist von vornherein eine «Zentrale» vorgesehen, in der die Haushaltsplanung, ja Lebensplanung geordnet vonstatten gehen könnte. Wenn wir eine Firma suchen, brauchen wir unseren Finger nur über die gelben Seiten wandern zu lassen. Ebenso könnten wir uns viel Zeit und Aufregung ersparen, wenn wir einen Extraraum hätten, in dem wir unsere Gedanken über unsere Papiere wandern lassen könnten. Wo haben Sie Briefpapier, Lexikon, Wörterbücher, Schreibmaschine, Computer, Akten untergebracht? Können Sie Ihren Bausparvertrag auf Anhieb finden, oder müssen Sie sich auf eine lange Odyssee durch Aktenordner begeben, um den «Hauskram» zu finden?

Denken Sie praktisch. Ein Heim sollte nicht nur einen Herd, sondern auch eine «Steuerbrücke» besitzen. Der Beruf der Hausfrau würde weit mehr Ansehen genießen, wenn die Architekten die Frauen und die Frauen sich selbst ernst nehmen würden. Sie brauchen Platz – selbst in einem kleinen Haus. Doch noch immer herrscht das Vorurteil, daß Frauen mit Gelddingen nicht zurechtkommen. Oft hängt das ganz konkret davon ab, ob sie einen Platz haben, wo sie die Kontoauszüge ausbreiten können.

Jeder Haushalt könnte einen guten Kopierer gebrauchen. Wie oft sind Sie schon in die Bücherei oder zur Post gefahren, um irgendein Schriftstück zu fotokopieren? Wie sollen Sie den Schriftverkehr mit der wachsenden Zahl von Kreditinstituten, Behörden und all den Institutionen bewältigen, mit denen Sie und Ihre Kinder zu tun haben, wenn Sie sich keine Kopie des komplizierten Formulars abheften, das auszufüllen Sie einen halben Tag gekostet hat?

Haben Sie viele Bücher? Wie haben Sie sie auf den Regalen geordnet? Können Sie das Buch finden, nach dem Sie suchen? Wie sind Ihre Ordner beschriftet? Könnten Sie einen Betrieb von zu Hause aus führen? Ihr Haushalt *ist* ein Betrieb, ein sehr wichtiger Betrieb, der eine bessere Ausrüstung und ein besseres Platzangebot verdienen würde, als die meisten Wohnungen zu bieten haben.

5. *Seien Sie vorbereitet.* Einen Großteil unseres Lebens verbringen wir mit Warten. Wir können Warten als Zeitvergeudung ansehen oder es als Geschenk verstehen. Ein geschenkter Augenblick, befreit von den üblichen Anforderungen des Lebens. Nutzen Sie die Wartezeit, lassen Sie sich nicht von Ihrer Ungeduld verzehren. Wie schon gesagt, gewöhnen Sie sich an, immer Adreßbuch, Stift, Postkarten und Briefkarten bei sich zu haben. Wenn Sie eine Stunde im Wartezimmer eines Arztes herumsitzen müssen, können Sie etliche Postkarten schreiben und ebenso viele Beziehungen pflegen. Fluchen Sie nicht auf die Ärzte. Die können keine unerwartet schwierige Operation um Ihretwillen abbrechen, um rechtzeitig zum angegebenen Termin in der Praxis zu sein. Sie haben ständig mit Notfällen zu tun, die ihre ungeteilte Aufmerksamkeit beanspruchen. Nur wenige Ärzte lassen Sie *absichtlich* warten. Machen Sie das Beste aus der Sache. Nutzen Sie die Zeit zu Ihrem Vorteil. Nehmen Sie sich ein Buch mit. Lesen Sie stets zwei oder drei Bücher gleichzeitig. Dann haben Sie die Auswahl. Nehmen Sie sich ein Heft mit. Sie können ein Buch *schreiben*, während die

anderen alte Zeitschriften lesen. Sind Sie viel mit dem Auto unterwegs? Besorgen Sie sich Kassetten. Lernen Sie Spanisch, frischen Sie Ihre wirtschaftlichen Kenntnisse auf, machen Sie sich mit der Geschichte des Jazz vertraut oder was immer Ihnen Spaß macht. Befreien Sie sich von dem Programmeinerlei. Wenn Ihnen nicht gefällt, was Ihnen der Radiosender serviert, dann stellen Sie sich Ihr eigenes Menü zusammen.

6. *Seien Sie pünktlich.* Zu den besten Errungenschaften unseres technischen Zeitalters gehören genaugehende Armbanduhren, die schon für wenig Geld zu haben sind. Schaffen Sie sich eine an. Sie sind oben und wollen den Film sehen, der um neun Uhr beginnt. Wenn Sie sicher sind, daß Ihre Uhr genau geht, auf die Sekunde genau geht, dann wissen Sie, daß Sie noch zehn Minuten bis zum Beginn der Sendung haben. Sie brauchen keine Energie mit der Sorge verschwenden, ob Sie rechtzeitig zum Beginn des Films unten sind, weil die erste Szene möglicherweise der Schlüssel zum Verständnis der ganzen Geschichte ist. Wenn Sie *wissen*, daß es genau 19 Uhr 50 ist, dann haben Sie noch zehn Minuten, und in zehn Minuten kann man eine ganze Menge tun: sich etwas Bequemes anziehen, einen Anruf erledigen, eine Schublade aufräumen, eine Pflanze gießen, Gymnastik machen, Klavier spielen, einen Blumenstrauß pflücken, Staub wischen, eine Entschuldigung loswerden, den Mond betrachten, sitzen und nichts tun oder seinen Kindern einen Kuß geben. Und das alles ohne Angst.

7. *Erledigen Sie die Hausarbeit nach Zeitplan.* Hausputz macht keinen Spaß, muß aber trotzdem regelmäßig stattfinden. Unsere Freunde Craig und Joanne Johnson lassen sich immer wieder phantasievolle Dinge einfallen, um dem Leben mehr Spaß abzugewinnen. Es war Samstag, und sie wollten mit den Kindern in den Park. Doch das Haus war in einem schlimmen Zustand. Sie stellten einen Küchenwecker auf eine halbe Stunde ein, und alle arbeiteten auf Hochtouren, um Ordnung zu schaffen, und zwar erledigten sie ihren Teil bereitwillig, weil sie wußten, daß die unangenehme Pflicht in einer halben Stunde vorbei war. Sie hatten abgemacht, daß sie aufhören

würden, wenn der Wecker klingelte. Man schafft eine Menge
Hausarbeit in einer halben Stunde, wenn man weiß, daß eine
Belohnung wartet.

8. *Nehmen Sie sich Zeit zum Genießen.* Wenn wir in die
Eisdiele gehen, nehme ich mir zwanzig Minuten Zeit für meine
Portion. Das heißt, egal ob ich eine Kugel habe oder zwei, ich
nehme mir zwanzig Minuten Zeit. Schlingen Sie Ihr Essen
nicht hinunter. Lesen Sie nicht beim Essen. Sie schmecken
dann überhaupt nichts und hätten gar nicht zu essen brauchen.

9. *Vorbeugende Zeitersparnis.* Eine überzeugende Fernseh-
werbung empfiehlt, den Ölfilter zu wechseln, damit man seinen
Motor nicht wechseln muß. Das erstere kostet zwar etwas Zeit
und Geld, doch das andere wesentlich mehr. Dichten Sie den
tropfenden Wasserhahn ab. Das kostet weit weniger Zeit, als
zwei Jahre später die Mauer einzureißen, die vom Schwamm
aufgefressen wird. Die Zeit, die Sie für Ihre Zahnpflege opfern,
erspart Ihnen viele Stunden in der Zahnarztpraxis. Ein forscher Spaziergang von 45 Minuten jeden Tag wird nicht nur
Ihr Allgemeinbefinden verbessern, sondern Ihnen unter Umständen ein paar Jahre Leben schenken.

10. *Verändern Sie Ihren Körperzustand.* Sobald wir uns der
Körpersymptome der Hastkrankheit bewußt sind, können wir
das Tempo bewußt verändern. Wir können langsamer sprechen, gehen und nicht laufen und die angespannten Muskeln
entspannen. Die Wirkung dieser Maßnahmen wurde in Kapitel 7 erörtert.

11. *Legen Sie sich etwas zu, das zeigt, wo Ihre Zeit geblieben ist.*
Die meisten Menschen verbringen den größten Teil des Tages
mit abstrakten Dingen, mit Wörtern, Zahlen und Ideen. Das ist
die Welt des Erwachsenen-Ichs, der Datenverarbeitung. Das
Kindheits-Ich verlangt nach greifbaren Dingen, nach Dingen,
die die Sinne erfreuen, nach Dingen, die man anfassen, hören,
riechen, sehen und schmecken kann. Christopher Morley sagt:
«Niemand, der Spaghetti ißt, ist einsam.» Wenn Sie während
Ihrer Arbeitszeit meistens mit Abstraktem zu tun haben, dann
erwecken Sie nach der Arbeit Ihr Kindheits-Ich mit konkreten,

spaghetti-ähnlichen Dingen zum Leben. Streichen Sie einen Zaun an, nähen Sie eine Steppdecke, backen Sie ein Brot, pflanzen Sie eine Geranie, bauen Sie eine Modelleisenbahn, spielen Sie Volleyball, bringen Sie eine Schaukel im Garten an, schaukeln Sie, streicheln Sie einen jungen Hund, kaufen Sie sich einen jungen Hund. Das Kindheits-Ich in uns möchte noch immer etwas vorzuzeigen haben und sagen können: «Guck mal, was ich getan habe.»

Wir können unsere Freude an Tasterlebnissen auch subtiler befriedigen, indem wir die Hand über ein schönes, ledergebundenes Buch wandern lassen, nicht unbedingt, weil wir seinen Inhalt schätzen, sondern einfach, weil es sich gut anfühlt, ein Handschmeichler ist. Das Verlangen nach greifbaren Dingen in einer immer abstrakter werdenden Welt ist vielleicht auch die Erklärung dafür, daß Menschen rauchen (sogar noch Zigaretten zwischen den Fingern halten, nachdem sie das Rauchen aufgegeben haben), warum sie ihre Sitzungsnotizen mit Zeichnungen, Strichen, Männchen und Fratzen versehen. Sie haben dann wenigstens etwas mit ihren Händen getan und können sehen, was sie getan haben.

12. *Leben Sie in der Gegenwart*. Wir bringen so viel Zeit unseres Lebens damit zu, uns auf den nächsten Tag vorzubereiten, auf das nächste Jahr, auf die nächste Beförderung, auf die nächste Generation, daß wir unter Umständen vergessen, daß wir in *diesem*, nie wiederholbaren Augenblick leben. Machen wir uns Sorgen um das ewige Leben, während wir das Leben, das wir bereits haben, Stück um Stück von der Angst um das Morgen aufzehren lassen? Die meisten von uns denken hin und wieder an jene unvorstellbare Zeitspanne, die Ewigkeit genannt wird. Sie gilt gewöhnlich als religiöser Begriff und löst in den einen Unbehagen, in den anderen Zynismus aus. Läßt sich auch eine praktischere Einstellung zu ihr finden?

Das ewige Leben ist vielleicht der Augenblick, wenn die Zeit stillsteht, wenn wir so von der Gegenwart gefangen sind, daß sie von der Vergangenheit und Zukunft nicht überschattet wird. Der dänische Philosoph Sören Kierkegaard (1813–1855) hat dafür ein schönes Bild gefunden: «Der Ruderer wendet seinem Ziel den Rücken zu. Ebenso halten wir es mit dem nächsten Tag. Wer immer ganz im Heute aufgeht, kehrt dem Morgen um so entschlossener den Rücken zu, so daß er es gar nicht gewahr wird. Der Glaube kehrt dem ewigen Leben eben deshalb den Rücken zu, um es im Heute desto sicherer zu wahren.»

Vielleicht erleben wir das ewige Leben immer dann, wenn wir es vergessen, wenn es uns genügt zu sagen: «Danke für diesen Tag!» und wir alles tun, um ihn zu feiern.

14

Kinder bilden

Von einem groben, ungehobelten Menschen heißt es in Schweden «han är obildat» – «er ist ungeformt, ungestaltet», also «ungebildet» im umfassendsten Sinne des Wortes. Es sind sozusagen die Persönlichkeitsbausteine nicht an Ort und Stelle. Das bedeutet nicht, daß der Betreffende falsch gebildet oder verkehrt aufgebaut worden ist, sondern daß er überhaupt nicht gebildet wurde.

Da die wichtigsten Bildungsphasen der Persönlichkeit in der Kindheit liegen, lohnt es sich vielleicht, einige unserer Vorstellungen über die Bildung von Kindern zu erläutern. Frühe Bausteine dieses Prozesses sind die elterlichen Lehren, Hinweise, Maßstäbe, Ermahnungen, Einwilligungen, Zustimmungen und Knowhow-Informationen, die das Kind in seinem Eltern-Ich aufzeichnet. Da jeder Mensch am Ende der Kindheit ein Eltern-Ich in seinem Gehirn aufgezeichnet hat, ist zu fragen, was Eltern tun können, damit dieser Datenbestand an verinnerlichter Erfahrung der Entfaltung des Kindes so zuträglich wie möglich ist.

Wir legen dieses Kapitel allen Lesern ans Herz. Selbst wenn Ihre Kinder schon erwachsen sind, werden Ihnen einige dieser Darlegungen durchaus noch von Nutzen sein können. Wenn Ihre Kinder noch klein sind – um so besser. Wenn Sie keine Kinder haben, dann kann Ihnen dieser Abschnitt helfen, neue Zugeständnisse und Möglichkeiten zu verinnerlichen – im Interesse des kleinen Menschen, den Sie in sich tragen, *Ihres* Kindheits-Ichs. So wie wir uns in jedem Alter neue Gewohn-

heiten zulegen können, können wir auch neue Persönlichkeitsbausteine einbauen und das Haus renovieren, in dem wir leben.
Wir können allmählich zu dem werden, der wir sein wollen,
vorausgesetzt, wir verfügen über geeignete Modelle und Bau-
zeichnungen.

Wodurch zeichnen sich gute Eltern aus?

Nach unserer Auffassung gibt es drei Arten von Eltern:

1. Diejenigen Eltern, die es gut meinen und die ihre Sache
gut machen.
2. Diejenigen Eltern, die es gut meinen, aber ihre Sache
schlecht machen (weil es ihnen an Information, Einsicht, Planung, Zeit oder der erforderlichen Unabhängigkeit von den
eigenen Bedürfnissen fehlt).
3. Diejenigen Eltern, die es nicht gut meinen und nicht gut
machen.

Wir wollen uns mit den ersten beiden Arten beschäftigen, in
der hoffnungsvollen Annahme, daß die Mehrheit unserer Leser es gut meint.

Die folgenden Vorschläge sind Idealforderungen, mit denen
Sie sehr frei umgehen sollten, damit sie sich auf Ihre spezielle Familiensituation anwenden lassen. Die meisten von uns haben
Schwierigkeiten, den Idealen gerecht zu werden, zu denen sie
sich bereits bekennen. Seinen Idealen nicht gerecht zu werden, ist
eine Sache, keine Ideale zu haben, eine weit schlimmere. Deshalb
sollen unsere Vorschläge eine positive Orientierung bieten, an denen Sie Ihre Bemühungen messen können. Wir halten sie für gute
Ideale, obwohl sie sicherlich nicht die Möglichkeiten dessen er-
schöpfen, was Eltern tun können, um ihre Kinder zu bilden.
Wenn Ihre Kinder erwachsen sind und mehr schiefgelaufen als
gutgegangen ist, so ist noch nicht alles verloren. Wir haben immer
noch eine zweite Chance, wir haben die Fähigkeit zu verzeihen,
wir haben das Morgen, und wir haben einander.

Bewußtsein

Eric Berne schreibt: «Der bewußte Mensch ist lebendig, denn er weiß, was er empfindet, wo er ist und in welcher Zeit er lebt. Er weiß, die Bäume werden noch an der gleichen Stelle stehen, wenn er längst gestorben ist*, aber er wird dann nicht mehr in ihrer Nähe sein, um sie zu betrachten, also möchte er sie zum gegenwärtigen Zeitpunkt so intensiv betrachten wie nur irgend möglich.»

Wenn Sie Ihre Kinder so intensiv wie möglich betrachten, wenn Sie berücksichtigen, wie alt sie sind, wenn Sie sie so sehen, wie sie sind, als menschliche Wesen von unendlichem Wert – *dann* sind Sie sich Ihrer Kinder bewußt.

Akzeptieren

Bedingungsloses Akzeptieren ist der nächste Schritt. Obwohl das Kleinkind zunächst annimmt, die Billigung der Eltern sei an bestimmte Bedingungen geknüpft, können die Eltern, wenn das Kind heranwächst, diese anfängliche Unsicherheit durch wiederholte Beweise un-bedingter Liebe überwinden. Jeder Mensch braucht das Gefühl, daß jemand zu ihm hält, ganz gleich, was geschieht. Dafür sind Eltern da. Kinder können die entsetzlichsten Dinge überstehen, wenn sie wissen, daß sie sich auf die Gegenwart, die Liebe und den Schutz ihrer Eltern verlassen können.

Ich werde nie mein erstes Schulzeugnis vergessen. Dreimal stand dort in dicken, fetten Buchstaben «MANGELHAFT». Eines dieser «MANGELHAFT» hatte meine Lehrerin mit den Zusatz «Nicht fleißig genug» versehen. Voller Scham und Todesangst starrte ich auf das vernichtende Urteil: MANGELHAFT, MANGEL-

---

* Daran konnte Berne noch glauben, als er Anfang der sechziger Jahre sein Buch «Spiele der Erwachsenen» schrieb (Anm. d. Übersetzers). Das obige Zitat findet sich auf Seite 251.

HAFT, MANGELHAFT. Ich versteckte das Zeugnis bis zum Vor-
abend des Tages, da es zurückgegeben werden mußte. Erschöpft und weinend zeigte ich es schließlich meinen Eltern.
Sie waren außer sich vor Empörung, nicht auf mich – Gott
segne sie dafür –, sondern auf die Lehrerin. Ich spürte ihre
bedingungslose Liebe. Die Lehrerin bekam ihren Zorn zu
spüren, als sie sie für ihre instinktlose und grausame Verurteilung eines sechsjährigen Mädchens zur Rede stellten. Entscheidend war das Bewußtsein, daß sie jederzeit und unter allen
Umständen für mich da waren. Mit diesem Bewußtsein ausgestattet, habe ich nicht nur die erste Klasse überstanden, sondern auch die Überzeugung gewonnen, ich könnte alles überstehen. Und die habe ich noch immer!

Was sie wert sind, erfahren Kinder von ihren Eltern. Eine
Freundin erzählte uns, daß ihr dreijähriger Junge einmal im
Vorgarten des Nachbarn spielte. Man hatte das Tor zum Swimmingpool offengelassen. Um die Sicherheit des Kindes besorgt, ging unsere Freundin hinüber, schloß das Tor und sagte
zu ihrem Söhnchen: «Du mußt schön vorsichtig sein, John, und
nicht an das Becken herangehen, wenn keine Erwachsenen
dabei sind.» Worauf der Kleine völlig unbefangen erwiderte:
«Glaub ja nicht, ich tue was, was meinem guten Johnnykörper
schadet!» Was für ein glücklicher kleiner Junge, den man davon
überzeugt hat, daß sein Körper kostbar ist. Dieser hier kannte
seinen Wert. Unser Akzeptieren findet seine höchste Form,
wenn es uns gelingt, unseren Kindern klarzumachen, wie wunderbar sie an Körper, Geist und Seele sind.

Ehrlichkeit

Gute Eltern lügen ihre Kinder nicht an. Sie können sie vor
Informationen bewahren, die für sehr kleine Kinder zu
grausam sind. Das Wissen um diese feine Grenzlinie kommt
aus dem Bewußtsein. Was antworten Sie einem Sechsjährigen,
wenn er fragt, ob er «zu einem Häufchen Asche verbrannt wird,
wenn die Bombe fällt»? Sagen Sie: «Nein.» Oder: «Nein, du

verschwindest einfach.» Oder: «Es fällt keine Bombe, du Dum-
merchen.» Was sagen Sie?

Schon fünfjährige Kinder haben Angst vor dem Atomkrieg.
«Was bedeutet es, heranzuwachsen und zu denken, daß es bald
zu Ende sein wird?» fragt der Psychiater Eric Chivian vom
Massachusetts Institute of Technology. «Ein sechsjähriger
Junge hat uns erzählt, daß er jedesmal, wenn er ein Flugzeug
über sich hört, denkt, es sei ‹das Kriegsflugzeug›.» Der Psychologe Steven Zeitlin erklärt: «Wenn Erwachsene das Problem des
Atomkriegs totschweigen, verstärken sie damit nicht nur die
Verzweiflung und negative Einstellung der Kinder, sie schüren
auch den Argwohn gegenüber den Erwachsenen, die nicht in
der Lage waren, sie zu schützen.» Nach Auffassung von Milton
Schwebel, einem Psychologen von der Rutgers University,
«sollte man Kleinkinder beruhigen und ihnen sagen, daß sie
sich keine Sorgen zu machen brauchen, weil sie eingehendere
Informationen noch nicht verarbeiten können. Doch ab der
zweiten oder dritten Klasse darf man sie auf keinen Fall mehr
fehlinformieren. Für Jugendliche ist es das Beruhigendste, zu
erfahren, daß auch die Eltern Angst haben, sich aber nicht
hilflos fühlen.» Wie eine positive, angstlindernde Reaktion auf
diese entsetzliche Bedrohung aussehen kann, zeigt die Geschichte von der Lehrerin, die ihre Schüler fragte, ob es nach
ihrer Meinung einen Atomkrieg noch zu ihren Lebzeiten geben
würde. Alle mit Ausnahme eines Jungen meldeten sich. Auf die
Frage, warum er nicht an einen Atomkrieg glaube, antwortete
dieser Junge: «Weil mein Vater jeden Abend unterwegs ist, ihn
zu verhindern.»*

Marcia Yudkin, When Kids Think the Unthinkable. In: *Psychology Today*,
April 1984, Seite 18–25

Ohne Umschweife reden

Wie stets sollten wir auch im Gespräch mit Kindern nachdenken, bevor wir reden. Zur vernünftigen Erziehung gehören einfache, direkte Äußerungen, die das Kind nicht verwirren. «Komm zu mir, Billy» ist direkt. Ebenso: «Es ist Zeit, daß du dein Spielzeug wegräumst, Billy. Mach es bitte gleich.» Dagegen ist es keine direkte Äußerung zu sagen: «Mami wird dich sicher auf den Schoß nehmen, wenn du dein Spielzeug forträumst, mein Liebling.» Susan sagt: «Mama, kann ich mit den anderen Kindern im Baggersee schwimmen gehen?» – «Von mir aus, dieses *eine* Mal» – das heißt, daß die Mutter keine Zeit hat, eine Entscheidung zu treffen, und deshalb eine Ausnahme macht. Eine Antwort ohne Umschweife wäre «ja» oder «nein» oder: «Ich weiß nicht, ob es da nicht gefährlich ist. Deshalb sage ich erst einmal nein.» Mit «ja» und «nein» können Kleinkinder etwas anfangen, doch die Wirkung solcher klaren Entscheidungen wird verwässert, wenn sie versehen sind mit Zusätzen, die Unsicherheit und Zweifel zum Ausdruck bringen. «Tja, ich glaube, du könntest, wenn du vorsichtig bist, doch, ich denke, es geht in Ordnung, oder nein, du solltest doch zuerst deinen Vater fragen.» Das Nein büßt gleichfalls seine Wirkung ein, wenn es eingeleitet wird durch ein «Wie oft muß ich es dir noch sagen?». Verwünschungen sind noch schlimmer. «Nein, zum Teufel!» teilt Billy oder Bobby oder Susie erheblich mehr mit (Wut, laß mich zufrieden, hau doch ab) als ein schlichtes Nein.

Die wichtigsten direkten Botschaften sind, wie bereits erwähnt: 1. Du kannst Probleme lösen; 2. du kannst denken; 3. du kannst etwas machen.

Konsequenz

Mir hat einmal eine Frau von ihrer Mutter, die sie verehrte, erzählt: «Sie hatte in manchen Dingen eine völlig verquere Meinung, zumindest fand *ich* das, aber sie war konsequent. Wir wußten immer, woran wir mit ihr waren.» Konsequenz ermöglicht Vorhersagen und vernünftige Planung. «Ich weiß, daß sie mich nicht gehen lassen. Also zählt nicht auf mich» ist eine Erklärung, die viel Zeit und Aufregung erspart. Die Freunde Ihrer Kinder haben sich bald daran gewöhnt, daß Renate am Sonntag auf keine Party geht, daß Petra kein Fleisch ißt und daß Georg an Familiengeburtstagen keine Zeit hat.

Konsequenz heißt nicht, daß wir völlig festgefahren sind in unseren Handlungsweisen. Eine sture Konsequenz, die Emerson den «Popanz der kleinen Geister» nannte, muß verändert werden. Eltern, die entdecken, daß sie unrecht hatten, und ihre Meinung ändern, sollten so ehrlich sein und es ihren Kindern mitteilen. Lillian Hellman hat gesagt: «Menschen verändern sich und vergessen, es einander mitzuteilen.» Kinder können Fehler ihrer Eltern akzeptieren. Womit sie nicht leben können, ist Unredlichkeit. Seine Meinung zu ändern, ist keine Sünde; es bedeutet sogar einen gewissen Freibrief für das Kind: *Veränderung ist etwas Normales*. Doch leichtfertiger Sinneswandel ohne vernünftige Gründe ist Inkonsequenz. Sie verwirrt das Kind und untergräbt die Autorität der Eltern.

Hoffnung

«Die Hölle ist ein Ort, wo keiner mehr an Lösungen glaubt», sagt Johan in Ingmar Bergmans «Szenen einer Ehe». Gute Eltern lösen Probleme, und wenn es ihnen nicht gelingt, dann vertrauen sie darauf, daß sie eine Lösung finden werden, wenn sie weitersuchen. Wir finden schon einen Weg! Ob die Reserve materieller Art ist oder nur die Selbstbestimmung und die Zuversicht der Eltern, sie hält die Hoffnung am Leben. Wenn die Eltern ihre Stärke aus einem religiösen Glauben gewinnen, so sollten sie ihn mit ihren Kindern teilen, nicht nur die Gebote, sondern auch die Verheißungen. Petrus hat gesagt: «Seid allezeit bereit zur Verantwortung jedermann, der Grund fordert der Hoffnung, die in euch ist, und das mit Sanftmütigkeit und Furcht.» (1. Epistel des Petrus 3, 15 f.) Zu den wich-

tigsten Fragern gehören unsere Kinder. Wir müssen nicht auf
jede Frage eine Antwort haben, um über sie sprechen zu
können.

Wiederholung

Kleine Kinder lieben Wiederholungen – das Lieblingsbuch
muß wieder und wieder gelesen werden, hartnäckig werden die
immer gleichen Regeln angewendet, haargenau die gleichen
Rituale unabänderlich zelebriert. Lernen läßt sich durch Wiederholung bekräftigen: «Mama, so doch nicht! Wenn du suchst,
mußt du bis fünfzig zählen und nicht bis vierzig.» Wiederholung legt zuverlässige Schaltbahnen im Gehirn des Kindes an.
Es lernt, sich auf seine Fähigkeiten zu verlassen, wenn es das,
was «dort draußen» geschieht, mit seinen inneren Wahrheiten
zur Deckung bringen kann.

Tradition

Die Tradition bleibt das ganze Leben lang einer unserer wirksamsten Motivationsfaktoren. Sie wird durch das Eltern-Ich
von einer Generation an die nächste weitergegeben. Wieviel
Stolz zeigt sich auf dem Gesicht eines Kindes, das zu seinen
Spielkameraden sagt: «Bei uns in der Familie . . . (fahren wir an
die See, wird Weihnachten bei Großmutter und Großvater
gefeiert, gibt es einen Tannenbaum mit flackernden Lichtern,
gehen wir sonntags zur Kirche, wird das Passahfest feierlich
begangen, wird am Klavier gesungen, machen wir Sonntag
nachmittags eine Schnitzeljagd, gehen wir ins Museum, legen
wir jedes Jahr den Garten neu an).» Die Inhalte der Tradition
werden im Eltern-Ich aufgezeichnet, doch die Freude und
Vorfreude genießt das Kindheits-Ich.

Friedman und Rosenman schlagen als eine Möglichkeit zur
Veränderung des Typ-A-Verhaltens das bewußte Erleben von
Ritual und Tradition vor. Wir sind so auf die Arbeit fixiert,
daß wir für die Feste keine Zeit mehr haben. Die Meilensteine

des Lebens lassen wir mit den pflichtschuldigen Bezeugungen von Ehrerbietung und Freude an uns vorüberziehen. Nicht das, was wir haben, macht die Würze des Lebens aus, sondern das, was wir genießen. Die Feier ist die Kunst, diese Freude mit anderen zu teilen. Eine Geburtstagsparty, Jubiläen, die Feier zu Ehren einer Gehaltserhöhung, eines neuen Kühlschranks, eines neuen Baumes – das alles verleiht den gewöhnlichen Dingen des Lebens Glanz und gibt uns das Gefühl von Reichtum, selbst wenn wir ihn, materiell gesehen, gar nicht besitzen.

In meiner Kinderzeit war das Weihnachtsfest das größte Ereignis des Jahres. Alle unsere Verwandten, 25 an der Zahl, fanden sich am Nachmittag des Heiligen Abends zu Beginn der Feier ein. Einige von uns saßen auf Apfelsinenkisten, weil es nicht genug Stühle für alle gab, doch die Tafel war mit feinstem Leinen und Silber gedeckt, und das traditionelle schwedische Weihnachtsessen wurde Jahr für Jahr auf die gleiche festliche Weise gereicht. Jeden Abend bis zum Neujahrstag wurde im Haus eines anderen Verwandten gegessen. Wir Kinder waren jedes Jahr aufs neue gespannt, wie die «anderen Weihnachtsbäume aussehen», und waren glücklich festzustellen, daß alle gleich geschmückt waren, daß man den lustigen Santa Claus, das Licht, das aussah wie ein Haus, auf Tante Elmas Baum ebenso wie auf Tante Annas entdecken konnte. Obwohl meine Kindheit in die Jahre der großen Wirtschaftskrise fiel, fand ich uns ungeheuer reich. Das lag an der Tradition.

Wenn Sie aus Ihrer Familie wenig Traditionen mitbringen, dann begründen Sie einfach Ihre eigene. Bei Bekannten von uns darf jedes Kind jedes Jahr einen neuen Christbaumschmuck aussuchen, der sich dann zum wachsenden Schatz der Erinnerungen hinzugesellt. Das Sprechen eines Tischgebetes kann zu einer neuen Tradition werden, auch wenn Sie nicht in ihr erzogen worden sind. Eine Freundin hat uns erzählt, sie sei in einer Familie zu Besuch gewesen, wo man sich praktisch niemals zusammen hinsetzte, um zu essen. Nie wurde der Tisch gedeckt. Das Abendessen wurde zubereitet, wie und wann es der Zufall ergab, und gewöhnlich vor dem Fernsehapparat verputzt. Die Kinder aßen «irgend etwas» aus einem Napf und liefen dabei ums Haus.

In unserer gehetzten Welt findet diese Art Zufälligkeit häufiger in unsere Familien Eingang, als uns lieb ist. Doch wir können uns ihrer demoralisierenden Wirkung widersetzen, indem wir manchen Dingen den Status der Unverletzlichkeit verleihen. Sonntags nach der Kirche wollen wir *immer* gemeinsam im Eßzimmer zu Mittag essen. Oder wir wollen immer zusammen frühstücken. Oder zu Abend essen. Oder Papa backt sonntags morgens immer Waffeln für die ganze Familie. Oder, oder, oder. Wir haben die Wahl. Es ist Ihr Leben, und es ist Ihre Familie. Haben Sie jemals wirklich daran geglaubt, daß Sie bekommen können, was Sie sich wünschen? Holen Sie es sich.

Vorwegnahme

Sich auf eine schöne Zeit zu freuen, ist der halbe Spaß. Wenn man Traditionen hat, ist das leichter. Als unsere Mädchen noch klein waren, bereiteten wir sie auf die Mandeloperation vor, indem wir ihnen wieder und wieder eine bestimmte Platte vorspielten. Bis heute sind mir die Worte im Gedächtnis geblieben: «Peter Pandel und seine Mandel.» Obwohl in ihrer Vorwegnahme ein gewisser Schrecken blieb, waren sie vorbereitet. Oder positiver: Fahren Sie im Sommerurlaub in die Berge? Beginnen Sie mit der Planung schon im Frühjahr. Legen Sie die Saat aus. Dann haben Ihre Kinder etwas, worauf sie sich freuen können. Geben Sie ihrer Phantasie Nahrung: Wie es sein wird, was sie mitnehmen müssen, wer was tun wird. Arbeitnehmer freuen sich auf Freitag. Worauf können sich Kleinkinder freuen? Haben sie besondere Tage?

Regeln, die für die Kinder Pausen programmieren

Eine der fest in meinem Eltern-Ich verwurzelten Regeln lautet: «Am Sonntag wird nicht gearbeitet.» Noch immer genieße ich meine Sonntage, ohne den Druck, etwas Besonderes zu tun außer in die Kirche zu gehen, was ebenfalls eine Regel war. Der Sonntag war ein Ruhetag und ist es noch heute. Können wir das Herz zu unserem Vorbild und dem unserer Kinder machen? Acht Stunden Arbeit, acht Stunden Schlaf und acht Stunden Spiel? Hört sich das völlig unmöglich an, wenn Sie an Ihr gehetztes Leben denken? Können Sie einen Versuch machen? Stellen Sie sich einmal vor, was wäre, wenn dieses Vorbild im Eltern-Ich der Menschen verankert wäre, wieviel Freiheit sie besäßen, sich zu entspannen, angenehm zu leben, zu spielen, gesund und selbstbewußt zu sein und das Leben zu genießen. Wäre es nicht herrlich, wenn die Stimme des Eltern-Ichs mit Entschiedenheit verkünden würde: «So, das ist alles für heute. Höchste Zeit abzuschalten!» Was wäre das für ein Geschenk an unsere Kinder!

Handlungsweisen, die Wertvorstellungen zum Ausdruck bringen

Solange unsere Kinder klein sind, macht das, was wir sagen, weit weniger Eindruck auf sie als das, was wir tun. Wenn wir Gewalt ablehnen, ist eine Handlungsweise, in der diese Überzeugung zum Ausdruck kommt, aufzustehen und den Fernsehapparat abzuschalten oder ein anderes Programm zu wählen, sobald Gewalt gezeigt wird: In unserer Familie lehnen wir Gewalt ab. Ein gutes und bitter notwendiges Prinzip. Die Medien, vor allem einige Film- und Fernsehkritiker, sind in ihren Urteilen von unglaublicher Naivität oder schlicht und einfach dumm. Kürzlich hieß es in einer Kritik zu «Krieg der Sterne II»: «Einige Gewaltszenen, vor allem die Darstellung einer Folterung, könnten jüngere Kinogänger schockieren.»

Könnten? Gibt es den geringsten Zweifel daran, daß die Darstellung einer Folter Kinder schockiert? In einer anderen Kritik, die die Wiederholung des Fernsehberichtes über Jim Jones und Jonestown ankündigte, wurde dem Fernsehzuschauer «faszinierende Unterhaltung» versprochen. Unterhaltung? Läppische 913 Selbstmorde und Morde in einem der schrecklichsten Vorfälle der letzten Jahre. Auch das «könnte die jüngeren Zuschauer schockieren».

Lassen Sie Bücher sichtbar liegen, wenn Sie Wert darauf legen, daß Ihre Kinder lesen. Lesen Sie selbst. Schlagen Sie nach! Kann Ihr Kind das Alphabet? Bringen Sie es ihm bei, wenn erforderlich. Trainieren Sie es. Machen Sie daraus ein Spiel. Wie soll jemand ein Telefonbuch, ein Wörterbuch, ein Schlagwortverzeichnis, ein Lexikon benutzen, wenn er nicht weiß, daß M vor N oder H nach G kommt.

Fröhlichkeit

Auch Fröhlichkeit und Humor drücken Wertvorstellungen aus. Ein Vater hat uns erzählt, daß er jeden Morgen seine kleine Tochter auf den Arm nahm, mit ihr durchs Haus ging und sagte: «Guten Morgen, Uhr. Guten Morgen, Kühlschrank. Guten Morgen, Herd. Guten Morgen, Blumen. Guten Morgen, Tisch.» Das Baby spürte nicht nur die starken Arme des Vaters, es lernte auch die Namen der Dinge, und es erfuhr, daß «Guten Morgen» das erste ist, was man am Morgen sagt. Zu allem und zu jedem. Sagen Sie sich in Ihrer Familie alle guten Morgen? Es ist nie zu spät, einen Anfang zu machen. Wie herrlich ist es, einem «Guten Morgen» auch in seinem Eltern-Ich zu begegnen.

Auch die Bereitschaft, sich zu ändern, ist wichtig. Konsequenz ist zweifellos eine Tugend, doch auch die Fähigkeit, die eigenen Einstellungen und Verhaltensweisen zu überprüfen, ist eine Tugend. Wenn das Brüderchen geboren wird, wenn Mutter eine Arbeit annimmt, wenn Vater in Spätschicht arbeitet, wenn Sie in eine andere Stadt ziehen, dann müssen unter

Umständen einige Dinge verändert werden – wenn auch hoffentlich nicht allzu viele auf einmal. «Guten Morgen» zu sagen verlangt nicht unbedingt eine große Veränderung, es sei denn, Vater muß wegen seiner Spätschicht schlafen, wenn alle anderen aufstehen. Vielleicht muß man dann eben «Guten Tag» sagen. In beiden Fällen ist die Wirkung *positiv* – das ist das Entscheidende!

Arbeitslos. Der übliche Sommerurlaub an der See muß dieses Jahr ausfallen. Teilen Sie den Kindern nicht nur die nackten Tatsachen mit, sondern auch Ihre Gefühle. Schließlich sind Sie ja auch enttäuscht. Auch Ihre Kinder haben ein Recht auf ihre Gefühle. Dann bitten Sie sie, Ihnen bei der Planung von Ersatzveranstaltungen zu helfen: Campingparties im Garten, Grillfeste mit Bratwürsten, eine ganze Woche nach «verrücktem» Programm. Veränderungen sind möglich und können die Lebensfreude aller Beteiligten steigern, wenn das «Guten Morgen» und «Ich liebe dich» ihre Geltung behalten!

Humor

Familien, in denen man sich «vor Lachen den Bauch hält», haben lange nicht so viele Bauchschmerzen wie Familien, in denen es ständig todernst zugeht, wobei das Wort *Tod* in diesem Zusammenhang durchaus wörtlich zu verstehen ist. Eine Geschichte, die zu erzählen mir ein bißchen widerstrebt, weil ich damit so manches Eltern-Ich provozieren werde, die hier aber dennoch wiedergegeben werden soll, ist ein schönes Beispiel dafür, wie wirksam man auf vergnügliche Art erziehen kann. Eines Spätnachmittags fuhr ich Heidi und Gretchen nach der Chorprobe nach Hause. Sie waren zehn beziehungsweise sechs Jahre alt. Ich hörte, wie unter Flüstern und Kichern ein Wort auf dem Rücksitz hin- und herging, das ich nicht gerade für gesellschaftsfähig hielt. Hier war von Elternseite, von mir, ein klares Urteil gefordert. Übermütig begann ich zur Melodie der Toreroarie aus «Carmen» dieses Wort in ununterbrochener Folge hinauszuschmettern.

«Mutter!» schrien die beiden in höchster Verlegenheit. «Mutter!» Je heftiger sie protestierten, desto lauter sang ich. *Ich* brachte die Schande über die Familie, und im Rückspiegel konnte ich sehen, wie sie schreckensstarr auf die vorüberfahrenden Autos blickten. Schließlich versteckten sie sich auf dem Boden unseres Wagens. Endlich brach ich meinen Gesang ab, und wir sprachen das Ganze durch. Von da an startete ich meinen Opernangriff, sobald ein «schmutziges» Wort fiel. Das Problem mit solchen Wörtern tauchte bei uns so gut wie niemals auf.

Erwartungen

Wenn Sie ein Kleinkind bitten, Ihnen zu helfen, so sagen Sie ihm mit anderen Worten, daß es schon etwas tun kann. Eltern scheinen in ihrer Einschätzung dessen, was ihr Kind zu leisten vermag, oft zwei Jahre hinter der Entwicklung herzuhinken. Beobachtung und Aufmerksamkeit können das ändern. Lebenslange Sauberkeit erwächst aus der Erwartung «Du kümmerst dich um deine Sachen» – die dem Kleinkind gesagt wird, sobald es Sprache versteht, und die ihm noch früher vorgelebt wird. Anfangs wird es Hilfe brauchen, doch sobald es gelernt hat, wie man es macht, wird es alles alleine machen wollen. Natürlich wird es Versäumnisse geben, doch die «Du kannst das»-Botschaft und das Vertrauen in die eigenen Fähigkeiten werden zusammen mit dem bekräftigenden Lob fest in seinem Eltern-Ich verankert sein.

Dasein

Es ist nicht notwendig oder auch nur wünschenswert, daß wir alle Probleme unserer Kinder lösen. Aber dasein und zuhören, das ist erforderlich. Manchmal müssen Eltern eine Entscheidung treffen. In anderen Fällen muß es das Kind. Bewußtsein und Aufmerksamkeit sind wiederum entscheidend. Es ist viel die Rede von «qualifizierter Zeit» für Kinder. Aus der Sicht der

Kinder ist dieser Begriff recht fragwürdig. Für das kleinere Kind ist immer *jetzt* die qualifizierte Zeit: wenn es eine gute Idee hat, wenn es sich weh getan hat, wenn es ein Pflaster braucht, wenn es eine gute Zensur nach Hause bringt oder wenn es eine schlechte Zensur nach Hause bringt.

Familienplanung

Jungen Familien ist ein guter Start sicher, wenn sich die werdenden Eltern überlegen, wie sie sich ihre Familie wünschen. Wie in früheren Kapiteln erläutert, bringen wir in neue Beziehungen, darunter auch unsere Ehe, die reichen oder armseligen Traditionen ein, die Teil unserer Kindheit waren. Selbst wenn unsere persönliche Geschichte arm an Traditionen ist, so ist es nie zu spät, eigene zu begründen.

Die Familienplanung beginnt im Idealfall vor der Ehe. Viele Geistliche, die Eheschließungen vornehmen, machen eine voreheliche Beratung zur Bedingung. Ein Pastor aus unserer Bekanntschaft geht dabei folgendermaßen vor: Zuerst trifft er sich mit beiden Partnern zu Einzelgesprächen. Dabei wird gefragt: «Was glauben Sie, was Sie in fünf Jahren machen werden? Was wird Ihr Ehepartner machen? Wie wird Ihr Haus aussehen? In welcher Stadt werden Sie wohnen? Wer wird die meiste Zeit in der Küche verbringen? Was werden Sie sonntags machen? Samstags? Montags bis freitags? Wer wird die Rechnungen bezahlen? Wer wird das Geld verdienen? Wie viele Autos werden Sie haben? Haben Sie einen Haushaltsplan aufgestellt? Wie viele Kinder wünschen Sie sich? Wann wollen Sie sie haben? Wo werden Sie die Weihnachtszeit verbringen? Den Sommerurlaub? Wie oft werden Sie Ihre Eltern besuchen? Was werden Sie in zehn Jahren machen? In zwanzig? Wo werden Sie die Jahre Ihres Ruhestands verleben? Was werden Sie dann tun?»

Dann trifft er sich mit dem Paar, geht (mit beiderseitigem Einverständnis) die individuellen Vorstellungen durch und bringt Widersprüche zur Sprache. Schon häufig haben heiratswillige Paare diesen Fragen zuwenig Aufmerksamkeit geschenkt. Manche bringen ungelöste und schwierige persönliche Probleme in die Beziehung ein, in der naiven Hoffnung, die Ehe werde alles ins Lot bringen. Was natürlich nicht der Fall ist.

Die schwerwiegendsten Meinungsverschiedenheiten zeigen sich in Zusammenhang mit den Kindern – wie viele, wann und wer sich um sie kümmern soll. Wenn bei den meisten Fragen mehr Meinungsverschiedenheit als Übereinstimmung herrscht, schlägt der Pastor unter Umständen vor, daß die beiden ihre Heiratsabsichten noch einmal überdenken. Sind sie wirklich zu diesem Schritt bereit? Wird ihre Liebe die Unterschiede in den Auffassungen überwinden? Wenn sie dieser Meinung sind, wie wird es im einzelnen aussehen? Infolge unterschiedlicher Erfahrung und eines unterschiedlichen Rollenverständnisses macht sich das junge Paar oft falsche Vorstellungen davon, wie lange es dauert, ein Kind großzuziehen. Zeit ist eine unentbehrliche Voraussetzung.

Zeit

Ein junger Angestellter in leitender Position verkündete stolz, er sei Vater geworden. Mutter und Kind seien wohlauf und würden am folgenden Tag aus dem Krankenhaus nach Hause entlassen. Er erklärte, auch sie sei in leitender Stellung in einer großen Firma beschäftigt, fügte dann aber zuversichtlich hinzu: «Doch sie nimmt sich genügend Zeit für das Baby. Sie muß erst in sechs Wochen wieder arbeiten.»

Die Frau eines Karrierebeamten fragte: «Meinen Sie, es schadet meiner einjährigen Tochter, daß ich arbeite?»

«Warum gehen Sie denn arbeiten?» wurde sie gefragt.

«Wir haben gerade ein 400 000-Dollar-Haus am Plush Pointe erworben und müssen beide arbeiten, um die laufenden Kosten aufzubringen», erwiderte sie.

«Ist das der einzige Grund?» lautete die nächste Frage.

«Ja. Ich würde lieber bei Elizabeth bleiben. Wir möchten nämlich drei Kinder haben.»

«Wozu brauchen Sie denn das neue Haus?»

«Alle Kollegen meines Mannes leben am Pointe.»

«Aber was ist mit Elizabeth?»

«Deswegen frage ich ja. Wird es ihr schaden?»

Die Antwort lautet: Wahrscheinlich. Ein Tag im Leben einer arbeitenden Hausfrau und Mutter kleiner Kinder ist eine Mischung aus Phantasie, Frustration und Hetze, meist noch garniert mit einer tüchtigen Portion Mißerfolgen. Ein hinreichend gesundes Familienleben kann sich entwickeln, *wenn* genügend Mittel vorhanden sind, um sich die Dienste eines fürsorglichen und nach Möglichkeit *nicht wechselnden* Kindermädchens zu sichern. Doch wie viele Ehepaare können sich das leisten? Wo findet man solche Kindermädchen? Die realistische, faire Aufteilung der Mutter- und Vaterpflichten ist ungewöhnlich. Die Supermutter versucht, den Laden alleine zu schmeißen, und bezahlt diesen Versuch mit ihrer Gesundheit, ihrer Energie und ihrem Gefühlsleben. Versteht der leitende Angestellte oder Karrierebeamte seine Vaterrolle wirklich so, daß er an dreieinhalb Tagen in der Woche kocht? Verbringt er seinen freien Tag mit Staubsaugen, Einkaufen und dem Transport der Kinder zum Zahnarzt oder zur Vorschule? Und selbst wenn er das tut, so spricht vieles dafür, daß die ganze Familie unter der Hetze zu leiden beginnt. Mit wachsendem Streß werden die Kinder zu einer Quelle gegenseitigen Grolls: *Du* wolltest sie haben! Ach, und *du* nicht?

In vielen Familien gibt es überhaupt keine Wahl. Beide Elternteile arbeiten, damit genügend auf den Tisch kommt. In anderen Fällen haben Eltern Jahre ihres Lebens für den Aufbau von Karrieren geopfert, die ihnen ein erhebliches Maß an Erfüllung und Bestätigung schenken. Müssen sie auf all das verzichten, um Kinder haben zu können? In manchen Familien scheint man da gute Kompromisse gefunden zu haben. Wie sieht der Idealfall aus?

Nach unserer Überzeugung ist die *Mindestvoraussetzung*, daß immer ein Elternteil zu Hause oder ständig für das Kind verfügbar ist, bis das Kind eine Entscheidung darüber getroffen hat, ob es gut lesen kann oder nicht. Diese Entscheidung trifft das Kind etwa in der ersten oder zweiten Klasse, manchmal später, manchmal früher. Auch wenn es noch nicht viel lesen kann, weiß es, ob es gut lesen kann oder nicht. Es weiß auch, ob es «nicht lesen kann». Lesen ist das wichtigste Instrument für die Unabhängigkeit des Kindes. Wenn ein Kind gut liest und *weiß, daß es das kann*, so ist es in der Lage, Anweisungen auf der Kühlschranktür zu lesen, nach einer Einkaufsliste einzukaufen und seine Hausaufgaben ohne Hilfe zu machen. Wenn ein Kind schlecht liest und – was noch schlimmer ist – sich selbst für einen «schlechten Leser» hält, wird darunter sein gesamter Schulerfolg zu leiden haben. Selbst wenn seine Lesefertigkeit gezielt gefördert wird, wird es in anderen Fächern wie Geschichte, Erdkunde und Gemeinschaftskunde seine Schwierigkeiten haben.

Manche Eltern forcieren den Prozeß, indem sie ihre Säuglinge schon mit Wortkarten, Fremdsprachen und Flaubert vertraut machen, bevor die noch ihre eigenen Füße entdeckt haben. Schon mit zwei Jahren werden manche «Superbabies» in die Vorschule geschickt. Vielleicht können sie ein bißchen «lesen». Aber was ist mit ihrer emotionalen Entwicklung? Haben sie Zeit, über die ruhige Entdeckung ihrer Umwelt und im kreativen Spiel ihr *eigenes* Tempo und ihren *eigenen* Stil zu entwickeln? Ist die Zwangsernährung mit den Tatsachen des Lebens ein Bedürfnis des Kindes oder ein Bedürfnis der Eltern? Das Streben nach besonderen Leistungen auf dem Feld der Kindererziehung scheint im Trend zu liegen, und kaum einer wagt in der Frage der frühen Lernchancen den Reaktionär zu spielen. Und doch halten wir dies für eine Entwicklung, die sorgfältiger Kontrolle bedarf. Der Kinderarzt T. Berry Brazelton erklärt: «Man muß die Eltern von dem Irrglauben befreien, es gebe eine magische Zeit des Lernens, und wenn sie verpaßt werde, sei alles verloren.» Er vermutet, wir sind so fixiert auf meßbare Dinge wie die Intelligenzentwicklung, daß wir die emotionale Entwicklung völlig außen vor lassen.

Wir halten eine sechs*jährige* Arbeitspause bei der Geburt

eines Kindes für das Minimum. Ein sechswöchiger Mutterschaftsurlaub bleibt auf tragische Weise hinter dieser Idealforderung zurück. Bedenkt man, daß die Hälfte dessen, was ein Kind weiß, in den ersten vier Lebensjahren gelernt wird, so erscheint es von höchster Bedeutung, daß das kleine Geschöpf in dieser Zeit ein Höchstmaß an Fürsorge, Unterweisung, Anleitung und Liebe erfährt. Was wird im Eltern-Ich des kleinen Wesens aufgezeichnet? Ungeduld, Hast, Abwesenheit, Erschöpfung, Angst, Gereiztheit, widersprüchliche Botschaften und merkwürdige, wechselnde «Eltern» in Gestalt von Babysittern und zweifelhaft qualifizierten Kindermädchen? Die Aufzeichnungen im Eltern-Ich können auch ganz anders aussehen: Zärtlichkeit, Verfügbarkeit, Überraschung, Streicheln, Sicherheit, Zuverlässigkeit, Zuwendung, Unterweisung, Geduld, Zeigen, Helfen, Kooperation, eine gute Mutter-Vater-Beziehung, Küssen, Umarmungen und Spaß zusammen mit der wichtigen Aufzeichnung im Kindheits-Ich: «Ich gehöre dazu!»

Wer wird im Eltern-Ich des Kindes aufgezeichnet werden? Werden es Mutter und Vater sein oder jemand anders, der sich in den entscheidenden, bildsamen Jahren von der Geburt bis zum fünften Lebensjahr um das Kind gekümmert hat? Verständlicherweise möchten Eltern ihr Erbgut und ihren Namen an die Kinder weitergeben. Möchten sie nicht auch ihre Persönlichkeiten, sich selbst weitergeben? Das braucht seine Zeit. Dazu muß man mit den Kindern *zusammen sein*. Wozu bekommt man ein Kind? Nur damit man es hat? Wie ein Auto oder ein Haus? Oder bekommt man es nicht, damit man Freude und eine Familie hat? Diese Fragen sollten sich Ehepaare stellen, bevor sie Kinder in die Welt setzen.

Wenn möglich, sollten die sechs Jahre auf zehn oder zwölf ausgedehnt werden, die Jahre, in denen die Kinder «flügge» werden und in denen die elterliche Anleitung nicht minder wichtig ist. In gewisser Weise ist es sehr rücksichtslos, in jungen Frauen den Wunsch nach beruflicher Karriere zu wecken, ohne sie hinreichend darüber aufzuklären, was es bedeutet, ein Kind großzuziehen. Wenn sie darüber informiert wären, könnten sie, wenn sie Kinder haben *wollten*, ihre Karrierewünsche möglicherweise so modifizieren, daß sie zu Hause arbeiten können. Es gibt Alternativen. Vielen Frauen und Männern gelingt es heute in hervorragender Weise, einen normalen Arbeitsplatz außerhalb der Familie und die Kindererziehung auf einen Nenner zu bringen. Nicht alle Schlüsselkinder erscheinen benachteiligt. Es schlagen auch andere Faktoren zu Buche. Dennoch sind wir der Auffassung, daß der Zeitraum bis zum Erwerb der Lesefertigkeit und bis zur Bestätigung dieser Fertigkeit durch das naturgegebene gesellschaftliche Umfeld, die Schule, die Minimalzeit ist, in der ein Elternteil ständig für das Kind verfügbar sein muß. Ob dies die Mutter, der Vater oder eine andere verantwortungsbewußte, fürsorgliche und zuverlässige Person sein soll, die sich an ähnlichen Wertvorstellungen wie die Eltern orientiert, ist eine Frage, die die Eltern unter sich ausmachen müssen. Entscheidend ist, daß das Kind Fürsorge braucht und daß jemand sie ihm geben muß.

15

Wissen und wagen

«Wenn man ans Ende der Startbahn kommt und weiß nicht, wie man fliegt, dann wird's schwierig für einen», sagte Heidi eines Morgens am Frühstückstisch, als sie sich auf jener holprigen Startbahn befand, die zum High-School-Abschluß führt.

Als die Mädchen noch klein waren, hatten wir ein kleines Flugzeug, und Heidis Bemerkung löste eine sehr deutliche Erinnerung in mir aus. Ich spürte wieder den lustvollen Schrecken kurz vor dem Abheben, wenn die Markierungen vorbeifliegen, wenn die Räder schneller und schneller auf dem Asphalt der Startbahn surren, alle Kraft der Maschine mobilisiert ist, die Spannung den Höhepunkt erreicht. Ein Motor, eine Chance. Alles oder nichts.

In den ersten Jahren unserer Fliegerei blieb mir dann nichts anderes übrig, als mich im Sitz festzukrallen. Tom war der Pilot und ich der Navigator. Für ihn war das Fliegen ein Vergnügen. Er hatte seinen Pilotenschein gemacht, um seine Flugangst zu überwinden, und er war sie losgeworden. Doch bei mir wollte der Knoten im Magen nie ganz weichen, obwohl ich alle Hebel kannte, den Navigationsschein hatte, perfekt mit dem Blindfluggerät umgehen konnte und – mit dem Fluglehrer an meiner Seite – sogar schon viele Male gestartet und gelandet war. Ich wußte also, wie man fliegt. Ich wußte auch, welche Flughöhen gesetzlich vorgeschrieben waren, ich kannte mich aus mit Kompaß und Magnetabweichungen, Wetterbericht, Morsealphabet, Navigation, Windmessung, Funkfrequenzen, ich wußte Bescheid über unser Flugzeug, seine Mindestgeschwin-

digkeit, seine Höchstlast, Reichweite, Ausrüstung und Instru-
mentierung.

Trotzdem war ich wie gelähmt vor Angst, wenn ich am
Steuerknüppel saß und das Ende der Startbahn wie mein
Verderben herankam. Was mich rettete und was mir von meinem Fluglehrer am lebhaftesten in Erinnerung geblieben ist,
das ist der Befehl, den er mir oft ins Ohr gebrüllt hat: «*Sie*
müssen das Flugzeug fliegen, statt sich von ihm fliegen zu
lassen!» Alles, was mir fehlte, war der Mut, es zu *tun*. Doch ich
tat es trotzdem, und dann kam der Mut von alleine.

Im Leben wie beim Fliegen werden wir uns niemals vom
Boden lösen, wenn wir glauben, daß der Mut zuerst dasein
muß. Alles, was man lernen kann, eignen wir uns durch Eifer
und Fleiß an, doch dann nehmen wir unseren Mut zusammen
und wagen den Sprung, weil es Spaß macht und aufregend ist,
auch wenn es uns manchmal zu Tode erschreckt. Wie die
Möwe Jonathan wollen wir hoch oben dahinsegeln.

Freudig zu leben bedeutet, daß man nicht nur mit dem
Kopf, sondern auch mit dem Herzen lebt. Sobald wir den
Sprung gewagt haben, stellt sich auch der Mut ein. Wir möchten im folgenden von einigen Möglichkeiten berichten, Mut zu
fassen, und wir möchten sie Ihnen ans Herz legen. Wir müssen
einander berichten, was einem hilft, oben zu bleiben. Nicht
alles, was uns hilft, läßt sich auf griffige Formeln bringen.
Manches ist eben komplizierter als das «Wie Sie Ihre Angst
loswerden können in zehn einfachen Lektionen».

Einsamkeit

Ist Ihr Leben zu einer Kette langweiliger Ereignisse geworden,
eines flüchtiger als das andere? Verläuft Ihre Woche so, wie sie
uns ein Mann beschrieb: «Jeden Tag aufstehen, kein schlechtes
Gefühl dabei, die vertrauten Streicheleinheiten kassieren, ein
paar Tupfer Neues, über den Tag verteilt, die Gewißheit, daß
das Konto nicht überzogen ist, und keine Kopfschmerzen.
Erster Tag, super! Zweiter Tag, einfach großartig! Dritter Tag,

na ja, keine Beschwerden. Vierter Tag, so lala. Fünfter Tag, Gähn. Gott sei Dank, Freitag. Fünfter Abend, gieß mir einen hinter die Binde. Sechster Tag, schrecklich, mein Kopf. Siebenter Tag, Ruhe und Erholung.»

Ist das alles, das kleine Mißgeschick und die Langeweile, Woche für Woche, die Morgenzeitung, die nicht gekommen ist, die Kaffeetasse, die jemand anders benutzt hat, das Stammlokal, die Beule im Kotflügel? «Wenn es heute abend regnet, *bring ich mich um!*» Also wirklich! Bedenkt man, wie kurz das Leben ist, erscheinen manche unserer Ängste schrecklich töricht. Warum machen wir uns die ganze Zeit über Sorgen, wenn wir den größten Teil der Zeit mit Selbstvertrauen in die Zukunft blicken könnten?

Eine Möglichkeit, dieses Muster der Trivialität zu durchbrechen, besteht darin, den Tag anders zu beginnen. Wie unser Tag verläuft, wird dadurch festgelegt, wie wir unseren Tag beginnen. Halten Sie es für der Mühe wert, einmal ebensoviel Zeit, wie Sie sich für die Lektüre der Morgenzeitung nehmen, damit zu verbringen, still dazusitzen und *gar nichts zu tun?* Vielleicht eine halbe Stunde?

Eines Morgens saß ich still da, weitgehend unbehelligt von Sorgen, Wünschen und Pflichten. Zwei Dinge wurden mir bewußt: das Ticken der Uhr und der Ofen, der langsam warm wurde. Ich ließ meine Gedanken schweifen, und mir wurde klar, daß mir alles, was ich habe, geschenkt wurde. Die Zeit ist ein Geschenk, und die Schätze der Natur sind es, wie zum Beispiel das Öl, das aus dem Schoß der Erde heraufgebracht worden war, um mich zu wärmen. Ich habe nichts getan, um diese Gaben zu verdienen. Ebensowenig wie ich den geringsten Beitrag zu meiner eigenen Entstehung geleistet habe. Staunen erfüllte mich, als ich erkannte, daß in dem langsamen Verstreichen der Jahrmillionen seit Anbeginn des Universums an einem winzigen Punkt ich, ein Mensch mit einem besonderen Namen und einer besonderen Geschichte, Eingang in diesen Prozeß gefunden habe. In diesem Augenblick empfand ich zutiefst, was es heißt, andächtig zu sein. Ich hatte kein Mitspra-

cherecht an meinem Eintritt in die Welt, und ich habe nicht
über mein Fortgehen zu bestimmen. Das Leben ist ein Ge-
schenk. Was tut man, wenn man ein Geschenk bekommt?
Man sagt «danke», und das tat ich, und das genügte, um diesem
Tag ein ganz anderes Gesicht zu geben als all den anderen
Tagen.

Dankbarkeit

Dankbarkeit ist ein zuverlässiges Mittel gegen Neid, jenes
Gefühl, das uns mit Sicherheit daran hindert, uns aufzu-
schwingen, zu sehen, zu lieben und leben. Alexander Solsche-
nizyn kam aus den Tiefen der Einsamkeit und Not zur folgenden Erkenntnis: «Es genügt doch, wenn du nicht frieren mußt
in der Kälte und wenn Hunger und Durst nicht in deinen
Eingeweiden wüten. Wenn dein Kreuz nicht gebrochen ist,
wenn deine Füße laufen können, deine Arme sich beugen
können, deine Augen sehen können, deine Ohren hören können – wen solltest du da noch beneiden? Und weshalb? Unser
Neid auf andere raubt das meiste uns selbst. Reib dir
die Augen, reinige dein Herz und preise höher als alles auf
der Welt diejenigen, die dich lieben und die dir Gutes wünschen.»

Phantasie

Ein kleiner Junge spielte «Ansager» mit einem teuren Diktier-
gerät, das sein Vater sich kürzlich gekauft hatte. Der hinzukom-
mende Vater schrie entsetzt: «Gib das sofort her. Das ist kein
Spielzeug!» Vaters Angst, daß sein neues Gerät Schaden nehmen könnte, war verständlich. Doch auch die Faszination des
kleinen Jungen war verständlich.

Ebenso wie wir kleinen Kindern untersagen, mit teuren
technischen Geräten zu spielen, scheint der Hochleistungs-
computer in unserem Inneren, das Erwachsenen-Ich, oft für
das Kindheits-Ich verboten zu sein. Benutzen wir das Erwach-

senen-Ich mit seinen ungeheuren Fähigkeiten nur dazu, um die Programme des Eltern-Ichs zu verarbeiten? Was würde geschehen, wenn auch dem Kindheits-Ich Rechenzeit zur Verfügung stünde? Wenn das Kindheits-Ich mit dem Computer spielt, läßt es seiner Phantasie freien Lauf, erfindet es ganz neue Dinge. Was wäre, wenn das Kindheits-Ich alle «Was wäre, wenn»-Möglichkeiten durchspielen könnte, ganz so wie wir unsere Privatcomputer mit Zufallsvariablen füttern? Was für neue Bilder würden sich zeigen? Was für Lösungen? Was für Möglichkeiten? Können wir es wagen, von Zeit zu Zeit naiv zu sein? Können wir es wagen, im Kindheits-Ich zu sein?

Sind wir zu alt? Manche Menschen, deren Lebenskurve den Gipfel überschritten hat, mögen sich vielleicht einbilden, sie hätten schon alle Möglichkeiten hinter sich. Vielleicht können wir nicht mehr so springen und laufen wie einst, aber unsere Gefühle können es noch! Einige von uns sind noch recht gute Marathonläufer und stellen sich immer wieder neuen Wettbewerben und neuen Herausforderungen, die ganz anders sind als alles, was sie zuvor gemacht haben.

Mit 100 Jahren hat Grandma Moses noch gemalt. Mit 92 hat George Bernard Shaw noch ein Stück geschrieben. Mit 91 war Eamon de Valera Präsident von Irland. Mit 87 war Konrad Adenauer Kanzler der Bundesrepublik Deutschland. Mit 81 hat Albert Schweitzer ein Krankenhaus in Afrika geleitet. Mit 83 beendete Goethe seinen «Faust». Cato hat mit 80 Griechisch gelernt, im gleichen Alter schrieb Platon die «Nomoi». Mit 85 hält Elton Trueblood Vorlesungen und veröffentlicht in verschiedenen Zeitschriften, obwohl er bereits mehr als 30 herrliche Bücher geschrieben hat. Für Bernard Baruch war hohes Alter stets 15 Jahre älter, als er an Jahren vorzuweisen hatte! Sie sind nur alt, wenn Sie sich alt fühlen.

Bewahrung des Erbes

So sehr wir auch die Phantasie schätzen und das Neue, das sie
hervorbringt, unser Wissen ist überwiegend ein Geschenk der
Vergangenheit. Die Phantasie ist kein Privileg der Gegenwart.
Schöpferische Menschen haben im Laufe der Jahrhunderte das
Erbe der Vergangenheit an die stets im Wandel begriffene
Gegenwart angepaßt, eine Aufgabe, die wir fortführen müssen.
Wollen wir ihr gerecht werden, müssen wir dem Denken der
Vergangenheit Gerechtigkeit widerfahren lassen, und dazu
müssen wir zunächst einmal wissen, was gedacht worden ist.
Meisterschaft erwirbt man, indem man in Erfahrung bringt,
was sich bisher bewährt hat und was nicht. Die Wahrheit hält
jeder Überprüfung stand. Das beste Werkzeug einer solchen
Überprüfung ist kritisches Lesen, und der größte Schatz an
Wahrheit ist in Büchern zu finden. Wenn wir unsere Hausaufgaben gemacht haben, dann können wir Fragen stellen, so wie
ein Kind Fragen stellt. Durch diesen Prozeß werden wir zu
denkenden Menschen, die nicht nach Lust und Laune oder
starren Dogmen leben, sondern die berücksichtigen, was vorher gewesen ist, und die sich überlegen, wie sie es erhalten,
verbessern, anreichern können.

Die Bewahrung des Erbes kann auch ein gewichtiger Gesichtspunkt für Entscheidungen sein, die unser Privatleben
betreffen. Wie hoch ist beispielsweise der Verlust bei Auflösung einer Ehe, einer Familie zu veranschlagen? Eine Familie
ist mehr als eine Gütergemeinschaft, als die Sachen, die zu ihr
gehören. Sie ist ein Produkt der Energie, der Liebe und der
Gedanken, die all die Tage, Wochen und Jahre hindurch in sie
investiert wurden. Wieviel vom Leben der Betroffenen geht
verloren, wenn jene besondere Beziehung zerbricht, die Familie genannt wird? Gleichgültig, ob wir diese Frage unter mora-
lischem oder pragmatischem Gesichtspunkt stellen, wir sollten
sie ernsthaft prüfen, bevor wir auseinandergehen. Wir sollten
sie um unserer selbst willen stellen. Manchmal ist Versöhnlich-

keit der bessere Weg. Sie macht uns nicht zum Fußabtreter, sie öffnet uns die Tür, durch die wir Zugang zur Not des anderen finden, so daß wir verstehen können, wie man sich fühlt, wenn man Mißerfolge hat, alt wird, jemanden verletzt, seine Träume verliert, Angst hat, in dieser Angst um sich schlägt und den verletzt, den man liebt. Durch Versöhnlichkeit können wir auch Türen aufstoßen, die lange zu waren, eine Beziehung neu beleben, die verkümmerte in stummem Groll, aufgestauter Wut und der Erinnerung an heftige Auseinandersetzungen. Durch Versöhnlichkeit erhalten wir zurück, was wir schon fast verloren hatten, befreien wir uns von Schuldgefühlen, bekommen wir eine neue Chance, verändern wir unser Verhalten und bewahren wir das Erbe.

Versöhnlichkeit heißt nicht, daß ein Unrecht zurechtgerückt wird, sondern daß eine Beziehung zurechtgerückt wird. Manchmal müssen wir dem Unrecht auf andere Weise zu Leibe rücken – durch Konfrontation, Kritik oder sogar Konflikt. Manche Dinge darf man nicht tolerieren – lebensgefährliches Verhalten, Grausamkeit, Unterdrückung und die Verdinglichung von Menschen. Wir brauchen Weisheit und Gnade, um den Unterschied zu erkennen zwischen dem, was man tolerieren kann, und dem, was man nicht mehr tolerieren darf, und wir müssen wie Reinhold Niebuhr darum beten, daß «uns die Gelassenheit geschenkt werde, die Dinge hinzunehmen, die wir nicht verändern können, der Mut, die Dinge zu verändern, die wir verändern können, und die Weisheit, den Unterschied zwischen beiden zu erkennen».

Glaube

In «Ich bin o.k. – Du bist o.k.» war ein ganzes Kapitel der Moral und Religion vorbehalten. Im vorliegenden Buch war von der Religion kaum die Rede. Das heißt nicht, daß wir an unserem Glauben irre geworden wären, doch es braucht mehr als eine esoterische Formel, einen schicken Terminus für die Eingeweihten, die «wissen, was wir meinen», um zu erklären, worauf sich unser Glaube gründet. Viele religiöse Gemeinden zeigen heute eine Neigung zu Sektierertum und Exklusivität. Der amerikanische Dichter Carl Sandburg (1878–1967) wurde einmal gefragt, welches das schlimmste Wort der englischen Sprache sei. Er dachte einen Augenblick nach und sagte dann: «Exklusiv.» Die Spreu vom Weizen, die Sünder von den Gottgefälligen, «uns» von «den anderen» zu trennen, scheint uns nicht dem Geist der Liebe und der Erlösung zu entsprechen, die für uns im Kern der frohen Botschaft stehen. «Gott liebt dich, *wenn*» ist genauso gnadenlos wie «Ich liebe dich, *wenn*». Das schönste Gebet, das wir in letzter Zeit gehört haben, wird einem kleinen Jungen zugeschrieben, der gesagt haben soll: «Mach bitte alle schlechten Menschen gut und alle guten Menschen freundlich.» Das tröstlichste Glaubensbekenntnis, das wir kennen, stammt von James Wharton: «Wir sitzen alle im gleichen Boot und Gott mit uns.» Das gibt die Kraft, immer wieder in Fahrt zu kommen.

Vorbereitung

Bevor der Pilot die Startbahn ansteuert, sind fünf Punkte zu überprüfen, die nach ihren englischen Bezeichnungen in dem Merkwort CIGAR zusammengefaßt sind.* Erweist sich einer der Punkte als fehlerhaft, muß der Start verschoben werden.

C steht für *Controls* (Kontrollen). Bremsen, Ruder, Klappen, Fahrgestell, Höhensteuer, alle beweglichen Teile werden gecheckt.

I steht für *Instruments* (Instrumente). Armaturen, Höhenmesser, Funk- und Navigationsausrüstung werden einem Funktionstest unterzogen.

G steht für *Gasoline* (Benzin). Hat man genügend Brennstoff für die Strecke, die man sich vorgenommen hat?

---

* Wir sind uns bewußt, daß wir mit diesem Merkwort hinter der technischen Entwicklung hinterherhinken. Inzwischen sind viele andere Systeme und Instrumente zu überprüfen. Doch damals, in der guten alten Zeit der Fliegerei, leistete uns CIGAR gute Dienste.

A steht für *Attitude* (Fluglage), das heißt, eine etwaige Schräglage oder Neigung der Flugzeugnase muß korrigiert oder «getrimmt» werden, so daß das Flugzeug trotz ungünstiger Belastung horizontal fliegen kann.

R bedeutet *Runup* (Probelauf), bei dem man den Motor auf vollen Touren laufen läßt, um zu sehen, ob er seine maximale Kraft entfaltet. Wenn alle «CIGARS» in Ordnung sind, kann man auf die Startbahn rollen. Wenn nicht, ist nicht mit einem sicheren Flug zu rechnen.

Es folgt ein solches CIGAR fürs Leben. Bevor Sie eine Reise unternehmen, eine neue Lebenserfahrung erproben, vielleicht auf Grund dessen, was in diesem Buch an Möglichkeiten beschrieben worden ist, überprüfen Sie die folgenden Punkte:

C steht für Ihre *Controls*. Wer kontrolliert Ihr Leben, Ihr Eltern-Ich, Ich Erwachsenen-Ich oder Ihr Kindheits-Ich? Wer bestimmt über Ihr Leben, Sie selbst oder jemand anders? Gibt es überhaupt irgendeine Kontrolle?

I steht für die *Instruments* Ihres Körpers. Wie sieht es mit Ihrer Gesundheit aus? Mit Ihren Augen, Ihrem Gehör, dem Herzen, dem Blutdruck? Können Sie die Gesundheitsanzeigen ablesen, die vor Fehlfunktionen warnen?

G steht für *Gasoline*. Emotionaler Treibstoff. Wie steht es mit Ihrer Streichelversorgung?

A steht für *Attitude*. Ist der Kopf oben oder unten? Sind Sie überlastet oder ungleichmäßig belastet? Haben Sie für Ausgleich gesorgt? Befinden Sie sich im Horizontalflug? Zeigt die Nase in die Richtung, in die Sie wollen?

R steht für *Runup*. Haben Sie Ihre Höchstleistungsfähigkeit überprüft und trainiert? Sind Sie bereit abzuheben?

Höhenflüge

Gelegentlich überrascht uns ein plötzlicher Aufwind und hebt uns in außergewöhnliche Höhen des Gefühls. Das sind die seltenen, kostbaren und unbeschreiblichen Augenblicke der Ekstase und des Entzückens, wenn wir von einer Kraft ergriffen werden, die nicht aus uns selbst zu stammen scheint. Wir können diese Augenblicke nicht nach Belieben herbeiführen. Wir können nur offen sein für sie, bereit sein, uns erheben zu lassen, zu schweben, zu lachen, zu weinen, alles zu fühlen, was es da zu fühlen gibt. Manchmal ist selbst in unseren erhabensten Gefühlen eine Spur von Traurigkeit, weil wir wissen, daß die Intensität nicht von Dauer sein wird. Doch Dauer ist kein Maß für Höhe oder Tiefe, und wir empfinden am tiefsten, wenn wir uns rückhaltlos dem Augenblick überlassen, als gäbe es nur diesen einen. Er ist genug. Wenn wir auch nichts dazu beitragen können, daß solche Augenblicke stattfinden, so können wir uns doch in Situationen begeben, in denen sie stattfinden: im Flug, unterwegs, schwebend, das Abheben wagend, entschlossen, mutig und erwartungsvoll zu leben.

Die meisten von uns haben solche Augenblicke kennengelernt, vielleicht allein im Laubwald sitzend und aufblickend zu den aufragenden und miteinander verschmelzenden Wipfeln, das Sonnenlicht zu einem Strahlenkranz zersplittert, der mit geheimnisvoller Bedeutung auf uns lag. Es mag am Strand gewesen sein, an einem Wiesenrand im Herbst oder in einer von Kerzenlicht erhellten Kirche. Vielleicht haben uns die sehnsuchtsvollen Melodien aus Anton Dvořáks Sinfonie «Aus der Neuen Welt» angerührt, die gemessene, süße Passage aus Händels Largo oder sein triumphierender «Messias». Vielleicht war es, als wir an einem Grab standen und plötzlich an das ewige Leben glaubten, weil wir einfach nicht anders konnten. Vielleicht sind es auch die Stimmen, die uns aus der Geschichte erreichen und uns an die triumphierenden Siege des Geistes erinnern: «Und sie bewegt sich doch!», «Hier stehe ich! Ich kann nicht anders», «Noch ist Polen nicht verloren», «Ehrfurcht vor dem Leben». Es mag auch beim ersten Blick auf Ihr neugeborenes Kind gewesen sein oder als jemand Sie liebte.

Daß Menschen überall in der Welt dazu ermutigt werden können, zu vertrauen, sich einzusetzen und sich zu lieben, ist Grund genug zum Hoffen. Wir wissen, daß wir in unserer Sehnsucht nach einer besseren Welt realistisch bleiben müssen.

Aber gerade deshalb dürfen wir nicht nur die dornigen Realitäten im Blick haben, sondern müssen auch die in unsere Rechnung einbeziehen, die Besserung verheißen. Die größte Verheißung, die Realität der Liebe und die Realität der Hoffnung.

Die Autoren

Über Amy Harris

Amy Harris bildete die journalistische Hälfte des Teams, das «Ich bin o.k. – Du bist o.k.» geschrieben hat. Die andere Hälfte ist Dr. Thomas A. Harris, mit dem sie seit dreißig Jahren verheiratet ist. Mit ihm zusammen hat sie das Institut für Transaktionelle Analyse in Sacramento in Kalifornien gegründet. Sie wirkt als Mitglied mit Lehrbefugnis für Sondergebiete in der Internationalen Vereinigung für Transaktionelle Analyse. Während ihrer Ausbildung nahm sie an Eric Bernes Lehrgängen für Sozialpsychiatrie in San Francisco teil. Außerdem studierte sie Philosophie und Theologie bei dem Quaker-Philosophen Elton Trueblood.

Amy Harris wurde als Kind schwedischer Einwanderer 1928 in Selah im Staat Washington geboren. Sie studierte mit Auszeichnung an der University of Washington und schloß 1950 mit dem Diplom für Publizistik ab. Sie war Chefredakteurin der täglich erscheinenden Studentenzeitung.

Nach dem Examen wurde sie unter 5000 studentischen Mitbewerbern ausgewählt für ein Redaktionsvolontariat bei der Zeitschrift *Mademoiselle*. Aus diesem Arbeitsverhältnis wechselte sie als Pressesekretärin in das Büro des Gouverneurs von Washington über. Diesen Posten behielt sie bis zu ihrer Eheschließung mit Dr. Harris im Jahre 1956.

Neben ihrer freien publizistischen Arbeit schreibt sie für den *Seattle Post-Intelligencer* und den *Yakima Morning Herald*, außerdem ist sie Mitherausgeberin der Zeitschrift *Faith at Work*. Sie hält regelmäßig Vorträge an Universitäten, in Kirchen, Wirtschaftsverbänden, staatsbürgerlichen Organisationen und an Kliniken. Als Beraterin war sie tätig für American Airlines bei der Ausarbeitung des Trainingsprogramms «TACT», das sich auf «Ich bin o.k. – Du bist o.k.» stützt. «TACT» gehört zur Mitarbeiterausbildung in über 100 Unternehmen überall auf der Welt.

Amy Harris gehört zum Gemeindevorstand der Fremont Presbyterian Church von Sacramento. Sie ist Mitglied von Women in Communication, Inc.; Yokefellows International; Mensa und der International Platform Association.

Außerdem gehört sie zahlreichen staatsbürgerlichen Organisationen an. Ihr liebstes Hobby ist Klavierspielen. Sie hat zwei Töchter: Heidi und Gretchen.

Über Thomas A. Harris

Dr. Thomas A. Harris gehört zu den Pionieren bei der Anwendung der Transaktionsanalyse auf die Behandlung von Psychiatriepatienten. Am bekanntesten wurde er als Autor des Buches «Ich bin o.k. – Du bist o.k.», das er gemeinsam mit seiner Frau Amy geschrieben hat. Dieses Buch ist in 19 Sprachen und über 15 Millionen Exemplaren verbreitet.

Geboren und aufgewachsen in der texanischen Stadt San Antonio, begann er sein Studium an der University of Texas. Sein Erstes Medizinisches Examen bestand er 1938 an der University of Arkansas, seinen medizinischen Doktor machte er 1940 an der Temple University. Seine Facharztausbildung in Psychiatrie bekam er am St. Elizabeth's Hospital in Washington, D.C., außerdem eine Dozentur in Kinderpsychiatrie an der Philadelphia Child Guidance Clinic. Fünf Jahre studierte er am Washington-Baltimore Psychoanalytic Institute bei Harry Stack Sullivan und Frieda Fromm-Reichmann.

Er diente als Sanitätsoffizier in der U.S. Navy und erlebte an Bord den Angriff auf Pearl Harbor mit. Er war Chef-Psychiater des Kriegsschiffs «Haven» und wirkte mit in der President's Commission bei der Untersuchung der Schadensfolgen des Atombombenabwurfs auf Nagasaki und bei der Rettung von Kriegsgefangenen. 1947 wurde er Chef der Psychiatrischen Abteilung des Bureau of Medicine and Surgery im Marineministerium.

Den Dienst in der Navy quittierte er im Rang eines Fregattenkapitäns, lehrte danach an der School of Medicine der University of Arkansas. Anschließend wurde er zum Leiter der Abteilung für geschlossene Anstalten und Heime im Staat Washington berufen. In diesem Amt führte er die Oberaufsicht über die Strafvollzugsanstalten, Schwererziehbarenheime und psychiatrischen Krankenhäuser dieses Bundesstaates.

1956 ließ er sich in privater Praxis in Sacramento nieder, die er jetzt aber nicht mehr ausübt. Er war einer der engsten Mitarbeiter von Eric Berne in der Frühzeit der Transaktionsanalyse. Er hat in Sacramento das Institut für Transaktionelle Analyse gegründet und war lange Zeit im Vorstand der Internationalen Vereinigung für Transaktionelle Analyse tätig.

Thomas A. Harris ist Mitglied des American Board of Psychiatry and Neurology, Life Fellow der American Psychiatric Association, Associate des American College of Physicians und gehört sowohl der California als auch der American Medical Association an.

Register

Karola Berger
Co-Counseln: Die Therapie ohne Therapeut *Anleitungen und Übungen*
(rororo sachbuch 19954)
Co-Counseln bedeutet: sich gegenseitig beraten. In dieser neuen Form der «Laien-Therapie» finden sich zwei Menschen zum therapeutischen Gespräch zusammen. Das Buch vermittelt mit leicht verständlichen Anleitungen und einfachen Übungen die Grundlagen und Techniken dieser neuen Methode.

Nathaniel Branden
Ich liebe mich auch *Selbstvertrauen lernen*
(rororo sachbuch 18486)

Elizabeth Debold / Marie Wilson / Idelisse Malavé
Die Mutter-Tochter-Revolution
(rororo sachbuch 19974)

Wayne W. Dyer
Mut zum Glück *So überwinden Sie Ihre inneren Grenzen*
(rororo sachbuch 60230)
Der wunde Punkt *Die Kunst, nicht unglücklich zu sein. Zwölf Schritte zur Überwindung unserer seelischen Problemzonen*
(rororo sachbuch 17384)

Diane Fassel
Ich war noch ein Kind, als meine Eltern sich trennten ... *Spätfolgen der elterlichen Scheidung überwinden*
(rororo sachbuch 19984)

Daniel Hell
Welchen Sinn macht Depression? *Ein integrativer Ansatz*
(rororo sachbuch 19649)

Klaus Kaufmann-Mall /
Gudrun Mall
Wege aus der Depression *Hilfe zur Selbsthilfe*
(rororo sachbuch 60232)

Robin Norwood
Warum gerade ich? *Ein Ratgeber für die schwierigsten Situationen des Lebens*
(rororo sachbuch 60126)

Tim Rohrmann
Junge, Junge – Mann, o Mann *Die Entwicklung zur Männlichkeit*
(rororo sachbuch 19671)

Shelly E. Taylor
Mit Zuversicht *Warum positive Illusionen für uns so wichtig sind*
(rororo sachbuch 19907)

Ein Gesamtverzeichnis aller lieferbaren Bücher und Taschenbücher zum Thema finden Sie in der *Rowohlt Revue*. Vierteljährlich neu. Kostenlos in Ihrer Buchhandlung.